宋元中国·海丝泉州
quanzhou
CHINA

泉州年鉴2023

泉州日记

2022年泉州每一天

中共泉州市委党史和地方志研究室 编

方志出版社
Publishing House of Local Records

图书在版编目（CIP）数据

泉州年鉴. 2023. 泉州日记 / 中共泉州市委党史和地方志研究室编. — 北京 : 方志出版社，2023.9

ISBN 978-7-5144-5818-3

Ⅰ. ①泉… Ⅱ. ①中… Ⅲ. ①泉州－2023－年鉴 Ⅳ. ①Z525.73

中国国家版本馆CIP数据核字(2023)第183998号

责任编辑：刘方圆
责任校对：张玉霞
责任印制：梅中英
出 版 者：方志出版社
地　　址：北京市朝阳区潘家园东里9号（国家方志馆4层）
邮　　编：100021
网　　址：http://www.zgfzcb.cn
发　　行：方志出版社图书营销中心（010-67110500）
印　　刷：福州报业鸿升印刷有限责任公司
开　　本：889毫米×1194毫米　1/16
印　　张：23.25
字　　数：887千字
版　　次：2023年9月第1版
印　　次：2023年9月第1次印刷
定　　价：280.00元

《泉州年鉴》编纂委员会

《泉州日记》总编室

协编单位

『目录』

CONTENTS

2022年

每日记事

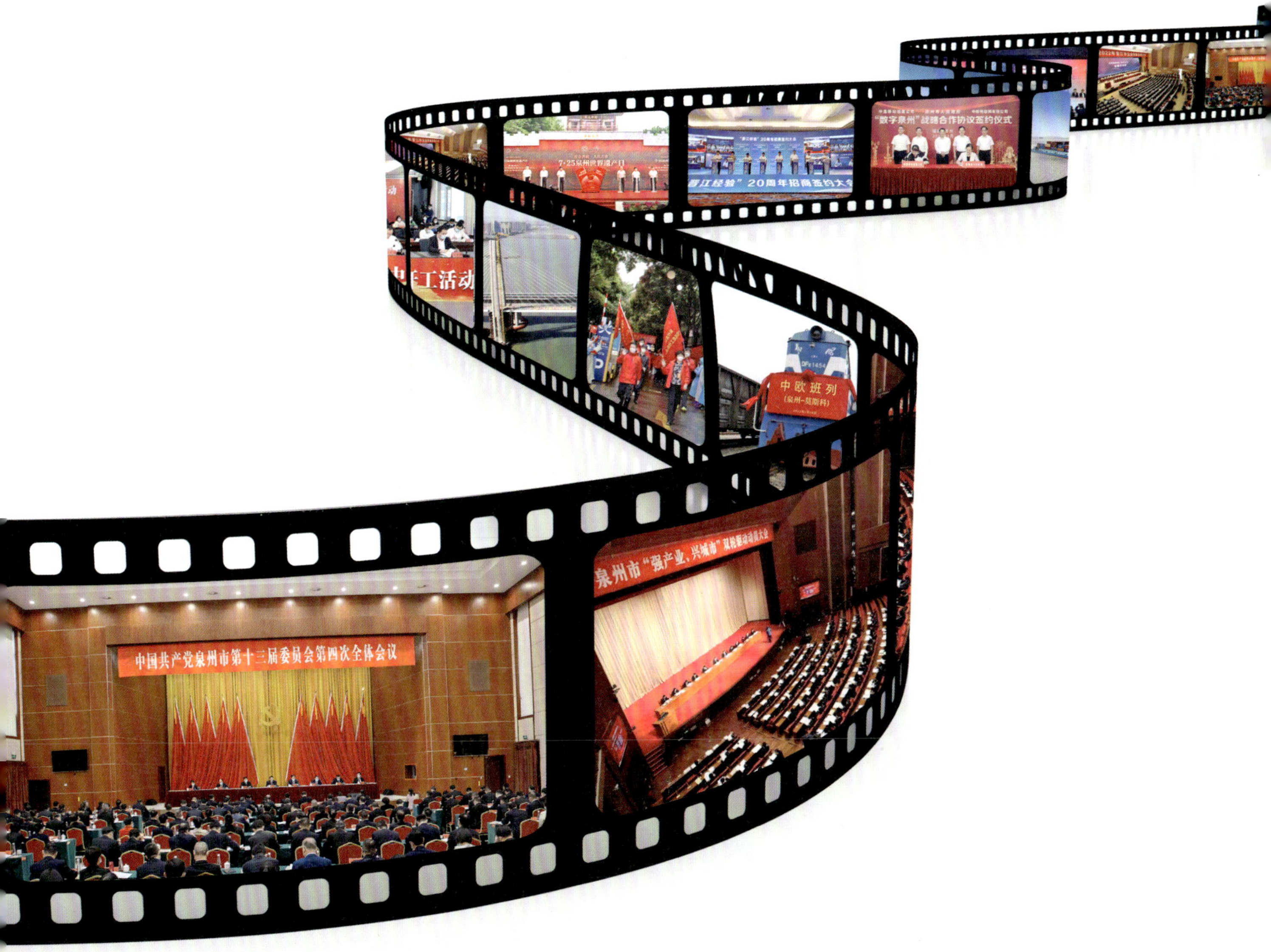

1月1日

农历辛丑年十一月廿九
星期六
温度：11℃～18℃
多云转晴

●泉州市举行元旦非物质文化遗产项目展示活动。

●经海关核准，泉州市嘉晟供应链有限公司成为福建省第一家区域全面经济伙伴关系协定（以下简称RCEP）经核准出口商，该公司同时出具全省首份RCEP原产地声明。

●1—2日，中心市区开元寺、南外宗正司展陈馆、市舶司展陈馆、泉州文庙及学宫、天后宫、德济门遗址、清净寺等遗产点及相关展馆，组织“古城文化传播人才”培育计划首期学员开展公益讲解服务。

●由泉州清源山风景名胜区管理委员会、中国邮政集团有限公司泉州市分公司、福建清源山旅游投资有限公司等主办的“大道清源 拥抱大自然 迎接2022”新年自然音乐会在泉州清源山风景名胜区举行。

●全市各展馆及景点举行元旦线上互动活动。

●全市各县（市、区）举行元旦文化旅游活动。

泉州市举行元旦非物质文化遗产项目展示活动

元旦期间，泉州市举行多项非物质文化遗产项目展示活动。泉州非物质文化遗产馆举行“金苍绣技艺专题展”，通政巷24号嘉礼馆举行文化惠民“非遗公益性”演出，泉州高甲剧团举行打城戏《真假美猴王》国家级非物质文化遗产项目表演，金鱼巷11号（南音阁）举行南音公益表演，中山路举行“解码世遗·品赏‘非遗’”活动。金鱼巷22号举行“看见宋元”非物质文化遗产主题展，围绕“泉州：宋元中国的世界海洋商贸中心”这一核心主题，策划展出相关内容，并开放体验活动。正音书院举行“岁将更始 时乃日新”元旦系列活动，包括说文解字·汉字英雄争霸赛、让阅读变有趣、闽派建筑出砖入石非物质文化遗产沙龙活动等。此外，伊斯兰文化陈列馆举行“交相辉映 耀世千年——福建黑白瓷器展”，展示福建古代制瓷业发展的基本脉络和黑釉瓷、白瓷的工艺技术成就及其传承，诉说福建故事和中国故事。伊斯兰文化陈列馆举行第三届泉州宝藏新年艺术展，以“光之城”为主题，聚焦“泉州：宋元中国的世界海洋商贸中心”世界文化遗产，用艺术的眼光发现世界遗产的美和价值，用艺术特有的表现形式，展示“光之城”的魅力。肃清门广场举行市集活动，结合文创、轻餐饮、夜游古城活动打造“市集+轻餐饮+夜游古城”的综合性夜间经济活动。

西街肃清门广场“润物市集”通过文创产品为市民与游客提供别样休闲体验（图/王金植）

“古城文化传播人才”培育计划首期学员开展公益讲解服务

1—2日，中心市区开元寺、南外宗正司展陈馆、市舶司展陈馆、泉州文庙及学宫、天后宫、德济门遗址、清净寺等遗产点及相关展馆，组织“古城文化传播人才”培育计划首期学员开展公益讲解服务。活动期间，每个遗产点每天开展4场公益讲解，到点即开讲，市民游客无须预约。每个点上午、下午各两场，上午9时20分开始，下午2时50分开始。

全市各展馆及景点举行元旦线上互动活动

全市各展馆及景点举行元旦线上互动活动。泉州非物质文化遗产馆举行“金苍绣技艺专题展”“泉州花灯展”等。泉州天后宫举行VR云游，可在线上游览天后宫。泉州市博物馆举行数字博物馆、泉州市红色记忆云展等活动。泉州市图书馆开展欢庆元旦线上答题活动。泉州市艺术馆举行“唱支山歌给党听”群众合唱会演优秀节目云上展播活动。南安市九日山举行祈风扬帆微电影线上展映。德化县九仙山景区举行“迎接新年的第一缕阳光”线上活动。

全市各县（市、区）举行元旦文化旅游活动

全市各县（市、区）举行元旦文化旅游活动。1日，永春县文庙举行南音大会唱，德化顺美陶瓷文化世界举行第八届顺美国际陶瓷文化艺术节，德化九仙山灵鹫岩寺举行敲钟仪式，宝盖山景区石窟公园举行市集活动。1—3日，福建省世茂海上丝绸之路博物馆举行华侨艺术节活动，包括美术、舞蹈、器乐、武术比赛。晋江市梧林社区举行2022倾“新”梧林元旦活动，包括集体婚礼、闽南原创音乐会沉浸式小剧场等。1—16日，全市各县（市、区）还举行特色餐饮促销、跨年服饰采购、商圈名菜嘉年华、年货直播节、汽车文化节、外卖平台春节促销、云购节等系列促消费活动，集中展示泉州“世遗”文化和美食文化，形成促消费合力。

刘建洋到南安、安溪开展工作调研

省委常委、市委书记刘建洋到南安、安溪开展工作调研。在南安，刘建洋指出，要探索将石材展示从室内引到室外，打造色彩协调、风格各异的“万国建材建筑博物馆”，并以此塑造标识鲜明的城市展示面。要加快工业园区标准化改造，重塑物理空间，提升园区服务能力，完善研发、设计、检测、供应链金融等配套，厚植产业生态。在安溪，刘建洋了解茶产业发展、数字技术及遥感卫星数据应用等情况，指出要集中精力、久久为功，像做茶业一样培育发展数字经济，促进大数据和文旅产业结合，“一产一策一专班”研究电影修复技术及遥感卫星数据的深度应用，更好释放溢出效应。座谈会上，刘建洋要求，南安、安溪要在产业转型升级、构建特色化县域经济产业体系中走前列当示范，找准比较优势，挖掘独特资源，形成不可替代的竞争优势。要在产城人融合发展、新型城镇化中取得更大进步，既要形成梯次结构、分工合理、功能互补的城镇体系，还要提升城市形象，在城市出入口、过境通道两侧、重要景区周边、城市客厅、不同地貌衔接面等节点，精心规划、精致建设、精细管理、精美呈现。

刘建洋（前排中）调研英良五号仓库和石材自然历史博物馆（图/陈起拓）

《万里走单骑》节目探访“世遗”泉州

《万里走单骑》第二季泉州篇在浙江卫视播出，此前“万里少年团”成员——故宫博物院原院长单霁翔与演员周韵、肖央、牛骏峰及飞行嘉宾谭维维到泉州，感受中外文明的交融，对泉州“海上丝绸之路”文化给予高度赞赏。2021年7月25日，“泉州：宋元中国的世界海洋商贸中心”入选《世界遗产名录》，成为中国的第56处世界遗产。22个系列遗产点，展现宋元泉州作为世界海洋商贸中心特有的丰富遗存与复合景观。作为古代“海上丝绸之路”的起点，泉州曾是世界海洋贸易网络中最繁华的港口之一。该期节目录制时，单霁翔与肖央在福建省世茂“海上丝绸之路”博物馆馆长李仲谋带领下，探访“海上丝绸之路”“三宝”：石湖码头、万寿塔、六胜塔。石湖码头是宋元时期泉州最大的港口，也是外国商船进入泉州港的第一站。商船只要望见万寿塔，就知道已经抵达泉州港。看过“三宝”，单霁翔一行又到泉州“产运销”的重要枢纽——洛阳桥。作为中国第一座跨海梁式石桥，洛阳桥堪称古代的超级工程。单霁翔、肖央等人还探访市舶司遗址。周韵到泉州的地标性建筑——开元寺，感受这里的多元文化。在商贸繁荣的泉州，瓷器是最重要和最广泛的产品之一。为更真切地感受泉州制瓷业的绵延不绝，“万里少年团”到全世界唯一一个烧了400多年没有中断过的龙窑——德化月记窑，并见证第403年开窑仪式。

“‘晋江经验’的文学书写”壬寅新年名家笔会启动

“产·城·人——‘晋江经验’的文学书写”壬寅新年名家笔会启动，全国10位知名作家到晋江开展为期一周的文学采风活动。图为参加笔会的作家们参观晋江经验馆。

（图/陈小阳）

1月2日

农历辛丑年十一月三十
星期日
温度：11℃～18℃
多云转晴

●省委常委、市委书记刘建洋到南安、安溪开展工作调研。

●《万里走单骑》第二季泉州篇在浙江卫视播出。

●“产·城·人——‘晋江经验’的文学书写”壬寅新年名家笔会启动，全国10位知名作家到晋江开展为期一周的文学采风活动。

1月3日
农历辛丑年十二月初一
星期一
温度：12℃～18℃
晴

●代省长赵龙到晋江调研民营经济工作。

●由市商务局主办、鲤城区商务局及“礼遇泉州”平台承办的“寻味刺桐 礼遇泉州”平台对接会举行。

●由市文旅局主办，泉州市艺术馆、日本横滨市文化观光局、韩国光州广域市亚洲文化中心城市建设推进论坛、泉州市舞蹈家协会承办的“薪传未来·筑梦青春”中日韩青少年传统舞蹈展演活动在泉州市艺术馆举行。

赵龙到晋江调研民营经济工作

代省长赵龙到晋江调研民营经济工作，主持召开企业家座谈会。省委常委、泉州市委书记刘建洋参加活动，泉州市领导蔡战胜、施宇辉、黄景春、张文贤、汪志红分别参加调研和座谈会。赵龙到晋江经验馆，重温习近平总书记在福建工作期间七到晋江、亲自调研总结的“晋江经验”。

随后，赵龙主持召开座谈会，结合宣讲中共十九届六中全会和中央经济工作会议精神，与企业家一道研判经济形势，共谋转型升级之策。安踏、盼盼食品、中关村硬创空间、恒安、胜科纳米等13家企业负责人分别介绍企业生产经营情况，并围绕数字化转型、人才培养、核心技术研发、创新平台建设、知识产权保护等提出意见建议。赵龙指出，企业家要坚定发展信心，这个信心源于习近平总书记的掌舵领航和党中央的坚强领导，源于国家宏观调控政策的有力保障，源于中国超大规模市场优势和内需潜力，源于福建企业家“爱拼才会赢、输人不输阵、输赢笑笑”的精神特质。民营经济是福建高质量发展超越的重要支撑，民营企业家都是中国特色社会主义的建设者，是“自己人”，支持民营企业发展不是一句空话。全省各级政府各部门胆子要更大一些，步伐要更快一些，力度要更大一些，让民营企业发展得更快更好；要心底无私、光明磊落与企业家打交道、交朋友，宣讲好路线方针政策，落实好“不叫不到、随叫随到、服务周到、说到做到”，政府要讲诚信，新官要理旧账。各级领导干部要经常到企业去，到工厂车间去，深入调查研究，了解真实情况，制定可用措施，帮助企业解决实际困难。希望企业家践行“晋江经验”，弘扬企业家精神、闽商精神，做到心无旁骛做实业、一心一意谋发展，厚植爱国情怀，弘扬创新精神，坚持诚信守法，发展实体经济，勇担社会责任，为促进共同富裕做出贡献；没有夕阳产业，只有落后企业，要加快数字化转型和智能化改造，提高核心竞争力，在这方面大企业有大企业的路径，小企业有小企业的方法，政府和企业要相向而行、搭建平台、共同发力。座谈会前，赵龙还调研利郎文化创意园。

中日韩青少年传统舞蹈展演活动举行

由市文旅局主办，泉州市艺术馆、日本横滨市文化观光局、韩国光州广域市亚洲文化中心城市建设推进论坛、泉州市舞蹈家协会承办的“薪传未来·筑梦青春”中日韩青少年传统舞蹈展演活动在泉州市艺术馆举行。活动旨在推动“东亚文化之都”城市之间的文化交流合作，弘扬民族优秀传统艺术，增进中日韩青少年之间的互动交流。中国、日本、韩国三国的11支舞蹈队参加展演，展示各国代表性的舞蹈艺术。演出全程同步直播。此系三座文都城市首次用线上互动的形式，共同展示青少年传统舞蹈艺术。演出由少儿舞蹈《呛呛滚来好年冬》拉开序幕，通过传统舞蹈展示泉州市喜迎新年的喜悦心情。紧接着，韩国传统舞蹈《湖南剑舞》、泉州市群舞《刺桐喜雨》、日本传统舞蹈《百歌缭乱》等接连上演，整场演出有11个节目。最后的群舞《醉七响》将演出推向高潮，该节目根据泉州拍胸舞创排而成，场面十分震撼。此次活动泉州市挑选7个有代表性的舞蹈节目，集中在泉州市艺术馆展演，进行线上直播。韩国光州和日本横滨各准备两个节目，通过视频现场播放展演。

中日韩青少年传统舞蹈展演活动现场（图/庄建萍）

刘建洋到石狮开展工作调研

省委常委、市委书记刘建洋到石狮开展工作调研，市委常委、秘书长施宇辉参加调研。在通达集团，刘建洋进车间、看生产、问销售，对企业坚守实体经济、发扬工匠精神给予肯定，鼓励企业加大研发投入，提升产品附加值和市场份额。刘建洋还要求属地围绕龙头企业深耕产业链上下游，建链延链补链强链。在位于石狮国家高新区创新创业中心的中石光芯公司，刘建洋积极评价企业的科研能力、科创成果，指出要依托科研机构打造创新综合体，提升公共研发、设计、检测、供应链金融等配套，孵化更多专精特新企业。在石狮永宁滨海片区，刘建洋要求石狮精心设计、统筹规划，利用好宝贵的岸线资源、景观资源、旅游资源，把资源优势转化为发展优势。座谈会上，刘建洋强调，石狮要解放思想，不等不靠，传承弘扬“晋江经验”，走出一条独具特色的创新发展之路，在泉州高质量发展中勇争先。在发展商贸经济上走前头，探索新的发展路径、方法、模式，增创市场优势。在推动创新创业创造上作表率，厚植企业发展生态，引进建设科创平台，集聚更多资源资本和人才优势，培育出更多创新成果、创新型企业。在城市规划管理建设上当示范，坚持产城融合、双轮驱动，以“绣花功夫”提升城市品质，精心规划、精致建设、精细管理、精美呈现，为老百姓创造高品质生活。在改革创新先行先试上立标杆，在营商环境、基层治理等方面大胆实践探索，推进制度创新、机制创新、模式创新。在全面加强党的建设上树典型，结合党史学习教育和“再学习、再调研、再落实”活动，夯实社区党建、农村党建、非公党建等基层基础，以高质量党建引领保障经济社会高质量发展。

三家泉州市企业入列省级质量标杆

为发挥标杆引领作用，引导企业加强质量品牌建设，促进产业高质量发展，省工信厅发布2021年省级质量标杆名单。全省14家企业入选，其中包括泉州市3家企业。被列入名单的泉州企业分别为福建火炬电子科技股份有限公司（实施军用多层瓷介固定电容器制造成熟度技术提升质量的经验）、福建省泉州美岭水泥有限公司［实施全面质量管理（TQM）提升水泥产品质量变革的经验］、信和新材料股份有限公司（实施卓越绩效管理模式的经验）。

质量标杆是指工业企业应用先进质量管理理念、方法、工具或互联网手段，开展质量管理和改进创新活动，以提高质量水平、提升经营绩效的典型经验。申报主体为工业企业，包括信息、软件及相关技术性服务企业。根据《福建省工业和信息化厅关于开展2021年质量标杆活动的通知》，2021年省级质量标杆主要涵盖质量管理、质量创新和“互联网+”应用两个方向。总结提炼和宣传推广标杆企业的典型经验，将推动企业完善和提升质量管理方法，加强协同创新、标准对标、品牌引领，加快应用大数据、互联网、智能化等新技术，提高质量效益，实现高质量发展。质量标杆符合的标准为科学性和创新性，所应用的管理方法（技术）符合科学规律，符合质量管理基本规律；在管理方法（技术）本身或应用过程中有创新性经验（成果）。同时，应具有系统性和示范性，典型经验应已在企业成熟应用，经验介绍逻辑清晰、内容完整，能展示管理方法（技术）的系统性应用情况，包括相关的组织管理、政策制度、资源保障和实施过程等。

泉州市新增四家市级现代服务业集聚示范区

市发展改革委推进现代服务业集聚区能级提升工程，围绕“十四五”产业布局研究修订示范区认定规定文件，开展服务业集聚区认定工作。经过申报推荐、实地核查、专家评审、网上公示等流程，泉州软件园、石狮国际轻纺城、晋江金融广场、数字福建（安溪）产业园四家园区入选2021年泉州市现代服务业集聚示范区。

1月4日

农历辛丑年十二月初二

星期二

温度：13℃～20℃

多云

●省委常委、市委书记刘建洋到石狮开展工作调研。

●市政协十三届一次会议预备会召开，向委员通报市政协十三届一次会议筹备工作情况，通过市政协十三届一次会议议程和市政协十三届一次会议主席团成员、秘书长名单等。

●市政协十三届一次会议主席团第一次会议召开，通过市政协十三届一次会议日程和市政协十三届一次会议主席团常务主席名单、会议执行主席日程安排等。

●省工信厅发布2021年省级质量标杆名单。全省14家企业入选，其中包括泉州市三家企业。

●泉州市新增四家市级现代服务业集聚示范区。

1月5日

农历辛丑年十二月初三
星期三
温度：15℃～20℃
多云

●市十七届人大一次会议预备会召开，选举产生大会主席团和秘书长；表决通过大会议程，以及计划和预算审查委员会组成人员名单、议案审查委员会组成人员名单。

●市政协十三届一次会议在泉州人民会堂开幕，大会主席团常务主席李转生做政协第十二届泉州市委员会常务委员会工作报告。

●市政协十三届一次会议主席团常务主席会议召开，协商市政协十三届一次会议选举办法（草案）和大会选举工作总监票人、监票人名单（草案），协商十三届市政协主席、副主席、秘书长和常务委员候选人名单（草案）。

●5—6日，参加市政协十三届一次会议的政协委员分组讨论市政府工作报告和市政协常委会工作报告。

●市委党史学习教育领导小组办公室会议召开，研究部署泉州市党史学习教育工作。

市政协十三届一次会议开幕

市政协十三届一次会议在泉州人民会堂开幕。大会主席团常务主席李转生、肖汉辉、周真平、王祖耀、洪川夫、王春金、戴仲川、蔡萌芽、庄灿霞、黄世界、肖惠中、骆沙鸣、黄碧煌，市政协领导陈益、刘志平等在主席台前排就座。大会主席团其他成员在主席台就座。省委常委、市委书记刘建洋，市长蔡战胜，市人大常委会主任陈灿辉、党组书记李建辉，市人大常委会原党组书记陈万里，市委副书记宿利南；有关领导施宇辉、陈辉宗、卢秀萍、傅藏荣、黄景春、黄文胜、张文贤、高宏、林万明、刘文儒、许文贵、吴友才、吴汉宗、黄阳春、樊美清、高向荣、赖清正、李文生，洪自强、李伙金、吕刚、朱启平、刘林霜、陈小辉、汪志红、蔡天守、苏耿聪，姚丽青，郑隆松；老领导林文麟、傅圆圆、林荣取、杨俊峰、王文泰、陈敬聪、傅福荣、陈元殿、陈立德、吴共湖、许连捷、苏小青、李冀平到会祝贺并在主席台就座。

受政协第十二届泉州市委员会常务委员会委托，李转生向大会做工作报告。报告从六个方面阐述五年来十二届市政协常委会的工作特色和显著成效：坚定政治方向，坚持中国共产党的全面领导；坚持围绕中心，建言资政助推高质量发展超越；践行履职为民，增进民生福祉助力全面小康；注重务实创新，推进政协协商制度化规范化；坚持团结民主，广泛凝心聚力促进社会和谐；加强自身建设，着力推动政协工作提质增效。报告对十三届市政协常委会工作提出建议：高举习近平新时代中国特色社会主义思想伟大旗帜，用习近平总书记关于加强和改进人民政协工作的重要思想统领各项工作，按照省、市党代会部署要求，把握人民政协的性质定位，发挥人民政协的制度优势，团结带领全市政协组织和政协委员，用心凝聚共识、用力建言资政、用情为民尽责，干出人民政协的新样子，续写敢拼会赢的新篇章。市政协要坚持党的领导，在强化政治属性中奋进新征程；坚持服务大局，在落实党代会部署中创造新业绩；坚持人民至上，在践行初心使命中展现新作为；坚持和衷共济，在凝聚智慧力量中作出新贡献；坚持自我提升，在增强履职能力中展示新风采。报告要求全市各级政协组织、政协各参加单位和政协委员更加紧密地团结在以习近平同志为核心的党中央周围，在中共泉州市委领导下，广泛凝聚力量，务实担当作为，以实干书写精彩的时代答卷，为建设“‘海丝’名城、智造强市、品质泉州”，谱写全面建设社会主义现代化国家的泉州篇章做出新贡献。

骆沙鸣向大会做政协第十二届泉州市委员会常务委员会关于提案工作情况的报告。市工信局、市农业农村局负责人分别就提案办理做典型发言。

李转生向大会做工作报告（图/《海峡都市报》）

市委党史学习教育领导小组办公室会议召开

市委党史学习教育领导小组办公室会议召开，研究部署泉州市党史学习教育工作。会议要求，要做到善始善终，紧盯时间节点，倒排工作进度，筹备召开总结会议、高质量开好专题民主生活会，做好党史学习教育评估工作，安排好巡回指导工作，跟踪和抓好“我为群众办实事”实践活动项目落实，慎终如始抓好党史学习教育各项工作。

市十七届人大一次会议开幕

市十七届人大一次会议在泉州人民会堂开幕。全体会议执行主席刘建洋、陈灿辉、李建辉、许文贵、吴友才、吴汉宗、黄阳春、樊美清、高向荣、赖清正、李文生、欧阳秋虹、颜朝晖在主席台前排就座。主席团其他成员，市长蔡战胜，市政协主席李转生、党组书记肖汉辉，市人大常委会原党组书记陈万里，市委副书记宿利南，有关领导施宇辉、陈辉宗、卢秀萍、傅藏荣、黄景春、黄文胜、张文贤、高宏、林万明、刘文儒、洪自强、周真平、李伙金、吕刚、朱启平、刘林霜、陈小辉、汪志红、蔡天守、苏耿聪、王祖耀、陈益、洪川夫、刘志平、王春金、戴仲川、蔡萌芽、庄灿霞、黄世界、肖惠中、骆沙鸣，姚丽青，郑隆松；老领导施永康、朱明、李建国、尤垂镇、薛祖亮、傅圆圆、陈海基、林文麟、林荣取、杨俊峰、何锦龙、吴汉民、洪辉煌、王文泰、宋长青、沈耀钦、孙增福、朱团能、张建生、曾巍、蔡思红；福炼公司领导，华侨大学、泉州师范学院领导，部分港澳台侨人士和特邀海外嘉宾等在主席台就座。

市长蔡战胜代表市政府向大会做工作报告。报告分四个部分：一是过去五年及2021年政府工作回顾；二是今后五年工作的总体要求和主要任务；三是2022年工作安排；四是加强政府自身建设。蔡战胜指出，做好今后五年政府工作，要坚持以习近平新时代中国特色社会主义思想为指导，贯彻落实中共十九大和十九届历次全会精神，弘扬伟大建党精神，紧扣习近平总书记到福建考察提出的重要要求，按照省、市党代会部署，坚持稳中求进工作总基调，立足新发展阶段、贯彻新发展理念、服务和融入新发展格局，以供给侧结构性改革为主线，弘扬“晋江经验”，加快数字化转型发展，坚持产城融合、双轮驱动，推进新型工业化和城镇化，扛起全方位推进高质量发展超越主力军担当，建设“海丝”名城、智造强市、品质泉州。2022年是新一届政府的第一年，经济社会发展主要预期目标是：全市生产总值增长7%～7.5%，农林牧渔业总产值增长2.5%～3%，工业增加值增长7%～7.5%，第三产业增加值增长7.5%～8%；一般公共预算总收入增长6.3%，地方一般公共预算收入增长6%；固定资产投资增长6.5%；实际使用外资增长3%，出口总额增长7%；社会消费品零售总额增长7%～7.5%，居民消费价格涨幅控制在3%左右；居民收入和经济同步增长；完成节能减排降碳任务。

为确保工作目标的完成，蔡战胜指出，要聚力扩量提质增效，加快打造现代产业体系；聚力统筹一体发展，提升城市能级；聚力整镇推进乡村振兴，促进农业农村现代化；聚力建设一流营商环境，拓展改革开放空间；聚力活化保护文化遗产，扩大“海丝”名城国际影响力；聚力低碳绿色转型，厚植高质量发展生态优势；聚力保障和改善民生，建设高品质生活家园。

蔡战胜做市政府工作报告（图/陈英杰）

市政协港澳委员 异地商会委员 特邀嘉宾座谈会召开

市委、市政府召开市政协港澳委员、异地商会委员、特邀嘉宾座谈会。委员们围绕建设环湾中心城市、塑造世界遗产典范城市品牌、推动产城人融合等建言献策。省委常委、市委书记刘建洋指出，要坚持产城融合、双轮驱动，推进新型工业化和城镇化，加快数字化转型发展，高质量推进园区标准化建设，打造一批产业综合体和创新综合体，培育更多专精特新企业。

1月6日

农历辛丑年十二月初四
星期四
温度：10℃～16℃
多云

●市十七届人大一次会议在泉州人民会堂开幕，市长蔡战胜代表市政府向大会做工作报告。

●市委、市政府召开市政协港澳委员、异地商会委员、特邀嘉宾座谈会。

●6—7日，参加市十七届人大一次会议的人大代表分组审议市政府工作报告。

●市政协十三届一次会议主席团第三次会议召开，听取市政协十三届一次会议委员分组各组召集人关于讨论市政协十三届一次会议常委会工作报告，酝酿市政协十三届一次会议选举办法（草案）等。

1月7日

农历辛丑年十二月初五
星期五
温度：10℃～17℃
多云转晴

●市十七届人大一次会议第二次全体会议召开，市十六届人大常委会主任陈灿辉做市人大常委会工作报告，市中级人民法院代理院长姚丽青做市中级人民法院工作报告，市人民检察院检察长郑隆松做市人民检察院工作报告。

●市十七届人大一次会议主席团第二次会议召开，听取各代表团汇报审议政府工作报告和计划、预算三个报告情况，以及审议大会选举办法草案、市十七届人大专门委员会的设立及其主任委员、副主任委员、委员人选的表决办法草案情况。

●市十七届人大一次会议主席团第三次会议召开，听取关于各项候选人（人选）情况介绍等。

●市政协十三届一次会议第二次全体会议召开，围绕泉州“十四五”规划实施，全方位推进高质量发展超越，建设“海丝”名城、智造强市、品质泉州，进行主题发言。

●市政协十三届一次会议第三次全体会议召开，肖汉辉当选政协第十三届泉州市委员会主席，周真平、王祖耀、洪川夫、戴仲川、蔡萌芽、庄灿霞、黄世界、肖惠中当选副主席。

市十七届人大一次会议第二次全体会议召开

市十七届人大一次会议第二次全体会议召开，市十六届人大常委会主任陈灿辉做市人大常委会工作报告，市中级人民法院代理院长姚丽青做市中级人民法院工作报告，市人民检察院检察长郑隆松做市人民检察院工作报告。

陈灿辉在报告中指出，五年来，市人大常委会的工作成效主要体现在六个方面：一、坚持党的领导，把牢正确政治方向；二、立足有效管用，在推行良法善治上迈开新步伐；三、依法加强监督，在推动高质量发展上取得新成效；四、坚持依法规范，在决定重大事项上展现新作为；五、强化服务保障，在发挥代表作用上呈现新气象；六、注重从严从实，在加强自身建设上实现新提升。面对新征程，唯有坚持党的领导，人大及其常委会才能履职有方向、担当有力量；面对新期待，唯有坚持人民至上，人大工作才能体现人民意志、保障人民权益、激发人民创造活力；面对新要求，只有抓住问题、一抓到底，不见实效决不收手，人大工作才能取得党和人民满意的效果；面对新挑战，唯有敢为人先、勇于突破，人大工作才能紧跟时代步伐、更具时代特色。今后的人大工作，要继续高举习近平新时代中国特色社会主义思想伟大旗帜，贯彻中共十九届六中全会、中央人大工作会议、省委人大工作会议及市第十三次党代会精神，弘扬伟大建党精神，立足新发展阶段、贯彻新发展理念、服务和融入新发展格局，在中共泉州市委领导下，创新发展“晋江经验”，高质量做好立法、监督、决定和代表等工作，在发展全过程人民民主中发挥更大作用。2022年是市十七届人大及其常委会依法履职的开局之年，建议重点抓好以下工作：发挥主导作用，以更优立法护航经济社会发展；增强监督实效，以更大力度推动高质量发展超越；深化代表工作，以更实举措保障人民当家作主；提升履职能力，以更新形象展现人大担当作为。

陈灿辉做市人大常委会工作报告（图/陈意鸣）

市政协十三届一次会议第二次全体会议召开

市政协十三届一次会议第二次全体会议召开，围绕泉州“十四五”规划实施，全方位推进高质量发展超越，建设“海丝”名城、智造强市、品质泉州，进行主题发言。12位政协委员围绕激发城市活力、延伸石化产业链、工业互联网应用、推动城乡融合发展、建设世界遗产典范城市、实施“聚城畅通”等方面建言献策。听取大会发言后，省委常委、市委书记刘建洋指出，市委、市政府将吸收委员们的意见和建议，深化细化研究，使之发挥集聚智慧、助推发展的应有作用。

肖汉辉当选政协第十三届泉州市委员会主席

市政协十三届一次会议第三次全体会议召开，选举产生新一届市政协领导班子。大会表决通过市政协十三届一次会议选举办法和大会选举工作总监票人、监票人名单。根据大会选举办法规定，选举实行等额选举，采用无记名投票方式，选举中国人民政治协商会议第十三届泉州市委员会主席1名、副主席8名、秘书长1名、常务委员89名。经大会选举，肖汉辉当选政协第十三届泉州市委员会主席。周真平、王祖耀、洪川夫、戴仲川、蔡萌芽、庄灿霞、黄世界、肖惠中当选政协第十三届泉州市委员会副主席。黄碧煌当选政协第十三届泉州市委员会秘书长。丁丽红等89人当选为政协第十三届泉州市委员会常务委员。

市政协十三届一次会议闭幕

市政协十三届一次会议在泉州人民会堂闭幕。会议听取市政协十三届一次会议提案初审情况报告；审议通过《中国人民政治协商会议第十三届泉州市委员会第一次会议决议》。

省委常委、市委书记刘建洋在讲话中指出，过去五年，市政协学习习近平总书记关于加强和改进人民政协工作的重要思想，贯彻落实习近平总书记对福建、对泉州工作的重要讲话重要指示精神，围绕中心工作主动谋事、倾情干事、协力成事，在各领域建睿智之言、献务实之策，做了大量卓有成效的工作，为泉州经济社会高质量发展做出重要贡献。省委对泉州发展提出建设21世纪“海丝”名城的定位要求。希望新一届市政协和政协委员以习近平新时代中国特色社会主义思想为指导，贯彻党中央决策部署，落实省委工作要求，按照市委明确的目标任务，发挥专门协商机构作用，广聚良策促进决策优化，广聚共识推动决策落地，为泉州勇当全方位推进高质量发展超越主力军贡献力量。要旗帜鲜明讲政治，深化政协党的建设，提高政治判断力、政治领悟力、政治执行力，明确工作方向，扛起政协担当。要服务大局献良策，把政协工作放到泉州经济社会发展大局中谋划推动，聚焦新型工业化谋思路，聚焦新型城镇化出实招，聚焦民生实事解难题，彰显政协作为。要团结民主促共识，发挥政协人才荟萃、智力密集等优势，寻求最大公约数，画出最大同心圆，汇聚政协力量。要加强建设提能力，各级政协组织要加强委员队伍建设，提升履职能力；政协委员要自觉涵养为国履职、为民尽责情怀，在工作中各展所长、在岗位上建功立业、在界别中示范引领，展现政协形象。各级党委要把政协工作纳入总体工作部署和重要议事日程，从思想上高度重视、政治上关心关怀、工作上大力支持，为政协组织履行职能创造更好条件。各级各部门要加强与政协沟通联系，凝聚推动政协事业发展的强大合力。

市政协主席肖汉辉指出，会议期间，全体委员履职尽责，共商大计、共谋发展，展现新一届政协委员胸怀全局、敬业奉献的良好风貌。面向未来，十三届市政协要学习贯彻习近平总书记到福建考察重要讲话和中共十九届六中全会精神，省第十一次党代会、市第十三次党代会精神，在中共泉州市委领导下，发扬历史主动精神，坚持团结和民主两大主题，围绕大局建言献策，协商议政，凝聚共识，乘势而上，砥砺前行，为实现市委战略部署汇聚智慧和力量，书写人民政协事业发展的时代答卷。要旗帜鲜明讲政治，以习近平总书记关于加强和改进人民政协工作的重要思想为遵循，找准定位、完善职能、守正创新，把政协制度优势最大程度地转化为推动泉州发展的磅礴力量。要服务中心担使命，创新新时代政协工作抓手，主动融入、服务全市发展大局，在创新发展“晋江经验”、推进新型工业化和新型城镇化双轮驱动等方面同心同德、群策群力。要凝聚共识促和谐，发挥自身独特优势，强化大团结大联合，深入基层社区，到群众中去，了解反映群众所思所盼；加强与港澳台同胞、海外侨胞的联络联谊，密切与社会各阶层人士的沟通联系，画出最大同心圆。要求真务实强本领，全市各级政协组织要提高政协机关服务保障水平，加强政协系统党的建设，健全完善政协履职制度化、规范化、程序化，为委员履职尽责创造更好条件；政协委员要强化使命担当，珍惜政治荣誉、珍视委员身份，用心、用力、用情交上一份让党和人民满意的答卷。

市政协十三届一次会议现场（图/陈晓东）

1月8日

农历辛丑年十二月初六
星期六
温度：11℃～17℃
晴

●市十七届人大一次会议主席团第四次会议召开，听取各代表团汇报审议市人大常委会和市中级人民法院、市人民检察院三个工作报告情况等。

●市政协十三届一次会议在泉州人民会堂闭幕。会议听取市政协十三届一次会议提案初审情况报告；审议通过《中国人民政治协商会议第十三届泉州市委员会第一次会议决议》。

●市政协十三届一次会议第四次全体会议召开，听取市中级人民法院和市人民检察院工作情况通报。

●市政协十三届一次会议主席团第四次会议召开，听取市政协十三届一次会议委员分组各组召集人关于讨论市政协十三届一次会议决议（草案）的情况汇报等。

1月9日

农历辛丑年十二月初七
星期日
温度：11℃～18℃
多云

●市十七届人大一次会议在泉州人民会堂闭幕。会议表决通过关于市政府工作报告的决议、关于泉州市2021年国民经济和社会发展计划执行情况及2022年国民经济和社会发展计划的决议等。

●市十七届人大一次会议第三次全体会议召开，李建辉当选泉州市第十七届人民代表大会常务委员会主任，蔡战胜当选泉州市人民政府市长。

●市十七届人大一次会议主席团第五次会议召开，听取各代表团汇报审议有关决议草案情况等。

●市政府第一次全体会议召开，对各级政府各部门进行新一年工作动员部署。

市十七届人大一次会议闭幕

市十七届人大一次会议在泉州人民会堂闭幕。会议逐一表决通过关于市政府工作报告的决议、关于泉州市2021年国民经济和社会发展计划执行情况及2022年国民经济和社会发展计划的决议、关于泉州市2021年预算执行情况及2022年预算的决议、关于泉州市人大常委会工作报告的决议、关于泉州市中级人民法院工作报告的决议、关于泉州市人民检察院工作报告的决议、关于加快推进21世纪“海丝”名城建设的决议。

省委常委、市委书记刘建洋指出，要坚持以习近平新时代中国特色社会主义思想为指导，提高政治判断力、政治领悟力、政治执行力，推动习近平总书记重要讲话重要指示精神和党中央决策部署落地落实，在新发展阶段新福建建设中扛起主力军担当，建设“海丝”名城、智造强市、品质泉州。要解放思想，在抓发展上迈出更大步伐。围绕“晋江经验”提出20周年，开展解放思想大讨论，深化拓展“再学习、再调研、再落实”，坚持产城融合、双轮驱动，用“投资、出口、消费”增强稳的基础和信心，用“改革、开放、创新”激发进的动力和活力，推动发展模式、质量、效益大提升。要用心用情，在惠民生上创造更多福祉。解决好群众急难愁盼问题，实施共同富裕先行工程，探索推进“党建+”社区邻里中心建设，整镇推进乡村振兴，建设美丽宜居幸福家园。要振奋精神，在抓落实上拼出更足劲头。以只争朝夕、昂扬向上的精神状态履职尽责，以马上就办、真抓实干的工作作风干事创业，以廉洁奉公、干净干事的政治本色展示形象，共同把泉州各项工作做实做细做得更好。全市各级党委要加强和改进党对人大工作的领导，支持和保证人大及其常委会依法行使职权、开展工作。各级人大及其常委会要履行宪法和法律赋予的职责，把全过程人民民主落实和体现到人大工作各环节全过程，更好保障人民当家作主。

李建辉表示，全市各级人大和代表要认清使命、奋发有为，肩负起坚持和完善人民代表大会制度、发展全过程人民民主的崇高使命，决不辜负市委的信任和重托，决不辜负全市人民的支持和期盼，同心协力、担当尽责，为完成此次会议确定的目标任务，勇当全方位推进高质量发展超越主力军做出新的更大贡献。

泉州市第十七届人民代表大会第一次会议现场（图/陈小阳）

李建辉当选泉州市第十七届人大常委会主任 蔡战胜当选泉州市人民政府市长

市十七届人大一次会议第三次全体会议召开，选举泉州市第十七届人大常委会主任、副主任、秘书长、委员，泉州市人民政府市长、副市长，泉州市监察委员会主任，泉州市中级人民法院院长，泉州市人民检察院检察长。经选举，李建辉当选泉州市第十七届人民代表大会常务委员会主任，蔡战胜当选泉州市人民政府市长，吴友才、黄阳春、樊美清、高向荣、赖清正、李文生当选泉州市第十七届人民代表大会常务委员会副主任，黄景春、李伙金、刘林霜、陈小辉、汪志红、蔡天守、苏耿聪当选泉州市人民政府副市长，傅藏荣当选泉州市监察委员会主任，姚丽青当选泉州市中级人民法院院长，郑隆松当选泉州市人民检察院检察长，颜朝晖当选泉州市第十七届人民代表大会常务委员会秘书长，王卫红、王文彬、朱亮等28人当选泉州市第十七届人民代表大会常务委员会委员。

刘建洋开展公安工作调研

省委常委、市委书记刘建洋到市警察训练学校、市交警支队指挥中心调研，观看市公安局应急处突实战演练，看望慰问公安功模，并召开座谈会，听取公安工作汇报。在市交警支队指挥中心，刘建洋了解支队在交通精细化管理、精准化整治等方面所做的探索。座谈会上，刘建洋强调，大家要学习贯彻习近平总书记关于加强新时代公安工作的重要论述及其在中国人民警察警旗授旗仪式上的重要训词精神，坚持党对公安工作的绝对领导，确保公安队伍绝对忠诚、绝对纯洁、绝对可靠。要更加主动护航发展大局，坚持人民公安为人民，聚焦疫情防控、推进新型工业化和新型城镇化“双轮驱动”、打造公平公正法治环境、防范化解风险隐患等工作，提升执法司法水平。要推进改革创新，以科技赋能治理、以创新破解难题，注重事前防范、事中处置、事后管理，从源头和根本上解决问题。要更加注重淬炼公安铁军，巩固深化政法队伍教育整顿成果，坚持严管厚爱结合、激励约束并重，开展实战实训，做到从优待警、暖心惠警。

刘建洋到惠安开展工作调研

省委常委、市委书记刘建洋到惠安开展工作调研。在中化泉州石化有限公司，刘建洋了解企业总体工作及安全生产情况，指出要科学谋划预留发展空间，拓展石化中下游产业链，促进石化产业转型升级、绿色发展。在惠安城西片区，刘建洋强调，城市更新要系统谋划，坚持产业培育、基础设施、公共服务配套、生态环境“四个优先”，明晰功能定位，调集资源要素，落地带动力强的大项目好项目，更好集聚人气商气。在达利集团，刘建洋希望企业研究市场需求，开发更多创新产品，打造沉浸式消费场景，推动先进制造业与现代服务业深度融合。在随后召开的座谈会上，刘建洋强调，惠安要立足当前、着眼未来，以更大格局、更宽视野、更高坐标审视自身，梳理发展规律、明确发展路径，在泉州新一轮高质量发展中展现更大作为。要开拓创新，在新起点谋求新突破，坚持产城融合、双轮驱动，推动石化产业延链补链，加快建筑、石雕等传统产业园区标准化改造，厚植产业发展生态；发挥比较优势，推动城关、小城镇、美丽乡村差异化定位、特色化发展，提升城镇功能和品质。要顺应大势谋划新动能，深度挖掘海洋经济、文旅经济等产业空间，“一产一策一专班”培育新兴产业。要坚持党建引领，夯实基层基础，统筹发展和安全，探索“党建+”社区邻里中心建设，在社区治理和乡村治理中凝聚更大合力。

刘建洋（前排左三）在中化泉州石化有限公司了解企业整体运行情况（图/陈起拓）

党史学习教育省委第四巡回指导组在泉州召开评估工作座谈会

党史学习教育省委第四巡回指导组在泉州召开党史学习教育评估工作座谈会。省委第四巡回指导组组长卢承圣主持并讲话。卢承圣指出，各级党组织和党员干部要学习贯彻中共十九届六中全会和中央政治局专题民主生活会精神，按照中央、全省党史学习教育总结会的部署，学习领会、贯彻落实，巩固拓展党史学习教育成果，做好评估工作，分析存在的问题，补短板、强弱项，高质量开好党史学习教育专题民主生活会和总结会。

1月10日

农历辛丑年十二月初八
星期一
温度：12℃~18℃
多云转阴

●省委常委、市委书记刘建洋到市警察训练学校、市交警支队指挥中心调研，观看市公安局应急处突实战演练，看望慰问公安功模，并召开座谈会，听取公安工作汇报。

●省委常委、市委书记刘建洋到惠安开展工作调研。

●市政协主席肖汉辉带领市政协新一届领导班子，到晋江经验馆专题学习交流研讨，重温习近平总书记总结提出的“晋江经验”。

●党史学习教育省委第四巡回指导组在泉州召开党史学习教育评估工作座谈会。

●由泉州晚报社主办的2022年“党报送祝福 春联抒真情”活动启动。

●网络安全题材40集电视剧《无形之刃》在丰泽启动。

●安溪县重点项目开竣工活动举行，其中开工项目13个，总投资27.04亿元，竣工项目14个，总投资9.32亿元。

1月11日

农历辛丑年十二月初九
星期二
温度：8℃~12℃
多云

●省委常委、市委书记刘建洋到泉港、洛江调研并召开座谈会。

●市政协党组扩大会议召开，传达学习刘建洋在市政协十三届一次会议上的讲话精神，研究市政协贯彻意见。

●市政协党组理论学习中心组（扩大）学习会议召开，传达学习纪念中央革命根据地创建暨中华苏维埃共和国成立90周年座谈会精神等。

●国道228线滨海风景道全省现场推进会在泉州召开。

●由市委宣传部、文明办和市教育局、科技局、农业农村局、交通运输局、文旅局等主办的2022年泉州市文化科技卫生“三下乡”集中服务活动在洛江区虹山乡启动。

●市贸促会为朵可（泉州）卫生用品有限公司签发《区域全面经济伙伴关系协定》原产地证书，涉及出口金额29422.32美元，为企业争取进口国关税减免1765.34美元。此系市贸促会签发的首份《区域全面经济伙伴关系协定》原产地证书。

刘建洋到泉港、洛江开展工作调研

省委常委、市委书记刘建洋到泉港、洛江调研并召开座谈会，市委常委、秘书长施宇辉参加调研。

刘建洋到百宏石化、泉港石化安控区、福海粮油调研，了解企业经营管理和项目推进情况。在随后召开的座谈会上，刘建洋指出，泉港要牢记习近平总书记的嘱托，做足石化产业文章，聚焦精细化工、电子化学品、制药原材料等，推动产业向价值链高端延伸。要发展港口经济，深度挖掘海洋经济、文旅经济等新兴业态，加快构建现代产业体系。要坚持产城融合、双轮驱动，对照产业培育、基础设施、公共服务配套、生态环境“四个优先”要求，加快补齐现代城市短板，从物理空间、内容内涵上导入要素功能，快速集聚人气商气。刘建洋到洛江智能制造产业园、阳江新城洛阳江生态环境整治项目、洛阳桥遗产点调研。座谈中，刘建洋要求，洛江要解放思想、自我加压、拉高标杆，在明确目标定位的前提下，探索发展新路径。要梳理产业和城市发展情况，突出强攻产业，构建特色产业体系，依托园区标准化改造建设，打造更多产业综合体和创新综合体，培育一大批专精特新企业；突出产城融合，市区联动提高城市规划建设管理水平，加强城市设计，管控好整体风貌和天际线，把握好城市建设节奏，做到精心规划、精致建设、精细管理、精美呈现。要坚持生态优先，走出一条城乡统筹发展新路，结合乡村振兴，培育美丽经济，打造全域旅游新业态，在高质量发展中促进共同富裕。调研中，刘建洋指出，全市各级各部门要坚持以党建引领高质量发展，统筹发展和安全，发挥各级党员干部的模范带动作用，形成凝心聚力抓发展、团结一致干事业的浓厚氛围；夯实基层基础，强化社区党建、农村党建、园区党建、非公党建，推进“党建+”社区邻里中心建设，实现幼有所育、老有所养、病有所医、食有所安、居有所乐、事有所办，提升人民群众的获得感、幸福感、安全感。

刘建洋（前排中）走访泉州福海粮油工业有限公司
（图/陈起拓）

2022年泉州市文化科技卫生“三下乡”集中服务活动在洛江启动

由市委宣传部、文明办和市教育局、科技局、农业农村局、交通运输局、文旅局等主办的2022年泉州市文化科技卫生“三下乡”集中服务活动在洛江区虹山乡启动，将中共十九届六中全会及省、市党代会精神送到基层一线。活动中，市、区各相关部门开展农业科技、卫生保健、文化版权等科普宣传，专家义诊、书写春联、暖心义剪等贴心服务，以及“世遗”宣传、非物质文化遗产展示、“福”文化互动等特色项目。启动仪式后，泉州歌舞剧团、泉州打城戏传承中心、洛江双阳农场等携手献演歌舞《幸福小康一起走》、打城戏《真假美猴王》、印度尼西亚民俗风情舞蹈《欢歌起舞》等。特别是歌曲《来去虹山》，通过独特的音乐和视频，让观众感受虹山乡“瓜果香百里、春色醉千山”的独特韵味。

泉州市文化科技卫生“三下乡”集中服务活动演出现场
（图/张九强）

刘建洋到德化、永春开展工作调研

省委常委、市委书记刘建洋到德化、永春开展工作调研。刘建洋强调，德化、永春要擦亮特色品牌，坚持数字赋能、科技赋能、生态赋能，“一产一策一专班”招商引资，把传统产业做足做深做透，把新兴产业做大做强做精。坚持因地制宜、产城融合，坚定不移做强做优城关，通过新业态培育、职业教育发展、公共服务提升等，集聚更多人才和人气，形成城市的活力和商气。坚持生态优先、绿色发展，推进乡村振兴，发展全域旅游、美丽经济、富民产业，走出一条城乡统筹发展新路。坚持党建引领、改革创新，以“党建+”社区邻里中心建设为抓手，提升服务群众能力和综合治理能力，打造县域社会治理现代化的山区样本。

刘建洋（右三）在德化县国宝乡佛岭村调研
（图/陈起拓）

市政府第一次常务会议召开

市政府第一次常务会议召开，研究并通过《关于加快推进旅游业高质量发展的实施意见》《泉州市卫生健康惠民生补短板专项行动方案（2022—2025年）》等。会议指出，要做大文旅经济，完善“食、住、行、游、购、娱”等全方位配套服务，提升旅游经济贡献率。要打响“宋元中国·‘海丝’泉州”城市品牌，加快文体旅深度融合发展，培育“遗产+”“文化+”“体育+”等跨界融合新业态，打造一批文体旅品牌，提升城市知晓率、美誉度和影响力。要做强旅游产业，培育本土文旅龙头企业，加强引进全国全省知名企业，合力挖掘本地资源，激发市场活力。要致力“增床位、提质量”，加快医疗设施和学科建设，高位嫁接优质医疗资源，引进建设国家级、省级区域医疗中心，推动医疗资源扩量提质。要致力“就近医、就好医”，创新医疗机制，推进优质公立医院医疗资源、医务人员“双沉”，推进二级以上公立医院与社区卫生机构合作共建，推动县域紧密型医共体发展。

泉州海湾大道项目全线建成通车

泉州台商投资区海湾大道二期项目通车，标志泉州海湾大道项目全线建成通车。泉州海湾大道是泉州台商投资区骨干路网之一，起于后渚大桥东桥头，连接惠安山霞，全长21.4千米。项目分两期建设，一期工程于2021年全线建成通车；二期工程由中建五局投资建设运营，项目总投资32亿元，是省、市重点项目。项目起于泉州台商投资区16号码头，终于后渚大桥东侧互通立交，集交通、经济建设、防洪防潮、旅游观光等功能于一体，道路总长11.35千米，主路采用双线8车道，辅路采用双线4车道，全程无红绿灯，主路最高时速可达100千米。

泉州台商投资区海湾大道二期下垵段景观（图/陈起拓）

泉州台商投资区重点项目集中开竣工仪式举行

泉州台商投资区部分重点项目集中开竣工仪式举行，多个高端智能数控项目开工。集中开工的项目包括凹凸精密数控项目、睿步机器人项目、泉州烽火群英荟军博园项目、新日成热熔胶涂布设备项目与泉州台商投资区医院建设项目。此外，宏力达智能配电网产品研发制造基地竣工，港城·龙湖国际项目奠基，海湾大道二期项目竣工通车。

1月12日

农历辛丑年十二月初十
星期三
温度：9℃～13℃
多云

●省委常委、市委书记刘建洋到德化、永春开展工作调研。

●市政府第一次常务会议召开，研究并通过《关于加快推进旅游业高质量发展的实施意见》《泉州市卫生健康惠民生补短板专项行动方案（2022—2025年）》等。

●12—13日，民革泉州市委会第十六次代表大会召开，学习贯彻中共十九届六中全会、中共福建省第十一次代表大会、中共泉州市第十三次代表大会和中共泉州市委十三届二次全会精神，审议通过民革泉州市第十四届委员会工作报告及各项决议。

●泉州台商投资区海湾大道二期项目通车，标志着泉州海湾大道项目全线建成通车。

●泉州台商投资区部分重点项目集中开竣工仪式举行。

1月13日

农历辛丑年十二月十一
星期四
温度：9℃~17℃
多云

●全市党史学习教育总结会议召开。

●市委理论学习中心组学习会暨党史学习教育领导小组会议召开，学习贯彻习近平总书记在中央政治局党史学习教育专题民主生活会上的重要讲话及其对党史学习教育的重要指示和中央党史学习教育总结会议精神，学习贯彻全省党史学习教育总结会议精神。

●市委常委会召开会议，学习习近平总书记在全国政协新年茶话会上的重要讲话和2022年新年贺词精神及省委常委会会议精神。

●省委常委、市委书记刘建洋到丰泽开展工作调研。

●市委召开在泉州原任地厅级老干部及部分市党代表、人大代表征求意见座谈会，征求对市委常委班子和成员的意见、建议。

●13—14日，省委宣传部组织开展“学习宣传贯彻省第十一次党代会精神八闽行”主题采访活动，采访团到惠安和晋江采访。

全市党史学习教育总结会议召开

全市党史学习教育总结会议召开。会议指出，要把习近平总书记重要讲话重要指示精神和党中央决策部署落到实处，提高政治判断力、政治领悟力、政治执行力。要坚持以史为鉴、感悟思想伟力，以“晋江经验”提出20周年为契机，“再学习、再调研、再落实”，开展解放思想大讨论，把握新使命新任务，聚焦产城融合、双轮驱动，走好新时代赶考之路。要践行为民初心、站稳人民立场，聚焦解决群众急难愁盼问题，探索推进“党建+”社区邻里中心建设，提升服务群众能力和基层治理能力。要发扬奋斗精神、勇于担当作为，统筹好疫情防控和经济社会发展，统筹发展和安全，实现经济社会健康发展。要推进全面从严治党、推进自我革命，巩固发展风清气正的政治生态，以高质量党建引领保障高质量发展。

市委理论学习中心组学习会召开

市委理论学习中心组学习会暨党史学习教育领导小组会议召开，学习贯彻习近平总书记在中央政治局党史学习教育专题民主生活会上的重要讲话及其对党史学习教育的重要指示精神和中央党史学习教育总结会议精神，学习贯彻全省党史学习教育总结会议精神。会议开展集中研讨，并研究市委常委会班子党史学习教育专题民主生活会准备工作。会议指出，要推进党史学习教育常态长效，做好党史总结、学习、教育、宣传工作，把学习教育成果转化为实际成效。要勇于担当作为，发扬奋斗精神，统筹好常态化疫情防控和经济社会发展，统筹好发展和安全，推进全面从严治党。

刘建洋到丰泽开展工作调研

省委常委、市委书记刘建洋到丰泽开展工作调研。刘建洋强调，丰泽要统筹抓好产业转型升级和新动能培育，聚焦2.5产业，做大做强专业园区，孵化培育更多专精特新企业和未来龙头企业，加快发展高端生产性服务业和高品质生活性服务业。要统筹抓好新区建设和城市更新，坚持功能和品质双提升，尤其要加快东海片区集聚发展，同步推进工程建设和产业集聚，打造以泛金融、总部经济为主导的中央商务区，汇聚更多人气商气；坚持“留、改、提、拆、建”并举，全市“一盘棋”，保护好历史文化、古树名木，推动空间重构、功能重置，并导入可持续发展的新业态。要统筹抓好招商引资和环境优化，坚持条块结合、市区联动，发挥专业人才作用，一产一策一专班，以更好更优营商环境，招引更多大项目好项目。要坚持党建引领，统筹抓好基层党建和基层治理，在城市治理现代化中作探索、当示范。

“学习宣传贯彻省第十一次党代会精神八闽行”主题采访活动采访团到泉州采访

13—14日，省委宣传部组织开展“学习宣传贯彻省第十一次党代会精神八闽行”主题采访活动，采访团到惠安和晋江采访。围绕“乡村振兴、共同富裕”主题，活动组织省级、市级主流媒体记者，以及厦门大学、福建师范大学新闻专业师生进机关、进企业、进农村、进社区、进服务窗口，与一线干部群众开展共学活动，集中推出一批有深度、有分量的新闻报道，营造氛围，推动党代会精神在基层一线落地生根、开花结果。

“学习宣传贯彻省第十一次党代会精神八闽行”主题采访活动采访团在泉州举行现场学习会（图/吴宗宝）

刘建洋到泉州台商投资区开展工作调研

省委常委、市委书记刘建洋到泉州台商投资区开展工作调研，市领导施宇辉、黄景春参加调研。在泉州后渚大桥东立交桥，刘建洋了解区域路网规划建设进展，强调要加强主要道路、重要节点等的建筑风貌管控，勾画疏密有致、高低错落的城市天际线，让城市显山露水。在海上丝绸之路艺术公园·亚洲园，刘建洋指出要善于整合资源，突出市场化专业化，提高运营管理水平，集聚更多人气，成为近悦远来的文化会客厅和休闲打卡地。在烯石新材料公司，刘建洋对企业走绿色低碳发展道路表示赞赏，叮嘱属地要精准服务，强化产业链招商，促进循环再生纺织品产业就地配套，实现延链补链强链。随后召开的座谈会上，刘建洋强调，泉州台商投资区要明晰定位、拉高标杆，在全方位擦亮“台”字品牌上有更大作为。梳理优化主导产业，找准与台湾地区电子信息、生物医药、工业设计、现代农业等优势产业的结合点，加快泉州和台湾地区产业深度融合，打造台资、台企、台湾人才干事创业的热土和生活的理想家园。要突出重点、久久为功，在先进制造业和战略性新兴产业集聚发展上有更大力度，叠加高新和开放政策优势，千方百计引进头部企业，打造一批现代化专业园区，打通产业链、资金链、人才链、技术链，孵化、裂变、壮大一批专精特新、“瞪羚”和“独角兽”企业。要找准定位、错位发展，在产城融合、双轮驱动上有更大担当，优化城市运营管理，导入更多现代业态，提升城市和产业能级。要党建引领、先行先试，在推进城市治理现代化上有更大突破，聚焦改革、开放、创新、融合四个方面，积极探索、形成示范。

市委农村工作会议召开

市委农村工作会议召开。会议指出，全市各级各部门要学习贯彻习近平总书记关于“三农”工作重要论述，落实中央、省委农村工作会议精神，领会“三农”“压舱石”作用，理解粮食安全“党政同责”，重视耕地保护“长牙齿”措施，把握巩固脱贫攻坚成果重要意义，稳住农业基本盘。会议要求，要实施乡村振兴专项行动，走好城乡融合、强镇引领振兴之路，因地制宜提升基础设施和基本公共服务。走好产业发展、金融赋能振兴之路，对接“福”字号品牌创建，打造更多特色产业百亿强县、十亿强镇、亿元强村。走好科技创新、绿色生态之路，落实种业振兴任务，推进减排固碳，加强生态环境治理。走好乡村善治、以镇带村振兴之路，推进“党建+”社区邻里中心建设，提升基层治理水平，打通服务群众“最后一公里”。走好共同富裕、村民振兴之路，多渠道增加农民收入，保障好低收入群体。要切实加强党对“三农”工作的全面领导，压紧压实“三农”工作责任，落实强农惠农富农政策，统筹推进镇村试点创建，凝聚乡村振兴工作合力，开创泉州市乡村振兴新局面。

市政协党组（扩大）会议召开

市政协党组（扩大）会议召开，听取市政协党组成员2021年度述责述廉报告。市政协党组书记、主席肖汉辉带头述责述廉，并对党组成员述责述廉进行点评。市政协党组成员逐一在会上述责述廉。会议强调，市政协党组要扛起从严治党主体责任，以更大的决心、更严的举措，推进政协机关党风廉政建设和反腐败工作。要加强学习提高认识，学习贯彻习近平新时代中国特色社会主义思想和中共十九届六中全会精神，巩固拓展党史学习教育成果。要明确责任抓好落实，贯彻中央和省委、市委决策部署，推动党建工作和业务工作有机融合，把“一岗双责”落到实处；坚持问题导向，对述责述廉、现场评议反映的问题，采取有力措施，坚决整改到位，推动问题解决。要严格管理强化监督，严肃党内政治生活，强化党内监督，严格管理干部，加强作风建设，深化党章党规党纪教育实效，提升政协党的建设整体质量和水平。

1月14日

农历辛丑年十二月十二
星期五
温度：10℃～14℃
多云转晴

●省委常委、市委书记刘建洋到泉州台商投资区开展工作调研。

●市委农村工作会议召开。

●市人大常委会主任李建辉带领新一届人大领导班子到晋江经验馆，与基层人大和8名“晋江经验”的亲历者、见证者座谈。

●市政协党组（扩大）会议召开，听取市政协党组成员2021年度述责述廉报告。

●由泉州市发展改革委（市营商办）、晋江市政府、泉州晚报社主办的2022年泉州“营商环境进园区”首场活动在晋江经济开发区举行。

●央视频播出由中国国际电视台（CGTN）制作的《好吃客》泉州篇，外籍主持人用英文向世界介绍泉州。

1月15日

农历辛丑年十二月十三
星期六
温度：12℃～18℃
多云转晴

●省委常委、市委书记刘建洋到泉州经济技术开发区开展工作调研。

●15—19日，由市委宣传部、香港商报福建办事处主办，泉州城建集团承办的“海丝城鉴：中国著名作家（摄影家）走进泉州”采风团到泉州采风。

●15—22日，由中国闽台缘博物馆、福建省书法家协会、福建省美术家协会、泉州市文联主办，泉州市书法家协会、泉州市美术家协会、泉州市摄影家协会承办的“世遗”泉州专题书法作品展在中国闽台缘博物馆举行。

刘建洋到泉州经济技术开发区开展工作调研

省委常委、市委书记刘建洋到泉州经济技术开发区开展工作调研，市领导刘林霜参加调研。在泉州华中科技大学智能制造研究院，刘建洋了解成果转化、引才留人等情况，鼓励研究院贴近市场、贴近实战，精准对接企业需求，产学研用协同创新，既改造提升传统产业，又孵化专精特新企业，收获更大溢出效应。在斐乐全球采购中心，刘建洋对该工业更新项目表示肯定，指出要引进世界品牌采购中心，加速带动泉州我市关联优势产业向“微笑曲线”两端延伸。在九牧王公司，刘建洋关切企业生产经营、研发设计、市场销售及未来规划，指出要深耕细分领域做特做足做优，厚植创新土壤，强化科技、数字、链条赋能，走向资本、文化、艺术赋能，提升产品核心竞争力。座谈会上，刘建洋强调，要解放思想、勇于创新，理顺开发区管理体制和运行机制，凝心聚力谋发展，更好厘清发展思路、明晰目标定位、找准具体抓手，协同推进“做大做强中心城区”走深走实。要下定决心、攻坚克难，集中资源集合力量，加速传统产业转型升级和新兴产业集群集聚，加快物理空间重塑优化，提升开发区的支撑服务能力，打造新型工业化标杆园区。要抓实党建引领、夯实基层基础，推进“党建+”园区邻里中心建设，问计问需于企业和人才，就近解决身边的事情，在推进园区治理体系和治理能力现代化中探索新路。

“中国著名作家（摄影家）走进泉州”采风团到泉州采风

15—19日，由市委宣传部、香港商报福建办事处主办，泉州城建集团承办的“海丝城鉴：中国著名作家（摄影家）走进泉州”采风团到泉州采风。此次采风团以第六届中国作家协会副主席黄亚洲为团长，作家成员还有王剑冰、徐剑、王久辛、马步升、李建军、杨海蒂、蒋蓝、周习、李晓东等，同时还邀请中国摄影家协会摄影家郑杰与作家同团采风。采风团到泉州开元寺、李贽故居、蟳埔民俗文化村、东海总部经济区、泉州市公共文化中心等地及集团承建项目现场采风。同时，还到泉州城建集团，与泉州城市建设者和泉州市文化文艺各界座谈交流，畅谈“海丝”名城未来发展。

采风团参观南外宗正司陈列馆（图/林劲峰）

“世遗”泉州专题书法作品展举行

15—22日，由中国闽台缘博物馆、福建省书法家协会、福建省美术家协会、泉州市文联主办，泉州市书法家协会、泉州市美术家协会、泉州市摄影家协会承办的“世遗”泉州专题书法作品展在中国闽台缘博物馆举行。此次展览展出中国书法家协会会员、福建省书法家协会理事何锦龙以“泉州：宋元中国的世界海洋商贸中心”为主题创作的书法作品数十幅，呈现22个遗产点的文化内涵和独特魅力。展览分“世遗”泉州经典、“海丝”泉州胜概、感赋“世遗”泉州三大篇章，泉州开元寺、东西塔、老君岩、洛阳桥、德济门遗址等著名景点均融入书法作品中。

“世遗”泉州专题书法作品展现场（图/吴寿民）

泉州市出台稳岗政策

市人社局、市财政局、市工信局印发文件，从社保减负、就业奖补、技能培训等方面保障企业用工，力促2022年一季度“开门红”。在社保减负方面，阶段性降低失业保险、工伤保险费率延续实施至4月30日。失业保险费率降至1%；工伤保险基金累计结余可支付月数在24个月（含）以上的，在现行省定行业基准费率的基础上下调50%。在就业奖补方面，对经当地工信部门认定，采取措施稳定职工队伍、春节当月保持连续生产的重点企业，按该企业参加失业保险职工数1000元/人的标准给予一次性稳定就业奖补，奖补金额最高不超过15万元。在技能培训方面，鼓励企业开展在岗职工职业技能培训和企业新型学徒制培训，按规定享受补贴。对企业吸纳就业困难人员、毕业年度内高校毕业生，按规定给予社保补贴。

“‘海丝’城鉴：中国著名作家（摄影家）走进泉州”采风团到泉州采风

由市委宣传部等主办、泉州城建集团承办的“‘海丝’城鉴：中国著名作家（摄影家）走进泉州”采风团到泉州采风。采风团到泉州开元寺、南外宗正司遗址、天后宫、李贽故居、清净寺、关岳庙、真武庙、江口码头、蟳埔民俗文化村等地采风。采风团团长、第六届中国作家协会副主席黄亚洲表示，这是他第二次到泉州，每次都有新鲜的感受，城市面貌日新月异，城市历史文脉始终如一，优秀传统文化在市民日常生活中活色生香，十分难得，这背后离不开一群有情怀的城市建设者，让这座历史文化名城熠熠生辉。泉州申报世界遗产成功，迎来全新的发展机遇，可以邀请更多的作家、诗人、编剧到泉州，通过沉浸式采风、体验生活等，了解这座城市历史文化和城市发展新貌，擦亮“宋元中国·‘海丝’泉州”名片，讲好中国故事。

泉州2021年度汉字揭晓

由《东南早报》、泉州市青年书法家协会主办的泉州2021年度汉字揭榜仪式举行，“名”字当选。主办方赞同多名读者的荐字理由，认为泉州2021年大事、喜事、荣耀多，是泉州这座“海上丝绸之路”名城的扬名之年。泉州市书法家协会原主席周焜民应邀题写年度汉字“名”。主办方介绍，2021年泉州发生太多大事：年初，官宣生产总值破万亿元；7月泉州申报世界遗产成功，成为中国第56处世界遗产；同月，李发彬、黄东萍奥运夺冠；10月，泉州市党代会召开，提出建设“‘海丝’名城、智造强市、品质泉州”的愿景；12月，泉州获《中国新闻周刊》评选的“2021中国年度城市”称号。除此之外，这一年，跪地救人的杨巧蓉、下水救人的69岁大妈吴玉旋、捐赠器官的7岁男孩涛涛，以及捐出千万元救灾的企业，他们的爱心善举都名扬全国，也使泉州之名增添温暖和勇毅的力量。

泉州2021年度汉字揭晓（图/庄丽祥）

外国友人到泉州少林寺参观游学

24位外国友人到泉州少林寺参观游学，并共写新年“福”字。这些外国友人来自俄罗斯、法国、美国、西班牙、塞尔维亚、肯尼亚、荷兰、菲律宾等国，慕名到泉州少林寺参访学习，体验南少林禅武文化的独特魅力。他们纷纷表示，在了解泉州少林寺的文化和底蕴后，将把泉州少林寺的禅武文化传播到各自国家，让更多的友人到少林寺习武修禅、了解中国优秀的传统文化。在活动现场，还举行迎新写“福”活动，大家一起书写“福”字，祈求安康。

1月16日

农历辛丑年十二月十四
星期日
温度：13℃～18℃
多云转阴

●市人社局、市财政局、市工信局印发文件，从社保减负、就业奖补、技能培训、招工用工等方面保障企业用工，力促2022年一季度“开门红”。

●由市委宣传部等主办、泉州城建集团承办的“‘海丝’城鉴：中国著名作家（摄影家）走进泉州”采风团到泉州采风。

●由《东南早报》、泉州市青年书法家协会主办的泉州2021年度汉字揭榜仪式举行，“名”字当选。

●24位外国友人到泉州少林寺参观游学，并共写新年“福”字。

1月17日

农历辛丑年十二月十五
星期一
温度：12℃～15℃
多云转阴

●省委常委、市委书记刘建洋到市信访局接访群众，现场研究、协调解决群众反映的小区安全隐患、房产证办理等信访问题。

●市人大常委会党史学习教育总结会议召开。

●市人大常委会党组扩大会议召开，传达学习习近平总书记在中央政治局党史学习教育专题民主生活会上的重要讲话、对党史学习教育的重要指示精神及中央、全省党史学习教育总结会议精神。

●继收听收看全国、全省安全生产电视电话会议后，泉州市随即召开会议，总结2021年安全生产工作，部署下阶段重点工作。

●民建泉州市第十三次代表大会召开，选举产生民建泉州市第十三届委员会，庄天怀当选主任委员，黄军红、林时发、吕锜、吴为荣、黄梓奇当选副主任委员。

●17—18日，农工党泉州市第十五次代表大会召开，选举产生农工党泉州市第十五届委员会，肖惠中当选主委，张翼、谢承华、王蔚、王高雄、黄志军、庄刚毅当选副主委。

●泉州中央商务区丰泽区指挥部揭牌，标志着泉州中央商务区的建设拉开序幕。

●泉州市启动政府平价商店平价销售方式。

●泉州海事局在泉港肖厝渡口开展2022年泉州辖区“海上春运”启动仪式暨跨湾区联合巡航清障活动。

刘建洋到市信访局接访群众

省委常委、市委书记刘建洋到市信访局接访群众，现场研究、协调解决群众反映的小区安全隐患、房产证办理等信访问题。刘建洋强调，要推进“党建+”社区邻里中心建设，用心用情用力解决好群众的操心事、烦心事、揪心事，提升群众获得感、幸福感、安全感。

市人大常委会党史学习教育总结会议召开

市人大常委会党史学习教育总结会议召开。会议指出，要把学习习近平总书记系列重要讲话精神，与学习贯彻中央人大工作会议精神结合，领悟历史启示。要坚持以史为鉴，以“晋江经验”提出20周年为契机，启动解放思想大讨论，聚焦增强监督刚性和实效、督促地方性法规有力实施、推动讨论决定重大事项制度化常态化、发挥代表主体作用、加强干部任后监督等重点难点，拿出真招实招，确保新一届人大工作开好局、起好步。要聚焦人民所思所想所盼，探索推进代表联系群众活动室与“党建+”社区邻里中心建设相结合，提升服务群众能力和基层治理能力。要把握历史主动，推进自我革命，推进全面从严治党。要紧扣市委中心大局，以“赶考”的清醒和坚定，抓紧调整、确定新一年工作计划，用好宪法和法律赋予的职权，发展全过程人民民主，为建设“海丝”名城、智造强市、品质泉州提供法治保障。

市人大常委会党史学习教育总结会议现场（图/陈意鸣）

全市安全生产电视电话会议召开

继收听收看全国、全省安全生产电视电话会议后，泉州市随即召开会议，总结2021年安全生产工作，部署下阶段重点工作。会议强调，要推动安全生产标准化提升专项行动落地落实，组织发动全行业企业对照检查清单，面向企业和基层加强标准化业务培训，“一企一策”建立隐患清单、整改清单，按照“红橙黄蓝”分级分类差异化监管，实施银行信贷、用地审批、财政税收、安全执法等约束激励举措，督促企业落实主体责任。要推动重要节点、重点行业隐患排查整治落地落实，加强节日期间大型活动审批、旅游景区景点、施工作业安全管理，落实值班值守和信息报送制度，加强各类应急救援力量在岗待命；严查严管春运交通、燃气安全、水上和海洋渔业等重点领域，精准开展安全隐患排查治理。

泉州市启动政府平价商店平价销售方式

泉州市启动政府平价商店平价销售方式。在市发改委指导下，各县（市、区）利用平价商店和指定专柜等渠道，通过政府差价补贴平价销售粮油肉蛋菜等重要民生商品的方式，增加市场供应，稳定市场价格。全市开设102家政府平价商店，形成覆盖全市的平价商店网络体系。此次开设平价商品范围涵盖粮、油、肉、蛋、蔬、果六大类17个品种。各类平价商店平价销售区均统一悬挂“政府指定农副产品平价销售区”标志牌，以便市民识别选购。在平价销售期间，市发展改革委加强对重要民生商品的市场价格监测，指定专人全面掌握每日平价商品的价格和销量，确保平价商品的销售价格符合规定。同时，加大市场巡查力度，及时纠正降价幅度不够或质价不符、价签不对位等问题。在平价销售结束后，各地发改部门核实平价商店销售情况，及时给予平价商店补贴。

中欧班列（泉州—莫斯科）首发

市政府会同中国铁路南昌局集团有限公司主办中欧班列（泉州—莫斯科）首发仪式活动。市长蔡战胜出席启动仪式并宣布中欧班列（泉州—莫斯科）发车，副市长汪志红出席并致辞。省商务厅、泉州海关、中铁南昌局及市直有关部门和单位负责人，各县（市、区、管委会）分管负责人，商务主管部门负责人，班列运营平台公司中泉集团、中外运华南和福建分公司负责人，首趟班列货物出口企业代表，市部分重点出口企业、物流企业及商协会代表120人参加活动。此次中欧班列主要装有卫生用品、箱包、鞋服及工艺品等泉州轻工产品，货物在泉州晋江陆地港验放，装载50个柜集装箱，货重445.7吨，货运总值1037.3万元。班列从泉州东站始发，经由满洲里国境站出境，直达俄罗斯莫斯科，总行程10960千米，预计用时20天，与原有海运运输方式比较，运输时间可节省25天。10时30分，伴随着火车鸣笛，搭载50个40英尺货柜的75010/09次中欧班列从泉州东站驶出，标志中欧班列（泉州—莫斯科）首发。“泉州—莫斯科”国际货运班列的首发，实现“海上丝绸之路”与“陆上丝绸之路”无缝对接，助力泉州加强与“一带一路”共建国家和地区的经贸往来，促进“泉州制造”走向世界，助力泉州外贸高质量发展。

中欧班列（泉州—莫斯科）首发（图/黄忠族）

“学习宣传贯彻省第十一次党代会精神八闽行”泉州蹲点集中采访活动启动

由泉州市委宣传部、华侨大学新闻与传播学院、泉州师范学院文学与传播学院主办的“学习宣传贯彻省第十一次党代会精神八闽行”泉州蹲点集中采访活动启动。活动为期五天，《福建日报》、省广播影视集团、《泉州晚报》、泉州广播电视台、《海峡都市报》、东南网等媒体记者，以及华侨大学、泉州师范学院等高校新闻专业师生代表到南安、安溪、永春等基层一线，采取行进式采访与蹲点调研相结合方式，与一线党员干部群众基层共学，集中推出一批有深度、有分量的新闻报道。

“学习宣传贯彻省第十一次党代会精神八闽行”泉州蹲点集中采访活动启动（图/张九强）

泉州市启动“菜篮子”保供机制

市商务局启动保供机制，从是日起至春节前，加大外调生猪、蔬菜及蛋类产品的市场供应量。市商务局召集全市主要副食品商贸流通企业召开专项工作会议，就主要副食品保障供应方案进行研究，提前部署市场供应保障工作。根据要求，各县级商务主管部门对本辖区主要副食品的生产、购进、销售、库存数量要做到心中有数，完善稳定副食品供应的应急预案，重点保障猪肉、蔬菜等主要副食品供应不断档、不脱销，重点做到保供应及严管理。在保供应方面考虑到猪、肉、蛋的供应。从是日起到春节前，泉州每日从南平、三明、龙岩等地调入生猪1700多头；从龙岩、江西等地调入冷鲜猪肉4吨～5吨。另外，泉州还组织福建禾恒市场蔬菜批发市场每日从云南、海南等地调入蔬菜超2200吨，补充蔬菜市场需求。

1月18日

农历辛丑年十二月十六
星期二
温度：12℃～15℃
多云

●闽西南协同发展区联席会议第四次会议在三明召开，学习贯彻中共十九届六中全会精神，贯彻落实省第十一次党代会精神，总结第三次联席会议以来工作成效等。

●市政府会同中国铁路南昌局集团有限公司主办中欧班列（泉州—莫斯科）首发仪式活动。

●由泉州市委宣传部、华侨大学新闻与传播学院、泉州师范学院文学与传播学院主办的“学习宣传贯彻省第十一次党代会精神八闽行”泉州蹲点集中采访活动启动。

●市商务局启动保供机制，从是日起至春节前，加大外调生猪、蔬菜及蛋类产品的市场供应量。

1月19日

农历辛丑年十二月十七
星期三
温度：11℃～18℃
晴

●市委常委会召开会议，学习习近平总书记在省部级主要领导干部学习贯彻中共十九届六中全会精神专题研讨班上的重要讲话和对党内法规工作重要指示精神等。

●市委和市政府召开2021年工作通报会，向老干部通报全市经济社会发展情况。

●泉州军分区党委八届八次全体（扩大）会议暨县（市、区）人武部党委第一书记党管武装工作述职报告会召开。

●市政府与厦门国际银行股份有限公司签署战略合作协议。

●市政协党史学习教育总结会议召开，传达学习习近平总书记对党史学习教育的重要指示精神和在中央政治局专题民主生活会上的重要讲话精神以及中央、全省、全市党史学习教育总结会议精神。

●在收听收看2022年全省安全生产暨省政府第一季度防范重特大生产安全事故视频会后，泉州市随即召开全市视频会议，分析2021年全市安全生产形势，部署重点工作。

●民进泉州市第七次代表大会召开，选举产生民进泉州市第七届委员会，黄志煌当选主任委员，王若兰、侯祥朝、黄文中、林智胜当选副主任委员。

市委常委会学习习近平总书记重要讲话精神

市委常委会召开会议，学习习近平总书记在省部级主要领导干部学习贯彻中共十九届六中全会精神专题研讨班上的重要讲话和对党内法规工作重要指示精神，部署推进宣传思想工作、精神文明建设、平安泉州建设、全面从严治党、园区标准化建设等工作。

会议要求，要贯彻落实全国、全省宣传部长会议精神，把握迎接、宣传、贯彻中共二十大这条主线，聚焦“晋江经验”提出20周年这一契机，守正创新谋划推进宣传思想工作，做好“扫黄打非”工作，筑牢意识形态安全防线。要按照全国、全省拓展新时代文明实践中心建设工作会议、道德模范座谈会、文明办主任会议部署，统筹精神文明建设各项工作，推动文明城市创建提质升级，探索新时代文明实践中心与“党建+”社区邻里中心建设相融合，为泉州高质量发展凝聚强大精神力量。要贯彻落实平安中国建设表彰大会精神，扛牢政治责任，统筹好发展和安全，把握防范化解重大风险这一根本任务，擦亮“长安杯”金字招牌，创新基层社会治理，聚力建设更高水平的平安泉州，营造安全稳定的社会环境。

会议学习《中国共产党纪律检查委员会工作条例》精神，听取2021年全面从严治党主体责任落实情况检查工作情况汇报，强调要推进全面从严治党向纵深发展、向基层延伸，把严的主基调长期坚持下去，以高质量党建引领保障高质量发展。要学习贯彻条例各项规定和要求，更好发挥监督保障执行、促进完善发展作用，推进党风廉政建设和反腐败斗争，提高不敢腐、不能腐、不想腐的综合功效。会议审议《泉州市加快工业（产业）园区标准化建设实施方案》《泉州市“项目攻坚2022”活动方案》，强调要统一思想、锚定目标、凝聚合力、勇毅前行，按照项目化、清单化、责任化要求，推进方案落地落细落实，通过市场化运作、专业化管理，精准攻坚、开放招商，引进更多质量高、带动性强的大项目好项目。要强化统筹调度、考核督促，互看互学互评，激发干事创业精气神。

市委市政府召开2021年工作通报会

市委和市政府召开2021年工作通报会，向老干部通报全市经济社会发展情况。会议指出，2021年，全市坚持以习近平新时代中国特色社会主义思想为指导，学习贯彻习近平总书记对福建工作的重要讲话重要指示精神和党中央决策部署，落实省委工作要求，巩固拓展疫情防控和经济社会发展成果，“十四五”实现良好开局。2022年是“晋江经验”提出20周年，泉州将牢记嘱托、解放思想，把抓发展的定力转化为再奋进的动力，实施新型工业化和新型城镇化“双轮驱动”，以产业强为城市固根基，以城市兴为产业添后劲，加快建设21世纪“海丝”名城，勇当全方位推进高质量发展超越主力军。希望各位老干部继续发挥优势和余热，帮助厘清思路、找准抓手、推进工作。市委和市政府将落实好各项惠老政策待遇，做好各项服务保障工作，让老干部政治上有荣誉感、组织上有归属感、生活上有幸福感。

市政协党史学习教育总结会议召开

市政协党史学习教育总结会议召开，传达学习习近平总书记对党史学习教育的重要指示精神和在中央政治局专题民主生活会上的重要讲话精神以及中央、全省、全市党史学习教育总结会议精神，全面总结、巩固拓展市政协党史学习教育成果。会议指出，要坚持学史明理，把讲政治贯穿政协履职全过程。要总结好做法、好经验，巩固拓展“我为群众办实事”实践活动，围绕助推“党建+”社区邻里中心建设等发挥政协作用。要以“晋江经验”提出20周年为契机，守正创新，走好新时代赶考路，聚焦加快建设现代产业体系、推进新型工业化，聚焦新型城镇化、推进产城融合，聚焦打好新“侨”牌、推动建设“海上丝绸之路”重要门户等全市重点工作，科学安排好年度协商计划，以高质量履职服务高质量发展。

全市发展和改革工作视频会议召开

全市发展和改革工作视频会议召开，回顾总结2021年全市发展改革工作情况，部署安排2022年重点任务。会议提出，要传承弘扬“晋江经验”，统筹疫情防控和经济社会发展，将发展目标具体化、清单化、项目化，加快数字化转型发展，推进新型工业化和城镇化，保持经济运行在合理区间。2022年泉州市发展改革工作重点抓好五个方面：坚持抓规划、推项目、促投资，夯实高质量发展基础；坚持延链条、壮集群、优平台，厚植高质量发展支撑；坚持聚要素、破“瓶颈”、添活力，增强高质量发展动能；坚持兜底线、强弱项、惠民生，共享高质量发展成果；坚持转作风、提效能、抓落实，凝聚高质量发展合力，为加快建设“海丝”名城、智造强市、品质泉州，勇当全方位推进高质量发展超越主力军贡献发展改革力量。

2022年“海上丝绸之路”青少年足球精英赛在泉州举行

由省体育局青少处、市体育局指导，丰泽区文体旅游局、东海街道办事处协办，那尔多足球俱乐部主办的2022年“海上丝绸之路”青少年足球精英赛在泉州东海湾实验学校举行，全省各地16支青少年足球队伍参赛。比赛设U8（8周岁以下）、U10（10周岁以下）两大组别，进行五人制单循环足球赛。

2022年“海丝”青少年足球精英赛开幕
（图/泉州东海湾实验学校）

2022年泉港“最闽南”美食嘉年华启动

由泉港区商务局、区文旅局、涂岭镇政府、《东南早报》主办的2022年泉港“最闽南”美食嘉年华暨年货节在涂岭镇红茶馆启动。活动现场，主办方展示泉港特色美食、泉港特色伴手礼、年货产品，发放美食消费券，组织“中国龙”“百年之本”等文娱及非物质文化遗产项目表演。涂岭红茶、香蜜杨桃、涂岭米糕、长寿面等30多个年货商家参加活动。活动还邀请旅游达人、网红人士参加，开展“遇见涂岭”短视频比赛活动，通过短视频的方式，为群众送上新春祝福。活动持续到2月底，其间在线上线下推出泉港浮粿、红团、口酥、粉猴、九层糕、圆仔汤、蚵仔煎等众多泉港小吃，以及涂岭猪脚、樟脚豆皮、涂岭糕、涂岭红茶等涂岭土特产，开展泉港特色美食探店活动，让大家感受浓浓的年味以及浑厚的泉港“福”文化。

泉州籍知名作家龚书绵逝世

泉州籍知名作家龚书绵在台北逝世，享年98岁。龚书绵，泉州人，台湾师范大学教育系毕业，知名作家、画家，曾任台北师专（今台北教育大学）教授、台湾诗书画家协会副理事长、世界华文诗词学会荣誉会长。随夫高逸鸿习画，参与海内外书画展数十次。爱写诗，尤擅写散文。著有《阳明思想与现代教育》《儿童教育原理与设计》《畅游科教材教法研究》《高逸鸿画集撰诗》，以及《龚书绵散文集》《芳草山庄》《乡情万缕》《龚书绵诗文集》等书。30余年来，龚书绵数十次回到泉州，促进两岸文化交流。龚书绵不仅频频返乡，还将其心爱的书籍、书画和摄影作品带回家乡。其中规模最大的一次是2019年春，她将大量收藏品捐赠给位于泉州华光职业学院内的“世界文化名人村”。龚书绵是继余光中后，入驻“世界文化名人村”的第二位泉州籍文化名家，其专题展馆名称为“高逸鸿龚书绵诗书画屋”。

1月20日

农历辛丑年十二月十八
星期四
温度：11℃～17℃
多云转小雨

●全市发展和改革工作视频会议召开，回顾总结2021年全市发展改革工作情况，部署安排2022年重点任务。

●由省体育局青少处、市体育局指导，丰泽区文体旅游局、东海街道办事处协办，那尔多足球俱乐部主办的2022年“海上丝绸之路”青少年足球精英赛在泉州东海湾实验学校举行。

●由泉港区商务局、区文旅局、涂岭镇政府、《东南早报》主办的2022年泉港“最闽南”美食嘉年华暨年货节在涂岭镇红茶馆启动。

●泉州籍知名作家龚书绵在台北逝世，享年98岁。

1月21日

农历辛丑年十二月十九
星期五
温度：13℃～14℃
小雨转中雨

●省十三届人大六次会议泉州代表团全体会议召开，推选刘建洋为泉州代表团团长，蔡战胜、李建辉为副团长。

●由市委人才办、市人社局、团市委主办，惠安县委人才办、县人社局、团县委及泉州市人才发展促进会承办的“情系惠安 鸿鹄归来”大学生返乡系列活动在惠安启动。

●全市各地举行迎新春活动。

省十三届人大六次会议泉州代表团全体会议召开

省十三届人大六次会议泉州代表团全体会议召开，推选刘建洋为泉州代表团团长，蔡战胜、李建辉为副团长。全团分为3个组，并确定各组召集人。会议酝酿大会主席团和秘书长名单草案、议程草案；传达代表团召集人会议精神；成立代表团临时党支部，传达省“两会”党员负责人会议精神。会议强调，要提高政治站位，履行政治责任，贯彻落实中央人大工作会议和省委人大工作会议精神，积极有效履职，严肃会风会纪，落实疫情防控措施，全力以赴开好会议，以实际行动维护好泉州代表团的形象。

福建省十三届人大六次会议泉州代表团全体会议现场
（图/陈意鸣）

“情系惠安 鸿鹄归来”大学生返乡系列活动启动

由市委人才办、市人社局、团市委主办，惠安县委人才办、县人社局、团县委及泉州市人才发展促进会承办的“情系惠安 鸿鹄归来”大学生返乡系列活动在惠安启动，130多名优秀大学生代表参加。现场举办“局长来讲咱厝好政策”活动，由惠安人社和科技部门有关负责人分析惠安独特优势，分享惠安利好政策，描绘未来发展预期，让高水平高校大学生了解惠安、扎根惠安。随后，中化泉州石化有限公司、达利食品集团、福建慧芯激光科技有限公司、惠东建筑工程有限公司等重点企业推介引才需求，现场促成28名高水平高校大学生与惠安辖内企业签订就业意向。

全市各地举行迎新春活动

市委文明办分别在丰泽、安溪举行泉州市“我们的节日·春节”主题专场活动。在丰泽专场活动中，市委文明办、丰泽区新时代文明实践中心等主办单位，发动市、区两级相关部门和泉秀街道辖区学校、社工机构的志愿者，开展书法爱好者书写春联、义诊、法律法规宣传、赠书、入户送温暖等活动。

由鲤城区委统战部、承天寺主办的2022年“迎新春 献爱心”慈善助困慰问活动在承天寺举行，50名环卫工人和244户困难家庭收到由承天寺支持的年货大礼包，每份礼包内有米、油、香菇等干货，以及多种调味品。该爱心活动从2010年开始，起初慰问范围集中在鲤中街道的一些低保户，2015年开始扩大到整个鲤城区，旨在让困难群众过上一个欢乐祥和的春节。丰泽区图书馆举行“福”文化主题展。该馆在三、四楼展厅举办“彩章耀日贺新春——中国传统吉祥图案展”和“春光万道，虎威千山——春节虎文化主题展”两场展览，展出100幅图片，向读者展示以“福”字为代表的中国传统吉祥图案及中国虎文化的魅力，宣传中华传统文化和中国经典艺术形式中所蕴含的人文精神。丰泽区泉秀街道成洲社区在宝洲花园举行新时代文明实践“我们的节日——春节”和“笔墨绘春意，文化暖冬行”移风易俗志愿服务活动。该社区组织中小学生志愿者为辖区居民写春联、送祝福，共写下150余副春联及200多个“福”字。泉州市光前医院联合南安梅山社区等单位开展“我们的节日·春节”健康利民、志愿同行活动。该院内科、骨科、皮肤科及医疗志愿者近20人，到梅山社区为居民提供义诊服务。在志愿者引导下，各临床科室医生耐心为患者诊治。永春县桃城镇举行2022年春节“福”文化主题“三下乡”宣传服务活动。活动内容包括为群众免费写春联、义诊、维修家电、国家非物质文化遗产永春纸织画现场教学，以及各类政策咨询宣传等。

省十三届人大六次会议泉州代表团审议省政府工作报告

省十三届人大六次会议泉州代表团审议省政府工作报告。省委常委、组织部部长邢善萍，省委常委、市委书记刘建洋，省人大常委会副主任雷春美，副省长康涛，市长蔡战胜，市人大常委会主任李建辉等以代表身份参加审议。

代表们一致认为，过去一年，全省坚持以习近平新时代中国特色社会主义思想为指导，贯彻中共十九大和十九届历次全会精神，贯彻习近平总书记到福建考察重要讲话精神，在省委领导下，落实省第十一次党代会部署，统筹常态化疫情防控和经济社会发展，各项工作取得新进展新成效，实现“十四五”良好开局。省政府工作报告总结成绩实事求是、振奋人心，分析形势客观准确、坚定信心，部署工作紧扣省情、凝聚民心，必将激励全省人民踔厉奋发、笃行不怠，全方位推进高质量发展超越。

邢善萍在审议中指出，省政府工作报告是一份高举旗帜、站位全局、催人奋进的好报告。一年来，省委、省政府团结带领全省推动福建省经济稳中有进，发展步子越来越快；创新动能增强，发展质量越来越高；民生持续改善，老百姓日子越过越好；生态省建设扎实推进，生态优势越来越凸显。新一年，要按照省第十一次党代会和省“两会”部署，贯彻新发展理念，在推动高质量发展上展现新作为；践行以人民为中心的发展思想，在创造高品质生活上取得新成效；加强生态文明和城市建设，在提升城市功能品质上实现新突破；深化闽台交流合作，在探索海峡两岸融合发展新路上取得新进展。

刘建洋指出，省政府工作报告站位大局有高度，总结成绩有亮度，谋划发展有力度，为民惠民有温度。泉州要高举旗帜，牢记嘱托，传承弘扬、创新发展“晋江经验”，开展解放思想大讨论，实施强产兴城、产城融合、双轮驱动战略，在新发展阶段新福建建设中扛牢主力军担当。要发挥民营经济发达优势，做好新型工业化文章，以产业强为城市固根基。要发挥世界遗产厚重优势，做好新型城镇化文章，以城市兴为产业添后劲。要发挥侨港澳台资源优势，加快“海上丝绸之路”先行区挖潜破题，打造21世纪“海丝”名城。要坚持党建引领，夯实基层基础，共建共治共享，让群众生活更殷实更有感。

雷春美指出，省政府工作报告坚持高质量发展，以新理念谱写新篇章；坚持人民至上，以新举措回应新期待；坚持改进作风，以新气象交上新答卷。报告贯穿习近平总书记到福建考察重要讲话精神，符合中央要求，与省第十一次党代会部署紧密衔接，切合福建实际，顺应群众期盼，是一份高举旗帜、提振信心、为民务实、创新奋进的好报告。希望泉州继续弘扬爱拼会赢精神，增强危机感、紧迫感，在全方位推进高质量发展超越进程中继续发挥主力军作用。

康涛指出，省政府工作报告站位高，谋篇布局视野开阔；信心足，总结成绩令人振奋；接地气，工作举措务实可行。新一年，要把报告明确的各项目标任务落实好。在工业方面，要坚持长短结合、新老统筹、聚力提升，高质量做大做强先进制造业；在农业农村工作方面，要保障粮食安全，推动特色现代农业高质量发展；在科技方面，要提升产业创新能力，强化平台、园区、人才、机制建设；在人社工作方面，要织密扎牢社会保障网，稳定就业形势，壮大高素质人才队伍。

“幸福返泉”交通费补助启动

2022年“幸福返泉”交通费补助活动启动。活动参加对象为户籍在泉州以外的外来务工人员（机关、事业单位在编人员除外），并同时符合以下条件：工会会员组织关系隶属于泉州市基层工会；个人信息已被采集或录入至全市工会会员实名制数据库中；持有并激活“泉工惠”职工服务卡；职工本人在规定时间（2022年1月17日至5月31日期间），乘坐公共交通工具（包括火车、高铁动车、汽车、飞机、轮船等）从户籍地或探亲地到泉州的。按照路程远近分为省内、省外2档，省内最高补助100元，省外最高补助200元。实际发生的交通费低于上述标准的，按实际发生的票面费用予以补助。

1月22日

农历辛丑年十二月二十
星期六
温度：13℃～16℃
大雨转阴

●省十三届人大六次会议泉州代表团审议省政府工作报告。

●2022年“幸福返泉”交通费补助活动启动。

1月23日

农历辛丑年十二月廿一
星期日
温度：14℃～21℃
多云转阴

●泉州市确定将98户列入2022年危房改造对象。

●由市委文明办、丰泽区委文明办、福建省扶老公益协会、东海街道党工委等主办的“我们的节日·春节 2022年新春佳节慰问活动——佳节尚文明·志愿关爱行系列活动”启动。

●由市档案馆、市教育局、泉州文旅集团主办的“侨批助我上清华”励志侨批实物展在泉州侨批馆开幕。

●市总工会命名2021年度“泉州市劳模创新工作室”和“泉州工匠工作室”。

泉州市确定将98户列入2022年危房改造对象

为逐步建立健全农村低收入群体住房安全保障长效机制，实现巩固拓展脱贫攻坚成果同乡村振兴有效衔接，泉州市将农村低保户等六类低收入群体列为重点对象，属无房户或其住房经鉴定属C级或D级的，纳入住房安全保障范围。经农户申请、集体评议、乡镇审核、县级审批等，泉州市确定将98户列入2022年危房改造对象。这98户危房改造对象包括泉港区36户、南安市19户、惠安县38户、永春县5户。农村住房安全保障对象主要是农村低收入群体，包括农村低保户、农村分散供养特困人员、农村易返贫致贫户，以及因病因灾因意外事故等刚性支出较大或收入大幅缩减导致基本生活出现严重困难家庭等。为保持农村危房改造政策和农村住房救助政策的延续性，对农村低保边缘家庭和未享受过农村住房保障政策支持且依靠自身力量无法解决住房安全问题的其他脱贫户给予支持。上述重点对象属无房户或其住房经鉴定属C级或D级的，纳入住房安全保障范围。重点对象可通过农村危房改造、造福工程、保障安全等方式解决住房安全问题。资金来源通过农户自筹资金为主、政府予以适当补助的方式。农村危房改造可选择加固改造、拆除重建或选址新建等。保障安全方式包含统建农村集体公租房、修缮加固现有闲置公房、盘活农村闲置安全房屋等，供重点对象周转、租赁或置换，地方政府可给予一定补贴。

2022年新春佳节慰问活动启动

由市委文明办、丰泽区委文明办、福建省扶老公益协会、东海街道党工委等主办的“我们的节日·春节 2022年新春佳节慰问活动——佳节尚文明·志愿关爱行系列活动”启动。扶老公益志愿者和晋光小学东海学区的师生、家长等100多人参加。志愿者带上大米、食用油、面线、米粉、春联等慰问物资和慰问金，分别到华大街道城东社区、东海街道云谷社区、云山社区和法石社区走访慰问困难户。福建省扶老公益协会有关负责人介绍，在春节到来之际举办这样的活动，有助于传承中华优秀传统文化，也能弘扬尊老敬老爱老的传统美德。

“侨批助我上清华”励志侨批实物展开幕

由市档案馆、市教育局、泉州文旅集团主办的“侨批助我上清华”励志侨批实物展在泉州侨批馆开幕，泉州五中、培元中学的高三学生和清华大学在读生代表成为首批参观者。展览旨在发挥“侨批档案”作为世界记忆遗产的文化功能和教育功能，展出时间为1月23日至3月28日。泉州侨批馆用七个实物展柜展示时年80岁的清华校友郑金纯珍藏的数十封侨批，时间跨度从1956年至1973年。展览讲述郑金纯的养父、生母、姨母从马来西亚柔佛州麻坡寄回的侨批，供养、激励他从初中、高中直至清华大学毕业的真实细节，展现身在海外的父母在自身条件艰苦的情况下倾囊支持郑金纯学习生活，鼓励其上进求学，教育他要孝顺长辈、勤俭节约、和睦亲友的点点滴滴。通过参观，参观者既能看到留守乡村的华侨子弟自立自强、勤学奋进，从一个乡村寒门子弟成长为一名清华学生、一名汽车制造专家的奋斗历程，也能感受海外华侨在异国他乡艰苦创业、心系故乡、关爱亲人的情怀。

泉州市命名新一批工匠工作室

市总工会命名2021年度泉州市劳模创新工作室和泉州工匠工作室，包括2家泉州市示范性劳模创新工作室、13家泉州市劳模创新工作室，30家泉州工匠工作室。对获命名的相关工作室，市、县两级工会给予相应的建设经费，用于工作室的设施建设、技能培训和技术创新等项目，以激励劳模、工匠发挥示范引领作用，开展创新创造、师徒帮带等活动。

泉州代表团审议省人大常委会和两院工作报告

省十三届人大六次会议泉州代表团审议省人大常委会工作报告、省高级人民法院工作报告、省人民检察院工作报告。省委常委、市委书记刘建洋，副省长康涛，市长蔡战胜，市人大常委会主任李建辉等以代表身份参加审议。张文贤、赖清正、刘林霜、汪志红、戴仲川等泉州代表团代表参加审议。

刘建洋指出，省人大常委会工作报告通篇贯穿习近平新时代中国特色社会主义思想，忠诚履职站位高、依法履职亮点多、为民履职情怀浓，是一份弘扬法治、聚焦民意、展现担当的好报告。两院工作报告高举旗帜、主题鲜明、内容翔实、文风朴实，体现司法保障有站位、服务大局显担当，司法改革勇创新、精准聚焦善作为，司法为民守初心、公平正义担使命。建议省高院巩固拓展“海上丝绸之路”（泉州）司法合作国际论坛成果，支持推动在泉州设立论坛永久坛址，构筑“一带一路”司法交流合作新格局；在泉州设立国际商事法庭和知识产权法庭，提升涉外司法服务水平，更好建设21世纪“海上丝绸之路”先行区和民营经济示范城市。建议省检察院结合企业合规改革试点，优化检察护航民营经济发展措施，助力企业行稳致远；结合文化名城保护、生态文明建设，延伸拓展公益诉讼检察职能，在更大范围、更多领域保护好公共利益，助力泉州打造世界遗产保护利用典范城市。

康涛指出，两院工作报告坚持以习近平新时代中国特色社会主义思想为指导，总结2021年成绩客观全面、亮点突出，部署2022年工作符合实际、任务明确，体现贯彻习近平法治思想的高度自觉、助力打造法治强省的担当作为、司法机关坚持人民至上的深厚情怀，是不忘初心、牢记使命、求真务实、守正创新的好报告。建议各级法院、检察院要密切与各级政府的沟通协调、联动互动，完善多元协作机制，共同为新发展阶段新福建建设贡献力量。建议支持泉州设立知识产权法庭，升级知识产权领域司法保护力度，为21世纪“海丝”名城建设提供司法服务和保障。

蔡战胜指出，省人大常委会工作报告是一份讲政治、讲法治、讲责任的好报告，展现省人大常委会在全省中心大局中的担当作为。建议加快《福建省湿地保护条例》修订工作，支持符合规划的交通、能源、通信、水利、环保等重大公益性项目，能通过论证和审批。

李建辉指出，省人大常委会工作报告和两院工作报告通篇贯穿习近平新时代中国特色社会主义思想，贯彻习近平法治思想，是有政治高度、法治力度、民生温度的好报告。建议省高院支持设立泉州国际商事法庭；省检察院探索建立依法调阅法院诉讼卷宗副卷制度。

全市“党建+”社区邻里中心建设工作推进会召开

全市“党建+”社区邻里中心建设工作推进会召开。会议指出，建设“党建+”社区邻里中心，是增强人民群众获得感、幸福感、安全感的需要，是提升城市能级、建设品质泉州需要，是推进基层治理体系和治理能力现代化的需要。要提高政治站位，把以人民为中心的发展思想落实到实际工作，为党员群众提供全方位、全天候优质服务。要以更严标准查摆“党建+”社区邻里中心建设短板，聚焦解决服务意识、服务功能、服务供给、服务保障、服务机制等方面存在的突出问题。要以更强举措抓好“党建+”社区邻里中心建设，坚持“一盘棋”统筹，打造“一门式”阵地，提供“一揽子”服务，实行“一体化”运行，建成党员群众“愿意来、喜欢来、还想来”的温馨家园。要以更大力度推进“党建+”社区邻里中心建设，拧紧责任链条，严抓工作督查，强化考评奖惩，要用两年时间力争建成200个“党建+”社区邻里中心，推动全市基层服务品质治理能级提升。会前，参会人员参观金山社区“党建+”邻里中心、丰泽社区“党建+”邻里中心建设。会上，7个单位代表做现场交流。

1月24日

农历辛丑年十二月廿二
星期一
温度：12℃～16℃
多云

●省十三届人大六次会议泉州代表团审议省人大常委会工作报告、省高级人民法院工作报告、省人民检察院工作报告。

●全市新冠疫情防控工作视频会议召开，传达贯彻省委疫情防控专题会议精神，部署下阶段疫情防控有关工作。

●全市“党建+”社区邻里中心建设工作推进会召开。

●中央电视台音乐频道《童声唱》播出快乐假期节目，泉州市两名小学生王子曰和黄馨怡演唱《泉州后生仔》，还通过朗诵讲述世界遗产泉州传奇故事。

1月25日

农历辛丑年十二月廿三
星期二
温度：12℃~17℃
多云

●省十三届人大六次会议闭幕。截至是日，泉州代表团提交建议102件。

●市政协党组扩大会议召开，传达学习省政协十二届五次会议精神，研究市政协贯彻意见。

●省税务局智慧税务精细服务之“学税定制”启动仪式在泉州举行。

●台盟泉州市第九次盟员代表大会召开，选举产生台盟泉州市第九届委员会，苏耿聪当选主任委员，王鸿燕、傅晖文、蒋碧辉、林希璇当选副主任委员。

●泉州世界遗产保护管理实施意见法规制度宣传贯彻培训活动举行。

●由市发改委、泉州晚报社主办的“‘攻坚2021’泉州重点项目摄影/微故事大赛”获奖名单揭晓。

●市商务局牵头开展全市商务系统学习“晋江经验”活动。

●“文化遗产法治守护基地”在鲤城人民法院“海上丝绸之路”史迹保护巡回法庭挂牌设立。

●由德化县文旅局主办的“有福有德·非遗迎春”文旅颁奖盛典暨“金虎送福”首届瓷都年货节在德化国际陶瓷艺术城、万达广场举行。

●中国共产党党员、原泉州市广播电视局局长、离休干部黄梅雨逝世，享年96岁。

省十三届人大六次会议泉州代表团提交建议102件

省十三届人大六次会议闭幕。截至是日，泉州代表团提交建议102件。与会的泉州市省人大代表围绕加快数字化转型发展、推进新型工业化和城镇化、深化改革开放、提升城市能级、优化营商环境、用好港澳台侨资源、创造高品质美好生活、打造21世纪“海丝”名城、打造世界遗产保护利用典范城市等方面，提出许多建设性意见。其中，涉及推动经济高质量发展的有40余件，涉及城市建设、民生补短板的有30余件，涉及夯实基层治理的有20余件。这些建议由省人大常委会分别交省政府、省高级人民法院、省人民检察院及其他机关和组织研究办理，并在法定期限内答复代表。

市政协党组学习省政协十二届五次会议精神

市政协党组扩大会议召开，传达学习省政协十二届五次会议精神，研究市政协贯彻意见。会议强调，要学习、领会省政协十二届五次会议的精神实质，提高政治站位，心怀“国之大者”，主动对标对表，站位全局谋划推进全市政协工作。要融入“政协大省”，围绕市委、市政府决策部署，最大限度凝聚共识、凝聚人心，高效推动委员更好服务联系界别群众，在推动发展、推进平台创新、突出特色上再发力，在构建现代产业体系、推进新型工业化和新型城镇化“双轮驱动”、建设“党建+”社区邻里中心等方面履职。要立足当前抓落实，结合市委工作部署，科学谋划工作思路，确保2022年各项工作紧扣大局、科学合理、有为有效。要加强业务学习，注重履职培训，善于团结协作，提高履职能力和水平；强化责任担当和质量意识，敢于创新突破、多出精品；改进作风，一以贯之自律自励、善作善成，为泉州市高质量发展聚势赋能。

省税务局智慧税务精细服务之“学税定制”在泉州启动

省税务局智慧税务精细服务之“学税定制”启动仪式在泉州举行。此系省税务系统贯彻落实中办、国办印发《关于进一步深化税收征管改革的意见》（以下简称“意见”）的首个“定制服务”项目，也是在全国率先开展的试点项目。

意见明确，到2023年，基本建成“线下服务无死角、线上服务不打烊、定制服务广覆盖”的税费服务新体系，实现从无差别服务向精细化、智能化、个性化服务转变。是日上线的“学税定制”服务，纳税人、缴费人通过登录福建省网上纳税人学堂或微电子税务局“税务学堂”，即可根据自身实际需求，定制学税教材（或者课程）的类型、内容和方式等，实现个性化标签定制、定制标签内容推送、智能化精准推送、需求自动反馈等功能。该项目前期在鲤城区税务局试点运行一个多月，纳税人、缴费人反响良好。“学税定制”依托福建省网上纳税人学堂平台，利用大数据、云计算等技术，对纳税人学堂中3400余个存量资源进行整理“贴标”，打造有索引的政策资源“图书馆”。纳税人、缴费人通过选择税种、政策、实务、行业、类型等标签一键检索，适配性强、针对性高的学习资源即可呈现眼前。同时，后台可跟踪纳税人标签选择及浏览痕迹，分析纳税人行为习惯和涉税偏好，形成多维度的用户画像，生成“千人千面”的资源库和学习单，智能推送高度契合用户行为的学习资源，变“企业找服务”为“服务找企业”。

全市商务系统学习“晋江经验”活动举行

市商务局牵头开展全市商务系统学习“晋江经验”活动，各县（市、区）、泉州开发区、泉州台商投资区商务部门相关负责人组成学习组，到晋江、石狮等地，看成就，聊经验，为下阶段更好地做足服务工作，构建最优“亲”“清”政商关系积累新思考。

刘建洋参加晋江市委常委班子党史学习教育专题民主生活会

省委常委、泉州市委书记刘建洋参加晋江市委常委班子党史学习教育专题民主生活会。会议以“大力弘扬伟大建党精神，坚持和发展党的百年奋斗历史经验，坚定历史自信，践行时代使命，厚植为民情怀，勇于担当作为，团结带领人民群众走好新的赶考之路”为主题，坚持问题导向，进行党性分析，开展批评和自我批评。省委党史学习教育第4巡回指导组到会指导，组长卢承圣做点评。

会议传达中央政治局党史学习教育专题民主生活会精神，通报晋江市委常委班子2020年度民主生活会整改落实情况、党史学习教育专题民主生活会准备工作情况和会前征求意见情况。市委常委、晋江市委书记张文贤代表晋江市委常委班子做对照检查，查摆问题不足，剖析原因，提出努力方向和整改措施。随后，张文贤带头做个人对照检查发言，其他晋江市委常委依次发言，开展批评和自我批评。刘建洋指出，2022年是中共二十大召开之年，是“晋江经验”提出20周年，泉州要继续在全省全方位推进高质量发展超越中当好主力军，晋江更要扛旗领跑，再创“晋江经验”新辉煌。要带头旗帜鲜明讲政治，把党的政治建设摆在首位，学懂弄通做实习近平新时代中国特色社会主义思想，秉承习近平总书记在福建工作期间的创新理念、重大实践和优良作风，弘扬伟大建党精神，把党史学习教育成果转化为履职尽责的实际成效。要创新发展“晋江经验”，带头掀起解放思想大讨论，谋深谋细谋实具体项目和举措，赋予“晋江经验”新的时代内涵和活力。要坚持爱拼敢赢，带头笃行实干，在产业转型升级、产城人融合、改革开放创新、统筹发展和安全、推进社会治理现代化等方面勇争先、当示范。要抓住“关键少数”，带头持之以恒推进自我革命，扛起全面从严治党主体责任，落实中央八项规定及其实施细则精神，巩固风清气正的政治生态。

全市征兵工作电视电话会议召开

在收听收看全省征兵工作电视电话会议后，泉州市召开全市征兵工作电视电话会议，总结2021年征兵工作，部署2022年征兵任务。会议指出，要围绕征集高素质兵员的目标，强化各项征兵举措。要重视宣传发动，开展爱国主义、依法服兵役等方面宣传教育，推动征兵宣传进社区、进村庄、进家庭，激发更多优秀青年投身军营；要畅通大学毕业生参军入伍的绿色通道，最大限度挖掘高学历适龄青年征集潜力；要把严质量关口，坚持把政治考核放在首位，强化逐级考核和区域联审，落实“谁考核、谁签字、谁负责”的责任制，考察应征青年现实表现，确保入伍青年忠诚、纯洁、可靠。

泉州市科技馆新馆揭牌

泉州市科技馆新馆揭牌试运营。市科技馆按照“海洋孕育生命、生命产生智慧、智慧培育科技、科技引领未来”的逻辑主线设置六大展览主题，分为“海陆探秘”“海洋科技”“生命健康”“智慧天地”“科技时代”“太空探索”“动物世界”和“防灾减灾”八大展区。这座新馆是全国首个采用PPP模式建设运营的科技馆展教工程单体项目，不仅改写泉州没有大型科普场馆的历史，而且是泉州作为“科创中国”试点城市建设、创新驱动发展战略实施的重要举措。

泉州市科技馆新馆揭牌暨试运营仪式（图/市科协）

1月26日

农历辛丑年十二月廿四
星期三
温度：13℃～20℃
多云转阴

●省委常委、市委书记刘建洋参加晋江市委常委班子党史学习教育专题民主生活会。

●在收听收看全省征兵工作电视电话会议后，泉州市召开全市征兵工作电视电话会议，总结2021年征兵工作，部署2022年征兵任务。

●全市宣传部长会议以视频形式召开，传达学习贯彻全国、全省宣传部长会议精神和市委工作要求，部署全市宣传思想工作。

●泉州市科技馆新馆揭牌试运营。

1月27日

农历辛丑年十二月廿五

星期四

温度：13℃～22℃

多云转阴

●市委常委会召开会议，传达学习十九届中央纪委六次全会、省纪委十一届二次全会精神，听取市纪委监委工作汇报，研究部署全面从严治党、党风廉政建设和反腐败工作等。

●市政府党组党史学习教育总结会议召开。

●市政府党组（扩大）会议召开，学习习近平总书记重要讲话精神，以及省委常委会会议、市委常委会会议精神，研究市政府党组贯彻意见；传达贯彻中央、省委、市委农村工作会议精神。

●泉州市市长蔡战胜参加南安市委常委班子党史学习教育专题民主生活会。

市委常委会学习中央纪委全会精神

市委常委会召开会议，传达学习十九届中央纪委六次全会、省纪委十一届二次全会精神，听取市纪委监委工作汇报，研究部署全面从严治党、党风廉政建设和反腐败工作；传达学习省十三届人大六次会议、省政协十二届五次会议精神。会议指出，要把思想和行动统一到习近平总书记重要讲话精神上来，保持全面从严治党永远在路上的坚定执着，继续打好党风廉政建设和反腐败斗争攻坚战持久战。要把全面从严治党向纵深推进，紧扣中心大局做深做实政治监督，下沉监督解决基层急难愁盼问题，巩固发展良好政治生态。要以更高标准、更严纪律加强纪检监察队伍建设，更好发挥监督保障执行作用。要学习贯彻省“两会”精神，与贯彻落实省第十一次党代会精神结合起来，结合实际研究细化具体措施和抓手，锚定目标、奋力前行，在新发展阶段新福建建设中扛牢主力军担当。要高举旗帜、牢记嘱托，传承弘扬、创新发展“晋江经验”，发挥泉州“民营经济发达、世界文化遗产厚重、侨港澳台资源丰富”三大比较优势，实施强产兴城、产城融合、双轮驱动战略，做好“新型工业化和新型城镇化”两篇文章，提升产业高度和竞争力，提升城市能级和品质，打造21世纪“海丝”名城，在全方位推进高质量发展超越中做出更大贡献。

市政府党组党史学习教育总结会议召开

市政府党组党史学习教育总结会议召开。会议指出，要把党史学习教育、宣传引向深入，推动党史学习教育常态化长效化。要传承弘扬“晋江经验”“再学习、再调研、再落实”，按照市委统一部署，开展解放思想大讨论，推动习近平总书记重要讲话重要指示批示精神在泉州贯彻执行、落地见效。要贯彻落实省市党代会、省“两会”、2022年省政府第一次全体会议部署，聚焦产城融合、双轮驱动，深化拓展“抓项目、促发展”系列专项行动，统筹抓好首季度“开门红”、经济运行调度及春节期间疫情防控、安全生产、信访维稳、市场保供稳价、保道路畅通、文旅假日市场、困难群众关爱、值班值守等工作。要深化自我革命，纵深推进政府系统全面从严治党，一体推进“不敢腐、不能腐、不想腐”，锻造优良作风，纠治形式主义、官僚主义，为推动泉州高质量发展提供作风保障、纪律保障。

蔡战胜参加南安市委常委班子党史学习教育专题民主生活会

泉州市市长蔡战胜参加南安市委常委班子党史学习教育专题民主生活会。会上，南安市委主要负责人代表南安市委常委班子作对照检查，深刻剖析问题产生的思想根源，提出下一步整改措施。南安市委常委班子成员逐一进行个人对照检查发言，开展批评与自我批评。蔡战胜要求，南安市委班子要学深悟透新思想，建立党史学习教育常态化长效化机制，拓展“再学习、再调研、再落实”活动成果，以理论上的清醒保证政治上的坚定；要从严从实抓党建，以高质量党建引领保障南安经济社会高质量发展；要清正廉洁树形象，巩固发展风清气正的政治生态。南安要落实省、市部署安排，传承弘扬“晋江经验”，坚持“产城融合、双轮驱动”，实施“抓项目、促发展”系列专项行动，力争在全市第一方阵中争先进位。要围绕建设“海丝”名城，做好区域协同发展文章，推进规划引领、城市绿化、景观提升、乡村振兴等工作，打造实力城区、活力新城、魅力乡村。要围绕建设智造强市，做强现代产业文章，重点打好“强引擎、建载体、铸链条”组合拳，做好乡情招商、以商招商，推动做优产业存量，做大产业增量，为发展积蓄强大后劲。要围绕建设品质泉州，做优幸福民生文章，点面结合破解民生难题，创造宜居宜业宜商良好环境。

市委常委班子党史学习教育专题民主生活会召开

市委常委班子党史学习教育专题民主生活会召开，以“大力弘扬伟大建党精神，坚持和发展党的百年奋斗历史经验，坚定历史自信，践行时代使命，厚植为民情怀，勇于担当作为，团结带领人民群众走好新的赶考之路”为主题，联系市委常委班子工作，查摆存在问题，进行党性分析，开展批评和自我批评。会议通报市委常委班子2020年度民主生活会整改落实情况，通报市委常委班子党史学习教育专题民主生活会准备工作情况，通报市委常委班子党史学习教育专题民主生活会征求意见情况。省委常委、市委书记刘建洋代表市委常委班子做对照检查。随后，市委常委逐一对照检查，开展批评和自我批评。刘建洋在总结讲话中指出，要学懂弄通做实习近平新时代中国特色社会主义思想，学习贯彻落实习近平总书记重要讲话重要指示精神和党中央决策部署，传承弘扬、创新发展“晋江经验”，深化拓展“再学习、再调研、再落实”活动，以上率下带动党员干部学思用贯通、知信行合一。要带头坚定理想信念，传承红色基因，弘扬伟大建党精神，巩固拓展党史学习教育成果，坚定对马克思主义的信仰、对中国特色社会主义的信念、对实现中华民族伟大复兴中国梦的信心，走好新的赶考之路。要带头扛起使命担当，推动高质量发展，发挥“民营经济发达、世界文化遗产城市历史厚重、侨港澳台资源丰富”三大比较优势，实施强产兴城、产城融合、双轮驱动，加快建设21世纪“海丝”名城，为新发展阶段新福建建设做出泉州新贡献。

2021年度县（市、区）党委书记抓基层党建述职评议会议召开

2021年度县（市、区）党委书记抓基层党建述职评议会议召开。各县（市、区）委书记和泉州开发区、泉州台商投资区党工委书记分别述职，市委市直机关工委、教育工委、非公有制企业和社会组织工委、离退休干部工委和市国资委党委、泉州师范学院党委主要负责人做书面述职。会议强调，要以政治建设为统领，学懂弄通做实习近平新时代中国特色社会主义思想，以“晋江经验”提出20年为契机，开展解放思想大讨论，“再学习、再调研、再落实”。要以服务大局为主线，紧扣产城融合、民营经济、乡村振兴抓党建，把党旗插到开放招商、项目攻坚一线，将党建优势转化为发展优势。要以优化治理为重点，深化近邻党建，加快建设“党建+”邻里中心，推进资源整合、功能融合、力量协同，实现党建工作在社区、农村、园区有效覆盖，构建党组织领导的共建共治共享基层治理格局。要以全域提升为抓手，把支部建强、把基层抓牢、把基础夯实，深化“海丝先锋”达标创星活动，推动党员比拼赶超、担当作为，提升泉州市基层党的建设质量。

在泉州务工人员春节免费游泉州活动举行

1月28日至2月16日，在泉州务工人员春节期间免费游泉州活动举行。参加此次活动的人员为在泉州务工创业的非泉州籍人员。免费游览的景点（景区）含市直各相关部门所辖的包括清源山风景名胜区（清源山主景区、灵山景区）、清净寺等景区，但景点内设置的其他收费项目不在免费范围之内。各县（市、区）也及时公布各地在泉州务工人员免费游政策以及辖区内的免费游景区（点）。免费游时须提供本人身份证和工会会员证（“泉工惠”服务卡）或工会介绍信（须明确人员信息）。市总工会介绍，活动期间，泉州市各用人单位可依托工会集体组织在泉州务工人员开展免费游活动，也可由在泉州务工人员自由组合，凭上述相关证件到相关旅游景区（点）免费游览。鉴于疫情形势，团队出游需要提前预约。泉州市辖区内各旅游景区（点）要做到专门通道、专人登记、专人审核，按照疫情防控要求，落实防疫防护措施，提供优质便捷高效服务，确保活动安全有序开展。

1月28日

农历辛丑年十二月廿六
星期五
温度：11℃～17℃
多云转小雨

●市委常委班子党史学习教育专题民主生活会召开，联系市委常委班子工作，查摆存在问题，进行党性分析，开展批评和自我批评。

●2021年度县（市、区）党委书记抓基层党建述职评议会议召开。

●市人大常委会党组扩大会议召开，传达学习省十三届人大六次会议精神和市委有关会议精神，研究部署市人大常委会党组贯彻意见。

●市纪委十三届二次全会召开。

●1月28日至2月16日，在泉州务工人员春节期间免费游泉州活动举行。

1月29日

农历辛丑年十二月廿七
星期六
温度：10℃～14℃
多云转小雨

●泉州市高层次人才新春座谈会召开。

●省委常委、市委书记刘建洋以现场走访和电话问候形式，看望慰问企业家、高层次人才代表。

●市政府党组党史学习教育专题民主生活会召开，结合班子和自身工作实际，深入对照检查，开展批评和自我批评，明确整改措施。

●市政府党组会议召开，传达贯彻习近平总书记在十九届中央纪委六次全会上的重要讲话精神，以及省纪委十一届二次全会、市纪委十三届二次全会精神。

●市委文明办、市妇联、市民政局下发通知，决定春节期间开展“弘扬美德传家风 移风易俗树新风”活动。

泉州市高层次人才新春座谈会召开

泉州市高层次人才新春座谈会召开。省委常委、市委书记刘建洋，市领导施宇辉、卢秀萍，与全市各领域高层次人才代表共迎新春、共话发展。会上，鲍晓军、苏辉、谢斌晖、刘海舟、蔡涛、陈娟娟、林艳枫、张勇等高层次人才代表，结合各自经历和工作生活实际，畅谈所思所悟，为泉州新一轮发展出谋献策。听取大家的发言后，刘建洋指出，泉州将发挥民营经济发达、世界文化遗产城市历史厚重、侨港澳台资源丰富等优势，传承弘扬、创新发展“晋江经验”，掀起解放思想大讨论热潮，聚力建设21世纪“海丝”名城，在新发展阶段新福建建设中扛起主力军担当。泉州正成为各类人才大有可为的热土，比任何时候更加渴求人才，在泉州人才比以往任何时候更能实现梦想。各级各相关部门要贯彻中央人才工作会议部署，落实省委人才工作会议要求，全方位大力度培养、引进、用好人才，让人才成就泉州、让泉州成就人才。要实施强产兴城、产城融合、双轮驱动战略，做好新型工业化和新型城镇化文章，坚持“一产一策一专班”“一规划一计划一方案”，提升产业高度和竞争力，提升城市能级和品质，让人才到泉州都有用武之地、都有广阔舞台。要深耕人才“港湾计划”，精准制定出台与产业政策、资本政策相协同的人才政策，促进人才链与创新链、产业链、资金链深度融合，做实做优人才服务保障，厚植良好的创新创业创造生态，让人才扎根泉州创业安心、发展顺心、生活舒心。

泉州市高层次人才新春座谈会现场（图/林劲峰）

刘建洋看望慰问企业家和高层次人才代表

省委常委、市委书记刘建洋以现场走访和电话问候形式，看望慰问企业家、高层次人才代表。刘建洋走访恒安、宝龙、安踏和中国皮革制鞋研究院（晋江）有限公司等企业，聆听企业家和高层次人才代表分享转型升级体会、创新创业经验、美丽乡村建设感悟，了解未来发展计划、需要协调解决的问题，感谢大家为泉州经济社会发展贡献智慧力量。

刘建洋（左二）在恒安公司看望泉州市高层次人才罗梅芳（图/陈起拓）

市政府党组党史学习教育专题民主生活会召开

市政府党组党史学习教育专题民主生活会召开，结合班子和自身工作实际，深入对照检查，开展批评和自我批评，明确整改措施。市政府党组书记、市长蔡战胜代表市政府党组班子做对照检查，并带头做个人对照检查，其他党组成员逐一对照检查，互相开展批评与自我批评。蔡战胜在总结讲话中指出，要站稳政治立场，践行党的根本宗旨，坚持民之所盼、政之所向，开展“惠民生补短板”专项行动，办好39项年度为民办实事项目，解决群众的操心事、揪心事、烦心事。要扛起政治担当，抓牢发展第一要务，坚持稳字当头、稳中求进，统筹常态化疫情防控和经济社会发展，统筹发展和安全，传承弘扬“晋江经验”，推进“抓项目、促发展”系列专项行动，确保开年就提速、起步就起势，实现“开局稳”“开门红”。

刘建洋蔡战胜开展节前检查并慰问坚守岗位人员

省委常委、市委书记刘建洋检查市场供应、食品安全、疫情防控、安全生产、供电保障等工作，向坚守岗位的全市干部职工和一线劳动者致以问候和祝福。在泉州商城广场新华都超市，刘建洋了解商家疫情防控措施落实情况，察看政府指定农副产品平价销售区及进口冷链食品、果蔬、肉类等档口，叮嘱要压实属地、部门、单位、个人“四方责任”，使疫情防控常态化、无死角，保证节日期间粮油肉蛋菜等供应充足、价格平稳，让老百姓买得放心、吃得安心。刘建洋专程到国网泉州供电公司城东运维班，询问电力运行、春节用电负荷预测、保供电准备、电网规划建设等情况，感谢电力职工用自己的辛劳守护万家灯火。刘建洋强调，要充分考量、科学调度山区、返乡人员量大的乡镇等局部地区用电需求，完善保供电预案，加强应急物资储备和人员值班调度，做好突发情况的应对准备。刘建洋到泉州市第一医院城东院区，检查城市核酸检测基地运作、急诊门诊值班安排等情况，强调绷紧疫情防控这根弦，做好到泉州人员核酸检测服务，并要求疫情防控部门盯牢核酸检测各环节，强化“采、送、检、报”高效衔接，确保应检尽检。刘建洋看望应邀坐诊的复旦大学附属中山医院专家，视频连线坚守在特殊病区的医护人员，向大家致以节日问候，嘱咐大家做好自我防护、院感防控，守护群众的节日安全和生命健康。在位于泉州台商投资区的新泉州东站建设工地，刘建洋了解项目规划，察看工程进展，与工人交流，感谢大家放弃节日休息时间，加班加点奋战一线，叮嘱要在守牢安全生产底线的基础上，加快施工进度，保质保量完成建设任务。

市长蔡战胜检查春运、安全生产、疫情防控工作，慰问坚守岗位人员。在中乔体育智能车间，蔡战胜了解企业运行、安全生产情况，并向留守的外地务工人员致以节日问候。蔡战胜强调，要开展安全生产标准化提升专项行动，制定全流程操作规范、风险评估细则、隐患排查治理清单，塑造企业安全生产文化，提升企业本质安全水平。在泉州晋江国际机场，蔡战胜检查常态化疫情防控举措，询问旅客出行情况、机场扩建项目进展。在晋江市梅岭派出所福隆警务亭，蔡战胜了解岗亭指挥调度、管理服务程序以及装备储存、生活休息功能区域等。在沈海高速池店入口设置服务站，蔡战胜听取高速春运车辆通行、防疫检查情况汇报。蔡战胜要求，要树立“群众过节、我们过关”意识，盯紧重点区域、关键环节，提前预判、做足预案，加强值班值守，科学精准做好安全生产、疫情防控等工作。

刘建洋（前排左三）在泉州商城广场新华都超市检查春节市场供应、食品安全、人员密集场所疫情防控工作（图/陈英杰）

蔡战胜（前排右一）在晋江市梅岭派出所福隆警务亭慰问坚守岗位的民警（图/陈晓东）

1月30日

农历辛丑年十二月廿八
星期日
温度：8℃～14℃
多云

●市委、市政府召开专题会议，就全市疫情防控和春节有关工作再强调、再明确、再落实。

●省委常委、市委书记刘建洋检查市场供应、食品安全、疫情防控、安全生产、供电保障等工作，向坚守岗位的全市干部职工和一线劳动者致以问候和祝福。

●市长蔡战胜检查春运、安全生产、疫情防控工作，慰问坚守岗位人员。

●由惠安县政府主办，惠安县工信商务局、惠安县商家服务协会、泉州晚报社全媒体运营中心承办的惠安线上“幸福惠安”年货节启动。

1月31日

农历辛丑年十二月廿九
星期一
温度：10℃～12℃
多云转小雨

●市领导到基层一线走访慰问坚守岗位的部分干部职工。

●市总工会继续对非泉州籍务工人员的返岗交通费用予以补贴。

市领导慰问坚守岗位干部职工

春节前夕，市领导到基层一线走访慰问坚守岗位的部分干部职工，感谢他们的辛勤付出，并致以新春祝福，希望大家继续做好各项服务保障工作，确保全市人民度过一个欢乐祥和的新春佳节。

市政协主席肖汉辉、副市长蔡天守到泉州滨海公园、大坪山隧道管理所、城东大型生活垃圾转运站慰问管养工人、市政设施养护工人、环卫工人。肖汉辉对大家一年来为提高城市保洁品质、提升城市人居环境所作的贡献和在节日期间坚守岗位、为民服务表示感谢，并送上新春祝福。每到一处，肖汉辉都了解春节期间工作安排，鼓励干部职工继续立足本职岗位，发扬爱岗敬业、无私奉献的精神，以更加饱满的精神状态做好春节期间的保障工作，用心用情尽职尽责，营造更加整洁、优美、舒适的城市环境。

市委副书记宿利南到泉州自来水公司管网维修班组、公交公司城东首末站、供电公司电力调度中心看望慰问坚守岗位的一线干部职工，了解春节期间用水用电保障和公交运行情况。宿利南指出，春节期间，自来水公司、供电公司要立足群众生产生活需求，加强节日值守，细化应急预案，用心用情做好服务，确保用水、用电安全稳定供应；公交公司要科学有序调度，落细疫情防控举措，保障市民平安顺畅出行。

市委常委、秘书长施宇辉，副市长汪志红走访市委机要局、市委市政府总值班室、市行政中心警务室、泉州武警支队值勤一中队、市行政中心保安大队等单位，慰问坚守岗位的干部职工，勉励大家继续发扬爱岗敬业、甘于奉献的精神，尽心尽责做好本职工作。特别是要加强信息化、制度化建设，强化值班备勤和应急处突，守正创新，提升工作效能，确保机关运转更加安全、有序、高效。

市委常委、宣传部部长、统战部部长陈辉宗到泉州晚报社、泉州广播电视台、福建广电网络集团泉州分公司，看望慰问坚守在一线的工作人员。陈辉宗强调，各媒体各相关部门要巩固壮大主流思想舆论，讲好泉州故事，传播好泉州声音；坚持守正创新，推动媒体深度融合，构建全媒体传播体系。

市委常委、组织部部长卢秀萍慰问泉州晋江国际机场等单位坚守岗位的干部职工及营运客轮员工，希望泉州晋江国际机场要做好春节期间各项工作安排，强化疫情防控和安全管理，以温馨周到的服务保障旅客度过一个安全、祥和的新春佳节。

市委常委、市纪委书记、市监委主任傅藏荣到中国移动泉州分公司、中国铁塔股份有限公司泉州分公司、中国联通泉州分公司、泉州邮政公司、中国电信泉州分公司，看望慰问坚守岗位的一线干部职工，希望大家加强值班值守，做好应急保障，提供优质高效的服务。

市委常委、政法委书记黄文胜到市看守所、市女子看守所、市公安监管病区、市司法强制隔离戒毒所、市拘留所、泉州监狱，慰问坚守岗位的监所干警。黄文胜要求，要强化节日值班值守，做好在押人员的思想安抚工作，确保度过一个安全稳定祥和的春节；同时勉励监所干警在新一年里履职尽责、担当作为，用忠诚奉献守护好万家平安。

市委常委、晋江市委书记张文贤走访慰问晋江当地医院、健康驿站、新闻媒体一线值守人员、公安民警、高层次人才、在岗环卫工人等，希望大家要继续立足自身岗位，做好本职工作，保障晋江经济社会更加稳健发展。各相关部门要合理安排值守、做足应急预案，关心一线值守人员，把温暖送到大家身边，让一线人员无后顾之忧。

副市长、市公安局局长李伙金慰问丰泽公安分局巡特警反恐大队、消防救援支队特勤大队，希望全市公安民警、消防救援人员继续发扬攻坚克难、担当履职的精神，主动融入全市经济社会发展大局，做好社会维稳、消防救援工作，确保社会安定、百姓安宁。

副市长陈小辉到市传染病院、福建医科大学附属二院东海院区、市疾控中心、市“120”急救中心、市儿童医院、市第一医院东街院区、市中医院等慰问医务人员，希望各单位继续发扬伟大抗疫精神，做好疫情常态化防控和医护救治工作，用心用情守护人民群众生命安全和身体健康。

《“泉州：宋元中国的世界海洋商贸中心”世界遗产保护管理办法》施行

《“泉州：宋元中国的世界海洋商贸中心”世界遗产保护管理办法》（以下简称办法）于是日起施行。办法总结泉州20年申报世界遗产的经验，以遗产整体性保护理念为支撑，围绕对泉州世界遗产的保护、传承和活态利用，着力于健全长效机制，促进历史文脉的传承和可持续发展，为创建世界遗产保护利用典范城市提供法治支撑。办法分五章三十六条，主要包括总则、保护与管理、传承与利用、法律责任、附则。

办法遵循属地管理与部门管理相结合的基本管理框架，在第四条规定两级政府应当落实主体责任，健全工作机制，将泉州世界遗产保护纳入国民经济和社会发展规划、国土空间规划，纳入绩效考核、领导干部政绩考核等评价体系，强化对落实遗产保护责任的刚性约束，形成遗产保护的坚实屏障。

针对泉州系列遗产跨区域、跨部门问题，办法第六条规定市、县两级政府建立泉州世界遗产保护综合协调机制，统筹协调解决遗产保护利用县域之间、市县两级以及同级部门间的重大事项和重要问题等。为加强部门间在遗产保护方面的配合，办法还对建立保护协作和信息共享工作机制、组织开展联合执法检查等作出规定。

坚持科学规划。办法第十一条对泉州世界遗产管理规划和保护专项规划的编制内容、编制程序作出规定；为避免出现多规冲突，对涉及泉州世界遗产的各类区域规划、专项规划，提出应当符合泉州世界遗产管理规划和保护专项规划的要求。同时，建立规划定期评估制度，由市文物主管部门每三年委托第三方专业机构对管理规划实施效果进行阶段性评估，为强化规划实施或者修改调整提供依据。

强化管理措施。按照联合国教科文组织有关世界遗产保护的要求以及泉州世界遗产保护实际需求，办法对设置保护标志、遗产区和缓冲区禁止行为、建设工程审批要求等作出规定；明确建立专家咨询、遗产影响评估、联合技术审查、遗产监测等相关制度，以及对遗产点日常管理、遗产区活动管理等提出具体要求。其中，泉州世界遗产中属文物保护范围和建设控制地带内（简称“文物两线”）的建设工程，规定按照《中华人民共和国文物保护法》第十七条、第十八条报请批准；“文物两线”以外的遗产保护区域内的建设工程，自然资源和规划部门在办理审批时，应征求同级文物主管部门意见。

为做好泉州世界遗产传承与利用，办法要求合理测算遗产点日最大承载量和瞬时最大承载量，控制游客集中场所游客流量，制定游客疏导预案；支持创新转化手段，提升遗产科技创新能力，推动遗产更好融入生活和服务人民；制定泉州世界遗产保护利用的正面或负面清单。

“2022年春节世遗泉州志愿讲解服务活动”启动

“2022年春节世遗泉州志愿讲解服务活动”启动。从正月初一到初六，在开元寺、泉州府文庙、天后宫、清净寺、南外宗正司遗址五处遗产点，讲解员为游客提供义务讲解，让大家更加了解泉州遗产价值、历史文化精髓，体验文化遗产魅力，增强人民群众的文化自信。

讲解员在开元寺为游客义务讲解（图/泉州文旅）

2月1日

农历壬寅年正月初一
星期二
温度：10℃～12℃
中雨转小雨

●市长蔡战胜到南安走访企业、客商和高层次人才代表。

●《“泉州：宋元中国的世界海洋商贸中心”世界遗产保护管理办法》于是日起施行。

●“2022年春节世遗泉州志愿讲解服务活动”启动。

2月2日

农历壬寅年正月初二
星期三
温度：10℃～12℃
小雨

●省实施乡村振兴战略乡村生态振兴专项小组公布第二批高级版“绿盈乡村”名单，泉州市42个村（乡镇）入选。

●北京冬奥会火炬传递启动仪式举行。约1200名火炬手参加火炬传递，泉州市有两人入选，分别是安踏集团董事局主席丁世忠和舒华体育股份有限公司董事长张维建。

●2—16日，泉州古城公益讲解免费游活动举行。

●泉州台商投资区春节招商项目集中签约活动举行，总投资618.85亿元的21个项目集中签约。

泉州市42个村（乡镇）入选省第二批高级版“绿盈乡村”

省实施乡村振兴战略乡村生态振兴专项小组公布第二批高级版“绿盈乡村”名单，泉州市42个村（乡镇）入选。42个村（乡镇）包括：洛江区马甲镇永安村，虹山乡虹山村；泉港区涂岭镇前欧村，峰尾镇上楼村；晋江市金井镇（绿盈乡镇），安海镇曾埭村，东石镇檗谷村，英林镇东埔村、嘉排村，金井镇塘东村，深沪镇华海村；石狮市永宁镇后杆柄村，鸿山镇洪厝村；南安市梅山镇灯光村，九都镇新峰村，蓬华镇山城村，省新镇满山红村，诗山镇联山村，向阳乡坑头村；惠安县紫山镇龙石村，净峰镇五群村，东桥镇珩海村、西湖村；安溪县龙门镇洋坑村，尚卿乡黄岭村、尤俊村，虎邱镇湖西村，芦田镇福岭村，祥华乡东坑村，蓝田乡乌殊村，福田乡福田社区；永春县五里街镇（绿盈乡镇），桃城镇花石社区，仙夹镇龙水村，五里街镇埔头村，东关镇东美村；德化县龙门滩镇碧坑村，赤水镇铭爱村，桂阳乡涌溪村，美湖镇美湖村；泉州台商投资区张坂镇松山村、后蔡村。

泉州市两人入选北京冬奥会火炬手

北京冬奥会火炬传递启动仪式举行。约1200名火炬手参加火炬传递，泉州市有两人入选，分别是安踏集团董事局主席丁世忠和舒华体育股份有限公司董事长张维建。火炬手中既有全国各级先进模范代表，也有科、教、文、卫等各界先进代表和知名人士，大部分是扎根生产和工作一线、做出突出贡献的“不平凡的普通人”。2日启动仪式后，火炬在北京奥林匹克森林公园、北京冬奥公园进行传递。3日上午，传递活动到延庆的八达岭长城和世界葡萄博览园，下午到张家口阳原泥河湾遗址公园、张北德胜村、张家口工业文化主题公园、崇礼富龙滑雪场、张家口大境门遗址进行火炬传递。4日的火炬传递活动在颐和园、北京奥林匹克森林公园和大运河森林公园进行。

泉州古城公益讲解免费游活动举行

2—16日，泉州古城公益讲解免费游活动举行。公益讲解四条线路。路线一：“千年古刹，半城烟火半城仙”，开元寺+西街。路线二：“皇族群居刺桐城的证据”，南外宗正司+西街。路线三：“传承书香墨韵的古城殿堂”，府文庙+金鱼巷。路线四：“见证泉州番商云集灿烂海交史”，清净寺（外观）+天后宫+中山路。讲解员带游客乘坐“小白”公交车免费游古城。活动以华侨大厦和泉州酒店、西街紫云屏为游客集散地，酒店房客或各服务中心游客通过添加“清源文传”客服微信，报名参与公益讲解活动。讲解员在泉州酒店、华侨大厦、行舍酒店等地接驳游客，与游客一起乘坐“小白”公交车。

泉州台商投资区春节招商项目集中签约活动举行

泉州台商投资区春节招商项目集中签约活动举行，总投资618.85亿元的21个项目集中签约。欢乐世界、母婴新材料、新能源汽车与智能电网用薄膜材料等九大项目现场签约。这些签约项目主要集中在先进制造业、战略性新兴产业，落地后即可享受泉州台商投资区上下游产业链完善配套带来的发展优势。投资100亿元的欢乐世界项目计划建设泉州动物王国乐园、泉州大型国际标准滑雪场、欢乐世界、泉州八仙过海博物馆4个项目。此前，已经开业迎客的八仙过海水上乐园和欧乐堡海洋王国乐园受到市民喜爱，成为泉州台商投资区重要的文旅标识项目。此次春节招商总计21个项目，其中合同项目12个，总投资382.75亿元；意向项目9个，总投资236.1亿元。

泉州市加强农村在建房屋安全管理

市政府办下发通知，要求属地政府及市直有关单位建立网格化巡察、责任倒查、督促落实制度和限额以下工程的监管办法，并在“人、财、物”等各方面落实保障。网格化巡察制度是指落实“乡镇吹哨、部门报到、分工处置”的协调配合工作要求，建立以县级政府主要领导为网格化巡察总负责人的五级网格化巡察工作制度，并明确各级网格员名录以及网格员工作职责、工作流程、工作标准、监督办法、问责情形。责任倒查制度是指建立以案促落实工作制度，通过“12345”热线、信访举报热线等渠道转办或图斑比对、卫星照片执法等执法巡查中发现的违法违规行为，落实以案倒查，对未按照规定落实责任的单位及个人，探索第一次提醒、第二次约谈、第三次提请追责问责等办法，夯实网格化巡察及部门监管责任。督促落实制度是指定期组织对乡镇及相关责任单位履职情况开展督导检查，评估政策执行情况，及时查漏补缺。将违法用地和违法建设行为综合治理、农村建房安全管理纳入年度绩效考评目标管理内容。限额以下工程的监管办法则是明确辖区工程投资额在100万元以下（含100万元）或者建筑面积在500平方米以下（含500平方米）的农村公共建筑、三层以上村民建房、既有房屋改扩建（加层）、影响主体结构安全装修工程的审批监管办法，细化县级部门和乡镇的职责分工。

《泉州市金融“早春行动”工作方案》下发

市金融监管局、市财政局、市国资委、人民银行泉州市中心支行、泉州银保监分局下发《泉州市金融“早春行动”工作方案》（以下简称方案），推动全市经济工作开好局、起好步。方案提出，将普惠小微企业贷款延期支持工具转换为普惠小微贷款支持工具，从2022年起至2023年6月底，人民银行按照地方法人银行普惠小微贷款余额增量的1%提供资金。将普惠小微企业信用贷款支持计划并入支农支小再贷款管理，符合条件的地方法人银行发放普惠小微信用贷款，可向人民银行申请支农支小再贷款优惠资金支持。泉州市启动民营和中小微企业首贷深耕工程，用好首贷窗口、首贷网点，推动创新首贷产品，推广运用“中小微企业信贷直通车”平台。推进中小微外贸企业汇率避险“首办”培植行动，促进首次办理汇率避险产品的中小微企业比例明显提高，确保中小微企业外汇服务的覆盖面、获得感、满意度不断提升。引导政策性金融支持重大制造业项目建设，引导加大制造业中长期贷款投放力度。为工业园区标准化建设配套金融资源，支持园区搭建“一站式”金融服务综合平台，提升园区金融服务覆盖面。完善供应链金融支持措施，支持南安市试点开展园区供应链金融，推广运用中征应收账款融资服务平台、金融机构自建平台、第三方供应链平台、政府采购平台等，为供应链上下游中小微企业提供融资支持，力争供应链金融业务规模有较大幅度提升。

德化县文旅招商引才推介座谈会举行

德化县文旅招商引才推介座谈会举行，邀请德化北京商会、广东商会、福州商会、厦门商会的代表40多人参加。会上，县人社局、县委人才工作专班工作人员为与会者解读德化县招工引才优惠政策。为让与会者能够更深入地了解、推介家乡的文旅招商项目，县文旅局面向全县征集文旅招商项目30个，汇编成册，在会上分发。同时，县招商办、县文旅局以及有关乡镇还聚焦30个文旅招商项目，从当地的资源禀赋、产业优势、招商政策、产业发展与招商方向等方面进行重点推介。与会者表示，将发挥资金、技术、信息、人脉等方面资源优势，参与家乡经济社会发展，当好德化的宣传推介大使，为家乡的发展牵线搭桥，多把外地好的信息传回德化、把好的人才召回德化、把好的经验带回德化、把好的产业引回德化。

2月3日

农历壬寅年正月初三
星期四
温度：10℃～12℃
中雨转阴

● 市政府办下发通知，要求属地政府及市直有关单位建立网格化巡察、责任倒查、督促落实制度和限额以下工程的监管办法，并在“人、财、物”等各方面落实保障。

● 市金融监管局、市财政局、市国资委、人民银行泉州市中心支行、泉州银保监分局下发《泉州市金融“早春行动”工作方案》，推动全市经济工作开好局、起好步。

● 德化县文旅招商引才推介座谈会举行。

2月4日

农历壬寅年正月初四
星期五
温度：9℃~11℃
多云转阴

●泉州元素亮相北京冬奥会。

●由市文旅局、泉州古城办、鲤城区政府主办的2022闽南美好生活嘉年华启动仪式在泉州威远楼广场举行。

●由市委文明办、鲤城区委文明办、福建省好韵文化投资有限公司等主办的“快乐迎冬奥、一起向未来”主题活动在鲤城区新时代文明实践中心举行。

●惠安县2022年“抓开放招商促项目落地”行动启动仪式暨招商项目签约活动举行，总投资100.5亿元的14个代表性项目现场集中签约，其中5亿元以上项目10个。

泉州元素亮相北京冬奥会

北京2022年冬奥会开幕。泉州籍知名艺术家、冬奥会开闭幕式视觉艺术总设计蔡国强用烟花燃放表达中国人的冰雪之梦。冬奥会开幕式刚开始，国家体育馆上空蒲公英化为漫天烟花，随后打出中英文“立春”和“SPRING”。立春，是二十四节气之首，自古以来，就象征着欣欣向荣，艺术家以绿色为基调给本届盛会献上美好祝愿。蔡国强表示，以往奥运会烟花燃放都是五彩缤纷的，艺术家每一次放烟花时恨不得把各个品种和各种颜色都用上。此次冬奥会主题与众不同，所以烟花燃放几乎都是银白色的。泉州企业安踏集团、福建盼盼食品集团有限公司、舒华体育股份有限公司等携手赞助该届冬奥会。其中，安踏集团助力赛时制服装备、火炬手服装和本届冬奥会15个分项中的12支中国国家队比赛装备等的生产和服务；盼盼集团向北京冬奥村、各比赛场馆、冬奥酒店等提供32个品种2000多万包食品，为来自全球的运动员、教练员、志愿者提供健康营养美味；舒华体育则为三大冬奥村健身中心量身定制专业、科学的健身训练解决方案，并提供跑步机、动感单车、椭圆机等上千件产品。北京冬奥会陶瓷类吉祥物“冰墩墩”，每一件都由德化陶瓷师傅纯手工打造。

2022闽南美好生活嘉年华启动

由市文旅局、泉州古城办、鲤城区政府主办的2022闽南美好生活嘉年华启动仪式在泉州威远楼广场举行。启动仪式上，同步发布“原真闽南·美好生活”泉州民俗旅拍大赛，举行第九、十期古城讲解员聘用仪式、“流光溢彩·点靓古城”换装设计获奖作品颁奖仪式、流动花灯展发车等活动。为打响“宋元中国·‘海丝’泉州”“世遗”文旅品牌，泉州打造“四季泉州”文旅节庆IP，春季以古城和传统民俗节庆为主，举办“闽南美好生活嘉年华”，夏季举办“滨海时尚旅游节”，秋季举办“山地生态旅游节”，冬季以文艺演艺为主，打造“闽南戏窝子”品牌，并全城联动营销推广。

2022年春季，以“原真闽南·美好生活”为主题，并结合“福”文化，开展“闽南美好生活嘉年华”活动，举行“流光溢彩·点靓古城”——“小白”换新装古城流动花灯展、“原真闽南·美好生活”泉州民俗旅拍大赛、“世遗泉州·诗意栖居”古城街巷艺术联展、“润物市集”、非物质文化遗产进古城、“刺桐寻遗·文旅畅游”泉州文化云盖章寻宝活动、“寻鲤计”古城探秘之“泉州锦鲤”活动、“世遗”泉州“泉家福”系列“福”文化打卡点推荐、泉州精品花灯展、海丝小艺苑等，以及各大文化场馆、市直文艺院团公益惠民演出、体验活动，各县（市、区）系列配套文旅主题活动。通过“线上+线下”的模式，丰富文旅产品供给，营造节日氛围，让更多游客、市民感受“世遗”泉州的魅力。

2022闽南美好生活嘉年华启动仪式（图/孙　虹）

惠安县2022年“抓开放招商促项目落地”行动启动

惠安县2022年“抓开放招商促项目落地”行动启动仪式暨招商项目签约活动举行，总投资100.5亿元的14个代表性项目现场集中签约，其中5亿元以上项目10个。图为活动现场。（图/惠安速报）

《泉州市“十四五”科技创新发展专项规划》印发

《泉州市“十四五”科技创新发展专项规划》印发，提出到2025年，初步建成高水平国家创新型城市，打造具有全国影响力的产业创新高地和区域创新中心，实现“四倍增一优化”目标，即全社会研发经费投入倍增、高新技术企业数量倍增、高水平科研平台数量倍增、高层次人才团队数量倍增和创新创业生态持续优化。围绕建设高水平国家创新型城市的总体发展目标，泉州市将形成“一核两翼多点”的空间布局，即打造环清源山科创走廊，成为环泉州湾创新核心引擎；推动南北两翼创新发展，重点打造海峡两岸集成电路产业合作试验区、晋江科创新区、东南沿海新型化工基地；精准实施山海联动战略，加强泉州高新区与厦门高新区的“双城联动”。

全市各级工会推出新春“大礼包”

春节期间，泉州市许多民营企业、重点项目不停工不停产，职工坚守岗位加油干，企业发展势头一片红火。作为职工的“娘家人”，市总工会为职工送上新春“大礼包”，为企业发展解难题，营造良好用工环境，助推民营经济“开门红”“开门稳”。

对留在泉州过年的职工，泉州市工会送出的惠工“大礼包”丰富多彩。有慰问送温暖，生活暂时困难职工、苦脏累险一线职工、节日期间坚守岗位的职工等10类职工群体共获500万元的慰问金；有文化下乡，市总工会组织文艺轻骑兵、志愿服务队到工业园区、重点项目，举办十多场新春送文化进基层慰问演出；有线上灯谜竞猜，20多万人次职工参与；有免费一日游，累计有30多万人次非泉州籍职工免费领略“世遗”之城的文化魅力；有暖心年夜饭，为环卫等特殊岗位职工送去4000多份年夜饭，送上“娘家人”的关怀和问候。推出稳岗“大礼包”，助力复工复产。为助力民企复工复产，市总工会实施“返岗回流加速行动”，鼓励企业通过包车、包飞机、包专列等方式“点对点”接职工返岗复工。同时开展2022“幸福返泉”交通费补助活动，对于1月17日至5月31日，乘坐公共交通工具返回泉州的非泉州籍职工，给予省内最高100元、省外最高200元的交通费补助。同时，工会组织打造暖企“大礼包”，为企业发展解难题，助力企业“开门红”“开门稳”。依托“泉工e家”网上工会平台，市总工会开设“就业服务”专栏，并联合人社等部门举办线下招聘会，提供就业岗位3万多个。各地工会联合人社、人才办等相关部门，开展多种形式的招工引才活动。

“海丝”小艺苑专场演出举行

5—15日，“海丝”小艺苑专场演出在泉州非物质文化遗产馆举行。首日节目主要有南音《枫桥夜泊》、梨园戏《梨园戏科范精粹》、独舞《源》、提线木偶戏《小沙弥下山》、打城戏《真假美猴王》、答嘴鼓《五色话》。同时，每天上午9时30分至12时，梨园戏、南音、木偶戏、高甲戏等项目在该馆相应展示区进行活态展示。泉州市非物质文化遗产保护中心负责人表示，春节元宵期间，泉州非物质文化遗产馆通过“海丝”小艺苑和展示区的展演，将泉州非物质文化遗产瑰宝集中呈现，动态展演与静态展示交相辉映，让参观者近距离感受非物质文化遗产之美。

“海丝”小艺苑专场演出现场（图/庄建萍）

2月5日

农历壬寅年正月初五
星期六
温度：9℃～12℃
多云

●《泉州市“十四五”科技创新发展专项规划》印发。

●全市各级工会推出新春“大礼包”。

●5—15日，“海丝”小艺苑专场演出在泉州非物质文化遗产馆举行。

2月6日

农历壬寅年正月初六
星期日
温度：10℃～12℃
多云转小雨

●市委、市政府召开泉州市民营经济发展大会，学习贯彻习近平总书记重要讲话重要指示精神，传承弘扬、创新发展“晋江经验”，共商推动民营经济高质量发展。

●春节假期全市接待旅游179.41万人次，比上年增长4.5%，实现旅游收入8.69亿元，比上年增长22.4%。

泉州市民营经济发展大会召开

市委、市政府召开泉州市民营经济发展大会，学习贯彻习近平总书记重要讲话重要指示精神，传承弘扬、创新发展“晋江经验”，共商推动民营经济高质量发展。省委常委、市委书记刘建洋出席并讲话。市长蔡战胜主持会议，解读泉州市支持民营企业高质量发展的相关措施。市领导李建辉、肖汉辉、宿利南、施宇辉、陈辉宗、卢秀萍、傅藏荣、黄景春、黄文胜、张文贤，约1000位民营企业家和金融机构、行业协会负责人，以及市、县两级有关领导和有关部门负责人在主会场参加会议。

刘建洋指出，推动高质量发展，“晋江经验”是制胜法宝、民营经济是中坚力量。泉州将以“晋江经验”提出20年为契机，开展解放思想大讨论，发挥民营经济发达、世界文化遗产城市历史厚重、在外泉州企业家和侨港澳台资源丰富等优势，实施“强产业、兴城市”双轮驱动战略，加快建设“海丝”名城、智造强市、品质泉州。泉州将做好新型工业化文章，提高产业高度和竞争力，以产业强为城市固根基，抓产业集群集聚，梳理产业体系，按照“一产一策一专班、一规划一计划一方案”，既做优存量又做大增量，精准强链延链补链扩链；抓产业转型升级，加快数字赋能、科技赋能、链条赋能、资本赋能、生态赋能，推动园区标准化改造，完善金融服务体系，做大战略性新兴产业。做好新型城镇化文章，提升城市能级和品质，树立“精明增长”“紧凑城市”理念，按照城乡统筹、新老并重，做大做强中心城区，做实做优次中心组团，做精做美小城镇和新农村，构建梯次结构、分工合理、功能互补的城镇体系，为产业发展提供更强劲支撑。构建更有力的开放招商体系，搭建更多开放合作平台，增强城市发展动力活力。泉州发展正当其时，企业家大有可为、大有作为，希望大家发挥自身优势，主动融入、共谋机遇、共谱新篇。要传承政企互动好传统，构建“亲”“清”政商关系，厚植民营经济高质量发展的软硬环境。坚持精心规划、精致建设、精细管理、精美呈现、精明增长，实施城市有机更新，增强基础设施支撑能力，完善综合交通和物流体系，导入更多高端教育医疗资源。构建市场化法治化便利化国际化营商环境，打通行政审批便捷直达落地“最先一公里”、解决企业办事痛点堵点“中间一公里”、政策服务企业“最后一公里”，打造公平公正透明可预期的法治环境、高效便捷的政务环境、诚实守信的人文环境、宜居宜业的生态环境，让人才安居乐业、企业安心创业。

大会发布《泉州市人民政府关于进一步支持民营企业高质量发展的若干措施》（以下简称若干措施）。为激发民营经济活力，若干措施在2021年出台的惠企政策基础上，梳理制定12条惠企具体措施，其中包括扶持企业自身成长3条、强化科技人才支撑2条、提升金融服务实体经济质效2条、实施工业园区标准化建设1条、实施质量品牌战略3条、打通政策落地“最后一公里”1条。大会公布60家民营企业纳税大户红榜，为安踏、达利、恒安、361°、特步、百宏6家企业代表颁授牌匾，举行首批30名“招商引才顾问”聘任仪式，现场签约15个民营企业重大项目。

泉州市民营经济发展大会现场（图/陈晓东）

15个民营企业重大项目签约现场（图/陈晓东）

泉州市25个重大项目被列入全省集中开工重大项目

2022年第一季度全省重大项目视频连线集中开工活动举行。省委常委、市委书记刘建洋在主会场参加，市长蔡战胜在泉州分会场通过视频向省委、省政府报告泉州市重点项目集中开工情况。市领导施宇辉、陈辉宗、黄景春、李伙金、刘林霜、陈小辉、汪志红、蔡天守、苏耿聪参加。此次泉州市被列入全省集中开工的重大项目有25个，总投资342亿元。其中，产业项目21个，总投资316亿元。参加视频连线集中开工的石狮光子技术产业园项目，总投资118亿元，由1个孵化加速中心、3个光子技术微产业园构成，打造集智慧、共享、生态于一体的“智享光谷”。该项目计划引进落地一批以光通信、光学元器件、光学材料为主导的优质光子技术企业项目，形成新的高科技高质量光子产业集群，关联产值150亿元以上，为泉州光子技术产业发展提供有力支撑。

活动中，多个产业园区项目集中开工建设，涵盖集成电路、陶瓷、废弃物综合利用等多个产业。泉州市鲤城高新区科创中心项目，选址鲤城高新技术产业开发区，总投资9亿元。项目建设标准厂房、办公型配套、生活服务配套等，通过统一规划建设、优选产业项目、集中配套服务，优化土地资源配置，引导生产力布局，培育先进产业集群，打造鲤城高新区产业发展平台。德化县工业园区标准化试点园区建设项目，选址德化县城东四期古洋片区，总投资11.7亿元，建设适应机械化生产要求，符合陶瓷生产车间窑炉设置、货物装卸和转运等生产流程要求的标准化厂房。该项目聚焦陶瓷智慧花盆主导产业，推动关联产业、上下游配套企业向园区集聚，打造产研功能完善、产能高、产区附加经济效益好的智慧化陶瓷花盆全球核心产区，带动产业协同发展，实现产业链转型升级。南安中泰石材废弃物综合利用产业园标准厂房及配套基础设施建设项目，总投资12亿元，选址于石井镇。作为石井镇滨海工业组团的重要组成部分，园区计划建设为集石材加工、仓储、物流、保税、研发于一体的综合性现代石材产业循环经济示范园区。项目建成后，在环保、资源利用及节能处置方面服务园区内企业。

石狮光子技术产业园项目开工现场（图/李荣鑫）

泉州市组织返岗招聘团队到省外开展劳务协作活动

泉州市人社局、南安市人社局组织10家优质企业代表组成返岗招聘团队，到贵州省遵义市习水县开展劳务协作活动。8日起，招聘团在习水县各乡镇举办多场招聘活动，10家企业发布岗位1200多个。同时，南安市人社局同习水县人社局协调，为帮助外出务工人员早日安全返岗，10日、14日、19日开展三批次有组织劳务集中输出，且脱贫劳动力可享受车费全免。8—14日，由泉州市人社局负责人带队，晋江市人社部门牵头组织晋江多家知名品牌企业，到贵州省遵义市绥阳、习水、桐梓等县、乡镇巡回开展人力资源对接。8日举办专场招聘活动，9家知名企业发布岗位1500多个，并在绥阳、习水、桐梓各乡镇开展多场招聘活动，开展视频连线互动，方便企业线上直接了解劳务协作信息。此外，还有企业通过聘任村镇网红能人担任企业招聘官，在当地村镇建立招聘联络点等方式，拓展招聘渠道。

2月7日

农历壬寅年正月初七
星期一
温度：10℃～12℃
中雨转小雨

●2022年第一季度全省重大项目视频连线集中开工活动举行。泉州市25个重大项目被列入全省集中开工重大项目，总投资342亿元。

●泉州市人社局、南安市人社局组织10家优质企业代表组成返岗招聘团队，到贵州省遵义市习水县开展劳务协作活动。

2月8日

农历壬寅年正月初八
星期二
温度：10℃～13℃
多云

●市委、市政府召开泉州市“强产业、兴城市”双轮驱动动员大会，贯彻落实省委“提高效率、提升效能、提增效益”行动部署，以实施“强产业、兴城市”双轮驱动战略为路径，进行全市总动员总部署。

●市委常委会召开会议，传达学习习近平总书记近期系列重要讲话重要指示精神，研究泉州市贯彻落实措施，部署全市人大、政法、人才、点题整治等有关工作。

●全国爱卫会通报2021年度国家卫生城镇复审结果。泉州市通过国家卫生城市复审，获重新确认为“国家卫生城市”，永春县城、惠安县崇武镇被重新确认为“国家卫生乡镇（县城）”。

●8—14日，泉州市“我们的节日·梨园戏2022元宵演出季”暨“传承就是最好的纪念”之林任生剧作展演在市区梨园古典剧院举行。

泉州市“强产业、兴城市”双轮驱动动员大会召开

市委、市政府召开泉州市“强产业、兴城市”双轮驱动动员大会，贯彻落实省委“提高效率、提升效能、提增效益”行动部署，以实施“强产业、兴城市”双轮驱动战略为路径，进行全市总动员总部署，推进“项目攻坚2022”“抓城建提品质”“抓开放招商促项目落地”“加快工业（产业）园区标准化建设”等一系列专项行动，全方位推进高质量发展超越。省委常委、市委书记刘建洋出席会议并讲话。市长蔡战胜主持会议并做具体部署。

刘建洋指出，要明确方向、锚定目标，绘就“强产业、兴城市”双轮驱动新蓝图。围绕做大做强做优现代产业体系，抓传统优势产业转型升级、战略性新兴产业集群集聚、未来新经济新动能培育壮大，梳理“8+4”产业体系，按照“一产一策一专班、一规划一计划一方案”，既抓存量又抓增量，加快产业强链延链补链扩链，培育更多龙头、专精特新、“独角兽”企业，提升产业高度和竞争力。围绕构建梯次结构、分工合理、功能互补的城镇体系，做大做强中心城区、做实做优次中心组团、做精做美小城镇和新农村，各县域要坚持差异化定位、特色化发展，合理配置资源要素，实现协同健康发展，增强城市集聚力、带动力和影响力。要明晰路径、创新办法，确保双轮驱动取得突破性进展。要把招商作为重要抓手，坚持目标导向和问题导向，发挥比较优势，因地制宜招引更多战略性、基础性、带动性强的项目。要把工业园区作为主战场，加快园区标准化改造，建设标准厂房、研发楼房、标准公寓房，打造产业综合体和创新综合体，重塑物理空间、厚植产业生态。要按照产业培育、基础设施、公共服务配套、生态环境“四个优先”，坚持“留、改、提、拆、建”差异改造、“投、规、建、管、养、监”统筹并重，做到精心规划、精致建设、精细管理、精美呈现、精明增长。

蔡战胜做具体工作部署并要求，要把城市建设作为“突破口”，提速建设做强中心市区，推进统管统筹一体发展，做好“以文塑城”文章，提升城市综合能级。要把招商引资作为“生命线”，全员参与，建立“抓招商、促开放”的工作导向；全面出击，形成“招好商、招大商”的氛围；全程服务，打造“落得下、发展好”的营商环境。要把园区建设作为“主战场”，坚持快建设、优配套、提效益，一体推进“安全生产标准化提升”，形成集聚优势，提升主导产业竞争力。

泉州市“强产业、兴城市”双轮驱动动员大会现场（图/林劲峰）

泉州市“我们的节日·梨园戏2022元宵演出季”举行

8—14日，泉州市“我们的节日·梨园戏2022元宵演出季”暨“传承就是最好的纪念”之林任生剧作展演在市区梨园古典剧院举行。林任生（1912—1972），泉州人，曾参加中共地下晋南组织，主编《戏剧小丛书》，组织话剧、歌剧演出。1953年，林任生由晋江地区文工队调入梨园戏剧团，担任艺术委员会副主任。他搜集海内孤本《朱文走鬼》等古抄本，组织抄录梨园戏老艺人口述的传统剧目的文本、音乐、科范等珍贵资料；整理《陈三五娘》《朱文太平钱》《胭脂记》《董永与七仙女》《朱弁冷山记》《吕蒙正破窑记》《苏秦》《高文举》《岳霖争忠记》《李亚仙绣襦记》等梨园戏传统剧本。

刘建洋、蔡战胜调研世界中学生运动会筹办工作

省委常委、市委书记刘建洋到晋江调研第18届世界中学生运动会（以下简称世中运）赛事筹办进展，并召开会议对下阶段工作再动员、再部署。市领导蔡战胜、施宇辉、张文贤、刘文儒、陈小辉、黄世界参加。市领导到陈埭民族中学体育馆及晋江市第二体育中心，到开闭幕式场馆、体操馆、游泳馆、新闻中心等场所察看，听取场馆设计理念、内部布置、测试运行、场地维护、赛事保障等情况介绍，叮嘱要考虑场馆赛后综合利用，融入体育赛事、电竞赛事、展览展示、全民健身、文化休闲、社会公益等多种功能，让老百姓有实实在在的获得感。

随后，刘建洋主持召开专题会议，了解赛事筹办情况，协调解决相关问题。听取大家发言后，刘建洋指出，世中运筹办工作全面进入冲刺阶段，大家要提高站位、不负重托，把办好世中运作为一项重要政治任务，坚持“以赛兴城、以赛促产、以赛惠民”，借鉴北京冬奥会等重大赛事经验，以最高标准、最严要求、最实举措，抓紧抓好各项筹办工作，奉献一届“简约、安全、精彩”的国际体育盛会。要统筹全面、突出重点，正确处理好变与不变的关系，把各项工作考虑得更细致更周全。立足“早”，做好开闭幕式排练、志愿者和翻译人员培训等准备；立足“准”，摸清赛事要求，踩准工作节奏；立足“畅”，建立密切沟通对接机制，畅通各方信息；立足“多”，通过多测试磨合、多应急演练检验赛事组织能力；立足“变”，考虑全球疫情形势、各种突发情况，完善应对预案。要协同联动、形成合力，在市级层面组建专班，协同执委会统筹抓好疫情防控、赛事宣传、市场开发、安全保障等各项工作，做到快速响应、快速决策、快速落实。要以赛兴城、全面提升，把办赛事与办城市相结合，作为实施“强产业、兴城市”双轮驱动战略的生动实践，提升城市功能品质，打响“宋元中国·海丝泉州”城市品牌，最大限度释放赛事效应。

刘建洋（左四）、蔡战胜（左二）等调研世中运开闭幕式场馆（图/陈英杰）

惠安县“春风行动”综合大型招聘会举行

惠安县2022年“春风行动”系列招聘活动之综合大型招聘会、大学生专场招聘会在该县螺城镇中新花园举行。活动现场，130多家重点企业现场招聘，提供3000多个就业岗位，吸引不少市民。同时，现场还设置退役军人区、残疾人区、家政服务区等，方便企业和求职者双向精准对接。大学生专场招聘会上，30多家企业包括中化泉州石化有限公司、达利食品集团、慧芯激光科技有限公司等，招聘岗位则有带货主播、半导体工艺工程师、研发工程师等，有的岗位年薪可达25万元。此次招聘会以线上+线下的方式同步进行，通过多形式、多渠道开展招聘活动，帮助企业稳岗稳工、助力就业工作“开门红”。春节期间，惠安招聘活动不停歇。正月初五，第一场直播带岗活动为惠安春节期间的招工活动拉开帷幕，惠安县人社局采取线上线下“招工”、组织培训“稳工”、点对点“送工”等方式促进就业。

2月9日

农历壬寅年正月初九
星期三
温度：11℃～15℃
多云

●省委常委、市委书记刘建洋到晋江调研第18届世界中学生运动会赛事筹办进展，并召开会议对下阶段工作再动员、再部署。

●惠安县2022年“春风行动”系列招聘活动之综合大型招聘会、大学生专场招聘会在该县中新花园举行。

2月10日

农历壬寅年正月初十
星期四
温度：11℃～15℃
小雨转多云

●10—12日，国务院安委会第五督导检查组到泉州，开展春节冬奥期间安全生产督查工作。

●省委常委、市委书记刘建洋和市长蔡战胜代表市委、市政府，分别与11个县（市、区）和泉州开发区、泉州台商投资区党政负责人签订2022年平安建设、生态环境保护目标责任书。

●市人大常委会党组扩大会议召开，传达学习习近平总书记系列重要讲话重要指示精神，省委人才工作会议精神，以及省委、市委有关会议精神；传达学习省委人大工作会议和市委常委会会议有关精神，研究提出贯彻意见。

国务院安委会第五督导检查组到泉州督查

10—12日，国务院安委会第五督导检查组到泉州，开展春节冬奥期间安全生产督查工作。10日，泉州市召开安全生产工作会，向督导检查组汇报全市安全生产工作情况。

2021年以来，全市安全生产总体形势保持平稳，2022年春节期间全市未发生安全生产事故。泉州市制定时间表、路线图，深化安全生产专项整治三年行动，实施精准治理，开展常态化排查、阶段性集中、“小灶式”攻坚整治。开展危险化学品和燃气安全专项整治，强化危险化学品源头治理、重点治理、专项治理、信息化治理，推动燃气安全提标改造、信息化管理、联合监管、建章立制，把各项安全生产措施落到实处。围绕春节、冬奥会安全生产工作特点狠抓落实，压紧压实责任链条，开展消防、道路交通、烟花爆竹、建设施工、水上交通和海洋渔业专项攻坚。在泉州期间，督导检查组以谈话、查阅资料和实地检查等形式开展督导检查。

刘建洋、蔡战胜与各地党政负责人签订平安建设和生态环境保护责任书

省委常委、市委书记刘建洋，市长蔡战胜代表市委、市政府，分别与11个县（市、区）和泉州开发区、泉州台商投资区党政负责人签订2022年平安建设、生态环境保护目标责任书。市委、市人大常委会、市政府、市政协有关领导，市中级人民法院、市人民检察院主要负责人等出席签订仪式。

刘建洋指出，要贯彻落实党中央决策部署，按照省委要求，聚焦提高效率、提升效能、提增效益，齐抓共管、持续发力，以更高标准、更严要求推进平安建设和生态环保工作。要学习贯彻习近平法治思想，落实总体国家安全观，统筹发展和安全，建设更高水平的平安泉州、法治泉州。要注重全局观念，按照“早、小、准、快”要求，健全风险隐患监测研判、精准发现、快速反应工作机制，坚定维护政治安全、经济安全、生态安全、公共安全等各方面安全。要注重精准施策，完善网格化治理体系，巩固政法队伍教育整顿成果，常态化开展扫黑除恶专项斗争，紧盯交通运输、安全生产、电信网络诈骗等领域强化攻坚，确保社会大局安定稳定。要注重强基导向，建强基层党组织战斗堡垒，推进“党建+”邻里中心、“综治+”治理中心建设，构筑维护安定稳定第一道防线。要拧紧责任链条，完善考核体系，下沉资源力量，确保责任书目标落到实处。要以习近平生态文明思想为统领，把保护生态环境摆在突出位置，守牢“生态环境质量只能更好、不能变坏”的责任底线。要突出绿色低碳转型，推进碳达峰碳中和，壮大绿色产业、做强绿色交通、推广绿色建筑、倡导绿色生活，以更强担当推动生态环境高颜值和经济发展高质量协同并进。要突出系统治理，实施蓝天、碧水、碧海、净土“四大工程”，以更高标准打好污染防治攻坚战。要突出动真碰硬，推进中央生态环境保护督察整改工作常态化、制度化，各级各部门主要负责人要穿透研究、穿透落实，以更大力度抓好生态环境突出问题整改。要突出体制创新，加强生态环保考核激励，完善河湖长制、生态保护补偿等机制，在更多领域出亮点、出成效，更好把制度优势转化为治理效能。

市人大常委会党组扩大会议召开

市人大常委会党组扩大会议召开，传达学习习近平总书记系列重要讲话重要指示精神，省委人才工作会议精神，以及省委、市委有关会议精神；传达学习省委人大工作会议和市委常委会会议有关精神，研究提出贯彻意见。会议指出，要抓住难得机遇，紧扣中心、融入大局，创新发展“晋江经验”，扛起责任担当，高质量做好立法、监督、重大事项决定和代表工作，发挥职能作用，推动市委决策部署得到有效贯彻落实。要抓好省委人大工作会议精神的学习宣传贯彻，发展全过程人民民主，做好市委人大工作会议的筹备工作。

郑建闽到泉州调研文旅经济发展工作

副省长郑建闽到泉州台商投资区八仙过海旅游度假区等地，调研泉州市文旅经济发展工作，并召开座谈会。在听取泉州文旅经济发展工作汇报和文旅企业代表的意见建议后，郑建闽指出，泉州山海兼备，有深厚的历史文化底蕴，文旅资源丰富，产业土壤肥沃。泉州各级各相关部门要坚持以习近平总书记关于文化和旅游工作的重要论述和指示批示精神为指引，按照省委、省政府有关文旅工作的部署要求，重视文旅产业发展，发挥部门联动作用，形成统筹发展合力，为企业纾困解难。要强化招大引强，整合民营经济等优势资源，扩大与国内外文旅头部企业集团合作，打造更多优质文旅项目。要找准定位目标，主动融入闽西南协同发展区，力争形成优势互补、错位发展、合作共赢文旅经济格局。要擦亮“世遗”品牌，统筹遗产点的保护利用，做好城市宣传、旅游设施配套完善、智慧旅游等工作，提升游客体验感，助推泉州文旅产业高质量发展。

市委政法工作会议召开

市委政法工作会议召开，总结2021年全市政法工作，分析面临形势，部署2022年重点工作任务。会议指出，全市各级政法机关要坚持党的绝对领导，铸牢忠诚担当的政治品格，强化学思悟行的理论实践，坚持党管政法的根本原则，为做好新时代政法工作提供坚强政治保证；要维护社会安全稳定，严守政治安全防线，严防社会风险，严控网络风险，把握政法工作主动权；要提升社会治理整体效能，推进政法领域改革、数字政法建设、社会治理创新；要围绕法治泉州与平安泉州双提升目标，以法治优化营商环境、维护公平环境、守护民生环境，助推经济社会全面发展；要坚持全面从严管党治警，注重成果应用、素质提升、管理监督、激励保障，加强政法队伍教育管理。

“唐风宋韵”南音专场演出举行

“唐风宋韵”南音专场演出在泉州南音艺苑举行。演出由《枫桥夜泊》拉开序幕，紧接着《浪淘沙·帘外雨潺潺》《静夜思》《将进酒》《忆秦娥·箫声咽》《钗头凤》等大家耳熟能详的唐诗宋词轮番上演，通过精彩的南音演唱，带给观众全新感受。最后，南音“四大名谱”之一的《走马》将晚会推向高潮。晚会导演王彩蛾表示，南音继承唐代诗词谱曲传唱的传统，保留着许多脍炙人口的乐曲。唐诗宋词是中国文化遗产中极为珍贵的部分，用闽南语来吟唱，无论是押韵还是声腔，均别有一番滋味。晚会的作品中，有南音先贤留下的古曲，也有当代作曲家的新作，较好地展示泉州南音传承发展的最新成果。

“唐风宋韵”南音专场演出现场（图/泉州南音乐团）

石狮签约12个民营企业重大项目

石狮召开全市企业发展大会。会上签约28个项目，总投资318亿元，其中，上台签约民营企业重大项目12个，总投资225亿元，涉及纺织鞋服、新材料、产业园区、文化旅游、医药健康等多个领域，包括申虹石狮纺服科技园建设项目、羽豪科技综合产业园、智创医疗健康城项目、网商营销总部基地项目、泉州湾威谷电商城、瑞爱福高端绿色家纺面料研发及智能化织造项目、绿岛黄金海岸国际度假酒店、城际文旅项目、裕庆生物科技项目、高档运动鞋面材料智能园区建设项目、同杰良聚乳酸产业园、石狮循环经济绿色建材产业园项目。

2月11日

农历壬寅年正月十一
星期五
温度：11℃～20℃
多云转阴

●副省长郑建闽到泉州台商投资区八仙过海旅游度假区等地，调研泉州市文旅经济发展工作，并召开座谈会。

●市委政法工作会议召开，总结2021年全市政法工作，分析面临形势，部署2022年重点工作任务。

●“唐风宋韵”南音专场演出在泉州南音艺苑举行。

●石狮召开全市企业发展大会。会上签约28个项目，总投资318亿元，其中，上台签约民营企业重大项目12个，总投资225亿元，涉及纺织鞋服、新材料、产业园区、文化旅游、医药健康等多个领域。

2月12日

农历壬寅年正月十二
星期六
温度：13℃～17℃
多云转小雨

●水利部副部长刘伟平到泉州调研抗旱保供水工作。

●12—20日，2022年元宵精品花灯展在泉州非物质文化遗产馆举行。

●第十六届泉州澎湖“乞龟”民俗文化活动在市区天后宫举行。

●由泉州市吴天乙打城戏传承中心主办的吴天乙黄莺莺钻石婚纪念演出在泉州南音艺苑举行。

2022年元宵精品花灯展举行

12—20日，2022年元宵精品花灯展在泉州非物质文化遗产馆举行，170余盏各式各样的花灯集中亮相，包括纸扎灯、刻纸灯、针刺灯等做工精美、工艺独特的元宵花灯。这些精品花灯代表泉州花灯制作工艺的最新成就。12日，“我们的节日——泉州元宵圆制作技艺体验活动”在该馆举行，吸引不少小朋友到场体验，跟元宵圆制作技艺传承人学做元宵圆。同时，在展厅还有泉州花灯代表性传承人现场制作花灯，让参观者了解五彩斑斓花灯的制作过程。

2022年元宵精品花灯展现场（图/泉州文旅）

第十六届泉州澎湖“乞龟”民俗文化活动举行

12—18日，第十六届泉州澎湖“乞龟”民俗文化活动在市区天后宫举行。现场，一袋袋“平安米”垒成的“米龟”静卧在天后宫大殿内，现场循环播放摸龟祈福的童谣：“摸龟头盖大楼，摸龟嘴大富贵，摸龟身大翻身，摸龟脚吃不干，摸龟尾吃到有头有尾。”不时有市民摸“米龟”，祈求平安长寿，并领取“平安米”。自2007年起，泉州和澎湖两地已举办15届“乞龟”民俗文化活动，澎湖天后宫每年春节前夕都安排师傅到泉州天后宫，与泉州的传承人共同将一袋袋“平安米”堆叠成“大米龟”，为泉州和澎湖两地乡亲祈福，并于正月十五举办“乞龟”点睛仪式。除在天后宫现场摸“米龟”外，市民还可通过“泉州天后宫”微信公众号，进入AR互动小程序参与线上“乞龟”、抽签祈福等活动，同时还可点击VR智慧导览系统“云”游天后宫全景。

第十六届泉州澎湖“乞龟”民俗文化活动现场（图/庄丽祥）

吴天乙黄莺莺钻石婚纪念演出举行

由泉州市吴天乙打城戏传承中心主办的吴天乙黄莺莺钻石婚纪念演出在泉州南音艺苑举行。吴天乙、黄莺莺因戏结缘，六十载携手抢救、传承打城戏，让这一全国唯一宗教剧种得以代代相传。演出节目内容丰富多彩，不仅有打城戏，还有南音、梨园戏、提线木偶戏等。整场演出由提线木偶《元宵乐》拉开序幕，紧接着梨园戏《高文举·玉真行》、梨园戏《雪梅教子》、南音《元宵十五》等接连上演，最后打城戏《四海贺寿》将演出推向高潮。演出的参演人员有国家级非物质文化遗产代表性传承人，也有国家一级演员，大部分是吴天乙和黄莺莺的亲人和学生。吴天乙为打城戏国家级代表性传承人，出生于打城戏世家，其曾祖吴永燎1860年创办打城戏“兴源班”。吴天乙8岁从艺，工文武生、文武丑。黄莺莺出生于戏剧世家，其祖父黄春溪是京剧著名的武老生，她13岁参加“泉州打城戏剧团”，是享誉闽南的打城戏刀马旦。

蔡战胜到洛江调研市委双轮驱动战略落实情况

市长蔡战胜到洛江区，就落实市委“强产业、兴城市”双轮驱动战略开展调研。副市长陈小辉、蔡天守参加调研。在阳江新城片区，蔡战胜强调要主动融入“海丝”新城建设，开展“抓城建提品质”专项行动，按照市委提出的产业培育、基础设施、公共服务配套、生态环境“四个优先”原则，加快推动片区组团开发。要系统梳理山体、水系、湿地自然资源，优先在重要节点、城市门户分期分批进行景观提升，打造富有特色的宜居宜业城市。在洛江区智能装备产业园，蔡战胜了解园区规划定位、招商引资等情况。蔡战胜指出，要高标准、严要求实施工业（产业）园区标准化建设专项行动，坚持规划先行、整体布局，因地制宜、滚动推进，形成“谋划一批、开工一批、在建一批、投用一批”态势，政企合力打造一批可复制推广的标杆园区，推动园区向“规模化、集约化、产业化、品牌化、绿色化、数字化、融合化”发展。要找有效抓手，大抓开放招商，推动项目建设，加快产业强链延链补链扩链，以产业发展带动片区繁荣，向着强产兴城目标接续奋斗。调研中，蔡战胜还了解洛阳江生态环境整治工程、洛阳江流域洛江区河市段综合整治工程、泉州植物园等项目。

蔡战胜（右二）在万洋众创城项目现场调研（图/蔡紫旻）

泉州市部署春季农业生产工作

在收听收看全国、全省春季农业生产工作电视电话会议后，泉州市随即召开视频会议，部署春季农业生产工作。会议指出，要不误农时抓好春耕备耕，重点抓好早稻生产任务落实，调动农民种粮积极性，强化督导服务，组织农技人员指导农民做好春收作物田管、春播春种，促进农业生产增产增效；要抓好优质农产品生产，提高春粮作物单产，稳固生猪产能，增强蔬菜供给能力，促进首季水果丰产丰收；要保障春耕物资储备供应，加强农资市场监控，做好调度储备，满足春耕生产需求，净化农资市场秩序，维护农民利益；要强化防灾减灾措施，提高科学防灾水平，加强重大动植物疫病防控，抓好农业安全生产。

2021年泉州市首届各县（市、区）围棋协会团体赛闭幕

2021年泉州市首届各县（市、区）围棋协会团体赛闭幕。此次赛事分为两个阶段，10支队伍参赛。第一阶段比赛2021年元旦期间在惠安举行。因受疫情影响，第二阶段比赛推迟到2022年2月12—13日举行。第二阶段的比赛开始后，晋江代表队在第八轮结束时就提前锁定冠军。

晋江市主题“福”文化活动举行

“探秘磁灶窑址 寻访世遗文明”晋江市主题“福”文化活动暨“世遗创福”全域联动晋江分会场活动在泉州遗产点磁灶窑址（金交椅山窑址）举行。活动以“福”文化、“世遗泉州”为主题，以亲子研学营的形式开放市民报名参与，设置系列非物质文化遗产体验项目。参加活动的家庭在讲解员带领下参观“磁灶窑：宋元泉州外销陶瓷生产基地”主题展览，还聆听晋江市文物保护中心主任吴金鹏的“世遗泉州”主题宣讲。由晋江市掌中木偶艺术保护传承中心表演的国家级非物质文化遗产掌中木偶《虎·趣》受到欢迎。现场推出省级非物质文化遗产磁灶窑陶瓷烧制技艺的代表工序陶瓷泥塑、彩绘体验，以及“福见·磁灶窑”元宵花灯DIY、剪纸、灯谜展猜等。

2月13日

农历壬寅年正月十三
星期日
温度：11℃～16℃
小雨

●市长蔡战胜到洛江区，就落实市委“强产业、兴城市”双轮驱动战略开展调研。

●在收听收看全国、全省春季农业生产工作电视电话会议后，泉州市随即召开视频会议，部署春季农业生产工作。

●2021年泉州市首届各县（市、区）围棋协会团体赛闭幕。

●“探秘磁灶窑址 寻访世遗文明”晋江市主题“福”文化活动暨“世遗创福”全域联动晋江分会场活动在泉州遗产点磁灶窑址（金交椅山窑址）举行。

2月14日

农历壬寅年正月十四
星期一
温度：9℃～16℃
多云转晴

●省委常委、宣传部部长张彦到华侨大学和泉州师范学院调研疫情防控和春季开学工作。

●市防控疫情应急指挥部工作会议召开，研究部署疫情防控和经济社会发展相关工作。

●省委常委、市委书记刘建洋到市自然资源和规划局调研，与干部职工座谈交流，共同研究谋划下阶段工作。

●市政府党组会议召开，传达贯彻习近平总书记系列重要讲话重要指示精神，以及省委常委会会议、市委常委会会议精神。

●市政府常务会议召开，研究并通过《泉州市“十四五”城乡基础设施建设与管理专项规划》《泉州市企业强制注销暂行规定》等。

●市政协党组理论学习中心组（扩大）学习会议召开，传达学习习近平总书记在1月6日中央政治局常委会会议、1月24日中央政治局会议上的重要讲话精神等。

●泉州市召开工作会，研究部署元宵节、冬奥会和冬残奥会期间和节后复工复产安全生产和防火工作。

●14—18日，由市退役军人事务局、市人社局、泉州军分区政治工作处主办的2022年泉州市退役军人和现役军人家属新春网络双选会活动举行。

●丰泽第一季度部分重点项目集中开（竣）工活动举行，项目涵盖老旧小区改造、社会保障、教育、医疗卫生、市政道路、写字楼、工业厂房等领域。

市防控疫情应急指挥部工作会议召开

市防控疫情应急指挥部工作会议召开，研究部署疫情防控和经济社会发展相关工作。

会议指出，复工复产复课复商正有序推进，做好疫情防控工作责任重大。各级各部门要贯彻习近平总书记重要讲话重要指示精神，落实中央决策部署，按照省委具体要求，统筹疫情防控和经济社会发展工作，提高效率、提升效能、提增效益，共同推动实现一季度“开门稳”“开门红”。要保持清醒、强化指挥协调，建立平战结合的常态化防控与局部应急处置相结合工作机制。突出“早”，做到早发现、早预警、早研判、早处置；突出“变”，研判国内外疫情变化和突发情况，盯紧盯住增量、防范出现变量、规范管理存量，完善应对预案，实时指挥调度；突出“畅”，建立更高效沟通对接机制，保证应急指挥体系始终处于激活状态。要聚焦重点、落细落实，做好医疗机构、进口冷链、邮政物流、轮船货运、生鲜市场等重点领域防控；按照“一企一策”“一校一策”，做好相关场所通风换气、环境消杀等应对措施；实行“市县有专班、镇街有专干、村居有专员”，把防控穿透到“最后一公里”。要统筹发展和安全，兼顾平时和战时、局部和整体，补齐工作短板，夯实工作基础，提升工作质效，最大限度减少疫情防控对经济社会发展的影响，让防控有力度、有精度、有温度。

刘建洋调研自然资源和规划工作

省委常委、市委书记刘建洋到市自然资源和规划局调研，与干部职工座谈交流，共同研究谋划下阶段工作。市领导施宇辉、陈小辉参加调研。

刘建洋强调，全市自然资源和规划系统要提高站位，落实省委“提高效率、提升效能、提增效益”部署，在全市“强产业、兴城市”双轮驱动中，抓好规划编制，强化要素保障，为“项目攻坚2022”及“抓城建提品质”“抓开放招商促项目落地”“加快工业（产业）园区标准化建设”等系列行动提供有力支撑，以更大格局展现担当作为。要系统谋划，以新一轮国土空间总体规划编制为契机，坚持一张蓝图绘到底，高位衔接上位规划，站位全省三大中心城市，融入全国乃至全球发展布局，找准泉州定位和作为空间；系统梳理已有基础，把千年“海丝”历史底蕴、山水生态本底等通过规划充分挖掘、系统阐述、完整呈现出来；发挥比较优势，注重科学性和可操作性，推动统管统筹、穿透落实，以更高水平规划引领高质量发展。要创新路径，围绕全市发展战略、产业需求、重点地区、重要项目、重大工程，挖掘盘活土地资源，从严管控自然资源，探索弹性管控方式，以更实举措破除资源要素制约。要建强队伍，落实全面从严治党主体责任，深化拓展党史学习教育，一体推进“不敢腐、不能腐、不想腐”，锻造一支忠诚干净担当的干部队伍；巩固拓展机构改革成果，健全完善体制机制，层层传导压力，以更优作风提振干事创业精气神。

泉州市退役军人和现役军人家属新春网络双选会举行

14—18日，由市退役军人事务局、市人社局、泉州军分区政治工作处主办的2022年泉州市退役军人和现役军人家属新春网络双选会活动举行。此次活动组织100家规模以上企事业单位，提供2000个岗位。活动期间，实时发布招聘内容。用人单位招聘信息通过泉州人才市场网“2022年泉州市退役军人和现役军人家属新春网络双选会”专栏实时对外发布。各县（市、区）退役军人事务部门组织有就业需求的退役军人及现役军人家属登录泉州人才市场网活动专栏，参加新春网络双选会活动。

“虎年福见·世遗泉州：我在东海送全福”主题活动举行

由省委宣传部指导，市委、市政府主办的“虎年福见·世遗泉州：我在东海送全福”主题“福”文化活动举行。省委常委、宣传部部长张彦，省委常委、市委书记刘建洋，省委宣传部副部长刘伟泽，市领导施宇辉、陈辉宗、陈小辉等，与市民一起参加活动。刘建洋在致辞中表示，作为拥有千年历史的文化古城、“世遗”名城，泉州的“福”文化有深厚的特质底蕴和历史传承，以“福”字命名的“福地”遍布全市，祈福盼福、崇福尚福的习俗活动渗透市民生活的方方面面，成为闽南文化、“海丝”文化不可分割的重要内容。泉州将落实省委要求，挖掘“福”文化资源，擦亮“福”文化标识，建设“福”文化载体，推动“福”文化走出去，增进海外侨亲、港澳台同胞的认同感、归属感、自豪感；推动“海丝”文化、闽南文化创造性转化、创新性发展，打响“宋元中国·海丝泉州”品牌，提升城市辨识度、美誉度和国际影响力。希望大家在“世遗”泉州多走一走、看一看，在“千灯醉古城”的花灯盛宴、“千家罗绮管弦鸣”的南音表演、“半城烟火半城仙”的闽南民俗中，共同感受欢乐祥和、福气满满的节日氛围。活动中，舞蹈《福星高照》、木偶戏《闹元宵》、新编南音《风打梨》、歌伴舞《领航》等节目轮番登台；“海上丝绸之路”沿线国家和地区的泉州籍各界代表通过视频传送祝福。随后，省、市领导共同开启“金沙筑（祝）福”，向现场侨胞、台胞和劳模代表以及观众赠送“福虎”。

省、市领导共同开启“金沙筑（祝）福”（图/陈起拓）

刘建洋、蔡战胜调研东海城东片区规划建设工作

省委常委、市委书记刘建洋到东海城东片区调研片区规划建设进展，并主持召开座谈会，研究部署下阶段工作。市领导蔡战胜、施宇辉、刘文儒、陈小辉、蔡天守参加。刘建洋指出，要坚定信心、下定决心，本着对历史、对城市、对人民高度负责的态度，推进东海城东片区开发建设。要调集力量、组建专班，在市“抓城建提品质”工作领导小组指导下，尽快成立指挥部，既统筹统管，又调动基层的主动性和积极性，在项目一线及时协调解决困难问题，确保各项工作快速有序推进。要厘清思路、梳理任务，统筹好近期、中期、远期的关系，坚持产业培育、基础设施、公共服务配套、生态环境“四个优先”，导入高端生产性服务业、高品质生活性服务业，细化招商引资项目，按照任务项目化、项目清单化、清单责任化、责任具体化推进落实，在做好征迁和安置的前提下，力争一年突破、三年起势、五年成形。要突出重点、统筹推进，综合考虑交通、金融、商贸、文体、旅游、居住等功能需求，遵循急重轻缓原则，认真策划布局。要创新机制、强化保障，坚持系统思维和经营城市理念，用改革创新破解要素制约，“投、规、建、管、养、监”并举，优化融资、土地、审批等全链条要素保障。

刘建洋（左四）、蔡战胜（左五）等从高处察看东海科创商务中心（图/陈起拓）

2月15日

农历壬寅年正月十五
星期二
温度：9℃～17℃
晴转多云

●省委常委、宣传部部长张彦到晋江经验馆和泉州非物质文化遗产馆，了解“晋江经验”形成发展的历史过程和泉州非物质文化遗产保护传承的状况。

●由省委宣传部指导，市委、市政府主办的“虎年福见·世遗泉州：我在东海送全福”主题“福”文化活动举行。

●省委常委、市委书记刘建洋到东海城东片区调研片区规划建设进展，并主持召开座谈会，研究部署下阶段工作。

●市长蔡战胜到市区中山路街区、鲤城公安分局钟楼街面警务站和市公安局指挥中心，检查元宵节期间的安保及疫情防控工作落实情况。

●市长蔡战胜到市信访局接访，协调解决群众反映的安置房供水、老旧小区改造、农村住房翻建等问题。

●由中华文化联谊会指导，省文旅厅主办的“两岸一家亲·上元尚团圆”——2022年闽台青年元宵民俗文化研习营活动在晋江五店市传统街区开营。

●由泉州中央商务区丰泽区指挥部等主办的“东海来了”元宵主题系列活动在东海玩聚场举行。

●晋江第一季度集中开竣工活动举行，包括开工项目46个、竣工项目29个，总投资262.6亿元。

●惠安第一季度项目集中开竣工活动举行，安排开竣工项目67个，总投资149.68亿元。

2月16日

农历壬寅年正月十六
星期三
温度：10℃～17℃
多云转阴

●市委常委会召开会议，传达学习习近平总书记重要指示精神，以及全国、全省有关会议精神，研究泉州市贯彻落实措施，部署相关工作。

●省“开门红”工作调度暨重大投资项目月度协调视频会议召开，泉州市组织市直有关部门、金融机构在分会场收听收看。

●55家单位被命名为“泉州市无烟党政机关”。

●华侨大学一团队入选第二批“全国高校黄大年式教师团队”。

市委常委会学习习近平总书记重要指示精神

市委常委会召开会议，传达学习习近平总书记重要指示精神，以及全国、全省有关会议精神，研究泉州市贯彻落实措施，部署相关工作。

会议强调，要学习贯彻习近平总书记对老干部工作和关心下一代工作的重要指示精神，落实党中央部署和省委要求，带着感情和责任做好工作。要加强老干部工作，搭建载体平台，支持和引导老干部发挥优势作用，落实好各项惠老政策待遇。要坚持“党建带关建”，落实立德树人根本任务，加强青少年的思想政治引领，做强“百万大手牵小手”“精准关爱”等工作品牌。要结合“党建+”邻里中心建设，导入老有所养、幼有所育等功能，促进老干部工作、关心下一代工作与提升基层服务能力、综合治理能力有效融合。要坚持以习近平新时代中国特色社会主义思想为指导，贯彻新时代党的建设总要求和新时代党的组织路线，按照全国、全省组织部长会议部署，聚焦提高效率、提升效能、提增效益，围绕实施“强产业、兴城市”双轮驱动，锻造高素质专业化干部队伍，打造吸引和集聚先进制造业人才的高地，提高党的建设和组织工作质量，为建设21世纪“海丝”名城提供组织保证。要学懂弄通做实习近平总书记关于加强和改进统一战线工作的重要思想，落实全国、全省统战部长会议部署，把党的领导体现在统一战线各领域各方面，筑牢团结奋斗的共同思想政治基础。要聚焦中心大局献计出力，发挥统战资源优势，助力提升城市能级和产业高度。要完善大统战工作格局，突出守正创新、提质增效，打造具有泉州特色的统战工作品牌。

55家单位被命名为“泉州市无烟党政机关”

市委文明办、市卫健委、市爱卫办下发《关于命名2021年度泉州市无烟党政机关的通知》，市委办、市人大办、市政府办等55家单位被命名为“泉州市无烟党政机关”。为营造清新、健康、文明的工作环境和公共环境，引导干部职工及市民养成健康科学的生活习惯，泉州市市级各党政机关贯彻《关于加强无烟党政机关建设的通知》，开展无烟党政机关建设；市文明办、市卫健委、市爱卫办联合对党政机关进行检查，现场解答无烟机关建设疑难点，建成无烟机关创建联络群组，提高相关单位负责人对开展控烟工作的认识，落实控烟工作相关制度、措施。按照《无烟党政机关建设标准》，各党政机关加强组织领导、完善工作机制、强化动员宣传，推进无烟党政机关建设工作，取得积极成效。

华侨大学一团队入选第二批“全国高校黄大年式教师团队”

教育部公布第二批“全国高校黄大年式教师团队”认定结果，福建省6个团队入选，以徐西鹏教授为团队负责人的华侨大学精密制造与装备教师团队名列其中。华侨大学精密制造与装备教师团队由机电及自动化学院、制造工程研究院的骨干教师组成，在高层次人才、国家级平台和重大科研奖项上多次实现零的突破。入选省级及以上人才计划20余人次，入选科技部创新团队及教育部创新团队计划，入选省级教学团队6支；建成国家地方联合工程研究中心、教育部工程研究中心、省部共建协同创新中心等高水平科研创新平台；获包括国家科技进步二等奖在内的省级及以上科研成果奖励7项，推动学校机械学科发展。团队长期扎根福建，推动政产学研融合发展，围绕泉州市特色优势产业，开展专业技术人才培养、工程技术创新与产业发展服务等。团队与南安市政府共建华大（南安）石材产业中心和南安华大石材产业技术研究院，研究石材加工行业智能制造技术路线，为石材加工沿“节材、高效、绿色、智能”方向转型升级提供成套解决方案。团队还联合社会团体组织，通过学术会议、产业调研、科技服务团、科技经济融合平台等形式为泉州市产业发展建言献策，推动加快泉州市制造业高质量发展和企业“一带一路”走出去的步伐。

2月17日

农历壬寅年正月十七
星期四
温度：10℃~15℃
多云转小雨

●市委人大工作会议召开，学习贯彻中共十九届六中全会精神，落实中央、省委人大工作会议部署，结合泉州实际，研究部署加强和改进新时代泉州市人大工作。

●副省长李德金到泉州幼儿师范高等专科学校、泉州疾控中心、泉州正骨医院、安踏集团、晋江全民运动中心调研，指导疫情防控、卫生、教育、体育等工作。

●全市首个由检察院与妇联联合挂牌的“‘刺桐花’家庭教育指导服务站”在泉港区人民检察院揭牌成立。

市委人大工作会议召开

市委人大工作会议召开，学习贯彻中共十九届六中全会精神，落实中央、省委人大工作会议部署，结合泉州实际，研究部署加强和改进新时代泉州市人大工作。省委常委、市委书记刘建洋讲话。市委副书记、市长蔡战胜主持会议，市人大常委会党组书记、主任李建辉部署人大工作，市政协主席肖汉辉出席。

刘建洋指出，要主动适应新形势新任务新要求，聚焦提高效率、提升效能、提增效益，推进人大工作与时俱进、创新发展，让人民代表大会制度优势更好转化为治理效能。要坚持以人民为中心，践行全过程人民民主，完善人大的组织制度、会议制度、工作程序、运行机制等，最大限度吸纳民意、汇集民智。要坚持宪法至上原则，维护宪法法律权威，依照法定权限和程序行使权力、履职尽责。要坚持立法引领推动改革，推进科学立法、民主立法、依法立法，注重“小切口、能落地、真管用”，彰显泉州立法特色，以良法促进发展、保障善治。要坚持正确有效依法监督，聚焦中心工作和民生关切开展监督，增强监督刚性和实效，助推高质量发展。要坚持依法规范有序，做实做好决定和任免工作，做到党委决策与人大依法决定相统一、党管干部原则与人大依法任免相统一。要坚持人大代表主体地位，激发人大代表履职活力，加强代表工作能力建设，更好支持和保障代表依法履职。各级人大代表要密切同人民群众的联系，自觉接受人民监督，成为人民群众的“贴心人”、群众与党委政府的“连心桥”。要加强党对人大工作的全面领导，坚持把党的政治建设摆在首位，健全完善党领导人大工作的制度机制，加强各级人大及其常委会建设，推动形成人大工作的强大合力。

李建辉指出，全市各级人大及其常委会要把学习贯彻习近平总书记重要讲话精神和中央、省委、市委人大工作会议精神作为人大工作的首要任务，坚持党的全面领导，确保人大各项工作在市委领导下依法推进；围绕中心、服务大局，确保依法履职与完成市委重点任务两不误、两促进；坚持以人民为中心，发挥人大在发展全过程人民民主中的重要作用；推进法治建设，让高水平法治成为泉州城市核心竞争力的主要标志。

市委人大工作会议现场（图/王虎文）

李德金到泉州调研疫情防控等工作

副省长李德金到泉州幼儿师范高等专科学校、泉州疾控中心、泉州正骨医院、安踏集团、晋江全民运动中心调研，指导疫情防控、卫生、教育、体育等工作。李德金指出，要突出公立医院公益性，深化医改，发挥医联体作用，推动优质医疗资源下沉，提高基层医疗服务能力。要多措并举加强疾控人才队伍建设，提高待遇，加大软硬件投入，提升公共卫生应急保障能力和服务水平。要加强师范院校建设，落实立德树人根本任务，聚焦推进学前教育优质普惠发展，加快培养更多专业能力强、综合水平高的幼儿教育教师。

全市首个由检察院与妇联联合挂牌的家庭教育服务站在泉港成立

全市首个由检察院与妇联联合挂牌的“‘刺桐花’家庭教育指导服务站”在泉港区人民检察院揭牌成立。该服务站集家庭教育指导、涉罪未成年人帮教、法律咨询、心理疏导、回访帮扶、法治宣传等功能于一体，为未成年人及家长提供全方位的家庭教育指导服务，为涉案未成年人家庭教育提供固定的场所、地点，合力推动未成年人权益保护。

2月18日

农历壬寅年正月十八
星期五
温度：11℃~14℃
多云转小雨

●省委常委、市委书记刘建洋到晋江企业调研节后复工复产工作。

●市长蔡战胜到市工信局和市商务局调研，研究谋划推动下阶段工作。

●“云端赋能 数智晋江”——晋江市数字经济发展三年行动启动暨项目签约大会在晋江举行。

刘建洋到企业调研节后复工复产工作

省委常委、市委书记刘建洋到晋江企业调研节后复工复产工作。在晋江经济开发区食品园，刘建洋进车间、看生产、问订单，关切企业复工复产、产品研发、智能化改造、市场拓展、防疫措施落实等情况，叮嘱企业要推进数字化转型，强化龙头引领示范，带动中小企业加速转型升级；要加大研发设计和产品创新，细分消费市场，探索开展工业研学旅游等新路径，提升品牌知名度、美誉度和影响力。调研中，刘建洋强调，各级各有关部门要学习习近平总书记重要讲话重要指示精神和党中央决策部署，贯彻落实省委“提高效率、提升效能、提增效益”部署，实施“强产业、兴城市”双轮驱动，推动实现一季度“开门稳”“开门红”。要及时掌握企业运行动态，协调解决复工复产过程中的困难和问题，释放企业发展潜能。要结合工业（产业）园区标准化建设，加快物理空间重塑优化，立足企业产品研制、质量检测、物流运输等行业共性需求，集聚生产性服务配套，厚植创新创业创造的良好生态。要压实企业疫情防控主体责任，做好返岗职工健康监测、生产场所环境消杀等措施，把防控穿透到“最后一公里”。

刘建洋（左三）调研福建盼盼饮料有限公司复工复产情况（图/陈英杰）

蔡战胜调研工信商务工作

市长蔡战胜到市工信局和市商务局调研，研究谋划推动下阶段工作。蔡战胜强调，要落实市委“强产业、兴城市”双轮驱动战略，实施好市政府“抓项目、促发展”系列专项行动，讲政治、敢担当，抓落实、提效率，比成绩、争一流，力争实现“开门稳”“开门红”，为完成全年目标任务打下基础。市工信局要实施“工业（产业）园区标准化建设”专项行动，坚持“项目工作法、一线工作法、典型引路法”，按照“规模化、集约化、产业化、品牌化、绿色化、数字化、融合化”推进；要落实“绿色数字技改”专项行动部署，加快推动产业数字化、低碳化发展；要开展“重龙头、强品牌、铸链条”专项行动，统筹推进建链延链补链扩链，抓好企业梯度培育，推动工业企业规下转规上，完善产业生态圈。市商务局要培植外贸优势，发展壮大市场采购贸易、跨境电商等新模式、新业态，推动“中欧班列”常态化开行，推进机场、港口升级扩容强门户；要攻坚外资招商，落实“抓开放招商促项目落地”专项行动部署，招好商、招大商；要打好提振消费组合拳，加快消费回补和潜力释放，推动商贸业企业限下转限上，优化商业业态布局，加快中心市区繁荣发展。

晋江市数字经济发展三年行动启动暨项目签约大会举行

“云端赋能 数智晋江”——晋江市数字经济发展三年行动启动暨项目签约大会举行。泉州市委常委、晋江市委书记张文贤，泉州市副市长汪志红及省工信厅、省数字办相关领导出席。会上，恒安、盼盼食品、361°、中乔等8家企业的产业数字化项目，环思智慧科技股份有限公司、厦门维尔思信息科技有限公司2家华为生态伙伴信息服务商落地项目，自然资源一体化信息平台、智慧城管2个智慧城市项目和“数字经济”教育培训合作项目完成签约；全球卫品服务网——5G卫品行业工业互联网数字赋能平台、华为（晋江）工业互联网云孵化中心培训基地启动。

《泉州市“十四五”民政事业发展专项规划》印发

《泉州市“十四五”民政事业发展专项规划》（以下简称规划）印发。规划提出，力争到2025年，社区、社会组织、社会工作“三社联动”协同推进，实现城乡社区综合服务设施覆盖率100%；所有乡镇（街道）至少建有1所具备全托、日托、上门服务等综合功能的养老服务机构；社会工作人才总量达2万人，持证社工达8000人。

规划明确，提升基层社会救助经办服务能力。乡镇（街道）配备社会救助协管员，辖区户籍人口2万人以下的配备不少于1名，2万～5万人的配备不少于2名，5万～10万人的配备不少于3名，10万人以上的配备不少于4名。村（社区）配备1～2名专、兼职社会救助协理员，困难群众较多的建立社会救助服务站（点）。同时，引导动员社会力量参与社会救助。依托社会救助供需对接平台，推进社会救助和慈善资源信息有效对接。在推动社会救助改革创新方面，社会救助审核确认权限有序下放至乡镇（街道），推行社会救助事项“一窗受理、一网通办”，提高审批服务效率。加大政府购买服务力度，发展服务类社会救助，形成“资金+物质+服务”的救助方式。

规划明确，加强社会工作专业人才队伍建设，健全社会工作人才薪酬待遇和激励保障机制，引导动员各领域社会工作从业人员参加全国社会工作者职业水平考试，获得相应职业资格。支持高等院校设置相关领域课程，增设相关领域硕士专业学位社会工作专门方向。建立分级培养机制和分类培训体系，健全继续教育和督导培养制度，培养一批社会工作专业领军人才，建设一批社会工作专业人才基地，全面提升队伍专业化水平。到2025年，全市力争实现每万人拥有持证社工10人，建立一支门类齐全、结构合理、专业精湛的社会工作人才队伍。

规划提出，要推进多层次养老机构建设，深化公办养老机构改革，坚持公办养老机构的公益属性。优化城乡养老机构床位结构，提高护理型床位占比，到2025年，新增各类养老床位不少于5000张，全市养老机构护理型床位占比超过60%，每千名老年人拥有养老机构护理型床位达到12张。支持每个县（市、区）建设1所老年人养护院，服务高龄及失能失智、残疾等老年人群体。引导养老机构依托新兴技术手段，构建“互联网+养老服务”和智慧养老模式。

泉州市做好低温寒潮天气防范工作

19—21日，泉州市出现低温寒潮天气，各级各部门强化部署、严格落实，做好相应措施。

气象预警方面，市气象台继续发布“低温预警Ⅳ级”重要天气预警。救灾救助方面，各地派出工作组2736人次，走访慰问困难群众3732户、8860人，发放衣服280件、棉被295床、毛毯282条、电热器56台、御寒食物（面包、大米、米粉等）102件。交通运输方面，各地交通主管部门和公路养护部门结合养护日常检查，侧重低温路线和风险路段巡逻管控，按照预案提前调集准备融雪剂等相关防抗冰灾应急物资，机械及人员全面到位，相关班站人员随时待命（应急队伍人数1382人、应急机械191台、融雪剂56.7吨、抢险照明灯37个、警示标牌2620块）。农林渔服务方面，市农业农村部门密切关注天气变化趋势，及早发布预警信息，适时启动低温防控应急预案，第一时间提醒农户群众及有关涉农生产经营单位提前做好相关防范准备，靠前服务指导落实冻害防范措施，最大限度地减轻灾害损失，确保农业生产安全和农产品稳产保供。市海洋与渔业局通知位于台湾地区浅滩渔场、闽南渔场和闽中渔场的海上作业渔船就近到港避风，截至19日18时，泉州市36艘渔船全部撤离到位；组织人员到养殖场进行防寒抗冻现场技术指导，降低养殖业主受灾风险，县级渔业行政主管部门和乡镇政府入场指导27人次；督促沿海养殖渔排上的老弱妇幼人员撤离上岸，全市24名养殖渔排老弱妇幼人员全部转移上岸。电力通信方面，泉州国网公司组织140支配电抢修队伍1617人随时待命，确保第一时间投入抗冰抢修。

2月19日

农历壬寅年正月十九
星期六
温度：5℃～12℃
小雨转中雨

●《泉州市“十四五”民政事业发展专项规划》印发。

●泉州市做好低温寒潮天气防范工作。

2月20日

农历壬寅年正月二十
星期日
温度：3℃~6℃
中雨

●泉州市发布推进“三农”高质量发展政策“大礼包”。

●市水土保持工作领导小组出台《泉州市深入贯彻习近平总书记重要讲话重要指示批示精神加快推进水土保持高质量发展的实施意见》。

泉州市发布推进“三农”高质量发展政策“大礼包”

泉州市发布推进“三农”高质量发展政策“大礼包”。市级财政安排预算资金3.66亿元，通过补助、奖补、扶持等方式，支持特色现代农业发展、乡村振兴建设以及衔接推进乡村振兴等。安排资金8000多万元，用于补助高标准农田建设、种粮大户农业五新示范推广、建设特色畜牧产业、农业自然灾害救助及农业基地设施建设、现代农业产业园建设、农业产业强镇建设、培育新型农业经营主体等27个特色现代农业发展项目。其中，新型农业经营主体贷款贴息，安排资金数最多，达到1825万元，用于农业产业化龙头企业、家庭农场、合作社（联合社）、农业社会化服务组织、休闲农业示范点、知名品牌农业企业、返乡创业退役军人、大学生创业、优秀农村实用人才等贷款贴息，让新型农业经营主体轻装上阵，安心投入农业生产经营主业。安排资金约1.46亿元，用于奖补省级乡村振兴试点村、市级乡村振兴实绩突出村、乡村振兴示范线建设、精品示范线评选、乡村振兴整镇推进试点乡镇、农村人居环境整治考评、农业贷款风险补偿资金。其中包括安排5655万元，配套奖补145个省级乡村振兴建设试点村，实施包括基础设施建设、村容村貌整治、发展社会事业和完善公共服务设施等450个以上项目；安排3150万元，奖补21个整镇推进的试点乡镇开展创建；安排2400万元，奖补16个市级实绩突出村。安排资金1.35亿元，用于扶持欠发达镇村、联农带农新型农业经营主体发展特色产业，改善提升低收入农户住房条件300户以上，扶持脱贫开发重点乡镇、农业生态型乡镇开展农田连片整治，第六批省派驻村和第十六批市派驻村整村推进帮扶，2021年年底村集体经营性收入低于20万元的低收入村发展集体经济创收项目，低收入农户防返贫保险及产业保险，低收入农户应急救助，巩固衔接补短板等8个方面。

泉州市推进水土保持高质量发展

市水土保持工作领导小组出台《泉州市深入贯彻习近平总书记重要讲话重要指示批示精神加快推进水土保持高质量发展的实施意见》，强调在压缩水土流失斑存量的同时，更加注重新增水土流失管控、生态系统修复提升、改进人民群众生产生活方式，打造“一半山水，一半城”生态城市特色，到2025年基本建成水土保持高质量发展体系，2035年实现水土保持高质量发展。

在省上任务安排的基础上，增加水土流失斑消减力度。到2025年年底，全市计划完成水土流失治理面积7.5万公顷，水土保持率达到90.33%以上，水土流失率由2020年的10.72%下降至9.67%，水土流失率下降1.05个百分点，高于全省水土流失率下降0.52个百分点的目标。加大安溪、南安、永春3个水土流失率大于10%的重点水土流失县（市）治理力度，2025年底前，3个重点县（市）计划完成水土流失治理面积4.3万公顷、坡耕地综合整治666.67公顷、崩岗治理30座。注重新增水土流失管控，强化水土保持监督管理。落实水利、住建、城市管理、交通运输、资源规划、生态环境、农业农村、林业、电力等行业主管部门水土保持监管职责，加强对在建生产建设项目水土保持事中事后监管工作，有效遏制人为造成新的水土流失。巩固水土保持治理成效。各县（市、区）人民政府和各有关部门要合力探索实施水土保持空间管控制度，建立健全水土保持补偿机制、森林生态效益补偿机制等机制；全面推进生态修复，2025年底前，全市计划完成封山育林8.4万公顷、植树造林1.9万公顷、森林抚育8.2万公顷、松林改造提升4.7万公顷、矿山修复866.67公顷，创建5个省级森林城镇、80个省级森林村庄；促进水土保持与乡村振兴有机融合，推广“长汀经验”，促进产业绿色发展，探索“绿水青山”转化为“金山银山”的有效路径。市、县（市、区）两级财政要多渠道向上级争取水土保持高质量发展资金，市级财政每年从晋江、洛阳江上游水资源保护补偿专项资金中安排不少于1500万元，用于晋江、洛阳江上游地区水土流失治理。市、县（市、区）两级要将水土保持补偿费专项用于水土流失预防和治理。

刘建洋调研发展改革工作

省委常委、市委书记刘建洋到市发改委调研。市委常委、秘书长施宇辉，副市长刘林霜参加调研。

刘建洋强调，全市发展改革系统要提升站位，坚持以习近平新时代中国特色社会主义思想为指导，传承弘扬“晋江经验”，贯彻落实省委“提高效率、提升效能、提增效益”行动部署，实施“强产业、兴城市”双轮驱动，明确职责使命，强化工作闭环，既协调好各行各业发展，又统筹好经济社会发展近期、中期、远期关系，以更大担当作为服务全市当好全方位推进高质量发展超越主力军。要提高认识，处理好战略和战术的关系，用“投资、出口、消费”增强稳的基础和信心，用“改革、开放、创新”激发进的动力和活力，千方百计保市场主体，加快产业转型升级，提升城市能级和品质，穿透落实各级政策措施，以月保季，以季保年，实现“开门稳”“开门红”，以更务实举措推动经济稳中求进、提质增效。要突出重点，以更大力度谋划和推进重点项目，坚持项目为先、项目为基、项目为要，聚焦产业发展招项目、城市建设谋项目、民生生态争项目，抓好项目储备、策划谋划、要素保障等环节，滚动推进项目攻坚、开放招商，把资源优势转化为发展优势，实现经济、社会、生态效益最大化。要全面统筹，做好重点专项工作研究，在“海上丝绸之路”先行区建设、两岸融合发展、闽西南协同发展、创建民营经济示范城市、打造一流营商环境等方面，找准切入口，谋划推进重大规划、重大政策、重大改革、重大平台、重大项目，争取更大支持和突破。要增强本领，落实全面从严治党主体责任，盯紧关键岗位、重点环节、重要节点，以严明纪律和优良作风管好班子、带好队伍，加强政治理论、业务知识学习，提升服务经济社会发展的能力和水平。

蔡战胜调研生态环境工作

市长蔡战胜到市生态环境局调研，研究谋划推动下阶段工作。市委常委、常务副市长黄景春参加调研。蔡战胜强调，要学习贯彻习近平生态文明思想，落实市委“强产业、兴城市”双轮驱动战略和市政府“抓项目、促发展”系列专项行动，共同推进绿色低碳转型，厚植泉州高质量发展的生态优势。要坚持目标导向，围绕“天更蓝、山更绿、水更清、环境更优美”目标，对标对表党政领导生态环境保护目标责任书，践行“项目工作法、一线工作法、典型引路法”，守好“生态环境只能变好不能变差”底线。要坚持问题导向，建立区域环境生态问题“一本账”，实行跟踪督办和整改销号机制，定期组织巡察及“回头看”，探索建立行业性、区域性问题整改长效机制。要坚持责任导向，层层压实责任，敢于动真碰硬、真督实查，推动形成“管发展必须管环保”“管行业必须管环保”“管生产必须管环保”的工作格局。要处理好经济发展与环境保护的关系，高标准、严要求实施工业（产业）园区标准化建设、绿色数字技改等专项行动，统筹抓好环保设施、安全设施的同步建设投用，以实际行动守护好泉州的蓝天碧水净土。

市人大常委会党组扩大会议召开

市人大常委会党组扩大会议召开，传达学习习近平总书记对全国老干部工作重要指示精神，全国老干部工作先进集体和先进个人表彰大会精神，中央纪委、省纪委全会精神，全国、全省组织部长会议精神，以及省委、市委有关会议精神等。会议指出，要树立政治首位导向，加强新一届人大领导班子和人大机关干部建设，开阔胸襟、提升能力、锤炼格局，强化分工不分家的团结协作精神，营造干事创业的氛围。要落细落实全面从严治党主体责任，按照省委“提高效率、提升效能、提增效益”部署要求，建成让党放心、人民满意的机关。要开展联系代表、联系群众工作，推进“党建+”社区邻里中心建设，推动解决基层和群众反映的急难愁盼问题。

2月21日

农历壬寅年正月廿一
星期一
温度：8℃～9℃
小雨

●省委常委、市委书记刘建洋到市发改委调研发展改革工作。

●市长蔡战胜到市生态环境局调研，研究谋划推动下阶段工作。

●市人大常委会党组扩大会议召开，传达学习习近平总书记对全国老干部工作重要指示精神，全国老干部工作先进集体和先进个人表彰大会精神，中央纪委、省纪委全会精神等。

●市开放招商领导小组办公室召开工作会议，动员全市各级各部门迅速行动，搭专班、建机制、抓项目、促发展。

●市减灾委员会办公室就做好防范应对新一轮大范围寒潮大风天气工作发出通知，要求根据全省部署要求，结合泉州市实际，做好防范应对工作。

2月22日

农历壬寅年正月廿二
星期二
温度：8℃～10℃
小雨转中雨

●省委常委、市委书记刘建洋到市交通运输局调研。

●市委副书记宿利南到南安调研泉州市春季农业生产工作。

●《泉州市“十四五”空气质量持续改善计划》印发。

刘建洋调研交通运输工作

省委常委、市委书记刘建洋到市交通运输局调研，市委常委、秘书长施宇辉参加。调研中，刘建洋通过听取汇报、交流探讨等方式，了解泉州市交通运输网络、综合交通规划、“聚城畅通”工程、邮政快递业务及跨江跨海跨域通道布局等工作进展情况及存在困难问题。

刘建洋指出，市交通运输局围绕全市中心工作，发挥交通促投资、稳增长、助发展的作用，推动交通运输事业在全省走前列、在全国有地位。泉州正加快实施“强产业、兴城市”双轮驱动，提升产业高度和城市能级，亟须增强交通运输的基础性、先导性、战略性和服务性功能。全市交通运输系统要学习贯彻习近平总书记关于交通运输工作的重要论述，落实省委“提高效率、提升效能、提增效益”行动部署，勇当开路先锋，为泉州当好全方位推进高质量发展超越主力军提供支撑。要以更高站位和更大格局全面统筹、系统谋划全市综合交通体系规划，立足全国性综合交通枢纽城市、省域三大中心城市，统筹好近期、中期、远期目标，统筹好各类交通方式衔接，统筹好内外畅通连接，统筹好人流物流关系，科学完善路网交通体系。要以更高标准策划推进一批重大交通项目，创新理念、担当作为，运用改革的思维和方法，突破用地、用海、用林等要素“瓶颈”，把美好蓝图落实到具体行动中。要以更大力度完善交通运输规划建设管养体制机制，坚持“规划统筹、建设分级、管理重心下移”，建立“监测吹哨、管养报到”的常态长效机制，探索市场化运作模式，把行业监管穿透到“最后一公里”。要以更优作风提振干事创业精气神，落实全面从严治党主体责任，推进党风廉政建设，增强比拼意识、专业素养、斗争本领，打造忠诚干净担当的交通运输干部队伍。

宿利南到南安调研泉州市春季农业生产工作

市委副书记宿利南到南安调研泉州市春季农业生产工作。宿利南到溪美街道天禾绿保农资公司、南安高顺农机专业合作社、码头东联农业科技示范场，向企业负责人了解农资产品生产、仓库储备、配送供应以及农药废弃物回收处置等情况，察看秧苗培育、春耕备种，并向当地农民了解合作社发展模式、农业机械化生产及农作物产量、种植技术等。宿利南指出，春耕备耕工作，对全年农业生产至关重要。各地各有关部门要学习贯彻习近平总书记关于“三农”工作重要论述，贯彻中央、省委、市委农村工作会议和“一号文件”精神，落实粮食安全党政同责，以实施“提高效率、提升效能、提增效益”行动为抓手，抓好春耕备耕工作，有序推进春季农业生产，保障粮食和重要农产品生产供给。要提高农业综合生产能力，推广农业机械作业，推动农业企业规模经营，培育优势农产品品牌，提高粮田的效率、效能、效益。要坚持科技兴农、服务助农，落实强农惠农政策，加大扶持力度，强化农业科技支撑，调动农民种粮积极性，促进农业增产、农民增收、农村发展。

《泉州市“十四五”空气质量持续改善计划》印发

《泉州市“十四五”空气质量持续改善计划》（以下简称计划）印发。计划提出，将以稳步提升大气环境质量为核心，以减污降碳协同增效为总抓手，以细颗粒物和臭氧污染协同控制为主线，提升大气治理能力现代化、智慧化水平，到2025年，泉州市区PM2.5平均浓度不高于19.2微克/立方米，县级城市PM2.5平均浓度不高于18微克/立方米，臭氧浓度水平保持稳定并力争持续下降，优良天数比率不低于97.8%，不发生重度污染天气；氮氧化物和VOCs（挥发性有机物）重点工程减排量完成省下达目标。瞄准“碳中和”愿景，泉州市将围绕二氧化碳排放达峰行动，把减污降碳作为促进经济社会全面绿色转型的总抓手，优化调整产业结构、能源结构、交通运输结构，加快构建绿色、循环、低碳经济社会发展体系。

李建辉走访电子元器件重点企业和重点项目

市电子信息产业发展小组组长、市人大常委会主任李建辉到惠安、泉州台商投资区，走访泉州市光子技术及电子元器件部分重点企业和重点项目，了解相关产业发展情况，剖析存在困难，谋划未来发展思路、招商方向。李建辉强调，要提振信心，抢抓机遇，围绕重点领域、重点环节聚力发力，推动泉州市电子信息产业跨越发展。

李建辉（左四）在惠安走访重点企业（图/惠安速报）

全市一季度“开门红”经济工作推进会召开

全市一季度“开门红”经济工作推进会召开，分析经济运行形势，谋划部署下一步推进措施。会议指出，要贯彻全省“提高效率、提升效能、提增效益”行动部署，落实市委“强产业、兴城市”双轮驱动，按照“任务项目化、项目清单化、清单具体化”加快各项任务推进，确保实现一季度“开门红”。要抓好复工复产、推动达产满产，用足用好国家和省出台的各项支持政策，出台实施务实管用措施，打通政策落实“最后一公里”，让企业得实惠；要树立“干部服务群众、政府服务企业、机关服务一线”意识，用好“一线工作法”“典型引路法”，主动靠前、倾情倾力服务企业，促进发展。

2022年全市统战部长会议召开

2022年全市统战部长会议召开，传达学习贯彻全国、全省统战部长会议精神和市委工作要求，部署2022年工作。会议要求，要把握坚持党的领导这一根本，把党的集中统一领导贯穿统战工作全过程各方面。要组织统一战线开展“喜迎二十大、同心谱新篇”主题宣传教育。要深度聚焦服务中心大局这一主题，组织开展“晋江经验”提出20年系列活动，融入服务“强产业、兴城市”双轮驱动部署，为提升泉州城市能级和产业高度贡献统战力量。要瞄准建设统战强市这一目标，打造具有泉州特色的统战工作品牌，开创新发展阶段统战工作新局面。要贯彻落实省委“提高效率、提升效能、提增效益”行动，开展“工作机制建设年”“队伍能力提升年”活动，展现统战系统新形象。会上，丰泽区委统战部、石狮市委统战部、安溪县委统战部做交流发言。

全市港澳台商和侨商及异地商会招商动员部署会召开

泉州市召开港澳台商和侨商及异地商会招商动员部署会，传达市委、市政府关于开放招商工作会议精神，动员和推动全市统战系统的招商工作。会议以线上线下相结合方式进行。会议要求，全市统战系统和统战干部要深化对招商引资工作重要性的认识，领导带头、全员动起来，激发资源潜力，最广泛凝聚力量，为全市招商引资工作牵线搭桥，与海内外泉州企业家携手，再造“涨海声中万国商”新盛景；要全面铺开开放招商，立足统战资源优势、泉州产业链优势，通过专题招商、小团队招商、政策招商等精准开展优质项目招引；要做好全程跟踪服务，让引进的项目在泉州落地扎根、安心创业、舒心发展，体现泉州的胸襟和情怀；要加强队伍建设，强化招商业务培训，建立学习机制等，在实践中提升招商的专业化能力和水平。会上，市委台港澳办、市工商联、市侨联、异地商会代表现场做招商工作发言，港澳社团、海外社团代表线上做招商工作发言。

2月23日

农历壬寅年正月廿三
星期三
温度：7℃～9℃
阴转多云

●市电子信息产业发展小组组长、市人大常委会主任李建辉到惠安、泉州台商投资区走访泉州市光子技术及电子元器件部分重点企业和重点项目，了解相关产业发展情况，剖析存在困难，谋划未来发展思路、招商方向。

●全市一季度“开门红”经济工作推进会召开，分析经济运行形势，谋划部署下一步推进措施。

●2022年全市统战部长会议召开，传达学习贯彻全国、全省统战部长会议精神和市委工作要求，部署2022年工作。

●泉州市召开港澳台侨商及异地商会招商动员部署会，传达市委、市政府关于开放招商工作会议精神，动员和推动全市统战系统的招商工作。

2月24日

农历壬寅年正月廿四
星期四
温度：8℃～13℃
多云转晴

●市委常委会召开会议，传达学习《关于更加有效发挥统计监督职能作用的意见》文件精神，以及全省对台工作会议、全省机关党的工作会议精神，研究泉州市贯彻落实措施。

●省委常委、市委书记刘建洋与新疆昌吉回族自治州党委书记王国和其带领的党政代表团座谈交流。

●全市对外宣传工作会议召开。

市委常委会学习有关文件及工作会议精神

市委常委会召开会议，传达学习《关于更加有效发挥统计监督职能作用的意见》文件精神，以及全省对台工作会议、全省机关党的工作会议精神，研究泉州市贯彻落实措施。

会议强调，要学习贯彻习近平总书记关于统计工作的重要讲话指示批示精神，落实防范和惩治统计造假、弄虚作假责任制，确保各项统计数据真实、准确、完整、及时，以高效能统计监督服务高质量发展。要树立管行业必须管统计的理念，既要底数清、情况明，还要运用统计数据开展监测分析，及时反映和揭示经济运行中的问题短板，研究提出针对性的对策措施。要加快推进统计现代化改革，加强现代信息技术应用，夯实统计基层基础，强化基层统计队伍建设和业务培训，提升统计监督能力和履职水平。要学习贯彻习近平总书记关于对台工作的重要指示精神，落实中央和全省对台工作会议部署，坚持稳中求进、守正创新，突出以通促融、以惠促融、以情促融，在探索海峡两岸融合发展新路上迈出更大步伐。要紧扣重点任务落细落实，发挥祖地文化优势，高水平办好交流品牌活动，筑牢金门供水安全保障体系，推进泉州和台湾地区各领域融合发展。要压实工作责任，加强统筹协调，推动对台工作提质增效。要学习贯彻习近平总书记关于机关党建的重要论述，以政治建设统领机关党的各项建设，建设让党中央放心、让人民群众满意的模范机关。要贯彻落实省委“提高效率、提升效能、提增效益”行动部署，把机关党建放到全市大局中去审视谋划、推动落实。要强化党建与业务深度融合发展，聚焦“强产业、兴城市”双轮驱动、“党建+”邻里中心建设等，引导机关党员干部快行动、出实招、立新功。要强化统筹指导、督促检查、制度建设，推动机关党建高质量发展。

刘建洋与新疆昌吉州党政代表团座谈

省委常委、市委书记刘建洋与新疆昌吉回族自治州党委书记王国和其带领的党政代表团座谈交流。市四套班子领导蔡战胜、李建辉、肖汉辉等，昌吉州领导马建新、李玉金、王中等参加座谈。刘建洋指出，做好对口支援工作，是中共中央赋予福建的重大政治任务，是泉州义不容辞的使命担当。从1999年对口支援昌吉州昌吉市以来，两地常来常往、越走越亲，结下兄弟般的情谊。泉州正学习贯彻习近平总书记到福建考察重要讲话精神，传承弘扬“晋江经验”，实施“强产业、兴城市”双轮驱动，做好新型工业化和新型城镇化“两篇文章”，当好全方位推进高质量发展超越主力军。泉州将贯彻落实习近平总书记关于新疆工作的重要论述，完整准确贯彻新时代党的治疆方略，一如既往做好援疆各项工作，推进重点项目建设，加强民生、智力、产业、文化等领域支援合作，深化交往交流交融、两地共同发展。王国和表示，昌吉州将学习借鉴泉州发展经验，把援疆省市的无私帮助转化为昌吉发展的强大动力，在全域旅游、现代农业、现代服务业等方面密切交流合作，与福建、泉州优秀援疆干部一起，推动昌吉州改革发展稳定，各项事业稳步前进。

全市对外宣传工作会议召开

全市对外宣传工作会议召开。会议指出，要学习领会习近平总书记关于对外宣传工作的论述，贯彻落实全省外宣工作会议精神和市委要求，增强做好工作的责任感、使命感。要把握新形势新任务，紧扣主题主线，讲好中国故事、泉州故事。要加强“世遗”城市宣传，打响“宋元中国看泉州”品牌。要创新方式渠道，提升国际传播效能。要树牢“一盘棋”思想，坚持正确方向导向，加强队伍建设，构建统筹有力、协同联动、高效运转的大外宣格局，开创外宣工作新局面，为扛起全方位推进高质量发展超越主力军担当，建设21世纪“海丝”名城做出新贡献。

全市实施“提高效率、提升效能、提增效益”行动部署会召开

泉州市召开实施“提高效率、提升效能、提增效益”行动部署会。省委常委、市委书记刘建洋做具体部署，市长蔡战胜主持会议。市人大常委会主任李建辉、市政协主席肖汉辉出席会议。刘建洋指出，要开展传承弘扬“晋江经验”大讨论，通过对标上级点题、查摆自身问题、对照先进标杆，梳理影响效率、效能、效益的差距，深入“解剖麻雀”，找准发展方向、目标定位、重点任务和工作抓手，把资源优势转化为发展优势。要以改革创新的思维和方法，狠抓整改、落实、提升，在“效”上看高低、见担当、显精神，推动干事创业和促进发展有新突破。坚持“快”字为先，弘扬马上就办、真抓实干优良作风，提高工作效率，确保上级部署快贯彻、政策措施快衔接、目标任务快落实。坚持“优”字为要，穿透式调研解决困难问题，打造优质营商环境，因地制宜推进“党建+”邻里中心建设，提升服务效能。坚持“实”字为本，千方百计稳住投资、消费、出口基本盘，确保完成全年目标任务。

泉州市与省属国有企业项目对接活动举行

市委、市政府联合省国资委举行泉州市与省属国有企业项目对接活动。省委常委、市委书记刘建洋出席并讲话，市长蔡战胜主持。活动中，市政府与省国资委签署战略合作协议。通过此次活动，泉州市与省属国有企业达成一系列合作意向，围绕数字经济、海洋经济、绿色经济、文旅经济等领域对接项目59个，其中现场签约项目23个，总投资超600亿元。

市政府与省国资委签署战略合作协议（图/陈英杰）

2021年泉州经济年会峰会举行

由市委宣传部、市发改委、市工信局、市商务局、市金融监管局、市数字办、市总工会、市工商联等主办的2021年泉州经济年会峰会举行。峰会聚焦2021年泉州各行业涌现的优秀标杆，发布“年度经济人物”“年度优化营商环境‘最具获得感’十大举措”“年度赋能营商环境十大数字化应用”“年度十大智能装备”“年度十佳5G应用项目”“年度抗疫保供十佳企业”“年度企业社会责任奖”“年度十佳工匠精神企业（单位）”“年度十佳工艺美术大师”“年度优秀泉属异地商会”十项榜单。峰会还邀请中国民营经济研究会副会长、华夏新供给经济学研究院首席经济学家、中国民生银行研究院院长黄剑辉，围绕“解码重构增长——未来数字化时代泉州民企机遇分析”做主题演讲。

2021年泉州经济年会峰会现场（图/陈起拓）

泉州市“强产兴城·数字工匠”劳动和技能竞赛活动启动

泉州市“强产兴城·数字工匠”暨“项目攻坚2022”劳动和技能竞赛活动启动仪式在福建三星电气公司举行。图为启动仪式。（图/市总工会）

2月25日

农历壬寅年正月廿五
星期五
温度：9℃～16℃
多云转晴

●泉州市召开实施“提高效率、提升效能、提增效益”行动部署会。

●市委、市政府联合省国资委举行泉州市与省属国有企业项目对接活动。

●省委常委、市委书记刘建洋以普通党员身份参加市委办机关党支部第一党小组组织生活会。

●市十七届人大常委会第一次主任会议召开，讨论通过2022年市人大常委会工作要点、市十七届人大常委会2022年立法计划和2022—2026年立法规划等。

●市十七届人大常委会第一次会议召开，听取审议市人大常委会2021年度规范性文件备案审查工作情况报告，表决通过市十七届人大常委会代表资格审查委员会组成人员名单等事项。

●由市委宣传部、市发改委、市工信局、市商务局、市金融监管局、市数字办、市总工会、市工商联等主办的2021年泉州经济年会峰会举行。

●泉州市“强产兴城·数字工匠”暨“项目攻坚2022”劳动和技能竞赛活动启动仪式在福建三星电气公司举行。

2月26日

农历壬寅年正月廿六
星期六
温度：12℃～20℃
多云转晴

●市数字经济产业发展工作推进会召开，谋划推进全市数字经济产业发展。

●中央广播电视总台《2021城市营商环境创新报告》发布，泉州创新实践案例《服务企业零距离、服务项目零收费》成为全国41个案例之一。

●市委文明办、市卫健委、市科协、泉州市急救指挥中心等在南安市英都镇开展“卫生健康 急救科普下乡”服务活动。

●26—28日，首届福建省（永春）乡村振兴“师带徒”引凤项目大赛复赛暨人才项目资本对接会在永春举行。

●由中国书法家协会、辽宁省文联主办的全国第五届青年书法篆刻作品展览暨名家邀请展在辽宁美术馆开幕，福建省16人入展，其中11人来自泉州，占全省近七成。

市数字经济产业发展工作推进会召开

市数字经济产业发展工作推进会召开，谋划推进全市数字经济产业发展。会议指出，要围绕实施“强产业、兴城市”双轮驱动，将数字经济作为未来发展新的突破口和增长点，壮大规模、完善链条、提升能级。要加快推动数字产业化，引进培育数字经济龙头企业、行业“独角兽”及“瞪羚”企业，打造数字产业集聚区；要推进产业数字化，结合实施“绿色数字技改”和“工业（产业）园区标准化建设”专项行动，打造更多智能工厂、智慧园区；要前瞻谋划数字新基建，加快商超、学校、医院、工业园区等人员和生产要素密集场所数字化基础设施建设；要推进政务服务数字化转型，提升公共信用信息平台服务功能，优化营商环境。要落实“提高效率、提升效能、提增效益”要求，按照市委“一产一策一专班”部署，明晰组织架构，密切协同协作，落实要素保障，强化政策支撑，推动数字经济产业加速发展。

泉州创新案例成为全国营商环境典型案例

中央广播电视总台《2021城市营商环境创新报告》（以下简称报告）发布，泉州创新实践案例《服务企业零距离、服务项目零收费》成为全国41个案例之一。报告立足主流媒体第三方视角，以创新为核心构建综合分析框架，覆盖国务院《关于开展营商环境创新试点工作的意见》中的10个方面重点任务、101项具体改革事项，相关部委、大专院校、科研院所、主要行业协会的权威专家，以及国企、民企、外企的企业家代表组建专家委员会，对城市营商环境创新的基本面和最新情况进行梳理。

泉州创新实践案例《服务企业零距离、服务项目零收费》呈现晋江经济开发区按照“推行亩均效益准入倒逼机制，加强优质产业空间供给，加快园区提容增效，积极争创国家级园区”的要求，精修规划，提高园区工业用地容积率；把好关口，提高投资强度准入“门槛”；提前介入，推进园区企业建设项目设计方案“多评合一模拟审批”，让园区企业享受到“放管服”改革红利。报告评价泉州作为现代化工贸港口城市与海峡西岸经济区中心城市，以核心经济技术开发区体制机制改革助力产业升级，如晋江经济开发区从人才提升、政策落地、要素保障、金融支持、人本服务等方面入手，通过信息技术整合放大园区要素服务效能，提升服务企业质量，造强服务磁场，激发市场活力，为企业发展营造良好的营商环境。

首届福建省（永春）乡村振兴“师带徒”引凤项目大赛复赛举行

26—28日，首届福建省（永春）乡村振兴“师带徒”引凤项目大赛复赛暨人才项目资本对接会在永春举行。经过26日、27日两天复赛的角逐，评出一等奖1名、二等奖3名、三等奖5名、优秀奖16名以及入围奖25名，发放奖金395000元。

泉州市11人作品入展全国青年书法篆刻作品展

由中国书法家协会、辽宁省文联主办的全国第五届青年书法篆刻作品展览暨名家邀请展在辽宁美术馆开幕，福建省16人入展，其中11人来自泉州，占全省近七成。此次活动自2020年7月启动以来，得到书法界尤其是青年作者的积极响应，收到全国各地及海外投稿12117件。最终，300位作者的作品获选入展，其中庄崇宏、王永泰、黄勇升、林飞煌、曾锦溪、杨世辉、陈著挺、黄咏蘅、苏祖炮、吴剑男、张聪明11位泉州青年书法家入展，展示泉州作为书法大市的整体风貌和创作水准。主办方相关负责人表示，此次展览在作品的选题、创作、设计上，彰显个性，具有鲜明的特色，既注重对传统经典的研习和继承，又立足新时代条件下对书法艺术的探索与创新。

2月27日

农历壬寅年正月廿七
星期日
温度：11℃~20℃
多云转晴

●长征八号遥二运载火箭在文昌航天发射场搭载“安溪铁观音一号”卫星发射升空。该卫星的发射将赋予安溪茶产业数字化建设新动能，也标志安溪数字产业发展达到一个新阶段。

●2020年度福建省科学技术奖揭晓，泉州市23个项目获奖，其中一等奖3项、二等奖5项、三等奖15项。

●工信部、发改委、财政部、市场监管总局发布《2021年度智能制造试点示范工厂揭榜单位和优秀场景名单》，110家企业、241个场景上榜。福建省5家企业入选，其中包括泉州市2家企业。

“安溪铁观音一号”卫星发射

长征八号遥二运载火箭在文昌航天发射场搭载“安溪铁观音一号”卫星发射升空。该卫星的发射将赋予安溪茶产业数字化建设新动能，也标志安溪数字产业发展达到一个新阶段。带着22颗卫星发射的“共享火箭”——长征八号遥二运载火箭，创下中国一箭多星任务最高纪录。这颗名为“安溪铁观音一号”的近地卫星，是安溪县与中科星桥和长光卫星共同合作的一颗遥感卫星，是安溪县进行数字产业化探索的首个重大举措。发射升空后，该卫星将成为福建省第一颗亚米级地面分辨率的商业光学遥感卫星，也将是中国第一颗以茶叶冠名的遥感卫星。该卫星采用轻量化结构设计、高度集成电子学系统、高分辨率超轻量化低成本相机等创新技术，使得整星实现分辨率优于0.75米、成像幅宽大于17千米，重量43千克，具有低成本、低功耗、低重量、高分辨率的特点。该卫星拥有蓝、绿、红及近红外谱段的多光谱数据获取能力，能够从535千米高空对茶园中每一株茶树的长势进行监测，并进行病虫害监测、茶树生命周期的质量溯源，为铁观音茶叶的品质、铁观音品牌的硬实力提供空天大数据保障。

“安溪铁观音一号”卫星发射成功后工作人员合影留念（图/安宣）

泉州市23个项目获2020年度福建省科学技术奖

2020年度福建省科学技术奖揭晓，泉州市23个项目获奖，其中一等奖3项、二等奖5项、三等奖15项。获奖名单中，华侨大学完成的“磨粒切厚分布特征约束的单层金刚石工具设计制备与应用”项目获技术发明奖一等奖，信和新材料股份有限公司参与完成的“海工装备关键涂层及功能材料研发与技术创新应用”项目、晋江福大鲍鱼水产有限公司参与完成的“鲍远缘杂交育种技术与产业化应用”项目获科技进步奖一等奖。

泉州市两企业入选《2021年度智能制造试点示范工厂揭榜单位和优秀场景名单》

工信部、发改委、财政部、市场监管总局发布《2021年度智能制造试点示范工厂揭榜单位和优秀场景名单》，福建省5家企业入选，其中包括泉州市2家企业。泉州市阳光中科（福建）能源股份有限公司入选《2021年度智能制造试点示范工厂揭榜单位和优秀场景名单》，揭榜任务名称为太阳能电池组件智能制造示范工厂，典型场景包括智能在线检测、生产计划优化、物料实时跟踪、人机协同作业、原料性质表征与配方研发、流程型工艺数字化设计、在线运行监测与故障诊断。泉州市的福建省晋江市华宇织造有限公司进入2021年度智能制造优秀场景名单，典型场景名称为智能在线检测。《智能制造试点示范行动实施方案》明确，遴选推广优秀智能场景，以“揭榜挂帅”方式推进细分行业智能制造示范工厂建设，构建“点线面”结合的试点示范体系，发挥先进典型带动作用，加速新技术、新装备、新模式推广应用。其中，智能制造示范工厂方面，聚焦原材料、装备制造、消费品、电子信息等领域的细分行业，围绕设计、生产、管理、服务等制造全流程，建设智能制造示范工厂，带动实现制造技术突破、工艺创新、场景集成和业务流程再造，发挥示范带动作用。智能制造优秀场景方面，依托工厂或车间，面向单个或多个制造环节，提炼关键需求，通过5G、工业互联网、大数据、人工智能、北斗系统等新一代信息技术与核心制造环节的深度融合，重点梳理凝练可复制、可推广的智能制造优秀场景。

2月28日

农历壬寅年正月廿八
星期一
温度：14℃～23℃
多云

●2月28日至3月1日，省政协副主席许维泽到泉州，围绕“各地学习宣传贯彻落实中央及省委政协工作会议精神的情况”开展专题调研。

●十三届市委全面深化改革委员会第一次会议召开，传达学习中央全面深化改革委员会和十一届省委全面深化改革委员会有关会议精神等。

●市委人才工作会议召开，学习贯彻习近平总书记关于新时代人才工作的新理念新战略新举措，落实中央和省委人才工作会议精神，部署实施新时代人才强市战略。

●泉州市召开2022年度市“两会”建议提案交办会，以集中交办的形式，部署2022年市“两会”的代表建议、政协提案办理事项。

●晋江市创投与股权投资协会成立仪式暨项目落地签约活动。

十三届市委全面深化改革委员会第一次会议召开

十三届市委全面深化改革委员会第一次会议召开，传达学习中央全面深化改革委员会和十一届省委全面深化改革委员会有关会议精神；研究审议市委深改委2021年工作总结报告和2022年工作要点，审议通过《泉州市进一步推进生活垃圾分类工作的实施方案》《关于深化集体林权制度改革推进林业高质量发展的实施方案》。会议强调，要压紧压实改革责任，加快推进改革系统集成、协同高效，提高改革综合效能。要加快推进有利于提高效率、提升效能、提增效益的改革，探索更多“小切口”“真管用”的改革举措，破解影响高质量发展的突出问题。要聚焦实施“强产业、兴城市”双轮驱动，在推动产业转型升级、民营经济发展、科技创新赋能、城市规划建设管理等方面拿出更多实招硬招，增强改革穿透力和实效性。要聚焦市场主体需求和群众关切，学习借鉴先进地区改革经验，策划生成一批改革项目抓手，探索泉州特色改革路径。要鼓励各县域加强首创性、差异化改革探索，及时做好经验总结和典型推广。推进生活垃圾分类工作，关键要做好前端分类减量，抓好中端收集运输，加强终端处理能力建设，探索垃圾就地就近无害化、资源化处理；健全工作推进机制，落实责任、协同管理，构建纵向到底、横向到边、共建共治共享的社区治理体系；加强试点示范，发挥好考评标准导向作用，加快制定地方性法规，推动形成垃圾分类常态长效机制；强化宣传引导，营造全民参与的社会氛围。

市委人才工作会议召开

市委人才工作会议召开，学习贯彻习近平总书记关于新时代人才工作的新理念新战略新举措，落实中央和省委人才工作会议精神，部署实施新时代人才强市战略。省委常委、市委书记刘建洋出席会议并讲话。市委副书记、市长蔡战胜主持会议。市人大常委会主任李建辉、市政协主席肖汉辉出席会议。刘建洋指出，要围绕建设“海丝”名城、智造强市、品质泉州，聚焦实施“强产业、兴城市”双轮驱动，加快人才链与创新链、产业链、资本链深度融合，厚植创新创业创造的良好生态，让各类人才“近者悦、远者来”。要加强人才工作体系优化和政策创新，让政策找人才，研究制定并穿透落实更精准、更管用、易操作的政策措施，在教育、医疗、住房等方面完善精准服务体系。要提高大院大所等平台载体能级度，结合园区标准化建设，打造一批产业综合体和创新综合体，汇集更多高端人才和专精特新项目。要立足产业集群集聚和转型升级需求，加大力度引进高层次人才、培养实用性人才，锻造一支数量、规模、层次与高质量发展相匹配的高素质人才队伍。

市委人才工作会议现场（图/陈晓东）

晋江市创投与股权投资协会成立

晋江市创投与股权投资协会成立仪式暨项目落地签约活动举行。会上选举产生首届协会的理事会、监事会成员，并举行协会揭牌仪式。泉州七匹狼创业投资有限公司当选首届协会会长单位。图为揭牌仪式。（图/许雅玲）

刘建洋调研工信和商务工作

省委常委、市委书记刘建洋到市工信局、商务局调研，并与两个部门干部座谈交流，研究推动下一步工作。刘建洋指出，要提高认识、提升站位，落实好中央和省委赋予泉州的政治责任、发展责任，传承弘扬“晋江经验”，做好新型工业化和新型城镇化“两篇文章”，勇当全方位推进高质量发展超越主力军。要明确思路、创新举措，在做大做优先进制造业和商贸服务业上扛起更大担当和作为，坚持数字赋能、科技赋能、链条赋能、资本赋能、生态赋能，千方百计稳住存量、拓展增量，以创新路径、务实举措推动传统优势产业转型升级、战略性新兴产业集群集聚、未来新经济新动能培育壮大，导入高端生产性服务业和生活性服务业，创造更多优质供给，促进先进制造业和现代服务业深度融合。要明晰目标、跳起摸高，在实施“提高效率、提升效能、提增效益”行动上取得更大成效，把省委要求、市委目标和自身重点工作结合起来，提高服务企业、服务基层、服务群众的能力，把“效”字落到具体项目、企业和指标上，强化结果导向，以实绩论英雄。

泉州市优待证申领发放工作启动

市退役军人事务局举行泉州市优待证申领发放工作责任状签订暨合作银行服务承诺发布仪式。优待证具有彰显荣誉、身份识别、待遇落实、服务管理等功能，全市退役军人、烈士遗属、因公牺牲军人遗属、病故军人遗属等优抚对象申领后享受相应的优待服务。启动仪式上，市退役军人事务局局长与各县（市、区）退役军人事务局、泉州开发区社会事业局、泉州台商投资区民生保障局局长签订责任状。中国工商银行泉州分行、中国邮政储蓄银行泉州市分行、中国农业银行股份有限公司泉州分行、中国光大银行泉州分行四家银行行长在服务承诺书上签字。

此次发放的优待证分为“中华人民共和国退役军人优待证”和“中华人民共和国烈士、因公牺牲军人、病故军人遗属优待证”两种，分别面向符合条件的退役军人和其他优抚对象，以银行卡的方式免费发放。退役军人事务部统一确定四家银行为优待证首批制发合作银行，申请人可选择其中一家适合自己的银行办理。是日起至年底，为优待证申领发放全面实施阶段，2023年转为常态化办理。符合条件的申请人可携带相关资料，到户籍地或常住地乡镇（街道）退役军人服务站建档立卡，提出办理优待证申请，退役军人事务部门审核通过后，交由合作银行制证，再寄给申请人。市退役军人事务局相关负责人表示，优待证申领发放工作是一项光荣的政治任务，也是彰显尊崇退役军人的具体表现。通过发放全国统一的优待证，可以增强退役军人、其他优抚对象的荣誉感。优待证的使用，能提升社会关注度，营造尊重退役军人、尊崇军人职业的社会氛围。根据福建省关于优待证申领发放的部署，泉州此前成立领导小组，组建专班，了解全市退役军人及其他优抚对象的需求，同时对建档立卡的业务人员进行培训，对办理设备进行调试等，以确保优待证的发放工作精准、高效、有序进行。

电影《双美寻梦》在安溪开机

以全面实施乡村振兴战略为背景的电影《双美寻梦》在安溪县大坪乡双美村开机。图为开机仪式。（图/吴志明）

3月1日

农历壬寅年正月廿九
星期二
温度：15℃～28℃
多云

●省委常委、市委书记刘建洋到市工信局、商务局调研，并与两个部门干部座谈交流，研究推动下一步工作。

●市退役军人事务局举行泉州市优待证申领发放工作责任状签订暨合作银行服务承诺发布仪式。

●以全面实施乡村振兴战略为背景的电影《双美寻梦》在安溪县大坪乡双美村开机。

3月2日

农历壬寅年正月三十
星期三
温度：13℃～19℃
阴转多云

●2022年全市生态环境保护工作会议暨省级生态环境保护督察迎检动员会和一季度工作推进会召开。

●市委政法委召开专题会议，传达学习省委、市委实施“提高效率、提升效能、提增效益”行动有关精神，研究具体贯彻落实意见。

●市生态环境局印发《泉州市“十四五”危险废物污染防治规划》。

●由市中级人民法院、市妇联、市女企业家联谊会主办的“‘典’燃巾帼法智 共助强产兴城”活动举行。

2022年全市生态环境保护工作会议召开

2022年全市生态环境保护工作会议暨省级生态环境保护督察迎检动员会和一季度工作推进会召开。会前，省委常委、市委书记刘建洋，市长蔡战胜对全市生态环境保护工作做出批示，肯定一年来全市生态环境保护工作取得的成绩，对2022年工作提出要求。会议指出，2021年，全市生态环境系统贯彻落实中央、省、市生态环境保护工作部署，开展污染防治攻坚战，全市生态环境质量明显改善，群众生态环境获得感进一步增强，多项工作走在全国、全省前列。就下阶段工作，会议要求，要提高站位，增强做好生态环境工作的责任感和紧迫感，回应群众关切，以更高标准推动生态环境工作取得更大实效。要把握重点，打好大气、水、土壤污染防治攻坚战，推进水、矿山、自然保护地生态修复工作，整治环保突出问题，主动服务全市发展大局。要凝聚合力，完善机制，提升效能，营造生态环境工作氛围。

市委政法委部署“提高效率、提升效能、提增效益”行动

市委政法委召开专题会议，传达学习省委、市委实施“提高效率、提升效能、提增效益”行动有关精神，研究具体贯彻落实意见。会议强调，要把握关键要点，按照“快、优、实”的工作要求，把“提高效率、提升效能、提增效益”行动贯穿全年始终，确保各项工作早部署、快启动、抓落实、见实效。要突出工作重点，立足政法工作职责定位，坚持实用实效导向，增强工作预见性、主动性，及时研判各类风险形势、社会治理问题，巩固深化政法队伍教育整顿成果，赋能“党建+”社区邻里中心建设，探索推行“综治+”社区治理中心建设，提升服务群众能力和基层综合治理能力，解决群众和基层急难愁盼问题，让人民群众切实感受到公平正义就在身边。要压实工作责任，加强组织领导，细化任务措施，强化跟踪督促，高效推动落实，以实际行动迎接中共二十大召开。

《泉州市“十四五”危险废物污染防治规划》出台

市生态环境局印发《泉州市“十四五”危险废物污染防治规划》，明确“十四五”期间，全市建设危险废物利用处置、医疗废物处置、信息化能力建设、监管能力建设4类14项重点工程项目，提升危险废物利用处置、环境监管、环境风险防范“三个能力”。

“‘典’燃巾帼法智 共助强产兴城”活动举行

由市中级人民法院、市妇联、市女企业家联谊会主办的“‘典’燃巾帼法智 共助强产兴城”活动举行。活动中，20位女企业家走进市中级人民法院，参观“法映刺桐”宋元法律文化展馆，感受宋元泉州海洋贸易法制文化；在数助治理中心，了解法院在文件管理、数据管理以及应用方面的创新工作；参加“企业法律风险防控”主题沙龙，聆听女法官为女企业家准备的法制讲座，了解如何防范商事合同、劳动关系、商标权等方面的经营风险。在互动答疑环节，女企业家纷纷就企业运营过程中遇到的法律问题进行咨询，参与座谈的女法官一一予以专业细致的回答。同时，结合全省法院执行部门“千名执行干警进千企”主题调研活动，市中级人民法院执行局还向参加活动的女企业家发放问卷，收集更多判决执行中存在的痛点、难点问题，强化普法释法，推进解决执行难，促进营商环境法治化，助力民营经济健康发展。沙龙结束后，女企业家纷纷表示，希望能够继续与法院保持沟通联系，更有针对性地做好企业法律风险防控，在公平正义的法治环境中奋力发展，为助力“强产业、兴城市”双轮驱动做出更大贡献。

深化第七届全国文明城市创建志愿服务动员大会举行

由市创城办、市委文明办、市志愿者协会，鲤城区文明委、鲤城区创城指挥部主办的泉州市“弘扬志愿服务精神 深化文明城市创建 助力‘双轮驱动’实施”——开展全国第59个学雷锋纪念日活动暨深化第七届全国文明城市创建志愿服务动员大会，在中心市区府文庙广场举行。现场提供急救知识普及、医疗、法律咨询等志愿服务。大会为2021年度创城优秀志愿服务典型代表、2021年“福建省五星级志愿者”、福建省志愿服务项目大赛获奖项目（金、银、铜奖）及爱心企业颁发证书、牌匾。当天，大会还为新成立的市应急救援志愿服务队、市医疗卫生应急志愿服务队、市科普应急志愿服务队、市心理应急志愿服务队4支应急志愿服务队伍授旗。

深化第七届全国文明城市创建志愿服务动员大会现场（图/鲤城融媒）

泉州市职工庆祝国际劳动妇女节健身操比赛举行

3—4日，由市委市直机关工委、市总工会、市体育局主办，市妇联、泉州中央商务区丰泽区指挥部联办的泉州市职工庆祝“三八”国际劳动妇女节健身操比赛在泉州市工人文化宫举行。市委常委、组织部部长，市总工会主席卢秀萍宣布比赛开幕。市领导李文生、庄灿霞参加活动。全市各级机关及基层工会51支代表队1000多名职工参赛。每支代表队从10首歌曲中任选一曲作为参赛曲目，以健美操、啦啦操、排舞、广场舞（操）等形式展开比拼。活动有关负责人表示，希望各单位以活动为契机，以“勇当主力军 喜迎二十大”为抓手，把“更快、更高、更强——更团结”的奥林匹克精神融入本职工作中，团结一心、奋力拼搏、勇争一流、勇攀高峰，为实施“强产业、兴城市”双轮驱动、加快建设“海丝”名城、智造强市、品质泉州做出新贡献。

泉州市职工庆祝“三八”国际劳动妇女节健身操比赛开幕式（图/市体育局）

“世遗寻迹行 家风共传承”穿越古城活动举行

由市妇联、鲤城区委文明办、区妇联主办的“世遗寻迹行 家风共传承”穿越古城活动举行。鲤城区高新区、各街道妇联、区直系统的妇女干部、职工，鲤城区女企业家联谊会会员等各界妇女组成十多支小分队参加活动。大家从中心市区德济门广场出发，以绿色出行的方式完成5千米的打卡路线，途经李贽故居、番佛寺、清净寺、正音书院家风家教示范基地、家风家事馆、水沟巷古城家风家教示范巷、开元寺等，并在每个打卡点参加线上世界遗产知识、《中华人民共和国家庭教育促进法》等法律知识竞答以及线下团队挑战。

“世遗寻迹行 家风共传承”穿越古城活动现场（图/陈晓东）

3月3日

农历壬寅年二月初一
星期四
温度：14℃～23℃
多云转晴

●市委副书记宿利南到洛江调研粮食安全和春耕复耕工作。

●由市科技局、市妇联主办的泉州市首届女性科技人才沙龙在鲤城区东亚文化之窗文创园举行。

●由市创城办、市委文明办、市志愿者协会，鲤城区文明委、鲤城区创城指挥部主办的泉州市“弘扬志愿服务精神 深化文明城市创建 助力‘双轮驱动’实施”——开展全国第59个学雷锋纪念日活动暨深化第七届全国文明城市创建志愿服务动员大会，在中心市区府文庙广场举行。

●由市委市直机关工委、市总工会、市体育局主办，市妇联、泉州中央商务区丰泽区指挥部联办的泉州市职工庆祝“三八”国际劳动妇女节健身操比赛在泉州市工人文化宫举行。

●由市妇联、鲤城区委文明办、区妇联主办的“世遗寻迹行 家风共传承”穿越古城活动举行。

3月4日

农历壬寅年二月初二
星期五
温度：15℃～26℃
多云

●市政府党组（扩大）会议召开，传达学习习近平总书记在中央政治局第三十六次集体学习时的重要讲话精神，研究市政府党组贯彻意见；传达贯彻省委、市委工作要求，部署市政府系统实施“提高效率、提升效能、提增效益”行动。

●市政府常务会议召开，研究并通过《泉州市乡村振兴专项行动方案（2022—2025年）》等。

●市长蔡战胜与中国华能集团有限公司副总经济师兼规划发展部主任王葵座谈。

●市政协党组（扩大）会议召开，听取党组班子成员关于2021年度述责述廉评议结果和存在问题整改情况的报告。

●市政协党组理论学习中心组（扩大）学习会议召开，传达学习习近平总书记对全国老干部工作的重要指示及全国老干部工作先进集体和先进个人表彰大会精神等。

●由市委宣传部（讲师团）、市委文明办主办的“‘泉’民开讲”之“我们的价值观”专场宣讲在泉州广播电视台举行。

●中国共产党党员、原晋江地委海防部（对台工作部）部长、离休干部刘天相逝世，享年93岁。

市政府党组（扩大）会议召开

市政府党组（扩大）会议召开，传达学习习近平总书记在中央政治局第三十六次集体学习时的重要讲话精神，研究市政府党组贯彻意见；传达贯彻省委、市委工作要求，部署市政府系统实施“提高效率、提升效能、提增效益”行动。会议指出，要突出工作重点，抓紧制定具体实施方案，统筹好环境保护与经济发展，推动低碳集约绿色发展，在经济发展中促进绿色转型、在绿色转型中实现更大发展。要强化组织领导，加大宣传力度，增强全社会节约意识、生态环保意识，共同营造低碳节约氛围。要把握开展“提高效率、提升效能、提增效益”行动的重大意义，落实省委、市委工作要求，主动再学习、再对标、再部署、再推进，把行动要求贯穿于政府工作全过程，在实施“强产业、兴城市”双轮驱动和扛好全方位推进高质量发展超越主力军担当中展现更大作为。市政府各位党组成员、副市长要发挥“头雁效应”，紧抓分管领域的“抓项目、促发展”专项行动，带动形成一级抓一级、层层抓落实的工作格局。政府系统各部门要结合业务特点、工作实际制定实施细案，完善机制、优化流程、提质增效、精细管理，破解难点堵点痛点，营造“讲政治、敢担当，抓落实、提效率，比成绩、争一流”的氛围。

市政府常务会议召开

市政府常务会议召开，研究并通过《泉州市乡村振兴专项行动方案（2022—2025年）》等。会议强调，要学习贯彻习近平总书记关于“三农”工作的重要论述，把乡村振兴作为“抓项目、促发展”系列专项行动重要内容，加快推动农业农村现代化。要坚持整镇推进乡村振兴，聚焦乡村发展、乡村建设、乡村治理，做深做细乡村规划，抓好抓实粮食安全保障、农村裸房整治等工作，总结梳理前期经验，形成可复制推广的典型示范，促进农业高质高效、乡村宜居宜业、农民富裕富足。要推动要素下乡，立足乡村资源禀赋和产业基础，推动科技、人才、金融等发展要素下沉，激发农业农村发展新动能。

“‘泉’民开讲”之“我们的价值观”专场宣讲举行

由市委宣传部（讲师团）、市委文明办主办，市消防救援支队、泉州晚报社、泉州广播电视台、鲤城区委宣传部、晋江市委宣传部、南安市委宣传部协办的“‘泉’民开讲”之“我们的价值观”专场宣讲在泉州广播电视台举行。四位不同行业的代表讲述他们的故事，阐释新时代的雷锋精神，表达他们对价值观的理解和追求。全国应急管理系统先进工作者、泉州消防救援支队特勤大队一站的消防员乔巍然分享21年消防生涯中对他影响最深的人和事。第七届全国道德模范提名奖获得者、晋江市深沪镇后山社区党支部组织、宣传委员吴奕澈分享他14年里舍身救人的故事。第七批全国岗位学雷锋标兵、福建省第一批“最美快递小哥”洪成木讲述他利用送餐便利，帮助62名走失人员回家的故事。泉州岗位学雷锋标兵候选人、东尚服饰有限公司副总经理杨巧蓉讲述她2021年跪地救人，用心肺复苏救回晕倒阿婆的故事。宣讲现场还普及消防安全知识、急救知识和技能等。四名主讲嘉宾的分享感染了在现场聆听的学生、志愿者等观众，他们纷纷表示，要学习弘扬雷锋精神，向榜样致敬、向榜样看齐。

“‘泉’民开讲”之“我们的价值观”专场宣讲现场
（图/曾全珠）

全市中小学幼儿园配齐紧急报警装置

通过实施全市中小学幼儿园安全防范三年行动计划，全市城乡校园的3362个一键式紧急报警装置和3362套视频监控联网全部上岗，24小时盯紧校园公共区域的每个角落，守护师生安全。

春季开学以来，市公安局精心谋划部署，细化安保措施，科学部署警力，做好校园及周边治安和交通秩序等工作。针对校园内部安全，公安治安部门开展校园安全排查整改工作，指导学校落实校园内部出入登记、疫情防控等措施，检测一键式紧急报警和视频监控设备的运行与维护情况，督导隐患整改工作。同时，配合教育主管部门和学校讲好“开学第一课”，以防诈骗、防欺凌、防交通事故等为主题，开展形式多样的法制宣传和应急演练活动，提高师生安全防范意识和能力。2月以来，全市进校园举办各类安全讲座631场，开展应急处置演练158场。技防方面，经过3年的专项行动，全市中小学、幼儿园均有了一键式紧急报警装置和视频监控联网的技术防护。在校园周边治安和交通秩序方面，各级公安机关对接教育、卫健、城管等部门，配合学校落实“一校一策”，加强校园及周边治安整治工作。同时，公安交警部门加大路面执勤警力投入，针对交通流量大、易发生拥堵的路口路段，优化交通组织和信号配时，加强交通疏导。

泉州市开展欠薪案件“回头看”行动

市根治拖欠农民工工资工作领导小组办公室牵头在全市范围内组织开展欠薪问题、欠薪陈案、欠薪单位、欠薪原因“回头看”。行动要求，针对2022年春节前排查的欠薪风险隐患、接到的欠薪举报投诉以及欠薪举报平台反映的各类欠薪问题线索，复核欠薪问题处置及工资发放情况，确保被拖欠工资发放到农民工本人，做到案结事了。梳理历史遗留的欠薪陈案积案，建立部门联合办案工作机制，逐案分析欠薪具体情况及原因，实行一案一策，综合运用行政处理、刑事处罚、信用惩戒等手段，集中攻坚解决欠薪陈案积案。行动明确，各地要对2022年春节前查处的欠薪案件人数涉及50人以上或数额达50万元以上、欠薪问题频发的工程建设项目或用人单位开展“回头看”行动，摸清是否存在其他欠薪隐患。对存在欠薪问题的，要实施约谈，督促限期支付到位，落实各项工资支付保障制度。针对省、市两级调度、督办的欠薪案件，要深入剖析、逐一列出发生欠薪的原因，建立问题清单，明确整改措施和责任人，限期整改到位，及时补齐短板弱项。

第十一届永春桃花文化旅游节开幕

由永春县委、县政府主办，县文体旅游局、岵山镇党委政府、县融媒体中心承办的第十一届永春桃花文化旅游节暨永春全域旅游推介会在永春北溪文苑开幕。吕薇、汪正正、汤非、陈紫妍等众多歌手参加推介会，助力乡村旅游宣传推广。知名歌唱家、国家一级演员吕薇演唱其代表作品《相逢春天》。同时，她还与汤非合唱《北溪恋歌》，用歌声演绎北溪之美。知名歌手汪正正演唱《超越梦想》，让大家感受奥林匹克精神。青年女高音歌唱家陈紫妍演唱《迎福来》，将中国歌剧舞剧院的高水准带到乡村。此外，知名歌手韩磊虽因疫情不能到场，但通过视频将祝福与歌声献给该届旅游节。知名作曲家、中国电影音乐研究院院长张宏光教授和北京大学教授、书画家徐寒等也到场参加活动。

游客在桃花盛开的永春北溪文苑游玩（图/康庆平）

3月5日

农历壬寅年二月初三
星期六
温度：14℃～19℃
阴转多云

●全市中小学幼儿园配齐紧急报警装置。

●市根治拖欠农民工工资工作领导小组办公室牵头在全市范围内组织开展欠薪问题、欠薪陈案、欠薪单位、欠薪原因“回头看”。

●由永春县委、县政府主办，县文体旅游局、岵山镇党委政府、县融媒体中心承办的第十一届永春桃花文化旅游节暨永春全域旅游推介会在永春北溪文苑开幕。

3月6日

农历壬寅年二月初四
星期日
温度：11℃～18℃
多云转小雨

●省工信厅公布第九批省级工业设计中心名单，全省5家企业的工业设计中心入选，其中泉州市泉州寰球鞋服有限公司和梅花（晋江）伞业有限公司2家企业上榜。

●由市体育局、市民族宗教局、市文旅局、市妇联主办的“泉州市武术协会庆祝‘三八’妇女节武术展演”在泉州少林寺演武堂举行。

●现代经典传统名段京剧演唱会在泉州大剧院举行。

泉州市新增2家省级工业设计中心

省工信厅公布第九批省级工业设计中心名单，全省5家企业的工业设计中心入选，其中泉州市泉州寰球鞋服有限公司和梅花（晋江）伞业有限公司2家企业上榜。泉州市在全省率先出台《促进全市工业设计产业发展九条措施》《关于进一步加快工业设计发展的扶持措施》等政策，推动泉州市工业设计发展。在此基础上，2021年初，泉州市又制定出台《泉州市进一步支持制造业高质量发展的若干措施》，重点支持制造业企业和工业设计中心探索“企业+平台”模式创建行业性工业设计研究院，支持开展海峡两岸大学生工业设计交流和工业设计大赛等活动，加大创建工业设计中心支持力度。市工信局相关负责人介绍，为推动全市工业设计产业稳步发展，对泉州的国家级、省级、市级工业设计中心，分别给予50万元、30万元、20万元奖励，之后每晋升一个等级按补差给予奖励。对行业协会、制造业龙头企业、服务型制造公共服务平台开展工业设计大赛，每场给予最高不超过20万元的奖励。

“泉州市武术协会庆祝‘三八’妇女节武术展演”举行

由市体育局、市民族宗教局、市文旅局、市妇联主办的“泉州市武术协会庆祝‘三八’妇女节武术展演”在泉州少林寺演武堂举行。全市各县（市、区）武术协会、武术学校、武馆带领女性武术爱好者参与演出。泉州是南少林武术的发源地、全国武术之乡，历来就有崇文尚武的传统。在人们的传统观念里，习武者多为男性。此次活动的举办既是为了迎接“三八”妇女节，也是为了展现女性武术风采、女性的力量和坚韧，鼓励更多女性热爱体育、热爱武术运动，以更加饱满的工作热情、更加崭新的精神风貌、更加昂扬的革命斗志，投身全市经济社会发展，为建设“海丝”名城、智造强市、品质泉州做出贡献。

“泉州市武术协会庆祝‘三八’妇女节武术展演”现场
（图/陈英杰）

现代经典传统名段京剧演唱会举行

现代经典传统名段京剧演唱会在泉州大剧院举行，国家京剧院一团众多名家同台演唱。演唱会所挑选的唱段都经过精心筹划与细心准备，均为京剧现代经典和传统名段。其中有《红灯记》的“痛说革命家史”、“雄心壮志冲云天”、《沙家浜》的“智斗”、《智取威虎山》的“迎来春色换人间”、《铡美案》的“包龙图打坐在开封府”等。知名京剧表演艺术家于魁智、李胜素压轴出场，分别演唱《大登殿》选段“龙凤阁内把衣换”和《太真外传》选段“挽翠袖”，最后合唱《四郎探母》选段“坐宫”。

这场演唱会名家云集。于魁智、李胜素被誉为京剧界的黄金搭档，在央视春晚、戏曲春晚等舞台上常常能见到他们的身影，他们联袂上演的多部京剧作品如《龙凤呈祥》《四郎探母》《杨门女将》等均堪称经典。除于魁智、李胜素外，还有江其虎、王越、杜喆、郭瑶瑶、张静、胡滨、马翔飞等众多国家一级演员。于魁智虽然是首次到泉州演出，但他对泉州这座千年古城印象深刻，对泉州戏曲艺术了解很深。于魁智表示，地方戏曲创新发展必须跟上时代发展步伐，符合时代的审美要求和特征，对观众特别是青少年还要承担教化的功能。因此，戏剧创作既要有很强的思想性，还要有艺术性和娱乐性，才能吸引更多的年轻人走进剧场观看演出。

宿利南到泉州台商投资区调研企业生产经营和研发情况

市委副书记宿利南到泉州台商投资区调研企业生产经营和研发情况。宿利南指出，各级各有关部门要主动融入全市“一盘棋”，加快打造现代化产业体系，推动各项工作取得实效。要抢抓发展机遇、加快转型升级，通过产业链上下游、纵横向、各环节紧密衔接，优化存量、扩大增量、提升质量，打造具有竞争力的产业集群。要聚焦提升服务效能，强化服务保障和政策引导，优化营商环境，为企业提质扩量增效提供丰厚土壤。

泉州市纪念“三八”国际劳动妇女节主题活动举行

泉州市纪念“三八”国际劳动妇女节112周年暨“巾帼助力强产兴城 共创‘晋江经验’新辉煌”主题活动举行，命名表扬一批泉州市“三八”红旗手、“三八”红旗集体。会议指出，泉州市正在实施“提高效率、提升效能、提增效益”行动和“强产业、兴城市”双轮驱动，希望妇女同胞主动融入新时代，做伟大事业的建设者、做文明风尚的倡导者、做敢于追梦的奋斗者，在“强产业、兴城市”双轮驱动的大舞台上建功立业。希望各级妇联组织实施巾帼建功助力发展活动，激励妇女同胞在工作岗位上拼业绩、比成效、展作为；发挥妇女传承中华美德的独特作用，为家庭家教家风建设贡献智慧和力量；加强自身建设，强化妇联组织的政治性、先进性、群众性。各级党委、政府要一如既往地关心支持妇女事业发展，为妇女组织提供必要的、良好的工作条件。

市妇联通过四位巾帼代表向全市妇女发出倡议，号召大家投身强产兴城主战场，传承弘扬“晋江经验”，全方位推进高质量发展超越。主题活动中，德化县妇联兼职副主席、德化县顺尔美工艺品有限公司副总经理池珠香，晋江市妇联兼职副主席、安踏（中国）体育公司妇联主席、安踏鞋采购高级营运总监朱双虹，晋江市启航社工服务中心总干事黄芳，泉州中央商务区丰泽区指挥部综合协调组负责人陈雅斌4位不同领域的妇女典型代表，不仅宣读倡议，还结合工作经历，分别从“陶瓷+文化IP”打响泉州城市品牌、传承发展“晋江经验”坚持科技创新为产业发展赋能、聚焦“党建+”社区邻里中心打造特色活动精准服务居民、发挥女性群体优势更好服务中央商务区建设等方面做分享。市妇联在主题活动现场发出《巾帼助力强产兴城 共创“晋江经验”新辉煌》倡议书，同时还主动联合多方资源，拓宽妇女融资渠道，创新服务平台，为妇女创新创业提供支持。活动中，市妇联联合泉州信息工程学院设立的泉州市妇女干部暨女企业家培训基地揭牌。该基地将通过有针对性地培养，提升女干部、女企业家在信息时代的综合素质，为妇女成长成才提供帮助。市妇联与省农村信用社联合社泉州办事处建立“科技创新巾帼行动、乡村振兴巾帼行动”战略合作。泉州农商银行现场向两家妇女创业企业授信。

“巾帼助力强产兴城 共创‘晋江经验’新辉煌”主题活动现场（图/泉州信息工程学院）

全省首个“执行监督管理中心”在永春揭牌

全省首个“执行监督管理中心”揭牌仪式在永春县人民法院举行。该中心以“一站式”受理为主体，以“分段集约”和“全程监督”为两翼，以“便民惠民、高效有序、公开透明”为原则，打造集“服务、管理、监督”三大功能于一体的综合性执行服务平台。

3月7日

农历壬寅年二月初五
星期一
温度：9℃～16℃
阴转晴

●市委副书记宿利南到泉州台商投资区调研企业生产经营和研发情况。

●泉州市纪念“三八”国际劳动妇女节112周年暨“巾帼助力强产兴城 共创‘晋江经验’新辉煌”主题活动举行，命名表扬一批泉州市“三八”红旗手、“三八”红旗集体。

●全省首个“执行监督管理中心”揭牌仪式在永春县人民法院举行。

3月8日

农历壬寅年二月初六
星期二
温度：10℃～18℃
晴

●副省长林文斌到泉州调研城乡建设、自然资源和交通运输等工作。

●省农发行副行长况流东到泉州考察。

●泉州市落实台胞台企金融同等待遇。

●由市委宣传部、市文旅局、丰泽区政府、市工商联主办，福建省梨园戏传承中心等承办的“四朵金花”星空音乐会在泉州市公共文化中心中央广场举行。

林文斌到泉州调研城乡建设等工作

副省长林文斌到泉州调研城乡建设、自然资源和交通运输等工作，市领导蔡战胜、张文贤等分别参加有关调研。在泉州古城，林文斌了解项目进展，强调要贯彻落实习近平总书记到福建考察重要讲话精神，实施“提高效率、提升效能、提增效益”行动，做好这项事关文化传承、百姓民生的重要项目，提升城市功能和品质。在泉州港石湖作业区，林文斌察看泉州市港区规划布局、泊位工程进展等情况。林文斌要求，要强化统筹协调，加强要素保障，加快后方堆场、港区道路等配套项目建设，力争泊位码头尽早尽快投用。在石狮市宝盖山生态公园（花海谷区），林文斌要求，要探索生态修复模式，提升公共服务功能，让生态红利更好惠及群众，让游客“进得来、留得住、玩得好”。

省农发行副行长况流东到泉州考察

省农发行副行长况流东到泉州考察。市委副书记宿利南在与况流东座谈时指出，各有关部门要抢抓机遇，在粮食生产、农田整治提升、重大水利建设、港口及冷链物流等领域梳理一批重点项目，建立完善与农发行对接工作机制，推进深层次合作，共同推动泉州市“三农”工作迈上新台阶。

泉州市落实台胞台企金融同等待遇

市金融监管局等印发《泉州市金融领域落实台胞台企同等待遇若干措施》（以下简称若干措施），从创新惠台金融产品、推广“台商台胞金融信用证书”、推动台胞住房贷款服务等12个方面，加大台胞台企金融服务力度，打造台胞台企登陆的第一家园。

若干措施提出，推动具有台资背景的银行业机构在台商密集区域设立营业网点，组建专营团队，提供专项服务；鼓励辖内银行业机构与市台资企业协会建立战略合作关系，定制差异化金融产品。对列入泉州市年度重点上市后备名单的台资企业，在当年完成股改的，市级财政给予30万元补贴；科创板后备企业叠加20万元补贴。支持区域性股权市场加快发展台资板，后备企业在具有法人资格的在泉区域性股权交易市场交易层挂牌并完成股权登记托管的，市级财政给予50万元奖励。鼓励在泉州金融机构创新适合台商台企的专属金融产品；支持在泉州金融机构为在泉州就业的中国台湾籍高层次人才配备相应的信用额度，制订台资企业专门授信方案；改善台胞办理借记卡、小额信用卡服务，简化小额信用卡要求及程序，推出台胞台商专属信用卡。中国台湾居民居住证可作为金融业务办理的有效身份证件。

“四朵金花”星空音乐会举行

由市委宣传部、市文旅局、丰泽区政府、市工商联主办，福建省梨园戏传承中心等承办的“四朵金花”星空音乐会在泉州市公共文化中心中央广场举行。此次活动旨在响应泉州中央商务区繁荣计划，庆祝“三八”国际妇女节。率先出场的是《唓哩啰》《愿家家康泰》，节目选自梨园戏开演前的祝福语，表达对3月的美好祝愿。紧接着《移步游赏》《留伞》《女人花》《折节丈夫》《家后》等轮番上演。最后，一曲大家耳熟能详的《蓝蓝泉州湾》将音乐会推向高潮，唱出泉州人民海纳百川、敢拼会赢的气魄。当晚，星空音乐会的配套活动非物质文化遗产“快闪”、鸡尾酒会、露天咖啡、亲子“快闪”秀等陆续展开，吸引众多“网红”和市民到场打卡。

“四朵金花”星空音乐会现场（图/陈英杰）

蔡战胜调研住建工作

市长蔡战胜到市住建局调研，研究谋划推动下阶段工作。副市长蔡天守参加调研。调研中，通过听取汇报、交流探讨等方式，蔡战胜了解泉州市住建工作进展情况，并针对存在的困难和问题逐一进行回应。蔡战胜指出，市住建局围绕中心、服务大局，城建工作取得显著成效，群众幸福感得到不断提升。要落实省委“提高效率、提升效能、提增效益”行动部署，加快实施市委“强产业、兴城市”双轮驱动，抓好“抓城建提品质”专项行动，敢于担当作为、勇于创新突破，推动全市住建工作上新台阶。要理顺一体化开发建设工作体制机制，明晰职责分工，健全责任链条，优化审批流程，简化程序手续，增强工作合力。要提速做强中心市区、核心片区，坚持产业培育、基础设施、公共服务配套、生态环境“四个优先”原则，做好项目策划实施、滚动建设、风险管控，在确保质量和安全的前提下，坚持挂图作战，加强要素保障，加快项目落地及推进速度。要聚焦城建急难愁盼、关键小事，解决好房地产、保障性租赁住房、农村裸房等老百姓关注的住房问题，抓好历史文化名镇名村传统村落整治提升、老旧小区改造、危旧房屋整改等工作，打造幸福家园。要强化经营理念，建立起“以项目为导向”的资金调配方式，统筹调度，扩大效益，提升城市建设管理水平。

宿利南调研党建工作

市委副书记宿利南到项目一线、国企、基层社区、产业园区等调研党建工作。宿利南指出，要争创党建品牌，完善巩固提升“党建+安全”、国企党建惠民模式等党建品牌，结合实际，因地制宜，加快打造一批能复制、可推广的党建新模式，以点带面、扩面成体，提升全市各领域党建工作水平。要按照市委部署要求，以“党建+”邻里中心建设为抓手，推进基层社会治理创新，通过整合资源、完善功能，完善基层议事协商、自治共治等机制，丰富养老托幼、医疗文体、垃圾分类、便民利民等服务，提升党建引领城市管理水平，擦亮“党建+”邻里中心品牌，增强人民群众获得感、幸福感、安全感。

泉州商务论坛启动

泉州商务论坛启动仪式暨首场专题讲座在泉州中央商务区举行。论坛的启动吹响泉州“商务聚贤计划”的号角。“商务聚贤计划”通过建立一个商务智库，打造一支商务合作伙伴队伍，搭建一个商务学习研讨论坛，为全市商务工作提供科学决策咨询的人才支撑，高效推动人才强商工程建设。首场专题讲座紧扣RCEP热点，邀请普华永道相关人员到场分享。普华永道也在当天率先成为泉州“商务聚贤计划”中的商务合作伙伴。普华永道中国税务与综合商务咨询部合伙人王舜宜和泉州海关驻南安办事处三级主办黄伟兰分别做“RCEP投资东盟、日韩注意事项和案例分享暨RCEP对泉州产业发展的机遇”及“RCEP协议规则和实操讲解”主题演讲。王舜宜重点介绍在RCEP协定下，泉州纺织鞋服产业和石化产业将迎来的发展机遇。RCEP将扩大原有自贸协定的关税减让商品范围，部分纺织服装产品（包括对印度尼西亚出口的部分服装和床上织物、对菲律宾出口的部分化纤及织物、服装和纺织品以及对马来西亚出口的部分棉纱、织物和化纤产品）将可以享受到超出原有自贸协定的关税减让。

泉州商务论坛现场（图/陈云青 叶冠庆）

3月9日

农历壬寅年二月初七

星期三

温度：13℃～21℃

晴

●市长蔡战胜到市住建局调研，研究谋划推动下阶段工作。

●市委副书记宿利南到项目一线、国企、基层社区、产业园区等调研党建工作。

●泉州商务论坛启动仪式暨首场专题讲座在泉州中央商务区举行。

3月10日

农历壬寅年二月初八
星期四
温度：14℃~24℃
晴

●泉州市开展工业（产业）园区标准化建设第一季度拉练活动。

●市政府与中国邮政储蓄银行福建省分行签署战略合作协议。

●市委副书记宿利南到泉港调研粮食生产、乡村振兴、党建、医疗卫生等工作。

●市委市直机关工委、市林业局、泉州台商投资区党群工作部开展2022年泉州市“弘扬雷锋精神 深化文明实践”主题宣传暨市直机关学雷锋志愿服务活动。

●中国移动泉州分公司、福建火炬电子科技股份有限公司、浙江大华技术股份有限公司举行5G+智能制造战略合作暨“党建和创”签约仪式。

泉州市开展工业（产业）园区标准化建设第一季度拉练活动

泉州市开展工业（产业）园区标准化建设第一季度拉练活动。市领导蔡战胜、黄景春、张文贤、汪志红、苏耿聪参加相关活动。此次拉练活动由现场考察和汇报会两部分组成。汇报会上，各县（市、区）、泉州开发区、泉州台商投资区依次演示汇报园区标准化建设情况，市工业（产业）园区标准化建设工作领导小组组织进行第一季度拉练成效评档。汇报会上，市工业（产业）园区标准化建设工作领导小组组长、市长蔡战胜对一段时间来各级各部门的工作给予肯定。蔡战胜强调，要在确保质量和安全的前提下，把握处理好规划与设计、国企与民企、城区与乡镇、大企业与中小企业、建设与招商、建设与运营等之间的关系，分类精准施策、依法依规推进、滚动接续建设，打造产业综合体、创新综合体。要坚持“项目工作法”“一线工作法”“典型引路法”，工作围着项目干、要素跟着项目走，在一线推动工作，在一线解决问题、在一线锻炼队伍，抓紧打造一批示范典型，提炼形成可复制、可推广的模式，进而推动全市范围的建设提升。

蔡战胜（第一排左）在鲤城高新区科创中心项目工地考察，听取园区标准化建设情况介绍（图/陈晓东）

市政府与邮储银行福建省分行签署战略合作协议

市政府与中国邮政储蓄银行福建省分行签署战略合作协议。根据协议，中国邮政储蓄银行福建省分行将把泉州市作为重要战略合作地区，在五年内向泉州市重点地区、重点行业、重点项目以及“三农”、民生等领域提供总额不低于1000亿元的意向性投融资支持。该行将结合泉州实施“强产业、兴城市”双轮驱动，制定出台针对性的区域授信政策和差异化审批授权，支持泉州市中小微企业发展；同时，加大政银合作力度，拓宽泉州市中小微企业的融资渠道。双方还将在助力泉州市争创国家级金融服务乡村振兴创新示范区等方面展开合作。中国邮政储蓄银行福建省分行在泉州市共有164个网点，80%的网点分布在县域及以下的农村地区，具有网点多、覆盖面广、客户数量多的先天优势。

泉州市“弘扬雷锋精神　深化文明实践”主题宣传举行

市委市直机关工委、市林业局、泉州台商投资区党群工作部开展2022年泉州市“弘扬雷锋精神 深化文明实践”主题宣传暨市直机关学雷锋志愿服务活动，组织开展义务植树、政策宣传、爱心义诊、慰问关爱等，为基层群众送政策、送知识、送服务、送温暖。

全市电子信息产业首个5G项目签约

中国移动泉州分公司、福建火炬电子科技股份有限公司、浙江大华技术股份有限公司举行5G+智能制造战略合作暨“党建和创”签约仪式，宣布三方将建立长期战略合作伙伴关系，共同为“5G智能制造”“智慧党建”建设贡献力量，争创智能制造、数字化改造的新标杆和新典范。此次签约是泉州九大千亿产业中的“电子信息”行业首个5G+智能制造项目。三方将在5G+智能制造全领域开展合作，中国移动与浙江大华将为火炬电子提供最优化的通信业务合作及智能化制造方案，将基于中国移动OnePower工业互联网平台及标准化园区建设方案，助力火炬电子深化智能化改造和信息化建设。

蔡战胜调研科技教育工作

市长蔡战胜到市科技局和市教育局调研，研究谋划下阶段工作。副市长陈小辉、汪志红参加相关调研。座谈会上，蔡战胜听取泉州市科技创新、教育发展等有关情况汇报，不时与大家互动交流，肯定市科技局和市教育局在科技创新能力、科技管理服务水平、公共教育供给、教育综合改革等方面发挥的作用。蔡战胜强调，要落实省委“提高效率、提升效能、提增效益”行动部署，加快实施市委“强产业、兴城市”双轮驱动，推进抓创新促应用、教育惠民生补短板等专项行动，为泉州全方位推进高质量发展超越贡献力量。市科技局要强化企业创新主体地位，促进技术、平台、人才、资金等各类创新要素集聚；要做大做强高新技术产业，开展产业链招商，培育扶持一批高成长型高新技术企业，力争形成新的爆发式增长点；要优化创新环境，发挥国家自主创新示范区优势，规划建设好环清源山科创走廊，打造“科、产、城、人、用”高度融合的区域创新高地。市教育局要下好教育优先发展先手棋，落实立德树人根本任务，加快建设高质量教育体系，办好人民满意的教育；要促进教育公平与质量双提升，加大优质教育资源供给，落实“双减”任务，推动教育提质增效；要做足产教融合特色文章，推动职业教育、高等教育精准服务强产兴城，实现产、城、人融合发展；要筑牢校园安全防线，科学精准做好校园新冠肺炎疫情常态化防控，保障师生身心健康和生命安全。

市政协开展侨务工作专题调研

市政协主席肖汉辉带领部分市政协特邀嘉宾和泉州籍海外侨胞代表等到南安，就“汇聚侨心侨力侨智，服务‘海丝’名城建设”开展专题调研。市政协副主席洪川夫、秘书长黄碧煌参加活动。肖汉辉指出，要落实省委、市委部署，打好新“侨”牌，推进对外经贸合作交流，走好泉州产业转型提升和出海拓展之路。要加强与华侨华人和华裔新生代的联系沟通，建设“寻根”工程，重视文化交流与华文教育，开展“侨联谊”“侨记忆”“侨乡愁”“侨创业”“侨温暖”等行动，凝聚侨胞力量。要宣传泉州市创建民营经济示范城市、国家跨境电商综合试验区等机遇，搭建创新创业平台，健全工作机制，为泉州籍华侨华人回乡提供投资、创业、生活等各方面优质服务，共同为泉州市全方位推进高质量发展超越做出新贡献。

市政协调研组在南安调研（图/市政协）

宿利南到晋江调研党建和医疗卫生等工作

市委副书记宿利南到晋江调研党建、医疗卫生等工作。宿利南强调，要建好建强基层战斗堡垒，全面加强村（社区）班子建设，持续擦亮“党建+”邻里中心品牌，推进农村高质量发展，探索农民和农村走向共同富裕的新路径，提升群众的获得感、幸福感、安全感。要坚持以高质量党建助推企业高质量发展，把党建工作与企业疫情防控、安全生产、经营管理、技术创新等有机融合，让党的政治优势、组织优势更好转化为企业的竞争优势、发展优势。要对接高端医疗资源，推进医共体建设，明确功能定位，推进共建共享，构建定位明确、分工协作的医疗卫生服务体系，提升县域医疗卫生服务水平，为人民群众提供更优质便捷的健康服务。

3月11日

农历壬寅年二月初九
星期五
温度：14℃～25℃
晴

●市长蔡战胜到市科技局和市教育局调研，研究谋划下阶段工作。

●市政协主席肖汉辉带领部分市政协特邀嘉宾和泉州籍海外侨胞代表等到南安，就“汇聚侨心侨力侨智，服务‘海丝’名城建设”开展专题调研。

●市委副书记宿利南到晋江调研党建、医疗卫生等工作。

●2022年泉州市文化广电和旅游工作会议召开，《2022年泉州市文化广电和旅游工作要点（征求意见稿）》公布。

3月12日

农历壬寅年二月初十
星期六
温度：15℃～25℃
晴转多云

●泉州市出台27条举措力促工业稳增长。

●由市委文明办、市人社局、市农业农村局、市林业局、市水利局、福建省微公益协会等主办的“义务植树护绿 助力乡村振兴”主题植树活动在洛江区马甲镇洋坑村举行。

●舞剧《五星出东方》在泉州大剧院演出。

泉州市出台27条举措力促工业稳增长

按照市委、市政府部署要求，市发改委会同市工信局、财政局、人社局等职能部门，学习领会上级政策文件精神，分析泉州市工业运行态势，出台27条政策举措，提振工业经济。春节前后，全市各地各部门开展走访调研工业企业活动，帮助指导企业尽快复工复产、满产达产、增产增效。全市工业企业复工复产态势总体良好，重点行业平稳运行，但工业经济保持平稳运行仍面临不少困难和挑战。相关部门综合考虑泉州市情，从加大减税降费力度、强化金融服务实体经济、加强调度保供稳价、加大重点领域项目投资、增强科技创新能力、扩大开放稳外贸稳外资、强化项目要素保障7个方面，提出27条举措。

按照要求，在降低企业负担方面，延长阶段性税费缓缴政策、延续实施阶段性降低失业保险、工伤保险费率政策、继续执行制度性减税政策，落实落细小微企业税收减免政策；做好原油、天然气等保供稳价，加强大宗商品价格监测预警，落实差别化电价政策，整治涉企乱收费现象，降低企业生产经营成本。在推动企业融资畅通方面，加强银企合作，降低企业融资成本，解决企业资金困难；精准聚焦具体行业领域，增大信用贷款支持力度；实施金融活水激发工程，鼓励工业（产业）园区与金融机构合作搭建“一站式”金融服务综合平台，推广园区资产按揭贷款等融资模式，推动债券股权融资，对完成股份制改制的上市后备企业，在新三板基础层、创新层挂牌的后备企业，给予相应资金奖励。

“义务植树护绿 助力乡村振兴”主题植树活动举行

由市委文明办、市人社局、市农业农村局、市林业局、市水利局、福建省微公益协会等主办的“义务植树护绿 助力乡村振兴”主题植树活动在洛江区马甲镇洋坑村举行。

市党政机关、公益组织、爱心企业等近200人参加活动。半个多小时的时间，栽种了近千株金丝楠木苗及紫荆树苗。该义务植树点位于马甲镇重点打造的市级乡村振兴示范线上，此次义务植树活动将植树造林融入示范线环境整治提升工作，为当地乡村振兴增添新活力。

植树活动现场（图/黄文珍）

舞剧《五星出东方》在泉州演出

舞剧《五星出东方》在泉州大剧院演出。舞剧《五星出东方》以国家一级文物“五星出东方利中国”汉代织锦护臂为题材进行创作，2022年以来登录多个电视台的晚会，“锦绣”舞段更是两次登上微博热搜榜，阅读量超5000万人次，引发全网热议。

《五星出东方》总编导、中国舞蹈家协会副主席王舸表示，舞剧是舞蹈形象的积累，是借助舞蹈的视觉化表演，通过叙事意图与人们的敏锐感知发生一种体悟，从而用发现的方式来理解叙事。该剧以丰富的舞蹈语言让每一段的情节显得格外生动，给观众带来许多新奇的感受。如剧中精绝城中充满西域色彩的夜宴灯舞可以找到民族舞的影子；精绝集市中各族人民共同起舞的蹦迪舞段，又仿佛是街舞和踢踏舞的混合呈现；锦绣中展现的提袖折腰又属于古典舞的范畴。锦绣舞蹈属于汉唐舞的舞种，舞剧中，当上元灯火铺满天空，锦绣舞者齐齐仰望祈愿，充满欢乐与期许，再现大汉盛世歌舞宴乐的繁华景象，也表达舞剧《五星出东方》这部作品各民族和谐友爱、同生共荣的主题。“五星出东方利中国”汉代织锦护臂的出土被誉为20世纪中国考古学最伟大的发现之一。

尹力到丰泽检查疫情防控工作

省委书记尹力到丰泽检查疫情防控工作，会商部署疫情应急处置和下一步重点工作。省领导吴偕林、刘建洋、李德金、黄海昆，市领导蔡战胜、肖汉辉、宿利南、施宇辉、陈辉宗、卢秀萍、傅藏荣、黄景春等参加检查。

在了解丰泽区滨海酒店封控、消杀等情况后，尹力主持召开会议，听取防控工作情况汇报和防疫、疾控专家的意见建议。尹力强调，要认识和把握疫情防控形势的严峻性、复杂性，提高政治站位，增强责任感紧迫感，行动要快、对象要准、措施要严、工作要实、落实要细，齐心协力做好疫情防控各项工作，迅速果断处置突发疫情。要激活扁平高效、各级融合的疫情防控指挥体系，减少中间环节、提升工作效率。要加强患者分类救治，实施“一人一策”精准治疗，做到应治尽治。要做好粮、菜、油及水、电、网络等重要生产生活物资运输及保障工作，加强管理服务和人文关怀，统筹安排好孕产妇、儿童、老人等特殊群体就医用药需求，最大限度减少疫情对经济社会发展和群众正常生产生活的影响。要加强党的领导，党员领导干部下沉一线、靠前指挥，发挥基层党组织战斗堡垒作用和党员先锋模范作用，鼓足精气神；要调动乡镇（街道）、社区及志愿者等各方面力量，加强专业培训和辅导，开展防控工作中要防止交叉感染特别是医院感染发生，提升基层治理能力，织密织牢基层防控网络。要加强信息发布和宣传教育工作，及时回应社会关切，引导群众参与到疫情防控中来。要加强督导检查工作，及时发现问题、立行立改，确保各项防控措施落实到位。

泉州市通报新冠确诊病例详情

市政府新闻办公室召开泉州市新冠疫情防控情况2022年第一场新闻发布会，邀请市防控新冠疫情应急指挥部副总指挥长、市副市长陈小辉等介绍疫情防控工作情况。会上通报，丰泽区在应检尽检人员中发现确诊病例，均为丰泽区滨海酒店员工。疫情发生后，泉州市立即启动应急响应。省、市、区三级迅速响应，成立一线指挥部，实行扁平化指挥，迅速落实排查、流调、检测、救治、消杀等相关工作，遏制疫情传播扩散。

根据部署，泉州市迅速开展流调排查。启动融合协同机制，省、市、区三级流调人员开展密切接触者和次密接流调排查。确诊病例全部用负压车辆“点对点”转运至泉州市传染病防治医院隔离治疗，实行“一人一案”，坚持中西医结合治疗。

泉州开发区标准化提升试点园区项目率先发行专项债券

省财政厅公布2022年第二批福建省政府专项债券，泉州开发区标准化提升试点园区项目募集专项债券资金2.3亿元，成为泉州市工业（产业）园区标准化14个试点项目中2022年首批发行专项债券的项目。泉州开发区标准化提升试点园区项目总投资5.72亿元，采取“项目资本金+专项债+金融机构配套融资组合”方式落实项目筹资。用地范围7.01公顷，采取国企主导运作模式，产业定位为国际IP产业创新园，力争打造集产品孵化区、展示区、推广区等为一体的国际IP产业创新园，构建龙头与链条、IP与产业、数字与制造、试点与园区深度融合发展的产业生态圈。园区按照“市场化融资、滚动式开发”的原则，第一时间启动项目资金平衡测算，统筹考虑项目营运各项成本、收入，综合测算园区整体现金流，制定动态平衡方案。同时，探索标准化试点园区运营考核激励机制，创新建立“运营主体考核奖励入驻项目，管委会考核奖励运营主体”的二重激励机制。在完善园区运营管理、培育新生财源的同时，逐步推动国有企业市场化转型和发展壮大。力争到2023年，实现园区规范管理、要素配套完善、产业转型提质，基本建成标准化标杆园区。

3月13日

农历壬寅年二月十一
星期日
温度：17℃～27℃
多云转晴

● 省委书记尹力到丰泽检查疫情防控工作，会商部署疫情应急处置和下一步重点工作。

● 市政府新闻办公室召开泉州市新冠疫情防控情况2022年第一场新闻发布会。

● 泉州开发区标准化提升试点园区项目。

3月14日

农历壬寅年二月十二
星期一
温度：17℃~27℃
多云转晴

●全市疫情防控工作视频会议召开。

●副省长、省应对疫情工作指挥部副指挥长李德金到泉州市基层一线，调研市公安局、市第一医院、核酸采样点以及移动方舱实验室，查看检测点现场组织、人员调配、物资保障工作。

●全市各地陆续开启线上教学。

●福州、厦门、莆田、宁德等地派出精干力量驰援泉州抗击疫情。

●泉州市7所学校入选省首批示范高中。

全市疫情防控工作视频会议召开

全市疫情防控工作视频会议召开。会议指出，要突出精准、从严从紧，加强流调溯源，有序组织核酸检测，落实分区分级管控，迅速展开医疗救治，做好集中隔离管理和物资准备，细致周到关心服务好一老一小、孕产妇、特殊病患等人群，最大限度减少对群众生活、社会安定、经济活动的影响。要加强宣传教育引导，及时向社会提供准确信息、健康防护知识和防疫政策规定，在全社会形成戴口罩、勤洗手、勤通风等卫生习惯。要扁平高效指挥，全面加强组织领导，落实好市领导挂钩联系县（市、区）制度，发挥基层党组织战斗堡垒作用和党员先锋模范作用，把更多力量充实到一线。

全市疫情防控工作视频会议现场（图/陈起拓）

李德金调研泉州市疫情防控工作

副省长、省应对疫情工作指挥部副指挥长李德金到泉州市基层一线，了解疫情防控部署落实情况。李德金强调，要坚持“一盘棋”思维，科学组织调度，优化完善核酸检测方案，实现各环节有效衔接。

四地派出精干力量驰援泉州抗击疫情

福州、厦门、莆田、宁德等地派出精干力量驰援泉州抗击疫情。厦门市疾控中心组建应急队伍，队员几乎都曾经参与过莆田和同安的抗疫工作。在做好相关的准备工作后，于是日凌晨到达泉州。同行的还有移动方舱实验室。移动方舱实验室由试剂准备间、样本处理间、检测间三个主检测功能区组成。莆田市疾控中心第一时间集结工作人员，组成流调队，全部为经验丰富的人员。福州市和宁德市分别派出队伍，到泉州协助开展工作。

泉州市7所学校入选省首批示范高中

根据福建省示范性普通高中培育建设工作部署，省教育厅组织开展省级首批44所示范建设高中的终期评估工作。在专家组评估基础上，经审核并公示，确认全省30所学校高中部为福建省首批示范性普通高中，示范期三年（2022—2024年）。其中，泉州市有7所学校入选，分别为：泉州五中、晋江一中、南安一中、晋江养正中学、德化一中、安溪一中、泉州七中。省教育厅要求，经确认的示范性高中，应于3月31日前制定公布经市、县（区）教育行政主管部门确认的示范辐射工作方案，并报省教育厅基础教育处备案。示范期满后，省教育厅结合示范辐射情况重新予以评估确认，形成“可上可下，优胜劣汰”的示范性高中动态管理机制。其余14所暂未认定的示范性高中建设学校，应继续推进示范创建工作，省教育厅于一年后视建设推进情况再行组织评估审核确认工作。

赵龙到泉州检查疫情防控工作

14—15日，省长赵龙到泉州检查疫情防控工作。

赵龙到海峡体育馆、福新花园广场，询问现场情况，赵龙听取利用融合平台做好流调溯源工作情况汇报，要求加强部门协同、上下联动。在丰泽区某酒店，赵龙了解隔离人员登记等情况。赵龙还看望慰问东美社区防疫工作人员，要求保障好粮、油、肉、蛋、菜等生活物资，加强人文关怀和心理疏导，多做暖人心的事、多说暖人心的话、多帮助封控区内群众解决实际困难。

在14日召开的疫情防控工作视频会商会上，赵龙听取泉州市及有关县（市、区）疫情防控情况汇报。赵龙强调，要贯彻落实习近平总书记重要讲话重要指示精神，从战略和全局高度认识做好疫情防控工作的极端重要性，认识疫情形势的严峻性复杂性，既要坚定信心，又不掉以轻心，迅速果断打赢疫情歼灭战。要坚持“外防输入、内防反弹”总策略和“动态清零”总方针，突出快准严实细，强化工作专班力量，做到行动快、对象准、措施严、工作实、落实细，确保医疗救治、管理服务等各项措施落实到位。要加强组织领导，全面激活扁平高效、各级融合的疫情防控指挥体系，各工作组要迅速高效运转起来，把工作一项一项理清楚、落下去。要发挥基层党组织战斗堡垒作用和党员先锋模范作用，组织更多机关干部下沉一线，发动更多社会力量参与抗疫，让党旗在抗疫一线高高飘扬。要压实各方责任，专家组、督导组要一个点一个点去发现问题、递交清单，督促基层抓好整改；组织部门要在抗疫大考中识别干部、发现干部、评价干部，激励干部担当作为；纪检监察机关要加强监督，对推诿扯皮、畏缩不前、失职渎职的干部要严肃问责。

李德金检查疫情防控工作

副省长、省应对疫情工作指挥部副指挥长李德金到泉州市疫情防控指挥部核酸检测工作专班并到丰泽、晋江、石狮基层一线，检查疫情防控工作，看望一线疫情防控工作人员。李德金强调，要贯彻习近平总书记关于疫情防控的重要讲话重要指示批示精神，落实省委、省政府工作部署，突出“快、准、严、实、细”，扁平化指挥运行，根据疫情防控形势变化科学安排、精准施策，从严从紧抓好落实，保障群众基本生活需求，尽快遏制本轮疫情。

电视剧《爱拼会赢》在中央电视台开播

由省委宣传部、省广播电视局、省文联、泉州市委宣传部、晋江市委市政府、省广播影视集团等联合摄制的35集电视剧《爱拼会赢》在中央电视台一套黄金时间开播。该剧以两家族、三代人、四十年的维度架构，从制鞋、纺织服装、农业食品等多个领域，讲述晋江人白手起家、创业发展的故事。该剧由李小平、李小亭执导，宋凌云、张多编剧，于晓光、甘婷婷、曹征、张润领衔主演，张丰毅、王姬特别出演。该剧以百姓视角记录晋江改革开放的风雨历程，展现其踏实肯干、锐意改革、大胆创新、奋勇争先的品格，诠释“晋江经验”的深厚内涵。该剧主题立意鲜明，兼具历史感与时代感，通过普通人的奋斗历程，将民营经济发展与“实现乡村振兴”“迈向共同富裕”的主题相结合。“诚信、谦恭、团结、拼搏”的时代精神为剧作赋予天然的正能量，同时对弘扬新时代企业家精神、提振企业家信心具有积极作用。

3月15日

农历壬寅年二月十三
星期二
温度：17℃～27℃
晴转多云

●14—15日，省长赵龙到泉州检查疫情防控工作。

●副省长、省应对疫情工作指挥部副指挥长李德金到泉州市疫情防控指挥部核酸检测工作专班并到丰泽、晋江、石狮基层一线，检查疫情防控工作，看望一线疫情防控工作人员。

●市工信局出台《关于应对当前疫情做好工业企业生产保障的通知》，围绕压紧压实防控责任、强化防疫物资保障、加强生产要素保障、加大政策支持力度、畅通企业诉求通道五个方面，推进全市工业经济运行平稳。

●泉州市启用新冠定点救治医院（泉州市第一医院城东院区）。

●35集电视剧《爱拼会赢》在中央电视台一套黄金时间开播。该剧以两家族、三代人、四十年的维度架构，从制鞋、纺织服装、农业食品等多个领域，讲述晋江人白手起家、创业发展的故事。

3月16日

农历壬寅年二月十四
星期三
温度：18℃～27℃
多云

●16—17日，省长赵龙到丰泽、鲤城、洛江、晋江、石狮、惠安检查疫情防控工作。

●省市疫情防控会商会暨全市疫情防控工作视频会召开，对下一步疫情防控工作再会商、再调度、再部署。

●副省长、省应对疫情工作指挥部副指挥长李德金到泉州基层社区、高校、核酸采样点等重点场所防控一线，检查疫情防控工作，看望一线疫情防控工作人员。

赵龙到泉州检查疫情防控工作

16—17日，省长赵龙到丰泽、鲤城、洛江、晋江、石狮、惠安检查疫情防控工作。赵龙到鲤城区聚宝社区和丰泽区迎津社区核酸检测点，察看核酸检测情况，对加强现场组织管理提出要求。赵龙要求从细做好人文关怀和心理疏导，保障居民正常生活需求。赵龙还随机抽查吉源花苑等三个居民小区的管理情况。在新华洲水产批发市场，赵龙询问货源和运输情况，要求严之又严做好集贸市场的疫情防控，创建无疫市场，采取有效措施，确保货运畅通、供应充足、质优价稳。在沈海高速惠安入口卡点，赵龙检查车辆、人员管控措施落实情况，要求关口前移、联防联控，同时保障好群众生产生活物资运输。在丰泽区、石狮市疫情防控指挥部和泉州市公安局指挥中心，赵龙与有关负责人会商疫情、研判趋势、研究措施。赵龙强调，要严之又严、细之又细把核酸检测、流调排查、医疗救治等各项措施执行到位。要借助大数据分析研判形势，提高防控措施的精准性实效性。要强化社区网格化管理，加强居民小区自我管理，迅速开展无疫小区创建活动，增强居民自我防范意识。

省市疫情防控会商会暨全市疫情防控工作视频会召开

省市疫情防控会商会暨全市疫情防控工作视频会召开，对下一步疫情防控工作再会商、再调度、再部署。会议强调，要落实国务院联防联控机制部署，按照省委、省政府具体要求，坚持快准严实细，众志成城、真抓实干，迅速切断传播途径和链条，尽快遏制疫情扩散蔓延，打赢疫情歼灭战。要高度重视、坚定信心，把做好疫情防控作为压倒一切的头等大事，发扬爱拼敢赢精神，激活扁平高效、各级融合的疫情防控指挥体系，理顺沟通协调机制，全市“一盘棋”统筹调度，形成工作合力，一鼓作气与病毒作战到底。要全力以赴、攻坚克难，针对核酸筛查、流调溯源、转运隔离、社区管控、院感防控、管理服务、物资保障、宣传引导等方面存在的薄弱环节，想方设法补齐短板，确保各项措施落实落细落到位。要广泛动员、凝聚合力，加强党的全面领导，发挥基层党组织战斗堡垒和党员先锋模范作用，调动各方面力量参与抗疫，在非常时期担起非常之责，以非常之策、非常之力抓出非常之效。要严肃纪律、落实责任，加强监督检查，及时发现问题、立行立改，对工作落实不到位、畏缩不前、搞形式主义、官僚主义的干部，严肃问责、坚决查处、决不姑息。

李德金到泉州基层一线检查疫情防控工作

副省长、省应对疫情工作指挥部副指挥长李德金到泉州基层社区、高校、核酸采样点等重点场所防控一线，检查疫情防控工作，看望一线疫情防控工作人员。李德金强调，要加快核酸检测，发现混管阳性要立即找到人、单采复核，同步管控，精准判定密接、次密接人员，做到应转尽转、应隔尽隔。要强化大局意识，挂图作战，以高度责任心做好疫情防控交通管控工作，做好交通卡口疫情防控和保障工作，有序组织，加强值守，严格排查，筑牢疫情防控坚固防线。要强化社区管控，落实封控区管理各项措施，做好生活物资和医疗保障，满足居民生活需求。要筑牢校园疫情防控严密防线，压实校园主体责任，从严从紧落实校园疫情防控各项工作。要加强宣传引导，创新宣传方式，通过广播电视、新媒体、宣传车、宣传标语等把疫情防控知识和最新措施宣传到户到人，营造全民共同抗疫的氛围。

省市疫情防控会商会暨全市疫情防控工作视频会召开

省市疫情防控会商会暨全市疫情防控工作视频会召开。会议听取防控工作情况汇报，分析研判疫情形势，对防控工作进行再部署。会议强调，全市各级各部门要学习贯彻习近平总书记在17日中央政治局常委会会议上的重要讲话精神，把思想和行动统一到党中央、国务院决策部署上来，按照省委、省政府工作要求，突出快准严实细，发扬爱拼敢赢精神，齐心协力打赢疫情歼灭战。要认识疫情防控的严峻性、复杂性、艰巨性，把防疫工作放在第一位，下定决心、坚定信心，坚决果断阻断疫情传播链。要紧盯问题、坚决整改，完善更加扁平高效的指挥作战体系，统一领导、统一指挥、统一行动，优化核酸检测、转运隔离、闭环管理、数据共享等工作。要加强监督、严格考核，纪检、组织部门要加强督导检查，树牢以成败论英雄的鲜明导向，推动各项防控措施落地落实落到位。

刘建洋督导检查疫情防控工作

省委常委、市委书记、市防控新冠肺炎疫情应急指挥部总指挥长刘建洋检查管控小区、核酸检测机构等，督导疫情防控工作，看望一线防疫工作人员，推动各项疫情防控措施落实落细落到位。在位于泉州开发区的锦绣江南小区，刘建洋向现场干部询问小区居民数量、核酸检测进度、环境消杀、管理服务等情况，叮嘱要充实一线防疫力量，坚持人、物、环境同防，严谨细致落实好各项封控管控措施，筑牢群防群控坚固防线。刘建洋到鲤城区迪安医学检验实验室，了解当前核酸检测流程、检测进度和力量配备等情况，与实验室负责人探讨提速检测的空间。刘建洋强调，要配足配强专业检测力量，穿透研究全流程衔接堵点，千方百计加快“采、送、检、报”进度，安全、高效、有序推进核酸检测，为分析研判决策争取时间、赢得主动。

李德金检查疫情防控工作

副省长、省应对疫情工作指挥部副指挥长李德金到泉州市和丰泽区两级疫情防控指挥部、流调溯源专班，并到鲤城区、泉州台商投资区基层社区、核酸采样点，检查疫情防控工作，看望慰问一线工作人员。李德金强调，要落实基层社区管控要求，推动防控力量向社区防控一线下沉，发挥社区群众性自我管理和自我服务功能，抓好人员排查、出入管理、志愿服务、宣传教育等重点环节，筑牢社区管控防线。要强化数据统计分析研判，让数据真正服务疫情防控。要坚持问题导向，持续优化方案、改进流程，加快核酸检测进度，用最快速度找到核酸阳性患者并落实管控措施。要做好流调队伍服务保障工作，确保发挥融合协同机制作用。要突出正面引导，营造全方位、立体式的疫情防控宣传氛围。

泉州市电商联合参与物资保供

由市商务局与泉州市电子商务协会联合推出的“刺桐菜无忧”小程序上线。市民可在微信搜索、关注“泉州市电子商务协会”公众号，通过资讯广场进入“刺桐菜无忧”小程序，实现居家一键买菜、商家配送上门。由于线上小程序商城种类繁多、区域分散，为满足居民不同类型的线上购物需求，根据《泉州市商务局疫情期间生活必需品保供工作方案》要求，市商务局指导泉州市电子商务协会联合会员单位，及时开发“为爱连萌”——爱拼敢赢，携手前行“刺桐菜无忧”小程序，植入协会公众号。小程序包括“京东到家”“饿了么”“美团外卖”“元初到家”“多多买菜”“大润发优鲜”等十余个平台入口。该小程序将各大电商平台、同城商场、周边商城等小程序商城店铺集合在一起，实现一键跳转，统一对接快递和“跑腿”，实现派单配送到家。

3月17日

农历壬寅年二月十五
星期四
温度：19℃～26℃
多云

●省市疫情防控会商会暨全市疫情防控工作视频会召开，听取防控工作情况汇报，分析研判疫情形势，对防控工作进行再部署。

●省委常委、市委书记刘建洋检查管控小区、核酸检测机构等，督导疫情防控工作，看望一线防疫工作人员，推动各项疫情防控措施落实落细落到位。

●副省长、省应对疫情工作指挥部副指挥长李德金到泉州市和丰泽区两级疫情防控指挥部、流调溯源专班，并到鲤城区、泉州台商投资区基层社区、核酸采样点，检查疫情防控工作，看望慰问一线工作人员。

●由市商务局与泉州市电子商务协会联合推出的“刺桐菜无忧”小程序上线。

3月18日

农历壬寅年二月十六
星期五
温度：15℃～29℃
晴

●市委常委会召开会议，学习贯彻习近平总书记在17日中央政治局常委会会议上的重要讲话精神，以及省应对新冠肺炎疫情工作领导小组会议精神，部署研究泉州市疫情防控工作。

●省市疫情防控会商会召开。会商会后随即召开全市疫情防控工作视频会。

●副省长、省应对疫情工作指挥部副指挥长李德金到洛江、晋江、南安、惠安等地，就隔离点管理、社区管控、核酸检测等工作开展调研指导。

●是日0时起，泉州市扩大管控区域，实行中心市区全域管控。

●市公安局下发通知，要求各级公安机关依法严厉打击十类涉疫违法犯罪情形，并对举报者给予奖励，维护疫情防控期间全市社会治安秩序，保障人民群众生命安全和身体健康。

●《区域全面经济伙伴关系协定》（以下简称RCEP）对马来西亚生效。石狮正源水产科技开发有限公司出口马来西亚的1批冻巴浪鱼，申领到泉州海关签发的首份出口马来西亚的RCEP原产地证书，这也是福建省签发的首份RCEP中马原产地证书。

市委常委会学习习近平总书记重要讲话精神

市委常委会召开会议，学习贯彻习近平总书记在17日中央政治局常委会会议上的重要讲话精神，以及省应对新冠肺炎疫情工作领导小组会议精神，部署研究泉州市疫情防控工作。会议指出，要坚持人民至上、生命至上，坚定信心、坚持不懈，咬紧牙关、尽锐出战，在快准严实细上下功夫，采取坚决果断措施，全力以赴在最短时间打赢疫情歼灭战。要坚持全市“一盘棋”，服从大局、统一步调，集中优势资源力量，严格执行各项防控指令，从快从严从紧把核酸检测、流调排查、转运隔离、封控管控、医疗救治等各项措施落实到位。要坚持党政同责、齐抓共管，引导党员干部发扬伟大抗疫精神，在抗疫一线冲在前、干在前，发动群众参与疫情防控，筑牢群防群控坚固防线。要严明纪律、压实责任，在抗疫大考中考察识别干部，对工作落实不到位、畏缩不前、搞形式主义、官僚主义的干部，坚决严肃问责。

省市疫情防控会商会和全市疫情防控工作视频会召开

省市疫情防控会商会召开。会商会后随即召开全市疫情防控工作视频会。会议听取疫情发展趋势、防控措施落实等情况汇报，就从严抓好疫情防控工作再研究、再部署。会议强调，全市要学习贯彻习近平总书记重要讲话重要指示精神，落实省委、省政府工作要求，迅速采取坚决果断措施，快准严实细做好各项防控工作，打赢疫情歼灭战。要动态分析形势、预判风险、调整策略，科学精准有效突破重点工作，尽快阻断疫情传播。要调动资源力量补齐短板弱项，优化提速核酸检测、流调溯源、转运隔离等各项工作，做好医疗救治和心理疏导。要主动回应社会关切，营造好全民抗疫的氛围，凝聚起众志成城抗击疫情的强大合力。

李德金调研隔离酒店和封管控区管控工作

副省长、省应对疫情工作指挥部副指挥长李德金到洛江、晋江、南安、惠安等地，就隔离点管理、社区管控、核酸检测等工作开展调研指导。李德金强调，要以高度责任心抓好隔离点的管控工作，“一点一专班”，做到管控责任到人、工作任务到人、规章制度到人，规范送餐、环境消杀和废弃物处置，严禁串门，避免交叉感染。要强化组织动员，发挥基层党组织战斗堡垒和党员先锋模范作用，把社区工作者、下沉干部、志愿者、群众等各方面力量动员起来，创建“无疫小区”，共同筑牢疫情防控坚固屏障。要强化居民生活物资保障，及时改进供应保障方式，让群众配合做好疫情防控工作。要坚持中西医结合，加强人文关怀和心理疏导，做好患者救治工作。

泉州市签出全省首份RCEP中马原产地证书

《区域全面经济伙伴关系协定》（以下简称RCEP）对马来西亚生效。石狮正源水产科技开发有限公司出口马来西亚的1批货值8.12万美元的冻巴浪鱼，通过国际贸易“单一窗口”直接打印，申领到泉州海关签发的首份出口马来西亚的RCEP原产地证书，凭该证书，该批商品将获得进口国关税减免约7400美元，这也是福建省签发的首份RCEP中马原产地证书。RCEP继1月1日对文莱、柬埔寨、老挝、新加坡、泰国、越南、中国、日本、新西兰和澳大利亚十国生效，以及2月1日对韩国生效后，于是日对马来西亚生效。协定生效后，中国与马来西亚在中国—东盟自贸区的基础上新增市场开放承诺，比如中国的加工水产品、可可、棉纱及织物、化纤、不锈钢和部分工业机械设备及其零部件等，这些产品出口马来西亚将进一步获得关税减免。而马来西亚的部分有机化学品、纸制品、纺织原料等产品对中国出口也将在中国—东盟自贸区的基础上获得新的关税减免，促进中马双边贸易的发展。

省市疫情防控会商会和全市疫情防控工作视频会召开

省市疫情防控会商会召开。会商会后随即召开全市疫情防控工作视频会。会议强调，要学习贯彻习近平总书记在17日中央政治局常委会会议上的重要讲话精神，落实全国疫情防控工作电视电话会议部署，按照省委、省政府具体要求，把疫情防控工作放在第一位，全面动员、尽锐出战，快准严实细阻断疫情传播链条。要科学组织核酸检测、流调溯源、转移隔离、医疗救治、环境消杀等各项工作，做到不漏一人、不漏一户，确保应检尽检、应调尽调、应转尽转、应隔尽隔、应消尽消。要坚持问题不过夜，抓好省市会商问题清单整改，采取最果断最彻底措施，从严强化封控管控，落实小区闭环管理，加强一老一小等重点人群和学校、医院、养老院、福利院、监所等重点场所精准防控，织密织牢基层防控网络。要做好分类救治工作，按照《新型冠状病毒肺炎诊疗方案（试行第九版）》规定，坚持中西医结合、中西药并用，科学规范做好诊疗工作。要主动回应社会关切，及时发布准确信息，做好生产生活物资保障，凝聚联防联控、群防群控强大合力。

李德金检查高校等疫情防控工作

副省长、省应对疫情工作指挥部副指挥长李德金到黎明大学、泉州师范学院、方舱医院检查高校疫情防控和方舱医院建设工作。李德金强调，要落实全国新冠肺炎疫情防控工作电视电话会议部署，按照省委、省政府工作要求，坚持科学精准、动态清零，抓紧抓实抓细疫情防控各项工作，以更快的速度控制疫情扩散蔓延。要扛起校园疫情防控的政治责任、防疫责任、安全责任，从严从紧抓好校园疫情防控工作。要建立学校疫情防控工作专班，落实学校闭环管理措施，严防疫情传播扩散。要关注师生思想动态和心理状况，引导加强自我保护、自我管理，主动承担个人责任，共同织密织牢校园疫情防控网。要保质保量完成方舱医院建设，确保施工、水电气、消防等安全，规范处置生活垃圾和医疗废物。要落实方舱医院管理规范，提高信息化管理水平，加强人文关怀和心理疏导，帮助患者尽快康复。

“四类药品”恢复销售

为满足群众正常用药需求，经风险研判，市市场监管局决定恢复药品零售企业“四类药品”（退热、止咳、抗病毒、抗生素）的销售。需要“四类药品”的市民在药店扫一扫闽政通“购药码”购买。根据要求，药店应发挥哨点监测作用，贯彻落实疫情防控各项措施，做好疫情防控“四类药品”销售实名登记报告制度，对购买“四类药品”人员必须当场扫闽政通“购药码”进行即时登记，无法扫码登记的不予出售。监管部门要求，各药品零售企业要将“四类药品”目录和闽政通“购药码”张贴在收银台醒目位置，未张贴的药店不得销售“四类药品”。监管部门将零售药店销售“四类药品”信息登记工作纳入重点监管内容，对不登记、不真实登记、登记不上报、员工不知晓“四类药品”目录及登记流程的企业，视情形做出直至吊销药品经营许可证的严厉处罚，确保登记数据及时、全面、准确。此外，药品零售企业应落实主体责任，确保药学技术人员在岗履职，做好药学服务，加强“四类药品”的处方审核，在服务疫情防控大局的同时满足患者正常用药需求。

3月19日

农历壬寅年二月十七
星期六
温度：16℃～24℃
晴转多云

●省市疫情防控会商会召开。会商会后随即召开全市疫情防控工作视频会。

●副省长、省应对疫情工作指挥部副指挥长李德金到黎明大学、泉州师范学院、方舱医院检查高校疫情防控和方舱医院建设工作。

●市市场监管局决定恢复药品零售企业“四类药品”（退热、止咳、抗病毒、抗生素）的销售。

3月20日

农历壬寅年二月十八
星期日
温度：18℃～24℃
多云转小雨

●由国家卫生健康委应急办一级巡视员王文杰任组长的国务院联防联控机制综合组福建工作组到泉州，指导和督促疫情防控应急处置工作。

●省市疫情防控会商会召开。会商会后，泉州市随即召开疫情防控工作视频会。

●市政府党组会议召开，传达贯彻习近平总书记在17日中央政治局常委会会议上的重要讲话精神，以及省、市有关会议精神，研究部署“快、准、严、实、细”抓好疫情防控工作。

●位于泉州市海峡体育中心的泉州市方舱医院完工并投用。

国务院联防联控机制综合组福建工作组到泉州指导疫情防控工作

由国家卫生健康委应急办一级巡视员王文杰任组长的国务院联防联控机制综合组福建工作组到泉州，指导和督促疫情防控应急处置工作。在工作汇报会上，省委常委、市委书记刘建洋汇报泉州市疫情防控工作情况。副省长、省应对疫情工作指挥部副指挥长李德金汇报福建省应对疫情工作情况。市领导蔡战胜、肖汉辉、宿利南、施宇辉、卢秀萍、傅藏荣、林万明、刘文儒、洪自强、陈小辉、蔡萌芽、庄灿霞等参加会议。王文杰指出，福建省特别是泉州市疫情防控形势严峻复杂，要学习贯彻习近平总书记在17日中共中央政治局常务委员会会议上的重要讲话精神，落实党中央、国务院决策部署，按照全国疫情防控工作电视电话会议部署要求，坚持人民至上、生命至上，坚持“动态清零”总方针，重兵合围、尽锐出战，抓实抓细各项疫情防控工作，打赢疫情防控歼灭战。要加强组织领导，把疫情防控工作作为最重要的政治任务来抓，从严从实抓好核酸检测、流调溯源、隔离转运、社区管控、院感防控等关键环节，采取坚决果断措施，尽早实现社会面清零。要科学分析研判疫情趋势变化，精准分级分区管控。要加强隔离点、封管控区管理，做好分类收治，保障群众正常就医需求。工作组将与大家并肩作战，共同打好疫情防控这场硬仗。

省市疫情防控会商会和全市疫情防控工作视频会召开

省市疫情防控会商会召开。会商会后，泉州市随即召开疫情防控工作视频会。会议强调，要按照省委、省政府部署，再认真、再严谨、再坚持、再落实，“快准严实细”落实各项防控措施。要精准研判疫情趋势，以更细致、更周密的举措逐轮推进核酸检测，科学应用抗原检测作为补充，确保以最快的速度筛查出社会面潜在感染者。要坚决果断科学划定封控、管控区域，制订出台社区清零行动方案，加快改造、新建一批隔离场所，做到管控到位、服务到位，迅速遏制社区传播，更快更准动态清零。要坚持全市“一盘棋”，穿透式协调调度，统筹好核酸检测能力、生产生活物资保障、交通运输畅通等各项工作。

泉州市方舱医院投用

位于泉州市海峡体育中心的泉州市方舱医院完工并投用。泉州市方舱医院位于泉州市海峡体育中心的羽毛球馆和篮球馆，分成A区、B区，可容纳1000张床位，用于接收新冠肺炎确诊病例（轻型）和无症状感染者。项目按照国家制定的方舱医院建设标准建设，包含病房、卫生间、淋浴房、洗衣房、污物转运用房、办公区等各类功能分区，配有移动消毒机及各种医疗设备。这两个场馆总建筑面积7000平方米，建筑功能好，承受密集人流的消防系统都比较完备，所以将方舱医院选址在这里。包括市住建局、泉州城建集团、泉州金控集团、泉州水务集团、电力公司、移动公司、市建筑业协会等单位组成的项目突击队，从18日接到命令到进场施工，只用2个小时，中间完成图纸设计、人员调集、设备调动、物资采购等内容，大家各司其职、协同合作，日夜奋战。方舱用隔板分成若干个单元，每个单元内，两排床位分列两侧、整齐排开，床被、饮水机、行李箱、洗漱用品等生活设施和用品一应俱全，每个床位都配有呼叫铃。

泉州市方舱医院内景（图/陈英杰）

国务院联防联控机制综合组福建工作组检查泉州市疫情防控工作

由国家卫生健康委应急办一级巡视员王文杰任组长的国务院联防联控机制综合组福建工作组，到丰泽和泉州台商投资区等地，检查泉州市疫情防控工作。副省长、省应对疫情工作指挥部副指挥长李德金，市领导施宇辉、黄文胜、刘文儒、刘林霜、陈小辉、蔡萌芽等参加。工作组检查社区、学校、交通查验点等重点部位防控工作，了解闭环管理、集中隔离、核酸检测、物资保障等措施落实情况，要求把防控工作做得更严更实，关口前移、联防联控，坚决防止疫情外溢。王文杰要求，要从严从紧落实封控管控措施，强化小区管理，减少人员流动，依法严厉打击各类妨害疫情防控的违法行为。要做到管控责任到人、工作任务到人、规章制度到人，严格规范核酸检测、环境消杀和废弃物处置等工作，切实堵塞漏洞。要做好封控区、管控区人文关怀和心理疏导，保障居民正常生活需求和就医需求，保持社会稳定大局。

尹力到泉州检查督导疫情防控工作

省委书记尹力到泉州检查督导疫情防控工作，与国务院联防联控机制综合组福建工作组座谈、听取专家意见建议，并在泉州参加省市疫情防控视频会，对全省防控工作作出部署。省长赵龙主持会议。省委常委、市委书记刘建洋，市领导蔡战胜、李建辉、肖汉辉、施宇辉等参加。

尹力强调，要落实防控措施，快速精准查找到阳性病例，流调排查、核酸检测、隔离管控等工作要更快、更实、更细，把封控区、管控区管理好，把密接、次密接人员转运隔离并服务好。要分析和找到病例之间关联性，做好溯源工作，切实抓早抓小，彻底切断疫情传播渠道，尽快实现社会面动态清零。要特别注意做好特殊人群的检测就医，做好隔离场所、养老院、学校等机构相关人员的基本生活保障和服务。要确保经济社会有序运转，保障水、电、油、气等供应平稳和交通运输畅通，保障生产生活物资进得来、出得去。要及时研究出台帮扶企业政策措施，在控制疫情后有序复工复产。要严防风险发生，统筹好发展和安全，高度重视危化产品、港口码头、工厂等生产安全，防止各种风险隐患，保持社会大局安定稳定。在晋江市池店镇一小区，尹力询问小区封控管理、居民生活物资保障和相关服务等情况。尹力还看望慰问一线防控工作人员，鼓励大家发扬抗疫精神，坚定必胜信心，团结一致，连续作战，把工作做到家、把事情做到位，夺取疫情歼灭战的胜利。

刘建洋到市疾控中心检查疫情防控工作

省委常委、市委书记、市防控新冠肺炎疫情应急指挥部总指挥长刘建洋到市疾控中心检查疫情防控工作，并向疫情防控一线工作人员表示慰问。刘建洋察看PCR实验室、病原检测室、生物安全实验室、信息组办公室等，了解核酸检测能力、疫情预警系统运行、人员力量安排、信息报送流程等情况。刘建洋指出，要突出快准严实细，优化标本接收、核酸检测、流调排查、信息反馈等环节流程，提高专业技术支撑和科学组织协调能力，以最快速度筛查出社会面潜在感染源。要强化统筹联动，形成工作合力，加强数据统计分析研判，为党委、政府科学决策精准防疫提供参考，遏制疫情扩散蔓延。

刘建洋（左三）察看市疾控中心信息组办公室
（图/陈起拓）

3月21日

农历壬寅年二月十九
星期一
温度：16℃～19℃
阴转小雨

●由国家卫生健康委应急办一级巡视员王文杰任组长的国务院联防联控机制综合组福建工作组，到丰泽和泉州台商投资区等地，检查泉州市疫情防控工作。

●省委书记尹力到泉州检查督导疫情防控工作，与国务院联防联控机制综合组福建工作组座谈、听取专家意见建议，并在泉州参加省市疫情防控视频会，对全省防控工作作出部署。

●省委常委、市委书记刘建洋到市疾控中心检查疫情防控工作，并向疫情防控一线工作人员表示慰问。

●全市疫情防控工作视频会召开，听取疫情防控工作进展情况汇报，分析研判疫情形势，明确下一步工作重点。

●21—22日，副省长、省应对疫情工作指挥部副指挥长李德金到转运隔离专班、流调工作专班、“火围山”方舱医院、快捷健康驿站、核酸采样点等基层一线，检查疫情防控工作。

3月22日

农历壬寅年二月二十
星期二
温度：13℃～15℃
小雨转中雨

●国家卫生健康委应急办一级巡视员王文杰带领国务院联防联控机制综合组福建工作组到丰泽和晋江检查，察看新增确诊病例的封控区、管控区，指导各项防控工作。

●市委常委会召开会议，学习贯彻习近平总书记重要讲话重要指示精神，学习国务院联防联控机制电视电话会议部署和副总理孙春兰批示要求，传达贯彻省市疫情防控视频会和省委主要领导到泉州检查督导疫情防控工作精神，研究部署泉州市下一步疫情防控重点工作。

●全市疫情防控工作视频会召开。

●省委常委、市委书记刘建洋到“火围山”方舱医院、泉州市第一医院城东院区检查疫情防控工作，看望慰问一线医务工作者。

国务院联防联控机制综合组福建工作组指导泉州市疫情防控工作

国家卫生健康委应急办一级巡视员王文杰带领国务院联防联控机制综合组福建工作组到丰泽和晋江检查，察看新增确诊病例的封控区、管控区，指导各项防控工作。省委常委、市委书记、市防控新冠肺炎疫情应急指挥部总指挥长刘建洋陪同检查。市领导施宇辉、黄文胜、张文贤、刘文儒、蔡萌芽等分别参加有关活动。在了解流调溯源、隔离转运、核酸检测、封控管控措施落实等情况后，王文杰强调，要学习贯彻习近平总书记在17日中央政治局常委会会议上的重要讲话精神，落实全国疫情防控工作电视电话会议部署要求，提高思想认识，将风险控制在最低限度，尽早实现社会面动态清零。要做深做细做实流调溯源工作，快速研判病例活动轨迹，精准判定密接和次密接，加强追踪管控，规范转运环节，彻底切断疫情传播渠道。要统筹调动资源力量，加强基层工作队伍，补齐短板弱项，优化核酸检测、人员闭环管理、环境消杀、居民生活保障等各项工作。要强化督促检查，紧盯防控措施落实，守护好人民群众生命安全和身体健康。

市委常委会学习上级疫情防控有关部署要求

市委常委会召开会议，学习贯彻习近平总书记重要讲话重要指示精神，学习国务院联防联控机制电视电话会议部署和副总理孙春兰批示要求，传达贯彻省市疫情防控视频会和省委主要领导到泉州检查督导疫情防控工作精神，研究部署泉州市下一步疫情防控重点工作。会议强调，全市要贯彻落实党中央、国务院决策部署，在国务院联防联控机制综合组福建工作组的指导下，按照省委、省政府工作要求，认清形势、提高认识，坚定信心、尽锐出战。要优化疫情防控举措，更快更实更细做好核酸检测、社区管理、医疗救治等各项工作，管住重点区域、重点场所、重点人员，快速切断疫情传播链条，早日实现社会面动态清零。要对照国家工作组、省派驻工作组反馈的问题清单和工作建议，立行立改、整改到位、务求实效。要落实属地、部门、单位、个人“四方责任”，把防控措施网格化落实到每一个工作单元，把最精干力量充实到疫情防控最前线，强化干部管理、督导考核，筑牢联防联控、群防群控的严密防线。要保障群众生产生活物资需求，加强信息发布和舆论引导，及时回应社会关切。要统筹好发展和安全，防止各种风险隐患，确保经济社会发展运行平稳有序。

全市疫情防控工作视频会召开

全市疫情防控工作视频会召开。会议强调，要听取国家工作组、省专家组的专业意见建议，主动认领问题清单，不折不扣整改到位，举一反三、补齐短板，提升科学精准防控水平。要开展核酸检测“补网”攻坚行动，实行“大数据比对+人工逐户核实”，用好“核酸检测+抗原检测”，以最快速度筛查出社会面上所有潜在感染者。要提升流调溯源和转运隔离组织能力，科学精准判定密接、次密接人员，摸排筹集符合隔离标准、满足隔离需求的场所，建立集中隔离点储备清单和梯次启用机制，确保应查尽查、应转尽转、应隔尽隔。依法严厉打击涉疫违法行为，确保管得住、管得严、管到位。要统筹安排医疗废弃物处置，引入有资质的第三方机构，规范医院、封控区、隔离点等场所涉疫垃圾转运处理，强化环境消杀，避免交叉感染。要整合市直下沉干部、社区干部、志愿者等队伍，对力量再加强、资源再优化、人员再调配，把精兵强将压到疫情防控最吃劲的地方，严肃工作纪律，强化专业培训，做好个人防护，边干边训、实干实训，确保各网格、各点位管理服务能力与辖区内企业群众基本生产生活需求相适应。

3月23日

农历壬寅年二月廿一
星期三
温度：12℃～13℃
小雨

●省长赵龙到泉州检查疫情防控工作。

●继全省会议之后，泉州市召开视频工作会，部署疫情防控时期及下阶段防汛抗旱工作。

赵龙到泉州检查疫情防控工作

省长赵龙到泉州检查疫情防控工作。省领导刘建洋、李德金，市领导蔡战胜、施宇辉、黄文胜、张文贤等参加。

受省委书记尹力委托，赵龙到晋江市陈埭镇泉商公馆，检查封控管控措施落实和物资保障情况，看望慰问防控一线工作人员。随后，赵龙到晋江市指挥部，与泉州市、晋江市有关负责人共同研商进一步防控措施。赵龙强调，疫情防控越是吃紧、较劲的时候，越要坚定信心、坚持不怠，要清醒看到疫情形势的严峻性，查找前一段工作中的不足和漏洞，毫不犹豫采取更加果断措施，科学有序组织核酸检测，用好抗原检测等辅助筛查手段，把“快准严实细”的各项要求不折不扣落到实处。

在丰泽新村，赵龙指出，卫生人员、社区工作者、志愿者、公安干警、党员干部为疫情防控作出积极贡献，封控区内的群众给予理解支持和积极配合，令人感动。封控时间越长，越要将心比心、换位思考，耐心细致地做好群众工作，保障好生活物资、就医问诊等需求，及时疏解焦虑情绪，取得理解配合，大家共同努力，众志成城，构建和谐邻里关系，创建无疫小区，争取早日解除风险，恢复正常生产生活秩序。在航空酒店隔离点，赵龙询问核酸检测做了几轮、垃圾怎么处理、防控人员和物资够不够，叮嘱工作人员做好自身防护。赵龙强调，务必要严格隔离点的管理，严禁隔离人员串门，同时要做好服务，及时解决隔离群众的实际困难；要建立健全信息台账，做好转运接收、日常监测、消毒消杀、医废处置等各环节工作，杜绝交叉感染。在“火围山”方舱医院，赵龙询问医护队伍设置、患者精神状态、院感防控举措等，要求从严从紧落实全流程闭环管理，守住院感防控底线，加强关心关怀和宣教互动，减轻医护人员和患者的压力。

赵龙还与国务院联防联控机制综合组福建工作组座谈会商，对疫情防控工作再研究、再强化。赵龙指出，工作组深入一线发现问题、查找不足，提出的意见建议很有针对性。泉州各级各部门务必对照问题清单，迅速整改，日清日结，提升科学精准防控水平。要迎难而上，抓好核酸检测、抗原检测、医疗救治等各项工作，以最快速度筛查出社会面所有潜在感染者，遏制疫情扩散蔓延，尽早实现社会面动态清零。要特别关注特殊人群，加强医疗救治，维护人民生命安全和身体健康。

全市防汛抗旱工作会召开

继全省会议之后，泉州市召开视频工作会，部署疫情防控时期及下阶段防汛抗旱工作。会议要求，要树牢底线思维，用大概率思维应对极有可能发生的重大自然灾害，保持高度重视、清醒、高度警觉。要以外地案例为鉴，梳理完善部门或单位的防汛防台风专项应急预案，加强各级防汛有关负责人业务知识培训，提高应对防汛突发事件指挥决策水平和应急处置能力。要强化风险排查，落实隐患整改措施，实行销号管理。要科学精准指挥，强化协同联动，健全完善市、县、乡、村、组五级防汛责任体系和预报预警信息发布机制，一旦预判可能发生重大灾情险情，果断组织群众应转尽转并妥善安置。要统筹抢险救灾，强化队伍物资保障，加快应急指挥信息化建设，以科技力量为防汛救灾赋能增效。要强化值班值守，执行汛期24小时值班值守带班工作制度，注重信息处理报送，确保上情下达、下情上知。

3月24日

农历壬寅年二月廿二
星期四
温度：15℃~18℃
多云转小雨

●以国家卫生健康委应急办一级巡视员王文杰为组长的国务院联防联控机制综合组福建工作组到泉州市开放式社区、城乡接合部、城中村等重点场所开展检查。

●全市疫情防控工作视频会召开。

●省委常委、市委书记刘建洋到南安检查督导疫情防控工作。

●泉州市邀请国务院联防联控机制综合组专家，围绕社区管控、人员转运、健康监测、重点人群管理、生活和医疗保障、清洁消毒和垃圾清运等内容，为全市疫情防控一线工作人员做线上系列辅导培训。

●市卫健委组织开展配送新冠肺炎预防中药工作。

●市医保局出台文件，将新冠病毒抗原检测临时纳入医保支付范围。

国务院联防联控机制综合组福建工作组到鲤城晋江检查

以国家卫生健康委应急办一级巡视员王文杰为组长的国务院联防联控机制综合组福建工作组到泉州市开放式社区、城乡接合部、城中村等重点场所开展检查。在鲤城区海滨街道东鲁社区通淮阁、常泰街道仙塘社区，工作组了解开放式社区疫情防控情况。王文杰强调，要调整优化核酸检测方案，强化社区网格化管理，采取分散采样点、分时分批检测、加强流动核酸采样队伍等多种方式，确保核酸检测科学有序开展，减少人员流动，防止发生交叉感染。要加强流调溯源、人员排查，加快锁定源头，科学划定封控范围，提高防控精准性，迅速斩断传播链条。要加强统筹协调和科学指导，让下沉干部、街道和社区工作者、志愿者等工作人员按规范把控好各个环节，确保防控措施执行到位。在晋江市，工作组走访检查陈埭镇泉商公馆、海尾村及池店镇百信御江帝景一期。王文杰强调，要加强分类管理和服务，关注特殊人群的困难，保障居民群众的生活需求。要加强环境消杀、垃圾清理、污水处置等工作，绝不放过任何一个风险点。

全市疫情防控工作视频会召开

全市疫情防控工作视频会召开。会议强调，要突出问题导向，对国务院督查组、工作组提出的意见建议照单全收，及时根据专家的意见作出优化调整，以更大的决心、更严的态度、更实的举措，抓好落实整改。要科学高效组织核酸检测，深化“补网”攻坚行动，集中力量投放至病例多发、新发病例、城中村、人口密集地带等重点区域，做到采、送、检能力动态匹配，对封控区、管控区人群用好“抗原检测+核酸诊断”策略，确保应检尽检、不漏一人。要围住疫点、管住全域、重兵合围、精准施策，实施社区清零行动，从严从细划分密接、次密接者，严格闭环及时规范转运，把管控措施落实到社区、到网格、到个人。要通过隔离管控有效阻断疫情传播，增加隔离点和隔离床位，对重点人员的集中隔离要坚决彻底，提前谋划解除隔离及封控管控的标准细则、管理措施、健康回访机制，做到解封不解防，确保不反弹。

刘建洋到南安检查督导疫情防控工作

省委常委、市委书记、市防控新冠肺炎疫情应急指挥部总指挥长刘建洋到南安检查督导疫情防控工作。刘建洋指出，要坚持“一村一策、一居一策、一企一策、一处一策”，采取果断措施，加强健康监测、核酸检测，确保应转尽转、应隔尽隔，遏制疫情扩散蔓延。要规范封控区、管控区等重点场所涉疫垃圾转运处理，加大环境消毒消杀频次。要做好封控区服务保障工作，保障好孕产妇、急危重症患者等特殊人群的就医需求，为群众排忧解难，确保人民群众生命安全和身体健康。

市卫健委组织开展配送新冠肺炎预防中药工作

为发挥中医药“治未病”的作用，市卫健委组织开展配送新冠肺炎预防中药工作。24—29日，分批次向中心城区（鲤城区、丰泽区、洛江区、泉州开发区）封控区居民和重点医疗机构、方舱医院、疫情防控一线工作人员等配送新冠肺炎预防中药汤剂包。此次中药汤剂包配方的主要功效是益气解表化湿、清热解毒，可以提高人的免疫力，同时也可以抑制病毒的复制，对普通人群、高危人群均具有较好的预防作用。

国务院联防联控机制综合组福建工作组到丰泽南安检查

以国家卫生健康委应急办一级巡视员王文杰为组长的国务院联防联控机制综合组福建工作组，到丰泽和南安等地，检查指导疫情防控工作。在南安市丰州镇旭山村，工作组检查封控区内人员管控、物资保障、环境消杀、垃圾处理等工作落实情况。针对防控措施如何落实到楼栋、到单元、到户，工作组给出具体指导，并叮嘱工作专班合理定岗分工，规范工作流程，加强自我防护，避免交叉感染。在霞美镇四季康城，工作组询问小区确诊患者和密接人员转运隔离及居民核酸检测等情况，对加强封控管理、落实生活保障等工作提出指导意见。在南安市方舱医院，王文杰指出，要强化院区内部及周围的疫情防控措施，做好患者生活保障、功能区管理、医废处置等工作，防止发生院感。在丰泽区，工作组到泉秀街道阳光巴黎、东湖街道新联大厦、清源街道水岸假日、东海街道金崎路140号等地检查。每到一处，王文杰都询问流调信息，帮助研判流调精准性，提出指导意见。在东海街道金崎路140号，工作组通过无人机监控影像，了解区内建筑分布情况，对科学划定封控区提出针对性指导，并要求强化流调溯源工作，精准判定密接和次密接，加强追踪管理。

全市疫情防控工作视频会召开

全市疫情防控工作视频会召开。会议强调，要科学严密组织新一轮核酸检测，优化实施方案，加强现场秩序引导，周全应对降温降雨天气，既要方便群众，又要确保应检尽检；要做好检测结果数据分析，科学研判疫情趋势，为后续防控工作争取更多主动。要精准判定密接和次密接人员，开展重点人员转运隔离专项行动，尽可能把潜在风险降至最低。要优化提级社会面管控，“人防、物防、技防”多管齐下，加强路面巡查和街面管理，封控区落实“足不出户、核酸上门、服务到家”，管控区做好网格化管理，强化无疫小区创建，最大限度减少车辆人员流动。要提高“保民生、保运转、保稳定”能力，高度关注生活、医疗、农业、工业等重点物资供应及一老一小、孕产妇、慢性病患者等特殊群体正常就医需求，把各项服务保障做得更周到、更细致、更专业，打赢这场疫情防控攻坚战。

李德金在泉州检查定点医院疫情防控工作

副省长、省应对疫情工作指挥部副指挥长李德金到泉州市新冠肺炎定点救治医院、南安和晋江方舱医院、黄码人员医疗保障定点医院及核酸检测组检查疫情防控工作，并看望疫情防控一线工作人员。李德金强调，要以最严格的态度，落实落细院感防控各项措施，杜绝定点救治医院、方舱医院、隔离点等重点场所发生交叉感染，守住院感防控底线。要实施“黄码医院”闭环管理，优化院外转运、院内预检分诊和就诊流程，保障好封控区、管控区及隔离场所内孕妇、肿瘤放化疗患者及慢性病患者等特殊人群的正常就医需求，为群众提供及时、便捷、高效的医疗服务。要科学高效组织好重点区域的核酸检测，深化“补网”攻坚行动，加强“采、送、检、报”匹配，确保应检尽检、不漏一人。

泉州市首批新冠病毒肺炎治愈患者康复出院

经省、市两级医疗救治专家组联合会诊确认，泉州市首批新冠病毒肺炎治愈患者从泉州市定点救治医院康复出院。图为医院欢送患者出院。

（图/陈晓东）

3月25日

农历壬寅年二月廿三
星期五
温度：15℃～22℃
中雨转小雨

●以国家卫生健康委应急办一级巡视员王文杰为组长的国务院联防联控机制综合组福建工作组，到丰泽和南安等地，检查指导疫情防控工作。

●全市疫情防控工作视频会召开。

●副省长、省应对疫情工作指挥部副指挥长李德金到泉州市新冠肺炎定点救治医院、南安和晋江方舱医院、黄码人员医疗保障定点医院及核酸检测组检查疫情防控工作，并看望疫情防控一线工作人员。

●省发改委印发关于支持泉州市应对新冠肺炎疫情影响若干措施的通知，研究出台帮助泉州增强疫情防控能力、稳定企业生产经营、帮助企业维持市场、加大金融支持力度、做好协调保障服务5个方面16条措施。

●市防控新型冠状病毒感染的肺炎疫情应急指挥部发布紧急通告，加强中心城区（鲤城区、丰泽区和洛江区管控区）社会面管控。

●经省、市两级医疗救治专家组联合会诊确认，泉州市首批新冠病毒肺炎治愈患者从泉州市定点救治医院康复出院。

●由市委宣传部、市教育局、团市委、泉州广播电视台组织开展的“今天，我在家”短视频众创分享活动启动。

3月26日

农历壬寅年二月廿四
星期六
温度：15℃～27℃
多云转大雨

●国家卫生健康委应急办一级巡视员王文杰带领国务院联防联控机制综合组福建工作组到丰泽和晋江等地，检查新增阳性病例集中的城中村、工业园区，指导并督促落实精细化疫情防控措施。

●全市疫情防控工作视频会召开，学习贯彻习近平总书记重要讲话重要指示精神，贯彻国务院联防联控机制第七督查组、综合组福建工作组要求，落实省委、省政府部署，研究推动下一步疫情防控工作。

●副省长、省应对疫情工作指挥部副指挥长李德金到泉州市新冠肺炎集中隔离点、社区卫生服务中心等基层一线检查涉疫垃圾污水处理工作，并主持召开省市涉疫垃圾污水处理协调会。

国务院联防联控机制综合组福建工作组到丰泽晋江检查

国家卫生健康委应急办一级巡视员王文杰带领国务院联防联控机制综合组福建工作组到丰泽和晋江等地，检查新增阳性病例集中的城中村、工业园区，指导并督促落实精细化疫情防控措施。副省长、省应对疫情工作指挥部副指挥长李德金参加检查。市领导施宇辉、黄文胜、张文贤、刘文儒、蔡萌芽等分别参加有关活动。在位于丰泽区城东街道的浔美社区，工作组针对区内人员密集、建筑结构复杂等问题，提出深化封控区精准管理等整改要求。在丰泽区东海街道云山社区院前村，工作组重点察看人员管控落实情况，了解隔离转运工作，并强调要加大核酸检测、物资保障等工作的上门服务力度。在云山社区云山村，工作组帮助梳理防控工作流程、查找短板漏洞、提出指导意见。工作组指出，要做实流调溯源工作，精准判定病例活动轨迹和密接次密接，用最快的速度将密接人员全部安全转运到集中隔离点，第一时间切断疫情传播链条。

在晋江市陈埭镇，工作组随机抽查该镇洋埭村，通过疫情防控网格示意图分析研判疫情防控工作。工作组指出，要明确职责分工，加强工作闭环管理，避免交叉感染。随后，工作组到陈埭镇海尾村开展“回头看”，了解问题整改落实情况。工作组强调，要落实人员管控要求，让重点区域内的人员流动停下来、静下来；要加强垃圾清理转运和环境消杀的科学操作，强化对阳性病例居所的消毒处理，由专业队伍采样评估，确保终末消杀工作做到位；要突出效果导向，立说立行抓整改，采取更加科学精准的措施，尽快遏制疫情扩散蔓延。围绕落实工作组指导意见，李德金要求，要建立督办反馈机制，坚持“快准严实细”，强化督查检查，提高问题整改实效，确保做到日清日结，尽快夺取这场疫情防控歼灭战的胜利。

全市疫情防控工作视频会召开

全市疫情防控工作视频会召开，学习贯彻习近平总书记重要讲话重要指示精神，贯彻国务院联防联控机制第七督查组、综合组福建工作组要求，落实省委、省政府部署，研究推动下一步疫情防控工作。会议强调，要紧盯重点工作，重兵合围、尽锐出战。针对开放式社区、城乡接合部、城中村以及病例多发、新发病例小区等重点区域，成立工作专班，“一村一策、一居一策、一企一策、一处一策”，开展重点人员转运隔离专项行动，确保应转尽转、应隔尽隔，为清零目标打下基础。要从严加强社会面管控，把静态管理、封控管控等各项措施穿透落实到全过程、各方面，落实到基层干部、社区干部、下沉干部、志愿者等每一名疫情防控人员，延伸到每一个群众身边，形成全民参与抗疫的氛围。要攻坚隔离点防控、方舱医院挖潜扩容和规范管理，对符合条件的场所加紧改造，安全高效加快在建工程建设进度，落实院感防控措施，强化涉疫环境消杀、医疗废弃物处置，守住院感零发生底线。

李德金检查涉疫垃圾污水处理工作

副省长、省应对疫情工作指挥部副指挥长李德金到泉州市新冠肺炎集中隔离点、社区卫生服务中心等基层一线检查涉疫垃圾污水处理工作，并主持召开省市涉疫垃圾污水处理协调会。市领导傅藏荣、蔡天守参加检查或会议。李德金强调，要加强统筹协调，杜绝因涉疫垃圾污水处理不到位、工作不及时，影响疫情防控成效。要建立健全应急工作机制，提升涉疫垃圾污水的收集、消毒、转运、处理能力，加强人员、车辆调配，规范流程管理，确保涉疫垃圾污水处理工作安全有序有效，杜绝二次污染。要统筹资源、统一调度，落实涉疫垃圾转运处理专人、专线、专区、专炉。要加强一线人员健康监测和人文关怀，确保一线人员零感染。要强化监督检查，成立督导工作专班，加强对涉疫垃圾污水收运处置工作的指导、监督、检查，及时发现问题、解决问题。

国务院工作组对丰泽疫情防控重点区域开展"回头看"

国家卫生健康委应急办一级巡视员王文杰带领国务院联防联控机制综合组福建工作组，对丰泽区新增阳性病例的重点区域开展"回头看"，督促推动精准精细抓落实。副省长、省应对疫情工作指挥部副指挥长李德金参加检查，市领导刘文儒、蔡萌芽等参加活动。在城东街道浔美社区，工作组强调，疫情防控必须管住人，要运用好无人机巡察等技术手段，结合行政处罚措施，落实人员管控，做到不漏一户、不漏一人；要更加科学高效调配工作力量，明晰分工、责任到人，将工作清单化、清单具体化，做到找得到人、管得住事。在东海街道云山社区院前村，工作组强调，要强化问题导向，实行居民信息台账管理，看住细节管住风险；要建立督查检查专班，在做好个人防护措施的前提下进入封控区内围，排查人员流动聚集、垃圾处理不规范、环境消杀不到位等疫情传播风险点，及时督促整改到位。

省委书记尹力与泉州市领导班子座谈

省委书记尹力到泉州与市领导班子座谈，对疫情防控工作进行再动员再部署。尹力强调，要关心关怀奋战在抗疫一线的医护、疾控人员和下沉干部、公安干警、社区工作者、志愿者，科学调配人力物力，合理安排轮班值守，让大家以良好的精神状态投入工作。要从群众切身感受出发，从群众实际需要出发，有效应对群众诉求，把各项管理服务措施考虑得更精准、更细致、更周到，把疫情防控工作做得更有力度、更有温度、更有法度，让群众以遵法守规为荣、更加理解支持和配合防控工作。要做好群众基本生活物资保障，加大市场保供稳价力度，完善"点对点"配送服务，确保货源充足、供需稳定。要加强生产要素保障，保证春耕急需的种子、农药、化肥等农资供应，让社会运行安全平稳有序，最大限度减少疫情对经济社会发展的影响。

市委常委会扩大会议召开

市委常委会（扩大）会议召开，传达学习省委书记尹力在泉州市四套班子领导座谈会上的讲话精神，研究部署下阶段疫情防控工作。会议强调，要突出重点精准施策，在"清、管、解、服"上下功夫，更严更细更实做好防控工作。要紧盯动态清零目标，坚持"一村一策、一居一策、一企一策、一处一策"，聚焦城中村以及病例多发、新发病例小区等重点区域，集中优势力量，采取断然措施，分割包围、划小单元，围住疫点、精准清除。要从严强化社会面管控，人防、物防、技防、群防相结合，打通物资供应配送到社区、到小区的堵点，发动群众参与群防群治。要制定完善防控区域、集中隔离解除和患者治愈出院的管理方案，更加精准精细地实施差异化管理，加强人文关怀、监测回访，做到解封不解控。

刘建洋到晋江检查督导疫情防控工作

省委常委、市委书记、市防控新冠肺炎疫情应急指挥部总指挥长刘建洋到晋江市陈埭镇检查督导疫情防控工作。刘建洋强调，要当机立断围住疫点，突出重点、重兵合围、尽锐出战，成立工作专班，"一村一策、一居一策、一企一策、一处一策"，开展重点人员转运隔离专项行动，确保应隔尽隔、不漏一人；细化网格管理，人防、物防、技防、群防多措并举，管住所有潜在风险点，尽早切断病毒传播链条。

刘建洋（右三）在陈埭镇溪边村检查督导疫情防控工作（图/陈起拓）

3月27日

农历壬寅年二月廿五
星期日
温度：12℃～18℃
多云转小雨

●国家卫生健康委应急办一级巡视员王文杰带领国务院联防联控机制综合组福建工作组，对丰泽区新增阳性病例的重点区域开展"回头看"，督促推动精准精细抓落实。

●省委书记尹力到泉州与市领导班子座谈，对疫情防控工作进行再动员再部署。

●市委常委会（扩大）会议召开，传达学习省委书记尹力在泉州市四套班子领导座谈会上的讲话精神，研究部署下阶段疫情防控工作。

●全市疫情防控工作视频会召开，传达贯彻省委书记尹力到泉州讲话精神，研究推动下一步疫情防控工作。

●省委常委、市委书记刘建洋到晋江市陈埭镇检查督导疫情防控工作。

●在泉州市新冠救治定点医院的隔离产房手术室里，感染新冠的产妇王女士经过剖宫产手术平安诞下一名女婴。此系该轮疫情发生以来，全省首例顺利生产的新冠感染产妇。

3月28日

农历壬寅年二月廿六
星期一
温度：11℃～14℃
小雨

●国家卫生健康委应急办一级巡视员王文杰带领国务院联防联控机制综合组福建工作组到丰泽和晋江开展针对性检查。

●省委常委、市委书记刘建洋到丰泽和泉州台商投资区检查快捷健康驿站建设。

●副省长、省应对疫情工作指挥部副指挥长李德金到泉州市部分定点医院、方舱医院、隔离点及封控区调研检查，看望慰问疫情防控一线工作人员，召开省驻泉州疫情处置一线指挥部专题会议和核酸检测、流调溯源工作协调会，研究部署疫情防控工作。

●市长蔡战胜到丰泽检查重点涉疫城中村管控工作。

●经专家研判，丰泽区丰泽街道丰泽小区“解封”，成为全市首个由封控区转为管控区的小区。

国务院工作组到丰泽晋江重点区域开展针对性检查

国家卫生健康委应急办一级巡视员王文杰带领国务院联防联控机制综合组福建工作组到丰泽和晋江开展针对性检查。在晋江市陈埭镇洋埭村，工作组重点对加强人员管控提出改进意见，要求切分细化片区网格，落实小网格工作责任，确保服务保障更加精细到位。在湖中村，工作组强调流调排查要迅速全面，密接、次密接判定要精准，并第一时间做好隔离管控，确保应隔尽隔，同时减轻公共资源负担。在溪边村，工作组要求，要细化居民台账信息管理，减少中间传递环节，确保防控信息和管理服务直达到户、到人。在丰泽区，工作组察看新增阳性病例场所。工作组指出，要加强隔离转运、核酸检测、流调溯源、环境消杀等各项工作的协同作战，提高疫情处置效率，做到排查管控无缝衔接；要明确环境消杀的工作流程和职责分工，确保终末消杀检验合格；要规范阳性病例治愈出院返回居所的接收流程，由市指挥部迅速传达到每个点位，让干部和群众了解治愈病例安全性。

刘建洋检查快捷健康驿站建设

省委常委、市委书记、市防控新冠肺炎疫情应急指挥部总指挥长刘建洋到丰泽和泉州台商投资区检查快捷健康驿站建设。刘建洋强调，要高速运转、高效调度、高标准落地，根据实际情况科学优化施工组织，精细梳理作业环节，规范合理布局人员进出通道、隔离区、生活区、排污设施等，强化专班全程服务协调、多工种穿插协作、物资设备提前采购，保质保量交付健康驿站。要不折不扣保安全，在抓好施工安全、消防安全的同时，做好员工的核酸检测、健康登记、体温测量、两码查验等工作，绷紧“外防输入、内防反弹”这根弦，避免交叉感染，做到建筑安全、环境安全、防疫安全有机结合。

刘建洋（右三）现场了解泉州快捷健康驿站白沙项目推进情况（图/陈起拓）

省驻泉州疫情处置一线指挥部专题会议召开

副省长、省应对疫情工作指挥部副指挥长李德金到泉州市部分定点医院、方舱医院调研检查，看望慰问一线工作人员，召开省驻泉州疫情处置一线指挥部专题会议，研究部署疫情防控工作。李德金强调，要统筹调度人力物力，攻坚方舱医院规范管理、定点救治医院患者诊疗，安全高效推进方舱医院建设，严格细致落实院感防控措施，强化人员闭环管理、涉疫环境消杀，守住院感防控底线。

全市首个封控区“解封”

经专家研判，丰泽区丰泽街道丰泽小区“解封”，成为全市首个由封控区转为管控区的小区。（图/陈英杰）

国务院工作组到泉州市部分医学观察场所检查

国家卫生健康委应急办一级巡视员王文杰带领国务院联防联控机制综合组福建工作组到石狮、晋江等地，到新增阳性病例集中的医学观察场所开展检查。在石狮市锦尚健康家园，工作组询问场所日常防疫管理、观察对象生活保障、垃圾处理等情况，强调要强化人员接送、核酸采集、卫生保洁和环境消杀等全流程闭环管理，在落实技防措施的同时，定期组织巡查，切实消除隐患；要加强场所内新增阳性病例的流调工作，严密排查潜在的密接风险，杜绝交叉感染和疫情外溢。在晋江市新塘街道健康管理中心，工作组指出，要落实终末消杀规范要求，对新增阳性病例的房间，要组织专业消杀，并经专业机构评估验收后才可再次使用；要改进新冠抗原自测阳性人员的处置流程，加大对医学观察场所的统筹利用，提升资源使用效益。在晋江市健康管理驿站，工作组提出要以最严格的态度，抓细工作环节，抓实管理措施，任何一个环节、一个细节都不能忽视；要利用科技赋能，运用信息管理平台、视频监控等技术手段，构筑安全保障防护网。

赵龙到泉州检查重点区域疫情防控工作

受省委书记尹力委托，省长赵龙到泉州检查重点区域疫情防控工作，不打招呼现场查找漏洞，到一线解决问题。省领导刘建洋、李德金，市领导蔡战胜、李建辉、肖汉辉、宿利南、施宇辉、陈辉宗、卢秀萍、傅藏荣、黄景春、黄文胜、张文贤等参加。

赵龙随机抽查晋江市池店镇东山村、陈埭镇横坂村及丰泽区城东街道浔美社区，查问阳性病例筛查、密接次密接人员转运、封控区管控措施落实、物资保障供应、群众诉求办理等情况。赵龙指出，封控区不能封而不控，如果管得不严、人没看住，交叉感染就会不时发生，封控的时间就会越拉越长，要“人防、物防、技防”手段齐上，把人盯紧管住，斩断疫情传播渠道。驻点干部要不畏艰险，深入封控区，与社区工作者、志愿者一道，耐心细致做好群众工作，发动更多新老泉州人志愿参与抗疫，共克时艰、共渡难关。赵龙分别在泉州市和晋江市、丰泽区指挥部召开会议，学习贯彻习近平总书记重要讲话重要指示批示精神，传达尹力的工作要求，对泉州疫情防控工作进行再强调、再推动。赵龙指出，要快而又快、严之又严，奔着问题去、揪着问题改，优化调整流程，科学有序开展工作，务必在核酸检测采送检报、阳性病例转运救治、群众的生活保障和解决急难愁盼等方面科学安排、堵塞漏洞，确保管得住、管得严、管得牢。要发动群众、依靠群众，统筹下沉干部、村（社区）工作者、辖区住户、外来务工人员等各方力量，形成群防群治、联防联控的强大合力。党员领导干部要发挥主心骨作用，沉到疫情防控最前线，到群众需要的最前方，架起“连心桥”，创造性工作，既管严管实，又贴心暖心，服务保障好群众各方面需求。

全市疫情防控工作视频会召开

全市疫情防控工作视频会召开，传达学习贯彻省市疫情防控视频会商会精神和省长赵龙到泉州调研讲话精神，研究推动下一步疫情防控工作。会议强调，要科学有序组织核酸检测，紧盯重点区域，优化组织调度、细化方案流程、精准采样范围，按照时点要求完成核酸检测“采、送、检、报”，一天一细案滚动推进，确保早检测、早处置。要打通流调溯源、混管单采、转运隔离、医疗救治等各环节，24小时全天候不间断运转，确保应隔尽隔、不漏一人。

3月29日

农历壬寅年二月廿七
星期二
温度：17℃～22℃
多云转中雨

●国家卫生健康委应急办一级巡视员王文杰带领国务院联防联控机制综合组福建工作组到石狮、晋江等地，到新增阳性病例集中的医学观察场所开展检查。

●省长赵龙到泉州检查重点区域疫情防控工作，不打招呼现场查找漏洞，到一线解决问题。

●全市疫情防控工作视频会召开，传达学习贯彻省市疫情防控视频会商会精神和省长赵龙到泉州调研讲话精神，研究推动下一步疫情防控工作。

●市政府新闻办公室召开2022年泉州市新冠疫情防控情况第十七场新闻发布会。会上通报，28日0—24时，泉州市报告新增确诊病例7例、无症状感染者122例。

3月30日

农历壬寅年二月廿八
星期三
温度：19℃～27℃
多云转阴

●国家卫健委应急办一级巡视员王文杰带领国务院联防联控机制综合组福建工作组到丰泽、洛江、南安、惠安等地，检查部分集中医学观察场所。

●省委常委、市委书记刘建洋到石狮和南安调研检查隔离场所建设管理工作。

●副省长、省应对疫情工作指挥部副指挥长李德金到泉州市新冠肺炎患者定点医院、方舱医院检查医疗救治工作，看望慰问疫情防控一线工作人员，并召开专题会议，研究部署疫情防控工作。

●澜沧江—湄公河地区木偶节在缅甸曼德勒国立文化艺术大学开幕，泉州市木偶剧团作为中国唯一代表通过线上方式参加开幕式。

国务院工作组检查泉州市部分集中医学观察场所

国家卫健委应急办一级巡视员王文杰带领国务院联防联控机制综合组福建工作组到丰泽、洛江、南安、惠安等地，检查部分集中医学观察场所。副省长、省应对疫情工作指挥部副指挥长李德金，市长、市防控新冠肺炎疫情应急指挥部总指挥长蔡战胜分别参加相关活动。在南安市健康驿站，工作组察看该场所运行管理情况，对做好环境消杀、日常管理巡查、涉疫垃圾处置等工作提出指导要求。在市区一家改造为医学观察场所的酒店，工作组询问终末消杀、观察对象心理状况、工作专班配备等情况，叮嘱工作人员落实各项防控措施。在惠安县艾迪耐斯医学观察点，工作组要求优化管理软件，实现全流程信息可回溯、可追踪，提升应急处置效率。在洛江区钱隆酒店，工作组强调要依法依规强化管理，消除场所内因人员流动带来的风险隐患。工作组强调，集中医学观察场所的管理是疫情防控的重点，要提升专业化、科学化、规范化管理水平，落实“人防、物防、技防”措施，确保实现健康闭环管理。要组织对场所进行不定时、全覆盖巡查，督促工作人员绷紧防范风险、规范操作这根弦，执行终末消杀各项流程要求，防止交叉感染。

刘建洋检查隔离场所建设管理工作

省委常委、市委书记、市防控新冠肺炎疫情应急指挥部总指挥长刘建洋到石狮和南安调研检查隔离场所建设管理工作。刘建洋强调，要一点一专班，安全高效推进隔离场所加快建设，全市“一盘棋”统筹调度隔离房源，做到应隔尽隔、不漏一人，为尽早实现社会面清零目标提供坚实支撑。要坚持“快准严实细”，把转运接收、核酸检测、日常监测、规范送餐、环境消杀、医废处置等各环节工作抓实抓细抓到位，杜绝隔离人员出门、串门、取餐不佩戴口罩等现象，强化工作人员闭环管理，避免交叉感染。要梳理各隔离点特色做法，加强隔离管控经验交流，完善管理机制，确保管得住、管得严、管得好。积极主动配合的隔离人员，和所有抗疫人员一样，是这座城市的抗疫英雄，也是最可爱的人。要根据隔离人员实际需求，采取针对性措施，提供个性化服务，细致周到做好基本生活、就医送药、心理疏导等各方面保障，运用暖心话、感谢信、小视频等方式拉近与隔离人员情感距离，同时提前细化解除隔离方案，加强后续健康管理。

刘建洋（左三）检查隔离场所建设管理工作（图/陈起拓）

李德金调研检查新冠肺炎患者医疗救治工作

副省长、省应对疫情工作指挥部副指挥长李德金到泉州市新冠肺炎患者定点医院、方舱医院检查医疗救治工作，看望慰问疫情防控一线工作人员，并召开专题会议，研究部署疫情防控工作。李德金强调，要加强定点救治医院、方舱医院、隔离点管理，细化工作专班，明确责任分工，确保高效运转。要强化风险意识、底线意识，紧盯重点领域、重点环节，从严从细从紧落实院感防控各项措施，守住院感防控底线。要科学开展分型分类救治，合理调配医疗资源，加强医护力量配备，建立多方会诊制度，一人一案，一天一评估，中西医结合，科学施治。要关心关爱一线医护工作者，落实定点医院、方舱医院医护人员居住酒店闭环管理，落实落细各项保障。

国务院工作组到安溪、永春、德化检查

国家卫生健康委应急办一级巡视员王文杰带领国务院联防联控机制综合组福建工作组到安溪、永春、德化等地，就封控区、医学观察场所等重点区域的疫情防控工作开展检查。副省长、省应对疫情工作指挥部副指挥长李德金参加活动。市领导施宇辉、林锦明、刘文儒、陈小辉等分别参加相关活动。

在永春县桃源至尊B区，工作组强调，要做细流调溯源，准确判定密接、次密接，该转移隔离的及时果断转移，迅速切断传播风险，同时要加强封控区内巡查，督促工作落实，提醒居民保持警惕，严守防控政策。在德化县嘉德新苑西区，工作组叮嘱一定要严密做好流调排查、环境消杀、垃圾处理等工作，确保万无一失。在安溪县一家改造为医学观察场所的酒店，工作组认真了解功能布局、人员配备、工作流程等情况，提醒工作人员落实个人防护措施，始终规范操作，绝不允许“偷工减料”。工作组指出，封控区要注重人性化管理，结合宣教引导，多办体贴周到的实事，让居民感到暖心，自觉遵守“区域封闭、足不出户、服务上门”等管理规定；发现疫情“火苗点”，要立即行动，集中力量迅速扑灭，防范疫情蔓延；医学观察场所务必做到转运登记、送餐服务、垃圾处理、核酸检测等工作环环相扣，杜绝交叉感染风险；医疗机构要加强内部管理，做好双向防护，在落实疫情防控措施的同时保障好群众正常诊疗需求，不得以疫情防控为由停诊、拒诊或延误治疗。在检查中，李德金强调，要按照工作组提出的专业指导意见，查找问题，坚决、迅速、深入抓整改，逐条逐项落实到位；要加强专业研判，依照规定实行封控区、管控区动态更新，做到“该管控的严格管住、该解封的及时解封”，有序恢复人民群众的正常生产生活。

全市疫情防控工作视频会召开

全市疫情防控工作视频会召开，学习贯彻习近平总书记关于疫情防控工作的重要讲话重要指示精神，传达省市疫情防控视频会部署要求，对全市疫情防控工作再强调、再细化、再落实。会议指出，要围绕动态清零目标，穿透梳理本地区本部门疫情防控过程中存在的风险隐患，不断查漏补缺、优化机制、细化措施，提高科学精准防控水平。要高效有序组织好新一轮核酸检测，强化“采、送、检、报”全流程协同和精准调度，做到应检尽检、不漏一人，按照时间节点要求出具结果，为科学研判疫情形势提供支撑。要从严加强隔离场所管理，细化转运接收、日常监测、核酸检测、送餐取餐、环境消杀、医废处置等各环节规范操作，做好解除隔离前的核酸检测、风险评估和解除隔离后续健康监测，确保全程闭环管理，防止交叉感染。

全市安全生产电视电话会议召开

继收听收看全国、全省安全生产电视电话会议后，泉州市立即召开全市安全生产电视电话会议。会议强调，各级领导干部要坚持系统思维、问题导向，提高抓落实的意识和业务能力，“快、准、严、实、细”做好疫情防控工作，尽早实现社会面动态清零。要抓好疫情防控下的安全生产，结合安全生产专项整治三年行动，加强涉疫场所、企业生产等安全监管，开展交通运输、建筑施工、森林防火、防汛备汛、民航、非法采砂等重点领域安全生产攻坚，深入彻底整治，有效管控各类安全风险。要统筹推进安全生产标准化提升专项行动，逐个行业逐家企业抓整改、抓提升，确保2022年基本完成所有企事业单位标准化创建目标，提升本质安全生产水平。

3月31日

农历壬寅年二月廿九
星期四
温度：14℃~22℃
多云转阴

●国家卫生健康委应急办一级巡视员王文杰带领国务院联防联控机制综合组福建工作组到安溪、永春、德化等地，就封控区、医学观察场所等重点区域的疫情防控工作开展检查。

●全市疫情防控工作视频会召开，学习贯彻习近平总书记关于疫情防控工作的重要讲话重要指示精神，传达省市疫情防控视频会部署要求，对全市疫情防控工作再强调、再细化、再落实。

●继收听收看全国、全省安全生产电视电话会议后，泉州市立即召开全市安全生产电视电话会议。

4月1日

农历壬寅年三月初一
星期五
温度：11℃～17℃
多云

●国家卫生健康委应急办一级巡视员王文杰带领国务院联防联控机制综合组福建工作组到丰泽重点区域，针对密接转移隔离等关键环节，强化检查指导并督促落实各项防控要求。

●副省长、省应对疫情工作指挥部副指挥长李德金到惠安、泉港部分封控区、管控区、集中隔离点等基层一线检查疫情防控工作。

●市红十字会下拨800万元救助款，对泉州市部分因疫情管控等原因滞留在家、缺乏基本生活费用的困难家庭进行临时紧急救助，每户发放1000元救助款。

国务院工作组到丰泽高风险区域检查

国家卫生健康委应急办一级巡视员王文杰带领国务院联防联控机制综合组福建工作组到丰泽高风险区域，针对密接转移隔离等关键环节，强化检查指导并督促落实各项防控要求。市领导施宇辉、黄文胜、刘文儒、蔡萌芽等参加活动。

在城东街道美仙山花苑二期，工作组检查疫情防控要求落实情况，了解城东街道浔美社区旧村转移隔离工作进度，强调要加强流调工作，严格追踪密接、次密接，迅速果断转移应隔离人员，确保不漏一人。随后，工作组到新增阳性病例的浔美工业区，察看工业区建筑结构、人员分布情况，针对流调排查、人员管控、转移隔离等做具体指导。在东海街道海泰御景小区，工作组从居民前期流动情况入手，帮助分析新增阳性病例的传播来源，要求从严从细加强管控，做到管控到位、服务到位，迅速切断疫情传播链条。工作组强调，要按照尽快实现社会面动态清零的目标，盯住关键环节，倒排时间，全力攻坚，分秒必争地完成剩余的转移隔离任务；要全面彻底做好流调工作，完善隔离对象台账信息管理，对符合解除隔离条件的及时予以解除，做到科学精准。

李德金检查疫情防控工作

副省长、省应对疫情工作指挥部副指挥长李德金到惠安、泉港部分封控区、管控区、集中隔离点等基层一线检查疫情防控工作。市领导陈辉宗、傅藏荣、陈小辉参加检查或会议。

李德金强调，要贯彻习近平总书记关于疫情防控重要讲话重要指示批示精神，落实省委、省政府部署要求，毫不放松，科学精准抓好疫情防控工作，尽快实现社会面动态清零。要抓好封管控区、隔离点管理，杜绝交叉感染事件发生。要按要求有条件地解封和解除隔离，加强心理疏导、人文关怀和健康管理，引导居民做好自身防护，做到"解封不解防"。要统筹疫情防控和经济社会发展，落实常态化各项防控措施，有序有力推进复工复产复市，稳步恢复正常生产生活秩序，最大程度降低疫情对经济社会发展的影响。要做好线下复学准备，有效衔接线上线下教学，强化心理健康教育、人员健康管理和应急处置准备，确保师生身心健康、教学秩序稳定。要加强重点地区入（返）闽人员的摸排管控，落实核酸检测、健康管理等措施，筑牢"外防输入"严密防线。

市红十字会下拨800万元用于紧急救助

受疫情影响，部分滞留在家的在泉州务工人员及本地困难群众家庭缺乏基本生活保障，需要进行救助。市红十字会下拨800万元救助款，对泉州市部分因疫情管控等原因滞留在家、缺乏基本生活费用的困难家庭进行临时紧急救助，每户发放1000元救助款。市红十字会将相关救助款下拨到相关县（市、区），由当地红十字会牵头，在有关乡镇（街道）的协助下，最终确定受助对象，并陆续通过银行转账方式汇到困难群众个人账户。作为党和政府在人道领域的助手和联系群众的桥梁纽带，此次疫情发生后，全市各级红十字会广泛动员，让"党旗红""人道红"飘扬在抗疫一线，为全市群众构筑起疫情防控"红十字防线"。各级红十字会组织本会党员干部、志愿者参与防控物资运输、装卸和场所消杀、废弃物清运、核酸检测等志愿服务工作，确保防疫工作有效开展。

国务院工作组到晋江高风险区域检查

国家卫生健康委应急办一级巡视员王文杰带领国务院联防联控机制综合组福建工作组到晋江新增阳性病例的高风险区域开展检查指导，并与福建省、泉州市、晋江市有关负责人召开会商会，研究部署下一步工作。副省长、省应对疫情工作指挥部副指挥长李德金参加活动。在陈埭镇，工作组到洋埭村、涵埭村、溪边村、横坂村察看疫情防控工作落实情况。工作组每到一处都了解防控措施是否执行到位，对存在问题的严肃提出整改意见，并要求省、市指挥部强化督查问效，确保问题及时有效解决。在安海镇安平开发区，工作组与省疾控专家会商分析新增阳性病例的传播链条，强调要果断采取最严格措施，扩大防控覆盖面，迅速扑灭“火苗”，遏制疫情蔓延。在英林镇南兴路，工作组询问新增阳性病例的活动轨迹、居住环境、社会关系等信息，强调要加强一线工作人员指导培训，提升应急处置能力，快速升级防控措施，确保各项防控要求不折不扣落实。

泉州市出台抗疫助企保民生促发展33条措施

《泉州市全力抗疫助企保民生促发展若干政策措施》出台，抗疫助企保民生促发展。

减轻企业税费负担。按照50%税额幅度减征资源税、城市维护建设税、房产税、城镇土地使用税、印花税（不含证券交易印花税）、耕地占用税和教育费附加、地方教育附加，适用主体由增值税小规模纳税人扩展至小型微利企业和个体工商户。对受疫情影响较大的工业中小企业，可申请免征其3个月的房产税、城镇土地使用税。落实在职职工总数30人（含）以下企业暂免征收残疾人就业保障金政策和征收属期12月31日前不同安置比例用人单位分档征收优惠政策。企业通过县级以上政府及其部门等国家机关或者符合条件的公益性社会组织，捐赠用于应对新冠肺炎疫情的现金和物品，允许在计算企业应纳税所得额时按规定比例予以扣除。准予企业延期缴纳社会保险费。对受疫情影响生产经营出现严重困难的，可按有关规定申请缓缴社会保险费，缓缴期限原则上不超过6个月，缓缴期间免收滞纳金。因受疫情影响未能按时办理社会保险业务的，可申请延期至疫情解除后3个月内办理，不影响参保个人权益。延续实施阶段性降低失业保险、工伤保险费率政策期限到2023年4月30日。对各地符合条件因疫情导致基本生活暂时出现严重困难的家庭给予临时救助等。鼓励企业不减员少裁员。对2022年不减员或少裁员的参保企业可以享受失业保险稳岗返还，大型企业按上年度企业和职工实际缴纳失业保险费的30%返还，中小微企业返还比例从60%提至90%。支持企业引工用工。对泉州市企业员工从市域外介绍新引进初次在泉州市企业稳定就业满1个月、签订1年以上劳动合同，且按规定参加企业职工基本养老等社会保险1个月以上的熟练工（接收企业认定）和全日制大中专院校的毕业生，按照每引进1名奖励500元的标准给予引工奖励。降低企业融资成本。发挥政府性融资担保机构增信作用，支持银行业金融机构加大对中小微企业和个体工商户信贷投放支持力度。政府性融资担保机构对中小企业和个体工商户在平均融资担保费率不超过1%的基础上，给予优惠担保费率等。

支持商贸企业运营保供。对疫情期间营业额增长10%（含）以上的限上餐饮企业，由市级财政给予最高不超过10万元的一次性奖励。对疫情期间经市商务局认定为保供企业、且线上实际销售额达到100万元（含）以上的泉州市电商自营平台，按照不同销售额分档，由市级财政给予最高不超过20万元的一次性奖励。对经市、县两级商务部门认定为保供商贸企业的，在疫情期间的防疫物资、消杀服务等支出，由同级财政按照企业实际运营规模给予分档补贴。支持旅游企业恢复经营。2022年继续实施旅行社暂退旅游服务质量保证金扶持政策，对符合条件的旅行社暂退比例由80%提高到100%。支持加快重点项目建设，采取“一工地一方案”，实行重大项目建设管理，鼓励具备条件的省、市在建重点项目采取封闭施工；对全年省、市重点项目按计划或超额完成投资额的项目，在项目攻坚2022年终考评时予以加分等。

4月2日

农历壬寅年三月初二
星期六
温度：12℃～15℃
多云

●国家卫生健康委应急办一级巡视员王文杰带领国务院联防联控机制综合组福建工作组到晋江新增阳性病例的重点区域开展检查指导，并与福建省、泉州市、晋江市有关负责人召开会商会，研究部署下一步工作。

●全市疫情防控工作视频会召开，学习贯彻习近平总书记关于疫情防控工作的重要讲话重要指示精神，落实省市疫情防控视频会部署，对疫情形势再研判，对防控工作再部署。

●副省长、省应对疫情工作指挥部副指挥长李德金到晋江调研检查，指导督促落实落细疫情防控措施，召开专题会议协调解决疫情防控具体问题。

●《泉州市全力抗疫助企保民生促发展若干政策措施》出台。

4月3日

农历壬寅年三月初三
星期日
温度：11℃~17℃
多云转晴

●国家卫生健康委应急办一级巡视员王文杰带领国务院联防联控机制综合组福建工作组到泉州部分集中医学观察场所、核酸检测点检查。

●副省长、省应对疫情工作指挥部副指挥长李德金到泉州部分核酸检测采样点、方舱医院、方舱核酸检测实验室，检查疫情防控工作，看望慰问疫情防控一线工作人员。

●市总工会启动“提素、建功、护航、暖心、纾困、强基”援企稳岗六大“暖企”行动。

国务院工作组到泉州部分集中医学观察场所和核酸检测点检查

国家卫生健康委应急办一级巡视员王文杰带领国务院联防联控机制综合组福建工作组到泉州部分集中医学观察场所、核酸检测点检查。副省长、省应对疫情工作指挥部副指挥长李德金参加相关活动。市领导施宇辉、傅藏荣、刘文儒、庄灿霞等分别参加相关活动。工作组到鲤城、丰泽，察看部分由学校、酒店改造的集中医学观察场所。检查中，工作组询问医学观察场所的设施运行情况，察看场所周边环境及视频监控，了解人员管理、用餐配送、环境消杀、心理疏导等方面情况，提出优化人员岗位配置、合理规划出入通道、增设警示标志、加强隔离区巡查等针对性意见。在位于鲤城区临江街道的某核酸检测点，工作组要求周密组织全员核酸筛查，对行动不便的群众要主动上门服务，确保不漏一户、不落一人。

工作组指出，集中医学观察场所是防控重点，要克服麻痹思想、厌战情绪、侥幸心理、松劲心态，发扬连续作战精神，继续全力以赴、细之又细地做好各项防控工作。要加强统筹调度，发动教师、志愿者等参与进来，强化业务培训，增强专班工作力量。要不定时组织对场所进行巡查，消除各类风险隐患。要科学严密组织核酸检测，优化实施方案，加强现场秩序引导，做到既应检尽检又安全有序。李德金强调，要坚持全市“一盘棋”，统筹利用各地集中医学观察场所资源，提高场所使用效率。要强化责任担当、督促考核，把工作落实到每一个点位，把责任压实到每一个岗位，筑牢铜墙铁壁，巩固扩大疫情防控成果。

市总工会启动六大“暖企”行动

市总工会启动“提素、建功、护航、暖心、纾困、强基”援企稳岗六大“暖企”行动。“提素行动”探索创新“二元制”工匠人才培育模式，与民营企业合作建设不少于10家产业工人技能培训基地，打造不少于30家民营企业产业工人队伍建设改革示范点，以点带面实现参与产业工人队伍建设改革工作的民营企业超300家。“建功行动”发挥工会组织劳动和技能竞赛的资源和优势，在各行各业开展劳动和技能竞赛、职工创新创造竞赛。“护航行动”为30家以上民营企业提供“和谐劳动关系健康体检”服务，举办法律大讲堂30场以上，开展民营企业集体协商30场以上等。“暖心行动”推进民营企业职工医疗互助，实现全市民营企业职工参加人数超35万人。“纾困行动”通过线上线下多种渠道，开展10场以上面向小微民营企业的工会经费返还政策宣讲活动，返还1000家以上小微民营企业工会经费，返还经费100万元以上。

国务院工作组继续到晋江检查

国家卫生健康委应急办一级巡视员王文杰带领国务院联防联控机制综合组福建工作组到晋江，察看新增阳性病例的封控区、部分集中医学观察场所，加强疫情防控精准指导。副省长、省应对疫情工作指挥部副指挥长李德金参加相关活动。泉州市领导李建辉、施宇辉、张文贤、刘文儒、蔡萌芽、庄灿霞、黄世界等分别参加相关活动。在陈埭镇，工作组专家身穿防护服进入封控区内围，了解管控工作情况。结合近期新增阳性病例的流调溯源信息，工作组建议扩大覆盖面，迅速而严密地做好流调排查、转运隔离、人员管控等工作，第一时间扑灭疫情“火苗点”。在安海镇安平社区，工作组询问各项措施落实情况，强调要落实“区域封闭、足不出户、服务上门”，切断疫情传播链条。在安海镇、英林镇等地，工作组到部分由学校、酒店改造的集中医学观察场所检查指导，针对观察对象生活保障、特殊群体服务等环节帮助查找问题，要求改进管理，做到安全、规范、有序运行。

工作组指出，疫情防控工作越到最后关头，越要重拳出击，集中力量攻坚重点区域。封控区要围绕“把人管住”这一重点，更加精准高效地落实管控措施，更加细之又细地做好核酸检测、物资配送等工作，让人员流动静下来、停下来。要更加重视抓好集中医学观察场所的规范管理，坚持高标准、严要求，聚焦场所功能分区、人员管理、个人防护、消杀保洁等重要环节，理顺工作机制和业务流程，从严从紧抓好闭环管理，堵塞疫情防控风险漏洞。检查中，李德金强调，泉州疫情防控工作已进入关键阶段，要按照工作组提出的指导意见，快速补齐短板弱项，落细落实各项整改要求。要调集优势力量，集中攻坚重点区域，坚决果断扩大工作覆盖面，以雷霆之势尽快打赢疫情防控歼灭战。

全市经济运行调度视频会召开

全市经济运行调度视频会召开。会议要求，要落实习近平总书记关于统筹疫情防控和经济社会发展的重要讲话重要指示批示精神，弘扬伟大抗疫精神，爱拼敢赢、奋起直追，拼抢第二季度。要坚持在防疫中复工、在复工中防疫，既在疫情防控中体现担当，也在安全有序复工复产中体现担当，实施分区分级差异化防控，有序恢复社会生产生活秩序。各级政府各部门要迅速成立复工复产工作专班，发挥“12345”惠企便民热线、“进千企、走千商、访千才”等机制作用，研究出台扶持措施，全力保供应链、保资金链、保产业工人、保市场，打通复工复产难点堵点。要通过制定实施“一张纸”复工复产导则和安全生产方案、开展“无疫工厂（园区）”创建、实行“千医连万企”挂钩联系机制等举措，督促企业履行好疫情防控和安全生产主体责任。

4月4日

农历壬寅年三月初四
星期一
温度：13℃～20℃
晴

●国家卫生健康委应急办一级巡视员王文杰带领国务院联防联控机制综合组福建工作组到晋江，察看新增阳性病例的封控区、部分集中医学观察场所，加强疫情防控精准指导。

●副省长、省应对疫情工作指挥部副指挥长李德金到晋江检查疫情防控工作，召开省驻泉州疫情处置一线指挥部与泉州会商会，协调推进疫情防控工作。

●全市经济运行调度视频会召开。

4月5日

农历壬寅年三月初五
星期二
温度：15℃~23℃
晴

●国家卫生健康委应急办一级巡视员王文杰带领国务院联防联控机制综合组福建工作组到晋江，就集中医学观察场所开展检查指导。

●省委书记尹力再次到泉州检查疫情防控及患者救治工作，代表省委、省政府向国务院联防联控机制综合组福建工作组专家表示感谢，并看望和慰问抗疫一线的医务工作者、社区工作者和志愿者等，对下一步防控工作提出要求。

●全市疫情防控工作视频会召开，学习贯彻习近平总书记关于疫情防控工作的重要讲话重要指示精神，传达省委、省政府主要领导到泉州检查的讲话精神，明确下阶段泉州市疫情防控工作重点。

●副省长、省应对疫情工作指挥部副指挥长李德金召开省市会商会，协调推进疫情防控工作。

●泉州市印发《争创“十全十美”红色无疫小区实施方案》。

尹力到泉州检查疫情防控工作

省委书记尹力再次到泉州检查疫情防控及患者救治工作，代表省委、省政府向国务院联防联控机制综合组福建工作组专家表示感谢，并看望和慰问抗疫一线的医务工作者、社区工作者和志愿者等，对下一步防控工作提出要求。省长赵龙和省领导吴偕林、刘建洋、李德金参加。

在丰泽区东海街道蟳埔社区，尹力了解社区疫情防控措施落实、网格化管理和居民生活保障等情况。尹力指出，要从之前的工作中总结经验教训，坚持好的做法，落实管理措施，夯实疫情防控的基层防线。解封之后的任务还十分繁重，希望大家团结起来，共克时艰，尽快恢复群众生产生活秩序。在由省卫健委组建的联合检测方舱中心，尹力听取核酸筛查、患者救治等情况，询问工作上有什么困难，嘱咐要强化核酸检测的“采、送、检、报、复”等环节的组织衔接，提出专业的意见建议，与泉州市协调联动，优化流程，提高机动协同作战能力。每到一处，尹力都看望慰问医务人员、社区工作者、志愿者等抗疫人员。尹力叮嘱大家，坚持就是胜利，关键时期要咬紧牙关、连续作战，做好个人防护，夺取疫情防控最终胜利。尹力还专程看望国家工作组部分专家，感谢大家在危急时刻驰援福建，运用丰富的防控经验对福建工作给予指导和帮助。

尹力指出，泉州疫情初步实现社会面动态清零目标，本地感染者都在隔离范围内，社区传播链基本阻断，已处转折的关键阶段；全省疫情总体平稳、可控向好。只要持之以恒、坚持到底，就一定能够驱散疫情的阴霾，迎来明媚春光。接下来一段时间至关重要，要毫不松懈、乘胜追击，巩固和扩大防控成果。坚持“外防输入、内防反弹”，及时动态调整小区管控措施，强化封控、管控区解封后续管理，做好隔离期满人员健康监测，保障民生物资供应，精心治疗患者，严防疫情反弹。要认真总结、举一反三，全力补短板、堵漏洞，清除风险隐患，把各项工作做得更细致更扎实，提升常态化疫情防控工作和社会治理现代化水平。要在抓好疫情防控的前提下，加快恢复正常生产生活秩序，尽快让社会生活运转起来，最大限度减少疫情对经济社会发展的影响。

泉州市印发《争创“十全十美”红色无疫小区实施方案》

泉州市印发《争创“十全十美”红色无疫小区实施方案》，力争到年底，“十全十美”红色无疫小区创建面达80%以上。

“十全十美”即落实全过程引领、全覆盖摸排、全方位联动、全人群参与、全链条管理、全域化整治、全天候服务、全要素保障、全员式培训、全媒体宣传“十全”要求，选树最美共产党员、最美社区干部、最美网格员、最美物业人员、最美楼长、最美医务工作者、最美民警、最美环卫工人、最美退休干部、最美志愿者“十美”典型，强化基层党组织战斗堡垒作用和党员先锋模范作用，发动全社会力量参与疫情防控，汇聚起全民参与的力量。根据方案，市委组织部采取“以奖代补”方式，从市管党费中划拨200万元支持红色无疫小区创建，创建结果作为各级“文明小区”评选的重要依据。对在红色无疫小区创建工作中表现突出的“十美”人物，优先推荐作为优秀共产党员、“五好家庭”、道德模范、劳动模范等表彰对象。

省市领导为国务院工作组专家送行

以国家卫生健康委应急办一级巡视员王文杰为组长的国务院联防联控机制综合组福建工作组成员分批陆续离开泉州返程。省委常委、市委书记刘建洋，副省长李德金，市领导蔡战胜、李建辉、肖汉辉、宿利南、施宇辉、卢秀萍、傅藏荣等，到驻地为专家送行。欢送仪式上，《爱拼才会赢》歌声回荡，在祝福和掌声中，刘建洋、李德金分别向国务院工作组成员颁发人才“港湾计划”特聘专家证书，并送上感谢信和鲜花，向专家们致以崇高敬意。

刘建洋（右三）、李德金（右四）为国务院联防联控机制综合组福建工作组专家颁发人才“港湾计划”特聘专家证书（图/陈起拓 陈小阳）

福厦客专安海湾特大桥合龙

新建福厦铁路（又称福厦客专、福厦高铁）安海湾特大桥最后一节钢箱梁，用时近2个小时完成吊装工序，标志着大桥合龙，无砟轨道铺设施工全面展开。安海湾特大桥是福厦高铁控制性工程，连接晋江市、南安市，全长9.46千米，主桥为650米双塔双索面半漂浮体系钢混结合梁斜拉桥，是中国高铁建设中首次在跨海斜拉桥中铺设无砟轨道。项目部在强化疫情防控的同时，抢抓施工，保证材料进场，确保大桥成功合龙。

福厦客专安海湾特大桥合龙（图/陈小阳 林劲峰）

4月6日

农历壬寅年三月初六
星期三
温度：15℃～24℃
晴

●以国家卫生健康委应急办一级巡视员王文杰为组长的国务院联防联控机制综合组福建工作组成员分批陆续离开泉州返程。

●全市疫情防控工作视频会召开，学习贯彻习近平总书记关于疫情防控工作的重要讲话重要指示精神，传达省市疫情防控视频会部署，对下一步防控工作提出要求。

●副省长、省应对疫情工作指挥部副指挥长李德金到晋江市陈埭镇、安海镇看望慰问抗疫一线工作人员，并召开省驻泉州疫情处置一线指挥部与泉州市会商会，协调推进疫情防控工作。

●新建福厦铁路（又称福厦客专、福厦高铁）安海湾特大桥最后一节钢箱梁，用时近2个小时完成吊装工序，标志着大桥合龙，无砟轨道铺设施工全面展开。

4月7日

农历壬寅年三月初七
星期四
温度：15℃～25℃
晴

● 国家卫生健康委应急办一级巡视员王文杰带领国务院联防联控机制综合组福建工作组，到泉州中心市区“红黄码”人员接诊医疗机构开展疫情防控检查指导。

● 市资源规划局出台资源要素保障措施，加大对受疫情影响较大的领域、行业、企业的帮扶力度。

● 泉州市打造无疫社区（小区、村）。

国务院工作组到“红黄码”人员接诊医疗机构检查

国家卫生健康委应急办一级巡视员王文杰带领国务院联防联控机制综合组福建工作组，到泉州中心市区“红黄码”人员接诊医疗机构开展疫情防控检查指导。市领导施宇辉、刘文儒等参加活动。

在福建医科大学附属第二医院东海院区，工作组跟医院负责人了解各项工作落实情况，要求对“红黄码”就诊区域的工作人员实施闭环管理，包括医务人员、管理人员、保洁、后勤等在内，做到无一例外、不漏一人。工作组强调，要坚持人民至上、生命至上，保障好封控区、管控区及隔离场所内特殊人群的正常就医需求，针对放化疗患者、血透患者要确保专车接送、专人陪护。要严守不发生院感的底线，以最严格的标准，优化转运、分诊和就诊流程，强化闭环管理，反复叮嘱工作人员落实落细各项防控措施。要以严谨科学的态度，严禁新冠定点救治医院向“红黄码”人员接诊医疗机构转诊患者，坚决杜绝交叉感染。

市资源规划局出台资源要素保障措施

市资源规划局出台资源要素保障措施，加大对受疫情影响较大的领域、行业、企业的帮扶力度，助力全市社会经济平稳有序发展。

疫情防控项目，可先行使用土地。对疫情防控急需使用土地的，实行即报即办、审批手续容缺受理。其中，属于临时用地的，用后应恢复原状并交还原土地使用者使用，不再办理用地审批手续；属于永久性建设用地的，建设单位应在不晚于应急处置工作结束6个月内申请补办建设用地审批手续。项目新增用地需求应保尽保。优先保障项目新增用地计划指标，与发改部门衔接，争取将更多的项目纳入清单，使用国家指标；各县（市、区）储备补充耕地指标不足、调剂平台又无法调剂的，协助向省自然资源厅申请周转指标支持。分类推进用海报批。对于重点项目和民生工程，特别是工业园区标准化项目、道路工程和渔港项目，建立定期协调机制，提前掌握用海报批情况，加强沟通协调，及时解决问题，加快推进项目用海报批。推行不见面服务。公开审批业务咨询电话号码，将咨询时间延长至每天21时。推行建设项目规划设计方案“线上评审”模式，最大程度减少人员聚集。不动产登记推行“网上办、掌上办”，设立企业复工复产专窗，提供“一站式”办理服务，涉企登记一律“优先办、快速办”。

泉州市打造无疫社区（小区、村）

泉州市印发《泉州市深化文明社区（村）创建实施方案》（以下简称方案）。方案指出，各社区（小区、村）要从强化责任担当，落实疫情防控规定要求；注重文明实践，做好疫情防控志愿服务；传播网络文明，做好疫情防控舆论引导；推进移风易俗，做好疫情防控示范引领；创新活动载体，构建一体化创建格局五个方面下功夫，打造无疫社区（小区、村），推动形成“人人争当文明市民、户户争创文明家庭、部门共建文明社区”的一体化联防联控创建格局。市委文明办把各地各有关单位贯彻落实疫情防控工作，特别是无疫社区（小区、村）成效，纳入文明社区（村）测评体系，作为评选、推荐2020—2022年度泉州市文明村镇、文明单位、文明校园的重要依据，适时组织调研组深入社区（小区、村）调研督导。

泉州市初步实现“社会面动态清零”

市政府新闻办公室召开2022年泉州市新冠疫情防控情况第二十七场新闻发布会。会上通报，泉州市疫情防控工作初步实现社会面动态清零目标，社区传播风险基本控制。“社会面动态清零”包含两层意思：一方面，“动态清零”是一种疫情防控模式，也是中国新冠肺炎疫情防控的总方针，是指在遵循“外防输入、内防反弹”防控策略的前提下，当出现本土新冠肺炎病例时，采取有效的综合性防控措施，发现一起、扑灭一起，快速切断疫情传播链，使每一起疫情及时终止，感染者清零。另一方面，“社会面清零”是一种疫情防控状态，是指发生本土新冠肺炎疫情后，通过综合防控，实现所有新增确诊病例或无症状感染者都是在隔离管控场所或闭环管理场所内发现，社会面没有出现阳性感染人员，疫情社区传播风险得到有效控制。在初步实现“社会面动态清零”后，仍需要继续坚持落实各项必要的防控措施。封控区、管控区域居民继续严格按照要求配合落实封控管控措施，自觉主动落实核酸检测、健康监测等防控措施，防止封控区、管控区发生新的疫情；已解封区域居民要注意“解封不解防”，自觉落实各项常态化防控措施，坚持戴口罩、勤洗手、常通风，保持安全社交距离，用公筷、分餐制，少串门、不聚集，共同维护来之不易的抗疫成果。

泉州市率先推行“免申即办”改革

泉州市市场监管领域许可（备案）简单变更事项试行“免申即办”改革，审批权限属于同一层级的“免申即办”事项，营业执照变更与许可（备案）变更同步申请的，许可变更只需提供许可证（备案凭证）原件（含正副本）。为深化“一件事”集成套餐服务改革，落实省委实施“提高效率、提升效能、提增效益”行动的工作要求，针对同一部门实施的登记许可业务事项关联变更需要分别申请的情况，市市场监管局对市、县市场监管部门职责范围内的许可业务进行梳理，对其中与执照变更存在业务直接关联的16项许可（备案）试行简单变更事项的“免申即办”改革，简单变更的事项主要涉及企业名称、法定代表人等不涉及其他资质、条件审查的事项。

“免申即办”改革，即申请人在办理营业执照载明的企业名称、法定代表人等事项变更登记后，许可证（备案凭证）有关事项需要同步变更且该项变更不涉及额外资质、条件要求的，凭许可证（备案凭证）原件及经办人的身份证明即可直接办理许可证（备案凭证）有关事项的变更，无需提交许可证（备案凭证）的变更申请表及相关变更证明材料。同时，泉州市还推行“一窗受理”，实现“一口发证”。对于市场主体同时涉及多本许可证（备案凭证）发生“免申即办”有关事项变更或同步申请办理“免申即办”事项的营业执照变更与许可（备案）变更的，审批权限属于同一层级的，实行“一窗受理，一口发证”。窗口在收到许可证（备案凭证）原件后，通过福建市场监管一体化平台核查确认变更事项信息，当场换发许可证（备案凭证）。此次市场监管领域涉及的“免申即办”实施范围包括：食品生产许可证、食品经营许可证、食品生产加工小作坊核准证、仅销售预包装食品经营者备案信息采集表、药品经营许可证、第一类医疗器械生产备案凭证、第一类医疗器械备案凭证、医疗器械经营许可证、医疗器械经营备案凭证、医疗器械网络销售信息备案告知函、特种设备使用登记证、气瓶充装许可证、移动式压力容器充装许可证、特种设备生产单位资格许可证、计量标准考核证书、计量授权证书等。“免申即办”改革改“依申请”为“免申请”，改提交多份材料为“以证换证”，改革涉及市、县市场监管部门承接的16个许可（备案）事项，以平均一件申请减少3份材料计算，16个事项共可减少48份材料。该政策不仅减轻企业、群众的负担，也提升窗口的审批效率，节约行政资源。

4月8日

农历壬寅年三月初八
星期五
温度：17℃～25℃
晴

●全市疫情防控工作视频会召开，听取相关县（市、区）疫情防控工作情况汇报，部署下阶段工作。

●副省长、省应对疫情工作指挥部副指挥长李德金到泉州新冠肺炎患者定点救治医院、“红黄码”人员接诊医院检查，并在晋江市、丰泽区疫情防控指挥部召开会议，协调推进疫情防控工作。

●市政府新闻办公室召开2022年泉州市新冠疫情防控情况第二十七场新闻发布会。会上透露，泉州市疫情防控工作初步实现“社会面动态清零”目标。

●人民网发表评论文章《有力度、有温度，泉州战“疫”现曙光》。

●泉州市率先推行“免申即办”改革。

4月9日

农历壬寅年三月初九
星期六
温度：17℃~26℃
晴

●由省属单位和兄弟市的近300名流调专家、疾控人员组成的省流调溯源支援队部分成员先行返程。

●副省长、省应对疫情工作指挥部副指挥长李德金到泉州动车站、物资运输中转站、部分封控区、集中隔离点、核酸检测专班调研检查，召开省驻泉州疫情处置一线指挥部与泉州市会商会，研究部署疫情防控工作。

●市防控新型冠状病毒感染的肺炎疫情应急指挥部发布《致全市人民的一封信》。

李德金调研检查疫情防控工作

副省长、省应对疫情工作指挥部副指挥长李德金到泉州动车站、物资运输中转站、部分封控区、集中隔离点、核酸检测专班调研检查，召开省驻泉州疫情处置一线指挥部与泉州市会商会，研究部署疫情防控工作。李德金指出，要聚焦定点医院、集中隔离点、学校等重点场所，精确监测、精准阻断、精细管理，保持组织领导不削弱、工作力度不放松，“严、实、细”抓好各项措施。要组织做好新一轮核酸检测，强化宣传动员，从严从实从细开展“清街、扫楼、补网”行动，确保不漏一人。要强化医疗救治和院感防控，落实工作人员闭环管理，严防交叉感染。要统筹疫情防控和经济社会发展，落实常态化疫情防控措施，强化应急处置能力建设，科学有序、安全稳妥推进复工复产复学复市，保障群众正常生活。

市防控新冠疫情应急指挥部发布《致全市人民的一封信》

市防控新型冠状病毒感染的肺炎疫情应急指挥部发布《致全市人民的一封信》。全文如下。

3月以来，突如其来的疫情，让我们和这座城市一起，经受了一场严峻的考验。你我的生活被打乱，繁忙的城市按下了“慢行键”。28个日日夜夜，我们上下一心，众志成城，共同开启抗疫“加速度”，初步实现了社会面动态清零的阶段性目标！

这段日子对我们每个人来说，都是极不平凡的。无数陌生而又熟悉的身影共同守护着我们的家园——有白衣为甲、星夜逆行的医护人员，有身先士卒、迎难而上的党员干部，有坚守岗位、持续奋战的社区工作者，有主动请缨、任劳任怨的志愿者，有认真细致、夜以继日的流调人员，有捐资出力、默默付出的爱心人士……当然，还有每一个努力的你。今天我们所取得的成效，靠的就是大家不分彼此、同心同行、共克时艰。

我们要彻底打败病毒、实现全社会的解封，当前最重要的就是通过核酸检测，排查每一个隐患，消除每一个风险点，斩断每一个传播链。面对传播速度、隐匿性、穿透力远超以往的奥密克戎病毒变异株，任何一个疏忽大意，都有可能让之前所有的努力，让每一个人的坚守付诸东流。坚持就是胜利！在此，我们呼吁大家积极主动并动员身边的人参与核酸检测，做到不漏一户、不漏一人。同时，也恳请大家严格遵守各项防控规定。你的理解与支持、坚持与坚守，是我们最终打赢这场战“疫”的最大底气和信心。

相信这座城，如同相信你。谢谢你，因为有你！

鲤城洛江泉州开发区全域转为防范区

市防控新冠疫情应急指挥部发布通告，继续实施分区分级差异化防控，做好社会面管控工作，有序恢复防范区社会生产生活秩序，并做好个人健康管理。根据通告，鲤城区、洛江区、泉州开发区全域转为防范区。

实施分区分级差异化防控方面，鲤城区、洛江区、泉州开发区全域转为防范区；丰泽区东海、丰泽、城东、北峰、东湖、泉秀街道的封控、管控区域由丰泽区根据相关规定和实际调整，其余街道转为防范区，由丰泽区防控疫情应急指挥部发布通告；晋江市、永春县社区防控区域划定和管控措施由当地防控疫情应急指挥部另行通告。做好社会面管控工作方面，通告要求做好进入人员、重点人员、出行人员、外来人员的管理。防范区普通市民一周至少进行1次核酸检测。11—15日，全市设立300个便民免费核酸采样点为市民提供服务。各类场所均应落实测温、验码、戴口罩、查验核酸检测证明等防疫措施。有序恢复防范区社会生产生活秩序方面，桑拿、按摩、足疗、水疗、棋牌室、麻将馆、网吧、酒吧、KTV、密室逃脱、影院等非生活必需的密闭场所继续暂停开放；学生儿童托管机构、线下教育培训机构等继续暂停开放；各类餐饮机构堂食按50%限流有序开放；农贸（集贸）市场、药店、批发市场、商场超市等重点场所要落实测温、戴口罩、扫码、限流、保持1米间距等防控措施。通告提醒，市民要自觉落实防疫措施，坚持戴口罩、勤洗手、一米线、通风消毒等良好卫生习惯，做好自我健康监测，如出现发热、干咳、乏力咽痛、嗅觉减退等不适症状，立即就近就诊，就医途中全程佩戴口罩，避免乘坐公共交通工具。

泉州市开通疫情防控心理咨询热线

为缓解市民因疫情带来的紧张、焦虑、失眠等身心反应，市委文明办、市社科联、市心理咨询师协会发布通告表示，组建泉州市心理应急志愿服务队，开通心理咨询志愿服务热线，为市民提供相关情绪疏导和心理支持专项志愿服务，引导市民继续安心居家，减少人员流动，支持疫情防控工作。泉州市心理咨询志愿服务热线即日起开通，服务时间为每天8:00—22:00。服务对象为：在疫情防控一线的医护人员、基层一线工作者及其家属；新冠肺炎确诊人员、无症状感染者、治愈出院人员，居家隔离、集中隔离人员及其家属；因疫情原因在学习中遇到困难的儿童青少年或在教育中遇到困惑的家长；因疫情原因产生不良情绪，需要心理疏导和心理支持的市民群众等。服务方式以电话心理疏导服务为主。开展心理咨询服务的志愿者，均具备心理咨询师资质，同时遵守保密原则，不向服务对象收取任何形式的报酬；市民群众不得恶意骚扰、占用热线电话，对恶意骚扰电话和信息将依法依规追究相关责任。

全省首例新冠感染产妇诞下的女婴出院

全省首例新冠感染产妇诞下的女婴经过14天的医学观察，14次核酸检测均为阴性，符合出院标准，于是日出院。3月27日，感染新冠的产妇王女士在泉州市新冠救治定点医院（泉州市第一医院城东院区）诞下一名女婴，成为全省首位顺利生产的新冠感染产妇。根据疫情防控要求，该女婴迅速被转运至位于泉州市妇幼保健院·儿童医院的泉州市新生儿救护中心隔离病房住院观察。泉州市新生儿救护中心立即成立一个由1名主治医生和4个高年资护士组成的新生儿救治护理小组，采取闭环管理的方式专门护理这名女婴。女婴入院后，医护人员除对她进行常规生命体征监测外，每天要为她做一次核酸检测、每2个小时检测一次体温、每3小时喂一次奶，同时还要实时监测她是否出现新冠肺炎症状。为及时排解王女士与孩子分离的焦虑和担心，医护人员还通过微信，定期向王女士发送女婴的照片和视频，让她放心。虽然女婴在住院期间也出现过吐奶、腹胀、黄疸等情况，但在医护人员照顾下，很快恢复正常。

4月10日

农历壬寅年三月初十
星期日
温度：17℃～28℃
晴

●市防控新冠疫情应急指挥部发布通告，继续实施分区分级差异化防控，做好社会面管控工作，有序恢复防范区社会生产生活秩序，并做好个人健康管理。根据通告，鲤城区、洛江区、泉州开发区全域转为防范区。

●市委文明办、市社科联、市心理咨询师协会发布通告表示，组建泉州市心理应急志愿服务队，开通心理咨询志愿服务热线，为市民提供相关情绪疏导和心理支持专项志愿服务，引导市民继续安心居家，减少人员流动，支持疫情防控工作。

●全省首例新冠感染产妇诞下的女婴经过14天的医学观察，14次核酸检测均为阴性，符合出院标准，于是日出院。

4月11日

农历壬寅年三月十一
星期一
温度：19℃～28℃
晴

●全市疫情防控工作视频会召开，传达贯彻省市疫情防控视频会部署，听取各县域疫情防控工作情况汇报，研究部署下阶段工作。

●泉州市基本阻断社区疫情传播链。

●《人民日报》微信公众号发布题为《又火了！很多人@深圳卫健委》的头条推文，讲述疫情之下，泉州和深圳两地医护工作者联手救治重症患儿的故事。

全市疫情防控工作视频会召开

全市疫情防控工作视频会召开，传达贯彻省市疫情防控视频会部署，听取各县域疫情防控工作情况汇报，研究部署下阶段工作。

会议指出，泉州市疫情防控态势进一步向好，越到攻坚阶段越要咬牙坚持。各级各部门要学习贯彻习近平总书记关于疫情防控工作的重要讲话重要指示精神，落实省委、省政府部署要求，绷紧疫情防控这根弦，如履薄冰、持之以恒巩固好来之不易的防控成果，保持社会面动态清零，直至取得疫情防控歼灭战的最后胜利。要坚持三个“第一时间”原则，建立健全“平急一体化”疫情防控机制，将卫健部门等纳入联合指挥中心，市、县、乡三级联动，执行领导带班和24小时值班值守制度，补齐核酸检测、流调溯源、隔离转运等方面短板弱项，提高精准预警、快速响应、科学处置的能力。要以漏检人群和隔离点人员为重点，扎紧外防输入“篱笆”、织密内防反弹“防线”，按照国务院联防联控机制发布的工作指南、通知要求，把国内外涉疫重点地区进入车辆人员查验、隔离场所规范管理、重点人群健康跟踪监测等各项防控措施穿透落实到每一个环节，深化“清街、扫楼、补网”行动，彻底扫清潜在风险隐患，严防疫情反弹反复。要加强实操培训和业务学习，总结此次疫情防控的经验做法，数字化赋能常态化疫情防控和社会治理，创新隔离人员管理、供应链畅通、物资保障配送、人口基础信息采集等软件支撑，构建集社区管理、社会服务、疫情防控、应急处置、平安建设等功能于一体的智慧城市管理体系。要坚持科学精准防控，分区分类分时动态调整策略，安全有序加快复工复产复学复市，用好用足省、市帮扶市场主体纾困解难、保障经济加快恢复等各项措施，推动稳岗复工、保障群众生活等政策落地兑现，提振市场主体发展信心，最大限度减少疫情对经济社会发展的影响。

泉州市基本阻断社区疫情传播链

市政府新闻办公室召开2022年泉州市新冠疫情防控情况第三十场新闻发布会。会上通报，经过一段时间的努力，泉州市疫情防控攻坚收尾阶段取得一定成效，社区传播链基本阻断。同时，泉州市科学做好风险人群和重点区域动态管理。

《人民日报》关注泉州和深圳联手救治重症患儿

《人民日报》微信公众号发布题为《又火了！很多人@深圳卫健委》的头条推文，讲述疫情之下，泉州和深圳两地医护工作者联手救治重症患儿的故事。文章阅读量在短短10分钟内突破10万+。4月初，泉州南安的李先生在网络上发布一条求助信息，他的孩子患有先天性双侧声带麻痹、Ⅲ喉梗阻而无法自主呼吸，在泉州市儿童医院的帮助下已联系好深圳儿童医院，希望泉州和深圳两地帮助协调解决救护车转运和就医问题。求助信息一经发出，便得到热心网友的转发并@深圳卫健委官方账号。很快，深圳卫健委受深圳市儿童医院委托做出回应，由深圳市儿童医院派出专家团队到泉州开展手术救助患儿，泉州、深圳两地也纷纷为此次手术开通绿色通道。6日，在两地医护人员的通力协作下，手术顺利完成。这则新闻在经过《泉州晚报》《东南早报》相继报道后，也受到人民网、《中国日报》、奥一新闻、澎湃新闻、“学习强国”App、深圳新闻网等央媒和省级媒体平台的广泛关注。

市领导欢送省医疗救治支援队返程

由省属医院近500名医护人员组成的省医疗救治支援队，在完成驰援泉州任务后返程。省委常委、市委书记刘建洋，市领导蔡战胜、施宇辉、黄景春、张文贤等到驻地欢送队员。在泉州抗击疫情的关键时刻，福建医科大学附属第一医院、福建省立医院、福建医科大学附属协和医院、福建省儿童医院等多家省属医院的省医疗救治支援队临危受命、火速驰援，与泉州人民并肩作战、同舟共济，日夜奋战在定点救治医院、方舱医院等疫情防控第一线。支援队涵盖呼吸、感染、重症、中医、妇产、儿科、心理等多个学科，采取“中西医结合、专家组把关、多方合力”的诊疗模式，注重人文关怀和心理疏导，以敬业精神和无私奉献践行人民至上、生命至上的崇高理念，为泉州战“疫”提供专业支撑，坚定必胜信心。刘建洋、蔡战胜等向省医疗救治支援队代表送上感谢信和鲜花，对大家的辛勤付出致以衷心感谢，诚挚邀请大家疫情过后，再回到曾经守护的这座城市走走看看，感受泉州的“世遗”魅力和烟火气息。

市领导欢送省医疗救治支援队返程（图/陈英杰）

泉州市分区分级差异化推进复工复产复市复学

市政府新闻办公室召开2022年泉州市新冠疫情防控情况第三十一场新闻发布会。会上通报，筑牢“外防输入”防线仍是重要任务。3月25日以来，尤其是近一周内有省内重点地区、广州旅居史的人员，要立即主动向所在社区（村居）、单位或居住酒店报备；上海、吉林等省、市的中高风险地区进入人员，配合落实相关防控措施。各县（市、区）均开通举报电话，如有发现拒不执行疫情防控规定、造成疫情传播风险的行为，市民应积极举报。在抓好各项疫情防控工作的前提下，泉州市分区分级差异化推进复工复产复市复学，尽力减少疫情对企业和居民的影响。复工复产复市方面，泉州市第一时间公布省、市疫情期间出台的政策及申报指南、商贸流通企业复工复产导则等，涵盖鼓励线上销售、确保市场供应、奖补一线保供企业及电商平台等方面的政策措施，帮助各地商超、住宿、农贸市场、餐馆、电子商务等行业企业有序复工复市。有关申报方式，可在泉州通、无线泉州等媒体平台查询。复学方面，部分高校、中职学校和泉港区、南安市、惠安县、安溪县、德化县、泉州台商投资区的部分学段已恢复线下教学，其他地区根据实际有序推进。恢复后，泉州市组织各级各类学校严格落实日常健康监测、闭环管理、环境整治等各项防控措施，筑牢校园疫情防线。

央视关注泉州助企纾困政策落实

中央电视台《新闻联播》《新闻30分》《朝闻天下》等栏目纷纷聚焦泉州市助企纾困政策措施落实情况，关注泉州市复工复产情况。报道中提到，从4月1日起，中国实施大规模增值税留抵退税政策。在泉州泉港，一家主营核酸检测等防疫医用物资原料聚苯乙烯的企业紧急开辟生产线全力保供，但由于年初刚刚采购大批固定资产，双重支出让公司资金压力陡增。留抵退税政策实施后，公司申请700多万元留抵退税款，申请次日就到账，为公司采购原材料、开足马力生产提供保障。除中央电视台外，《人民日报》、人民网、新华社、新华网、中新网等央媒也纷纷关注泉州市复工复产情况。

4月12日

农历壬寅年三月十二
星期二
温度：18℃～28℃
晴

●由省属医院近500名医护人员组成的省医疗救治支援队，在完成驰援泉州任务后返程。

●泉州市分区分级差异化推进复工复产复市复学。

●中央电视台《新闻联播》《新闻30分》《朝闻天下》等栏目纷纷聚焦泉州市助企纾困政策措施落实情况，关注泉州市复工复产情况。

4月13日

农历壬寅年三月十三
星期三
温度：19℃～28℃
多云转小雨

●市政府新闻办公室召开2022年泉州市新冠疫情防控情况第三十二场新闻发布会。会上通报，全市八成以上的规模以上工业企业已复产。

●市人社局、市财政局、市税务局发布应对疫情影响援企稳岗促就业“十条措施”，援企稳岗促就业。

●惠安2022年第二季度项目集中开竣工活动举行。

泉州市首次报告确诊病例0新增

市政府新闻办公室召开2022年泉州市新冠疫情防控情况第三十二场新闻发布会。会上通报，泉州市统筹疫情防控和经济社会发展，分区分级差异化推动各行各业有序复工复产。全市八成以上的规模以上工业企业已复产。对企业，泉州市升级“泉通行”小程序，开设“企业复工复产”“员工健康管理”“企业纾困专区”“我有诉求”四个功能板块。其中，在“企业纾困专区”板块，企业可查询疫情期间省、市、县出台的各项纾困惠企政策；在“我有诉求”板块，企业可反映复工复产过程中遇到的困难和问题，泉州市积极协调解决并及时反馈。“泉通行”小程序的相关操作指南，在泉州通、无线泉州等平台发布。对农业农村，泉州市出台《支持农业农村有序复工复产纾困解难若干措施》，加快分区域差异化复工复产，畅通农资运输绿色通道，制定系列奖补政策，加大金融信贷支持力度，简化农业农村建设项目立项招标工作流程。

在公共交通方面，安溪、洛江、南安、惠安、泉港、德化、石狮7个县（市、区）先后恢复50条辖区内客运班线、公交线路，每日运行近1000班次。丰泽、晋江、永春以外的县（市、区），恢复区域内网络预约出租汽车服务，全市运营车辆数2537部，完成出行订单2.53万单。车辆途经封控区、管控区时不停靠、不上下客。在货运物流方面，泉州市取消货车通行证，除封控区、管控区外，货车均可按规定正常通行。进出管控区的，只要驾驶员健康码不是红码，在体温正常并持有48小时内核酸检测阴性证明的情况下可正常通行。

泉州市发布援企稳岗促就业“十条措施”

市人社局、市财政局、市税务局发布应对疫情影响援企稳岗促就业“十条措施”，援企稳岗促就业。“十条措施”除另有规定外，均执行至12月31日。“十条措施”包括降低社会保险费、缓缴社会保险费、落实普惠性失业保险稳岗返还政策、支持企业稳岗稳就业、拓展企业招工用工渠道、鼓励企业吸纳高校毕业生就业、支持企业开展用工调剂、全面强化就业服务、按时足额发放社会保险待遇、延长失业保险金领取期限。

惠安2022年第二季度项目集中开竣工活动举行

惠安2022年第二季度项目集中开竣工活动举行。惠安在疫情防控、安全生产、工程质量“三保障”的前提下，压紧压实“项目攻坚2022”目标，加速推动重点项目复工建设，力保第二季度“时间过半、任务超半”，实现疫情防控和经济社会发展“双胜利”。参加此次现场开竣工项目6个，总投资27.66亿元，其中，开工项目3个，竣工试投产项目3个，既有中学、小学等义务教育补短板项目，又有仓储物流、半导体、新材料等现代产业体系提升项目，标志着惠安更加安全有序开展复工复产，“重启键”全面打开。

惠安县2022年第二季度项目集中开竣工活动现场（图/惠安速报）

金融支持复工复产工作专题会召开

金融支持复工复产工作专题会召开。市长、市防控新冠肺炎疫情应急指挥部总指挥长蔡战胜主持会议，市委常委、常务副市长黄景春通报省中小微企业纾困资金整体情况及下一步工作措施，复工复产组办公室通报泉州市企业复工复产情况及资金保障方面的主要短板和企业诉求，部分银行机构代表做交流发言。会议指出，中小微企业面临“保、贷、税、租”等多重资金压力，成为全面复工复产必须迈过的一道坎。各金融机构要主动融入全市统筹疫情防控和经济社会发展大局，发扬抗疫精神，畅通金融“血脉”、服务实体经济，在复工复产新战场上展现积极作为、贡献金融力量。政府各有关部门、各金融机构要落实落细各级金融纾困政策，加大纾困贷款投放力度，用好“政银企担”对接机制，发挥好政府性融资担保机构作用，推动金融纾困扩面提量。要提升金融服务质量，倡导行长进企业、一线解难题，开展“百千万”融资促进活动，简化办贷流程，用好各类金融服务平台，为政银企对接搭建精准、高效、便捷的绿色通道。要加强金融监管，杜绝抽贷、限贷、断贷现象，满足企业复工复产资金需求，助力稳住泉州经济大盘，为夺取疫情防控和经济社会发展“双胜利”做出更大贡献。

全市防汛抗旱工作会召开

继全国、全省视频会议之后，全市防汛抗旱工作电视电话会议召开，总结2021年防汛抗旱工作，分析2022年防汛抗旱形势，安排部署重点任务。会议要求，要提升防汛备汛能力，开展隐患排查整治，建立风险隐患工作台账和责任清单，限时完成整改，对汛前难以完成的要采取应急措施；同时，建立应急抢险队伍和社会救援力量台账，组织清查盘点各级防汛抢险救灾物资设备情况，确保应急时人员队伍能第一时间出动到位。要提升灾害防范能力，紧盯河道、水库、山洪灾害、城市内涝、台风防范应对、防旱抗旱等重点环节，加强防范工作。要提升应急救援能力，完善工作预案、强化实战演练、加强预警研判、做好抢险救灾，一旦发生险情，及时启动救灾应急响应，靠前指挥，科学施救。要提升协同落实能力，加强值班值守、部门联动、督查落实，进入临战状态。要统筹抓好森林防灭火、安全生产、疫情防控等工作，细化任务分解，跟进督促落实。

中心市区19个交通查验点撤除

为有序恢复生产生活秩序，是日10时起，中心市区19个交通查验点撤除。这19个交通查验点分别是：洛阳江大桥节点、后渚大桥节点、泉州晋江大桥节点、刺桐大桥节点、田安大桥节点、泉州大桥节点、江滨南路与望江路节点、顺济新桥节点、兴贤路节点、南环路节点、池峰路节点、凌霄路节点、江滨北路与黄龙大桥交叉口节点、省道307线与黄龙大桥交叉口节点、站前东西大道节点、朋山岭隧道节点、北迎宾大道—万虹路节点、安吉路—金庄街节点、洛滨路—丰海路节点。根据疫情防控需求，高速公路出入口等通道查验点仍保留。封控区、管控区根据当地防疫需要，由属地防疫指挥部于是日9时前自行设置查验点，形成闭环。

“泉通行”启用“复工复产”服务功能

市工信局印发《关于启用“泉通行”加快工业企业有序复工复产的通知》（以下简称通知）。市工信局会同泉州移动公司对“泉通行”小程序再次进行迭代升级，增加工业企业复工复产等服务功能，并在全市范围内启用。“泉通行”复工复产小程序包括“企业复工复产”“员工健康管理”“企业纾困专区”“我有诉求”四个功能类目。功能类目的设定旨在推动泉州市分区分类复工复产、加强员工健康监测、强化政企互动。

4月14日

农历壬寅年三月十四
星期四
温度：18℃～26℃
晴转多云

●金融支持复工复产工作专题会召开。

●继全国、全省视频会议之后，全市防汛抗旱工作电视电话会议召开，总结2021年防汛抗旱工作，分析2022年防汛抗旱形势，安排部署重点任务。

●是日10时起，中心市区19个交通查验点撤除。

●“泉通行”启用“复工复产”服务功能。

4月15日

农历壬寅年三月十五
星期五
温度：16℃～23℃
多云

●全市疫情防控工作视频会召开，学习贯彻习近平总书记关于疫情防控工作的重要讲话重要指示精神，传达省委常委会会议精神，听取各县（市、区）疫情防控工作情况汇报，研究部署下阶段疫情防控和复工复产工作。

●继收听收看全省宗教工作会议后，泉州市以视频形式召开全市宗教工作会议。

●省工作组到晋江市金井镇集中医学观察场所开展“回头看”，督促落实精准精细规范化管理，攻坚疫情扫尾工作。

●市政府第六次常务会议召开，研究并通过《泉州市制造业数字化转型行动方案》《泉州市“绿满泉城”三年行动实施方案》等。

●全市2022年春季学期学校恢复线下教学疫情防控工作视频会议召开，通报泉州市疫情防控形势，对科学精准做好线下教学工作进行部署。

全市疫情防控工作视频会召开

全市疫情防控工作视频会召开，学习贯彻习近平总书记关于疫情防控工作的重要讲话重要指示精神，传达省委常委会会议精神，听取各县（市、区）疫情防控工作情况汇报，研究部署下阶段疫情防控和复工复产工作。

会议强调，要健全“平急一体化”疫情防控机制，确保平战转换快速有序、顺畅高效，巩固好社会面动态清零成果。要织牢织密“外防输入、内防反弹”防线，紧盯关键环节、重要领域，建立横向到边、纵向到底的常态化核酸检测、药店诊所哨点监测、网格化防疫专员机制，刚性执行各项防控措施，穿透落实到基层“最后一米”。要按照“三个第一时间”要求，做到及时发现、快速处置、日推日清，果断扑灭零星疫情、迅速切断传播链条，守住不出现疫情反弹的底线。要及时总结汲取经验教训，借鉴推广各地在实战中形成的行之有效做法，因地制宜加以转化运用、固化机制，趁热打铁加强工作人员、志愿者专业能力培训，补齐公共卫生短板弱项，提高常态化疫情防控水平。要坚持分区分类分时，有力有序推动复工复产复学复市，衔接省专项帮扶纾困政策，坚持“一产一策、一企一策、一事一策”，市、县领导及复工复产专班“点对点”上门帮扶企业，更精准、更及时、更有效地解决交通物流、资金、招工等共性问题，确保各项纾困措施直达基层、直接惠及市场主体，确保企业正常生产运营、产业链供应链安全稳定。

全市宗教工作会议召开

继收听收看全省宗教工作会议后，泉州市以视频形式召开全市宗教工作会议。

会议指出，要学习贯彻习近平总书记关于宗教工作的重要论述，贯彻新时代党的宗教工作理论和方针政策，按照全国、全省宗教工作会议部署，以强烈的政治担当推进宗教工作。要坚持中国宗教中国化方向，引导宗教与社会主义社会相适应，在全市宗教界弘扬社会主义核心价值观，增进宗教界人士和信教群众在政治上自觉认同、在文化上自觉融合、在社会上自觉适应。要树牢总体国家安全观，坚持独立自主自办原则，支持宗教界全面从严治教。要依法规范管理宗教事务，善于运用法治思维和法治方式处理宗教领域矛盾和问题，加强互联网宗教事务管理，开展法治宣传教育，引导宗教界人士和信教群众依法开展宗教活动。泉州被誉为世界宗教博物馆，要抓好宗教文化遗产的传承保护利用，深化宗教文化交流，讲好泉州宗教故事，最大限度团结信教群众。要健全宗教工作体制机制，构建党委领导、政府管理、社会协同、宗教自律的宗教事务治理格局，凝聚做好新时代宗教工作的强大合力。要夯实基层基础，强化督导考核，提高宗教工作能力水平，开创泉州宗教工作新局面。

市政府第六次常务会议召开

市政府第六次常务会议召开，研究并通过《泉州市制造业数字化转型行动方案》《泉州市“绿满泉城”三年行动实施方案》等。

会议要求，要实施市委“强产业、兴城市”双轮驱动，落实“绿色数字技改专项行动”部署，聚焦泉州市主导产业，筛选、培育、推广一批行业龙头示范标杆、工业互联网示范平台，通过示范引领、典型带动，解决企业“不想转、不会转、不敢转”问题。要结合工业园区标准化建设，科学布局园区5G网络、千兆光网、数据中心，建设一批智慧示范园区。要树立“以亩产论英雄”的工作导向，坚持效率优先、优胜劣汰、转型升级原则，建立“高进低退、扶优扶强”机制，推动企业提质增效、转型发展。要根据“抓城建提品质”专项行动部署，结合国土空间规划，抓紧修编城市绿地系统规划，建立园林绿化项目库，策划一批、成熟一批、实施一批。要立足市民群众需求，实施好百姓园林、山水园林、文化园林、门户廊道“四大工程”，见缝插针建设一批口袋公园，鼓励全民参与绿化管理，让人民群众有更多获得感。

刘建洋到部分县（市、区）调研疫情防控和复工复产等工作

16—17日，省委常委、市委书记刘建洋到泉州开发区、泉州台商投资区、石狮、鲤城、洛江，就疫情防控、复工复产等工作进行调研检查。副市长刘林霜、汪志红、蔡天守参加调研。刘建洋到厂房车间了解企业供应链环节、市场订单、用工缺口等情况，叮嘱企业在做好疫情防控前提下，开足马力达产满产。在科创产业园、总部经济区、重大工业和医疗民生等项目建设一线，刘建洋和现场工作人员一起看规划、查进度、解难题。

调研检查中，刘建洋强调，要完善全员滚动核酸检测、重点地区人员提醒和落地排查、哨点监测触发、基层防疫专员摸排等机制，做到精准预警、快速响应、科学处置。要立足平时固强补短，加快建设地理信息和人口信息融合的三维可视化平台，探索基层社会社区治理新模式新路径，开展无疫园区（工厂）、无疫社区（村庄）、无疫单位等创建，提高科学精准防控水平，织密织牢横向到边、纵向到底的严密防线。要按照“一产一策、一企一策、一事一策”，梳理产业共性问题和企业个性问题，多措并举拓展共享用工平台，“点对点”提供物流运输、政银企融资对接、惠企政策直达上门等服务，把工作专班派下去，把堵点问题捞上来，帮助企业纾困解难、助推项目提速提效。要着眼长远转型升级，支持龙头企业增资扩产、释放能量、做大做强，围绕产业建链强链补链精准招商，加大上下游循环协作、就近配套，推进工业园区标准化建设，实现产业高质量发展。要完善公共卫生体系，加紧储备建设更多民生保障项目，全方位提升医疗、教育、养老等服务能力，增强群众获得感、幸福感、安全感。

泉州支援宁德核酸采样队出征仪式举行

泉州支援宁德核酸采样队出征仪式在泉州市第一医院东街院区举行。全市340名医护人员组成泉州市福狮医疗队，启程到宁德参与执行核酸采样任务。3月泉州疫情发生后，宁德派出600名医护人员支援泉州核酸采样。宁德发生疫情后，泉州在接到省卫健委紧急通知后，立即派出人员支援。采样队员从相关县（市）和市属公立医院抽调，分别为泉州市第一医院100名、泉州市中医院50名、石狮市40名、惠安县50名、安溪县50名、德化县50名。

泉州支援宁德核酸采样队出发（图/陈英杰）

泉州晋江国际机场航班陆续恢复

泉州晋江国际机场恢复“泉州—贵阳”客运航班。从泉州晋江国际机场乘机出行的旅客，须持有健康码绿码、48小时核酸阴性证明，并确保体温正常，无身体不适症状。同时，在候机、乘机过程中，应全程规范佩戴好口罩，登机时主动配合做好手部消杀，不聚集，保持一米距离。低风险地区所在城市旅客体温正常，提供健康码绿码、48小时核酸检测阴性证明，即可正常通行。如无48小时核酸阴性证明，须在机场到达厅核酸检测点进行核酸检测，并承诺在核酸结果未出来前须居家观察后方可通行。国内中高风险地区所在城市旅客须填写健康承诺书，测温，查验48小时核酸阴性证明、健康码、行程码等，对不符合条件的旅客，由专车送至机场分流中心进行排查、核酸采样等，并由分流中心将相关旅客信息发送至各县（市、区）处置。对21天内有境外旅居史的旅客，由市防控办驻机场工作专班，实行“点对点”送回目的地所在社区，全程闭环管理。

4月16日

农历壬寅年三月十六
星期六
温度：15℃～19℃
多云

●16—17日，省委常委、市委书记刘建洋到泉州开发区、泉州台商投资区、石狮、鲤城、洛江，就疫情防控、复工复产等工作进行调研检查。

●泉州支援宁德核酸采样队出征仪式在泉州市第一医院东街院区举行。

●泉州晋江国际机场航班陆续恢复。

4月17日

农历壬寅年三月十七
星期日
温度：16℃～19℃
多云转晴

●中央电视台《新闻联播》栏目再次关注泉州复工复产。

●17—18日，中央电视台新闻频道、中文国际频道纷纷聚焦泉州，关注泉州市乡村振兴、物质文化遗产保护工作。

●泉州市首位经评估符合捐献条件的新冠肺炎康复者，在泉州市中心血站献血车完成恢复期血浆捐献。

中央电视台《新闻联播》关注泉州市复工复产

中央电视台《新闻联播》栏目再次关注泉州复工复产，报道泉州市组织抗疫流动平价超市，把商超直接搬到封控区、管控区门口，通过志愿者、网格员接棒配送，实现现买现送；点赞泉州市坚持科学精准、动态清零，抓细抓实疫情防控各项举措，最大限度减少疫情对经济社会发展的影响。随着丰泽区全域降为低风险区，泉州复工复产步伐持续加快。《人民日报》、中央电视台、新华社、新华网、中新网等央媒纷纷围绕“不见面”审批、“千名干部走千企”、财政资金补助等方面，关注泉州市复工复产情况。15日，人民日报客户端发布《福建惠安：千名干部走千企 办实事纾企困》，图文并茂报道惠安县为统筹抓好疫情防控与经济社会发展，组织1000多名县直机关下沉党员干部、镇干部进村入企挂钩联系1200多家企业，多举措推动及时、精准、高效复工复产。新华社发布《福建晋江：千万奖补资金助力稳工稳岗》《三靠前 三即时！洛江畅通复工复产咨询服务渠道》《福建泉港：石化城的“生产保卫战”》等报道。16日，中国网、央广网、东南网等纷纷发布《惠安县12345平台 便民服务“不掉线”》《努力、加油！丰泽加快复工复产，奋力追赶“春天的脚步”》等报道，关注泉州市相关县（市、区）为加快复工复产所采取的创新举措等。

中央电视台关注泉州市乡村振兴和“世遗”城市魅力

17—18日，中央电视台新闻频道、中文国际频道纷纷聚焦泉州，关注泉州市乡村振兴、物质文化遗产保护工作。17日，中央电视台新闻频道《走进老区看新貌》节目用镜头讲述安溪县城厢镇经兜村产业发展、乡村振兴的新成效。经兜村全村3000多人中，有1000多人做空压机的生意，仅凭一村之力就占了全国20%的市场份额。乡亲赚到钱后反哺家乡，村里建起博物馆、图书馆，修了很多漂亮房子，还建起长者食堂。18日，中央电视台中文国际频道《远方的家》栏目播出《大好山河 世界遗产在泉州》节目，记者在鲤城区临江街道文化站工作人员杨声荣、市民杨远彬、晋江安海学者吴杭州带领下，走访泉州古码头、西街、开元寺、安平桥等地，了解泉州相关遗产点的历史文化，品尝特色美食，用镜头带领观众探寻、感受“世遗”城市的独特魅力。

泉州市首例新冠肺炎康复者捐献血浆

泉州市首位经评估符合捐献条件的新冠肺炎康复者彭先生，在泉州市中心血站献血车完成恢复期血浆捐献。这是2020年新冠肺炎疫情发生以来，泉州市首例新冠肺炎康复者恢复期捐献血浆，也是2022年福建省首例。彭先生3月18日得知自己感染新冠病毒，4月9日治愈出院。其间，他收到血站和医院发来的《新冠肺炎康复者血浆捐献倡议书》，了解到新冠肺炎康复期的血浆对治疗重症、危重症有极佳的作用。当血站和医院询问“愿不愿意捐献血浆”时，他当即决定捐献血浆。

市中心血站按照要求，提前做好采血车消毒、设备调试和人员防护等准备工作。15时35分，彭先生走上市中心血站的献血车，经过采血各项指标检查后，他决定捐献康复期血浆400毫升。为保证采供工作的顺利进行，泉州市中心血站成立新冠肺炎康复者恢复期血浆采集工作专班，制定血浆采集工作流程，从宣传动员、人员管理、院感培训、物资保障、交接流程等各方面做了周密的部署和要求，确保整个采浆过程组织有序、规范、安全。国家卫生健康委员会发布的《新型冠状病毒感染的肺炎诊疗方案（第九版）》明确指出，恢复期血浆可在病程早期用于有高危因素、病毒载量较高、病情进展较快的患者。新冠肺炎康复者恢复期血浆输注是治疗新冠肺炎有效的方法之一，新冠肺炎康复者恢复期血浆中含有特异性抗体，能够有效提高治愈率，降低病死率。此次采集到的血浆将进行相关检测，完成检测后，冻存于血库，纳入国家血浆库的统一管理，统筹用于各地新冠患者的救治。

刘建洋到丰泽晋江调研疫情防控和复工复产等工作

省委常委、市委书记刘建洋到丰泽和晋江调研检查疫情防控和复工复产等工作。市领导黄文胜、张文贤、刘林霜、汪志红参加。刘建洋到纺织鞋服、机械装备等龙头企业和市场交易、物流运输等产业链重要节点，既察看防疫措施落实情况，又了解产品销售、技术改造、原材料供应等方面诉求，现场协调解决问题。在正骨医院北峰院区建设工地，刘建洋要求，在确保施工安全的前提下，业主单位要赶工期、追进度，保质保量完成任务，并落实项目工地、隔离场所闭环管理措施，防止交叉感染和风险外溢。

刘建洋分别在丰泽、晋江主持召开座谈会，同当地干部查摆疫情防控问题短板，研判经济运行困难挑战，研究部署巩固防控成果、恢复生产生活秩序具体举措。刘建洋指出，要树牢底线思维，围绕精准预警、快速响应、科学处置等环节，按照突出重点、统筹全面，盯住增量、防住变量，常态化滚动开展核酸检测，落实交通卡口、重点场所等防控措施，强化哨点监测触发、基层防疫专员预警作用，织牢织密防控网。要吸取教训、总结经验，以建设地理信息和人口信息相融合的三维可视化平台为切入口，试点创新基层社区网格化管理机制，把人员底数摸清楚，把防控措施落到位，提高城市管理和社会治理水平。要迎难而上、奋起直追，盯紧龙头企业和重点项目，摸清市场主体情况，开展“局长走流程、走基层”，整合“条”“块”力量，“一事一策”解决共性问题，“一企一策”解决个性问题，最大限度减少疫情影响；既立足当前又着眼长远，围绕上下游配套精准招商，因势利导鼓励企业增资扩产、向智能化数字化转型升级，加快工业园区标准化改造提升，打造全链条生态圈，增强产业吸附力和竞争力。

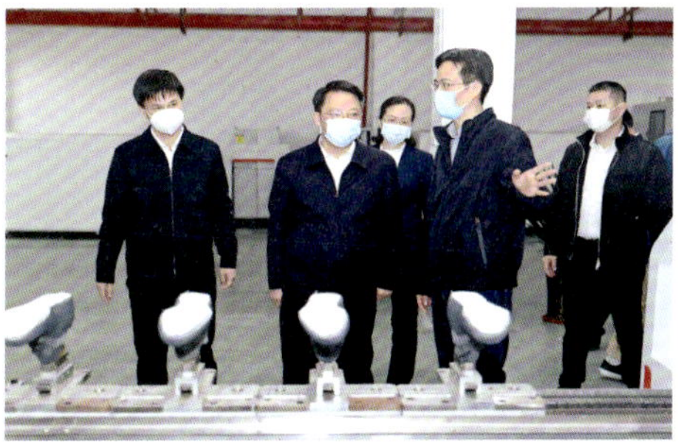

刘建洋（左二）在华宝智能科技有限公司调研疫情防控和复工复产工作（图/陈起拓）

蔡战胜调研疫情防控和复工复产工作

市长蔡战胜调研常态化疫情防控和复工复产、复学复市等工作，市领导黄景春、汪志红参加。在市区新门菜市场等农贸市场和中闽百汇新华商场等商超，蔡战胜边走边看，不时与管理人员和摊主交谈。随后，蔡战胜到福建师范大学泉州附属中学、常泰中心小学项目建设现场及鸿福化纤等学校、项目、企业，了解复学复课、复工复产情况。在市区海星小区和泉州软件园核酸采集点，蔡战胜查看采样布局、现场秩序等情况；在泉州动车站、泉州北高速口，蔡战胜了解重点人员排查管控、火车班次及高速出入口车流量等情况。调研中，蔡战胜强调，要发挥复工复产专班的服务保障作用，保持交通大动脉畅通，贯通和稳定产业链、供应链，推动稳岗复工、保障群众生活等政策落地兑现，帮助企业纾困解难、助推项目提速提效，提振市场主体发展信心，有力有序推动生产生活秩序恢复。

泉州市“火围山”方舱医院闭舱

随着一批阳性感染者转送至泉州市第一医院传染病院区，泉州市“火围山”方舱医院完成使命，顺利闭舱。图为闭舱仪式。

（图/王柏峰）

4月18日

农历壬寅年三月十八
星期一
温度：17℃～18℃
小雨

●省委常委、市委书记刘建洋到丰泽和晋江调研检查疫情防控和复工复产等工作。

●市长蔡战胜调研常态化疫情防控和复工复产、复学复市等工作。

●市委副书记宿利南到石狮调研疫情防控、复工复产、重点项目建设等工作。

●泉州市召开疫情防控舆情宣传工作培训交流视频会，总结交流疫情防控宣传报道工作，部署推进下阶段工作。

●由泉州市商务局、石狮市政府指导的第三届中国（石狮）网上直播交易会暨“五在石狮”直播节开幕。

●随着一批阳性感染者转送至泉州市第一医院传染病院区，泉州市“火围山”方舱医院完成使命，顺利闭舱。

●泉州公交集团全面恢复（线路恢复、站点恢复、首末班时间恢复、可用运力恢复）中心市区、洛江区全境、泉州开发区等69条公交线路。

●清源山风景区、灵山景区、九日山景区等恢复正常对外开放。

4月19日

农历壬寅年三月十九
星期二
温度：15℃～17℃
小雨

●省委常委、市委书记刘建洋慰问在泉州的央媒、省媒和市级主要媒体的新闻工作者。

●第二季度全省重大项目视频连线集中开工活动举行，泉州市26个重大项目入选，总投资260亿元，涵盖纺织服装、电子信息等多个领域。

●市图书馆、刺桐路少儿分馆、24小时街区自助图书馆恢复对外开放。

刘建洋看望慰问疫情防控宣传一线人员

省委常委、市委书记刘建洋慰问在泉州的央媒、省媒和市级主要媒体的新闻工作者，市委常委、宣传部部长、统战部部长陈辉宗参加慰问。刘建洋与在泉州、驻泉州媒体有关负责人座谈，并到泉州晚报社、泉州广播电视台调研，了解新闻采编流程、抗疫宣传成效、媒体融合发展等情况。

刘建洋指出，大家坚持高度的政治责任感、强烈的新闻敏感性、忘我的敬业精神，用一篇篇鲜活的报道、一幅幅生动的图片、一个个感人的镜头，记录泉州抗疫全过程，展示泉州上下团结一心、众志成城、不畏困难、勇于奉献的精神。泉州正毫不放松做好疫情攻坚扫尾工作，有力有序推进复工复产复市。全市将传承弘扬“晋江经验”，发挥民营经济发达、世界文化遗产城市历史厚重、在外泉州企业家和港澳台侨资源丰富三个比较优势，实施“强产业、兴城市”双轮驱动，当好全方位推进高质量发展超越主力军。泉州正结合开展“提高效率、提升效能、提增效益”行动，“一业一策、一企一策、一事一策”帮扶企业，组织“局长走基层”，穿透兑现各级惠企政策，把疫情耽误的时间抢回来，造成的损失补回来。希望各级媒体一如既往关注泉州的务实政策、创新举措，多宣传这座爱拼敢赢的城市和可爱可敬的百姓，讲好泉州故事，擦亮泉州名片。各级党委、政府要支持媒体采访报道，通过及时通报、主动协调、上下联动等方式，尽力帮助解决媒体面临的困难问题。

刘建洋与中央、省级媒体人士交流（图/陈起拓）

泉州市26个项目参加全省第二季度重大项目集中开工

2022年第二季度全省重大项目视频连线集中开工活动暨全省季度经济会议举行。省委常委、市委书记刘建洋，市长蔡战胜在泉州分会场参加会议。市领导李建辉、肖汉辉、宿利南、施宇辉、陈辉宗、卢秀萍、傅藏荣、黄景春、高宏等参加。泉州市被列入全省集中开工的重大项目26个、总投资260亿元、年度投资66亿元，涵盖纺织服装、电子信息等领域，其中总投资50亿元的五矿阀门智造基地项目现场连线开工，打造阀门智能创新产业链。

泉州市统筹推进疫情防控和重点项目复工建设，市发改委相继制定出台《泉州市疫情防控期间重点项目复工导则》及《加快推进省市重点项目建设工作方案》，力促项目早开工、早投产、早见效。参与全省重大项目集中开工视频连线的五矿阀门智造基地项目，位于南安市英都镇，总投资50亿元，为2021年泉州市招商大会暨项目签约活动签约项目之一。此次参与全省集中开工的26个重大项目中，产业项目近八成。结合泉州市重点推进的加快工业（产业）园区标准化建设专项行动，多个产业园区项目集中开工建设。泉州开发区标准化提升试点园区，拟改造旧厂房7.2万平方米，新建10万平方米标准化厂房、现代办公区，打造集IP展示区、产品孵化区、IP推广区、数字产线区为一体的国际IP+产业创新园，构建龙头与链条、IP与产业、数字与制造、试点与园区深度融合发展的产业生态圈。晋江凤竹鞋业“微工业园”项目，总建筑面积31.9万平方米，重点引进鞋服、机械、卫生用品及仓储物流等相关产业链的成长型企业，召集优质高新技术企业入驻。永春县工业园区标准化建设试点项目，通过收储回购企业低效用地和资产，组织改造旧厂房、宿舍楼，新建标准厂房、研发车间，并配套项目道路、沟渠改造、综合管线及5G智慧园区等建设。

市委常委会学习习近平总书记重要讲话精神

市委常委会召开会议，学习贯彻习近平总书记重要讲话精神，以及中央有关文件和全国、全省有关会议精神，统筹疫情防控和经济社会发展，统筹发展和安全，研究部署泉州市安全生产、生态文明建设、基层党建等工作。

会议传达学习习近平总书记在北京冬奥会冬残奥会总结表彰大会、中央全面深化改革委员会第二十四次会议、中央党校（国家行政学院）中青年干部培训班开班式上、在海南考察时、参加首都义务植树活动时的重要讲话精神及审阅中央政治局委员等有关人员述职报告时提出的重要要求。会议强调，要融会贯通学习领会，把握重大意义、丰富内涵和实践要求，结合泉州实际研究细化落实。要坚定不移贯彻新发展理念，推动高质量发展，加快推进重点领域关键环节改革攻坚突破，实施“强产业、兴城市”双轮驱动。要抓好常态化疫情防控，坚持“外防输入、内防反弹”，共同努力恢复秩序、加快发展。要弘扬北京冬奥精神，高水平办好世界中学生运动会。要守住粮食安全底线，推进乡村振兴，抢抓农时做好春耕生产。要解决群众急难愁盼问题，维护社会大局和谐稳定。要推进全面从严治党，巩固拓展党史学习教育成果，加强干部教育管理监督，营造良好政治生态。

会议学习贯彻习近平总书记对安全生产作出重要指示和对东航客机坠毁作出重要指示精神，强调要坚持人民至上、生命至上，按照全国、全省安全生产电视电话会议部署要求，落实安全生产责任制，筑牢疫情防控和安全生产“双防线”。要紧盯交通运输、危化品、建筑施工、森林防火、防汛防台风等重点领域，开展安全隐患排查整治，抓好复工复产安全工作。要从制度机制入手，采取“人防、物防、技防”多措并举，提升本质安全水平。会议学习《中央生态环境保护督察整改工作办法》，要求贯彻习近平生态文明思想，扛起整改政治责任，以更强担当、更大力度、更实举措推进中央生态环境保护督察反馈问题整改。要紧盯目标任务和时间节点，聚焦难点攻坚突破，举一反三完善机制，确保问题整改到位、取得实效。要抓紧抓好生态文明建设，推进碳达峰碳中和工作，统筹抓好环境保护、生态修复、生活污水和垃圾收集处理等工作。会议强调，要学习贯彻习近平总书记关于基层党建工作的重要论述，按照全省基层党建工作重点任务推进会部署，推动基层党组织全面过硬。要抓好“党建+”社区邻里中心建设，完善基层网格化管理机制，提升基层治理水平和综合服务效能。要推动党建工作和中心工作深度融合，深化抓党建促乡村振兴，打造机关、国企、非公、两新组织等党建特色亮点，增强党组织创造力凝聚力战斗力。

泉港区2022年开放招商项目集中签约暨开竣工活动举行

泉港区2022年开放招商项目集中签约暨开竣工活动举行，82个项目参加活动，其中集中签约49个项目，总投资514.5亿元，集中开竣工33个项目，总投资83.64亿元。这些项目涵盖工业科技、交通港航、城建环保、商贸物流、社会事业、农林水等领域。投资10亿元以上有10个，5亿元以上有17个。

百宏化学新材料、中南高科产业园、华星石化三期、印尼布敦天然沥青矿萃取稠油及泉昇电子级超纯溶剂等一批项目的签约，补齐泉港区石化、新材料等重点产业链短板，推动泉港优势传统产业链向价值链高端跃升。天辰总部经济区（生活区）项目、天马现代农业高新技术产业园、世纪博纳电影小镇、未来都市农业综合体、福见山水文旅融合等项目的签约，为泉港区城市基建提升、文旅产业融合、现代农业发展增添新活力。泉港正源公司项目以国外进口的甲醇为原料，生产甲醛、甲缩醛等系列下游产品。项目全部建成后，可实现年产值约8亿元，利税3000万/年，解决就业130人。安然家居公司三期项目拟生产的3D网布，适用于家居、母婴、鞋服、箱包等多个领域。该项目投产后预计年产值2.5亿元，预计年纳税额1000万元。

4月20日

农历壬寅年三月二十
星期三
温度：16℃~21℃
多云转小雨

●市委常委会召开会议，学习贯彻习近平总书记重要讲话精神，以及中央有关文件和全国、全省有关会议精神，统筹疫情防控和经济社会发展，统筹发展和安全，研究部署泉州市安全生产、生态文明建设、基层党建等工作。

●泉港区2022年开放招商项目集中签约暨开竣工活动举行，82个项目参加活动，其中集中签约49个项目，总投资514.5亿元，集中开竣工33个项目，总投资83.64亿元。

●中国共产党党员，泉州市军分区原司令员余伯斌逝世，享年88岁。

4月21日

农历壬寅年三月廿一
星期四
温度：19℃~24℃
多云

●省委常委、统战部部长王永礼到泉州调研民营企业复工复产情况，并与企业家座谈，了解泉州企业面临的困难和问题，推动在做好疫情防控的同时，促进复工复产提速。

●第一季度经济运行分析视频会召开。

●市防控新冠疫情应急指挥部办公室发布通告，从是日0时起，泉州市全市均为低风险地区，全域解除防范区管理。

●白沙方舱集中医学观察场所完成使命闭舱。

第一季度全市经济运行分析视频会召开

第一季度经济运行分析视频会召开。会议强调，要总结经验教训，围绕精准预警、快速响应、科学处置，健全完善全员滚动核酸检测、重点地区人员提醒和落地排查、交通卡口线下查验、重点场所人员比对、诊所药店哨点监测触发、基层防疫专员摸排等机制，织密织牢疫情防控网。要加快建设地理信息和人口信息相融合的三维可视化平台，探索社区网格化管理新机制，补齐公共卫生体系短板，提升基层治理水平和综合服务效能。要采取非常之力、非常之举、非常之策，攻坚既定目标任务。要传承弘扬“晋江经验”，全力以赴保市场主体，开展“一企一策促发展”行动，结合对冲疫情影响、“提高效率、提升效能、提增效益”行动和“强产业、兴城市”双轮驱动，层层递进助力企业复工复产、满工达产、增资扩产、提质强产，让民营经济活力充分迸发。要坚持项目为先、项目为基、项目为要，存量增量一起抓，推动企业物理空间改造和生产工艺技术改造，加快在建项目提速提效，精准招引一批建链、补链、延链、扩链优质项目，激发投资后劲。要精准施策，线上线下并举，促进消费扩容提质，支持餐饮、住宿、零售、旅游等困难行业发展，挖掘新兴消费潜力。要提升外贸出口质效，发挥港澳侨台力量，搭好平台、做好服务、拓展渠道，促进更多优势产品走出去。要下大力气保运转、保民生、保安全、保稳定，加快恢复正常生产生活秩序，保持经济社会基本面平稳有序运转。

泉州市全域解除防范区管理

市政府新闻办公室召开2022年泉州市新冠疫情防控情况第三十四场新闻发布会。会上通报，截至是日，泉州市已连续5天无新增确诊病例、无新增无症状感染者。市防控新冠疫情应急指挥部办公室发布通告，从是日0时起，泉州市全市均为低风险地区，全域解除防范区管理。为继续做好疫情防控工作，统筹疫情防控和经济社会发展，通告要求，要落实好常态化核酸检测工作，加强“外防输入”工作，做好社会面管控工作，加快推进新冠疫苗接种工作。通告自22—28日施行，后续根据疫情防控形势动态调整。

是日，泉州白沙方舱集中医学观察场所完成使命闭舱。白沙方舱于3月16日开启昼夜连轴建设，建成隔离房1284间。市应急、财政、生态环境、文旅、巡察办、计生协会及泉州台商投资区区直机关的干部组成工作队，经集中培训、前期准备后，于3月31日进驻。在保障基本生活条件的基础上，工作专班第一时间回应隔离人员的诉求，帮助隔离群众解决有感小事。紧盯“关键少数”，为老弱孕幼提供点心、牛奶、水果、面包等，为中小学生、大学生上网课、做作业提供学习用品、平板电脑等力所能及的服务；创造性开展工作，开设白沙方舱之声广播站，组织向隔离对象有奖征集“我与白沙方舱的故事”“白沙方舱生活感言”音视频主题作品，为隔离人员提供爱心小礼物、过生日，打造 “隔离不隔爱”的温馨之家，让集中隔离的“硬要求”通过“软举措”落实到位；为医护人员举办“我的白沙方舱日记”短视频比赛和广播操活动；为保洁、消杀人员举行穿脱防护服比赛等，在繁重工作之余，培育温馨团队文化。

2022年泉州市新冠疫情防控情况第三十四场新闻发布会现场（图/陈晓东）

刘建洋调研重点项目复工复产工作

省委常委、市委书记刘建洋到部分重点项目施工现场，调研疫情防控、复工复产、安全生产等工作。市领导施宇辉、刘林霜、蔡天守参加调研。在福建医科大学附属第二医院新建住院楼项目建设现场，刘建洋了解疫情防控措施落实、项目推进困难等情况。在泉州大桥及接线扩宽改造工程、国道324改线工程惠安段、泉州环湾快速路石狮连接线工程（二期）等“聚城畅通”项目现场，刘建洋结合规划图纸，了解工程设计、关键节点、要素保障等情况。

调研中，刘建洋强调，各级各有关部门要学习贯彻习近平总书记到福建考察时的重要讲话精神，落实全省季度经济会议部署，按照第一季度全市经济运行分析视频会要求，把抓疫情防控的精气神转化为加快追赶的强劲动力，推动项目建设提速提质提效，确保“强产业、兴城市”双轮驱动各项任务落实到位。要理顺职责、明确分工，建立健全常态化调度机制，落实好项目责任单位、业主单位、属地及施工单位“四方责任”，坚持管行业必须管项目、管统计、管安全、管服务，做好项目前期、征迁、融资、要素等保障，严把工程项目安全关质量关，在一线及时协调解决困难问题。要精心策划、精细运作，既立足当前又着眼长远，按照产业培育、基础设施、公共服务配套、生态环境“四个优先”，系统谋划、落地生成更多利民惠民的好项目大项目，完善医疗、教育、交通等城市综合服务体系，更好助力全方位推进高质量发展超越。

刘建洋（左三）调研泉州环湾快速路石狮连接线工程（二期）（图/陈起拓）

电子信息产业发展工作专题会议召开

电子信息产业发展工作专题会议召开。会上，围绕推动电子信息产业复工复产、尽量把疫情影响降到最低这一主题，与会人员聚焦保障产业链供应链、引进专业技术人员、培育前沿研究机构、强化产业要素保障、协同破解疫情负向冲击等进行交流、探讨，共同谋划下阶段工作思路。会议强调，要总结借鉴泉州市疫情防控成功经验，完善电子信息产业发展小组组织架构，建立健全工作运转机制，当好产业发展的指挥部、参谋部、后勤部，为泉州市电子信息产业稳健发展、勇当先锋提供有力支撑。要把抗击疫情的精气神转化为加快追赶的强动力，主动靠前、精准服务，加快构建功能齐全、配套完善的产业生态圈，实现电子信息产业高质量跨越发展。

国家集中带量采购人工关节落地泉州

是日起，泉州市相关医疗机构统一执行国家组织人工关节集中带量采购中选价格。人工关节是国家组织开展的第二类集中带量采购高值医用耗材。在此次国家组织人工关节集中带量采购中选结果中，共有115种产品中选，内外资企业均有产品中选，人工髋关节平均价格从3.5万元下降至7000元左右，人工膝关节平均价格从3.2万元下降至5000元左右，平均降价82%。人工关节集采结果的落地将大幅度减轻患者负担。国家组织人工关节集中带量采购中选结果于15日在福建医疗保障信息平台药品和医用耗材招采管理子系统挂网，22日起正式执行，泉州二级及以上公立医疗机构、驻泉州军队医疗机构参加。人工关节集采中选产品以含伴随服务费的中选价格为支付标准，纳入医保支付范围，不设个人先行自付比例，按基本医疗保险的规定支付。

4月22日

农历壬寅年三月廿二
星期五
温度：21℃～29℃
多云转阴

●省委常委、市委书记刘建洋到部分重点项目施工现场，调研疫情防控、复工复产、安全生产等工作。

●电子信息产业发展工作专题会议召开。

●市政协党组理论学习中心组学习会议召开，传达学习习近平总书记在全国“两会”期间的重要讲话精神、近期重要讲话重要指示批示精神，以及中央、省委、市委重要会议、重要文件精神。

●全市粮食安全暨农业农村复工复产视频会召开，研究部署粮食安全、农业农村复工复产、春耕、撂荒地复耕等工作。

●是日起，泉州市相关医疗机构统一执行国家组织人工关节集中带量采购中选价格。

4月23日

农历壬寅年三月廿三
星期六
温度：21℃～29℃
多云

●泉州市启动突发事件处置财政保障机制。

●北峰方舱集中医学观察场所送走最后一批35名医学观察对象后闭舱。

●泉州市知识产权公证服务中心开始运行。

泉州市启动突发事件处置财政保障机制

该轮疫情发生以来，泉州市及时启动突发事件处置财政保障机制，主动向上争取专项补助资金1.48亿元和调度资金支持6.9亿元。同时，实行资金拨付绿色通道，紧急调拨库款17.2亿元支持各县（市、区）和市属国企疫情防控资金周转。

市财政局负责人介绍，在助企抗疫复工复产方面，落实减税降费政策。2022年以来已落实减税降费20亿元，并将第一批小微企业留抵退税转移支付资金10.36亿元全部下达各县（市、区）。争取省上新增设立第六期100亿元中小微企业纾困增产增效专项贷款并向泉州市倾斜，优化银担合作机制，促进专项贷款顺畅落地和用足用好。对承租国有房屋从事生产经营活动的小微企业和个体工商户免除3个月租金。在兜牢基本民生保障方面，市财政局提前下达城乡困难居民最低生活保障、特困群众生活救助及困难群众临时救助补助资金3.77亿元。加大医疗保障投入，提前下达城乡居民基本医疗保险补助资金17.47亿元，下达城乡医疗救助补助资金1.65亿元。对不裁员少裁员的参保中小微企业按其实际缴纳失业保险费的90%给予返还，并对稳岗引工用工给予奖励。疫情期间支持市属国企开设“流动超市”集中供应，对应急交通运输、民生物资保供等给予补贴。

北峰方舱集中医学观察场所闭舱

北峰方舱集中医学观察场所（以下简称方舱隔离点）送走最后一批35名医学观察对象后闭舱。至此，泉州市白沙、北峰2个方舱隔离点均全部完成使命，顺利闭舱。方舱隔离点工作是疫情防控的重要环节。疫情发生后，面对时间紧、任务重、要求高且隔离点设计、施工建设、管理团队架构、医务团队组建和后勤保障等方面都没有成熟模式可参考借鉴等实际困难，市防控疫情应急指挥部转运隔离组领导靠前指挥，市、区两级干部挺身而出，泉州城建集团、省五建集团、福建集英保安集团等国企主动担当，泉州正骨医院、泉州市妇幼保健院·儿童医院成建制派驻，分别组建北峰、白沙两个工作队，为两个方舱隔离点的安全有序运行提供有力支撑。

北峰方舱隔离点位于丰泽区北峰站前东西大道以北，共有隔离房1512间，自3月30日开舱以来，接受医学观察对象1656人。北峰方舱工作队在落实舱内、舱外不出现“人传人”“物传人”等工作要求基础上，抓好方舱日常管理、医疗保障、进出转运、院感防控、安全保卫和人文关怀等工作。工作人员在用心保障医学观察对象日常物质需求的同时，也十分注重他们的心理健康，开展人文关怀工作，通过问题收集、心理疏导等方式，帮助他们解决实际需求，缓解心理的不安和焦虑。隔离期间，医务人员还通过中西医结合的方式，为医学观察对象发放中药汤剂和中药香囊，受到大家的一致好评。中药汤剂主要是扶正固表方，有解毒祛湿功效。香囊则有凝神静气、安神解压的作用。

泉州市知识产权公证服务中心开始运行

福建省泉州市海峡公证处（以下简称海峡公证处）在泉州市知识产权保护中心（以下简称泉州保护中心）办理首件线上知识产权维权公证业务，现场接收并封存第一件证物。此举标志着海峡公证处入驻泉州保护中心服务大厅办公，泉州市知识产权公证服务中心开始运行。泉州保护中心致力于为企事业单位提供集快速审查、快速确权、快速维权、运用促进于一体的知识产权“一站式”综合服务，打通知识产权创造、运用、保护、管理、服务全链条，构建审查确权、行政执法、维权援助、仲裁调解、司法衔接相联动的知识产权快速协同保护体系。知识产权公证服务有利于解决知识产权纠纷“举证难”的问题，是知识产权保护中的重要环节。实践中，公证有其专业性、客观性等优势，能够及时、有效地固定相关证据，防止证据灭失，对于维护当事人合法权益、预防纠纷、减少诉讼、维护社会诚信具有积极的意义。

市四套班子领导参加义务植树活动

市四套班子领导刘建洋、蔡战胜、李建辉、肖汉辉、宿利南、施宇辉、陈辉宗、卢秀萍、傅藏荣、黄景春、高宏等到洛江区滨江路阳江新城公园，与市直机关、洛江区区直机关干部和志愿者，一同开展义务植树活动大家挥锹铲土、培土围堰、提水浇灌、踩实固苗，种下200多株樟树、秋枫、木棉、银叶金合欢。为推进创建国家森林城市工作深入开展，泉州市2022年设立义务植树活动植树点21个、面积16.36公顷，并倡导群众通过抚育管护、自然保护、认种认养等方式履行植树义务，开展“互联网+义务植树”，拓宽公众尽责有效途径。此外，泉州市还结合林分改造提升，营造珍贵阔叶树种，推广种植观赏价值高、经济效益好、群众赏心悦目的树木，为建设宜居泉州、美丽泉州添砖加瓦。

市四套班子领导参加2022年义务植树活动（图/陈英杰）

全市基层党建工作重点任务推进会召开

全市基层党建工作重点任务推进会召开。会议指出，要深化城市基层党建引领基层治理，强化穿透式网格管理，建设“党建+”邻里中心，推动社区、小区物业党建联建；要擦亮两新组织党建品牌，推动“党建入章”工作扩面提质，强化新业态新就业群体党建探索创新；要统筹推进国有企业、机关、事业单位党建工作，巩固组织优势；要提高党员队伍质量，加强党员队伍建设。要久久为功，推动基层党建工作提质增效。责任体系要穿透明晰，培树品牌要务实管用，推动工作要善用方法。会上，市委市直机关工委、泉港区、晋江市、南安市、惠安县等做交流发言。

安溪县位列“农产品数字化百强县”第一名

农业农村部管理干部学院、阿里研究院发布《“数商兴农”：从阿里平台看农产品电商高质量发展》，并公布2021年全国“农产品数字化百强县”榜单。安溪县登上榜首，位列“农产品数字化百强县”第一名。福建省9个县（市、区）上榜，其中3个县（市）进入前五强，6个县（市）跻身前二十强。福建省内上榜的县（市）还有武夷山市、福鼎市、龙海区、仙游县、晋江市、南靖县、古田县、霞浦县。福建商家在阿里巴巴全平台的优势农产品主要包括：安溪铁观音、武夷山大红袍、福鼎白茶、龙海绿植、南靖花卉、古田银耳等。其中安溪县的主要产品是铁观音；晋江市凭借即食鱼零食、榴莲干入选。

安溪电子商务蓬勃发展，网络零售额大幅增长。2021年1—12月，全县网络零售额268.34亿元，比2020年同期增长25.7%（其中家具类102.24亿元，增长49.5%；茶叶类66.89亿元，增长37.8%），网络零售额位居全市第四。全县淘宝镇10个、淘宝村增至54个（较2020年增加18个）。在“2021中国县域电商竞争力百强县”榜单中，安溪县位列第60位。农产品销售也借势电商，利用节假日开展营销活动，势头强劲。2021年除利用春节、国庆等节假日和“6·18”京东店庆日、“双十一”开展促销活动外，还开展“茶乡乐购·品鉴好货”“全民乐购”“云上跨年购”“秋季茶乡购促消费”等活动。据统计，2021年1—12月，全县农产品网络零售额71.96亿元，同比增长29.0%。此外，安溪还积极拓展网络销售渠道，增加电子商务人才储备。2021年，开展网络直播52229场次，比2020年同期增长249.6%；开展电子商务各类培训80期（3131人）。全县有电商企业9092家，电商店铺数22915家，直接从业人数6万多人。

4月24日

农历壬寅年三月廿四
星期日
温度：22℃～31℃
多云

●省委副书记、政法委书记罗东川到德化、永春基层调研，指导推进基层党建、网格治理助力疫情防控、知识产权保护和乡村振兴等工作。

●市四套班子领导刘建洋、蔡战胜、李建辉、肖汉辉、宿利南、施宇辉、陈辉宗、卢秀萍、傅藏荣、黄景春、高宏等到洛江区滨江路阳江新城公园，与市直机关、洛江区区直机关干部和志愿者，一同开展义务植树活动。

●全市基层党建工作重点任务推进会召开。

●农业农村部管理干部学院、阿里研究院发布《“数商兴农”：从阿里平台看农产品电商高质量发展》，并公布2021年全国“农产品数字化百强县”榜单。安溪县登上榜首，位列“农产品数字化百强县”第一名。

4月25日

农历壬寅年三月廿五
星期一
温度：23℃～31℃
多云转阴

●十三届市委财经委员会第一次会议召开，传达学习十一届省委财经委员会第一次会议精神，审议市委财经委员会2021年工作总结报告和2022年工作要点，研究推进“复工复产、满工达产、增资扩产、提质强产”，提升经济发展质量效益有关工作。

●市人大常委会机关干部会议召开，传达学习习近平总书记关于疫情防控工作重要讲话重要指示精神、十三届全国人大五次会议精神，听取各工作组情况汇报。

●十月杂志社公布第十二届“中国淅川·十月诗会”入选名单，泉州市女诗人张端端作为福建省唯一代表入选。

十三届市委财经委员会第一次会议召开

十三届市委财经委员会第一次会议召开，传达学习十一届省委财经委员会第一次会议精神，审议市委财经委员会2021年工作总结报告和2022年工作要点，研究推进“复工复产、满工达产、增资扩产、提质强产”，提升经济发展质量效益有关工作。

会议强调，要因势而谋、科学调研，加快实施“强产业、兴城市”双轮驱动，逆势突围打好攻坚战，全力以赴完成既定目标任务。要对照工作要点，细化工作措施，强化协调督促，确保各项工作迅速干起来，把目标、政策穿透落实到位。要立足当前、着眼长远，主动对接省上支持，推动民航高质量发展，统筹做好多式联运、内外联通、优化航线、综合保税、临空经济等工作，加快构建现代综合立体交通运输体系。要提高认识，实施“提高效率、提升效能、提增效益”行动，传承弘扬“晋江经验”，提振爱拼敢赢精气神，非常之时，要以非常之举措精准帮扶企业纾困解难，释放市场活力，加快把疫情耽误的时间抢回来、造成的损失补回来，追上全省步伐、赶上全年目标。要精准施策，开展“一企一策促发展”行动，推动“局长走流程”“局长走基层”，摸清企业发展需求和投资意向，加强政策直达滴灌，既解决共性问题又解决个性问题，服务企业物理空间和生产工艺技术“双改造、双提升”，层层递进助推企业复工复产、满工达产、增资扩产、提质强产。要专班推进，推动工作落实落细，坚持市县联动、条块结合，支持企业做大做强、转型升级，加大开放招商力度，推动产业强链建链补链延链；坚持管行业必须管项目、管服务、管进度、管统计、管安全，一项目一机制促进度，压实项目单位、业主单位、属地、施工单位责任，加强协调调度、协同增效，确保在建项目早竣工早投产早达产。

市人大常委会机关干部会议召开

市人大常委会机关干部会议召开，传达学习习近平总书记关于疫情防控工作重要讲话重要指示精神、十三届全国人大五次会议精神，听取各工作组情况汇报。会议指出，要认真总结、深刻反思，从抗疫实践中汲取宝贵经验，把奋战一线的抗疫精气神，转化为推动工作的强劲动力，开展“提高效率、提升效能、提增效益”行动，在围绕中心服务大局、聚焦重点补齐短板、创新机制激发活力、联系代表服务代表、强化机关干部培养等工作中见担当、显精神，把疫情造成的损失降到最低，开创新一届人大工作新局面。

市人大常委会机关干部会议现场（图/王虎文）

泉州市诗人首次入选“十月诗会”

十月杂志社公布第十二届“中国淅川·十月诗会”入选名单，泉州市女诗人张端端作为福建省唯一代表入选。此系泉州市诗人首次入选“十月诗会”。“十月诗会”是十月杂志社主办的年度诗歌盛会。自2010年以来，已分别在全国9个省市举办过11届，实现“荟萃名家与新人，对接诗歌与城市，引领潮流与风范”的办会目标，已成为中国诗坛极具影响力和美誉度的诗歌品牌之一。第十二届“中国淅川·十月诗会”在河南省淅川县举行，经过审读、评议，蒙晦等10位青年诗人从400余位应征作者中脱颖而出。

相关链接：张端端，笔名张不知，惠安人，福建省作家协会会员，作品散见于《十月》《诗刊》《星星》等刊物，已出版诗集《不知诗欢》。

刘建洋调研重点项目建设并看望慰问一线劳动者

省委常委、市委书记刘建洋调研推动部分在建重点项目，并看望慰问复工复产一线的劳动者，市领导施宇辉、张文贤、刘林霜、蔡天守参加调研。每到一处，刘建洋直奔项目关键节点，现场查进度、找症结、理流程、解难题，督促各级各有关部门强化全过程协同和精准调度落实。刘建洋强调，重点交通基础设施建设事关全市经济社会发展，是“强产业、兴城市”的重要先导条件。各级各有关部门要强化问题导向和目标导向，落实项目单位、业主单位、属地、施工单位责任，按照一项目一机制促进度，做到管行业必须管项目、管服务、管进度、管统计、管安全，穿透解决好项目前期、用地用林报批、管线下地改造等困难问题，聚力攻坚一批久拖未决、建设滞后的重大项目。要树立前瞻理念，深入细致谋划现代物流、综合交通体系发展规划等，发挥好交通基础性、先导性、战略性和服务性作用，助推全市发展提高效率、提升效能、提增效益。要强化系统观念，统筹各类交通方式衔接，统筹当前与长远、局部与整体，按照产业培育、基础设施、公共服务配套、生态环境“四个优先”，梳理空间功能，精准谋划产业定位，因地制宜布局发展道口经济、高铁经济、临空经济等，加速人气商气集聚，让群众享有更多获得感幸福感安全感，为泉州市高质量发展超越贡献交通力量。

刘建洋（右六）调研泉州晋江国际机场扩建工程
（图/陈起拓）

蔡战胜到泉港和泉惠石化园区调研

市长蔡战胜到泉港、泉惠石化工业园区调研疫情防控和产业链招商工作，看望慰问一线劳动者。市领导肖汉辉、赖清正、汪志红参加调研。蔡战胜进园区、走工地、看项目，询问疫情防控、安全生产、环境保护、上下游配套等情况。座谈会上，蔡战胜强调，要落实市委“强产业、兴城市”双轮驱动，开展市政府“抓项目、促发展”系列专项行动，理顺园区体制机制，强化科技创新驱动，推动绿色低碳循环发展。要做大做强石化主导产业，建好园区载体，抢抓国家窗口期，强化产业链招商，引进落地一批发展前景好的龙头项目，加速推进石化产业强链延链补链，构筑“油头—化身—纺尾”完整产业集群。要开展“一企一策促发展”行动，攻坚难点堵点问题，助力企业复工复产、满工达产、增资扩产、提质强产。要坚持以产兴城、以城聚产、产城融合，提速城市建设，配齐民生设施，提升城市品质。

蔡战胜（左二）在福建百宏石化公司调研（图/林弘梫）

泉州民营经济研究院筹建工作座谈会召开

泉州民营经济研究院筹建工作座谈会召开。会议传达市委、市政府决定成立泉州民营经济研究院的批示精神，听取与会人员对泉州民营经济研究院发展目标、职能定位、机构设置、运营模式等方面的意见建议。会议提出，要坚持理论与实践相结合，致力于培养一支传承好经验好作风的民营企业家队伍，助力泉州产城融合、双轮驱动；要坚持开放性、包容性，吸纳国内外泉州籍侨胞力量，将研究院发展成推动泉州融入国家“一带一路”建设的平台。

4月26日

农历壬寅年三月廿六
星期二
温度：24℃～30℃
多云

●省委常委、市委书记刘建洋调研推动部分在建重点项目，并看望慰问复工复产一线的劳动者。

●26—28日，副省长康涛到泉州调研，召开企业、科研平台座谈会和省市有关部门座谈会，听取企业复工复产、传统产业转型升级相关工作情况汇报，了解企业存在的困难和问题，并就下一步工作抓手听取意见建议。

●市长蔡战胜到泉港、泉惠石化工业园区调研疫情防控和产业链招商工作，看望慰问一线劳动者。

●泉州民营经济研究院筹建工作座谈会召开。

●继全省会议之后，泉州市召开视频会议，通报全市安全生产形势，部署第二季度防范重特大安全生产事故工作。

4月27日

农历壬寅年三月廿七
星期三
温度：21℃～29℃
多云转阴

●市委常委会召开会议，传达学习《中共中央 国务院关于印发〈信访工作条例〉的通知》文件精神、全省深化医改工作座谈会精神，研究部署相关工作。

●市委理论学习中心组学习会召开，集中学习研讨《习近平书信选集》第一卷。

●市领导刘建洋、蔡战胜、肖汉辉、宿利南、施宇辉、黄景春、张文贤、庄灿霞等到晋江，与当地干部群众一同开展爱国卫生运动。

●市十七届人大常委会第二次主任会议召开，讨论通过市十七届人大一次会议代表建议重点办理件督办安排，讨论关于开展应急管理体系建设、反腐败国际追逃追赃工作、《泉州市机动车停车管理条例》实施等情况的专题调研方案等。

●市十七届人大常委会第二次会议召开，听取和审议市检察院研究处理市人大常委会《关于市检察院落实认罪认罚从宽制度工作情况的审议意见》情况的报告，并进行满意度测评，结果为满意。

●市政协主席肖汉辉带领有关单位负责人和部分市政协委员，围绕2022年度“加快数字泉州建设”方面的3件重点提案开展专题调研。

●市属国企收购上市公司股权投资协议签约活动举行，标志着泉州市国有控股上市企业实现“零”的突破。

市委常委会学习《信访工作条例》

市委常委会召开会议，传达学习《中共中央 国务院关于印发〈信访工作条例〉的通知》文件精神、全省深化医改工作座谈会精神，研究部署相关工作。会议强调，要加快推进“党建+”邻里中心建设，畅通社情民意反映渠道，用好“12345”热线、公检法联调机制等平台渠道，健全矛盾纠纷多元化解体系。要构建党委统一领导、政府组织落实、联席会议协调、信访部门推动、各方齐抓共管的信访工作格局，坚持源头治理、系统治理、依法治理，提升信访工作规范化、智能化、法治化水平。要勇于改革创新、先行先试，破解医改工作的痛点难点堵点，推进优质医疗资源扩容和均衡布局，抓好区域医疗中心、分级诊疗制度、基层医疗卫生机构等建设，统筹推进价格、编制、人事、薪酬等改革，促进各公立医院做精做优做强，有序推进疾控体系改革和医防融合。要加强组织领导、协调推进、穿透落实，确保医改各项任务取得实效。

市十七届人大常委会第二次主任会议召开

市十七届人大常委会第二次主任会议召开，讨论通过市十七届人大一次会议代表建议重点办理件督办安排，讨论关于开展应急管理体系建设、反腐败国际追逃追赃工作、《泉州市机动车停车管理条例》实施等情况的专题调研方案；讨论关于开展对市中级人民法院法官、市人民检察院检察官进行履职评议的工作方案，关于开展《中华人民共和国职业教育法》《中华人民共和国森林法》及《福建省森林条例》的执法检查方案。会议指出，要聚焦市委“强产业、兴城市”双轮驱动，着眼疫情后复工复产的新形势，及时调整年度工作重点，解放思想、打破常规、改进作风、精准发力，高质量做好立法、监督、决定、任免和代表工作，确保各项工作快落地、快见效。要从抗疫实践中汲取经验，实施“提高效率、提升效能、提增效益”行动，推动解决一批群众关注度高、社会覆盖面广、民生关联度大的热点难点问题。

市十七届人大常委会第二次主任会议现场（图/王虎文）

市政协开展数字泉州建设专题调研

市政协主席肖汉辉带领有关单位负责人和部分市政协委员，围绕2022年度“加快数字泉州建设”方面的3件重点提案开展专题调研。调研组走访福建省华昂体育用品有限公司和泉州大数据运营服务有限公司。在华昂体育制鞋智能化车间，调研组了解疫情防控措施落实、企业复工复产、信息化平台应用等情况并强调，要建立复工复产后常态化管控机制，落实疫情防控企业主体责任。要推动数字技术与实体经济的深度融合，促进产业链、价值链延伸拓展，带动产业向更高层次迈进。要强化数字技术创新能力，加快工业网络和装备的数字化升级。在泉州大数据运营服务有限公司，调研组指出，相关部门要推动政务数据全量汇聚、实行统一管理；做强做优做大数字经济，助力制造业和服务业企业的平台化转换，为泉州市全方位推进高质量发展超越贡献更多智慧。

市政协开展数字泉州建设专题调研（图/市政协）

4月28日

农历壬寅年三月廿八
星期四
温度：21℃～27℃
多云转阴

●泉州市2022年重大项目“云签约”活动举行。各县（市、区）、泉州开发区、泉州台商投资区分会场通过视频系统，与分布在全国各地的相关投资方“屏对屏”集中签约380个重大项目，总投资超3000亿元。

●市人大常委会党组及机关2022年度全面从严治党暨党风廉政建设推进会召开。

●市政协十三届一次常委会会议召开，传达学习贯彻习近平总书记在全国“两会”上的重要讲话精神和全国“两会”精神；协商通过《泉州市政协常委会2022年工作要点（草案）》。

●市疫情防控舆情宣传工作座谈会召开。

泉州市2022年重大项目“云签约”活动举行

泉州市2022年重大项目“云签约”活动举行。省委常委、市委书记刘建洋在泉州主会场通过视频连线见证部分项目签约，市长蔡战胜主持。市领导李建辉、肖汉辉、施宇辉、高向荣、刘林霜等参加活动。各县（市、区）、泉州开发区、泉州台商投资区分会场通过视频系统，与分布在全国各地的相关投资方“屏对屏”集中签约380个重大项目，总投资超3000亿元。

刘建洋表示，泉州正学习贯彻习近平总书记重要讲话重要指示精神，落实省委、省政府部署要求，统筹好疫情防控和经济社会发展，传承弘扬“晋江经验”，发挥民营经济发达、世界文化遗产城市历史厚重、在外泉州企业家和港澳台侨资源丰富三大比较优势，加快实施“强产业、兴城市”双轮驱动，当好全方位推进高质量发展超越主力军。全市突出把招商引资作为经济工作的生命线，打造极具前景的投资热土、兴业沃土、创业乐土，欢迎大家把资金、技术、管理、品牌等优势，与泉州未来潜力结合起来，共同打开更广阔的发展空间。各级各部门要开展好“提高效率、提升效能、提增效益”行动，“一企一策促发展、一项目一机制促进度”，为企业提供全生命周期服务和全要素保障，专人专班加速推进签约项目早日落地开工、早日竣工投产、早日发挥效益。同时，对标市场化、法治化、国际化、便利化，优化营商环境，打造公平公正透明可预期的法治环境、高效便捷的政务环境、诚实守信的人文环境、宜居宜业的生态环境，让全球客商在泉州安心经营、放心发展，实现企业腾飞与城市繁荣的双赢。

泉州市2022年重大项目“云签约”活动现场（图/陈起拓）

市人大常委会党组及机关全面从严治党暨党风廉政建设推进会召开

市人大常委会党组及机关2022年度全面从严治党暨党风廉政建设推进会召开。会议要求，要根据疫情后面临的新困难新问题，找准站位、精准发力，实施“提高效率、提升效能、提增效益”行动，把市委最为关注、政府最难推动、群众最想解决的问题作为监督重点，突破固有思维方式，锲而不舍、一抓到底，助力经济社会发展和改革攻坚任务。坚持党建和业务工作同谋划、同部署、同落实，策划生成一批“党建+”典型。要支持派驻机关纪检监察组加大监督执纪力度，打造忠诚、干净、担当的人大干部队伍。

市人大常委会党组及机关2022年度全面从严治党暨党风廉政建设推进会现场（图/王虎文）

市疫情防控舆情宣传工作座谈会召开

市疫情防控舆情宣传工作座谈会召开。会议指出，要用好实践成果、制度成果、作风成果，推动宣传思想工作守正创新、高质量发展。要健全完善“平战结合”工作机制，做好复工复产和“强产业、兴城市”双轮驱动等中心工作宣传。要保持昂扬向上的势头和劲头，振奋爱拼敢赢的精气神，延续敢打硬仗的好作风，结合实施“提高效率、提升效能、提增效益”行动和开展“专业化、落实力”提升年活动，加大力度、加快进度，把被疫情耽误的时间抢回来，把落下的进度赶上来，完成年度既定的各项目标任务。

4月29日

农历壬寅年三月廿九
星期五
温度：19℃～33℃
多云转阴

●省委书记尹力到泉州部分企业调研疫情防控措施落实、复工复产和安全生产情况，看望慰问一线劳动者。

●市委召开全市视频会议，传达贯彻28日全省视频会议和省委主要领导到泉州调研有关精神，听取部分县（市、区）、市直部门疫情防控工作和复工复产情况汇报，研究部署有关工作。

●市政府党组扩大会议召开，传达贯彻习近平总书记在北京冬奥会冬残奥会总结表彰大会、中央党校（国家行政学院）中青年干部培训班开班式上、在海南考察时、参加首都义务植树活动时、在全国“两会”期间重要讲话精神等。

●市政府第七次常务会议召开，研究并通过《关于科学造林绿化的实施意见》等。

●泉州市退役军人和其他优抚对象首批优待证发放仪式在晋江举行。

●由团市委、市档案馆、市社科联主办的“喜迎二十大 永远跟党走 奋进新征程——‘青春百年’电影海报展”在泉州侨批馆开幕。

尹力到泉州部分企业调研

省委书记尹力到泉州部分企业调研疫情防控措施落实、复工复产和安全生产情况，看望慰问一线劳动者。

在泉州顺丰速运少林路营业点，尹力了解快递员工作流程、疫情防控措施落实和每月收入等情况，尹力指出，任何一份职业都很光荣。在疫情防控中，快递员不辞辛劳，从早到晚在大街小巷里穿梭，为保障群众生活发挥重要作用，在平凡岗位上干出不平凡业绩。尹力还叮嘱大家做好自我防护，注意交通安全，做文明守法的新时代劳动者。尹力到三六一°（中国）有限公司、渠梁电子公司和卡宾服饰（中国）有限公司，与企业负责人沟通交流，参观产品展示，了解企业在科技研发、服装设计、市场营销和疫情防控、复工复产、安全生产等方面情况。尹力指出，晋江民营经济发达，是“晋江经验”的诞生地，拥有众多国内外知名品牌。企业要在当地党委、政府的支持帮助下，以最快速度实现达产满产，把疫情造成的损失补回来，在防住疫情的同时稳住经济，推动经济社会快速恢复发展。尹力鼓励企业立足自身优势，运用大数据分析，明确市场定位，针对多种场景、不同人群开发具有地方特色的产品。每到一处，尹力都到生产车间，看望一线产业技术工人。尹力指出，劳动最光荣。希望劳动群众弘扬劳模精神、劳动精神、工匠精神，勤于创造、勇于奋斗，靠劳动创造美好生活。各级党委和政府要调动劳动群众积极性、主动性、创造性，保障他们的合法权益，支持和激励劳动群众在新时代更好建功立业。

泉州市退役军人首批优待证首发仪式举行

泉州市退役军人和其他优抚对象首批优待证首发仪式在晋江举行。仪式现场为首批完成优待证申领制作的9名退役军人代表颁发优待证。邮政储蓄银行、工商银行、农业银行、光大银行的工作人员分别为9名退役军人代表介绍优待证的优势及权益，并为他们的优待证进行首发激活。优待证发放工作是拥军优属的重要内容之一，是党中央、国务院继推出为退役军人和其他优抚对象统一悬挂光荣牌之后，再次推出的一项尊崇退役军人的措施，体现党中央、国务院和中央军委对军队建设的高度重视，对退役军人的尊崇、关爱。2021年12月14日，退役军人事务部宣布启动退役军人、其他优抚对象优待证申领工作，市退役军人局立即成立优待证申领发放领导小组和工作专班，各县（市、区）、乡镇（街道）退役军人中心（站）相应启动申领发放工作。

泉州市退役军人和其他优抚对象首批优待证首发仪式（图/林劲峰）

“青春百年”电影海报展开幕

由团市委、市档案馆、市社科联主办的“喜迎二十大 永远跟党走 奋进新征程——‘青春百年’电影海报展”在泉州侨批馆开幕。图为展览现场。（图/张九强 王育泽）

泉州市开展“一企一策促发展”活动

市委办、市政府办发布通知，为深化实施“提高效率、提升效能、提增效益”行动，加快疫情防控新常态下复工复产，推动企业长远发展，市委、市政府决定在全市开展“一企一策促发展”活动，坚持企业导向、问题导向，瞄准企业需求优化政策供给，助推企业转型升级、做大做强。“一企一策促发展”活动旨在层层递进帮助企业实现“四个目标”：尽快实现复工复产、满产达产、增资扩产、提效强产，确保4月底前全面复工复产复市，确保二季度工业生产、项目投资、开放招商等主要指标跟上全省步伐，“强产业、兴城市”专项行动全面赶上年度安排。

该活动主要包括三项内容：一是现场办公优服务。开展“领导到一线、局长走基层、干部下车间”，开展“局长走基层、进企业”，送政策上门、送服务上门，形成千名领导挂企业、万名干部帮万企的氛围。二是“一事一议”解难题。用好省委、省政府给予泉州的政策礼包，抓住消费黄金周、抱团营销、增资扩产、上市融资、开放招商、园区标准化等关键事项，抓住物流、融资、用工、生产、原料等实际困难，条块结合既解决共性问题，又解决个性问题。三是“一企一策”促发展。市、县两级政策叠加、“一企一策”重点推动本地龙头、重点企业做大做强，就地增资扩产，就近配套循环，支持中小企业入园进园、集聚发展，支持现有企业的活力和潜能释放出来，把产业链、供应链夯得更扎实。

福建省首颗0.5米遥感卫星“安溪铁观音二号”卫星发射成功

11时30分，在中国东海海域海上发射平台，长征十一号运载火箭将“安溪铁观音二号”卫星送入预定轨道，发射成功。该星同已发射的“安溪铁观音一号”卫星实现对地组网观测。该卫星由安溪县政府与中科星桥和长光卫星合作研制，是福建省首颗分辨率达到0.5米的光学商业遥感卫星，也是中国民用和商用领域最高分辨率的光学遥感卫星之一，跻身世界商业遥感卫星领域第一梯队。

“安溪铁观音二号”卫星是继2月27日“安溪铁观音一号”卫星发射成功后，安溪县在建设空天大数据产业链和商业航天领域的又一个里程碑，该星的成功入轨，对助力安溪县茶产业高质量发展以及福建省茶叶种植监测具有实质性强支撑作用，为泉州数字经济发展注入强大的新动能。该卫星具备高分辨率、高集成度和智能化特点，轨道高度535千米，成像宽幅15千米。该卫星具有星上任务自主规划、实时数传和星上AI功能，结合快速机动控制，可实现单轨多点目标成像和信息快速回传。卫星拥有各类先进成像模式：除常规成像模式外，还具有非沿轨灵巧成像模式，可直接获取“准正射”原始图像；低照度夜光成像模式可获取城市夜间灯光图像；惯性空间扫描模式可观测空间碎片和天体。该卫星可为福建省及全球客户提供自然资源监测、城市精细化管理、精准农业、数字茶园、智慧海洋、应急防控及全球重点目标变化监测等领域的空天大数据服务。

晋江启动消费促进季活动

由泉州市商务局和晋江市政府指导，晋江市商务局等主办的“爱晋江·欢乐购”消费促进季活动即日起启动并持续至7月，通过统筹2.5亿元消费资金券激发市场活力，鼓励引导全社会放心消费，助力各行业复工复产。“爱晋江·欢乐购”消费促进季活动在落实疫情防控工作的基础上，通过“政府搭台、企业唱戏”的方式，由晋江市政府投入5000万元用于发放各类消费券，企业商家优惠让利2亿元，开展惊喜购车季、购房狂欢节、惠民好物线上购、十亿消费嗨购季、品牌电商欢购季、职工消费券、爱晋江·暖心行动、文旅消费嘉年华、“团团探宝”等主题促消费活动。同时，发动晋江各商圈街区、楼市车市、住宿餐饮、文旅消费等商贸企业，开展“线上+线下”相结合的促消费活动，撬动消费市场，加快消费回补。

4月30日

农历壬寅年三月三十
星期六
温度：17℃～21℃
多云转小雨

●泉州市开展“一企一策促发展”活动。

●福建省首颗0.5米遥感卫星“安溪铁观音二号”卫星发射成功。

●晋江启动消费促进季活动。

5月1日

农历壬寅年四月初一
星期日
温度：16℃～18℃
小雨转中雨

●是日起至8月20日，泉州市开展双拥创模“百日宣传”活动。

●12时起，泉州市渔船除钓具外的所有作业类型，以及为捕捞渔船配套服务的捕捞辅助船，都进入伏季休渔期。

●泉州市“五一”国际劳动节致敬抗疫英雄精品展演举行。

●由泉州市商务局、南安市政府指导的南安“五月花”直播乐购节启动。

泉州市开展双拥创模“百日宣传”活动

是日起至8月20日，泉州市开展双拥创模“百日宣传”活动。此次“百日宣传”活动以“弘扬抗疫精神，军民勠力同心，努力争创新一届福建省双拥模范城（县）”为主题，突出宣传新时代双拥工作新思想、双拥创模先进典型、双拥政策落实取得的成效、部队官兵拥政爱民先进事迹、双拥和国防基础知识、退役军人参与疫情防控的先进事迹。

泉州市渔船进入伏季休渔期

12时起，泉州市渔船除钓具外的所有作业类型，以及为捕捞渔船配套服务的捕捞辅助船，都进入伏季休渔期。据统计，此次全市有2219艘渔船参与伏休。根据省海洋与渔业局关于实施2022年海洋伏季休渔制度的通告，泉州市海域捕捞渔船休渔作业的时间为5月1日12时至8月16日12时。此外，兼作不同作业类型的渔船，休渔时间为5月1日12时至最长作业类型休渔时间。伏休期间，所有休渔渔船须执行船籍港所在海域休渔时间，并回渔船船籍港所在地休渔，不得擅自离港或改变停泊地点。严禁跨省休渔，确需省内跨县、跨设区市区域修船的，必须经船籍港和停泊港所在地县级渔业行政主管部门或者其所属的渔业执法机构确认同意，报设区市、省级渔业行政主管部门备案，由停泊地渔业行政主管部门履行监管职责。为防御台风异地避风的渔船，在防台风应急响应解除后，应及时回船籍港休渔。对于在5月1日至8月16日执行休渔规定的，可申领海洋伏季休渔补贴；未参与自愿休渔的钓具渔船，应当按照农业农村部要求，规范管理；违反海洋伏季休渔制度的渔船，按有关规定相应扣减渔业资源养护补贴。

泉州市“五一”国际劳动节致敬抗疫英雄精品展演举行

泉州市“五一”国际劳动节致敬抗疫英雄精品展演举行，多部梨园戏、高甲戏轮番上演，参与2022年春季抗疫的医护人员和抗疫志愿者等凭相关证明免费取票观看。1—3日，福建省梨园戏传承中心推出“春回福地 ‘艺’起出发”系列演出活动，线上可同步观看演出。1日，新编梨园戏《倪氏教子》在中心市区梨园古典剧院上演。2日和3日，新编梨园戏《御碑亭》和《董生与李氏》在中心市区梨园古典剧院举行，这两部作品均为梨园戏传承创新的精品。泉州市高甲戏传承中心推出“五一”国际劳动节致敬抗疫英雄专场演出。1日和2日，连演两场高甲戏现代戏《围头新娘》。3日，该中心推出打城戏传统经典剧目《真假美猴王》。

首届南安“五月花”直播乐购节启动

由泉州市商务局、南安市政府指导，南安市委宣传部和南安市商务局、发展改革局（泛家居办）、工信局、财政局、住建局、文体旅局、市场监管局、城管局、总工会主办的南安“五月花”直播乐购节启动。此系该市首次举办大型电商直播活动。活动持续至31日。首届南安“五月花”直播乐购节暨南安市国家级电子商务进农村综合示范县项目启动仪式在线上举行。活动涵盖建材家居、商超、汽车、美食、旅游、房地产等行业，包括“7+N”场促消费直播活动。消费者可挑选心仪的五金卫浴、抢到商家的优惠价、淘到农特产品、获取南安楼盘最新折扣以及酒店最新优惠套餐。在直播间里，中骏世界城、九牧、九日山、泉州市乡约电子商务有限公司、南安大酒店、南安武夷置业等发放大礼包。围绕“购、住、行、吃、游”五大板块，活动推出“乐购南安”“安居南安”“行在南安”“吃遍南安”“畅游南安”暨2022年南安市全域旅游节开幕晚会直播专场，并举行电子商务进农村综合示范县电商峰会，邀请专家、学者、企业家、网红大V等到直播间分享直播行业经验。

5月2日

农历壬寅年四月初二
星期一
温度：13℃～19℃
小雨转多云

●省发改委会同省水利厅转下达国家补助福建省国家水网骨干工程专项2022年第一批中央预算内投资3.72亿元，其中泉州市白濑水利枢纽工程获批3亿元，补助金额占全省总额80.6%。

●泉州市开展全市房屋结构安全隐患排查整治“回头看”。

●市人社局、市财政局出台支持企业复工复产加强职工培养培训措施，支持全市各类企业复工复产。

白濑水利枢纽工程获补中央预算内投资3亿元

省发改委会同省水利厅转下达国家补助福建省国家水网骨干工程专项2022年第一批中央预算内投资3.72亿元，其中泉州市白濑水利枢纽工程获批3亿元，补助金额占全省总额80.6%。白濑水利枢纽工程总投资142.69亿元，建设进展顺利，完成总投资86.27亿元。

泉州市开展房屋结构安全隐患排查整治“回头看”

为贯彻落实习近平总书记关于安全生产的重要指示批示和关于湖南长沙居民自建房倒塌事故的重要指示精神，吸取事故教训，举一反三，5月起，泉州市开展全市房屋结构安全隐患排查整治“回头看”，排查整治房屋安全隐患，防范类似事故发生，确保人民群众生命财产安全。

此次排查整治的重点包括以下7类房屋：一是2022年前已排查的经营性自建房，特别是位于学校、工业园区周边、城乡接合部、城中村以及用于培训机构的经营性自建房；二是2022年以来新投用的经营性自建房；三是未经正规设计施工的钢结构经营性房屋，已排查出的一般安全隐患钢结构房屋；四是擅自改扩建的房屋；五是50年以上的一般安全隐患老旧房屋；六是2021年危房清零行动中已进行加固的房屋；七是涉疫房屋。根据工作安排，各县（市、区）政府、管委会应立即动员部署辖区乡镇（街道）、村（社区）对上述7类重点房屋开展排查，并分级造册建档，实行清单化管理。至5月底完成排查重点中的第一、二类房屋排查“回头看”；至年底，完成排查重点中的第三类至第七类房屋排查“回头看”，做到不落一栋、不落一户。此外，对辖区内7类重点房屋的结构安全进行专业核定，明确房屋是否存在安全隐患。对已核定的隐患房屋，要坚持动态清零，采取果断措施分类处置，该封房的坚决封房，该加固的坚决加固，该拆除的坚决拆除，确保隐患房屋及时得到有效处置。

在此基础上，各县（市、区）政府、管委会要结合辖区实际，建立健全经营性自建房安全使用动态监管机制，将经营性自建房的建设活动纳入网格化日常巡查范畴。除对危险房屋采取维修加固、拆除等解危措施外，属砖混结构、土木结构、石结构、钢结构的既有房屋，一律不得进行改建、扩建以及改变承重墙体、承重结构的装修活动；属钢筋混凝土结构的既有房屋，原则上不得进行改建、扩建，确需改建、扩建的，应按规定程序报批同意后，委托有资质的单位进行设计和施工，并经有资质的第三方鉴定机构鉴定符合安全使用要求后方可用作经营。

泉州市出台加强职工培养培训措施

市人社局、市财政局出台支持企业复工复产加强职工培养培训措施，支持全市各类企业复工复产。根据文件，泉州市鼓励在泉州企业中高层管理人员自主参加全市专业技术人员知识更新工程。2022年泉州市推出“民营企业家高级研修班”等9个省级高级研修项目及“职业经理人能力提升”等21个市级中级研修项目，以提高企业管理人员应对困难风险、文化塑造、持续创新发展等能力。企业管理人员自主选择以上项目，于9月30日前报名，并按要求完成培训的，给予培训费用全免或减半。

泉州市鼓励各地与高校、知名培训机构合作，举办初创企业经营者能力提升班。资助2019年以来初创并在本县级行政辖区内具有发展潜力和带头示范作用突出的企业经营者参加进修学习或交流考察，按每人最高1万元标准给予企业经营者补助。在企业新型学徒制培训方面，泉州市支持企业与院校合作，采取“企校双制、工学一体”的培养模式，开展企业新型学徒制培训，培养企业所需的技能人才，应用“互联网+职业技能培训”模式，对与企业签订一年以上劳动合同的技能岗位新招用和转岗人员，按中级工班每人每年5000元、高级工班每人每年6000元标准给予企业培训补贴。此外，在岗前技能培训、企业直补、产业实训基地培训、马兰花创业培训、企业职业技能等级认定、高技能人才直接认定等方面也有相应支持。

5月3日

农历壬寅年四月初三
星期二
温度：18℃～24℃
多云

●省委常委、市委书记刘建洋到位于洛江的市区中心粮库调研粮食安全工作，看望慰问节日期间坚守岗位工作人员。

●泉州市妇女发展纲要（2021—2030年）》和《泉州市儿童发展纲要（2021—2030年）》颁布。

●珍稀鸟类栗苇鳽首次在泉州出现。

刘建洋到市区中心粮库调研

省委常委、市委书记刘建洋到位于洛江的市区中心粮库调研粮食安全工作，看望慰问节日期间坚守岗位工作人员。刘建洋到粮库智能化监控室察看测控系统，了解粮食储备数量、仓储管理、安全管理、应急准备情况，到粮仓检查储备粮质量。调研中，刘建洋强调，各级各部门要学习贯彻习近平总书记关于粮食安全的重要讲话重要指示精神，扛稳保障粮食安全的重大政治责任，抓实抓细各项工作，把握粮食安全主动权。要执行疫情防控各项措施，加强人员健康监测、车辆出入管理、周边环境消杀，织密织牢疫情防控网络。要坚持数量质量并重，提高粮食收储规范化、专业化和精细化管理水平，借助现代化、智能化储粮技术，确保储备粮质量良好、储存安全、管理规范，筑牢粮食安全基础。要提升粮食供给保障能力，做好粮食质量安全监测，完善粮食应急供应体系，强化风险管控和自查自纠，有力有效保供稳价，为群众守牢“米袋子”。

《泉州市妇女发展纲要（2021—2030年）》颁布

《泉州市妇女发展纲要（2021—2030年）》和《泉州市儿童发展纲要（2021—2030年）》（以下简称新“两纲”）颁布，泉州市新一轮妇女儿童事业发展蓝图明确。为满足妇女儿童对美好生活的向往，新“两纲”针对泉州市妇女儿童发展的特点、需求及其短板等，设置切实可行的目标和措施。新妇女发展纲要设置健康、教育、经济、参与决策和管理、社会保障、家庭建设、环境、法律8个领域，提出90项主要目标和113项策略措施。对比上周期纲要，增设“妇女与家庭建设”领域，增加41项主要目标。新儿童发展纲要设置健康、安全、教育、福利、家庭、环境、法律保护7个领域，提出81项主要目标和101项策略措施。对比上周期纲要，增设“儿童与家庭”“儿童与安全”两个领域，增加33项主要目标。

从主要目标和策略措施的具体内容看，新“两纲”设置强调四个方面，包括加强公共服务体系建设和制度机制建设，重点保障特殊困难妇女儿童群体权益，缩小妇女儿童发展的区域、城乡、群体差异，家庭、学校、社会和网络对儿童全方位全过程的综合保护等。与上周期“两纲”相比，新“两纲”既保持连续性，又立足泉州实际，具有新的特色和亮点。响应市党代会提出的“海丝名城、智造强市、品质泉州”发展愿景，在相关领域新增加许多具有泉州本地特色的目标和措施。如提出加强女性专业技术和技能人才队伍建设，实施人才“港湾计划”，优化和简化女性人才落户泉州政策及手续，创新设置“女工艺美术大师”监测目标；落实惠侨惠台政策，保障侨胞和台胞儿童福利，建设侨胞和台胞及企业登录的“第一家园”；支持妇女投身“海上丝绸之路”核心区建设，以妈祖文化、闽南文化、“海上丝绸之路”文化等共同文化为基础，促进妇女事业交流和人员往来，拓展妇女事业发展合作空间。响应民生关切，完善生育、养育、教育政策配套支持措施。新“两纲”要求，加大对女性职业发展支持，采取更为具体的措施防止对女性就业隐形歧视，减轻家庭生育养育教育负担，释放生育意愿。加快推进社区健康服务相关设施设备建设，基本形成覆盖城乡的规范化、多样化、多层次的婴幼儿照护体系。落实教育优先战略，经济社会发展规划优先安排教育，财政资金投入上优先保障教育，公共资源配置上优先满足教育。

珍稀鸟类栗苇鳽首次在泉州出现

在晋江市池店镇田洋村农田里，珍稀鸟类栗苇鳽出现在泉州市观鸟学会成员的镜头中。此系泉州市记录到的第328种鸟类，也是栗苇鳽首次在泉州被记录到。栗苇鳽是鹭科苇鳽属的鸟类，常栖息于芦苇、沼泽、水塘、溪流和水稻田中，也见栖于田边和水塘附近小灌木上。此次在晋江记录到的为雄鸟。

全市房屋结构安全隐患排查整治“回头看”工作视频会议召开

全市房屋结构安全隐患排查整治“回头看”工作视频会议召开。会议强调，要坚持人民至上、生命至上，扛牢政治担当，克服麻痹思想、侥幸心理，抓实房屋结构安全隐患排查整治“回头看”工作，防范事故发生，守住房屋安全的红线底线。要坚持严之又严、细之又细，穿透式推进隐患排查整治，要在房屋结构安全专项治理三年行动既有成果上接续攻坚，重点聚焦经营性自建房、一般安全隐患钢结构房屋等七类房屋，拉网式排查、全面掌握底数，明确处置时间、处置措施、验收标准，做到层层把关、闭环销号管理；要层层压实责任，按照“属地为主、条块结合”原则，市、县、镇、村四级联动，行业主管部门强化监管，督导专班一线指导，协同开展排查整治工作、防止问题回潮。要坚持毫不留情、绝不手软，“铁腕”查控，按照“急的先查先治”原则分类别处置存量问题，尽最大努力确保隐患零容忍、事故零发生，保障好人民群众生命和财产安全。

蔡战胜到安溪调研水利工作

市长蔡战胜到安溪调研白濑水利枢纽工程建设进展及征地移民安置工作，看望慰问节日期间坚守岗位工作人员。副市长蔡天守参加调研。在白濑乡大坝施工现场，蔡战胜询问坝址地质结构条件、库区淹没范围、大坝主体工程进展，要求强化统筹调度、协同配合，在确保质量安全前提下，加快推进项目建设；在剑斗镇，蔡战胜了解安置点住房、学校、卫生院等建设情况，强调要用心用情做好征地移民和安置保障工作，把民生工程办好办实。蔡战胜指出，水利工程事关群众生产生活，事关经济社会发展大局。要立足当前、站位长远，在市委统一部署下，统筹做好疫情防控和重点项目建设，高标准建设、高水平管理、高效率推进，严把质量安全关，推动水利工程建设、移民安置工作齐头并进。要坚持问题导向，梳理汇总项目建设制约因素，强力攻坚、全力破解，确保重点水利工程早日建成投用、发挥综合效益。要提升库区移民工作水平，考虑移民后续生产生活需求，规划设计、集中集约推进安置点建设，完善污水处理、垃圾收集、地下管网建设等基础配套，提前谋划创业就业渠道，发展富民产业，助推移民群众收入稳定增长、生活安居乐业。

“五一”假期泉州文旅市场温和复苏

“五一”假期，泉州市文旅系统强化各项安全保障措施，高效统筹疫情防控和文旅经济发展，同时围绕“福建人游泉州”“泉州人游泉州”活动，丰富假日文旅产品供给，出台文旅惠民政策举措，激发旅游市场消费活力，全市文旅市场呈现出安全有序、文明规范、温和复苏的发展态势。

全市各地线上线下齐发力，策划推出文艺文博展览、非物质文化遗产展示、文创市集、音乐会等60多项文旅主题活动，丰富市民游客假日体验，各种民俗活动颇受青睐。随着疫情防控形势稳步向好，全市各地推出门票减免、优惠折扣、发放文旅消费券等40余项优惠措施，做热假日旅游市场，激发旅游市场消费活力。全市54家A级旅游景区、22处世界遗产点向支援泉州抗疫的各级专家发放“世遗泉州·全域旅游卡”享受终身免门票优惠。假期中，虽然天气晴雨相间，但泉州古城仍人头攒动，不少市民游客撑伞漫游古城。其中，市文旅局主办“重返刺桐城——古城公益讲解免费游”活动，带领市民游客走进古城大街小巷；西街101文化空间“蟳埔女习俗”展览，吸引大量市民游客。此外，古城的街头艺人也陆续归来，夜晚时分在金鱼巷、九一街中行门口、肃清门、中山路等指定表演区域轮番献艺。据统计，“五一”假期，正常开放的16个遗产点接待游客6.81万人次，西街接待游客11.32万人次。

5月4日

农历壬寅年四月初四
星期三
温度：18℃～25℃
多云

●全市房屋结构安全隐患排查整治“回头看”工作视频会议召开。

●市长蔡战胜到安溪调研白濑水利枢纽工程建设进展及征地移民安置工作，看望慰问节日期间坚守岗位工作人员。

●“五一”假期泉州文旅市场温和复苏。

5月5日

农历壬寅年四月初五
星期四
温度：18℃~27℃
多云

●省委常委、市委书记刘建洋到部分机构、企业、场所调研安全生产和应急管理工作。

●省河长办通报2021年度河湖长制考核结果，泉州市再次获得第一名。

●泉州市专利授权量连续11年居全省首位。

刘建洋调研安全生产和应急管理工作

省委常委、市委书记刘建洋到部分机构、企业、场所调研安全生产和应急管理工作，市领导施宇辉、黄景春、黄文胜、蔡天守参加调研。刘建洋到市防汛抗旱指挥中心，了解台风影响预测及防汛备汛、防灾减灾落实情况；到市社会应急救援联勤中心，了解机制运转、装备配备等情况；到安全生产标准化提升标杆企业一鸣交通电器有限公司，检查企业安全管理制度及安全管理、培训等情况。刘建洋鼓励大家继续创新体制机制，用好用活专业队伍和社会力量，织密织牢横向到边、纵向到底的安全责任网。在泉州市木偶剧团办公楼前，刘建洋查摆风险，要求细化专业施工方案，尽快处置建筑安全隐患。

随后，刘建洋主持召开座谈会，听取相关部门工作情况汇报，研究下一步工作。刘建洋强调，要学习贯彻习近平总书记关于安全生产重要论述，坚持人民至上、生命至上，牢记职责使命，勇于担当作为，统筹发展和安全，抓好应急管理、安全生产各项工作。要开展安全生产大检查，落实“管行业必须管安全、管业务必须管安全、管生产经营必须管安全”要求，盯紧交通运输、危化品、建筑施工、森林防火、矿山、房屋、消防等行业领域，排查整治各类风险隐患，做到底数清、情况明。要提高防灾减灾救灾能力，做好汛期防汛防台风工作，确保安全度汛。要汲取事故教训，强化房屋建筑和建设工程领域安全监管，建好用好地理信息和人口信息融合三维可视化平台，叠加房屋信息，实行动态管理，定期进行房屋安全检测鉴定。要提升本质安全水平，突出综合治理、标本兼治，推进“安全生产标准化提升”专项行动，加强物理空间改造和生产工艺技术改造，推动企业智能化、自动化升级。要筑牢安全防控体系，压紧压实党政领导责任、属地管理责任、部门监管责任、企业主体责任，健全长效机制，加强督导检查，推动穿透落实。要坚持全面从严治党，以严明的纪律和优良的作风管好班子、带好队伍，加强业务知识培训，打造高素质专业化应急管理队伍。

泉州市连续五年居全省河湖长制绩效考核第一

省河长办通报2021年度河湖长制考核结果，泉州市再次获得第一名。自2017年全面推行河长制以来，泉州已连续五年（2017—2021年）在福建省河湖长制绩效考核中获得第一名。

省通报指出，2021年，泉州市贯彻落实省委、省政府关于河湖长制工作部署，发布“河长令”开展“河长日”，开展“碧水清河”专项行动，推动生态水系建设，入海河流水质达标率95.98%，跃升全省第一；成立全省首个“水生态修复创新中心”，建成113个市县乡河长办标准化试点、102座河长制主题公园、溯源编制100条流域治理一张图、选聘142名人大代表河长；率先将成员单位履职情况列入政府年度绩效考评方案；南安河流管养中心、永春考核监督机制两个典型案例在全国推广，《鹤舞桃溪》获第三届“守护美丽河湖”全国短视频公益大赛一等奖。2021年，泉州市因“河长制湖长制工作推进力度大、河湖管理保护成效明显”受到国务院激励表彰，奖励2000万元（全国8个、全省唯一）。

泉州市专利授权量连续11年居全省首位

市知识产权保护中心发布《2021年泉州市专利创造及专利预审分析报告》（下简称报告），从专利授权量、专利产业分布、专利区域分布、专利权人分布等指标进行统计、梳理和挖掘，提出促进专利创造量质齐升的对策建议，并总结分析保护中心运行以来的专利预审工作情况。报告显示，泉州市2021年专利授权量47559件，占全省专利授权量的30.9%，在全省地级市中排名第一，连续11年居全省设区市首位。每万人发明专利拥有量为13.52件，在全省地级市中排名第三，近三年年均增长10%。在专利类型构成上，发明专利2183件，占比4.59%；实用新型专利29972件，占比63.02%；外观设计专利15404件，占比32.39%。

刘建洋调研电网规划建设和电力运行保障工作

省委常委、市委书记刘建洋走访部分电网工程、服务窗口、调度平台，调研泉州市电网规划建设、电力运行保障等工作。市领导施宇辉、汪志红参加调研。刘建洋指出，要在实施新时代“双满意”工程中取得更大成效，扬优势、补短板、强弱项，做好优化营商环境、企业“复工复产、满工达产、增资扩产、提质强产”“党建+”邻里中心建设、群众高品质生活等用电需求的保障服务，做到“让客户满意、让党和政府满意”。要在服务“强产业、兴城市”双轮驱动中深度融入、持续发力，建立政企联动协调机制，系统谋划、适度超前加大能源基础设施建设，科学规划电网，策划生成项目，安全有序建设，多措并举提升供电保障能力。要在保障企业和民生上打造更多特色品牌，做好标准化园区“开门接电”、涉电惠企政策直达滴灌、群众便利办电等工作，让城市发展更有温度和质感。

刘建洋（右三）在国网泉州供电公司泉州台商投资区供电服务中心调研（图/陈英杰）

蔡战胜调研泉州市电子信息产业

市长蔡战胜到晋江调研泉州市电子信息产业，并与相关县（市、区）有关负责人座谈，谋划推进电子信息产业发展。市领导张文贤、李文生、刘林霜参加调研。蔡战胜强调，要结合落实“提高效率、提升效能、提增效益”要求和实施“强产业、兴城市”双轮驱动，抢抓数字经济发展机遇，加快推动数字产业化、产业数字化，在新赛道寻求更大突破。要强化统筹协作，科学谋划布局，聚焦细分领域，加快形成优势互补、各具特色的电子信息产业发展新格局。要紧盯前沿技术和产业风口，着眼强链延链补链，开展龙头招商、产业链招商，培育更多龙头企业、专精特新企业、“独角兽”企业。

蔡战胜（左二）在晋江调研胜科纳米项目（图/陈晓东）

泉州市实现新冠疫情“三清零”

泉州市最后一例新冠阳性感染者治愈出院，标志着泉州市实现社会面、集中隔离对象、阳性感染者“三清零”。自该轮新冠疫情发生以来，在国家、省级医疗救治专家组的指导下，泉州市第一时间转运，把所有阳性感染者集中收治到定点医院（方舱医院），成建制接管院区，集中国家、省、市专家资源和专业专用医疗设备，实行分类救治，坚持临床与护理、医疗与行政、线下与线上、中医药与西医结合施治，做到一人一团队，实现零死亡，患者测评满意率99.82%。

泉州市该轮疫情最后一名阳性感染者治愈出院（图/许钹钹 王柏峰）

5月6日

农历壬寅年四月初六
星期五
温度：19℃～26℃
多云

●省委常委、市委书记刘建洋走访部分电网工程、服务窗口、调度平台，调研泉州市电网规划建设、电力运行保障等工作。

●市长蔡战胜到晋江调研泉州市电子信息产业，并与相关县（市、区）有关负责人座谈，谋划推进电子信息产业发展。

●泉州市最后一例新冠阳性感染者治愈出院，标志着泉州市实现社会面、集中隔离对象、阳性感染者“三清零”。

●全国鞋源B2B平台鞋捕头落地泉州。

5月7日

农历壬寅年四月初七
星期六
温度：20℃~28℃
多云转阴

●市委常委会召开会议，学习贯彻习近平总书记重要讲话重要回信贺信精神，以及中央有关文件和省委常委会会议精神，研究泉州市贯彻落实措施。

●市委理论学习中心组安全生产专题学习会召开，传达学习习近平总书记对湖南长沙居民自建房倒塌事故重要指示精神和总理李克强批示要求，集中观看《生命重于泰山——学习习近平总书记关于安全生产重要论述》电视专题片。

●省委常委、市委书记刘建洋到国家税务总局泉州市税务局调研，并看望慰问税务系统干部职工。

●继收听收看全国、全省自建房安全专项整治电视电话会后，全市自建房安全专项整治电视电话会议召开。

●市政协主席肖汉辉带队开展“进一步做好我市疫情防控工作”专题协商视察活动。

市委常委会学习习近平总书记重要讲话重要回信贺信精神

市委常委会召开会议，学习贯彻习近平总书记重要讲话重要回信贺信精神，以及中央有关文件和省委常委会会议精神，研究泉州市贯彻落实措施。会议传达学习习近平总书记在4月29日中央政治局会议上的重要讲话、在博鳌亚洲论坛2022年年会开幕式上的主旨演讲、在中央政治局第三十八次集体学习时的重要讲话精神。会议强调，要夯实经济基本盘，加快复工复产、满工达产、增资扩产、提质强产，加大开放招商力度，打通内外循环，保障和改善民生。要用好用活专项债、产业基金等，依法规范和引导资本健康发展，同时守住不发生系统性风险底线。

会议传达学习习近平总书记在中国人民大学考察时的重要讲话、给北京科技大学的老教授和中国航天科技集团空间站建造青年团队回信、就气候变化问题给英国小学生复信、致首届全民阅读大会和首届大国工匠创新交流大会贺信精神。会议强调，要加快建设吸引和集聚先进制造业人才高地，弘扬工匠精神、劳模精神、科学家精神，聚焦产业需求培育更多人才。要做好新时代青年工作，引导挑大梁、担重任、建新功。推进公共文化基础设施建设，为群众提供更加普惠可及的阅读服务。推进碳达峰碳中和工作，高质量打好蓝天、碧水、碧海、净土保卫战，加快绿色低碳转型发展。会议学习《中共中央 国务院关于加快建设全国统一大市场的意见》。会议强调，要在畅通双循环、促进商品要素资源流动、市场规则标准融通等方面发挥更大作用。要实施营商环境优化提升行动，强化公共设施、交通物流等支撑，提升城市能级和品质，打造公平公正透明可预期的法治环境、高效便捷的政务环境、诚实守信的人文环境、宜居宜业的生态环境。

市委理论学习中心组安全生产专题学习会召开

市委理论学习中心组安全生产专题学习会召开，传达学习习近平总书记对湖南长沙居民自建房倒塌事故重要指示精神和总理李克强批示要求，集中观看《生命重于泰山——学习习近平总书记关于安全生产重要论述》电视专题片。会议指出，要把安全生产作为谋发展的第一前提和基础，推动综合治理、标本兼治，推进安全生产专项整治三年行动、安全生产大检查和安全生产标准化提升专项行动，定期开展“回头看”、检查督导，提升安全生产监测预警、监管执法、救援实战和社会动员能力，堵住安全漏洞，推动全市安全发展水平实现新跃升。要压实党政领导责任、属地管理责任、部门监管责任和企业主体责任，打通穿透落实“最后一米”。

刘建洋调研税务工作

省委常委、市委书记刘建洋到国家税务总局泉州市税务局调研，并看望慰问税务系统干部职工。市领导施宇辉、黄景春参加调研。刘建洋指出，要在创新服务举措、优化税收营商环境上打造更多税务品牌，围绕“便利泉州”建设，结合“局长走流程”“局长走基层”活动，主动靠前、到一线了解涉税诉求、解决涉税问题，务求做到底数清、情况明、落实准、落地快，探索推出更多精细化、智能化、个性化的便民利民措施，更好传递税务服务温度。

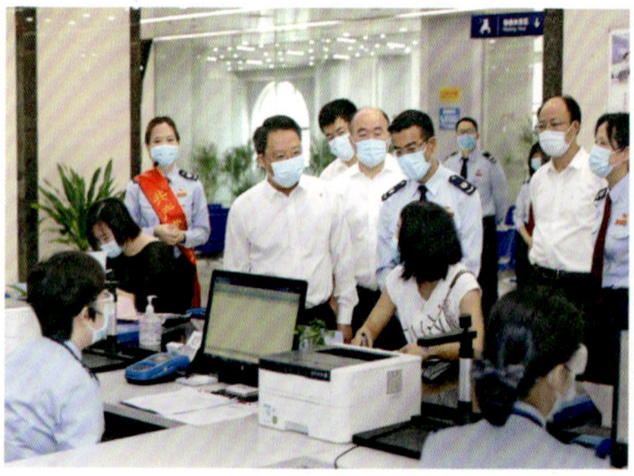

刘建洋（左四）在国家税务总局泉州市税务局调研
（图/陈起拓）

5月8日

农历壬寅年四月初八
星期日
温度：20℃～24℃
小雨

●兴泉铁路全线铺轨贯通。

●厦泉城际公交738路开通启动仪式在厦门翔安新城公交场站、南安石井泉金码头分别举行。继安溪—同安之后，泉州市第二条城际跨市公交开通。

●由市科协、市妇联主办的“关爱母亲健康·呵护母性骄傲之峰”科普讲座在市科技馆举行。

兴泉铁路全线铺轨贯通

德化境内兴泉铁路工地上，最后一组500米长钢轨被铺设到路基上，标志着途经14个革命老区县的兴泉铁路全线铺轨贯通，为全线开通运营奠定基础。兴泉铁路于2017年4月开工建设，正线全长464.16千米，设计时速160千米，全线桥隧比高87.05%，是客货共线的国家Ⅰ级电气化铁路。该线路兴国至清流段于2021年9月底先期开通，此次铺轨贯通的清流至泉州段计划于9月具备开通运营条件。在建的兴泉铁路清流至泉州段有289.95千米。在铺架施工过程中，中国铁路南昌局集团有限公司会同东南沿海铁路公司和各参建单位，将无线网络视频传输、车辆定位等装置集成到铺架综合指挥调度系统中，并采用多种型号的架桥机、铺轨机对不同作业环境下的架梁、铺轨工作进行联合作业，提高作业效率，保证工程进度。兴泉铁路是东南沿海通往中西南地区铁路通道的重要组成部分，是一条以服务策应赣州、闽西革命老区高质量发展示范区建设的区域客货共线铁路。铁路全线贯通通车后，将推动福建和江西两省革命老区经济发展形成新格局，让沿线各地的人文、美食等资源为百姓所共享。同时能够提升东南沿海交通运输能力，方便老区的物产通过泉州港、大湾区走向世界，对完善区域路网布局具有重要意义。

兴泉铁路施工现场（图/瓷都德化）

泉州市第二条城际跨市公交开通

厦泉城际公交738路开通启动仪式在厦门翔安新城公交场站、南安石井泉金码头分别举行。继安溪—同安之后，泉州市第二条城际跨市公交开通。9时50分许，一辆车身标有“同城同心线”字样的738路公交车从厦门翔安开往南安石井，完成首次运行。市民从此可以在石井搭乘公交直达厦门翔安。该线路首期投入10辆公交车，由南安与厦门公交部门共同运营。线路采取统一票价，上车1元，跨界加收1元，全程2元，全程30千米设36个站点，线路覆盖厦门翔安新城、轨道3号线鼓锣站、厦大翔安医院、厦大翔安校区、莲河片区、南安芯谷产业园、石井客运站、泉金客运码头等交通枢纽、居住区和产业园区。线路单程90分钟，预计高峰时30分钟一班、平峰时45分钟一班，运行时间为6时30分至19时30分。线路的开行，是两地贯彻省委、省政府闽西南协同发展战略、促进泉州和厦门同城化发展的具体举措，也是两地践行为民办实事、优化营商环境的重要举措，对促进两地形成人才流动、资源共享、优势互补、合作共赢的格局具有积极意义。同时，也加快南安石井乡村振兴整镇推进、“成功故里 双港芯城”的建设步伐。

泉厦城际公交738路南安石井站开通仪式（图/林劲峰）

东海科普大讲堂开讲

由市科协、市妇联主办的“关爱母亲健康·呵护母性骄傲之峰”科普讲座在市科技馆举行。东海科普大讲堂是市科协打造的“科技社团讲科普”品牌活动之一。第一讲作为2022年全国科技工作者日系列活动之一，邀请女科技工作者蔡思清教授传授健康知识、提供咨询服务。讲座中，蔡思清分别从乳腺疾病筛查及诊疗方法、日常预防及保健等方面进行讲解，分析常见的乳腺保健误区，引导女性在平时生活中如何预防、自查和定期体检。

5月9日

农历壬寅年四月初九
星期一
温度：20℃～21℃
中雨转阴

●全市疫情防控工作视频会召开，贯彻全国新冠肺炎疫情防控工作电视电话会议、省应对新冠肺炎疫情工作领导小组会议精神，通报泉州市疫情防控薄弱环节，部署下阶段工作重点。

●省委常委、市委书记刘建洋到部分水闸、城市干渠，调研水资源利用、防洪排涝、防汛度汛等工作。

●市长蔡战胜到南安调研国道324改线工程，并召开座谈会研究项目进展、协调解决存在问题。

●第六批国家组织药品集采（胰岛素专项）中选结果在泉州市所有公立医疗机构和驻泉州部队医疗机构落地实施，此次国家集采中选药品76个胰岛素品规在泉州市公立医疗机构全面降价，平均降价48%。

刘建洋调研水资源利用等工作

省委常委、市委书记刘建洋到部分水闸、城市干渠，调研水资源利用、防洪排涝、防汛度汛等工作。市领导施宇辉、蔡天守参加调研。刘建洋指出，要立足当前、着眼长远，坚持系统思维，做好水利规划与国土空间规划的衔接协调，统筹好上下游、左右岸、地上地下、堤里堤外、条条块块之间的关系，实现水利建设与城市建设、产业发展、生态保护等一体谋划推进，做到精心规划、精致建设、精细管理、精美呈现、精明增长。要突出重点、轻重缓急，坚持适度超前，策划生成一批重大水利项目，争取更多项目进入国家和全省大盘；组织在建水利工程施工，一项目一机制一专班，解决好项目前期、征地拆迁、管线迁移等实际问题，紧盯目标加快进度，确保汛期安全施工。要监测吹哨、管养报到，坚持改革创新，探索市场化运作，用好智能化手段，做好“管、养、监”文章，推动水治理常态长效。

蔡战胜调研国道324改线工程

市长蔡战胜到南安调研国道324改线工程，并召开座谈会研究项目进展、协调解决存在问题。副市长刘林霜参加调研。蔡战胜指出，要坚持“不为困难找借口，只为实干想办法”，统筹考虑当前需求与长远规划，用好用活土地、资金等资源要素，科学布局沿线产业带、景观带，灵活拓宽筹融资运作空间，以交通基础设施建设为契机，推动产业集聚发展、城市扩容提质。

蔡战胜（左二）调研国道324改线工程（图/陈晓东）

第六批国家组织药品集采中选结果在泉州落地实施

第六批国家组织药品集采（胰岛素专项）中选结果在泉州市所有公立医疗机构和驻泉州部队医疗机构落地实施，此次国家集采中选药品76个胰岛素品规在泉州市公立医疗机构全面降价，平均降价48%。此次国家集采胰岛素属于生物药，这标志着国家组织药品集中采购的范围由化学药首次扩展到生物药领域。胰岛素集采涵盖临床常用的二代和三代胰岛素，包含餐时人胰岛素、基础人胰岛素、预混人胰岛素、餐时胰岛素类似物、基础胰岛素类似物、预混胰岛素类似物六大品类，中选产品平均降幅48%，最高降幅超过73%。以某临床常用的甘精胰岛素为例，从平均每支180元降至每支70元，每位患者每年可节约费用4000元左右。此次集采落地后，可为泉州市节约4300万元以上的药品费用。

刘建洋调研教育事业发展工作

省委常委、市委书记刘建洋到多所学校专题调研教育事业发展情况，市领导施宇辉、陈辉宗、陈小辉参加调研。在泉州五中（城东校区），刘建洋指出，要稳定优质教师队伍，发挥特色教学优势，引导学生多到田间地头、贴近社会生活，在实践中提升劳动能力、创新能力。在华侨大学，刘建洋参观校史馆、侨缘邻里中心，并与境外大学生互动，鼓励大家学在泉州、热爱泉州、留在泉州、奉献泉州，在泉州成就一番事业。在泉州市实验小学，刘建洋对闽南文化进校园、心理健康教育、生态文明教育等突出成果表示肯定。在泉州信息工程学院，刘建洋鼓励学校释放民营活力，加强产学研用融合，在全市民办高校方阵中勇争先、当示范、树标杆。

在泉州信息工程学院，刘建洋还与青年师生代表共同学习习近平总书记关于青年工作重要论述和在中国人民大学考察时、在庆祝中国共产主义青年团成立100周年大会上的重要讲话精神，交流学习心得体会。刘建洋勉励青年学生要珍惜大学美好时光，掌握真才实学、练就过硬本领，在泉州这片创新创业创造的沃土施展才华、建功立业。希望教师要精通专业知识、注重涵养德行，成为学生健康成长的“经师”和“人师”，用好身边典型、红色资源，因地因时因人上好思政课，以高尚人格和模范行为感染学生带动学生。希望学校要强化党建引领，践行教育初心，把思想政治工作贯穿教育教学全过程各方面，更好落实立德树人根本任务；要在“强产业、兴城市”双轮驱动中找好坐标、找准定位，把自身发展同城市发展紧密结合起来，打造更多特色优势专业，为泉州发展培养输送更多优秀人才，争创高水平地方应用技术型高校。

刘建洋（右六）在泉州市实验小学调研（图/陈起拓）

市政府党组理论学习中心组学习会召开

市政府党组理论学习中心组学习会召开，传达学习习近平总书记对湖南长沙居民自建房倒塌事故重要指示精神和总理李克强批示要求，集中观看《生命重于泰山——学习习近平总书记关于安全生产重要论述》电视专题片，进行交流研讨。会议要求，要聚焦重点，加快推进房屋结构安全隐患排查整治“回头看”，开展道路交通安全专项整治，巩固拓展消防整治“百日攻坚”成果，做好防汛防台风工作以及危险化学品、工程施工、城镇燃气等行业领域排查，在隐患治理上重拳出击、常抓不懈。要夯实基础，提速企业安全生产标准化建设，通过企业自发和政府引导有机结合、正向激励和反向约束双向发力，压紧压实创建责任，确保年底前企事业单位标准化创建全覆盖。

市政府第八次常务会议召开

市政府第八次常务会议召开，研究并通过《泉州市中心市区照明提升三年行动方案》等。会议强调，要树牢精品意识，因地制宜、精心设计、精致建设，将中心市区照明提升工作与泉州市人文特色、自然景观、城市新貌相结合，统筹景观与照明功能，提升城市夜间展示面，扮靓“门户窗口”。要助推夜间经济，将景观照明与加快繁荣中央商务区、打造特色商业街区相结合，同时鼓励企业商家参与建设和管理，通过照明应用活跃城市夜间氛围。

5月10日

农历壬寅年四月初十
星期二
温度：21℃～23℃
小雨转大雨

●省委常委、市委书记刘建洋到多所学校专题调研教育事业发展情况。

●市政府党组理论学习中心组学习会召开，传达学习习近平总书记对湖南长沙居民自建房倒塌事故重要指示精神和总理李克强批示要求，集中观看《生命重于泰山——学习习近平总书记关于安全生产重要论述》电视专题片，进行交流研讨。

●市政府党组扩大会议召开，传达贯彻习近平总书记在博鳌亚洲论坛2022年年会开幕式上的主旨演讲、在4月29日中央政治局会议上的重要讲话、在中央政治局第三十八次集体学习时的重要讲话精神及省委常委会、市委常委会会议精神等。

●市政府第八次常务会议召开，研究并通过《泉州市中心市区照明提升三年行动方案》等。

●继全省会议后，泉州市召开防御连续性强暴雨调度会商会议，部署各项防御工作。

●市委宣传部组织召开“强产业、兴城市”媒体通气会，《人民日报》、中央广播电视总台、《经济日报》等中央和省级近20家媒体记者参加会议。

5月11日

农历壬寅年四月十一
星期三
温度：21℃~24℃
阴转中雨

●市委、市政府召开会议，对泉州市“抓开放招商促项目落地”专项行动及12个产业发展小组阶段性工作成果做点评分析，就下一步工作重点和任务再研究、再部署、再推进。

●市政府、市政协召开“进一步做好我市疫情防控工作”专题协商会议。

●11—12日，省人大常委会党组书记、副主任梁建勇，党组副书记、副主任周联清带队到泉州开展传承弘扬“晋江经验”学习调研，研究推动贯彻落实习近平总书记到福建考察重要讲话、中央及省委人大工作会议精神取得更大成效。

●市总工会十六届七次全委（扩大）会议召开，回顾总结2020年以来工会工作，研究部署下一步工作任务。

●即日起，泉州市允许提取公积金支付首付款，借款人夫妻双方均缴交住房公积金的，最高贷款额度由60万元调整为80万元，提高贷款最高额度政策执行至年底。

市委市政府召开会议推进“抓开放招商促项目落地”行动

市委、市政府召开会议，对泉州市“抓开放招商促项目落地”专项行动及12个产业发展小组阶段性工作成果做点评分析，就下一步工作重点和任务再研究、再部署、再推进。会上，市招商办及电子信息、石油化工与新材料新能源、金融与新兴产业、纺织鞋服、建材家居与工艺制品、装备制造、食品饮料与生物医药、现代服务业、数字经济、海洋经济、绿色经济、文旅经济12个产业发展小组，围绕项目招商、产业培育、工作计划及问题建议等，逐一汇报交流。

会议强调，各级各部门要以实施“强产业、兴城市”双轮驱动为路径，以突出开放招商、强化项目带动为方法，把招商引资作为经济工作生命线，坚定信心、久久为功，强攻产业、主攻实业，按照项目为先、项目为基、项目为要，招引好项目、培育新优势。要下定决心、聚焦重点，加大“抓开放招商促项目落地”的力度，围绕传统产业转型、优势产业集聚、新兴产业培育，“一产一策一专班、一规划一计划一方案、一产业一平台一园区一基金”，存量增量一起抓，既推动物理空间、生产工艺技术“双改造、双提升”，深化数字赋能、科技赋能、品牌赋能、艺术赋能、资本赋能，层层递进增资扩产、提质强产；又瞄准产业上下游关键领域和核心环节，精准培育招引一批强链、建链、补链的优质项目，厚植产业生态土壤，增强产业吸附力。要压实责任、凝聚合力，灵活开展以商招商、以情招商、以智招商、资本招商等方式；着眼有效市场和有为政府更好结合，打造一流营商环境，对产业发展、企业诉求逐项穿透研究解决、优化服务保障，形成各方力量抓招商促发展的氛围。

市政府市政协专题协商会议召开

市政府、市政协召开“进一步做好我市疫情防控工作”专题协商会议。会上，市卫健委、丰泽区政府有关负责人通报疫情防控相关工作情况；7名与会者就“准确设置哨点监测触发机制、发挥早期预警功能、建立方便快捷核酸采样圈、运用空间技术精准防控、立足战时筑牢物质保障链条、打造‘平战结合’十五分钟生活圈、方舱医院管理、社区管控”等建言献策。市政协主席肖汉辉强调，要坚持执行“平战结合”全链条工作机制，紧扣“实战”需求，立足小切口，围绕融合协作机制、核酸检测、流调溯源、隔离转运、物资保障、社区治理等重点，找问题、补短板、堵漏洞、强弱项，提高精准防控水平，织密扎牢疫情防控网。要发挥“党建+”社区邻里中心作用，凝聚社区干部、居民志愿者等骨干力量，筑牢社区疫情防控安全防线。市委常委、常务副市长黄景春要求，要抓好“外防输入”，发挥融合协作机制作用，加大中高风险地区、涉疫重点地区进入人员排查管控，严防境外进入人员、海上陆路偷私渡人员等疫情输入风险。要坚持“人物同防”，重点做好冷链货物和从业人员疫情防控。要抓好常态化社会管控，优化核酸服务圈。要抓好长效机制建立，补齐公共卫生短板，做好常态化疫情防控工作。

泉州市允许提取公积金支付首付款

即日起，泉州市允许提取公积金支付首付款，借款人夫妻双方均缴交住房公积金的，最高贷款额度由60万元调整为80万元，提高贷款最高额度政策执行至年底。为满足职工刚性和改善性购房需求，应对新冠肺炎疫情影响，稳定住房消费，促进泉州市房地产业良性循环和健康发展，经研究决定，即日起，允许提取公积金支付首付款。凡在泉州市行政区域内购买新建商品住房的，购房职工（含共有产权人）、配偶及直系血亲可提取住房公积金支付购房首付款，减轻支付首付款资金压力，方便职工购买新建商品住房。同时，提高住房公积金贷款最高额度。借款人夫妻双方均缴交住房公积金的，最高贷款额度由60万元调整为80万元，单方缴交住房公积金的，最高贷款额度由40万元调整为50万元。

市委市政府召开会议推进项目攻坚

市委、市政府召开会议，对各县（市、区）、泉州开发区、泉州台商投资区开展项目攻坚2022及抓城建提品质、抓开放招商促项目落地、工业（产业）园区标准化建设“1+3”专项行动再加压、再推进。会上，各县域主要负责人就11日专题会议部署要求畅谈所思所悟、贯彻思路，并汇报2021年以来“1+3”专项行动推进落实情况和下一步工作计划，相互学习，比学赶超。市发改委、工信局、住建局做书面汇报。

会议指出，要学习贯彻习近平总书记重要讲话重要指示精神，落实中央决策部署和省委工作要求，传承弘扬“晋江经验”，开展“提高效率、提升效能、提增效益”行动，高效统筹好疫情防控和经济社会发展，高质量推进“1+3”专项行动，把疫情耽误的时间抢回来、造成的损失补回来，更好扛起全方位推进高质量发展超越主力军担当。项目是实施“强产业、兴城市”双轮驱动的重要支撑。要深化认识、加大力度，突出项目为先、项目为基、项目为要，以非常之举、非常之策、非常之力攻坚既定目标，推动项目落地落实。要突出重点、有效施策，坚持存量增量一起抓，聚焦产业发展招项目、城市建设谋项目、民生生态争项目，专班破解前期要素“瓶颈”，盘活闲置低效用地，推动企业物理空间、生产工艺技术“双改造、双提升”，打造一批产业综合体、创新综合体、总部综合体，精准招引一批强链建链补链的优质项目，增强技术、资源、配套等比较优势，厚植“搬不走”的产业生态圈；要树牢“精明紧凑”城市发展理念，全市“一盘棋”凝聚各地资源力量，加快城市更新、新区集聚，做大做强中心城区、做实做优次中心组团、做精做美小城镇和新农村，让功能强起来、品质提起来、人气商气旺起来。要形成合力、穿透落实，压实属地和部门责任，强化“管行业必须管项目、管服务、管统计、管安全、管防疫”意识，调集精兵强将围绕企业转、盯着项目干，深化成果晾晒，树立“干与不干不一样、干好干坏不一样”的鲜明导向，以督查考核倒逼责任落实、工作落实。

泉州市家庭典范揭晓

由市妇联、市委文明办、市教育局、市生态环境局、市关工委主办的“凝聚家力量 喜迎二十大”泉州市家庭典范揭晓暨“书香小芽儿”家庭亲子阅读优秀作品展示活动举行。鲤城、丰泽、洛江、市直的家庭代表，亲子阅读推广家庭、亲子故事会获奖家庭代表等参加活动。主办方揭晓新评选出的一批家庭典范名单。其中，郑晓松、刘燕凌家庭等20户家庭获评第十三届泉州市“五好家庭”；蔡海洋、杨芳华家庭等50户家庭获评2022年泉州市最美家庭；宋晓森家庭等50户家庭获评泉州市绿色家庭。活动现场，主办方向典范家庭代表颁发证书或奖牌，并赠送一批优质家庭教育书籍。

市妇联以“凝聚家力量 喜迎二十大”为主题，联合市委文明办、市教育局、市关工委、市计生协会、市教育基金会共同开展家庭家教家风宣传实践活动，包括开展家庭典型培树活动、“家教伴成长 爱润泉家福”家庭教育宣传周系列活动、“书香小芽儿”家庭亲子阅读系列活动等。市妇联还联合市生态环境局首次开展泉州市绿色家庭评选，引导全市家庭树立生态文明价值理念，自觉践行绿色生活理念，践行简约适度、节能环保的生活方式。2022年泉州市“书香小芽儿”家庭亲子阅读系列活动，以“少年儿童心向党——亲子共沐书香 强国复兴有我”为主题，全年常态化开展。活动开展以来，市妇联携手公益团队开展“爱陪伴，阅成长”线上直播活动，连线中国原创绘本作者、编辑及资深阅读达人，分享绘本创作故事、阅读方法及技巧、儿童成长规划、绘本剧表演等；结合宅家抗疫主题活动，向全市家庭征集0～6岁亲子书单70余本、家庭阅读角视频100余个。市妇联还联合市委文明办、市关工委开展以“亲子共读·悦享绿色”为主题的“书香小芽儿”亲子绿色故事会活动，鼓励家长将绿色环保理念融入家庭教育中，通过开展读书活动，养成绿色健康的生活方式，创建绿色家庭。

5月12日

农历壬寅年四月十二
星期四
温度：20℃～23℃
大雨

●市委、市政府召开会议，对各县（市、区）、泉州开发区、泉州台商投资区开展项目攻坚2022及抓城建提品质、抓开放招商促项目落地、工业（产业）园区标准化建设“1+3”专项行动再加压、再推进。

●由市妇联、市委文明办、市教育局、市生态环境局、市关工委主办的“凝聚家力量 喜迎二十大”泉州市家庭典范揭晓暨“书香小芽儿”家庭亲子阅读优秀作品展示活动举行。

5月13日

农历壬寅年四月十三
星期五
温度：19℃～25℃
小雨转大雨

●市委常委会召开会议，传达学习习近平总书记在5日中央政治局常委会会议上的重要讲话精神，研究泉州市落实常态化疫情防控工作。

●省委常委、市委书记刘建洋调研部分青少年活动阵地，并与青年代表交流座谈。

市委常委会研究泉州市落实常态化疫情防控工作

市委常委会召开会议，传达学习习近平总书记在5日中央政治局常委会会议上的重要讲话精神，研究泉州市落实常态化疫情防控工作。

会议指出，习近平总书记的重要讲话，为统筹推进疫情防控和经济社会发展、做好疫情防控工作提供行动指南和根本遵循。全市各级各部门要内化于心、外化于行，把思想和行动统一到习近平总书记重要讲话精神和党中央决策部署上来，自觉在思想上政治上行动上同以习近平同志为核心的党中央保持高度一致，认识抗疫斗争的复杂性和艰巨性，坚持“外防输入、内防反弹”总策略和“动态清零”总方针不动摇，克服麻痹思想、厌战情绪、侥幸心理、松劲心态，巩固住来之不易的疫情防控成果。要执行党中央疫情防控方针政策，抓好常态化疫情防控各项工作落实。完善机制、盯牢重点、补齐短板，围绕“精准预警、快速响应、科学处置”等关键环节，紧盯境外进入人员和省外重点地区进入人员排查管控，把好关口，发挥融合协同机制作用，加快核酸检测、隔离场所、消毒消杀、防疫保洁、医废处置等能力建设，构建完善应急常态化防控体系。要织牢织密疫情防控网，压实属地、部门、单位、个人“四方责任”，树牢“守土有责、守土尽责”“管行业必须管疫情防控”等意识，加强对疫情防控措施落实情况的督促检查。要做好防控法律政策宣传教育，引导群众增强责任意识和自我防护意识，筑牢群防群控屏障，守护人民群众生命健康安全。

刘建洋调研共青团工作并与青年代表座谈

省委常委、市委书记刘建洋调研部分青少年活动阵地，并与青年代表交流座谈。市领导施宇辉、卢秀萍、陈小辉参加调研和座谈。刘建洋到泉州市青少年社会保护中心、泉州市青年社会组织服务中心，了解未成年人社会保护、青年社团建设等情况。座谈会上，团市委做工作汇报，青年代表许清水、郑建忠、洪良彬、张贻强、魏宪、李辉煜结合亲身体会和鲜活事例畅谈感悟、展望未来。

刘建洋指出，全市各级团组织和团员青年要牢记习近平总书记殷殷嘱托，传承弘扬“晋江经验”，勇立时代潮头，绽放青春风采，融入“强产业、兴城市”双轮驱动拼搏奋进。要坚定信念、爱党爱国，以远大理想引领人生航向。各级团组织要把握培养社会主义建设者和接班人这个根本任务，帮助青年扣好人生第一粒扣子。团员青年要听党话、跟党走，以实际行动践行“请党放心、强国有我”的青春誓言。要勤学善思、练就本领，以真才实学扛起时代重任。各级团组织要鼓励和引导青年学习积累，跟上时代发展。团员青年要珍惜伟大时代、青春年华和工作岗位，苦练内功、实践历练，成为堪当重任的栋梁之材。要实干笃行、锐意进取，以奋斗担当创造精彩人生。各级团组织要激发青年创新创业创造活力，投身泉州事业发展。团员青年要敢于到基层和艰苦的地方去、到人民最需要的地方去，在全方位推进高质量发展超越中书写青春华章。要崇德向善、弘扬正气，以高尚品格引领文明新风。各级团组织要用好阵地资源，在“党建+”邻里中心中创新推进团建工作。团员青年要在文明创建、移风易俗、窗口服务、清朗网络空间中争先锋，模范传递正能量。全市各级团组织要把党的全面领导落实到工作的全过程各领域，推动共青团改革向纵深发展，增强引领力、组织力、服务力，打造让党放心、让青年满意的团干部队伍。

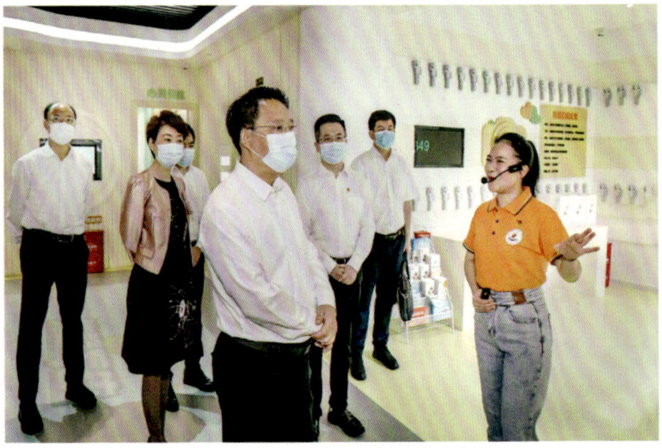

刘建洋（左四）调研共青团工作（图/陈英杰）

泉州市开展城乡居民基本养老保险大规模静默认证工作

为让群众“零跑腿、零感知”享受养老保险待遇，泉州市在全省率先开展城乡居民基本养老保险大规模静默认证工作，由待遇领取人员“自证”转变为大数据“佐证”。经多方、多渠道数据交叉比对、相互验证、归并整理，剔除泉州市城乡居民基本养老保险数据库以外人员后，获得泉州市城乡居民保领取待遇人员89.11万人，并经过多重强校验，统一为全市76.88万人进行待遇领取资格静默认证，认证率80.31%，打通便民服务“最后一步路”。

新华社报道泉州助企纾困“新招”

新华社“新华全媒+”栏目播发通稿《助企纾困 侨乡泉州有“新招”》，肯定泉州在疫情防控、财税扶持、稳定用工、金融支持、畅通物流等方面加大对企业的精准服务力度，做好纾困和就业兜底保障，畅通各项政策落地的“最后一公里”，保障产业链协同运行。新华社记者到鲤城、洛江、石狮等地企业采访，图文并茂展现泉州企业全面复工复产的现场。文章指出，一段时间来，泉州市实施分区分级差异化防控措施，统筹疫情防控和经济社会发展。同时，利用侨乡优势，依托中欧班列，铺通“泉州制造”国际物流新通道，助力外贸企业复工复产。

央视新闻公众号头条报道泉州交警事迹

央视新闻公众号头条以《潘加声，你一定要挺住！》为题，报道泉州交警支队泉港大队民警潘加声事迹。

潘加声带队设卡查处酒驾时，遇到男子庄某某酒后驾驶摩托车闯关。为保护同事，潘加声被撞成重伤。潘加声为急性特重型颅脑损伤，仍在救治中。在报道中，一些网友纷纷留言祝福潘加声。泉港区人民检察院经审查：5日21时许，犯罪嫌疑人庄某某饮酒后驾驶普通二轮摩托车行驶至泉港区前黄镇后张村执勤卡口时，拒不配合检查，驾驶车辆加大油门闯关，冲撞现场执勤民警致该民警重伤。泉港区人民检察院决定以涉嫌故意伤害罪批准逮捕犯罪嫌疑人庄某某。市公安局经研究，决定授予潘加声“优秀共产党员”称号，并在全市公安机关开展向潘加声学习活动。该局相关负责人介绍，潘加声从警26年来，牢记共产党员的初心和使命，长期扎根基层一线，忠诚履职，甘于奉献，用实际行动践行“对党忠诚、服务人民、执法公正、纪律严明”的誓言，是泉州公安队伍和党员民警“平常时候看得出来、关键时刻站得出来、危难关头豁得出来”的标杆榜样。

“泉州青春诗会”在泉港举行

由泉州市青年联合会、泉州市青年作家协会、《泉州青年》编辑部、共青团泉港区委、区文联主办的“庆祝中国共青团成立100周年——泉州青春诗会”在泉港半茗茶院举行。

诗会现场，与会人员重温习近平总书记在庆祝中国共青团成立100周年大会上的讲话，旨在以一名新时代青年文学的传播者，坚持崇德尚艺，弘扬行风文德，不负时代、不负人民，文心永向党，坚定不移听党话、跟党走；努力用高尚的品德、杰出的才干，为祖国，为青春创作出更多、更好的时代文学作品。此次青春诗会，从征稿到遴选作品，再到朗诵配乐，均由青年作家独立完成。一周前，主办单位以“青春红五月”为主题征集诗歌，从19篇投稿中精选10篇进行朗诵。现场还连线泉州籍海外文学青年，以视频朗诵同颂青春。诗歌主题主要围绕喜迎中共二十大召开、庆祝建团100周年、歌颂党恩、放歌青春进行演绎。诗会朗诵以《怀想青春》《觉醒年代》《愿你不负青春》等作品抒发青春之志，展望美好未来。

5月14日

农历壬寅年四月十四
星期六
温度：17℃～18℃
小雨转阴

●泉州市在全省率先开展城乡居民基本养老保险大规模静默认证工作。

●新华社“新华全媒+”栏目播发通稿《助企纾困 侨乡泉州有“新招”》。

●央视新闻公众号头条以《潘加声，你一定要挺住！》为题，报道泉州交警支队泉港大队民警潘加声事迹。

●由泉州市青年联合会、泉州市青年作家协会、《泉州青年》编辑部、共青团泉港区委、区文联主办的“庆祝中国共青团成立100周年——泉州青春诗会”在泉港半茗茶院举行。

5月15日

农历壬寅年四月十五
星期日
温度：14℃～16℃
小雨

●2022年度泉州市上市和挂牌后备企业名单公布，413家企业入选。

●泉州市下达2022年补充耕地任务226公顷。

●由市委市直机关工委、市委文明办、市残联主办的“携手助残 爱满‘泉’城”爱心慰问活动举行。

●由泉州市特殊教育专项基金理事会、福建省觅鲤文化传播有限公司、泉州市特殊教育学校、泉州市至善残疾人职业教育中心、泉州静土文创院主办的以“促进残疾人就业，保障残疾人权益”为主题的爱心捐赠暨名家大师艺术作品爱心收藏活动在鲤城区觅鲤文创园举行。

2022年度市级上市和挂牌后备企业名单公布

2022年度泉州市上市和挂牌后备企业名单公布，413家企业入选，包含120家上市后备企业（其中科创板上市后备企业16家）和293家挂牌后备企业。2023年以来，资本市场“泉州板块”继续发展壮大，兴通海运于上交所上市，泉州水务集团完成上市公司蠡湖股份控股权收购工作，标志着泉州市国有控股上市企业实现零的突破。

泉州市下达补充耕地任务226公顷

泉州市下达2022年补充耕地任务226公顷。通知要求，各地要统筹利用各类资金，因地制宜实施土地整治、生态修复和高标准农田建设，通过对区域内的田、水、路、林、村等进行统筹规划、科学设计，增加优质耕地面积，提升原有耕地质量。鼓励高标准农田建设结合实施土地平整，将拟建设区域周边零星非耕地地块纳入建设范围，对区域内具备条件的旱地增加灌溉设施提质改造为水田，并实施土壤改良和地力培肥，增加新增耕地、水田数量，提高耕地质量等别。拟用于耕地占补平衡的新增和改造耕地，要按照规定进行核实认定，确保补充耕地的真实性、准确性。

通知明确，对未完成年度补充耕地任务的地区，在整改到位前，除省及省以上重点建设项目外，暂停受理该地区项目使用有条件建设区和规划局部修改申请。超额完成补充水田任务的，超额部分可用于冲抵旱地改水田提质改造任务。高标准农田建设中旱地改水田，参照高标准农田建设新增耕地省级奖补标准执行。违法建设占用耕地的，追加相关地区下一年度相应补充耕地任务。

泉州市举行“全国助残日”活动

第32次“全国助残日”，由市委市直机关工委、市委文明办、市残联主办的“携手助残 爱满‘泉’城”爱心慰问活动举行。活动中，各主办单位、相关县（区）残联有关人员和党员志愿者到鲤城、丰泽、洛江、安溪、永春、德化等地走访慰问500多个困难残疾人家庭，送上爱心物资，向残疾人朋友传递党和政府的关怀与温暖。除爱心慰问活动外，泉州市还开展爱心帮扶、就业服务、志愿服务、康复服务、公共服务、文艺活动等34项线上线下扶残助残活动，各县（市、区）同步开展丰富多彩、特色鲜明的宣传服务活动，汇聚社会力量参与扶残助残事业，营造全社会关爱帮扶残疾人的氛围。

15—22日，由泉州市特殊教育专项基金理事会、福建省觅鲤文化传播有限公司、泉州市特殊教育学校、泉州市至善残疾人职业教育中心、泉州静土文创院主办的以“促进残疾人就业，保障残疾人权益”为主题的爱心捐赠暨名家大师艺术作品爱心收藏活动在鲤城区觅鲤文创园举行。泉州市慈善总会、福建省黄仲咸教育基金会、泉州台商投资区“海丝”教育基金会、南安市政府、惠安雕刻艺术研究会等单位，林永忠等爱心企业和个人捐赠善款435.7万元。庄南鹏、刘毅、王经民、张建奎、吴德强、蒋惠民、刘国文、黄清辉、戴毅强等20多名名家大师为爱心收藏活动捐赠近百件作品，包括雕塑、陶瓷、木偶头像、漆艺、建盏、国画、书法等。主办方表示，所有爱心款和艺术品义卖所得款项全部用于泉州市至善残疾人职业教育中心建设及扶持残障学生就业创业。此次参与捐赠的名家大师，不仅有泉州本地的，还有外地的爱心人士。非物质文化遗产建窑建盏烧制技艺代表性传承人蔡龙得知此事后，捐赠20件建盏作品。湖南省青年书法家协会副主席黄朝得知此事后也捐赠2件作品。在义卖现场，泉州市特殊教育学校设置彩绘、版画、陶艺、漆艺、剪纸、影雕六个体验区，展示该校学生创作的泉州元素或冬奥会吉祥物的剪纸作品、漆器工艺品、影雕作品。

相关链接：泉州市至善残疾人职业教育中心计划总投资9500万元，建成后将开展残疾学生就业创业孵化、残疾人职业技能培训、自闭症教师和家长教育培训、自闭症学生康复训练等。

5月16日

农历壬寅年四月十六
星期一
温度：14℃~17℃
小雨转多云

●省委常委、市委书记刘建洋到市委党校新校区调研，为市委党校（行政学院）第33期中青年干部培训班开班式做动员讲话，并为学员讲党课。

●市长蔡战胜到市信访局接访，现场研究、协调解决群众反映的拆迁安置、子女入学、施工安全等方面问题。

●全省基层卫生健康工作会在福州召开，泉州市卫健委在会上做《坚持四项机制建设运行并重打造可持续发展的紧密型县域医共体》典型经验介绍。

刘建洋调研市委党校新校区

省委常委、市委书记刘建洋到市委党校新校区调研，为市委党校（行政学院）第33期中青年干部培训班开班式做动员讲话，并为学员讲党课。市领导施宇辉、卢秀萍参加活动。刘建洋到教研综合楼、教学楼、宿舍楼、食堂等察看校园环境，了解新校区总体规划建设、市区两级党校统筹集中办学、学员学习生活等情况。刘建洋要求，市委党校要坚持“党校姓党”，突出主业主课，结合泉州特色，丰富办学内涵，提高科研资政水平，打造成为习近平新时代中国特色社会主义思想的重要研学基地。

刘建洋在授课时强调，全市中青年干部要学习贯彻习近平总书记在中央党校（国家行政学院）中青年干部培训班开班式上的重要讲话精神，传承弘扬“晋江经验”，增强政治判断力、政治领悟力、政治执行力，实干拼搏显担当，奋勇争先开新局。要坚定理想信念，加强理论学习、党性锻炼、政治历练，学懂弄通做实习近平新时代中国特色社会主义思想，锤炼对党忠诚的政治品格。要严守纪律规矩，筑牢权力防线、社交防线、家庭防线，坚持公正用权、依法用权、为民用权、廉洁用权，净化社交圈、生活圈、朋友圈，既带头律已修身又严格家教家风，守住守牢拒腐防变防线。要练就过硬本领，勤于向书本学、向群众学、向实践学，大兴调查研究之风，用改革创新的办法破解痛点堵点难点，以强有力的责任担当推动工作穿透落实，提升服务高质量发展的能力水平。要主动站位全局，把“提高效率、提升效能、提增效益”贯穿到服务企业、推进项目、开放招商、优化营商环境等各项工作全过程，以“功成不必在我”的精神境界和“功成必定有我”的历史担当，积极奉献、久久为功，在实施“强产业、兴城市”双轮驱动、勇当全方位推进高质量发展超越主力军中建功立业、书写华章。

蔡战胜到市信访局接访

市长蔡战胜到市信访局接访，现场研究、协调解决群众反映的拆迁安置、子女入学、施工安全等方面问题。蔡战胜强调，要坚持人民至上，主动担当作为，用心用情用力呼应群众诉求，依法依规妥善解决群众急难愁盼；要坚持系统思维，形成查漏补缺、举一反三的长效机制，通过信访个案查找、剖析、破解共性问题，提升群众获得感、幸福感、安全感。

泉州市医共体建设经验在省上交流

全省基层卫生健康工作会在福州召开，泉州市卫健委在会上做《坚持四项机制 建设运行并重打造可持续发展的紧密型县域医共体》典型经验介绍。泉州市因地制宜整合县域医疗卫生资源，坚持建设和运行并重、利益和责任共享，打造一体化管理、可持续发展的紧密型县域医共体（以下简称医共体）建设“泉州样板”。在建设过程中，坚持“四突出四强化”（突出市级统筹，强化顶层设计；突出高位推动，强化部门协同；突出共建共享，强化运行可持续；突出资源下沉，强化能力提升），做到边建设、边完善、边提高。县域医疗资源配置和效能明显提高，县域和基层医疗卫生服务能力持续提升，县域分级诊疗格局逐步形成，群众获得感不断提升。改革“组合拳”之下，至2021年底，全市7家总医院牵头机构达三级医院服务水平，8家县级综合医院服务能力均达到国家“推荐标准”，全部进入全省前20名（全省59家参评），居全省首位；全省唯一一家设立在县域的国家区域医疗中心上海六院福建医院落户晋江；127家基层医疗卫生机构服务能力达到国家标准，其中23家达“推荐标准”，达标数和达标率均居全省前列，提前达到福建省“十四五”卫健事业规划对基层服务能力指标要求，为高质量推进紧密型县域医共体建设迈出实质性的步伐。

5月17日

农历壬寅年四月十七
星期二
温度：15℃～24℃
多云

●泉州市2022年重大项目视频连线集中开工活动举行。

●市政府廉政工作会议召开。

●17—19日，全球重要农业文化遗产科学咨询小组在意大利罗马召开会议，福建安溪铁观音茶文化系统因其在食物与生计安全、重要的农业生物多样性、社会价值与文化以及杰出的生态价值、景观等方面具有显著特点和全球重要性，被联合国粮农组织认定为全球重要农业文化遗产。

●首届泉州市5G陶瓷制造行业职工技能竞赛在永春举行。

泉州市2022年重大项目视频连线集中开工活动举行

泉州市2022年重大项目视频连线集中开工活动举行。省委常委、市委书记刘建洋在位于晋江的主会场宣布开工并讲话，市长蔡战胜主持。市领导李建辉、肖汉辉、施宇辉、陈辉宗、卢秀萍、傅藏荣、黄景春、黄文胜等参加。活动中，各县（市、区）、泉州开发区、泉州台商投资区、国网泉州供电公司分会场及其项目现场通过视频连线，集中开工重大项目178个、总投资1033亿元，年度计划投资275亿元。

刘建洋强调，要学习贯彻习近平总书记重要讲话重要指示精神，落实省委“提高效率、提升效能、提增效益”行动部署要求，坚持项目为先、项目为基、项目为要，高质量推进项目攻坚，以更多大项目好项目支撑“强产业、兴城市”双轮驱动，把疫情造成的损失补回来。要推进项目建设，集中精力、集聚资源，强化审批、融资、用地、用海等保障，形成更多实物工作量，在确保疫情防控、防汛度汛和施工质量安全的前提下，推动项目提速提质提效。要多措并举狠抓招商引资，立足产业发展招项目、城市建设谋项目、民生生态争项目，聚焦产业链关键领域和重点环节、城镇功能品质提升，精准招引一批优质项目，鼓励引导企业加快物理空间、生产工艺技术“双改造、双提升”，就地增资扩产、提质强产。要压实属地和部门责任，树牢“管行业必须管项目、管服务、管进度、管统计、管安全、管防疫”理念，一项目一机制一专班、市县业主单位扁平化调度，一线办公协调解决堵点问题，强化督查考核，推动工作穿透落实，确保项目尽早建成、达产见效。

泉州市2022年重大项目集中开工活动视频连线现场（图/陈起拓）

市政府廉政工作会议召开

市政府廉政工作会议召开。会议强调，要坚持正风肃纪反腐与改革发展稳定一体推进，把廉政和勤政结合起来，“提高效率、提升效能、提增效益”，做到“疫情要防住、经济要稳住、发展要安全”，确保完成全年经济社会发展目标任务。要支持市场主体纾困，瞄准企业需求实施政策供给，开展好“一企一策促发展”“一项目一机制促进度”活动，落实减税退税降费新政，稳住经济基本盘；要开展“营商环境持续提升”专项行动，看齐先进、补齐短板，通过数字赋能，推进政务与公共服务更加便利；要加快开展法治政府示范创建，把政府工作全面纳入法治轨道，做到立法民主化、学法常态化、执法规范化；要深化绩效管理考核，激励各级各部门履职尽责、争先创优。要落细落实党风廉政建设责任制，压实政府系统各级党组织主体责任、党组（党委）书记第一责任人职责和班子成员“一岗双责”，坚持惩治腐败“零容忍”。

首届泉州市5G陶瓷制造行业职工技能竞赛在永春举行

首届泉州市5G陶瓷制造行业职工技能竞赛在永春举行。全市各地9支代表队112名选手参赛。此次竞赛旨在提升泉州市陶瓷行业制作技艺水平，促进智能制造产业高质量发展。竞赛设成型湿修、智能装配2个项目，采取“个人+团体实际操作”的方式进行，依项目类别分别评选出一等奖1名、二等奖2名、三等奖8名。获成型湿修项目第1名的选手，可按程序申请授予“泉州市五一劳动奖章”和“泉州市技术能手”称号；获得成型湿修项目第2名和智能装配项目个人赛第1、2名的选手，可按程序向市总工会申请授予“泉州市金牌工人”称号。

张彦到晋江石狮安溪调研

18—19日，省委常委、宣传部部长张彦到晋江、石狮、安溪，调研地方特色文化、县级融媒体中心、中小学研学大学生社会实践教育基地建设和文旅经济发展等工作。张彦指出，要加强研学基地建设，与周边地区相关教育资源串点成线、扩线成片，打造闽南爱国主义教育研学圈，贯通学校教育、社会教育、家庭教育，增进学生对国情、社情了解。青年学生要心系“国家事”、肩扛“国家责”，培养社会责任感、创新精神，坚持学以致用，深化产学研用合作，提高学习能力、实践能力和解决问题能力，更好地报效祖国、服务人民。

泉州市召开数字经济暨数字政府建设座谈会

泉州市召开座谈会，研究部署加快数字经济发展和数字政府建设工作。会上，市数字办、工信局、行政服务中心管委会和安溪县围绕数字化转型、线上政务等做汇报。与会市领导，市数字研究院、泉州电信、泉州移动、中科光芯、九牧卫浴、品尚征信、大数据运营服务公司等专家和企业负责人依次交流发言，结合各自工作实际和专业领域谈思路、讲体会、提建议。

会议指出，要学习贯彻习近平总书记关于网络强国的重要思想和在福建工作期间开创的重要理念重大实践，落实省委、省政府部署要求，聚焦“强产业、兴城市”双轮驱动，把数字泉州建设作为基础性先导性工程，更好引领提高效率、提升效能、提增效益，为全方位推进高质量发展超越注入新动能。要聚焦攻坚，一体发力数字经济、数字政府、数字社会，突出以实际效益为驱动、以优化服务为导向、以应用场景为支撑，找准工作着力点和突破口。以更大力度释放数字经济动能，坚持存量和增量一起抓，推进产业数字化，强化龙头带动、梯次培育、平台催生，打造更多智能生产线、无灯车间，引领本土优势产业链上下游数字化改造；推进数字产业化，培育壮大电子信息产业，拓展更多应用场景和创新平台，加强新基建布局，发挥资本撬动作用，做强做优做大数字经济。以更实举措深化数字政府建设，学习借鉴先进地区经验做法，结合打造一流营商环境，统筹推进技术融合、业务融合、数据融合，完善泛在可及、智慧便捷、公平普惠的数字化服务体系，建设“便利泉州”，更好解决企业所需、群众所盼。要统筹谋划，以更强合力确保数字化转型各项任务落地见效。处理好整体与局部、近期与长远、外部与内部等关系，各级领导干部要提高数字经济、数字政府和信息化技术专业素质，坚持“一产一策一专班、一项目一计划一方案”，探索建立数字化转型“特派员”制度，条块结合、逐项破解堵点难点，为数字泉州建设营造良好环境。

中国（福建）—非洲青年跨境电商大会在石狮举行

由省政府外事办公室、泉州市政府主办的中国（福建）—非洲青年跨境电商大会在石狮市融媒体中心以网络视频连线的形式举行。除石狮以外，福州、泉州均设置会场。非洲方面线上参会的有卢旺达、赞比亚、埃塞俄比亚、肯尼亚、埃及、加纳、南非、博茨瓦纳、津巴布韦、莫桑比克等国相关负责人、青年企业家代表、电商创业人员以及省内高校非洲留学生代表等。

石狮市商务局邀请非洲两大跨境电商平台Jumia、KiKUU代表、华侨大学电子商务研究中心主任洪国彬、石狮优秀企业家代表等分享跨境电商在促进创业方面的做法。大会同时进行中非优特产品双向云推介，卢旺达驻华大使馆、赞比亚驻广州总领馆、非洲青年企业家分别推介各自的特色产品；美佳爽（中国）有限公司、石狮市豪爵进出口贸易有限公司、福建凯雁科技集团、石狮青创城国际网批中心、福建新力元反光材料有限公司也介绍各自的品牌与产品。大会旨在助力非洲电商产业发展和青年创新创业，同时引导省内优质企业发掘非洲巨大市场潜力，开拓电商领域新蓝海，扩大石狮市对非贸易、电商等项目合作，服务中非友好关系大局。

5月18日

农历壬寅年四月十八
星期三
温度：19℃～25℃
多云

●18—19日，省委常委、宣传部部长张彦到晋江、石狮、安溪，调研地方特色文化、县级融媒体中心、中小学研学大学生社会实践教育基地建设和文旅经济发展等工作。

●泉州市召开座谈会，研究部署加快数字经济发展和数字政府建设工作。

●省委常委、市委书记刘建洋在一线调研督导，并主持召开座谈会推进常态化疫情防控工作。

●全市打击整治养老诈骗专项行动部署推进会召开，总结阶段性工作成效，对下阶段工作重点做出部署。

●由省政府外事办公室、泉州市政府主办的中国（福建）—非洲青年跨境电商大会在石狮市融媒体中心以网络视频连线的形式举行。

5月19日

农历壬寅年四月十九
星期四
温度：20℃~26℃
多云

●省委常委、市委书记刘建洋与国网福建省电力有限公司董事长、党委书记谭永香座谈，共同见证泉州市政府和国网福建省电力有限公司签订《服务泉州发展战略 共同实施新时代“双满意”工程助力“碳达峰、碳中和”行动》战略合作框架协议。

●全省重大水利项目集中开工视频动员会举行，永春县水系连通及水美乡村建设试点县项目参加集中开工。

●《中国古镇（四）》特种邮票发行，该套邮票一套4枚，其中1枚邮票图案为晋江市安海镇。此系泉州元素第12次登上国家邮票。

●全市各地举行“中国旅游日”活动。

市政府与国网福建省电力有限公司签订战略合作框架协议

省委常委、市委书记刘建洋与国网福建省电力有限公司董事长、党委书记谭永香座谈，共同见证泉州市政府和国网福建省电力有限公司签订《服务泉州发展战略 共同实施新时代“双满意”工程助力“碳达峰、碳中和”行动》战略合作框架协议。市委常委、常务副市长黄景春与国网福建省电力有限公司总经理蔡鸿贤分别在签约仪式上致辞。副市长刘林霜、汪志红参加。根据协议，泉州市将与国网福建省电力有限公司在共同构建新型电力系统、保障惠民工程及重大项目落地、推动社会用能清洁化、打造“电动泉州”应用示范基地、打造政企合作新模式等方面深化合作。

市政府和国网福建省电力有限公司签订战略合作协议（图/陈起拓）

永春县水系连通项目参加全省重大水利项目集中开工

永春县水系连通及水美乡村建设试点县项目开工（图/永春融媒）

全省重大水利项目集中开工视频动员会举行，泉州市在永春设分会场。市长蔡战胜、副市长蔡天守参加活动。参加此次集中开工的永春县水系连通及水美乡村建设试点县项目，总投资4.49亿元，主要实施水系连通8.5千米，清淤疏浚27.66万立方米，新建生态护岸46.45千米，新建景观节点46个，新建污水处理站6座。

全市各地举行“中国旅游日”活动

第12个“中国旅游日”，2021年的主题为“感悟中华文化，享受美好旅程”。全市各地举办各类活动，既有山海露营活动、畅游遗产点，也有古城微直播、云端带你游，还有公益讲解服务、草地音乐节等。“微旅游”的方式迅速崛起，“小而美”的线路满足短途不能出远门的需求又可以提高文旅消费的频次，成为泉州市旅游业发展的新亮点。市文旅局、德化县政府主办2022年“山海泉州露营生活节”暨德化全域旅游宣传系列活动。德化县赤水镇蜗旅露营基地推出生活展，内容包括泉州山海主题营地展区、露营户外装备展区和陶瓷手作·“露营陶瓷手作营”三部分。在洛江，“大美洛江奇妙游”邀请10位网络大V、旅游达人，以专业视角挖掘洛江特色玩法，通过实地走访线路生成攻略、摄影、航拍等精品内容，推介洛江旅游。在晋江，梧林推出草地音乐节、露天电影放映，五店市推出庭院音乐节，通过丰富旅游产品供给，进一步引流。在南安，东田镇玫瑰特色小镇有“浪漫南安”之旅，还有文化创意设计大赛等配套活动。在永春，当地居民享受县区所有A级景区门票免费优惠。在惠安，博物馆推出“世界遗产——泉州：宋元中国的世界海洋商贸中心图片展”，家门口就能感受世界遗产的魅力。

2022年“山海泉州露营生活节”活动现场（图/曾世彬）

肖汉辉到石狮开展侨务工作专题调研

市政协主席肖汉辉带领有关单位负责人和部分市政协委员到石狮开展“汇聚侨心侨力侨智，服务‘海丝’名城建设”专题调研。副主席洪川夫参加活动。调研组察看石狮市东南亚采购集散中心，了解其运用“侨力量”创新商业模式、形成首个面向华侨华人共享贸易服务平台的相关情况。随后召开座谈会，就做好对外商贸发展、加强与华侨华人沟通联谊、腾出产业发展新空间、开拓海外市场走向全世界、构建侨务信息枢纽平台等方面展开探讨。肖汉辉强调，要立足泉州实际，大胆创新探索，紧抓RCEP机遇，联动海内外市场，推动更多泉州产品“走出去”、走向全世界。要主动加强和海外第二、三代泉州籍华侨华人的沟通对接，吸引更多人到泉州兴业投资。课题组要开拓思路、开阔视野，围绕聚侨心、引侨力、汇侨智等方面深入调研、精准建言，形成有价值可操作的课题成果。

市政协在石狮开展“汇聚侨心侨力侨智，服务‘海丝’名城建设”专题调研（图/市政协）

2022年泉州市科技活动周启动

由市科技局、市委宣传部、市科协主办，黎明职业大学、市人才创新共享联盟承办的“走进科技你我同行——2022年泉州市科技活动周”启动。2022年泉州市科技活动周以“走进科技你我同行”为主题，旨在促进全社会形成“讲科学、爱科学、学科学、用科学”的氛围。主办方指导各县（市、区）有关部门、高校院所等开展形式多样的系列活动。考虑到疫情防控需要，活动利用大数据、云计算、人工智能等现代信息技术，采取直播、微视频、微动漫等方式开展线上科普活动，突出宣传科技政策、科技规划和各类法律法规，重点展示科技创新成果，组织科技为民服务活动。

“公交驾驶员关爱日”系列活动举行

全国第四届“公交驾驶员关爱日”，由泉州交发集团、泉州交发集团权属公交集团温陵分公司、鲤城区文明办、文旅局主办的“公交驾驶员关爱日”系列活动在市区开元盛世广场举行。泉州市实验小学与泉州市新村小学的学生为驾驶员创作了绘画作品。社会各界爱心单位向驾驶员送来爱心餐券、爱心大礼包等物资。一公益组织为驾驶员准备了装有止血带、酒精、藿香正气水等10多种急救药品、物品的急救包。为满足“小白”公交车驾驶员休息补水的需求，现场公布3处专门为驾驶员设置的“奉茶点”。

南大校庆献礼之南音音乐会举行

“百廿南音——南大校庆献礼之南音音乐会”在市区新门街南音艺苑举行。是日是南京大学校庆120周年的日子，该校校友选择用千年雅乐南音，为母校献礼庆生。这场音乐会既是校庆总活动项目之一，又通过线上直播方式，让更多人了解泉州南音这项世界级非物质文化遗产。音乐会上，嗳仔指《霏霏飒飒》、清唱《枫桥夜泊》、自弹唱《山不在高》、器乐曲《梅花操》、单箫独拍《静夜思》、琵琶弹唱《春光明媚》、器乐曲《走马》等取自唐诗、泉州南音名谱的节目逐一上演，或古朴优雅、婉转深情，或节奏明快、气势如虹。南京大学福建校友会相关负责人表示，南大校友总会、福建校友会用南音专场音乐会的形式，与泉州市民共同度过美好的音乐之夜，音乐会同步向南大全球校友线上直播，让袅袅古音传向更多国度。希望通过线上线下互动交流，促进南京大学与泉州在文化艺术领域加深交流、在产学研融合方面有更多创举。

5月20日

农历壬寅年四月二十
星期五
温度：20℃～28℃
多云

●市政协主席肖汉辉带领有关单位负责人和部分市政协委员到石狮开展“汇聚侨心侨力侨智，服务‘海丝’名城建设”专题调研。

●在收听收看全省巩固拓展脱贫攻坚成果同乡村振兴有效衔接工作会议后，泉州市召开视频会议，通报相关工作开展情况，提出贯彻落实意见，部署下阶段全面推进乡村振兴工作。

●由市科技局、市委宣传部、市科协主办，黎明职业大学、市人才创新共享联盟承办的“走进科技你我同行——2022年泉州市科技活动周”启动。

●由市市场监督管理局、市城市管理局主办的“制止餐饮浪费、倡导文明用餐”主题活动暨首批“食物驿站”试点启动仪式举行。

●由泉州交发集团、泉州交发集团权属公交集团温陵分公司、鲤城区文明办、文旅局主办的“公交驾驶员关爱日”系列活动在市区开元盛世广场举行。

●“百廿南音——南大校庆献礼之南音音乐会”在市区新门街南音艺苑举行。

●“新时代文明实践——鸾凤和鸣幸福迎·文明新风晋江行”集体婚礼暨省级婚俗改革实验区启动仪式活动在晋江梧林传统村落举行。

5月21日

农历壬寅年四月廿一
星期六
温度：19℃～23℃
多云转小雨

●新华社播发通稿《惠企帮扶 实招纾困——福建泉州企业复工复产见闻》。

●20—21日，晋江49个项目集中开竣工活动举行，总投资245亿元，其中开工项目31个、竣工项目18个。

新华社播发通稿《福建泉州企业复工复产见闻》

新华社播发通稿《惠企帮扶 实招纾困——福建泉州企业复工复产见闻》。全文如下。

今年3月中旬，福建泉州市发生新一轮本土新冠肺炎疫情。经过一个多月的不懈努力，4月21日起，泉州市全域降为低风险地区。记者近期在泉州丰泽区、石狮市等地走访发现，金融扶持、保通保畅等惠企纾困措施落地，不仅帮助企业解决不少实际困难，也有力提振了他们的发展信心。

“没想到，贷款审批的速度这么快！”谈及近期从农业银行申请纾困贷款的经历，长期从事粮油加工、销售的泉州华穗商贸有限公司负责人彭清图感慨万分：“幸亏有了这笔纾困贷款，企业才能顺利复工复产。”

疫情发生后，受回款周期延长、物流成本增加等因素影响，他的企业资金周转压力陡增。得知这一情况后，当地相关部门及时引导彭清图通过“金服云”平台申请纾困贷款。经过审批，两天后，他就拿到了210万元的贷款。

在泉州，享受到金融帮扶的企业不在少数。石狮市冠豪体育用品有限公司是一家从事羽毛球拍、网球拍生产与销售的企业，年产球拍300万支，销售额1.5亿元。成型、黏合、喷涂、贴标、装配、包装……走进该公司生产车间，数百名工人正戴着口罩赶制一批海外订单。

“有了金融的支持，企业增资扩产的底气更足了。”冠豪体育公司总经理助理滕静介绍，今年疫情期间，企业从当地农商行申请了一笔990万元的纾困贷款，用于新厂房建设、扩大生产。“新厂房预计今年8月投入使用，将给企业带来30%的销售增量。”

对企业而言，物流畅通至关重要。在有关各方的共同努力下，4月30日，一趟满载纸尿裤、服装、鞋帽等日用品的中欧班列从泉州东站鸣笛启程，前往欧洲。这也是自泉州本轮疫情发生以来，当地开出的首趟中欧班列。

“本趟班列，我们公司走了30个货柜。此次中欧班列恢复运行，解了企业运输之急。”美佳爽（中国）有限公司供应链总监邱志强说，在国际海运一柜难求、运费高企的形势下，货物从家门口就能搭乘中欧班列出国，不仅缩短了运输时间，也大大降低了企业的运输成本。

泉州市人社部门积极开展“线上”招聘会、“引工大使”、“以老带新”等活动，帮助企业解决用工需求问题。

“如果你对汽车感兴趣，不妨来试一试汽车销售这个岗位”“我们需要缝纫工，欢迎大家报名”……几天前，在丰泽区举行的“复工复产”直播带岗专场招聘会上，一些企业HR走进直播间，与求职者“屏对屏”沟通、互动。据了解，从4月15日起，丰泽区多次举办类似的网络招聘会，提供各类就业岗位3000多个，初步达成就业意向近千人。

截至目前，泉州市5400多家规上工业企业已全部复工复产。泉州市工信局总工程师陈传芳说，下一步，当地将在做好常态化疫情防控工作的同时，继续加大助企纾困力度，不断改进、优化服务，推动企业满工达产、增资扩产、提质强产，努力把疫情造成的损失补回来。

晋江第二季度49个项目集中开竣工

20—21日，晋江49个项目集中开竣工活动举行，总投资245亿元，其中开工项目31个、竣工项目18个。此次参加集中开竣工的项目总体呈现投资体量大、带动能力强、影响范围广三个特点。投资体量大，49个项目平均单体投资超过5亿元，其中投资在5亿元以上的项目达13个。其中，百宏年产33万吨差别化化学纤维生产项目（9期）、百宏年产72万吨功能性聚酯薄膜项目（10～11期）两个项目总投资67亿元，是本土龙头企业在纺织新材料领域实施的增资扩营项目，对晋江纺织制造行业向高质量发展、抢占高端市场具有重大推进作用。带动能力强，凤竹纺织生产项目不仅新增12亿元产值、1200个就业岗位，还有效降低资源消耗和污染物排放，带动关联行业发展，兼具经济、社会、生态三重效益。影响范围广，既有产业链强链补链项目，也有重大社会民生补短板项目。其中，晋江新丝路文教园二期项目竣工投用后，其品牌效应和清华附中先进的办学理念、管理经验将辐射周边地区，提高紫帽及周边教育水平。

泉州市助企应对疫情影响

为优化泉州市政府采购营商环境，减轻中小企业资金压力，助力中小企业有效应对新冠肺炎疫情影响，市财政局发出《关于给予中小企业政府采购预付款支持有关事项的通知》（以下简称通知），在政府采购项目中，给予中小企业预付款相关支持。其中，与疫情防控有关的政府采购项目，为助企全力开工，预付款比例最高可达合同金额的100%。

根据通知，对于预算单位与中小企业签订政府采购合同的，采购人应在政府采购合同中约定预付款的时间和比例。货物、服务类政府采购项目预付款比例原则上不低于合同金额的30%，工程类预付款不低于合同金额的10%。通用类货物累计付款次数原则上不超过3次。项目分年安排预算的，每年预付款比例原则上不低于项目年度计划支付资金额的30%。政府采购项目实施以人工投入为主的，可适当降低预付款比例，但原则上不得低于合同金额的10%。对于与疫情防控有关的政府采购项目，为助力企业全力开工，预付款比例最高可达合同金额的100%，增强供应商履约能力。此外，政府采购工程以及与工程建设有关的货物、服务，采用招标方式采购的，预付款从其相关规定。

整治商品住房销售“养老”虚假宣传涉诈专项行动启动

为落实全省打击整治“养老”诈骗专项行动统一部署，整治商品住房销售中以“养老”名义进行虚假宣传等涉诈问题隐患，即日起，市住建局在全市房地产领域开展打击整治商品住房销售“养老”虚假宣传涉诈专项行动。此次专项行动整治范围包括全市从事房地产开发经营的房地产开发企业、从事房地产中介机构等市场主体，在商品住房宣传和销售过程中是否存在以“养老”名义进行虚假宣传等涉诈问题。行动聚焦“整治商品住房销售中以养老名义进行虚假宣传等涉诈问题隐患”，以净化行业环境为切入点，分深入摸排、宣传发动、集中整治、总结提升四个阶段有序推进，旨在排查发现一批涉“养老”诈骗的问题线索，集中解决一批群众反映强烈的涉诈问题，整治打击一批存在诈骗苗头隐患的机构、企业，解决好老百姓的烦心事、守护好老百姓的“养老”钱。

国际生物多样性日系列公众科普宣传活动举行

第29个国际生物多样性日，2022年的主题是“共建地球生命共同体”。市生态环境局、市林业局等举行系列公众科普宣传活动，通过线上互动问答、主题科普展览、生物多样性科普课堂、“泉州百鸟精灵”生物多样性精彩图片展等形式，提高社会各界特别是中小学生关心自然、增强野生动植物保护的意识，共同构建人与自然和谐发展的美丽家园。

安溪在全省率先开展政府采购项目绩效评价试点

作为福建省政府采购项目绩效评价首个试点地区，安溪县出台《安溪县县级政府采购项目绩效评价管理暂行办法》（以下简称办法），将绩效理念融入政府采购项目管理中，并选取教育、医疗等领域的重点政府采购项目开展试点。办法结合政府采购特点和绩效评价要求，建立政府采购项目绩效评价指标体系，既包含经济效益、社会公众满意度等共性指标，还设置政府采购“采购需求合理性、采购方式和过程合规性、评审公平公正性、合同签订履约效率”等专业性指标，涵盖政府采购全过程。政府采购项目绩效评价每年开展一次，采取采购人自评、主管部门评价和财政部门重点评价相结合方式，对项目进行评分评级，形成绩效评价结果。评价结果作为财政部门开展政府采购监管、采购人选择政府采购社会代理机构、有关部门单位编制批复政府采购预算的参考依据。

5月22日

农历壬寅年四月廿二
星期日
温度：20℃ ~ 23℃
多云转小雨

- 市财政局发出《关于给予中小企业政府采购预付款支持有关事项的通知》。
- 市住建局在全市房地产领域开展打击整治商品住房销售“养老”虚假宣传涉诈专项行动。
- 市生态环境局、市林业局等举行国际生物多样性日系列公众科普宣传活动。
- 安溪在全省率先开展政府采购项目绩效评价试点。

5月23日

农历壬寅年四月廿三
星期一
温度：20℃～25℃
小雨

●省委常委、市委书记刘建洋到部分物流节点调研物流业发展情况。

●全市特色现代农业发展专题会议召开，研究深挖产业增长潜力、推动特色现代农业发展。

●全省首个崇军拥军司法服务中心揭牌仪式在泉州市中级人民法院举行。

●由市文联主办的纪念毛泽东《在延安文艺座谈会上的讲话》发表80周年——传播“福”文化端午体验文艺志愿服务活动举行。

●德化县二季度重点项目集中开竣工活动举行。

刘建洋调研物流业发展工作

省委常委、市委书记刘建洋到部分物流节点调研物流业发展情况，市领导施宇辉、张文贤、刘林霜、汪志红参加调研。在惠安，刘建洋叮嘱，要做好铁路经济这篇文章，在确保工程质量和安全的前提下，高效推进项目建设，叠加海关特殊监管功能，释放枢纽潜能，加快打通货物运输大动脉，实现铁路、公路运输、海运、空运无缝衔接。在南安海西石材城，刘建洋鼓励园区提高数字化管理水平，推进石材运输环节环保问题整治，实现经济效益、生态效益最大化。在石狮泉州港石湖作业区，刘建洋要求，要完善港口集疏运体系，拓展港口腹地，加快深水泊位建设，提升港口发展竞争力。在晋江安踏一体化产业园，刘建洋希望企业继续推进数字赋能，增资扩产、提质强产，依靠科技手段有效降低物流成本、提高仓储效率、激发市场活力。调研中，刘建洋强调，要坚持规划引领，加强顶层设计，统筹好全局与局部、长远与当前、物流业与制造业融合发展的关系，做好现代物流与国土空间、交通运输等规划衔接，明确功能定位，优化空间布局。要完善物流基础设施建设，构建内畅外联的物流通道，加快物流龙头企业和平台等要素集聚，强化政策支撑，健全“通道+枢纽+网络”的现代物流体系，为建设“海丝”名城、智造强市、品质泉州提供坚实保障。

全市特色现代农业发展专题会议召开

全市特色现代农业发展专题会议召开，研究深挖产业增长潜力、推动特色现代农业发展。会议研究加大培育涉农企业、提升产业规模效益有关工作。宿利南指出，全市各级各相关部门要学习领会习近平总书记关于实施乡村振兴战略的重要论述，做足产业兴旺这篇文章，以产业振兴推动乡村全面振兴，夯实农民安居乐业的基础。要紧抓乡村振兴的历史机遇期，以“提高效率、提升效能、提增效益”行动为抓手，下力气解决涉农企业“小弱散”问题，梯度培育一批规模以上、限额以上的农业龙头企业，提升全市农业规模化、组织化水平。要加快构建现代农业产业体系、生产体系、经营体系，引导农业经营主体加大科技投入、延伸产业链条、加快一二三产融合，培育一批特色农产品、区域品牌、电商平台等，提高抗风险能力，提升农业综合效益和竞争力。

德化第二季度重点项目集中开竣工

德化县二季度重点项目集中开竣工活动举行。其中，中国陶瓷电商物流园项目二期、福建华苏信息科技厂房、德化县乡村振兴创业园、乐陶小学、乐陶中学、德化湖前路西段市政道路工程、全球花盆智慧制造产业园7个项目开工或奠基；福建省德化县宏跃陶瓷有限公司开业、省道310线德化县土坂至盖德路段工程通车。开工项目中，全球花盆智慧制造产业园项目位于德化城东工业区四期，致力于打造“一园四中心”，即智慧制造产业园、智造中心、智能仓储中心、品牌运营和产品营销中心、产学研和观光体验中心。建成后将为德化陶瓷花盆花卉产业发展提供一个新平台，对德化陶瓷产业智能化改造、数字化提升起到示范引领作用。中国陶瓷电商物流园首期于2021年12月31日开园，已满场运营。此次开工建设的二期项目，主要建设分拨中心、电商中心、加油站及其他相关配套设施。建成投用后，将引入电商物流产业优质资源，联动首期综合实训基地，打造成一个特色主导产业集聚、功能配套高效智能、创新创业浓厚氛围、极具年轻活力的电商产业园区，为德化县电商产业提档升级蓄势赋能。乡村振兴创业园项目选址德化城东工业区三期，建成后将作为进城党群城市家园服务功能的延伸，打通联系服务群众的“最后一米”；提供就业岗位的同时带来良好的经济效益；通过吸引乡镇、村投资入股，每年按投资金额一定比例进行分红收益，为部分薄弱村村财增收创造条件。此外，德化乐陶小学、乐陶中学项目开工，将缓解德化城东片区学生就学压力。

刘建洋调研住建工作

省委常委、市委书记刘建洋调研住建工作，市领导施宇辉、蔡天守参加活动。在西郊棚户区改造项目现场，刘建洋指出，棚户区改造既是改善群众居住条件的民生工程，也是扩大有效投资的发展工程，要坚持“留、改、提、拆、建”并举，统筹局部与整体、内部与外部、静态与动态的平衡关系，兼顾多方利益、综合效益，加快有机更新改造，让群众看到变化、得到实惠。在西华洋片区改造项目现场，刘建洋叮嘱，要统筹规划、突出重点，按照产业培育、基础设施、公共服务配套、生态环境“四个优先”，系统优化功能布局，一体推进开发建设，实现经济效益、社会效益、生态效益最大化。座谈会上，刘建洋听取全市住建工作情况汇报。刘建洋强调，要把握机遇、统筹推动，聚焦城市片区更新、老旧小区改造、新城建设、古城保护等领域，策划实施更多大项目好项目；抓住国家出台推进以县城为重要载体的城镇化建设的政策机遇，加快推进新型城镇化建设，做大做强中心城区、做实做优次中心组团、做精做美小城镇和新农村，实现功能品质双提升。要精准施策、多措并举，促进房地产市场平稳健康发展。要强化安全意识，滚动排查整治各类隐患，守牢房屋安全底线。

刘建洋（右四）调研鲤城区西郊棚户区改造项目
（图/陈起拓）

“牢记使命　奋斗为民”系列主题新闻发布会泉州专场举行

省委宣传部“牢记使命 奋斗为民”系列主题新闻发布会泉州专场在福州举行。市委副书记、市长蔡战胜围绕“传承‘晋江经验’ 共享品质泉州”做主题发布并回答记者提问，市委常委、常务副市长黄景春回答有关提问。省委宣传部部务会议成员、新闻发言人谢勤亮主持发布会。蔡战胜在新闻发布会上表示，十年来，泉州聚焦急难愁盼，推动公共服务更加普惠均等可及，实施教育舒心、卫生与健康暖心、养老贴心、民生基础设施安心“四心工程”，开展“民生XIN行动”，每年超七成以上财政支出用于民生，把民生实事办好、好事办实。致力以文惠民，打造世界遗产典范城市，“泉州：宋元中国的世界海洋商贸中心”被列入世界遗产名录，获评中国首个东亚文化之都，成为国家级闽南文化生态保护区，举办“世界闽南文化节”“亚洲艺术节”“海上丝绸之路国际艺术节”等重大活动。为民建城，建设更加宜居的美好家园，加快做大做强中心城区、做实做优次中心组团、做精做美小城镇和新农村，迈入高铁时代、亿吨大港、国际机场行列，蝉联全国综治最高奖“长安杯”。泉州将站稳人民立场，践行为民初心，围绕落实“强产业、兴城市”双轮驱动，实施“抓项目、促发展”系列专项行动，突出“惠民生补短板”，争创共同富裕先行城市，建设居者自豪、来者依恋、闻者向往的圆梦之城、幸福之城。发布会上，媒体记者围绕古城保护利用、县域紧密型医共体建设、脱贫攻坚与乡村振兴、“河长制”“湖长制”工作等方面提问。市领导用具体事例与翔实数据分别回答提问。

“牢记使命 奋斗为民”系列主题新闻发布会泉州专场
（图/陈晓东）

5月24日

农历壬寅年四月廿四
星期二
温度：20℃～22℃
中雨转小雨

● 省委常委、市委书记刘建洋调研住建工作。

● 省委常委、市委书记刘建洋与三一集团总裁唐修国座谈。

● 省委宣传部“牢记使命奋斗为民”系列主题新闻发布会泉州专场在福州举行。

● 市人大常委会党组扩大会议召开，传达学习贯彻习近平总书记在中央政治局会议上、在中央政治局集体学习时、在中央全面深化改革委员会第二十四次会议上、在中央党校（国家行政学院）中青年干部培训班开班式上、在海南考察时的重要讲话精神等。

● 市十七届人大常委会第三次主任会议召开，讨论关于开展泉州市制造业数字化转型、反腐败国际追逃追赃工作等情况的调研报告和审议意见稿。

● 市政协主席肖汉辉带领有关单位负责人和部分市政协委员到晋江，再次围绕“汇聚侨心侨力侨智，服务‘海丝’名城建设”专题开展调研。

● 中央电视台《新闻联播》联播快讯关注泉州安溪铁观音茶文化系统被列入全球重要农业文化遗产。

5月25日

农历壬寅年四月廿五
星期三
温度：21℃～24℃
小雨

●省委常委、市委书记刘建洋到部分水利工程，调研项目建设、运行管理、防汛度汛等工作。

●23—25日，省政协副主席薛卫民到泉州就“深化我省医改工作，推动‘三医联动’深入发展”专题开展调研。

●全市产业工人队伍建设改革领导小组会议召开，贯彻习近平总书记致首届大国工匠创新交流大会贺信精神，贯彻落实全国、全省相关决策部署。

●泉州市2022年“我们和留守流动、困境儿童在一起”关爱活动（惠安专场）在惠安县儿童友好之家举行。

刘建洋到部分水利工程调研

省委常委、市委书记刘建洋到部分水利工程，调研项目建设、运行管理、防汛度汛等工作。市领导施宇辉、蔡天守参加调研。在泉州白濑水利枢纽工程现场，刘建洋指出，白濑水利枢纽工程是重大民生工程、发展工程、安全工程，要抓好施工安全和工程质量，做好防洪度汛应急方案，及时协调解决项目推进中遇到的困难问题，加快项目建设步伐，同步策划生态旅游观光项目，最大限度发挥水利工程综合效益。刘建洋还到山美水库、惠女水库察看水位、水质及周边环境，询问全市水系分布、水库泄洪通道、储水引水调水等情况，并在惠女水库纪念馆了解水库建设历史。刘建洋强调，要弘扬“惠女精神”，做好水生态保护文章，坚持源头治理、生态修复、日常管护相结合，加强水库坝体智慧安全监测和水源保护区桥梁道路环保改造提升，推进水资源调度、水利运行管理、水库风景区建设等提质增效，确保一湖清水润万家。

调研中，刘建洋强调，水利建设“功在当代、利在千秋”，各级各有关部门要学习贯彻习近平总书记关于治水的重要论述，落实“节水优先、空间均衡、系统治理、两手发力”治水思路，增强政治责任感、历史使命感，加快构建安全可靠的现代水网体系，推动水利事业更好更快发展，为实施“强产业、兴城市”双轮驱动提供强有力的水资源保障。要瞄准国家政策导向、资金投向和泉州水利短板，高质量策划生成一批重大水利项目，以项目建设带动扩大有效投资。要强化全域一体化调度，统筹好上下游、左右岸、域内外、部门间的关系，健全城区水系、排水管渠与周边江河湖、水库、水利枢纽等“联排联调”运行管理模式，发挥河湖长制制度优势，协同推进水资源调配、水灾害防治、水环境治理、水经济发展等工作，更好服务发展造福百姓。

刘建洋（左三）在惠女水库调研（图/陈起拓）

薛卫民到泉州调研医改工作

23—25日，省政协副主席薛卫民到泉州就“深化我省医改工作，推动‘三医联动’深入发展”专题开展调研。市政协领导肖汉辉、王祖耀、庄灿霞分别参加有关活动。调研组走访福建医科大学附属第二医院、上海六院福建医院和泉州市中医院并召开座谈会。薛卫民指出，要加大对医疗卫生事业投入，鼓励社会爱心力量捐助医疗卫生事业；制定更科学合理、更符合实际、更具针对性的政策措施，从过程管理向效果管理转变；兼顾好各方利益，找好平衡点、结合点，给予医院更多自主权，保障医院高质量、可持续发展；落实好中西医并重方针政策，加强“治未病”，提升防治结合水平。

全市产业工人队伍建设改革领导小组会议召开

全市产业工人队伍建设改革领导小组会议召开，贯彻习近平总书记致首届大国工匠创新交流大会贺信精神，贯彻落实全国、全省相关决策部署，凝聚共识，总结经验、研究对策，开创产业工人队伍建设改革新局面。会议指出，各成员单位思想认识要再深化，以更高的站位把牢改革方向；工作措施要再强化，对照工作方案要求，在加强产业工人思想政治引领、技能提升、维权服务，激发产业工人创造活力等方面聚力用劲，以更实的成效推进改革攻坚；统筹协调要再优化，以更强的担当凝聚改革合力，共同推进泉州市产业工人队伍建设改革，为勇当全方位高质量发展超越主力军提供产业人才支撑。

赣州市党政考察团到泉州考察

江西省委副书记、赣州市委书记吴忠琼带领赣州市党政考察团到泉州考察，并与泉州市党政领导座谈交流。福建省委常委、泉州市委书记刘建洋，泉州市领导蔡战胜、施宇辉、张文贤、汪志红，赣州市领导何琦、孙敏、陈水连等参加相关活动。

刘建洋指出，赣州敢为人先、攻坚克难，推进革命老区高质量发展示范区建设，创造许多值得泉州学习借鉴的好经验好做法好成果。泉州正传承弘扬"晋江经验"，加快实施"强产业、兴城市"双轮驱动，勇当福建全方位推进高质量发展超越主力军。"一带一路"把赣州和泉州紧密联系在一起。希望两地共同学习贯彻习近平总书记重要讲话重要指示精神，传承红色基因，加强战略对接，创新合作机制，凸显兴泉铁路重要纽带作用，在加快老区苏区全面振兴、搭建贯通中西部物流大通道、促进产业链创新链供应链融合协作、加强历史文化遗产保护利用等领域深化务实合作，实现更宽领域更深层次更高水平的互利共赢，携手书写高质量发展新篇章。

吴忠琼表示，新时代的泉州学习贯彻习近平总书记来闽考察重要讲话精神，传承弘扬"晋江经验"，实施"强产业、兴城市"双轮驱动，在全方位推进高质量发展超越上取得显著成绩。赣州要学习泉州爱拼敢赢的精神和抓工业强产业的拼劲韧劲，借鉴泉州改革创新、服务企业的好经验好做法。赣州与泉州地缘相近、人缘相亲，两地产业互补性强，交流合作空间很大，前景广阔。希望双方建立长效合作机制，定期沟通协商，为两地人员商贸交流交往打通便捷通道，同时建立两地互派干部跟班学习机制；推进产业协作配套，一起做大做强赣闽纺织服装产业带，在旅游资源互推、文化交流、线路打造、项目投资等方面开展更深层次、更有成效的合作；加强港口物流合作，推动更多产品"走出去、引进来"，共同打造海西经济区大宗货物进入内地市场的中转站，助力两地港口发展壮大。

赣州市党政考察团在泉州考察（图/陈晓东）

泉州市开展林长制工作培训

全市林长制工作培训视频会议召开，邀请省林业局林长处相关负责人做"全面推行林长制 建设美丽新福建"专题讲座，解读福建省林长制的主要内容、实施成效，并就推深做实林长制进行深入浅出的讲解。会议指出，要聚焦"补短板、强弱项"，强化问题导向，抓好落实整改，推进林长制规范化建设；要加强部门间的协同协作，建立长效机制，加强信息沟通、联系会商、协调服务、督查问效，抓实抓细相关工作措施。要强化各级地方党委、政府保护发展森林资源的主体责任和主导作用，履行林长职责，构建森林生态安全格局；要突出"提高效率、提升效能、提增效益"，创新机制举措，提升林长制工作实效。

全市档案工作视频会议召开

全市档案工作视频会议召开，学习贯彻习近平总书记关于做好新时代档案工作的重要指示精神，落实市第十三次党代会精神和全省档案工作会议要求，总结2021年全市档案工作，部署2022年重点任务。会议指出，要把牢政治方向，在为党管档、服务大局上发力，强化党对档案工作的领导，融入市委中心工作。要坚持问题导向，加快体制机制改革，提升档案业务工作水平，推进转型升级提速。要强化激励保障，压实领导责任，建好建强档案干部队伍，形成共同协作、合力推进档案事业发展的局面。

5月26日

农历壬寅年四月廿六
星期四
温度：21℃～26℃
阴转小雨

●江西省委副书记、赣州市委书记吴忠琼带领赣州市党政考察团到泉州考察，并与泉州市党政领导座谈交流。

●全市林长制工作培训视频会议召开，邀请省林业局林长处相关负责人做"全面推行林长制 建设美丽新福建"专题讲座，解读福建省林长制的主要内容、实施成效，并就推深做实林长制进行讲解。

●全市档案工作视频会议召开，学习贯彻习近平总书记关于做好新时代档案工作的重要指示精神，落实市第十三次党代会精神和全省档案工作会议要求，总结2021年全市档案工作，部署2022年重点任务。

●团市委十七届五次全体（扩大）会议召开，审议通过有关决议和2022年工作要点。

5月27日

农历壬寅年四月廿七
星期五
温度：22℃～23℃
阴转小雨

●市委常委会召开会议，学习贯彻中央财经委员会第十一次会议和十一届省委财经委员会第二次会议精神；贯彻落实全国稳住经济大盘电视电话会议精神；研究《关于全面建设“党建+”邻里中心提升基层治理水平的意见》。

●继收听收看全省防汛视频工作会议后，泉州市紧接着召开视频会议，对全市防汛防灾工作再部署、再推动、再落实。

●泉州市与日本大阪泉州地区举行线上交流活动，介绍各自城市的对外交流情况和旅游资源，并就开展交流交换意见。

●市“扫黄打非”领导小组办公室联合公安、教育、市场监管、邮政管理、海关、文化执法等部门，在泉州信息工程学院举行2022年侵权盗版及非法出版物集中销毁活动暨“绿书签行动”系列宣传活动。

●第四届泉州市“新时代好少年”先进事迹发布会举行。

市委常委会贯彻落实党中央国务院决策部署

市委常委会召开会议，学习贯彻中央财经委员会第十一次会议和十一届省委财经委员会第二次会议精神；贯彻落实全国稳住经济大盘电视电话会议精神；研究《关于全面建设“党建+”邻里中心提升基层治理水平的意见》。

会议强调，要领会习近平总书记在中央财经委员会第十一次会议上的重要讲话精神，落实省委工作要求，加强基础设施建设，扩大有效投资、拉动需求、稳定预期，为全方位推进高质量发展超越提供有力支撑。要抢抓政策机遇，立足产业发展招项目、城市建设谋项目、民生生态争项目，聚焦“强产业、兴城市”双轮驱动，策划生成更多基础设施项目。要强化专班推进，市县联动、条块结合、穿透落实，确保早开工早建设早竣工早见效。要贯彻落实党中央、国务院决策部署和省委、省政府具体要求，提高稳住经济大盘的责任感、紧迫感，高效统筹疫情防控和经济社会发展，保市场主体保就业保民生，确保经济运行在合理区间。要落实落细国务院稳经济6个方面33项政策，结合泉州实际、强化配套措施，“一企一策促发展、一项目一机制促进度”，解决物流、用工、资金、市场等需求，打通项目推进中的堵点痛点，千方百计扩投资、促消费、稳出口。要全力保障改善民生，做好高校毕业生等重点群体稳就业工作，做好“米袋子”“菜篮子”“果盘子”保供稳价，强化特殊困难群体帮扶救助。要巩固来之不易的疫情防控成果，因时因势完善防控政策，做好安全生产、粮食安全、防汛度汛等工作，守住安全底线。各级各部门要履行稳定经济职责，主动靠前、担当作为，多用改革创新的办法解决困难问题，推动企业复工复产、满工达产、增资扩产、提质强产，加大逆周期招商引资、招才引智，以发展实际成果检验开展“提高效率、提升效能、提增效益”行动成效。建设“党建+”邻里中心是加强基层党建、夯实基层基础的重要载体，各级各部门要立足职责、找准定位，以真抓实干践行以人民为中心的发展思想。要在整合资源、融合功能、协同力量上下功夫，突出科学建设、精准服务、高效运营，完善“1+6+X”功能服务体系，精准解决老百姓身边的操心事烦心事揪心事。

全市防汛视频工作会议召开

继收听收看全省防汛视频工作会议后，泉州市紧接着召开视频会议，对全市防汛防灾工作再部署、再推动、再落实。会议强调，要学习贯彻习近平总书记关于加强防汛抗旱救灾工作的重要指示精神，落实省委、省政府工作要求，坚持人民至上、生命至上，杜绝麻痹思想和侥幸心理，把防汛备汛各项工作穿透落实到基层，高效统筹疫情防控和经济社会发展，确保人民群众生命财产安全。落实上要再深化，要加强预测预报预警，密切跟踪雨情水情汛情，强化部门之间、毗邻区域的联合会商、信息共享和科学研判，及时发布预警信息、启动应急响应。要排查城市内涝点、在建工程、江河水库、涵洞管道、老旧房屋、低洼地、高陡边坡、地灾点等风险隐患，察看地形地貌变化，确保不留死角、不出疏漏，严密防范山洪地质灾害。要坚持“人防、物防、技防”相结合，统筹做好应急准备，重点区域、关键点位要提前预置救援力量和物资设备，确保关键时刻能够迅速投入应急救援。

2022年侵权盗版及非法出版物集中销毁活动举行

市“扫黄打非”领导小组办公室联合公安、教育、市场监管、邮政管理、海关、文化执法等部门，在泉州信息工程学院举行2022年侵权盗版及非法出版物集中销毁活动暨“绿书签行动”系列宣传活动。活动现场，一批在“扫黄打非”专项行动中被查获的侵权盗版及非法出版物被集中销毁。“绿书签行动”系列宣传活动也同步启动，旨在通过一枚小小的绿书签，共同传递尊重知识、尊重创意的心声。

《泉州市加快装备制造产业发展行动方案》出台

市装备制造产业发展小组办公室出台《泉州市加快装备制造产业发展行动方案》（以下简称方案）。装备制造业是泉州市支柱产业之一，拥有规模以上企业700多家，产值超2200亿元。方案提出，泉州市确定专用装备制造业、通用装备制造业、交通运输装备制造业、金属制品业、电气机械及器材制造业、仪器仪表及智控装备制造业为装备制造产业六大重点发展领域，并明确将实施产业梳理策划行动、产业项目招引行动、产业提质增效行动、产业创新引领行动、产业生态培育行动五大行动。到2025年，泉州市装备制造产业产值要确保实现3200亿元（年均增长约10.2%），力争超过3500亿元（年均增长约12.7%），打造成为国内重要的智能装备产业基地。

产业梳理策划行动方面，方案提出，泉州市将梳理装备制造产业发展路线，完善招商指引目录。6月底前，各县（市、区）摸清属地装备制造产业家底，明确产业定位和方向，开展装备制造产业发展路线梳理。上半年，根据泉州市装备制造行业强链、补链、增链环节，完善产业招商指引目录。

产业项目招引行动方面，在分解产业招商任务上，各县（市、区）要制定区域产业招商行动方案，力争2022年全市装备制造产业领域实现新签招商项目超200个、总投资超1000亿元，签约落地20亿元以上项目15个（或10亿元以上项目30个）。泉州市开展多元化招商，召开全市装备制造产业招商活动，并组织到装备制造产业发展先进地区考察学习，开展强链补链建链招商。

产业提质增效行动方面，为协调推进项目建设，泉州市遴选一批大项目好项目，建立装备制造产业项目库，推进项目加快建设。泉州市加大培育力度，力争2022年全市装备制造企业新增专精特新企业10家以上；力争装备制造产业到2025年新增年产值20亿元以上企业5家，10亿元以上企业8家；2022年装备制造产业新增亿元以上企业30家以上，5亿元以上企业10家以上。

产业创新引领行动方面，泉州市继续鼓励研发首台（套）重大技术装备，对获国家级、省级首台（套）产品给予资金奖励，力争今年全市装备制造企业新增省级及以上“首台（套）重大技术装备”5个以上。泉州市发布高端装备产业领域技术需求征集。面向泉州辖区内装备制造企业征集产业重大技术需求和难题，向全国甚至全球“揭榜挂帅”，提升装备制造产业自主创新能力和核心竞争力。在深化创新平台研发合作上，加大装备领域大院大所引进力度，力争2022年新引进1～2家创新平台或研究院。同时，鼓励企业技术创新，推动今年实现装备制造产业R&D值增长20%以上，新增高新技术企业100家以上，新增市级及以上工程研究中心、重点实验室、企业技术中心等技术创新载体5家以上。

产业生态培育行动方面，泉州市设立产业发展基金，市、县两级成立各类产业引导基金，支持泉州装备制造业发展。以全市推进工业（产业）园区标准化建设为契机，全市各县（市、区）聚焦装备制造产业，加快推动优质生产要素集聚园区，支持装备制造企业进园区。推动标准化园区“科技赋能”工作，2022年力争在两个园区配套初创孵化平台和成果转化平台。泉州市加大蓝领技能人才培养力度，深化校企合作。同时，支持企业职工开展技能培训，对取得专项能力证书的，按500元/人给予补贴；取得技能等级证书的，根据等级按700~3000元/人给予补贴；属紧缺工种的根据规定相应上浮补贴标准，最高可按3900元/人给予补贴。

2022年泉州市少年儿童皮划赛艇激流回旋锦标赛举行

由市体育局和市教育局主办的2022年泉州市少年儿童皮划赛艇激流回旋锦标赛在南安水上训练基地举行。晋江、南安、安溪、惠安、永春、德化和鲤城7支代表队共近150人参赛。比赛项目包括男女甲、乙单人皮艇1000米、500米；划艇甲组单人划艇1000米、500米；划艇乙组单人划艇1000米、500米；男女甲、乙单人赛艇测功仪2000米、水上1000米；男女甲、乙激流回旋1000米静水。

5月28日

农历壬寅年四月廿八
星期六
温度：24℃～26℃
多云转阴

●市装备制造产业发展小组办公室出台《泉州市加快装备制造产业发展行动方案》。

●由市体育局和市教育局主办的2022年泉州市少年儿童皮划赛艇激流回旋锦标赛在南安水上训练基地举行。

5月29日

农历壬寅年四月廿九
星期日
温度：24℃～30℃
多云转阴

●泉州市启动灵活就业人员社会保险补贴和意外伤害保险补助申领工作。

●由市文旅局主办、泉州市闽南民间歌舞传承中心承办的2022年舞蹈考核艺术作品展演在泉州歌舞剧院举行。

●由市总工会、市妇联主办的主题为“世遗‘泉’城·与你‘童’行”在泉州务工人员子女泉州一日游活动举行。

●“王的词”——王仁杰梨园戏剧作精粹线上音乐会在中心市区梨园古典剧院举行。

泉州市启动灵活就业人员社会保险补贴申领工作

泉州市启动灵活就业人员社会保险补贴和意外伤害保险补助申领工作。补贴对象为在泉州市灵活就业窗口缴纳基本养老保险和基本医疗保险的就业困难人员和离校未就业高校毕业生，可按规定享受社会保险补贴。

其中，符合以下条件的人员，可申请2021年度社会保险补贴：就业困难人员和离校未就业高校毕业生灵活就业后，须向公共就业人才服务机构申报就业；2021年未取得工商营业执照法人、股东，未在企业缴纳城镇职工基本医疗保险和工伤保险等社会保险，未被列为法院失信被执行人员。符合条件的人员可携带身份证、就业失业登记证、社会保险补贴申请表、2021年社保缴费凭证和经办机构指定银行卡等相关材料，向参保属地的公共就业人才服务机构提出补贴申请。补贴标准方面，灵活就业人员社保补贴，按不高于本人缴纳的基本养老保险费、基本医疗保险费的2/3给予补贴。灵活就业人员社保补贴期限，除对距国家法定退休年龄不足5年的人员可延长至退休外（以初次核定其享受社会保险补贴年龄为准），其余人员最长不超过3年。此外，就业困难人员、毕业5年内的高校毕业生灵活就业后在公共就业人才服务机构办理就业登记的，可按每人每年不高于100元的标准，对其实际购买的人身意外伤害保险给予不超过三年的补助。

2022年舞蹈考核艺术作品展演举行

由市文旅局主办、泉州市闽南民间歌舞传承中心承办的2022年舞蹈考核艺术作品展演在泉州歌舞剧院举行。展演邀请国家一级编剧、中国舞蹈家协会理事高山，福建省舞蹈家协会副主席、泉州市舞蹈家协会主席丁聪辉，泉州师范学院音乐与舞蹈学院副院长翁世晖等到场担任考核老师。该场演出是中心舞蹈演员考核作品集中展演。展演由古典舞《春日宴》拉开序幕，紧接着古典双人舞《双头佛的禅说》、现代舞《萱草花》、当代舞《途》等20多个节目轮番上演。节目以学习剧目为主，也有原创剧目拉丁舞《平行交错的彼此》、现代双人舞《想见你》、现代舞《寻》等，较好地体现泉州市闽南民间歌舞传承中心的整体表演水平。

在泉州务工人员子女泉州一日游活动举行

由市总工会、市妇联主办的主题为“世遗‘泉’城·与你‘童’行”在泉州务工人员子女泉州一日游活动举行。洛江、惠安、永春和泉州台商投资区的200名在泉州务工人员子女、新就业形态劳动者子女、农村留守儿童和困境儿童游览泉州市科技馆。参观完科技馆后，孩子们分为两队，分别参观泉府印象和泉州少林寺。在泉府印象，孩子们欣赏香道表演、提线木偶《小沙弥下山》、泉州南音《直入花园》、茶艺展示等节目，还体验国学小课堂“爱我泉州”、布袋木偶体验、金仓绣（珠绣）；在泉州少林寺，聆听少林寺传说“智空和尚建寺”“十三棍僧救唐王”“俞大猷回传棍术”“方世玉打擂”等，还参加木人桩趣味团建游戏，并观看南少林武术专场演出和五祖拳表演。

王仁杰梨园戏剧作精粹线上音乐会举行

“王的词”——王仁杰梨园戏剧作精粹线上音乐会在中心市区梨园古典剧院举行。音乐会上，梨园戏老中青演职员，共同吟唱王仁杰的《董生与李氏》《节妇吟》《蔡文姬》《皂隶与女贼》《陈仲子》《雪花公主》等梨园戏经典剧作的精粹名段，以及他生前的部分古体诗篇。福建省梨园戏传承中心负责人表示，梨园戏是有800多年悠久历史的“宋元南戏活化石”，一代又一代的深厚积淀，赋予梨园戏优雅的文学传统，留下大量的经典戏文宝藏，值得每一代梨园子弟吟唱传承，值得每一位观众聆听品味。

市委人才工作领导小组第一次会议召开

市委人才工作领导小组第一次会议召开，学习贯彻习近平总书记关于做好新时代人才工作的重要思想，落实中央和省委人才工作会议精神，部署推进全市人才工作提质增效。

会议指出，2022年是实施新时代人才强市战略、打造吸引和集聚先进制造业人才高地的冲锋之年。各级各部门要把思想和行动统一到以习近平同志为核心的党中央决策部署上来，对标省委点题要求，传承弘扬“晋江经验”，发挥比较优势，探索新时代人才工作的“泉州方案”，为“强产业、兴城市”双轮驱动提供强有力的智力支撑。要遵循规律、精准发力，加强前瞻性思考、战略性布局、整体性推进，开创新时代人才强市建设新局面。突出以产聚才、以才兴产，围绕创新链、产业链、资本链布局人才链，坚持一产一策、一业一策、一企一策、一人一策，培育和集聚更多研究型、创新型、实用型人才，专班统筹推进逆周期招商引资、招才引智。坚持“管行业必须管人才”，条块结合、齐抓共管，突出重点、破解难点、创新发展，打通人口、人力、人才资源通道。统筹抓好人才“头等大事”和“关键小事”，提升产业高度和城市能级，搭建人才创新创业平台，因地制宜保障人才安居乐业。聚焦补短板强弱项，结合开展“提高效率、提升效能、提增效益”行动，推进“局长走流程、走基层”，对照国内先进地区典型做法，逐项对标找差、靶向攻坚、争先创优。要落实党管人才主体责任，各级党委（党组）主要负责人扛好“第一责任”、抓好“第一资源”，相关职能部门各司其职、密切配合，创新政策直达人才的体制机制，协同推进人才工作穿透落实。要厚植人才成长生态“沃土”，在全社会营造尊重人才、爱护人才的氛围，让各类人才在泉州创业兴业、实现价值。

会议审议《关于实施新时代人才强市战略的意见》《关于建设“五个一百”先进制造业人才中心和创新高地的实施方案》等，书面通报2021年度人才工作目标责任制考评结果。市科技局、工信局、人社局做述职汇报，其他成员单位和各县（市、区）、泉州开发区、泉州台商投资区做书面述职。

泉州市下调新冠病毒核酸检测价格

为做好新冠肺炎疫情防控工作，配合做好大规模筛查和常态化检测，降低群众负担和社会成本，根据省医保局通知精神，是日起，泉州市降低新冠病毒核酸检测和抗原检测价格。其中，公立医疗机构新冠病毒核酸单人单检价格从每人份28元降至每人份16元。公立医疗机构新冠病毒核酸混采检测价格从每人份8元降至每人份5元。公立医疗机构按规定开展新冠病毒抗原检测价格从每人份5元降至每人份2元，检测试剂盒（含采样器具）暂按除外内容收取，实行“零差率”销售，检测总费用（含除外收费的试剂耗材）从不高于每人份15元降至不高于每人份6元。根据通知，相关公立医疗机构要落实新冠病毒核酸检测收费相关政策，做好收费项目价格公示工作。单纯进行核酸检测的，无须挂号，公立医疗机构不得收取门诊诊查费。对于政府组织的大规模筛查、常态化检测，新冠病毒核酸多人混检按照不高于每人份3.5元的标准计费，检测机构仅提供样本转运及检测服务的，需降低计费标准。

安溪德化入选“数字乡村百强县”

北京大学新农村发展研究院和阿里研究院举办《县域数字乡村指数报告》（以下简称“报告”）发布会，公布数字乡村百强县榜单，安溪、德化上榜。数字乡村指标体系涵盖基础设施、经济、治理、生活四个领域。报告显示，2020年县域数字乡村指数平均为55分，发展水平最高的5个省依次为浙江（83分）、江苏（70分）、福建（69分）、山东（66分）和河南（66分），上榜百强县前五的省份为浙江（32个）、河北（19个）、福建（14个）、广东（9个）和江苏（8个）。

5月30日

农历壬寅年五月初一
星期一
温度：24℃～31℃
多云转阴

●市委人才工作领导小组第一次会议召开，学习贯彻习近平总书记关于做好新时代人才工作的重要思想，落实中央和省委人才工作会议精神，部署推进全市人才工作提质增效。

●泉州市降低新冠病毒核酸检测和抗原检测价格。

●北京大学新农村发展研究院和阿里研究院举办《县域数字乡村指数报告》发布会，公布数字乡村百强县榜单，安溪、德化上榜。

5月31日

农历壬寅年五月初二
星期二
温度：24℃～29℃
多云转阴

●市政协主席肖汉辉带领市直有关单位负责人、部分市政协委员到南安，就“加快工业园区标准化建设、推动泉州制造业高质量发展”开展专题调研。

●市委常委、宣传部部长、统战部部长陈辉宗到南安调研，走访参观英良石材自然历史博物馆、英良五号优品、五号仓库，了解博物馆运营、石材产业发展等情况。

●由市科协、市教育局、泉州中央商务区丰泽区指挥部主办，市科技馆、丰泽区科协、丰泽区教育局等承办的中小学生研学实践活动启动仪式在市科技馆新馆广场举行。

肖汉辉到南安开展专题调研

市政协主席肖汉辉带领市直有关单位负责人、部分市政协委员到南安，就“加快工业园区标准化建设、推动泉州制造业高质量发展”开展专题调研。市政协副主席黄世界参加活动。调研组到高端装备智造园、数字化卫浴产业园，了解工业（产业）园区标准化建设推进情况并召开座谈会，了解经验做法和存在的困难问题，并听取意见建议。肖汉辉肯定南安在“打造工业走廊、推动工业‘标准地’、创新园区管理体制”等方面成效。肖汉辉指出，工业园区标准化建设是经济高质量发展的重要载体。要坚持规划引领，明确园区发展方向和主导产业，布局落地一批龙头企业专属园、中小企业园，打造全产业链的标准化园区集聚带。要坚持边建设边招商，立足产业链优势，招引高端高质项目向园区集中，优质资源向园区集聚，促进传统产业转型升级，打造完善产业生态体系。要坚持产城人相融合，优化生产要素配置，高标准配套生产生活设施，推广供应链金融，拓宽多元融资渠道，打造生产、生活、生态融合的“三生”园区。要坚持园区管理体制创新，推行规划、招商、管理、配套、服务“五统一”机制，健全园区商业协会，推行工业物业管理，激发园区发展活力。要坚持建言资政和凝聚共识双向发力，形成有价值可操作课题成果，为泉州市“强产业、兴城市”双轮驱动献计出力。

市政协在南安开展“加快工业园区标准化建设、推动泉州制造业高质量发展”专题调研（图/市政协）

陈辉宗到南安调研石材产业发展等情况

市委常委、宣传部部长、统战部部长陈辉宗到南安调研，走访参观英良石材自然历史博物馆、英良五号优品、五号仓库，了解博物馆运营、石材产业发展等情况。陈辉宗指出，英良石材自然历史博物馆不仅具备产业功能，也具备社会功能。要发挥博物馆的宣教作用，让公众在欣赏展品的同时了解石文化、读懂自然历史，感受其中所蕴含的文化价值和艺术价值。要更多地开展科普课堂、主题研学等活动，寓教于乐培育青少年的科学精神。要在加强文化供给上下功夫，创作“立体化”“情景式”的石文化宣传内容，推动石文化更好融入百姓生活。要推进数字赋能工作，做好石文化传播及石材原创设计，提高石材产品附加值。要加快“工业+文化+旅游”融合发展步伐，做深文化文章、做长产业链条、做优产品服务，推动石材产业向特色文化产业转型升级，更好服务经济社会发展。

中小学生研学实践活动启动

由市科协、市教育局、泉州中央商务区丰泽区指挥部主办，市科技馆、丰泽区科协、丰泽区教育局等承办的中小学生研学实践活动启动仪式在市科技馆新馆广场举行。根据安排，市科技馆新馆开展为期一周的研学实践系列活动，包括“莘莘学子，童心向党”主题打卡、“冰与火之歌”科学试验、“大咖秀场”魔术表演、“X空间”太空探秘、无人机展、科普讲座及4D影院和球幕影院观影体验等主题活动。启动仪式后，部分中小学、幼儿园的学生代表到市科技馆新馆参观。此次实践活动通过一系列中小学生喜闻乐见的参与性、互动性、体验性活动项目，增强学生科学兴趣、创新意识和动手实践能力，推动泉州市青少年科技创新教育迈上新台阶。

市政府党组扩大会议召开

市政府党组扩大会议召开，对习近平总书记在5月5日中央政治局常委会会议上的重要讲话精神进行再学习、再对标、再部署；传达学习《中共中央 国务院关于加快建设全国统一大市场的意见》及省委常委会、市委常委会会议精神。

会议强调，要学习领会习近平总书记重要讲话精神，执行党中央确定的疫情防控方针政策，落实省委、市委工作部署，坚持“外防输入、内防反弹”总策略和“动态清零”总方针不动摇，巩固住来之不易的疫情防控成果。要抓细抓实常态化疫情防控各项工作，对照国务院联防联控机制最新疫情应对处置方案，编制印发防控业务手册、应知应会知识，完善“平战结合”机制操作细则，落实融合协同机制，加快补齐核酸检测、隔离场所、防疫消杀、社区管理等能力短板，优化采样点设置，加快推进疫苗接种工作。要强化“管行业必须管防控”意识，强化部门协同、市县联动、穿透管理，杜绝失管漏管、真空地带。要认识建设全国统一大市场的科学内涵，掌握制度规则，抢抓发展机遇，做好交通体系、产业体系、开放体系、消费体系等方面融入文章，探索融入全国统一大市场的有效路径。要坚持有效市场、有为政府相结合，按照市场化、法治化原则，发挥区域比较优势，打造“海上丝绸之路”先行区和战略支点城市，提升参与国内国际合作竞争力。要提升产业竞争优势，以开展“重龙头、强品牌、铸链条”“抓创新促应用”“工业（产业）园区标准化建设”“绿色数字技改”等专项行动为抓手，做大做强做优现代产业体系。要厚植营商环境优势，实施营商环境优化提升行动，支持市场开放和公平竞争，提升城市能级和品质，打造市场化、法治化、便利化、国际化的一流营商环境。

市政府党组理论学习中心组学习会召开

市政府党组理论学习中心组学习会召开，围绕学习《习近平书信选集》开展专题研讨。大家一致认为，《习近平书信选集》蕴藏着习近平总书记众多的创新理念、工作方法、学习方法和实践成果，为学习贯彻习近平新时代中国特色社会主义思想提供新的鲜活教材，对履行政府职责、推动泉州发展，具有很强的指导意义。会议强调，要学深悟透《习近平书信选集》的丰富内涵、精神实质。要坚持学用结合、学以致用，把学习成果转化为解决问题、推动工作的过硬本领，坚持“疫情要防住、经济要稳住、发展要安全”，高效统筹疫情防控和经济社会发展，统筹发展和安全，全方位推进高质量发展超越。要弘扬“滴水穿石”“马上就办、真抓实干”等优良作风，开展“提高效率、提升效能、提增效益”行动，以踏石留印、抓铁有痕的韧劲抓好各项工作落实。市政府党组成员要发挥带头示范作用，引领政府系统党员干部提振精神、担当作为，用更高水平的工作实绩让人民群众更有获得感、幸福感、安全感。

市领导看望慰问少年儿童

“六一”国际儿童节，市领导陈辉宗、李文生、陈小辉、庄灿霞与有关部门负责人，分组到部分幼儿园、小学、特殊教育学校以及市青少年宫、市妇女儿童活动中心，看望慰问少年儿童，向全市少年儿童致以节日祝福。“喜迎二十大 争做好队员”泉州市少先队员庆“六一”主题队日活动在市青少年宫举行。市领导观看泉州市少先队学党史主题教育成果展、“携手红领巾 文明共传承”红领巾先锋活动展演，见证少先队员入队仪式。2021年的“六一”儿童节临近端午节，校园庆祝活动融入非物质文化遗产、民俗文化等元素。市领导到校园，与孩子们共庆“六一”，祝愿他们好好学习、快乐生活、茁壮成长，实现德智体美劳全面发展。市领导希望教育工作者牢记立德树人初心，提升教书育人能力水平，用心当好孩子们的引路人。各级各部门要加大投入力度，优化资源配置，办好人民满意的教育，为少年儿童茁壮成长创造更好条件。

6月1日

农历壬寅年五月初三
星期三
温度：24℃～29℃
多云转阴

●市政府党组扩大会议召开，对习近平总书记在5月5日中央政治局常委会会议上的重要讲话精神进行再学习、再对标、再部署；传达学习《中共中央 国务院关于加快建设全国统一大市场的意见》及省委常委会、市委常委会会议精神。

●市政府党组理论学习中心组学习会召开，围绕学习《习近平书信选集》开展专题研讨。

●市政府第九次常务会议召开，研究并通过《泉州市2022年卫片执法工作方案》《泉州市中心市区城建项目建设管理意见》等。

●市领导陈辉宗、李文生、陈小辉、庄灿霞与有关部门负责人，分组到部分幼儿园、小学、特殊教育学校以及市青少年宫、市妇女儿童活动中心，看望慰问少年儿童，向全市少年儿童致以节日祝福。

●由市妇联等主办的“童心永向党·喜迎二十大”泉州市2022年“我们和留守流动儿童在一起”主题关爱活动在市妇女儿童活动中心举行。

●非物质文化遗产进校园暨庆祝“六一”国际儿童节少儿专场非物质文化遗产展示在市区梨园古典剧院举行。

●省内首家由政府牵头发起的爱心共享厨房，鲤城区2022年为民办实事项目之一的“我家爱心共享厨房”启动运营。

6月2日

农历壬寅年五月初四
星期四
温度：25℃~31℃
多云转小雨

●市防控疫情应急指挥部召开专题会，研究部署端午假期疫情防控有关工作。

●由市委文明办、洛江区文明委等主办的泉州市“我们的节日·端午”主题活动（洛江专场）——“‘粽’情端午·传承文明”新时代文明实践志愿服务活动在洛江举行。

●市生态环境局在《泉州晚报》发布《2021年度泉州市生态环境状况公报》。

●泉州市工商业联合会（总商会）第十五次代表大会召开，选举产生市工商联新一届领导班子。福建七匹狼实业股份有限公司董事长周少雄连任主席（会长）。

●由市侨联、华侨大学侨联、丰泽区侨联等主办的“同‘粽’同源迎端午，‘泉’家浓情品粽香”端午文化体验活动举行。

“‘粽’情端午·传承文明”新时代文明实践志愿服务活动举行

由市委文明办、洛江区文明委等主办的泉州市“我们的节日·端午”主题活动（洛江专场）——“‘粽’情端午·传承文明”新时代文明实践志愿服务活动在洛江举行。活动内容丰富，不仅有包粽子比赛、义剪、免费拍照、有奖猜灯谜等，还有传统汉服表演、诗歌朗诵、南音演奏等。包粽子比赛分成人组和少儿组，以包的粽子数量多、质量优者获胜。

《2021年度泉州市生态环境状况公报》发布

市生态环境局在《泉州晚报》发布《2021年度泉州市生态环境状况公报》（以下简称公报）。公报显示，2021年，泉州市生态环境状况总体优良，空气、水等环境质量持续保持较高水平。泉州市坚持以习近平新时代中国特色社会主义思想为指导，践行习近平生态文明思想，以改善生态环境质量为核心，以精准治污、科学治污、依法治污为工作方针，打好污染防治攻坚战，各项生态环境保护工作取得较好成效，为“十四五”开局打下基础。泉州河湖长制工作成效明显，获国务院办公厅督查激励2000万元；永春县探索培育生态产品“三级市场”模式入选国家首批《“绿水青山就是金山银山”实践模式与典型案例》；安溪县作为国家生态文明建设示范县、永春县作为“绿水青山就是金山银山”实践创新基地分别入选生态环境部绿色发展示范案例并展示推广。

2021年，泉州市区环境空气质量以优良为主，优的天数162天、良的天数195天、轻度污染的天数8天，六项主要污染物浓度中，可吸入颗粒物、二氧化硫、二氧化氮、一氧化碳达到国家环境空气质量一级标准，细颗粒物、臭氧达到国家环境空气质量二级标准；全市环境空气质量平均达标天数比例为98.7%。全市降水pH均值范围在5.93~7.02。水环境状况方面，主要流域及12个县级及以上集中式饮用水水源地Ⅰ~Ⅲ类水质达标率均为100%。小流域Ⅰ~Ⅲ类水质比例为92.1%。山美水库总体水质为Ⅱ类，惠女水库总体水质为Ⅲ类。近岸海域海水水质总体优良，一、二类海水水质站位比例91.7%。噪声和辐射环境质量总体保持稳定。泉州市区功能区声环境质量昼间监测点次达标率100%，夜间监测点次达标率90.0%。全市一般工业固体废物产生量697.19万吨，综合利用率为94.75%。危险废物产生量31.8万吨，处置利用率为98.42%；医疗废物产生量0.75万吨，安全处置率为100%。

泉州市工商联（总商会）换届

泉州市工商业联合会（总商会）第十五次代表大会召开。市委常委、宣传部部长、统战部部长陈辉宗出席会议并讲话，市领导李文生、汪志红、黄世界等参加，省工商联副主席陈飚、市各民主党派及相关人民团体负责人到会祝贺。会议指出，新起点上，市工商联要突出政治引领，促进民营经济人士健康成长，推动理想信念教育活动走深走实，推动“晋江经验”常学常新，推动民企履责勇为乐为；要突出服务大局，促进民营经济健康发展，当好推进高质量发展超越的主力军，当好招商引资、回乡创业的“服务员”，当好党和政府管理民营经济的助手；要突出改革创新，打造民营经济人士之家，发挥工商联党组的“领头羊”作用，优化代表队伍建设，加强基层组织建设。大会选举产生市工商联新一届领导班子，福建七匹狼实业股份有限公司董事长周少雄连任主席（会长）。

泉州市工商业联合会（总商会）第十五次代表大会现场
（图/市工商联）

6月3日

农历壬寅年五月初五
星期五
温度：25℃～30℃
多云转阴

●第十六届闽台对渡文化节暨蚶江海上泼水节举行。

●晋江市（安海）第十届端午民俗旅游文化节举行。

●由泉州师范学院国家语言文字推广基地主办的2022年语言服务乡村振兴活动暨古厝庭院文化节在南安市官桥镇蔡氏古民居举行。

全市各地举行端午节活动

第十六届闽台对渡文化节暨蚶江海上泼水节以线上线下结合的方式举行，其中线上直播吸引数十万人次参与。晋江市（安海）第十届端午民俗旅游文化节持续至7月15日，采取“线上+线下”的方式，包括六大主题活动，分别为“端午游古镇·发现新安海”打卡安海宝藏旅游点、“‘非遗’动起来，嗨动‘嗦啰嗹’——健身男孩女孩，邀你来挑战”、“香”约端午 巧手制香囊、“阅见安海·海丝传情”——邮爱安海主题活动、强国复兴有我——“喜迎二十大 方寸展辉煌”主题邮展、“我们的中国梦——文化进万家”采莲民俗传风韵。由泉州师范学院国家语言文字推广基地主办的2022年语言服务乡村振兴活动暨古厝庭院文化节在南安市官桥镇蔡氏古民居举行。活动以“端午思先贤，经典润乡土”为主题，旨在弘扬优秀传统文化，推广国家通用语言文字，服务乡村振兴发展。

由晋江市新时代文明实践中心、晋江市文联、东石镇党委政府、东石镇新时代文明实践所、东石镇党校主办的“品味端午——古琴与传统文化习俗雅集”活动在晋江东石古寨龙江畔读书社举行。晋江市古琴协会的老师与市民共聚一堂，欣赏传统文化之美，共祈端午安康。现场还举行“晋江传统文化与节日民俗”专题讲座，推动传统文化走进大家的日常生活。晋江梧林传统村落推出“古风潮艺月”主题系列活动，刣狮、嗦啰嗹等民俗活动，还有布袋戏等节目轮番上演。国家级非物质文化遗产“刣狮”表演融合武术、阵法操演和舞狮技巧，内容丰富，场面热闹。“刣狮”表演在风水池、枪楼、闽南风情馆、侨批馆、烧塔仔等地点定点演出，吸引不少游客观看。在闽南地区，“刣狮”是一项将泉州南少林武术与狮子舞蹈结合的民间游艺节目。“刣狮”又叫“武狮”“舞南狮”。闽南语“刣”即“杀”，“刣狮”即“杀狮子”。“刣狮”从道具、狮身制作到舞蹈的内容、过程、历史传承等，都表现出自己独特的风格与内涵。这项传统民俗已有近400年历史。“刣狮”表演中，狮头是狮阵的灵魂。不同的狮阵，狮头不大一样，但形象皆威武雄壮。由于狮头较重，舞狮头的表演者多为健壮的青年人，对年龄与体格要求较高。中央电视台聚焦晋江梧林传统村落端午活动，对梧林刣狮、嗦啰嗹等民俗表演进行直播。中央电视台和“学习强国”将视角对准泉州的“烧肉粽”，探秘制作技艺，展示泉州端午民俗文化。

端午节期间，市直文艺院团均推出文艺惠民演出。泉州市提线木偶戏传承保护中心在市区通政巷泉州嘉礼馆献演小戏专场，《小沙弥下山》等节目轮番上演。泉州市南音传承中心在泉州南音艺苑举行端午节专场演出，嗳仔指《暗静开门》、自弹唱《怜君此去》、洞箫独奏《出画堂》等曲目一道上演。泉州市高甲戏传承中心在泉州高甲剧院献演高甲戏《渔夫与金鱼的故事》、打城戏《十八罗汉斗悟空》、打城戏《真假美猴王》。泉州市闽南民间歌舞传承中心在泉州歌舞剧院献演《窑工开物 致臻雅韵——传响世遗管弦音乐会》。福建省梨园戏传承中心在梨园古典剧院演出传统剧目《王十朋》。泉州非物质文化遗产馆推出“海上丝绸之路”小艺苑端午专场演出。

清源山管委会在欧阳书院举行“强国复兴有我”端午节亲子手作活动（图/清源山管委会）

石狮蚶江海上泼水节现场（图/李荣鑫）

6月4日

农历壬寅年五月初六
星期六
温度：26℃～30℃
小雨转阴

●市城市管理局、市公安局、市资源规划局、市生态环境局、市住建局、市交通运输局、市水利局、市应急管理局出台《渣土车运输安全标准化提升细则》，对渣土车运输安全实行全链条管控。

●省人社厅公布2022年新设立博士后创新实践基地单位名单，泉州市10家基地入选。

●新华社转载泉州晚报社报道——《福建泉州：聚焦“强产兴城”培育高素质产业工人队伍》，全方位展现5年来泉州市在推进产业工人队伍建设中取得的成效。

●鲤城在源和1916低碳景区启动泉州市首个沉浸式体验的生态环境教育计划——“你好低碳源和！亲子绿色寻宝计划”。

泉州市出台规定全链条管控渣土车运输安全

市城市管理局、市公安局、市资源规划局、市生态环境局、市住建局、市交通运输局、市水利局、市应急管理局出台《渣土车运输安全标准化提升细则》（以下简称“细则”），对渣土车运输安全实行全链条管控。细则从源头管理标准化、企业管理规范化、动态监管信息化、部门监管具体化等方面加强建立健全渣土运输安全生产链条闭环管理体系。任何单位和个人不得违法分包运输业务，一经发现，发包单位应立即终止合同，重新发包，并将违法行为抄报相关职能部门查处。禁止个人及不符合行政许可条件的单位从事渣土运输业务。

泉州市建立全市统一的全过程、全链条、全方位的渣土车管控平台，包括货运源头监控和运输车辆动态监管，并具有审批、监管、服务、考评等功能。企业的动态监控平台或社会化服务监控平台接入管控平台，与市、县两级渣土办、交通、交警、资源规划、住建、水利、生态环境、应急、城管等单位和部门实现信息互联互通。泉州市还运用管控平台、数字城管、交警电子警察等开展大数据信息化动态监管，强化预防研判、事故原因分析和责任倒查。同时，推进重点货运源头安装称重抓拍系统并联网运行，落实“一不准进，三不准出”管理，即无证车辆不准进，未冲洗干净车辆不准出、未密闭车辆不准出、超限超载车辆不准出。自2019年10月以来，市纪委监委将渣土运输安全管理纳入“紧盯民生重点领域突出问题”全程督导，渣土车事故起数、亡人数实现“三年双降”。2023年以来，市纪委监委继续深化渣土车整治，组织开展专项调研，发挥督导作用。

泉州市新增10家博士后创新实践基地

省人社厅公布2022年新设立博士后创新实践基地单位名单，泉州市10家基地入选。泉州市10家入选的基地分别是：清源创新实验室、陶瓷工业设计研究院（福建）有限公司、福建中美友拓科技发展有限公司、福建中科光芯光电科技有限公司、福建晶安光电有限公司、永悦科技股份有限公司、福建迈纬通信科技股份有限公司、福建立亚新材有限公司、博纯材料股份有限公司、功夫动漫股份有限公司。博士后创新实践基地建设对高层次人才队伍建设、引进培养创新型优秀青年人才、促进产学研融合、增强企业科技创新创造能力具有重要作用。泉州博士后工作站大多采用“政府主导、依托企业”的模式，有效整合政府、企业和社会资源，为博士后工作站初期建设提供资金支持，帮助其顺利成长。

鲤城打造全市首个沉浸式体验生态环境教育计划

鲤城在源和1916低碳景区启动泉州市首个沉浸式体验的生态环境教育计划——“你好低碳源和！亲子绿色寻宝计划”。

此系鲤城生态环境局联合区教育局、区妇联，在源和1916低碳景区创建工作的基础上，长期开展的一项全区域生态环境教育计划。中小学及幼儿园学生均可以家庭为单位，到源和1916低碳景区门口，找到活动海报，扫码进入小程序，参加线上线下结合互动的亲子绿色寻宝活动。点开每个任务后，参与者被引导到源和1916低碳景区的对应景点，并体验一项融合低碳环保知识的互动小游戏，如主题拼图、寻找环保书籍、垃圾分类、数字解码等。每完成1个互动任务得到一个宝珠，拿到10个宝珠之后，即可召唤绿色地球通关，通关可获得由鲤城生态环境局、区教育局、区妇联颁发的“低碳之家”电子证书。完成任务过程中统计分值和时长，根据任务完成情况进行排名。其中还含有隐藏任务，参与者完成隐藏任务可以获得更高分数，还可获得园区绿色餐厅的优惠券奖励。不少参与者表示，活动既有趣又有意义，有利于少年儿童树立环保意识，养成自觉践行低碳生活的良好品行，并通过小手拉大手呼吁全社会关注环保，投身生态文明建设。

蔡战胜到南安项目现场和企业一线调研

市长蔡战胜到南安项目现场、企业一线调研。在泉州（南安）高端装备制造园，蔡战胜强调，各级各相关部门要坚持建设和招商同步推进，服务保障和监督指导并行，工业（产业）园区标准化建设与安全生产标准化建设有机结合，推动项目建设提速提质。在福建鹏翔实业有限公司，蔡战胜叮嘱当地政府及相关部门，强化政策供给，引导石材行业坚持走好绿色环保之路。在安海湾违法围填海整改现场，蔡战胜要求抓好中央生态环境保护督察反馈问题整改，明确问题清单、任务清单、责任清单，倒排时序、压茬推进，确保按时按质整改到位。座谈会上，蔡战胜指出，要实施“强产业、兴城市”双轮驱动，开展“抓项目、促发展”系列专项行动，加快复工复产、满工达产、增资扩产、提质强产，力争完成全年目标任务。要实施好“惠民生补短板”专项行动，依法依规、用心用情做好重点信访事项整改，打好污染防治攻坚战，同时举一反三、建章立制，防止问题反弹回潮，守住民生底线和生态红线。要深化“局长走流程、下基层”活动，对标先进、靠前服务，提升干部队伍学习能力和业务水平，打造“学习型政府”“服务型政府”。

泉州市端午节假期旅游人气加速回升

端午节假期，泉州市高效统筹疫情防控和文旅经济服务发展，推出民俗文化游、滨海亲水游、露营休闲游等文旅产品，线上线下结合推出近40项文旅活动，文艺文博展览、非物质文化遗产展示、文化惠民演出等“泉州味”十足的民俗活动轮番上演，全市旅游人气加速回升，市场复苏有力。假期前两天，全市AAAA以上景区实现门票收入67.95万元，较“五一”假期前两天增长96.2%。端午节是传统佳节，体验民俗成为市民游客出游热点，各地纷纷举办传统民俗活动，诠释端午传统文化内涵。其中，石狮举办“云端版”闽台对渡文化节暨蚶江海上泼水节、鲤城区举办“泉州嗦啰嗹”活动、泉州台商投资区举办“情暖端午·粽叶飘香”包粽子活动、晋江（安海）举办第十届端午民俗旅游文化节，德化石牛山推出“特别的‘艾’给特别的你”活动，向游客赠送艾草等，吸引众多市民游客参与。

受疫情影响，微旅游、微度假成为游客“新宠”，露营更是火遍全国。泉州市在推出端午暑期山海微度假·YOUNG游闽西南活动的基础上，以山海泉州露营生活节为契机，全市18个露营地联动推出系列宣传推广活动，打造西线、东线两条精品露营生活旅游线路，“露营+房车”“露营+露天音乐会”“露营+旅拍”“露营+观星”等特色精致露营产品吸引众多市民游客体验露营的野趣和快乐，引领旅游新业态成为新的消费增长点。端午期间正值初夏时节，游山玩水成为市民游客消夏避暑的主要选择。游客抽样调查数据显示，端午假期，对泉州市山水风光旅游资源感兴趣的游客比例为83.7%。九仙山、石牛山、牛姆林作为天然氧吧，再次成为市场的热选之地；安溪溪禾山于4月获得“中国天然氧吧”称号，新晋成为市民游客度假胜地。与此同时，以“避暑”为主题的滨海亲水旅游目的地热度不减，玩沙玩水、海边漫步、戏水乐园等亲水项目也备受市民游客青睐。

为提升市场热度，加速文化和旅游消费回暖，全市多个景区推出十余项优惠措施。其中，南安推出“印记南安”打卡活动，永春发放“抗疫战士畅游卡”，A级景区门票免费；德化推出“小德福利卡”，包括景区门票减免、酒店住宿减免、美食折扣、团购特惠等优惠措施；晋江发放600万元消费券；清源山景区针对老年人群体推出门票五折优惠活动，医务人员游仙公山景区免登山门票等，一系列惠民措施极大促进文旅市场信心回升、消费回暖。此外，端午节期间，带着孩子打卡主题乐园、博物馆、科技馆、动植物园也成为众多家长的选择，“亲子+教育+旅游”组合的产品受到欢迎。全市博物馆、图书馆、美术馆、艺术馆等文博场馆结合节日特点推出各类文艺活动，市民游客纷纷到场感受传统文化魅力。

6月5日

农历壬寅年五月初七
星期日
温度：28℃～31℃
多云转小雨

●市长蔡战胜到南安项目现场、企业一线调研。

●继全省会议后，泉州市组织召开全市防暴雨工作视频会商调度会，部署新一轮持续性降雨防御工作。

●由市生态环境局、市委文明办、市审计局、丰泽区政府、农工党泉州市委员会主办的“6·5”环境日宣传活动在泉州市公共文化中心中央广场举行。

●泉州市端午节假期旅游人气加速回升。

6月6日

农历壬寅年五月初八
星期一
温度：21℃～30℃
小雨转中雨

●省委常委、市委书记刘建洋就高考调度指挥和考点组织准备工作，开展检查指导。

●泉州市东海城东片区指挥部第一次成员会议召开。

●市政府第十次常务会议召开，研究并通过《泉州市贯彻落实国务院、福建省扎实稳住经济一揽子政策措施实施方案》《泉州市城区水系联排联调规划总体方案》。

●“亲情中华·为你讲故事”网上夏令营（泉州营）开营。

刘建洋检查高考准备工作

省委常委、市委书记刘建洋就高考调度指挥和考点组织准备工作，开展检查指导。市领导施宇辉、陈小辉参加。刘建洋到泉州教育考试院、泉州一中（东海校区），察看指挥平台、考场环境布置、备用考点安排、播放设备和电源配备等情况，看望慰问考务人员，询问相关疫情防控措施、考生服务、天气预报及应急保障等工作。检查中，刘建洋强调，高考关系千家万户，社会高度关注。要贯彻习近平总书记关于教育的重要论述，落实中央决策部署和省委工作要求，杜绝麻痹思想，做好各项组织保障工作，确保高考安全平稳有序。要做足万全准备，科学精准落实疫情防控措施，细化各项应急方案，及时有效应对突发情况，特别是维护好考点周边交通秩序，防范强降雨引发的城市内涝、山区地质灾害，确保考生和考务人员安全健康。要用心用情用力做足服务保障，调动有关部门、学校、家庭和社会力量，把交通出行、食宿安全、医疗保障、噪声治理等工作落细落实落到位，加强心理疏导和人文关怀，提供各类暖心便利服务，为考生创造良好环境。

刘建洋（右四）在泉州教育考试院检查高考准备工作
（图/陈起拓）

泉州市东海城东片区指挥部第一次成员会议召开

省委常委、市委书记刘建洋，市长蔡战胜到东海城东片区指挥部调研指挥部运作情况，并参加指挥部第一次成员会议，对下一步工作再动员再部署。会议听取东海城东片区指挥部工作情况汇报。会议指出，东海城东片区是实施“强产业、兴城市”双轮驱动的主战场，是做大做强中心城区、体现城市能级高度的核心区。各级各部门要统一思想、深化认识，本着对历史、对城市、对人民负责的态度，一任接着一任干，久久为功、善作善成，把东海城东片区打造为泉州未来城市的示范标杆。

会议强调，要按照“一年突破、三年起势、五年成形”的目标，集中优势兵力，强化统筹调度，高标准高质量推进东海城东片区开发建设。要规划先行，明晰方法路径，树立“精明紧凑”发展理念，突出产城融合，做到精心规划、精致建设、精细管理、精美呈现、精明增长。推动规划从“图”落“地”，统筹好局部与整体、短期与长期、静态与动态的平衡关系，坚持产业培育、基础设施、公共服务配套、生态环境“四个优先”，聚焦重要地段、重要街区、城市出入口、过境通道两侧和不同地貌衔接界面，“留、改、提、拆、建”并举。要聚焦重点，加快推进步伐，逐个项目制定时间表、路线图，提速做好征迁安置、前期工作，实施好片区改造、“绿满全城”、照明提升等项目。加力招商引资、载体建设、业态繁荣，导入高端生产性服务业、高品质生活性服务业，突破落地一批引爆性、带动性强的龙头项目，聚商气聚人气。要协同联动，压实各方责任，围绕项目审批、投资、建设、运营、管理等各环节，理顺体制机制，形成攻坚合力。锻造过硬队伍，把能打仗、敢打仗、善打仗的干部压到一线，营造比学赶超氛围。

泉州市东海城东片区指挥部第一次成员会议现场
（图/陈英杰）

泉州市召开视频会议推进落实环保督察整改工作

泉州市召开视频会议，听取中央生态环境保护督察反馈问题整改工作情况汇报，对下一步整改工作再强调再推进再落实。会议强调，要对照问题清单，摸清底数、查明情况、找准原因，把督察整改与产业转型升级、安全生产提升、城市总体规划及建设有机结合，聚焦重点县域、重点行业强力攻坚，因地制宜采取一事一策、综合施策，举一反三、标本兼治，建立常态长效机制，严防问题反弹回潮，筑牢生态底线。要压紧压实整改责任，树牢“管发展必须管环保、管行业必须管环保、管生产必须管环保”意识，各级党委和政府主要负责人亲自挂帅、亲自协调，各牵头部门做好协调指导、督促督办，各相关部门抓好本单位本行业存在问题的排查整改，形成条块联动、齐抓共管的工作格局。

蔡战胜检查高考组考工作

市长蔡战胜到市教育招生考试院、市公安局，检查高考组考和“三公一大”融合协同机制工作。蔡战胜查看考场监控、指挥平台，了解组考工作措施和应急预案落实情况。蔡战胜强调，要坚持底线思维，强化部门协同，完善安全管控应急预案，优化考生交通出行、防暑降温、供电保障等各项工作。要严肃考风考纪，加强考务管理，杜绝违规、违纪、违法行为发生，维护高考公平公正。要强化考生服务保障工作，加强考生心理疏导和人文关怀，为考生营造一个规范、舒适、良好的考试环境。蔡战胜听取“三公一大”机制运行情况汇报。蔡战胜强调，要坚持“内紧外稳”、平战结合做好疫情防控各项工作，将有序原则贯穿“快准严实细”工作链条，总结经验、完善细则、优化机制，持续提升“快推送、快排查、快管控、快研判、快对接、快处置”水平。要搭建起市县镇村四级穿透的“三公一大”融合协同机制组织体系，筑牢守护人民生命安全和身体健康的防线。

2022年“放鱼日”活动举行

泉州市在泉州湾外海域举行2022年“放鱼日”活动，放流黑鲷、真鲷等鱼苗61.5万尾。图为活动现场。（图/市海洋与渔业局）

泉州市交通运输部门开展爱心送考活动

7—9日，泉州市交通运输部门延续往年的爱心送考活动，为参加高考的学子提供免费接送服务。60条公交线路、140多部出租车参与爱心送考，考生凭准考证可免费乘坐贴有“爱心送考”标识的车辆。公交方面，凡持本人学生证（高三）或准考证的高考考生，可免费乘坐一元一票制公交线路以及“小白”。同时，为满足市民需求，高考期间，泉州公交推出高考定制专线服务。出租车方面，共有140多部出租汽车（包括巡游车和网约车）参加“高考义载”活动。其中，巡游车50部，在车辆前挡风玻璃右下角贴“爱心直通车”标志牌，对考生实行“招手即停”的接送方式，考生凭准考证免费乘坐。在4日9时至5日18时期间，考生及家长通过泉州市出租汽车协会热线电话或约车热线进行电话叫车，预约巡游车接送时间和地点。网约车有90部，50部由滴滴平台提供，分配在泉州市区考点等待，考生凭准考证免费乘坐；40部由万顺叫车提供，定向服务石狮、安溪两个区域的考点免费接送。此外，为保障服务质量和出行安全，交通运输部门督促各企业做好对驾驶员的宣传教育工作，加强车辆安全隐患排查及车辆趟次消毒，请考生乘车时佩戴好口罩。

6月7日

农历壬寅年五月初九
星期二
温度：20℃～23℃
中雨转大雨

●泉州市召开视频会议，听取中央生态环境保护督察反馈问题整改工作情况汇报，对下一步整改工作再强调再推进再落实。

●市长蔡战胜到市教育招生考试院、市公安局，检查高考组考和“三公一大”融合协同机制工作。

●泉州市《闽山闽水物华新——习近平福建足迹》读者见面会在泉州新华书店温陵书城举行。

●泉州市在泉州湾外海域举行2022年“放鱼日”活动，放流黑鲷、真鲷等鱼苗61.5万尾。

●7—9日，泉州市交通运输部门延续往年的爱心送考活动，为参加高考的学子提供免费接送服务。

●新华社福建频道发布《11年全省第一，泉州专利授权如何继续领跑？》一文，多层次多角度报道泉州市多年来在专利工作上的探索与成效。

6月8日

农历壬寅年五月初十
星期三
温度：20℃～23℃
大雨转中雨

●《泉州市贯彻落实国务院、福建省扎实稳住经济一揽子政策措施实施方案》印发。

●继全省会议后，泉州市召开全市会商视频调度会，滚动研判雨情汛情和地质灾害风险动态，细化部署强降雨防御工作。

●中央广播电视总台系列节目《走进县城看发展》首站关注晋江，新闻节目在央视《新闻联播》、央视新闻频道、央视新闻客户端、央广《中国之声》播出。

●在泉州海关监管下，由2名外籍驾驶员驾驶的一艘崭新游艇从泉州石井港驶离，直奔泰国普吉岛，标志着泉州关区首次开展的游艇“自航离境”监管业务完成。

泉州市发布稳增长69条举措

《泉州市贯彻落实国务院、福建省扎实稳住经济一揽子政策措施实施方案》（以下简称方案）印发。方案从加强财政、金融政策支持，扩大消费需求和有效投资，保产业链供应链稳定，全力稳外贸稳外资，保障粮食能源供应稳定，保障基本民生七大方面提出69条举措，旨在更加高效统筹好疫情防控和经济社会发展，推动企业加快从复工复产向满工达产、增资扩产、提质强产转变。

泉州市部署强降雨防御工作

继全省会议后，泉州市召开全市会商视频调度会，滚动研判雨情汛情和地质灾害风险动态，细化部署强降雨防御工作。会议要求，要落实水库山塘水闸堤防“三个责任人”（管理责任人、技术责任人、巡查责任人），对于已泄洪溢洪的水库要根据水情和预报后续雨情，及时调整、科学调度，尽快回落到汛限水位以下；河道水闸、城区排涝闸、排涝泵站要落实24小时专人把守，及时启闭排洪排涝。要提前降低城区滞洪区水位，巡检易涝区域、易涝路段、下穿隧道，适时启动交通管制，及时清理阻洪障碍。要做好抢险抢修队伍和物资的备勤待命，确保一旦发生险情，第一时间有效处置到位。

央视《走进县城看发展》首站关注泉州

中央广播电视总台系列节目《走进县城看发展》首站关注晋江，新闻节目在央视《新闻联播》、央视新闻频道、央视新闻客户端、央广《中国之声》播出。央视《走进县城看发展》通过《空中看晋江》直升机航拍视频、产业对话安踏和信泰，以及《晋江之路》《晋江，无外人》《晋江，不止一面》等短片，从空中到地面、从产业到城市，寻访“晋江经验”给这座城市带来的变化。节目总时长1个多小时。央视《新闻联播》的《走进县城看发展》特别节目播出《福建晋江：爱拼才会赢》，聚焦晋江牢记嘱托，传承弘扬“晋江经验”，推动县域高质量发展的系列举措和成效，总时长3分3秒。

泉州造游艇首次自航离境

在泉州海关监管下，由2名外籍驾驶员驾驶的一艘崭新游艇从泉州石井港驶离，直奔泰国普吉岛，标志着泉州关区首次开展的游艇“自航离境”监管业务完成。

游艇产业是发展较快的新兴产业。哈德森（福建）游艇有限公司是南安市一家专业游艇生产企业。该公司瞄准国际市场需求，开拓国际市场。此次出口的游艇为“双体玻纤帆船”型游艇，长15.19米，宽7.44米，核载10人。以往，此类游艇的出口大多数是通过陆路运输至厦门等周边港口换装远洋运输船舶出口。但是，受疫情影响，国际海运运费大幅上涨，严重制约企业盈利水平和国际市场空间。为此，该公司向泉州海关提出以“自航离境”的方式出口，这样既可以缩短交货时间，又能有效压缩海运成本10%以上。为帮助哈德森公司解决游艇出口的困难，泉州海关迅速成立工作专班，在调研基础上，组织加贸、通关、监管等方面的专家力量，提前会商企业需求，对该公司开展“自航离境”监管业务进行全流程的梳理研究，确保业务运行顺畅，风险可控；指定专人与企业对接，在申报要素、监管要求等方面加强指导，确保企业高效顺利完成“自航离境”出口，助力企业打通一条疫情之下持续发展的新通道，为辖区外贸企业克服疫情影响注入新动力。

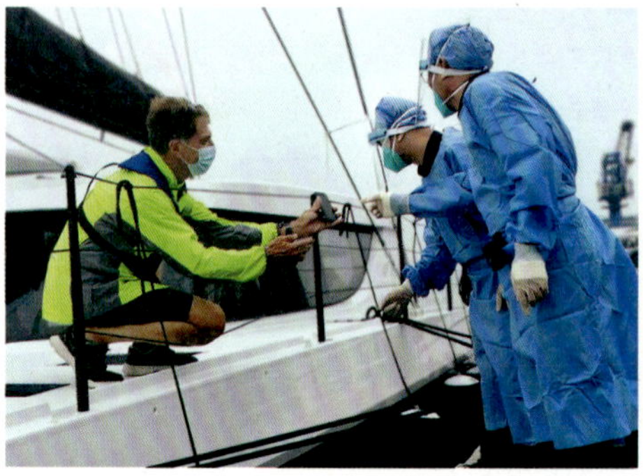

泉州海关驻南安办事处关员对泉州造游艇首次自航离境进行检疫查验（图/张宗辉）

市人大常委会党组理论学习中心组学习会召开

市人大常委会党组理论学习中心组学习会召开，专题学习研讨《习近平书信选集》第一卷。市人大常委会党组书记、主任李建辉主持会议并讲话，强调要学深悟透《习近平书信选集》第一卷的丰富内涵、精神实质，坚持学思用贯通、知信行统一，在新时代新征程上展现新气象新作为。市人大常委会党组成员吴友才、黄阳春、高向荣、赖清正、李文生、颜朝晖出席会议。大家一致认为，《习近平书信选集》第一卷体现习近平总书记非同一般的思想高度、立场方法与格局情怀，是领悟创新理论、学习科学方法、接受思想教育的生动教材。

全市4.6万名考生参加高考

7—9日，全市4.6万名考生参加高考，全市设12个考区49个考点1794个考场。考试期间，考风考纪良好，平稳有序，“零失误”“零差错”，未出现任何违纪舞弊事件，实现健康高考、平安高考、温馨高考的工作目标。在市委、市政府的领导下，市教育局会同宣传、公安、保密、网信、卫健、疾控、应急、生态环境、市场监管、城管、气象、无线电、电力、电信等有关部门认真履职，协同配合，以最高标准、最严要求，落实疫情防控措施和考试组织工作，在考试安全、诚信考试、疫情防控、极端天气应对、城市降噪、食品安全、考点及周边交通疏导、治安秩序、突发事件的应急准备等方面加强综合保障，营造良好考试环境。全市教育、招考部门统筹做好考务组织和疫情防控工作，落实落细各项管理措施，确保考试安全有序。对全市近万名考务人员开展疫情防控和考试安全全覆盖培训。采取“人防+技防”、一岗多控等措施，加强对试卷流转的全流程无死角监控，确保试卷安全。

“世遗泉州　古城新貌”档案图片展举行

第十五个“国际档案日”，由市档案馆、市文联、泉州文旅集团、泉州古城办主办，鲤城区档案馆、鲤城区文联、泉州市摄影家协会协办的“世遗泉州 古城新貌”档案图片展在泉州侨批馆举行。图片展通过古城新旧照片对比，带领大家穿越历史长河、看尽泉州百年变迁。图片展展出珍贵图片59张，展示古城的一街一巷、“世遗”泉州的旧貌新颜。第二届“世界记忆遗产·侨批”主题文学创作大赛同日启动。大赛增设海外组，旨在吸引更多海内外文学爱好者参与。

“世遗泉州　古城新貌”档案图片展现场（图/郭喜忠）

普陀山朱家尖文旅（泉州）推介会举行

“海天佛国·‘海丝’相会”普陀山朱家尖文旅（泉州）推介会举行。为助推旅游恢复发展，加强福建旅游客源地市场复苏，普陀山朱家尖出台旅游消费券、景区门票奖励、包车奖励、重点市场点对点奖励等各项政策。在“旅游促消费月”活动期间，针对福建市场在其他奖励的基础上还特别推出以下政策：一是对旅行社组织的泉州、福州直飞普陀山机场入住区域酒店2晚（含）以上的组团游游客，实行普陀山门票“十免一”；二是对旅行社组织的通过点对点包车服务往返福建的，当月包车金额超过3万元的奖励3000元，超过10万元的奖励1.5万元；三是对福建到普陀山景区的游客提供免费核酸检测便捷服务，直飞的组团游客还可享受普陀山机场、普陀山游客服务中心、海星公司、普陀山客运站团队游客专用绿色通道，全流程实行“一团一案”服务。

6月9日

农历壬寅年五月十一
星期四
温度：21℃～24℃
大雨

●市人大常委会党组理论学习中心组学习会召开，专题学习研讨《习近平书信选集》第一卷。

●市人大常委会党组扩大会议召开，专题学习习近平生态文明思想，传达学习习近平总书记重要讲话、全国稳住经济大盘电视电话会议精神，以及中央、省委、市委有关会议精神。

●7—9日，全市4.6万名考生参加高考。

●由市档案馆、市文联、泉州文旅集团、泉州古城办主办的“世遗泉州 古城新貌”档案图片展在泉州侨批馆举行。

●“海天佛国·‘海丝’相会”普陀山朱家尖文旅（泉州）推介会举行。

6月10日

农历壬寅年五月十二
星期五
温度：25℃～26℃
小雨转中雨

●市政协主席肖汉辉带领市直有关单位负责人、部分市政协委员到晋江，就“加快工业园区标准化建设、推动泉州制造业高质量发展”开展专题调研。

●市退役军人事务局与中国邮政泉州分公司联合建立的全市首个崇军“奔跑”主题邮局在市政府邮政支局揭牌启用。

●由鲤城区纪委监委、区人民法院和开元街道梅峰社区党委主办的“手牵手保护文化遗产 心连心共筑精神家园”活动在泉州市区东亚之窗文化创意产业园举行。

●中国古陶瓷学会磁灶窑研究中心揭牌仪式在世界遗产点磁灶窑址（金交椅山窑址）举行，标志着全省首个、全国第三个地方窑口研究中心落户晋江磁灶。

●10—12日，由福建省民间文艺家协会、福建省海峡民间艺术馆、德化县委宣传部、县文联主办的“福见·德化白瓷”艺术联展在福州福建省海峡民间艺术馆举行。

肖汉辉到晋江开展专题调研

市政协主席肖汉辉带领市直有关单位负责人、部分市政协委员到晋江，就“加快工业园区标准化建设、推动泉州制造业高质量发展”开展专题调研。市政协副主席黄世界、秘书长黄碧煌参加活动。调研组到晋江集成电路小微工业园和满誉产业机械微工业园项目，了解两个园区标准化建设进展。随后召开座谈会，围绕要素保障、改造提升、提容增效、存量盘活等方面探寻解决方案。

肖汉辉（右四）在晋江开展“加快工业园区标准化建设、推动泉州制造业高质量发展”专题调研（图/市政协）

全市首个崇军“奔跑”主题邮局揭牌

市退役军人事务局与中国邮政泉州分公司联合建立的全市首个崇军“奔跑”主题邮局在市政府邮政支局揭牌启用。仪式上，双方同时签订崇军战略合作框架协议。以“奔跑”为主题的邮局名称，不仅寓意中国邮政“迅速、准确、安全、方便”的国企服务方针，也将是泉州军邮共建的目标。

“手牵手保护文化遗产心连心共筑精神家园”活动举行

由鲤城区纪委监委、区人民法院和开元街道梅峰社区党委主办的“手牵手保护文化遗产 心连心共筑精神家园”活动在泉州市区东亚之窗文化创意产业园举行。活动中，鲤城法院聘任梅峰社区的卢鑫磊等6名党员为文物保护志愿者，并向他们颁发聘书。在未来三年的任期内，他们将通过志愿巡查、宣传引导等方式，与鲤城法院共同参与辖区文物保护工作，形成全社会共同参与、关注和保护文化遗产的氛围。盛世领墅小金星幼儿园的小朋友，以“童心护世遗”为主题，对泉州各个遗产点进行临摹绘画。

全省首个地方窑口研究中心落户晋江

中国古陶瓷学会磁灶窑研究中心揭牌仪式在世界遗产点磁灶窑址（金交椅山窑址）举行，标志着全省首个、全国第三个地方窑口研究中心落户晋江磁灶。该中心设立后，将借助国家一级学会的平台，整合各级专家力量，开展磁灶窑考古调查，寻找元明时期的窑址，弥补磁灶窑址研究上的缺环；加大力度收集整理海内外有关磁灶窑的资料和信息，逐步建立起研究信息库；编辑出版相关学术研究成果。

中国古陶瓷学会磁灶窑研究中心揭牌（图/晋江新闻网）

“福见·德化白瓷”艺术联展在福州举行

10—12日，由福建省民间文艺家协会、福建省海峡民间艺术馆、德化县委宣传部、县文联主办的“福见·德化白瓷”艺术联展在福州福建省海峡民间艺术馆举行。此次展览以“白瓷”为媒，聚焦“福”精神实质和文化内涵，反映出制瓷艺人独具匠心的美好愿望。展览荟萃45位德化艺术大师62件作品，以及13位民间剪刻纸艺术传承人的作品，分“福艺生花”“福器清欢”“福匠瓷意”三个部分。其中，《双狮献瑞》《百福杯》《福虎生威》《福在眼前》等作品展现德化白瓷独特的艺术魅力和美好寓意。

泉州市2022年“文化和自然遗产日”活动举行

由市文旅局主办、市艺术馆（市非物质文化遗产保护中心）承办的泉州市2022年“文化和自然遗产日”活动在泉州非物质文化遗产馆举行。此次活动采用双活动主题，其中非物质文化遗产为“连接现代生活，绽放迷人光彩”，文物保护为“时代共进，人民共享”。活动内容包括启动仪式、非物质文化遗产展演展示及法律法规宣传和非物质文化遗产购物节等部分。泉州提线木偶戏《狮子舞》、梨园戏《绣鸾》和《惠女服饰表演》同台献演；泉州木雕、彩扎、妆糕人等15个非物质文化遗产工坊展示分布在馆内，吸引众多市民参与互动体验。非物质文化遗产购物节则让更多“好货”走进市民生活，众多传统技艺类和传统医药类非物质文化遗产商家参加。此外，现场还通过展板和书籍等形式，宣传文化遗产保护法律法规。活动现场，主办方为第七批省级非物质文化遗产代表性项目保护单位代表和第三批市级非物质文化遗产传习所代表授牌，同时还有泉州非物质文化遗产手绘电子地图上线等活动。

全市各地也举办丰富多彩的活动。鲤城区举办“古城百匠守艺人·文化遗产新设计”传承发展计划，包括研修研习培训、非物质文化遗产作品成果展和非物质文化遗产文创作品推介会等；丰泽区举办“文化和自然遗产日”系列活动，包括系列宣传短视频开机仪式、非物质文化遗产展演和非物质文化遗产项目展示体验；洛江区以“世遗洛阳桥·福游洛江城”为主题举办“文化和自然遗产日”非物质文化遗产宣传展示展演活动；晋江市开展文化体育旅游节暨文化和自然遗产日活动、“亲亲闽台缘”两岸非物质文化遗产文化嘉年华和晋江市非物质文化遗产图片巡展等；南安市举办非物质文化遗产好物直播、非物质文化遗产体验、非物质文化遗产展演和“戏曲进校园”等活动；惠安县举办惠安石雕非物质文化遗产传承人培训暨现场创作大赛、非物质文化遗产购物节和惠安烙画作品展等活动；安溪县举行非物质文化遗产代表性项目木偶戏展演比赛、云看安溪非物质文化遗产影像展、福地安溪久“氧”大“茗”——福田乡春茶品鉴会等；永春县举行百名学子非物质文化遗产研学体验、五里古街非物质文化遗产展示活动和非物质文化遗产主题宣传活动等；德化县举行月记窑柴烧点火仪式和窑坊公祭拜等活动；泉州台商投资区举行《闽南新童谣》宣传系列活动、掌中木偶戏演出和高甲戏演出等活动。

泉州市2022年“文化和自然遗产日”活动现场
（图/陈智勇）

《送王船》新书首发

《送王船》新书首发，该书由市文旅局主编，纳入闽南文化生态保护区丛书。《送王船》一书分为六大部分，即王爷崇拜、王爷信俗、各具特色的“送王船”习俗、泉州“送王船”科仪、泉州送王船习俗流播、海内外部分王爷宫简介等。

梨园戏歌舞剧邂逅世界遗产沉浸式演出举行

梨园戏、歌舞剧邂逅世界遗产沉浸式演出在泉州海外交通史博物馆举行。演出由泉州海外交通史博物馆、福建省梨园戏传承中心、泉州市闽南民间歌舞传承中心携手打造。图为演出现场。（图/林莹莹）

6月11日

农历壬寅年五月十三
星期六
温度：22℃～26℃
阴转中雨

●由市文旅局主办、市艺术馆（市非物质文化遗产保护中心）承办的泉州市2022年“文化和自然遗产日”活动在泉州非物质文化遗产馆举行。

●《送王船》新书首发。

●梨园戏、歌舞剧邂逅世界遗产沉浸式演出在泉州海外交通史博物馆举行。

6月12日

农历壬寅年五月十四
星期日
温度：21℃～26℃
小雨转中雨

●继全省会议后，泉州市召开全市防御持续性暴雨视频会议，分析研判泉州市雨水和地质灾害情况，并做出具体工作部署。

●市人社局通报2021年度泉州市企业劳动保障守法诚信等级和用人单位工资支付行为信用等级评价结果。

●石狮推出全省首份支持品牌电商发展措施。

泉州部署新一轮持续性强降雨防御工作

继全省会议后，泉州市召开全市防御持续性暴雨视频会议，分析研判泉州市雨水和地质灾害情况，并做出具体工作部署。会议要求，要持续保持严阵以待，防汛一线的干部要克服松劲厌战情绪，思想上保持高度警惕，坚守岗位，持续奋战，守住最后的胜利，千万不能功亏一篑。要紧盯重点强化防范，紧盯道路塌方、房前屋后滑坡溜方、小流域山洪灾害、农田受淹、溪岸堤防损毁、低洼地带内涝积水等重点，提前做好人员撤离、巡检排查、除险加固、清淤疏浚、交通管制等准备。要抓紧抢修损毁设施，组织力量利用降水较少的间歇期，抓紧抢修抢通小规模溜方受阻的交通道路和农田水利设施，加固房前屋后边坡，开挖疏通排水通道，尽量减少损失，防止扩大险情。要加强安全提醒防范，注意结合降雨量、河道水位等情况，加强安全提醒，加密风险区域巡查，及时发现隐患，做好安全防范。要强化综合研判调度，市县两级防指要根据汛情灾情，加强会商研判，科学谋划决策，尽量把防御工作做在前。

泉州309家企业获评劳动保障守法诚信等级A级

为增强企业劳动保障守法诚信意识，推进劳动保障诚信体系建设，市人社局通报2021年度泉州市企业劳动保障守法诚信等级和用人单位工资支付行为信用等级评价结果。全市评价劳动保障守法诚信A级企业309家，B级企业32家，C级企业57家；评价工资支付行为守信企业445家，一般失信企业11家，严重失信企业25家。

泉州市劳动保障监察支队负责人介绍，被评价为A级的企业2022年不列入劳动保障监察日常巡查范围。企业及其法定代表人、负责人在评比表彰、奖励和认定类活动中，给予优先推荐。连续3年被评价为A级的企业可不再参加劳动保障书面审查。建筑施工企业近三年连续被评价为劳动保障守法诚信A级企业的，其新承建的工程建设项目可申请免于存储工资保证金；近两年连续被评价为劳动保障守法诚信A级企业的，其新承建的工程建设项目工资保证金存储比例降低50%。建筑施工企业因拖欠农民工工资被评价为劳动保障守法诚信C级企业的，其新承建的工程建设项目工资保证金存储比例提高100%。被评价为B级的企业，适当增加劳动保障监察日常巡查频次。被评价为C级的企业，列入劳动保障监察重点对象，强化劳动保障监察日常巡查。

石狮推出全省首份支持品牌电商发展措施

《石狮市支持品牌电商发展若干措施》出台。系在全省率先推出支持品牌电商发展若干措施，从品牌建设、平台赋能、品牌供应链、品牌生态圈、开拓国际市场等八个方面支持品牌电商发展。

支持品牌建设方面，对网络年销售额超（含）3000万元的自有品牌电商企业，在品牌注册、包装设计、平台广告等推广费用投入方面给予10%补贴，最高不超过20万元；支持品牌收购方面，对开展品牌收购（企业并购方式可视为收购品牌）的企业，按核定收购金额的10%给予补助，最高不超过30万元；支持品牌营销方面，对聘请正能量明星代言人、与知名IP联名开展宣传的，按聘用明星代言人或IP联名授权费用的20%给予补助，最高不超过20万元；支持平台赋能方面，对电商平台直接或授权的第三方机构在石狮成立商学院等机构，为石狮电商企业提供品牌策划、孵化、运营人才培训、资源对接等赋能服务的，按实际发生费用给予30%的补贴，最高不超过30万元；支持品牌供应链方面，鼓励本地自主品牌企业入驻电商平台，年度销售额达500万元以上并纳入限上商业企业的，每家给予5万元奖励；支持品牌生态圈方面，鼓励创建新国潮等品牌电商文创园、直播产业园，引导第三方运营机构或服务团队在石狮投资建设特色主题品牌电商园区，对符合考核要求的园区运营主体，给予一次性奖励100万元。

泉州市省政协委员小组开展专项视察

泉州市省政协委员小组组长、市政协主席肖汉辉带领在泉州省政协委员小组成员围绕“泉州水利建设”议题开展专项视察。市委常委、晋江市委书记张文贤，市政协副主席王祖耀、庄灿霞等参加视察。视察组到南安、安溪、晋江，视察金鸡拦河闸工程、山美水库和七库连通，了解运行管理、防汛备汛、水资源现状和配置情况；视察白濑水利枢纽工程，在大坝施工了解项目建设进展；到金门供水工程，了解工程运行管理和晋江水资源保护等情况。肖汉辉指出，要坚持全市“一盘棋”，统筹推进水资源调配，深化河长制工作，推动全市水域环境质量持续提升，加快构建更为安全可靠的现代水网体系，为泉州市高质量发展提供水资源保障。

泉州市部署持续性暴雨防御工作

市防汛抗旱指挥部发出《关于进一步做好持续性暴雨防御工作的通知》（以下简称“通知”），要求各级各部门要贯彻省、市防汛抗旱指挥部工作要求，克服麻痹思想、厌战情绪，继续坚守，抓好防灾抗灾减灾工作，保障人民群众生命财产安全。

通知指出，6月以来，泉州市连续出现持续时间长、范围广、雨量大、强度强的降雨过程，安溪、永春、德化、南安等地发生山洪灾害、交通道路滑坡、房前屋后塌方溜方、低洼地带短时积水、水利农业设施损毁等较严重险灾情。市防汛抗旱指挥部要求，要加大转移力度，评估地质灾害、山洪灾害黄色预警等级以上所涉及乡镇，预判人员安全可能受到威胁的坚决果断转移，转移避免在夜间进行，确保转移过程中和转移后的人员安全。要加强闸库调度，各地水利部门要逐库、逐闸制定调度方案，并派出工作组现场指导落实。要开展督导，继续组织专业技术力量到强降雨影响受灾较重的安溪、永春、德化、南安等地，提供技术支撑指导服务，并在保障安全前提下，迅速开展抢通抢修、防疫消杀，帮助群众、企业开展生产自救和恢复重建工作。要预置救援力量，各级各行业的抢险救援队伍要向重点区域预置集结，备足备全抢险装备，一旦发生发现险情，第一时间到位开展应急处置，同时要落实个人防护措施，严防次生灾害，保障抢险救援过程中人身安全。要加强安全提醒，持续降雨致部分路段发生塌方、山体滑坡的概率加大，一些河段水流湍急、水位暴涨，群众在山边、水边、溪边活动容易出现意外，各县、乡村要加强安全提醒，加密巡查，及时劝离，做好安全防范。

泉州市首届“福狮”文化节启动

由市委宣传部、市文旅局、鲤城区政府主办，鲤城区委宣传部、鲤城区文旅局承办的泉州市首届“福狮”文化节启动仪式暨鲤城区“宋江阵·青狮祈福”演武大会活动在泉州府文庙广场举行。图为活动现场。

（图/柏峰 素萍）

《光明日报》关注泉州市铁观音茶文化

《光明日报》“光明视野”版块发表专访文章——《“东方树叶”耀世界》，专访联合国粮农组织全球重要农业文化遗产科学咨询小组副主席、中国农业科学院研究院李先德，通过“一线讲述”的方式，讲述福建安溪铁观音茶文化系统被认定为全球重要农业文化遗产背后的故事。李先德在文章中表示，安溪铁观音茶文化系统具有独特性和全球重要性，达到联合国粮农组织制定的全部五项标准。安溪铁观音茶文化系统包括丰富多样的植物、动物、微生物等，体现人与自然和谐发展的特点。

6月13日

农历壬寅年五月十五

星期一

温度：25℃～27℃

中雨

●市政协主席肖汉辉带领在泉州省政协委员小组成员围绕“泉州水利建设”议题开展专项视察。

●泉州市部署持续性暴雨防御工作。

●由市委宣传部、市文旅局、鲤城区政府主办，鲤城区委宣传部、鲤城区文旅局承办的泉州市首届“福狮”文化节启动仪式暨鲤城区“宋江阵·青狮祈福”演武大会活动在泉州府文庙广场举行。

●《光明日报》“光明视野”版块发表专访文章——《“东方树叶”耀世界》，专访联合国粮农组织全球重要农业文化遗产科学咨询小组副主席、中国农业科学院研究院李先德，讲述福建安溪铁观音茶文化系统被认定为全球重要农业文化遗产背后的故事。

6月14日

农历壬寅年五月十六
星期二
温度：24℃～28℃
小雨转大雨

●以“弘扬郑成功爱国主义精神，维护国家统一，捍卫民族尊严”为主题的纪念郑成功收复台湾360周年大会在南安举行。

●贵州省委常委、宣传部部长卢雍政到泉州开展产业招商活动，走访部分食品及文创企业。

●14—17日，市政协举办2022年度市政协委员履职培训班。

●福建省储备粮管理有限公司南安直属库拆旧建新工程开工。

●纪录片《郑成功》发布仪式暨第七届南安郑成功文化节开幕式在南安举行。

纪念郑成功收复台湾360周年大会在南安举行

以“弘扬郑成功爱国主义精神，维护国家统一，捍卫民族尊严”为主题的纪念郑成功收复台湾360周年大会在郑成功故里泉州南安举行。省委书记尹力出席大会并讲话。中共中央台办、国务院台办主任刘结一通过视频讲话。省政协主席崔玉英出席。省委副书记罗东川主持。中共中央台办、国务院台办副主任龙明彪，省、市领导郭宁宁、吴偕林、刘建洋、梁建勇、刘献祥、蔡战胜、李建辉、肖汉辉、施宇辉、陈辉宗、黄景春、汪志红等出席。海峡两岸有关方面、民间团体负责人和代表，专家学者、两岸郑氏宗亲和郑成功宫庙代表等在南安市主会场和台湾省嘉义市分会场参加。

尹力表示，福建是郑成功的故乡，也是许多台湾同胞的祖籍地和居住地。闽台同胞血脉相连、命运与共，反对“台独”是我们共同责任，促进两岸融合发展是我们共同心愿。闽台交流融合虽遇到暂时困难，但从未间断。我们要赓续爱国主义传统，弘扬郑成功爱国主义精神，增进两岸同胞骨肉情谊，为推进祖国统一大业、实现中华民族伟大复兴做出更大贡献。福建将贯彻落实中央对台工作大政方针，坚持以通促融、以惠促融、以情促融，在探索两岸融合发展新路上迈出更大步伐，打造台胞台企登录的“第一家园”。

刘结一表示，郑成功率部驱逐荷兰殖民者、收复宝岛台湾，维护国家主权和领土完整，维护中华民族利益和民族尊严，为中华民族立下不朽功勋。两岸同胞共同纪念郑成功收复台湾360周年，最重要的是弘扬伟大的爱国主义精神，共担民族大义、顺应历史大势，共同推动两岸关系和平发展、推进祖国和平统一进程。台湾岛内“台独”势力不断谋“独”挑衅，一些外部势力企图“以台制华”，他们的挑衅和冒险行径，只会将台湾推入险境。两岸同胞要反对“台独”势力的阴险图谋，反对外部势力插手台湾问题。

会上，中国国民党前副主席兼秘书长曾永权，厦门大学教授邓孔昭、泉州郑成功后裔代表郑栋梁，台湾参与主办单位代表吴荣元、郑氏宗亲代表郑永柱、台湾郑成功纪念宫庙代表许光安分别在现场或通过视频发言。

同日，纪录片《郑成功》发布仪式暨第七届南安郑成功文化节开幕式在南安举行。与会者一同观看纪录片《郑成功》片花。文化节上还举行由国际郑成功文化交流协会联合泉州郑成功研究会、南安市郑成功研究会推出的“郑成功精神的时代意义”主题论坛。此次论坛从1月中旬发出约稿函起，不到4个月时间就收到各地论文51篇，作者分布在河南荥阳、江西修水、湖南岳阳、山东青岛、浙江温州、广东广州和台湾高雄、台中等地以及福建省各大院校和研究机构。

纪念郑成功收复台湾360周年大会现场（图/陈英杰）

省级南安粮库拆旧建新工程开工

福建省储备粮管理有限公司南安直属库拆旧建新工程开工，系2022年省级粮食仓容建设首个开工项目。省委常委、常务副省长郭宁宁宣布开工，市委常委、常务副市长黄景春等参加开工活动。省委、省政府高度重视粮食安全工作，批准同意年内在全省开工建设75万吨省级仓容。南安直属库拆旧建新工程是该轮建库的第一个开工项目，位于南安市官桥镇（中国）粮食城内。项目拟拆除4.15万吨旧仓房，建设高标准生态型现代化仓容7.46万吨，配备“四合一”储粮技术、充氮气调、粮面控温等绿色生态储粮工艺设备和智能化系统，建设工期24个月。

市委人才工作领导小组专题会议召开

市委人才工作领导小组专题会议召开，学习贯彻习近平总书记关于做好新时代人才工作的重要思想，审议讨论《关于开展“涌泉”行动集聚各类人才在泉创业就业的若干措施》。

会议要求，各级各部门要统一思想，认识再深化，增强做好人才工作的责任感和紧迫感。落实党中央、国务院和省委、省政府“稳增长、稳市场主体、保就业、防风险”工作要求，把人才工作放在最优先的位置，加快实施新时代人才强市战略，盯紧就业形势风向标和人才流动新变化，结合泉州“强产业、兴城市”双轮驱动实际需求，抢抓机遇，集聚更多研究型、创新型、实用型人才，打通人口、人力、人才资源通道，为全方位推进高质量发展超越提供人才支撑。要措施再细化，提高人才政策的针对性和实效性。要抢先手、强本手、创妙手，既要穿透兑现普惠性政策，又要学习借鉴国内先进地区典型经验，因地制宜探索精准措施，上下贯通、左右联通、形成闭环，推动产学研深度融合，实现“政策找人、免申即享”，推动政策优势尽快转化为促进发展的人才优势。要合力再凝聚，厚植人才成长的新生态和新优势。坚持党委、政府与社会力量相协同，坚持管行业必须管人才，调动市场主体发挥引才、育才、用才积极性，突出侨台和民营特色，围绕产业链、布局创新链、集聚人才链，在全社会造浓尊才重才氛围，让人才在泉州“看得见未来”“实现好价值”。

宿利南调研信访工作

市委副书记宿利南到市信访局群众来访接待窗口调研信访工作，现场接访群众并看望慰问窗口工作人员。宿利南强调，要提高政治站位，增强做好新时代信访工作的责任感和紧迫感，学习贯彻习近平总书记关于加强和改进人民信访工作的重要思想和重要指示批示精神，落实第九次全国信访工作会议精神，实施《信访工作条例》，用心用情用法化解群众矛盾纠纷，及时就地解决群众合理合法诉求，维护群众合法权益，推进信访工作高质量发展；各级各部门要迎难而上、齐抓共管，按照市信访联席办下达的工作进度要求，紧盯目标和时间节点，攻坚克难、倒排时序、倒逼责任落实，确保治重化积专项工作圆满收官；要夯实基础、落实责任，建立完善市、县、乡三级信访矛盾联合调处中心，健全乡镇（街道）信访工作联席会议、信访评理等工作机制，推动“党建+”社区邻里中心、“综治+”社区治理中心建设与信访工作融合，推动及时就地化解矛盾纠纷。调研期间，宿利南还现场接访群众，研究协调解决群众反映的征地拆迁、小区消防设施隐患等问题。

泉州市部署持续性降雨防范工作

市防汛抗旱指挥部召集市应急、水利、气象、水文、资规、交通、住建、城管等部门进行会商，对汛情、灾情和防范重点分析研判，对下阶段工作进行再部署、再要求。

市防汛抗旱指挥部要求，要加强水库调度，对病险水库、山塘要放空库运行，确保安全。水库溢洪下泄要按规定做好下游相关单位、人员的预警。要严防次生灾害，及时启动群测群防巡查，排查在册的地灾隐患点和房前屋后高陡边坡、施工工地、涉水工程、山区公路等重点区域、部位，特别是新建公路、铁路或新开挖建设工程项目边坡要紧盯严防，发现险情征兆迅速采取转移疏散、警戒管控、排险处置等措施。要加强风险提醒，各县、乡、村要加强安全提醒，加密巡查，及时劝离，做好安全防范。持续降雨导致土质松软，各在建工地要加强排查。要迅速处置险情，各地各部门要关口前移，强化点对点救援工作，一旦发生险灾情第一时间采取防范应对措施，在确保安全的情况下快速抢修抢通排险，加强舆论宣传引导，并及时向社会发布相关交通出行提醒信息。要加强灾情上报，向上争取资金补助，尽快开展灾后恢复重建，力争在下一场台风、暴雨来临前完成修复。

6月15日

农历壬寅年五月十七
星期三
温度：22℃～26℃
小雨转中雨

●全国人大监察和司法委员会副主任委员韩晓武到泉州，就人民法院涉外审判工作和人民检察院未成年人检察工作开展调研。

●市委人才工作领导小组专题会议召开，学习贯彻习近平总书记关于做好新时代人才工作的重要思想，审议讨论《关于开展“涌泉”行动集聚各类人才在泉创业就业的若干措施》。

●市委副书记宿利南到市信访局群众来访接待窗口调研信访工作，现场接访群众并看望慰问窗口工作人员。

●市防汛抗旱指挥部召集市应急、水利、气象、水文、资规、交通、住建、城管等部门进行会商，对汛情、灾情和防范重点分析研判，对下阶段工作进行再部署、再要求。

6月16日

农历壬寅年五月十八
星期四
温度：23℃～25℃
中雨

●省委常委、市委书记刘建洋与国开行福建省分行行长张雪峰就深化战略合作进行交流洽谈。

●由省商务厅、省工信厅指导，市政府主办，市商务局、市工信局等承办的“爱泉州·大乐购”促消费暨泉州优品数字化工程系列活动在市区东海中央商务区大剧院启动。

●市安办组织开展泉州市2022年“安全生产月”安全宣传咨询日活动。

●全省首座“零碳综合加能站”在中国石化福建泉州石油南安水头加油站投入运营。

刘建洋与国开行福建省分行行长张雪峰交流洽谈

省委常委、市委书记刘建洋与国开行福建省分行行长张雪峰就深化战略合作进行交流洽谈。市领导施宇辉、黄景春、张文贤参加。刘建洋指出，泉州正传承弘扬“晋江经验”，实施“强产业、兴城市”双轮驱动，建设“海丝”名城、智造强市、品质泉州。希望国开行福建省分行发挥政策性金融优势，在基础设施、交通物流、城市更新、产业园区、农林水利、乡村振兴等领域拓展合作深度和广度，更好助力泉州高质量发展。

“爱泉州·大乐购”促消费暨泉州优品数字化工程系列活动启动

由省商务厅、省工信厅指导，市政府主办，市商务局、市工信局等承办的“爱泉州·大乐购”促消费暨泉州优品数字化工程系列活动在市区东海中央商务区大剧院启动。省委常委、市委书记刘建洋出席并宣布活动启动，市长蔡战胜出席并致辞。市领导施宇辉、张文贤、黄阳春、汪志红出席。活动现场，由市商务局指导建设，泉州金控集团打造的“礼遇泉州”平台与社区代表、商协会进行共建15分钟便民生活圈签约。数十位品牌企业代表上台共同为泉州优品代言，发出“新时代、新消费、泉州优品、热卖全球”的呼声。金融机构、运营商、电商平台等单位代表在启动仪式上签字，助力“泉州优品”大乐购活动。此外，活动还聘请举重奥运冠军李发彬、羽毛球奥运冠军黄东萍等一批“泉州优品”推广大使，共同为“泉州优品”助力。活动时间从6月持续至12月，推出美食、鞋服、家居、出行、旅游等十大主题促消费活动。活动以产品数字化营销、线下专场展销、商家让利促销、直播带货等形式，通过沉浸式体验消费、工业旅游购、比赛等多维举措，分时段、分区域，开展一系列的主题促消费及泉州优品数字化活动，提振消费信心，推进泉州优品数字化，推动商业数字赋能，畅通产业循环、市场循环，促进就业创业。

“爱泉州·大乐购”促消费暨泉州优品数字化工程系列活动启动仪式（图/陈小阳）

泉州市开展安全宣传咨询日活动

市安办组织开展泉州市2022年“安全生产月”安全宣传咨询日活动。6月是第21个全国“安全生产月”，其中16日是安全宣传咨询日。咨询日以“遵守安全生产法 当好第一责任人”为主题，由各参与单位结合本行业实际开展安全宣传咨询活动，并举行安全生产文艺会演。安全宣传咨询日活动向社会公众宣传安全生产、应急管理、防灾减灾救灾等法律法规、方针政策和安全应急常识，提高全民安全风险意识和防灾减灾救灾处置能力。

全省首座“零碳综合加能站”在南安投入运营

全省首座“零碳综合加能站”在中国石化福建泉州石油南安水头加油站投入运营。该站通过光伏发电，采用“自发自用，余电上网”模式，所发电量基本能满足加油站日常生产经营和生活用电需求。在光照充足时，多余电量还可上网。项目全寿命周期内可减排二氧化碳超1300吨，年节约电费近四成。该站还设置综合污水处理系统，将站内生活污水通过一体式智能净化处理器进行处理，实现生活污水脱氮除磷。引入配备水循环系统的新型洗车机，洗车用水减少七成，每年可节约用水840吨。配备污水回收处理装置，将雨水、经过处理后的洗车污水和生活污水进行收集、回收，用于站内绿化浇灌、地面冲洗，每年可节约用水700吨。

全市政府系统办公室主任会议召开

全市政府系统办公室主任会议召开，学习贯彻上级有关会议部署，传达市政府主要领导批示要求，研究部署下阶段工作。会议强调，要带头抓落实、提效率，当好真抓实干的表率，帮督并举促决策落地，高效办文促作风优化，绩效革新促效能提升，确保上级决策部署紧抓快办、穿透落实。要带头强保障、优服务，当好创先争优的表率，推进政务办公“无纸化”“掌上化”，加强信息报送和政务媒体建设应用，提升“12345”热线社会认知度和公信力，强化政务公开及时率，力争在全省政府系统走前列、当标兵。要带头守底线、防风险，当好恪尽职守的表率，抓细抓实应急值守、疫情防控、安全生产等各项工作。

福建省考古遗址公园现场推进会在德化召开

福建省考古遗址公园现场推进会在德化召开，明确福建省将形成省级主导、地方协作、部门支持、民众参与的大遗址保护模式，保证考古遗址公园建一个、成一个，成熟一个、发展一个。省文物局公布的第一批省级考古遗址公园中，泉州市德化窑考古遗址公园、永春苦寨坑考古遗址公园被列入其中，其中德化窑遗址还被列入国家《大遗址保护利用“十四五”专项规划》。会上，省文物局公布第二批省级考古遗址公园名单和立项名单，并为第一、二批省级考古遗址公园授牌。其中，泉州市晋江金交椅山窑址考古遗址公园入选第二批省级考古遗址公园，南外宗正司遗址、安溪青阳冶铁遗址被列入第二批省级考古遗址公园立项。至此，泉州市省级考古遗址数量位居全省前列。会议期间，围绕加强考古遗址公园建设、推进文化遗产活化利用，全省各设区市文物部门、国家和省级考古遗址公园进行交流研讨。其中，万寿岩国家考古遗址公园、德化窑省级考古遗址公园负责人作为代表进行经验汇报交流。与会人员还参观考察德化窑考古遗址公园、世界遗产点以及月记窑等文化遗产点。

福建省考古遗址公园现场推进会现场（图/陈小阳）

“五福聚力 福‘见’惠安”福文化活动在惠安启动

由市委宣传部、市委文明办和惠安县委主办，惠安县新时代文明实践中心和县委宣传部、县委文明办承办的泉州市首届“福狮”文化节系列活动暨“五福聚力 福‘见’惠安”福文化活动在惠安县新时代文明实践中心启动。憨态可掬的“福狮”IP、琳琅满目的“福”文化展品、饱含“福气”寓意的惠女舞蹈、充满民俗气息的“天官赐福”戏剧、陈列各种书体“福”字的“百福”展馆……一系列“福”文化作品集中展示，让观者感悟中华传统文化和地方民俗文化的魅力和精髓。此次活动旨在贯彻落实省委、市委关于推动文化事业和文化产业全面发展的决策部署，打造“福”文化标识体系，打响“福”文化品牌，推动“福”文化产业发展，为当代人了解、认可、继承和传播中华优秀传统文化提供新的平台和有效途径。随着此次活动的启动，惠安策划开展“创福品、办福展、享福游、造福地、寻福味”五个主题系列活动，举办文创比赛、福品展示、古城寻福、主题展馆、美食推荐等活动。而惠安作为“世界石雕之都”，狮子是惠安石雕艺术中最为常见的元素之一，凿刻形态万千、造型百变的石狮子几乎是惠安每个打石匠的必备技能，因此还打造“福狮”IP，结合惠女文化、石雕艺术等优秀传统文化，挖掘惠安“福”文化内涵。

6月17日

农历壬寅年五月十九
星期五
温度：24℃～27℃
小雨

●全市政府系统办公室主任会议召开，学习贯彻上级有关会议部署，传达市政府主要领导批示要求，研究部署下阶段工作。

●福建省考古遗址公园现场推进会在德化召开。

●由市委宣传部、市委文明办和惠安县委主办，惠安县新时代文明实践中心和县委宣传部、县委文明办承办的泉州市首届“福狮”文化节系列活动暨“五福聚力 福‘见’惠安”福文化活动在惠安县新时代文明实践中心启动。

●中国运动鞋CMF设计研究院筹备成立暨中国首届“X大奖”运动鞋设计大赛启动仪式在泉州举行。

6月18日

农历壬寅年五月二十
星期六
温度：25℃～29℃
多云

●由市委宣传部、市委文明办、市文联、市社科联主办，市图书馆、市演讲与口才学会承办的泉州市喜迎二十大道德模范故事基层宣讲宣讲员赛前培训暨泉州市演讲与口才学会“说说演讲那些事”第二季活动在市图书馆举行。

●第二十届中国·海峡创新项目成果交易会在福州开幕。泉州馆以“科技赋能产业 创新引领未来”为主题，重点组织19家企业、23项创新项目成果参展。

●第七届世界闽商大会在福州召开。全省50个重大项目在大会上集中签约，计划总投资1731亿元。其中，泉州市有7个项目，签约金额289亿元。

●2022年泉州市民办初中招生第一批电脑随机派位举行。全市29所民办初中学校参与，招生计划1.17万人，报名人数2.12万人。

泉州市喜迎二十大道德模范故事基层宣讲宣讲员赛前培训举行

由市委宣传部、市委文明办、市文联、市社科联主办，市图书馆、市演讲与口才学会承办的泉州市喜迎二十大道德模范故事基层宣讲宣讲员赛前培训暨泉州市演讲与口才学会“说说演讲那些事”第二季活动在市图书馆举行。市演讲与口才学会副会长兼秘书长黄颜水从什么是演讲、别出新意的方法、演讲高潮的设计、演讲技巧的运用四个方面对参赛选手进行赛前指导。市演讲与口才学会会长耿永泉则向大家解析演讲和宣讲的区别。此次宣讲员赛前培训，让与会者明确演讲与宣讲的区别，掌握演讲与宣讲的技巧。

泉州市19家企业23项创新成果参展第二十届“海创会”

第二十届中国·海峡创新项目成果交易会（以下简称“海创会”）在福州开幕。泉州馆以“科技赋能产业 创新引领未来”为主题，重点组织泉州中科星桥空天技术有限公司“安溪铁观音商业遥感卫星星座”、福建金石能源有限公司“高效异质结太阳电池”、福建火炬电子科技股份有限公司“脉冲功率多层瓷介电容器”、福建慧芯激光科技有限公司“高端光电芯片”等19家企业、23项创新项目成果参展，涵盖泉州市新一代信息技术、智能制造、新材料、新能源、生物医药等新兴产业领域内的创新成果。此外，泉州市还组织各县（市、区）开展技术需求线上征集和项目成果推介，在线征集产业发展关键共性技术需求89项，项目成果280项，对接项目57项，总投资6.5亿元。泉州市还首次设置以展示“宋元中国·‘海丝’泉州”“世遗”品牌为主题的“世遗泉州馆”，吸引全市48家文旅企业参展。“世遗泉州馆”设计突出“世遗”、古城、“海上丝绸之路”、闽南文化特色，分设大屏幕及舞台区、文旅资源展、招商项目展、数字文旅展、特色商品展、非物质文化遗产互动展、商务洽谈区等展区。

相关链接：该届“海创会”围绕“项目、技术、资本、人才”要素，聚焦四大经济，设置数字经济馆、海洋经济馆、绿色经济馆、文旅经济馆以及综合创新馆，主要由创新成果展、国企创新展、金融服务展、陆海协作展等展区组成；同期还举办第七届世界闽商大会、第十二届福建省民营企业产业项目洽谈会、第十八届粮食产销协作福建洽谈会、中国（福建）乡村振兴博览会、2022中国（东南）数智医疗产业峰会暨首届中国（福建）数智医疗博览会等。

第二十届中国·海峡创新项目成果交易会泉州展区
（图/郭雅莹）

泉州市七个项目参加第七届世界闽商大会集中签约

第七届世界闽商大会在福州召开。全省50个重大项目在大会上集中签约，计划总投资1731亿元。其中，泉州市有7个项目，签约金额289亿元。在全省集中签约的项目中，泉州市重大项目签约额、50亿元以上项目、10亿元以上项目数量均居全省前列。泉州市7个集中签约项目均是制造业项目，增资扩产项目4个、补短板项目3个，项目呈现出规模大、质量优、产业结构更加优化的特点。项目涉及新材料、电子信息、新能源、智能制造、石油化工、高科技产业园区等，分别落地在泉港区、晋江市、南安市、安溪县、泉州台商投资区。2022年，泉州市有26个项目被纳入省重点招商项目库，在此次闽商大会上对外推介，其中13个工业（产业）试点园区项目纳入对外招商推介。

蔡战胜调研古城保护和水利工作

市长蔡战胜到南安、洛江，调研丰州古城保护、北渠供水功能替代工程进展。副市长蔡天守参加调研。蔡战胜到石亭寺、南邑城隍庙、九日山，察看文化遗存、自然风貌，了解丰州古城保护提升规划、九日山遗产点保护利用情况等。

蔡战胜强调，要坚持以文塑城，立足本地文化和自然遗产资源禀赋，找准定位、科学规划、精心设计，高标准修缮好、延续好古街区历史建筑风貌，抓实文物保护和安全工作；要活化利用文化遗产，提高遗产研究阐释和展示传播水平，既保留古城文化底蕴，又合理导入新业态、新功能，推动文旅深度融合，打造世界遗产保护利用典范城市。蔡战胜察看位于南安金鸡拦河闸上游的北渠渠首、位于洛江的北渠出水口，调研渠首取水、渠尾出水情况，了解北渠供水功能替代工程规划方案。蔡战胜指出，水利工程事关泉州经济社会长远发展，要强化统筹、协同配合，加快完善规划方案，推动项目尽快开工、尽早发挥作用。要坚持水利惠民，以北渠供水功能替代工程为契机，实施水域生态修复，建设景观生态走廊，保持良好水环境水生态，实现项目综合效益最大化。

《关于开展“涌泉”行动集聚各类人才在泉创业就业的若干措施》出台

泉州市重磅出台《关于开展“涌泉”行动集聚各类人才在泉创业就业的若干措施》（以下简称若干措施），针对吸引高校毕业生、相关技术技能人才以及海外人才、华侨人才、台湾人才，提出20条政策“干货”、39项具体任务，涉及就业岗位、住房保障、子女教育、生活补贴、社保补助、创业支持、引才奖励等方面。

若干措施提出，动态储备5万个以上优质就业岗位，与全国100家以上高校、职业院校建立人才招聘直通渠道。建设1000个以上大学生实习基地，对接收高校在校生实习并提供相应保障的实习单位，按接收人员数量每人每月补贴1000元。把毕业三年内有意在泉州就业的高校毕业生纳入人才储备，帮助联系3～12个月的就业见习，提供最长一年的见习免费住宿。见习期间，由见习单位提供相应保障，并按每人不高于当地最低工资标准两倍给予见习单位就业见习补贴。采取专项招聘、直接考核等灵活方式，吸引优秀高校毕业生、紧缺急需专业人才。对有意到（留）泉州创业就业的全日制本科及以上学历毕业生、技工院校全日制预备技师（技师）班毕业生和取得技师以上职业资格、中级及以上专业技术职称资格人员，提供最长7天的到泉州求职短期免费住宿、享受泉州户籍人员购房政策、租住政府保障性房源或人才公寓按租房价格15%补助，并鼓励有条件的县（市、区）规划建设青年人才主题社区。实行“先落户、后就业”政策，人才配偶、子女和父母可随迁落户，并落实落户“秒批”。对在泉州市民营企业、民办非企业单位就业或自主创业的全日制本科及以上学历应届高校毕业生、技工院校全日制预备技师（技师）班应届毕业生，按规定缴纳社保并在泉州落户的，给予1万元的一次性生活补贴；个人缴纳社保部分按每人每月不超过600元、最多发放24个月予以补助。对全日制本科及以上学历和相关技术技能人才，属市高层次人才的，其子女就学执行现行高层次人才支持政策；其他到（留）泉州创业就业满一年的，保障安排到公办学校就读。

泉州古城入选“2021—2025年中国建筑学会科普教育基地”

中国建筑学会正式公布“2021—2025年中国建筑学会科普教育基地”评审结果，泉州古城入选。评审委员由建筑高校、设计科研等单位的第十四届科普工作委员会委员组成，包括全国工程勘察设计大师、清华大学建筑设计研究院副总建筑师、中央美术学院建筑学院副院长等国内建筑界专家。评委对申报材料进行审阅和讨论，经过酝酿，以无记名投票的方式评选出“2021—2025年中国建筑学会科普教育基地”。

6月19日

农历壬寅年五月廿一
星期日
温度：25℃～29℃
多云

●市长蔡战胜到南安、洛江调研丰州古城保护、北渠供水功能替代工程进展。

●《关于开展“涌泉”行动集聚各类人才在泉创业就业的若干措施》出台。

●中国建筑学会正式公布“2021—2025年中国建筑学会科普教育基地”评审结果，泉州古城入选。

●晋江2022年文化体育旅游节暨文化和自然遗产日活动在晋江文化中心广场启动。

6月20日

农历壬寅年五月廿二
星期一
温度：26℃～31℃
多云

●市委常委会召开会议，学习贯彻习近平总书记在庆祝中国共产主义青年团成立100周年大会、5月27日中央政治局会议、中央政治局第三十九次集体学习和在四川考察时的重要讲话精神等。

●省委常委、市委书记刘建洋与中国工程院主席团名誉主席、国家制造强国建设战略咨询委员会主任、中国工程院院士周济等院士专家座谈交流。

●福建医科大学附属第二医院在该院东海院区举行欢迎仪式，迎接援沪重症医疗队凯旋。

●全市应急管理工作动员会暨公务员应急处置能力提升专题研讨班开班。

市委常委会学习习近平总书记重要讲话精神

市委常委会召开会议，学习贯彻习近平总书记在庆祝中国共产主义青年团成立100周年大会、5月27日中央政治局会议、中央政治局第三十九次集体学习和在四川考察时的重要讲话、在庆祝中国国际贸易促进委员会建会70周年大会暨全球贸易投资促进峰会上的视频致辞、致中国宋庆龄基金会成立40周年和中国儿童中心成立40周年及2022年六五环境日国家主场活动的贺信、给南京大学留学归国青年学者的回信精神，以及省委常委会会议精神；学习贯彻省委主要领导到泉州开展工作检查有关精神。

会议强调，要扩大高水平对外开放，打造一流营商环境，发挥侨台港澳资源丰富优势，深化“市场采购+跨境电商”业态融合，促进外贸保稳提质，推动“海上丝绸之路”先行区走深走实。要增强历史自觉、坚定文化自信，推进闽南文化生态保护区建设，发展文旅经济，创建世界遗产保护利用典范城市。要抓好中央生态环境保护督察反馈问题整改，推进碳达峰、碳中和工作，做大做强做优绿色经济，引领绿色低碳生活新风尚。要坚持建言资政和凝聚共识双向发力，形成高质量发展强大合力。要落实立德树人根本任务，更好引领凝聚青年、组织动员青年、联系服务青年，做好留学归国人员服务管理。要传承弘扬“晋江经验”，落实省委部署要求，推进稳增长、稳市场主体、保就业、防风险等重点工作，实施“强产业、兴城市”双轮驱动，勇当全方位推进高质量发展超越主力军。要提振信心，政企合力推动复工复产、满工达产、增资扩产、提质强产，动态及时精准做好经济运行结构分析，开展“领导到一线、局长走基层、干部下车间”，逆周期抓好招商引资、招才引智，稳住经济基本盘。要明确方向，加快产业转型升级，实施数字赋能、科技赋能、链条赋能、资本赋能、文化赋能，鼓励引导企业推进物理空间、生产工艺技术“双改造、双提升”，强链建链补链延链扩链，厚植产业生态圈。

刘建洋与中国工程院院士周济座谈

省委常委、市委书记刘建洋与中国工程院主席团名誉主席、国家制造强国建设战略咨询委员会主任、中国工程院院士周济等院士专家座谈交流。市领导蔡战胜、施宇辉、汪志红参加座谈。

刘建洋表示，聚焦传统优势产业转型升级、战略性新兴产业集群集聚、未来新经济新动能培育壮大，泉州市按照“一产一策一专班、一规划一计划一方案、一产业一平台一园区一基金”，存量增量一起抓，实施数字赋能、科技赋能、链条赋能、资本赋能、文化赋能，做大做强做优现代产业体系。希望院士专家一如既往关心支持泉州，在开展决策咨询、共建科创平台、促进科研成果转化落地、引进培育科技人才等方面深化务实合作，更好助力泉州建设智造强市，争创国家制造业高质量发展试验区。周济表示，泉州历届市委、市政府把夯实实体经济根基作为重中之重，把科技创新摆在核心位置，在推动制造业高质量发展上积累宝贵经验，产业生机勃勃，城市活力满满，成就令人振奋鼓舞。中国工程院将发挥智库优势，结合泉州发展需要，巩固提升与泉州合作层次水平，在重大战略规划、重大平台建设、数字化转型、智能化改造、科技人才“传帮带”等方面，贡献智慧和力量，取得更多实实在在的成果，助力泉州制造业转型升级再上新台阶。

刘建洋与周济等院士专家座谈交流（图/陈英杰）

刘建洋调研城市管理工作

省委常委、市委书记刘建洋到市区实地调研、座谈交流，研究推进城市精细化管理工作。市领导施宇辉、黄文胜、蔡天守参加相关活动。

座谈会上，刘建洋强调，要树立“大城管”理念，以更高站位、更宽视野、更强担当，在“强产业、兴城市”双轮驱动中展现新作为，提高效率、提升效能、提增效益，让城市更宜居、人民生活更美好。要树立精品意识，实施好“绿满泉城”、照明提升等专项行动，下足“绣花”功夫精雕细琢，提升城市功能品质和颜值形象。要树立争先创优意识，对标先进城市，补齐短板弱项，坚持重心下移、力量下沉、资源下放，加大市政设施管养模式、城管队伍管理、激励奖惩机制等改革创新力度，推动城市管理科学化、规范化、精细化。要树立以人为本理念，聚焦解决群众急难愁盼，统筹日常管理和应急管理，寓管理于服务，寓执法于服务，结合“党建+”邻里中心建设，打造15分钟便民生活圈。

刘建洋在市区调研城市精细化管理工作（图/陈起拓）

泉州市开展工业园区标准化建设第二季度拉练活动

泉州市开展工业（产业）园区标准化建设第二季度拉练活动。此次拉练活动由现场考察和汇报会两部分组成。现场考察阶段，与会人员考察泉州台商投资区海峡雕艺产业园、永春县工业园区南星片区、德化县古洋工业园区，听取当地园区标准化建设情况介绍，并逐一进行现场点评交流。汇报会上，各县（市、区）、泉州开发区、泉州台商投资区依次简要汇报工业园区标准化建设项目进展情况、交流经验做法，市工业（产业）园区标准化建设工作领导小组组织进行第二季度拉练成效评档。

泉州市工业（产业）园区标准化建设第二季度工作汇报会现场（图/陈晓东）

市工业（产业）园区标准化建设工作领导小组组长、市长蔡战胜对各县（市、区）第二季度的工作逐一点评。蔡战胜强调，要坚持“实”字当头、一“干”到底，加快园区建设进度，同步开展招商，实施专业运营，注重低效工业用地再开发，提升亩产效益，以亩产论英雄、用实绩比高低。要统筹推进、一并实施好“重龙头、强品牌、铸链条”“绿色数字技改”“抓城建提品质”“安全生产标准化建设”等专项行动，使园区成为重新配置资源要素和提升主导产业竞争力的主战场。要加强学习培训，边学边干，及时总结经验，提升业务能力和水平、补齐工作短板和弱项。

泉州市海上综合应急演习举行

由泉州市海上搜救中心主办的，以“提升应急能力，共建平安泉州”为主题的泉州市海上综合应急演习在泉州湾举行。图为演习现场。（图/林劲峰）

6月21日

农历壬寅年五月廿三
星期二
温度：26℃~30℃
多云

●省委常委、市委书记刘建洋到市区实地调研、座谈交流，研究推进城市精细化管理工作。

●泉州市开展工业（产业）园区标准化建设第二季度拉练活动。

●市政协党组会议和市政协十三届第二次主席会议召开，研究《政协泉州市委员会委员履职考评办法》等事宜。

●市政协党组理论学习中心组学习会议召开，传达学习习近平总书记重要讲话重要指示和回信贺信精神，以及中央、省、市重要会议、重要文件精神。

●市政协主席肖汉辉带领市直有关单位负责人、部分市政协委员就“知识产权司法保护”开展界别协商活动。

●市疫情应急指挥部召开全市疫情防控调度会，听取各县（市、区）和市文旅局、市市场监管局等相关部门疫情工作汇报，研究部署下阶段疫情防控有关工作。

●由泉州市海上搜救中心主办的，以“提升应急能力，共建平安泉州”为主题的泉州市海上综合应急演习在泉州湾举行。

●由市委宣传部、市委文明办、市教育局等主办的2022年泉州市中小学“童心向党 唱支山歌给党听”歌咏展演活动（鲤城专场）在泉州科技中学举行。

6月22日

农历壬寅年五月廿四
星期三
温度：25℃～31℃
多云

●省委常委、市委书记刘建洋到部分院所，看望科研人才，调研推进科技创新工作。

●市十七届人大常委会第四次主任会议召开，讨论《泉州市人民代表大会常务委员会关于加强闽江流域水生态环境协同保护的决定（草案）》等。

●市政协主席肖汉辉到石狮再次开展“加快工业园区标准化建设、推动泉州制造业高质量发展”专题调研。

●市委常委、宣传部部长、统战部部长陈辉宗看望泉州市参加福建省文联第八次代表大会代表并召开座谈会。

●市政府新闻办公室召开泉州市“涌泉”行动新闻发布会，邀请市委组织部、市教育局、市人社局、市住建局、市国资委、团市委等单位负责人介绍《关于开展“涌泉”行动集聚各类人才在泉创业就业的若干措施》的有关情况并回答记者提问。

●市住房公积金管理委员会下发通知，自23日起实施公积金阶段性支持政策，降低贷款首付比例，并提高二孩或三孩家庭最高贷款额度及租房提取额度。

刘建洋调研科技创新工作

省委常委、市委书记刘建洋到部分院所，看望科研人才，调研推进科技创新工作。市领导施宇辉、张文贤、汪志红参加相关活动。调研中，刘建洋强调，要结合提高效率、提升效能、提增效益，解放思想、改革创新，引导科研院所和企业加大研发投入、技术攻关和成果转化，为制造业高质量发展蓄势赋能。要立足实际、聚焦重点，结合实施“强产业、兴城市”双轮驱动，明确“卡脖子”攻关方向和重点任务，推动创新链、人才链、资本链和产业链深度融合。要集智聚力、引才兴业，开展“涌泉”行动，穿透兑现更多激励政策，营造近悦远来的人才发展环境，吸引更多研究型、创新型、实用型人才集聚泉州。

市十七届人大常委会第四次主任会议召开

市十七届人大常委会第四次主任会议召开。会议讨论有关人事免职事项；讨论《泉州市人民代表大会常务委员会关于加强闽江流域水生态环境协同保护的决定（草案）》，关于2021年度全市环境状况和环境保护目标完成情况的审议意见稿，关于环境保护法执法检查报告，关于《泉州市机动车停车管理条例》实施情况的调研报告，关于应急管理体系建设情况、贯彻落实省宗教事务条例工作情况的调研报告和审议意见稿，关于泉州市2021年市本级财政收支决算报告与2021年市本级预算执行和其他财政收支审计工作报告、2021年度地方政府性债务管理情况的审议意见稿，关于检查职业教育法、森林法等实施情况的报告和审议意见稿，关于开展慈善法执法检查方案，关于开展法院行政审判工作、国土空间规划编制工作进展等情况的专题调研方案，关于开展餐饮业油烟污染防治情况评议工作的实施方案，关于开展乡村振兴工作情况、减轻义务教育阶段学生作业负担和校外培训负担工作情况等的专题调研方案，关于开展铸牢中华民族共同体意识、推动新时代民族工作高质量发展情况的工作方案，讨论通过聘任各工作委员会兼职委员、咨询委员名单；提出第五次、第六次主任会议建议议题。

市十七届人大常委会第四次主任会议现场（图/市人大）

陈辉宗看望省文代会代表并召开座谈会

市委常委、宣传部部长、统战部部长陈辉宗看望泉州市参加福建省文联第八次代表大会代表并召开座谈会。陈辉宗要求，各级文联、文艺家协会要搭建文艺展示的平台，尊重文艺工作者的创作个性和创造性劳动，营造有利于文艺创作的良好环境，为建设“海丝名城、智造强市、品质泉州”提供强大的价值引导力、文化凝聚力、精神推动力。

泉州市出台公积金阶段性支持政策

市住房公积金管理委员会下发通知，自23日起实施公积金阶段性支持政策，降低贷款首付比例，并提高二孩或三孩家庭最高贷款额度及租房提取额度。通知明确，职工家庭首次申请住房公积金贷款购买首套住房的，首付款比例调整为不低于20%。职工家庭第二次申请住房公积金贷款或购买第二套住房的，首付款比例调整为不低于30%。该政策执行至12月31日止。二孩或三孩家庭最高贷款额度提高。生育、抚养两个及以上子女的职工家庭申请住房公积金贷款，且符合其他贷款申请条件的，其住房公积金贷款额度在最高贷款额度基础上另加10万元。此外，职工家庭在住房公积金缴存地无自有住房且租赁商品住房的，租房提取额度由每月600元提高至800元。

李建辉到市人民检察院调研

市人大常委会主任李建辉到市人民检察院，开展发挥检察职能助力“海丝”名城建设调研。市人大常委会副主任吴友才、樊美清、高向荣，秘书长颜朝晖参加调研。调研组了解市人民检察院在文物保护、生态环境保护领域公益诉讼，以及“亲清护企”和“刺桐红”团队等工作情况。李建辉指出，建设21世纪“海丝”名城，是省委赋予泉州的重大使命任务，也是市第十三次党代会擘画泉州未来发展的三大美好愿景之一。各级检察机关要强化思想认识，把握省委、市委的部署要求，传承弘扬“晋江经验”，以高度的政治自觉、法治自觉、检察自觉履职尽责，为泉州建设21世纪“海丝”名城贡献检察智慧和力量。要与党委、政府同发力、同推进、同尽责，能动发挥检察职能，在打造引领“海上丝绸之路”多元文化交流互鉴的创新典范、联通国内国际“双循环”的战略枢纽、承载民营经济开放创新的创业乐土等方面发挥作用，助力“海丝”名城建设。

李建辉（右五）在市人民检察院调研（图/市人大）

陈辉宗开展非物质文化遗产工作专题调研

市委常委、宣传部部长、统战部部长陈辉宗到泉州锡雕技艺传习所、泉州花灯技艺传习所、泉州非物质文化遗产馆等开展非物质文化遗产保护传承利用工作专题调研，并召开座谈会。陈辉宗指出，要增强做好非物质文化遗产保护传承利用工作的责任感、使命感，加强非物质文化遗产理论研究和内涵梳理，运用整体性、生产性、数字化保护等方式，对非物质文化遗产项目进行全面、系统、科学保护。要注重活态化、数字化、产业化、年轻化传承，结合古城街巷改造植入不同主题，为非物质文化遗产项目展演提供更多展示平台。要引进文旅结合的演艺团队，培育更多专业人才，推动非物质文化遗产融入市场、融入现代生活，营造“人人都是非物质文化遗产传承人”的社会氛围，推进泉州非物质文化遗产工作开创新局面、实现新跨越。

《闽山闽水物华新——习近平福建足迹》主题宣讲在南安举行

迎接中共二十大“听党话、感党恩、跟党走”暨《闽山闽水物华新——习近平福建足迹》主题宣讲在南安市郑成功纪念馆举行。宣讲会上，台盟泉州市委会专职副主委、泉州市台胞宣讲小分队成员蒋碧辉围绕学习《闽山闽水物华新——习近平福建足迹》谈感受，用生动的语言向现场党员干部及村民讲述就“通”“惠”“情”三篇文章，如何打造台胞台企登录“第一家园”，促进泉州和台湾融合发展，同时分享习近平总书记在探索海峡两岸融合发展新路上，关注台湾问题、关心台湾同胞的事迹，并结合石井镇实际情况进行深入浅出的讲解，将知识送到人民群众心坎上。

泉州市城市公交客运2022年“安全生产月”综合应急演练举行

泉州市城市公交客运2022年“安全生产月”暨“党建+安全”综合应急演练在泉州公交集团东海分公司举行。活动中，泉州公交集团对在第一季度行车安全、综治维稳、消防管理考核评价上取得优异表现的分公司进行表彰。紧接着，参演人员观看夜间公交场站火灾应急演练视频，通过开展应急队伍岗位练兵竞赛，提高应急人员的突发事故处置时效性和处置水平。在随后进行的突发公共事件应急处置演练和白天停车场站热成像应急演练中，参演人员通过模拟乘客携带可燃物品意图纵火和模拟充电桩起火进行针对性演练。

6月23日

农历壬寅年五月廿五
星期四
温度：25℃～34℃
多云

●市人大常委会主任李建辉到市人民检察院，开展发挥检察职能助力“海丝”名城建设调研。

●市委常委、宣传部部长、统战部部长陈辉宗到泉州锡雕技艺传习所、泉州花灯技艺传习所、泉州非物质文化遗产馆等开展非物质文化遗产保护传承利用工作专题调研，并召开座谈会。

●迎接中共二十大“听党话、感党恩、跟党走”暨《闽山闽水物华新——习近平福建足迹》主题宣讲在南安市郑成功纪念馆举行。

●泉州市云扬航空职业技术学校成立。此系泉州市第一所具有招收航空领域专业特色且以此命名的中等职业技术学校。

●泉港公安分局“利剑1号”执法艇列装下水试航仪式在泉港区南埔镇肖厝码头举行，成为泉州市沿海公安机关配备的第一艘海上执法艇。

●泉州市城市公交客运2022年“安全生产月”暨“党建+安全”综合应急演练在泉州公交集团东海分公司举行。

6月24日

农历壬寅年五月廿六
星期五
温度：26℃～33℃
多云

●市委常委会召开会议，学习贯彻中国共产党福建省代表会议精神，研究泉州市具体贯彻落实措施。

●市委理论学习中心组学习会召开，集中学习研讨《闽山闽水物华新——习近平福建足迹》。

●市十七届人大常委会第三次会议召开，听取和审议市监委关于反腐败国际追逃追赃工作情况的报告，审议通过《泉州市人民代表大会常务委员会关于加强闽江流域水生态环境协同保护的决定》等。

●市人大常委会党组扩大会议召开，传达学习中国共产党福建省代表会议精神和市委有关精神，研究市人大常委会党组贯彻意见。

●市政府第十一次常务会议召开，研究并通过《泉州市县域义务教育优质均衡发展创建工作规划》《关于进一步强化安全生产责任落实坚决防范化解重大安全风险的通知》等。

●由市委组织部、市人社局和华侨大学主办的“泉城似锦·邀您来创”——“送岗留才进校园”华侨大学专场活动在陈嘉庚纪念堂举行。

●2022年科技文化拥军集中现场办公会召开。

●6月24日至7月1日，由国家体育总局篮球运动管理中心、中国篮球协会指导，省体育局、泉州市政府主办的“体总杯”福建省首届城市篮球联赛在晋江市体育中心举行。

市委常委会学习中国共产党福建省代表会议精神

市委常委会召开会议，学习贯彻中国共产党福建省代表会议精神，研究泉州市具体贯彻落实措施。

会议强调，全市各级党组织和党员要聚焦提高效率、提升效能、提增效益，把党中央决策部署和省委工作要求穿透落实到位，扛起全方位推进高质量发展超越主力军担当。要把讲政治摆在首位，学懂弄通做实习近平新时代中国特色社会主义思想，提高政治判断力、政治领悟力、政治执行力。要传承弘扬“晋江经验”，实施“强产业、兴城市”双轮驱动，坚定信心、抢抓机遇，做好投资、消费、出口扩量提质，落实稳增长、稳市场主体、保就业、防风险等重点工作，政企合力加快企业复工复产、满工达产、增资扩产、提质强产，确保经济平稳健康增长。要坚持人民至上、生命至上，织密扎牢民生安全网，推进就业、教育、医疗、养老、社保等民生领域补短板提品质，抓紧抓实疫情防控、安全生产、防汛防台风、生态环保等工作，确保社会大局和谐稳定。要加强新时代党的建设，突出迎接学习宣传贯彻中共二十大这条主线，推动各级党组织建设全面进步、全面过硬。深化党建引领基层治理，加快“党建+”邻里中心建设，创新和完善网格管理，提升服务群众能力和综合治理能力。坚定不移全面从严治党，一体推进不敢腐、不能腐、不想腐，巩固风清气正政治生态。激发爱拼敢赢精气神，发挥党代表引领示范作用、党员干部先锋模范作用，带动全市攻坚克难、比学赶超。

市委理论学习中心组学习会召开

市委理论学习中心组学习会召开，集中学习研讨《闽山闽水物华新——习近平福建足迹》。陈辉宗、卢秀萍、张文贤发言，理论学习中心组其他成员做书面发言。

会议指出，全市各级党组织和党员干部要把学习《闽山闽水物华新——习近平福建足迹》作为一项重大政治任务，坚持带着感情学，加深对习近平新时代中国特色社会主义思想的理解和认识，传承弘扬习近平总书记在福建工作期间开创的重要理念和重大实践，把对习近平总书记的深厚爱戴之情转化为全方位推进高质量发展超越的具体行动和实际成效。要坚持联系实际学，传承弘扬“晋江经验”，结合实施“提高效率、提升效能、提增效益”行动，实施“强产业、兴城市”双轮驱动，扛起主力军担当，推动各项工作取得新进展新成效。要抢抓时间窗口，推进稳增长、稳市场主体、保就业、防风险等重点工作，贯彻落实国务院33条、省48条和市69条政策措施落地生效，到企业、基层帮助化解难题、渡过难关，政企合力加快推进复工复产、满工达产、增资扩产、提质强产，以非常之力、非常之举、非常之策，实现全年经济社会发展目标任务。要坚持示范带头学，掀起学习宣传贯彻热潮。市委常委班子要发挥“头雁效应”，先学一步、学深一层，带头调研、带头践行，把自己摆进去、把职责摆进去、把工作摆进去。各级党委（党组）要加强领导，组织安排，研讨交流，确保学习宣传贯彻落实到每一个支部、每一名党员。要营造学习氛围，推动学习往实里走、往深里走、往心里走，以改革发展的实效检验学习成果，推动“海丝”名城、智造强市、品质泉州建设迈出更加坚实的步伐。

福建省首届城市篮球联赛在晋江举行

6月24日至7月1日，由国家体育总局篮球运动管理中心、中国篮球协会指导，省体育局、泉州市政府主办，福建省篮排球运动管理中心、泉州市体育局、晋江市政府承办的“体总杯”福建省首届城市篮球联赛在晋江市体育中心举行。10支球队、120名运动员参赛。此次赛事线上活动以“篮球花样show”为主题，设置“谁是远投王”“蒙眼投篮王”“谁是创意王”3个项目，投稿时间截至7月3日。线下活动分两个阶段进行，第一阶段分两组进行单循环赛决出小组名次，第二阶段小组前四名进行交叉比赛，决出前八名。

泉州市出台“十四五”地下水污染防治规划

市生态环境局、市自然资源和规划局、市水利局印发《泉州市“十四五”地下水污染防治规划》。根据计算，2020年泉州市地下水资源总量为20.143亿立方米。行政分区中，地下水资源量最多的是安溪县，最少的是石狮市，分别占全市地下水资源总量的34.5%和0.4%。泉州市地下水水质状况总体较好但分布不均，整体上沿海区域北部水质比南部稍好，丰水期水质较枯水期水质稍好。

泉州市按照“分区管理、分类防控、协同治理”的工作思路，建立科学管理体系，以地下水污染状况调查评估和地下水污染源头预防为重点，摸清全市重点污染源及区域地下水基本情况和加强地下水污染源头预防。主要从推进地下水污染风险管控与修复、建设地下水监测网络和加强地下水环境监管力度三个方向对全市地下水重点污染源进行风险防控，包括开展地下水环境状况调查评估、加强地下水源头预防、推进风险管控与修复、保障地下水型饮用水水源环境安全、健全地下水环境监测体系、加强地下水监管力度等重点任务。以保护和改善地下水环境质量为核心，泉州市实施地下水环境分区管理、分级防治，明确环境准入、隐患排查、风险管控等差别化环境管理要求，2024年底前完成全市地下水污染防治重点区划定工作。

泉州市四项行动支持女性科技人才成长进步

市妇联联合市委人才办、市科技局、市教育局、市工信局等10个部门印发《关于积极支持女性科技人才在科技创新中发挥更大作用的通知》，从成长成才、创造创新、建功立业和服务保障方面提出实施四项行动，激发泉州市女性科技人才创新活力，助力她们在实施“强产业、兴城市”双轮驱动、奋力开启泉州市科技自立自强新征程中创造新业绩。

泉州代表队获十七届省运会群众组羽毛球赛6个一等奖

由省体育局、漳州市政府主办，省羽毛球协会、漳州市体育局承办的福建省第十七届运动会群众组羽毛球比赛暨2022年福建省全民健身运动会羽毛球总决赛在漳州体育训练基地闭幕。泉州代表队获6个一等奖。全省9个设区市和平潭综合实验区的10支代表队343名羽毛球运动员参与男双、女双、混双3个项目的角逐。比赛根据年龄段分为A组（18～30岁）、B组（31～40岁）、C组（41～50岁）、D组（51～60岁）4个组别。泉州市组队参赛任务由永春县文化体育和旅游局负责，并从全市选拔34名运动员组成泉州市代表队，报名参加4个组别12个单项的比赛。经过4天角逐，泉州羽毛球运动员获16块奖牌，其中6个一等奖、7个二等奖、3个三等奖。

昆剧青春版《牡丹亭》在泉州演出

昆剧青春版《牡丹亭》在泉州大剧院演出。《牡丹亭》是明代大剧作家汤显祖的扛鼎之作，该剧作为中国戏曲史上的高峰，与《西厢记》《窦娥冤》《长生殿》合称为中国四大古典戏剧。《牡丹亭》上承“西厢”，下启“红楼”，以曲调优雅、唱腔悠扬和唱词华丽著称，四百年来一直是昆剧的经典剧目。此剧描写南宋太守杜宝的独生女杜丽娘娴静娇美，春日与侍女春香在后花园游玩，应感成梦，梦中与俊逸书生相会牡丹亭上，醒后怅然若失，伤感而死。书生柳梦梅偶拾丽娘写真，心生爱慕之情，感动丽娘魂魄，二人穿透阴阳幽媾成婚。柳生为爱开坟，丽娘因情还魂。青春版《牡丹亭》由江苏省苏州昆剧院制作演出，国家一级演员、中国戏剧梅花奖获得者俞玖林演绎柳梦梅，他领衔主演的青春版《牡丹亭》已全球巡演近400场；“女一号”杜丽娘由该团国家二级演员刘煜担纲，她成功塑造了杜丽娘、陈妙常、白素贞、阎惜娇等昆曲人物。

6月25日

农历壬寅年五月廿七
星期六
温度：25℃～33℃
多云

● 市生态环境局、市自然资源和规划局、市水利局印发《泉州市“十四五”地下水污染防治规划》。

● 市妇联联合市委人才办、市科技局、市教育局、市工信局等10个部门印发《关于积极支持女性科技人才在科技创新中发挥更大作用的通知》。

● 由省体育局、漳州市政府主办的福建省第十七届运动会群众组羽毛球比赛暨2022年福建省全民健身运动会羽毛球总决赛在漳州体育训练基地闭幕。泉州代表队获6个一等奖。

● 昆剧青春版《牡丹亭》在泉州大剧院演出。

6月26日

农历壬寅年五月廿八
星期日
温度：26℃～33℃
多云

●市金融监管局、市工信局、人民银行泉州市中心支行、泉州银保监分局印发《泉州市金融服务绿色经济产业三年行动方案》。

●华侨大学2022届毕业典礼暨学位授予仪式分别在泉州校区、厦门校区举行。

●由泉州晚报社、泉州信息工程学院主办的2022年泉州市省内高校高招志愿填报咨询会在泉州信息工程学院举行。

泉州市出台金融服务绿色经济产业三年行动方案

市金融监管局、市工信局、人民银行泉州市中心支行、泉州银保监分局印发《泉州市金融服务绿色经济产业三年行动方案》，提出实施绿色金融组织体系提升、绿色信贷增户扩面、绿色金融服务创新优化、绿色资本市场拓展、绿色金融典型示范培育五大工程，力争每年绿色融资余额增速不低于各项贷款平均增速，新增至少三家绿色企业上市挂牌融资。

泉州市探索开展绿色企业及绿色项目评价认定，建立项目库，筛选企业和项目形成全市绿色融资主体名单，作为确定绿色融资主体贷款授信、信贷贴息和享受政策优惠的重要依据。支持银行机构按照“一行一特色”模式设立绿色金融事业部，推动地方法人金融机构创新发展绿色金融业务。力争市、县两级每年至少开展15场“银企绿色融资对接活动”，推进绿色融资对接常态化。支持和推动银行、保险、期货等各金融机构加大绿色业务合作，协同发展“保险+期货”“信贷+保险”“信贷+基金”等交叉性绿色金融产品。探索开展排污权、用能权、碳汇等环境权益融资。建立绿色挂牌上市后备企业资源库，进行重点辅导培育。泉州市鼓励符合条件的县（市、区）加快发行乡村振兴专项债券、碳中和债。对企业发行碳中和债等绿色企业债券融资，且债券利率高于当期五年期市场报价利率的，高出部分由受益财政给予贴息补助。探索推动国有资本、金融机构、私募资金、社会资本共同设立绿色基金，支持节能减排、生态建设、绿色经济产业发展。

华侨大学2022届毕业典礼举行

华侨大学2022届毕业典礼暨学位授予仪式分别在泉州校区、厦门校区举行。6977名学生参加典礼。受疫情影响，身处境外的学生未能到毕业典礼现场。菲律宾、泰国、马来西亚、安哥拉、柬埔寨等国家的毕业生代表特别发来视频，表达未能返校的遗憾以及对母校、老师的感谢之情。与往年不同，2022年学校除特意为毕业生提供一份毕业礼包三件套，即印有泉州校区、厦门校区、华文学院标志性建筑物的一套定制口罩，“记住华园的味道”餐券，毕业誓词纪念卡外，还专门拍摄毕业MV、制作包括所有学院在内的毕业生相册等在现场播放。当天毕业典礼还进行网络直播。

华侨大学2022届毕业典礼暨学位授予仪式（图/华侨大学）

2022年泉州市省内高校高招志愿填报咨询会举行

由泉州晚报社、泉州信息工程学院主办的2022年泉州市省内高校高招志愿填报咨询会在泉州信息工程学院举行。省内50余所高校参会，招生办人员面对面为考生、家长答疑解惑，指导填报志愿事宜。咨询会现场，不少考生和家长慕名而来，围绕高招政策、所在分数段适宜填报学校、各校办学特色和专业优势、专业未来发展前景等方面进行咨询。咨询会采取严格的疫情防控措施，全方位做好服务，为高校和考生、家长架起沟通桥梁。从2003年至今，泉州晚报社已举办了近20年的高招咨询会，突出权威性、公益性、服务性特点，赢得良好口碑。2022年考虑到疫情因素，咨询会采用线上线下相结合的方式，线下举办2022年泉州市省内高校高招志愿填报咨询会，线上举办2022年泉州市高招志愿填报线上咨询会，省内外高校招生负责人在线上直播和答疑。同时，开展线上高招志愿填报讲座。

宿利南到石狮调研走访挂钩联系企业

市委副书记宿利南到石狮调研走访挂钩联系企业，并到鸿山镇五彩街区调研“党建+”社区邻里中心建设工作。宿利南走访国能神福（石狮）发电有限公司、鸿山热电有限公司、卡宾服饰（中国）有限公司，与企业负责人座谈交流，了解企业发展状况和目标规划，听取企业遇到的困难问题和意见建议，现场帮助协调解决。走访中，宿利南肯定企业为泉州市经济社会发展做出的贡献，希望企业坚定发展信心，积极应对挑战，推动创新创造，提升企业核心竞争力。

宿利南强调，各级各部门要以“提高效率、提升效能、提增效益”为主线，聚力“强产业、兴城市”双轮驱动，强化服务意识，加强业务和政策指导，主动帮助企业向上争取政策资金、项目谋划、做好重点项目前期推进等工作。针对企业发展中的困难和问题，要用心用情排忧解难，助推企业发展实现新突破，推动泉州市经济高质量发展超越。推进“党建+”社区邻里中心建设，既是提升基层治理服务效能的重要抓手，也是便民利民惠民的好事实事。要发挥党建引领作用，突出功能性和服务性，完善社区邻里中心医社保、养老、医疗、休闲、办事等便民服务，探索邻里中心智慧化建设，提升群众获得感、幸福感、安全感。

2022年线上中华文化大乐园欧洲园第一期开园

由国务院侨务办公室主办，福建省政府侨务办公室、福建省海外联谊会承办，泉州市政府侨务办公室、福建省海外华文教育发展中心协办，黎明职业大学和意大利罗马中华语言学校共同执行的2022年线上中华文化大乐园欧洲园第一期开园。中国驻意大利共和国大使馆公使衔参赞过琳、领事部主任张婵出席开园仪式。

意大利、比利时、葡萄牙等8个国家的547名青少年在为期12天的云端文化之旅中，围绕编织、剪纸、书法及南音、陶艺、服饰、闽派建筑等特色内容，感受中华文化的博大精深、世界遗产的独特魅力、“海丝”泉州的别样风情。“中华文化大乐园”是国务院侨务办公室推出的一项旨在增进海外华裔青少年和海外各界朋友了解中华文化的品牌活动。此次活动以“传播中华文化、展示世遗泉州、展现当代中国”为聚焦点，黎明职业大学专门遴选13位优秀老师，围绕编织、剪纸、书法及南音、陶艺、服饰、闽派建筑等特色内容，从语言、文化、技艺三个维度入手，设计“手绘闽式建筑”等17门课程，建立横向融合纵向贯通的课程体系。通过12天的学习，学员不仅能对中华文化、当代中国、“世遗”泉州有更多的认识，还将实现“五个”基本技能目标：学会一首南音曲、做出一道中国菜、写下一副毛笔字、编出一个中国结、画出一幅“海丝”画。

央视播出《泉州：宋元中国的世界海洋商贸中心》纪录片

27—28日，中央电视台中文国际频道播出《人类的记忆》系列纪录片之《泉州：宋元中国的世界海洋商贸中心》上下集。节目从一艘古代帆船的修复讲起，细说泉州的“刺桐传奇”。节目在回顾泉州获世界遗产城市的光荣时刻中开篇，《爱拼才会赢》的歌声瞬间将观众的思绪拉到泉州这座城市气质鲜明、海洋文化深厚的世界遗产城市。跟随着泉州海外交通史博物馆工作人员的脚步，一艘发掘于泉州后渚港的宋代古船走进观众视野，一张历经千年的“海上丝绸之路”历史画卷缓缓展开。节目中，22个遗产点逐一亮相。承载着关键价值特征的22处遗产要素及关联环境，包括行政管理机构与设施遗址、多元社群宗教建筑和造像、文化纪念地史迹、陶瓷和冶铁生产基地，以及由桥梁、码头、航标塔组成的水陆交通网络，完整地体现宋元泉州富有特色的海外贸易体系与多元社会结构。正如解说词所说：“走近泉州22个遗产点，至今能触摸到宋元泉州从生产运输到销售贸易、从山区腹地到沿海平原、从多元社群到城市结构的多元繁荣景象。”

6月27日

农历壬寅年五月廿九
星期一
温度：26℃～33℃
多云

●市委副书记宿利南到石狮调研走访挂钩联系企业，并到鸿山镇五彩街区调研“党建+”社区邻里中心建设工作。

●由国务院侨务办公室主办，福建省政府侨务办公室、福建省海外联谊会承办，泉州市政府侨务办公室、福建省海外华文教育发展中心协办，黎明职业大学和意大利罗马中华语言学校共同执行的2022年线上中华文化大乐园欧洲园第一期开园。

●27—28日，中央电视台中文国际频道播出《人类的记忆》系列纪录片之《泉州：宋元中国的世界海洋商贸中心》上下集。

6月28日

农历壬寅年五月三十
星期二
温度：26℃～33℃
多云

●省委常委、市委书记刘建洋到港湾、岸线、企业等，调研推动海洋经济高质量发展。

●继收听收看全省林业改革发展会议暨省级总林长会议后，泉州市以视频形式召开会议，贯彻落实全省会议精神，部署推进泉州市林业改革发展工作。

●市政协主席肖汉辉到泉州中央商务区调研片区繁荣发展工作。

●由泉州市政府指导，泉州市商务局、泉州市工信局、南安市政府主办的泉州"国潮名品之都"计划暨"爱泉州·大乐购"泉州优品泛家居专场活动启动仪式在南安举行。

●全市公安机关夏季治安打击整治暨"红盾·2022"百日攻坚2号行动启动仪式在泉州海峡体育中心举行。

刘建洋调研推动海洋经济高质量发展

省委常委、市委书记刘建洋到港湾、岸线、企业等，调研推动海洋经济高质量发展。市领导宿利南、施宇辉、苏耿聪参加调研。刘建洋从后渚港区码头乘船驶向祥芝国家中心渔港，沿途察看湾区岸线，了解湿地保护、环湾规划等工作。在石狮市华宝集团，刘建洋到甲壳多糖生物制品生产车间、实验室，询问科技研发、外销市场、人才团队等情况。在福建飞通通讯股份公司，刘建洋寄望企业深耕海洋通讯产业，强化科技创新，在城市管理、应急救援等领域拓展更多应用场景。在石狮黄金海岸，刘建洋指出，要打通沿海大通道、滨海景观道、人行道，无缝串联沿线文旅资源，更好满足旅游观光消费需求。

调研中，刘建洋强调，要因地制宜、突出重点，发展海洋健康食品、海洋药物与生物制品、海上牧场、滨海旅游等新业态，按照"一产一策一专班、一规划一计划一方案、一产业一平台一园区一基金"，存量增量一起抓，培育龙头企业与引进科研平台"双促进"，构建高质量现代海洋产业体系。要资源整合、渔旅融合，开发建设海港风情特色小镇，丰富海上旅游、海岛旅游、海岸旅游产品供给，让老百姓在滨海旅游中享受高品质生活。要联防联控、守牢底线，落实落细疫情防控措施，严防疫情从海上输入，加强对渔业船舶的规范化信息化管理，提高海上作业安全生产水平。要凝聚合力、协同治理，推进海洋生态保护与修复，有序开发利用海洋资源，为子孙后代留下碧海蓝天。

全市林业改革发展会议暨市级林长会议召开

继收听收看全省林业改革发展会议暨省级总林长会议后，泉州市以视频形式召开会议，贯彻落实全省会议精神，部署推进泉州市林业改革发展工作。会议指出，要聚焦"提高效率、提升效能、提增效益"，系统梳理林业资源，科学制定发展规划，促进林地集中、资本集聚、要素集成，提升林业生态经济效益。要完善林权流转机制、多种方式联营、金融支撑体系，加快培育新型经营主体，促进适度规模经营。要在森林保护修复上实现更高效益，加强生态保护红线管控，坚持适地适树、适地适林，精准有序推进林相改造和绿化景观提升，提高森林资源质量，增强森林灾害应急处置能力，培育优质高效的森林"碳库"。要推进一、二、三产业融合发展，加快建设现代林业产业体系，推动油茶、竹林、花卉苗木等特色产业提质增效，实施林产工业工程，做优做特森林康养产业。

肖汉辉调研中央商务区繁荣发展工作

市政协主席肖汉辉到泉州中央商务区调研片区繁荣发展工作，市政协副主席蔡萌芽、庄灿霞、黄世界和秘书长黄碧煌参加调研。调研组到ITC万科中心、泉州丝路法务区中心园等地，了解泉州中央商务区发展定位、片区功能布局、建设进展及入驻机构等具体情况。调研组指出，要突出重点、统筹推进，坚持产业培育、基础设施、公共服务配套、生态环境"四个优先"，聚焦打造以泛金融、总部经济为主导的中央商务区，有力有序推动招商引资、环境优化、金融创新和人才集聚等各项繁荣发展工作落实落地、见行见效。要踊跃参与和支持中央商务区的建设发展，建言献策，宣传推介，共同把中央商务区建设好、发展好，为推动高标准、高质量中央商务区建设贡献政协力量。

肖汉辉（前排中）在泉州中央商务区调研（图/市政协）

刘建洋调研党建引领基层治理工作

省委常委、市委书记刘建洋到南安调研党建引领基层治理工作，并走访慰问部分老党员和困难党员。市领导施宇辉、卢秀萍参加活动。

在省新镇省身村，刘建洋到养老院询问院内老人日常生活情况，叮嘱属地时刻关注养老院安全保障和管养能力提升。察看了解“党建+”邻里中心运行和做法后，刘建洋鼓励省身村继续发挥基层党组织战斗堡垒作用，引领群众参与乡村治理，结合人居环境整治，创新村级留用地“地票”制度，既保障农民权益，又盘活闲置低效用地，为完善“1+6+X”功能服务体系拓展更多空间。在柳城街道四季家园小区，刘建洋叮嘱要把党的领导贯穿到基层社会治理全过程，坚持问计于民，聚焦群众身边的操心事烦心事揪心事，包括小区居家养老、“四点半”课后服务等需求，因地制宜提升为民、便民、安民服务效能，提高凝聚力、影响力和执行力，更好引领动员群众共建共治共享美好家园。

调研中，刘建洋还到老党员郑忠清家中，倾听老人讲述矢志不渝跟党走的经历，为他佩戴“光荣在党50年”纪念章；走访生活困难党员吴金锭。刘建洋指出，全市各级党组织和党员，要不忘初心、牢记使命，继续发扬伟大建党精神，学习老党员的崇高品格，将这笔宝贵的精神财富转化为担当实干的发展动力。要带着感情带着责任，为老党员办实事、做好事、解难事，安排好照顾好生活困难党员的衣食住行，让他们乐享发展成果、感受幸福生活。

刘建洋（右四）在南安市省新镇省身村调研“党建+”邻里中心（图/陈英杰）

刘建洋与中国中化总经理李凡荣洽谈

省委常委、市委书记刘建洋与中国中化总经理李凡荣，就深化央地合作、扩大投资布局进行交流洽谈。市领导蔡战胜、肖汉辉、施宇辉、刘林霜参加。刘建洋指出，泉州高度重视与中国中化的战略合作，希望双方把握战略机遇，完善对接机制，在产业强链延链补链、泉惠石化园区绿色发展、化工新材料研发生产、城市综合开发等领域深化务实合作。

蔡战胜调研古城保护提升工作

市长蔡战胜到鲤城调研古城保护提升工作并召开座谈会，市领导蔡天守、朱启平参加调研。蔡战胜到古城南片区街巷市政提升工程、胶鞋二厂、五建机修厂地块、花巷综合提升项目和鲤城大酒店，了解古城保护提升工作进展，询问有关项目策划和推进情况。蔡战胜强调，古城保护提升工作要在宏观上统一规划、微观上精雕细琢，在保护提升古城的同时，统筹古城周边区域的建设发展，实现功能互补、良性互动。座谈会上，蔡战胜强调，要打造世界遗产保护利用典范城市，推动古城在保护中发展、在发展中保护，满足人民群众对美好生活的期待。要尊重历史、敬畏历史，以规划为引领保护提升古城，坚持硬件软件一起抓，高标准修缮好、延续好历史建筑风貌，同步植入、激活文化基因，赋予历史建筑灵魂与活力。要完善管网、照明、绿化、停车位等市政设施，优化教育、医疗等公共服务配套，让古城更加宜居。要探索古城保护提升新模式，完善投融资体制机制，凝聚各方力量。要结合“重龙头、强品牌、铸链条”专项行动，引进培育文旅龙头企业，策划文旅引爆点，繁荣古城业态，打响“泉州古城”品牌。

6月29日

农历壬寅年六月初一
星期三
温度：25℃～32℃
多云

●省委常委、市委书记刘建洋到南安调研党建引领基层治理工作，并走访慰问部分老党员和困难党员。

●省委常委、市委书记刘建洋与中国中化总经理李凡荣，就深化央地合作、扩大投资布局进行交流洽谈。

●市长蔡战胜到鲤城调研古城保护提升工作并召开座谈会。

●市委副书记宿利南到南安调研督导挂钩联系的部分重点项目推进情况。

●十三届市委第二轮巡察工作动员部署会召开。

●中央电视台新闻频道以“探访数字化工厂 感受中国‘智造’魅力”为主题，用1个多小时的节目直观展示泉州企业在数字化、智能化生产线上的应用拓展和成效。

●由省应急管理厅、省交通运输厅、市政府、省高速集团、省公安厅交警总队主办的福建省高速公路特长隧道危化品运输车辆事故应急演练在甬莞高速福建省泉州段石鼓山隧道举行。

●庆祝中国共产党成立101周年文艺晚会在泉州歌舞剧院举行。

●“巾帼建功新时代·强国复兴绽芳华”——“巾帼心向党 喜迎二十大”合唱音乐会在泉州音乐厅举行。

6月30日

农历壬寅年六月初二
星期四
温度：26℃~33℃
多云转阴

●以“智造融合·数创未来”为主题的2022年晋江市企业创新发展大会召开。

●市政协党组理论学习中心组学习会议召开，传达学习中国共产党福建省代表会议精神和市委常委会会议精神，以及中央和省委、市委网信委有关文件精神。

●市政协党组会议和市政协十三届第三次主席会议召开，研究“加快工业（产业）园区标准化建设 推动泉州制造业高质量发展”专题协商会议方案等。

●市委副书记宿利南到惠安调研海洋经济、林长制等工作。

●泉州市医保诚信体系建设工程暨“泉州信用医保”启动仪式举行。

●由市委人才办、团市委、泉州中央商务区丰泽区指挥部主办的“强产兴城 涌泉润泽”青年人才集市在泉州市公共文化中心举行。

●由市委人才办主办，惠安县委人才办、县文联、泉州华光职业学院承办的“新时代 新风采”人才工作新闻摄影暨短视频比赛首场采风活动在惠安启动。

●由市文旅局主办、市艺术馆承办的百姓大舞台庆祝中国共产党成立101周年专场演出在泉州市艺术馆举行。

●“闽南戏窝子”精品戏曲公益展演启动仪式在泉州大剧院举行。

●“古技今艺——中国（安溪）藤铁艺术展”在晋江五店市传统街区泰华宸美术馆开幕。

2022年晋江市企业创新发展大会召开

以“智造融合·数创未来”为主题的2022年晋江市企业创新发展大会召开。省委常委、泉州市委书记刘建洋出席会议并讲话。泉州市领导施宇辉、张文贤，晋江市党政领导干部、部分省属国企负责人、高层次人才和晋江市企业、园区、高校、机构负责人等参会。

刘建洋指出，要突出重点、聚焦攻坚，明晰数字化转型赋能现代产业体系实践路径。坚持目标导向和问题导向结合，既对标先进又补齐短板，依托产业集群优势，找准数字化转型升级着力点和突破点，一产一策、一企一策推动全流程数字化。坚持存量和增量结合，推动产业数字化、数字产业化，分类引导企业建设数字生产线、智能车间和“灯塔工厂”，加大招商引资、技术攻关、金融支撑，带动全链条协作配套。坚持线下和线上结合，结合复工复产、满工达产、增资扩产、提质强产，一体推动空间布局科学化、工业园区标准化、产线效益最大化，梯次建立区域级、行业级、企业级数字经济平台，全方位抢占未来产业新空间。要传承政企互动好传统，围绕打造市场化法治化便利化国际化营商环境，深化“领导到一线、局长走基层、干部下车间”活动，精准穿透落实惠企政策，解决企业共性和个性问题。要多措并举导入高端资源、加大招才引智、提升城市能级，营造公平公正透明可预期的法治环境、高效便捷的政务环境、诚实守信的人文环境、宜居宜业的生活环境，厚植数字化转型发展生态土壤。

中国工业互联网研究院院长鲁春丛做“打造数字化转型的‘晋江模式’”主题演讲；晋江市产业发展母基金发布，一批工业互联网平台、数字化转型服务项目现场签约；部分纳税贡献突出企业、数字赋能标杆企业、科技创新标杆企业和高层次人才代表获颁奖。

2022年晋江市企业创新发展大会现场（图/陈起拓）

宿利南到惠安调研海洋经济和林长制等工作

市委副书记宿利南到惠安调研海洋经济、林长制等工作。宿利南要求，要加快发展海洋经济新业态，在培育龙头企业与引进科研平台“双促进”上有突破，推进“海上泉州”建设；要结合实施乡村振兴战略，加快建设现代林业产业体系，推动森林与医疗、教育、康养、旅游等深度融合，把生态优势更好转化为发展优势，让林业改革发展成果更多惠及人民群众。

泉州市在全省率先推出“信用医保”线上个人授信服务

泉州市医保诚信体系建设工程暨“泉州信用医保”启动仪式举行。启动仪式上，市医保局和兴业银行泉州分行签订“泉州信用医保”战略合作框架协议，在全省率先推出“信用医保”线上个人授信服务。“泉州信用医保”项目可向参保人员提供授信额度最低5000元、最高2万元的信用医保服务，可用于本人及其亲属支付定点医院诊疗费用，获得授信额度放款后，50天免息。

泉州市医保诚信体系建设工程暨“泉州信用医保”启动仪式（图/市医保局）

市级党员领导干部“七一”主题党日活动举行

省委常委、市委书记刘建洋带领市级党员领导干部开展“七一”主题党日活动，集体参观廉政文化教育馆，并召开市委理论学习中心组学习会，学习贯彻习近平总书记在中央政治局第四十次集体学习时的重要讲话精神。在学习会上，刘建洋、蔡战胜、肖汉辉、宿利南、傅藏荣围绕学习领会习近平总书记重要讲话精神，结合各自工作实际做发言。李建辉做书面发言。

会议指出，全市各级党组织和党员干部要永葆自我革命精神，以永远在路上的坚定执着，将反腐败斗争进行到底，让新风正气成为泉州名片。“三不腐”是一个有机整体，要坚持三者同时发力、同向发力、综合发力，系统施治、标本兼治，把不敢腐的强大震慑效能、不能腐的刚性制度约束、不想腐的思想教育优势融于一体，用“全周期管理”方式整体推动各项措施，提高“三不腐”的综合功效。全市各级党委（党组）要扛起管党治党政治责任，压实第一责任人责任和“一岗双责”，推动全面从严治党向纵深发展，为泉州全方位推进高质量发展超越提供保障。要推进正风肃纪反腐，深化以案促改、以案促建、以案促治，有针对性地开展党性教育、警示教育，筑牢拒腐防变的思想堤坝。各级领导干部要发挥“头雁效应”，弘扬政企互动好传统，践行亲清政商关系，从严管好自身、管好家属、管好队伍，以上率下营造风清气正的政治生态。纪检监察机关要主动应对反腐败斗争新形势新挑战，提高工作能力和水平，推动各类监督横向贯通融合、纵向穿透到底。会前，市领导到泉州台商投资区廉政文化教育馆，观看文图视频，聆听讲解，共同重温中共百年自我革命的光辉历程，接受警示教育。

刘建洋（左三）带领市级党员领导干部集体参观泉州台商投资区廉政文化教育馆（图/陈起拓）

仰恩大学数字科学与技术学院成立

仰恩大学数字科学与技术学院揭牌成立。省政协副主席许维泽、副市长陈小辉等出席揭牌活动。该学院由仰恩大学与南威软件集团合作办学，设有人工智能、数据科学与大数据技术和物联网工程3个本科专业。

市政府党组会议学习《闽山闽水物华新——习近平福建足迹》

市政府党组扩大会议和理论学习中心组学习会召开，学习研讨《闽山闽水物华新——习近平福建足迹》；传达学习习近平总书记在中央政治局第三十九次集体学习时的重要讲话精神及省委常委会会议、市委常委会会议精神，研究市政府党组贯彻意见。会议指出，要高效统筹疫情防控和经济社会发展、统筹发展和安全，在千方百计稳住经济大盘的同时，守住安全生产、粮食安全、能源安全、生态环保安全、房地产领域安全等底线。要结合实施“营商环境持续提升”专项行动，实行“万名干部进万企，一企一策促发展”，送政策上门、送服务上门，全面提高“服务群众、服务企业、服务一线”能力水平，加快打造学习型、服务型政府。要重视文物和文化遗产保护传承工作，为提升中华文明影响力和感召力贡献泉州力量。要以“世遗”泉州为主线，推进闽南文化生态保护区建设，守护历史文脉、涵养文化自信。要实施古城活态保护利用，突出管好用好文物建筑、历史建筑和传统风貌建筑，更好统筹城市开发建设与文化遗产保护，加快打造世界遗产保护利用典范城市。

7月1日

农历壬寅年六月初三
星期五
温度：25℃～33℃
多云转大雨

●省委常委、市委书记刘建洋带领市级党员领导干部开展“七一”主题党日活动，集体参观廉政文化教育馆，并召开市委理论学习中心组学习会，学习贯彻习近平总书记在中央政治局第四十次集体学习时的重要讲话精神。

●仰恩大学数字科学与技术学院揭牌成立。

●市政府党组扩大会议和理论学习中心组学习会召开，学习研讨《闽山闽水物华新——习近平福建足迹》；传达学习习近平总书记在中央政治局第三十九次集体学习时的重要讲话精神及省委常委会会议、市委常委会会议精神。

●市政府第十二次常务会议召开，研究并通过《促进泉台农业融合发展十条措施》《泉州市“十四五”能源发展专项规划》《泉州市自建房安全专项整治实施方案》《泉州市城市（县城）污水处理提质增效行动方案（2022—2025年）》。

●《闽山闽水物华新——习近平福建足迹》等图书学习宣传和出版发行工作专题推进会举行。

●由市文旅局主办、泉州市南音传承中心承办的“勇当主力军 喜迎二十大”——庆“七一”文艺志愿服务南音专场演出在泉州南音艺苑举行。

●永春县第二季度招商项目签约活动举行。签约项目5个，分别为花卉苗木数字产业园项目、华侨城文体旅商融合发展项目、清洁能源项目开发项目、美岭·产业园项目和魁星岩景区文旅合作项目，投资总额103.5亿元。

7月2日

农历壬寅年六月初四
星期六
温度：26℃～29℃
多云转小雨

●泉州市拓展失业保险政策受益覆盖范围。

●泉州市妇儿超声诊断新进展学习班暨5G远程超声医学中心启动仪式举行。

泉州市拓展失业保险政策受益覆盖范围

市人社局、市财政局、国家税务总局泉州市税务局下发通知，聚焦稳岗纾困、支持培训、兜牢底线，拓展政策受益覆盖范围，发挥失业保险保生活、防失业、促就业功能作用，助力稳就业保民生。

泉州市参保企业2021年度未裁员或裁员率不高于5.5%的，30人（含，全年职工平均参保人数）以下的参保企业裁员率不高于参保职工总数20%的，采取“免申即享”经办模式，由人社、财政、税务部门通过后台数据比对精准返还失业保险稳岗资金。返还标准为大型企业按企业及其职工2021年度实际缴纳失业保险费的50%，中小微企业按企业及其职工2021年度实际缴纳失业保险费的90%。社会团体、基金会、社会服务机构、律师事务所、会计师事务所、以单位形式参保的个体工商户参照实施。

失业人员在领取失业保险金期间参加技能人才评价，可凭相应的职业资格证书或职业技能等级证书，在3个月内向失业保险经办机构申请技能提升补贴（以证书上的发证日期为准）。同时，参保企业职工取得职业资格证书或职业技能等级证书申领技能补贴条件继续放宽至累计参加失业保险并缴交失业保险费1年以上。补贴标准为初级（五级）1000元、中级（四级）1500元、高级（三级）2000元。

2022年1月1日至12月31日，出现1个（含）以上中高风险疫情地区的县（市、区）可通过“免申即享”的形式发放一次性留工培训补助。受益企业范围为：在其封控、管控区域内的参保企业，以及在其封控、管控区域外且应征增值税销售额当季度比上年度相同季度下降20%（含）以上的参保企业。补助标准为：根据县（市、区）新冠肺炎疫情防控指挥部对外公布中高风险疫情地区当月企业失业保险参保缴费的人数，予以每人500元的补助。同时，未出现中高风险疫情县（市、区）的餐饮、零售、旅游、民航和公路水路铁路运输5个行业企业，在泉州辖区内有被认定为中高风险疫情地区时，其应征增值税销售额当季度比上年度相同季度下降20%（含）以上的，可按规定享受一次性留工培训补助。

2022年底前，企业招用毕业年度高校毕业生，签订1年以上劳动合同并参加失业保险的，按每人1500元的标准发放一次性扩岗补助，该政策与一次性吸纳就业补贴不重复享受。

延续实施阶段性降低失业保险费率至1%的政策。对餐饮、零售、旅游、民航、公路水路铁路运输企业等5个特困行业、农副食品加工业等17个困难行业及受疫情影响生产经营困难的中小微企业根据不同标准实施不同期限的缓缴失业保险费政策。

2022年1月1日至12月31日期间，领取失业保险金期满仍未就业的失业人员，以及失业保险参保人员在此期间解除或中止劳动关系且不符合领取失业保险金条件的，可向当地失业保险经办机构申领最长不超过6个月的失业补助金。

泉州妇幼联合体5G远程超声医学中心启动

泉州市妇儿超声诊断新进展学习班暨5G远程超声医学中心启动仪式举行。此次会议旨在促进泉州市妇产科及儿科超声诊断工作，提升泉州市妇幼保健机构超声诊断业务能力和工作质量。超声医学是医学领域的重要分支，超声诊断、超声治疗等对医生判断和分析病情起到很大的辅助作用。如何快速地提高医院的超声诊断水平，同时发挥市级妇幼保健的作用，对各县（市、区）妇幼保健院进行有效帮扶，是眼下市级妇幼保健院面临的难题。2021年9月11日，泉州妇幼保健院—儿童医院联合泉州市12家妇幼保健机构成立泉州市妇幼健康服务联合体，泉州妇幼保健院通过迈瑞瑞影云实现远程超声会诊、远程质控、远程教学、病例探讨等，对内帮扶泉州市12家妇幼单位，提升基层诊疗水平。泉州妇幼联合体5G远程超声医学中心启动，将为超声医疗工作者打造一个立体的沟通平台，聚焦服务于分级诊疗、多方质控、培训教学、离线会诊等多种应用场景，为实现双向转诊、提升医技水平、建设医联体和超声医务沟通社区提供专业平台。

全市疫情防控调度会召开

市防控疫情应急指挥部召开全市疫情防控调度会，专题解读疫情防控方案（第九版），听取相关县（市、区）疫情防控工作汇报，研究部署下阶段疫情防控工作。会议强调，要抓紧重点人群数据建设，压实“采、送、检、报”全流程闭环，落实好检测频次，做到重点人群100%应检尽检。加强“三公一大”机制工作和前端监测提醒，改进社区摸排手段，健全多点监测预警，做到中高风险地区100%应检尽检。紧盯进口冷链等重点行业，关注密闭空间经营场所以及酒店、车站、机场、码头等重点场所，做到重点行业重点场所100%应管尽管。

2022年电商主播大赛总决赛在石狮举行

由商务部电子商务和信息化司指导，省商务厅、省网信办、省广电局、省广播影视集团等主办的2022年电商主播大赛总决赛在石狮举行。2022年电商主播大赛1月在福州启动，赛事联动全国八大赛区，开设四大主题赛道，通过海选直播赛、半决赛四大品类直播狂欢节、总决赛等最终评选出十大主播榜样、大国好物榜、名城名品榜等十二大榜单。大赛以福建为中心，吸引重庆、湖北、河北、广东、浙江、香港、内蒙古等赛区近5000名主播报名参加。福建省各地市商务部门也共谋直播电商行业高质量发展路径，发布各赛区、各地市特色产品、招商引资政策及资源需求，实现“人、货、场”资源聚合，搭建聚才洼地。总决赛现场分战队匹配和突围赛两个环节，现场直播观看超663万人次，其中抖音点赞超132万人次。两轮角逐后，赶海父子、刘静、万涛等选手分获冠、亚、季军。大赛还评出毕业生新人奖5名和阳光赛道冠亚季军，现场同步推出大国好物品牌榜、大国好物新锐爆品榜等系列榜单。

2022年中国（石狮）直播电商资源对接会举行

2022年中国（石狮）直播电商资源对接会在石狮举行。作为2022年电商主播大赛重要的配套活动之一，大会旨在依托石狮产业聚集优势和电商经济发展积淀，打造一个面向全国、面向国际的招商引资、招才引智平台，赋能直播电商产业延展，构筑全面贯通“政、产、学、研、商”，打通“人、货、场”的生态链。展区设置融媒体产品集群、电商平台传媒等，多维度呈现直播电商新业态，多渠道促资源现场对接。大会还邀请全国八大赛区广电MCN机构、地方网商协会代表及高校代表进行项目推介，探索媒体向纵深融合的发展路径。现场举办“产教融合”系列签约，促成全国MCN机构、高校代表、区域传统企业与特色高校签订战略协议，推动各机构在同频上发力，在协作中共赢。大会还为石狮服装城南D网批直播基地、中国男装城、石狮海洋渔业网商园和石狮国际女装网批中心进行授牌。

此次对接会聚焦数字化资源共享，注重打造“大平台+”新生态产业态势。活动现场邀请众多直播业态全链条资深人士，围绕直播产业、资源共享、数据平台、传媒生态等方面展开交流，全方位分享产业发展新趋势，共研行业高质量发展举措。在直播产业分享环节，湖南广播电视台主持人、直播头部达人马可做关于个人转型经历的分享。在资源共享环节，中国社会科学院新闻与传播研究所世界传媒研究中心秘书长、研究员冷淞则以“多频道、多联合、多人格、多社群”为中心，分享对于媒体融合向纵深发展趋势下MCN的生存之道及具体发展路径的思考。蝉妈妈运营总监林金清则现场展示蝉妈妈全新SAAS（通过网络提供软件服务）矩阵。国内头部MCN无忧传媒负责人讲述企业在抖音电商营销生态中，必须是内容需求和营销诉求的有机结合，是内容所触用户和品牌人群的内在统一，是用户场景和企业文化的完美平衡。在传媒生态分享环节，华盟新媒CEO黄博起底实战笔记，讲述从数据到驱动，抖音增长的“三级火箭”——爆款增粉阶段、种子用户分析和人格化强化阶段和精细化运营带来规模化用户新增。

7月3日

农历壬寅年六月初五
星期日
温度：25℃～28℃
暴雨转小雨

●市防控疫情应急指挥部召开全市疫情防控调度会，专题解读疫情防控方案（第九版），听取相关县（市、区）疫情防控工作汇报，研究部署下阶段疫情防控工作。

●由商务部电子商务和信息化司指导，省商务厅、省网信办、省广电局、省广播影视集团等主办的2022年电商主播大赛总决赛在石狮举行。

●2022年中国（石狮）直播电商资源对接会在石狮举行。

7月4日

农历壬寅年六月初六
星期一
温度：26℃～30℃
小雨

●4—5日，省委常委、市委书记刘建洋到晋江和泉州台商投资区部分龙头和专精特新企业调研。

●省委常委、市委书记刘建洋调研并主持召开座谈会推动全市营商环境持续优化。

●继收听收看全省新冠肺炎疫情防控工作视频培训会后，全市疫情防控工作视频会召开，贯彻福建福建省会议精神，对疫情防控工作进行再部署、再落实。

●经国务院批准的新《国家公路网规划》印发，泉州至金门高速公路纳入其中。

刘建洋调研部分龙头和“专精特新”企业

4—5日，省委常委、市委书记刘建洋到晋江和泉州台商投资区部分龙头和专精特新企业调研，市领导施宇辉、张文贤、汪志红参加相关活动。在晋江市创新创业创造园，刘建洋走访填补中国液体色母技术空白的约克新材料科技有限公司、致力于专业技术中试服务的中关村硬创空间（晋江）科技有限公司等园区企业，了解产品研发、应用场景、产学研合作等情况。在位于晋江的百宏高新材料实业有限公司和位于泉州台商投资区的嘉德利电子材料有限公司，刘建洋下车间、看生产、问市场、话经营，鼓励企业深耕材料细分领域，增强产业链引领优势，展现制造业龙头企业和单项冠军企业的责任与担当。在晋江陆地港，刘建洋向企业负责人和海关工作人员了解港区规划、运营情况、通关流程。

调研中，刘建洋强调，要落实“疫情要防住、经济要稳住、发展要安全”的重要要求，传承弘扬“晋江经验”，聚焦提高效率、提升效能、提增效益，加快推动龙头企业增资扩产、提质强产，为全市“强产业、兴城市”双轮驱动做出更大贡献。要完善科技创新服务和政策体系，存量增量一起抓，鼓励引导企业攻克“卡脖子”技术，掌握“卡脖子”材料，完善全链条协作配套，千方百计疏通堵点卡点，增强产业链供应链韧性；发挥龙头企业引领作用，针对性开展龙头招商、产业链招商，一产一策、一企一策、一事一策精准服务企业，加速培育更多专精特新、单项冠军和“独角兽”企业，提升产业吸附力和核心竞争力。

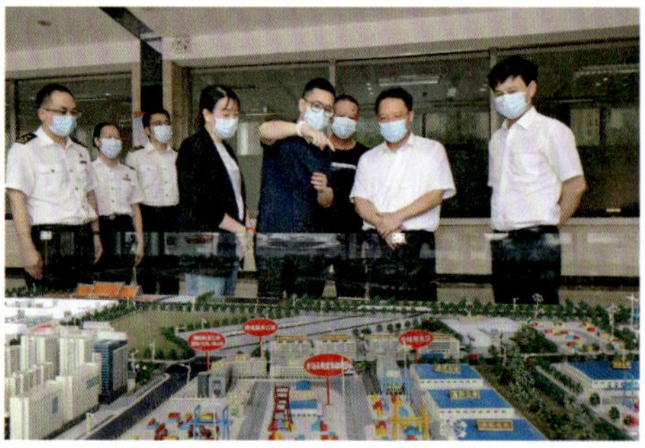

刘建洋（右二）在晋江陆地港调研（图/陈起拓）

刘建洋调研优化营商环境工作

省委常委、市委书记刘建洋调研并主持召开座谈会推动全市营商环境持续优化，市领导施宇辉、傅藏荣、黄景春参加调研。刘建洋到“12345”政务服务便民热线中心话务大厅了解热线运行情况、群众反映热点。刘建洋走访市行政服务中心部分办事窗口及大数据监测室，向工作人员、办事群众关切询问高频事项、优化举措、办事体验等情况。座谈会上，刘建洋指出，要找准优化营商环境的方向和路径，解放思想、创新理念，坚持问题导向与目标导向相结合，坚持对标先进与因地制宜相结合，精准施策补短板、强弱项、建机制，让企业群众满意、让服务对象满意。要把优化营商环境建设作为“一号改革工程”，实行专班推进，强化督促考核，加强多方融合、条块结合，汇聚推动优化营商环境的合力。

泉州南安金井至金门高速公路被纳入《国家公路网规划》

经国务院批准的新《国家公路网规划》印发，泉州南安金井至金门高速公路纳入其中。泉州南安金井至金门高速公路项目，起于泉厦漳城市联盟高速路泉州段（位于南安石井），自北向南沿现状科院路跨成功大道和S201线，在七星湾东南侧跨规划滨海大道后沿海峡科技生态城走廊跨石井湾海域后至泉厦界，后延伸至金门。泉州南安金井至金门高速公路项目纳入国家公路网规划，离不开泉州市交通部门三年多的不懈努力。2019年，市交通运输局就开始谋划推动泉州南安金井至金门高速公路纳入上级规划。抓住新一轮《国家公路网规划》编制的契机，该局积极向上沟通协调，完善规划方案，得到省交通运输厅的支持，并向国家部委争取，最终推动该高速公路项目纳入国家规划。

全市乡村振兴整镇推进暨乡村建设现场会召开

全市乡村振兴整镇推进暨乡村建设现场会召开，传达学习全国、全省乡村建设工作会议精神，通报全市乡村振兴整镇推进、农村建设品质提升和农村人居环境整治提升情况，总结交流经验，研究下阶段工作。会议要求，要把乡村建设作为社会主义现代化建设的重要内容，遵循乡村规律、久久为功，坚持为民而建、管建一体，突出泉州特色、分类推进，确保到2025年乡村建设取得实质性进展。要推进乡村建设“183”行动，把规划编制作为首要任务，推进人居环境整治和建设品质提升，推动资金、用地、人才等资源要素倾斜保障，打造乡村建设泉州样板。要把“整镇推进”乡村振兴作为重要抓手，统一思想认识，把更多精力和资源投入整镇推进中，紧抓粮食生产、乡村产业、致富项目等工作，创新乡村发展模式。要压实市、县、乡三级责任，把党的领导贯穿到乡村振兴工作各方面、全过程，构建上下贯通、一抓到底的工作体系。

全市乡村振兴整镇推进暨乡村建设现场会（图/惠安速报）

全市基层宣传思想文化干部专题培训班开班

全市基层宣传思想文化干部专题培训班在市委党校开班。会议强调，当好一名宣传干部，要做政治上的明白人，自觉加强理论学习、党性锻炼、政治历练。要做工作中的实干家，把握大局大势、勇于担当作为，提升专业化和落实力，确保各项任务落到实处、见到实效。要做作风上的正派人，严守纪律规矩，廉洁秉公用权，规范约束言行。要紧密联系实际，把学习成果运用到工作中去，推动全市宣传思想文化工作守正创新、高质量发展，为建设“海丝”名城、智造强市、品质泉州做出新的更大贡献。

泉州市侨商和台港澳商及异地商会招商工作推进会召开

泉州市侨商和台港澳商及异地商会招商工作推进会召开，总结回顾上半年招商工作，部署下阶段招商工作任务和“晋江经验”20周年纪念活动（全球）“云签约”海外分会场相关组织工作。会议要求，要提高思想认识，加大侨商和台港澳商及异地商会招商工作力度，拓宽眼界和视角，整合、激活各方的资源、渠道和力量，开展平台性、链条式、创新性招商，招引更多具有发展潜力的优质项目。要强化精准招商，主动联系统一战线各界人士，对侨商和台港澳商及异地商会资源进行再过细、再梳理，找准其投资意向和泉州产业发展的契合点，一对一精准对接，开展感情招商、政策招商的同时，注重提高投资效率，提高招商工作的针对性、有效性。要做细招商服务，强化对重大招商引资项目的综合协调、动态跟踪、督促检查，及时协调和解决项目引进、推进、建设过程中存在的问题与困难，推动一批优质项目落地见效。

2022年福建省青少年击剑锦标赛在泉州举行

5—8日，由省体育局主办，省重竞技运动管理中心、市体育局承办的2022年福建省青少年击剑锦标赛暨第十七届省运会击剑预赛在泉州市侨乡体育馆举行。全省各设区市、平潭综合实验区10支代表队、333名选手参赛，根据年龄分为甲、乙、丙三个组别，各个组别又分别设有男子、女子花剑，重剑个人赛和团体赛，共计24个小项，其中个人赛采取分组循环赛和直接淘汰赛，决出最终名次。

7月5日

农历壬寅年六月初七
星期二
温度：25℃～29℃
中雨转暴雨

●全市乡村振兴整镇推进暨乡村建设现场会召开，传达学习全国、全省乡村建设工作会议精神，通报全市乡村振兴整镇推进、农村建设品质提升和农村人居环境整治提升情况，总结交流经验，研究下阶段工作。

●全市基层宣传思想文化干部专题培训班在市委党校开班。

●泉州市侨商和台港澳商及异地商会招商工作推进会召开，总结回顾上半年招商工作，部署下阶段招商工作任务和“晋江经验”20周年纪念活动（全球）“云签约”海外分会场相关组织工作。

●5—8日，由省体育局主办，省重竞技运动管理中心、市体育局承办的2022年福建省青少年击剑锦标赛暨第十七届省运会击剑预赛在泉州市侨乡体育馆举行。

7月6日

农历壬寅年六月初八
星期三
温度：26℃～28℃
小雨转中雨

●市委副书记宿利南到永春调研乡村振兴等工作。

●全市企业上市、基金发展工作专题会议召开。

●泉州市召开专题会议，部署开展“文明刺桐城 有礼泉州人”精神文明教育活动，推进新时代文明实践中心建设工作。

●全市安全生产标准化提升专项行动现场推进会召开，部署下阶段安全生产标准化提升工作和全市安全生产重点工作。

●由市总工会、市委文明办、市关工委、市工商联、泉州广播电视台等主办的2022年泉州市“金秋助学”活动启动。

●中心市区首家再生资源数字化分拣中心在丰泽区东海街道成立。

全市企业上市基金发展工作专题会议召开

全市企业上市、基金发展工作专题会议召开。会议强调，要学习贯彻习近平总书记重要讲话精神，落实市委“强产业、兴城市”双轮驱动，理顺体制机制，发挥资本市场作用，助推产业转型升级和经济高质量发展超越。要紧盯发展目标，“一企一策”“一企一台账”，助力企业上市提速提效，建立健全多层次的产业基金体系，营造浓金融健康发展氛围。国有企业要主动当先锋、打头阵，发挥国资国企在改制上市、基金建设中的引领示范作用，承担起应负的责任。领导干部要学金融、懂金融、用金融，掌握应知应会知识，更加熟练地运用金融工具和资本运作推进经济社会发展。市金融与新兴产业发展小组通报企业上市、基金发展等工作情况。

泉州市部署开展精神文明教育

泉州市召开专题会议，部署开展“文明刺桐城 有礼泉州人”精神文明教育，推进新时代文明实践中心建设工作。会议要求，要把握开展精神文明教育活动和新时代文明实践中心建设的重要意义，把这两项活动作为泉州市深化创建全国文明城市活动的抓手，引导市民群众参与丰富多彩的道德实践活动，在全市形成讲文明、树新风、守礼仪、重诚信的氛围。要坚持以人为本，推动精神文明教育活动深入基层、深入群众、深入人心，通过开展文明礼仪普及、文明环境营造、文明秩序养成、文明服务竞赛、文明网络倡导五大行动，提升市民文明素质和城市文明水平。要夯实基层基础，推动新时代文明实践中心建设提质扩面、提档升级，各地各部门要紧盯目标任务、差距不足，补短板、强弱项、促提升，高标准高质量完成新时代文明实践中心建设任务。

“勇当主力军、机关我先行”论坛“对党忠诚”主题教育专场举行

由市委市直机关工委主办的“勇当主力军、机关我先行”论坛第六期“对党忠诚”主题教育专场举行。论坛围绕市委“强产业、兴城市”双轮驱动，交流分享对“践履忠诚 机关先行”的实践和体会。论坛邀请市委统战部、市公安局、市林业局、泉州晚报社、国网泉州供电公司的五位党员做专题发言，并进行现场交流互动。

“勇当主力军、机关我先行”论坛第六期现场（图/刘楷彬）

中心市区首家再生资源数字化分拣中心成立

中心市区首家再生资源数字化分拣中心在丰泽区东海街道成立，推出线上预约回收服务。该再生资源数字化分拣中心位于东海街道东滨路，拥有一个厂房式的分拣、打包、堆库等日常作业场地和8部黄色外观的专用回收车，环境通风、整洁。该中心以公交式的收货运输体系，为周边群众提供便捷、实时的回收服务，回收范围除纸制品，还包括纺织品、玻璃等低值可回收物。居民可将可回收物投放到自己小区的智能分类回收机里，也可以通过小程序或电话预约该分拣中心工作人员上门回收。市垃圾分类办公室相关人士介绍，可回收物收集、运输体系不健全，是泉州市生活垃圾分类工作的一个短板。为提高生活垃圾的资源化利用水平，泉州市相关部门全面梳理再生资源回收站点情况，厘清站点布局、规模、回收种类、数量等信息，修订《泉州市低值可回收物分类收运处理经费补助办法》，制定可回收物分拣中心（点）建设标准，鼓励兴建一批规范化的可回收物分拣中心（点）。

市政府与市政协专题协商会召开

市政府、市政协“加快推进工业（产业）园区标准化建设，推动泉州制造业高质量发展”专题协商会召开。市领导蔡战胜、肖汉辉、刘林霜、汪志红、蔡天守、周真平、王祖耀、洪川夫、戴仲川、蔡萌芽、庄灿霞、黄世界、肖惠中参加会议。市政协课题组做主题报告，9名委员围绕镇村工业（产业）园区连片改造、深化一区多园管理体制改革、高效利用土地、园区融资服务和智慧化管理等对工业（产业）园区标准化建设提出意见建议。

市长蔡战胜要求，要通盘谋划，把握处理好规划与设计、国企与民企、大企业与中小企业、建设与招商、建设与运营、城区园区与乡镇园区等具体事项，推动园区向“规模化、集约化、专业化、品牌化、绿色化、数字化、融合化”发展。要压茬进行，抓好“规划、规范、提升、示范、招商”5个关键环节，打造一批示范典型，提炼形成可复制、可推广的模式，进而推动全市范围的建设提升。要统筹推进，一并实施好“抓创新促应用”“重龙头、强品牌、铸链条”“绿色数字技改”“抓开放招商促项目落地”“营商环境持续提升”“安全生产标准化建设”等专项行动，打好经济高质量发展组合拳。

市政协主席肖汉辉指出，要利用好政策红利期，聚焦镇村工业园区改造土地问题，探索城镇低效工业用地再开发和农村集体用地入市试点，科学划定城镇开发边界。要打造产业生态体系，围绕产业、产城、运营、人文建设现代产业园区，实现生产、生活、生态“三生共融”。要深化园区管理体制改革，理顺园区与集团、园区与属地乡镇的关系，强化园区管委会统筹管理，推行“园区+同业公会”，加速园区产业集聚。

市政府、市政协“加快推进工业（产业）园区标准化建设，推动泉州制造业高质量发展”专题协商会现场

（图/市政协）

“大美新疆·遇见昌吉”泉州艺术家作品展举行

7—12日，由福建援疆泉州分指挥部、泉州市委宣传部、团市委、市文旅局、市文联、市青年联合会和昌吉市委宣传部、昌吉市文联主办，泉州画院、泉州海外交通史博物馆、市美协、市青年美协承办的喜迎中共二十大“大美新疆·遇见昌吉”泉州艺术家作品展在泉州海外交通史博物馆举行。

此次在泉州展览的作品，是泉州市艺术家组团到昌吉市采风创作的。6月9—20日，泉州市16名艺术家到昌吉市开展“大美新疆·遇见昌吉”文化艺术交流活动，他们到泉州援建项目牧民定居点 天鹅小镇、百姓书屋、农村幸福大院、乡村少年宫等地，以及努尔加大峡谷、三台子、索尔巴斯陶、S101交通线等地采风交流，创作大量美术、摄影等类型作品。这些作品是祖国大美河山、民族团结进步、泉州和昌吉友谊情深的写照。相应的，6月27日至7月8日，16位新疆昌吉的美术、书法、摄影艺术家到泉州开展采风交流。他们与泉州本地艺术家一起在泉州开元寺、府文庙、洛阳桥、清源山、崇武古城、小岞风车岛、观音山、林銮渡、草庵、梧林村、土坑古建筑群等地写生采风交流，了解泉州这座历史文化名城，感受“海上丝绸之路”起点的自然、人文、历史的独特魅力。

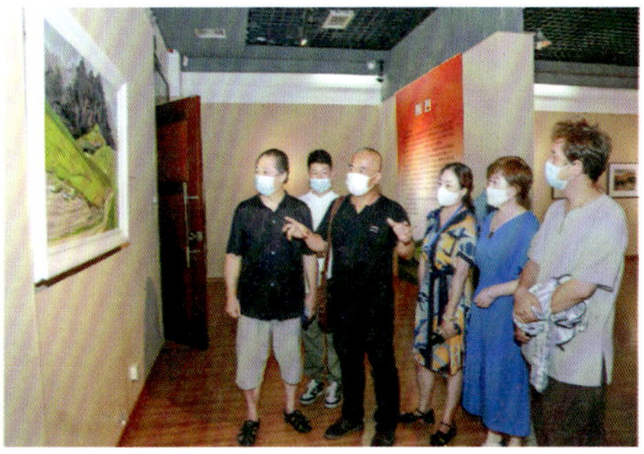

“大美新疆·遇见昌吉”泉州艺术家作品展现场

（图/吴宗宝）

7月7日

农历壬寅年六月初九

星期四

温度：26℃~32℃

多云

●市政府、市政协“加快推进工业（产业）园区标准化建设，推动泉州制造业高质量发展”专题协商会召开。

●市政协十三届二次常委会会议召开，审议通过《政协泉州市委员会委员履职考评办法（草案）》和有关人事事项。

●泉州与江西赣州政务服务“跨省通办”签约仪式在泉州市行政服务中心举行。

●7—12日，由福建援疆泉州分指挥部、泉州市委宣传部、团市委、市文旅局、市文联、市青年联合会和昌吉市委宣传部、昌吉市文联主办的喜迎中共二十大“大美新疆·遇见昌吉”泉州艺术家作品展在泉州海外交通史博物馆举行。

7月8日

农历壬寅年六月初十
星期五
温度：26℃～33℃
晴转多云

●7—8日，中共中央政治局常委、国务院总理李克强到福州、泉州考察。

●海关总署副署长、全国打私办主任王令浚到泉州调研反走私工作。

●6—8日，省人大常委会党组副书记、副主任庄稼汉，党组成员、副主任袁毅带领在福建的部分十三届全国人大代表到泉州开展数字经济、海洋经济和生态环保产业专题调研。

●泉州市政府办（外办）、教育局和日本浦添市教育委员会组织举办中国泉州·日本浦添少年儿童友好交流活动，泉州市晋光小学与浦添市沢岻小学的师生相聚云端，共叙友谊。

李克强到泉州考察

7—8日，中共中央政治局常委、国务院总理李克强到福州、泉州考察。福建省委书记尹力、省长赵龙陪同考察。在泉州期间，李克强到晋江国际陆港询问货物通关时间等。李克强指出，要推进“放管服”改革，优化营商环境，把这个窗口敞开擦亮。物流是市场经济的经脉。要落实物流保通保畅工作要求，推进通关便利化，提升港口集疏运水平，避免货物积压滞港，以降低企业成本、稳定市场预期、增强国际竞争力。要确保交通主干道畅通，消除微循环堵点，保障经济顺畅运行和民生物资供应。李克强还到安踏集团考察，鼓励企业勇于竞争高端市场，注重拓展消费潜力巨大的大众市场。李克强指出，不少民营企业已发展成大企业，与大量中小微企业、个体工商户密切协作。大企业顶天立地、小企业铺天盖地，形成互促共进的发展格局，这样中国经济更有韧性和活力。要一视同仁支持国企、民企、外企纾困和发展。

全国打私办调研组到泉州调研

海关总署副署长、全国打私办主任王令浚到泉州调研反走私工作，市领导黄文胜等陪同调研。调研组到泉州台商投资区滨山反走私网格化社会治理工作站、浮山船管站、社会治理综合指挥调度中心，了解各站点人员配备、数字化应用、执法调度、工作机制等反走私工作开展情况，察看泉州台商投资区岸海一体化智慧防控指挥室和社会治理综合指挥调度平台运行情况，听取福建省、泉州市、泉州台商投资区三级关于智慧反走私社会治理经验介绍。

在福建的部分全国人大代表到泉州开展专题调研

6—8日，省人大常委会党组副书记、副主任庄稼汉，党组成员、副主任袁毅带领在福建的部分十三届全国人大代表到泉州开展数字经济、海洋经济和生态环保产业专题调研。全国人大代表、市人大常委会主任李建辉参加并陪同调研，市领导黄阳春、苏耿聪和市人大常委会秘书长颜朝晖陪同调研。调研组了解泉州市数字信息产业发展、石材工业旅游、“智慧工厂”、生态环保企业发展、滨海旅游发展相关情况。

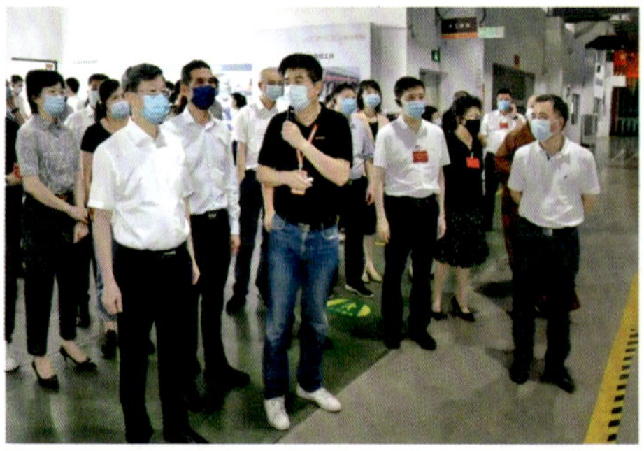

在福建的部分十三届全国人大代表在泉州调研
（图/泉州人大）

中国泉州·日本浦添少年儿童友好交流活动举行

泉州市政府办（外办）、教育局和日本浦添市教育委员会组织举办中国泉州·日本浦添少年儿童友好交流活动，泉州市晋光小学与浦添市沢岻小学的师生相聚云端，共叙友谊。泉州市副市长陈小辉、浦添市市长松本哲治专门录制视频，寄语两市少年儿童。活动中，两校校长互致问候，双方学生通过互动提问等环节，了解对方的学习生活、当地风土人情。师生们还“以艺会友”，举办中国泉州·日本浦添少年儿童友好交流文艺演出。泉州市与浦添市一衣带水，历史文化源远流长。两地于1988年正式结好，浦添成为泉州的第一座国际友城。自2001年“泉州市·浦添市少年儿童友好交流备忘录”签署以来，两地少年儿童交流互访逐渐成为友城往来的一项常规品牌活动。受新冠肺炎疫情影响，2021年来活动转为以线上方式举办。2022年正值中日邦交正常化50周年，两地地缘相近、人文相亲，此次两校师生的交流互动，增进两地少年儿童间的相互了解，加深彼此友谊。

“法映刺桐”宋元法律文化展馆入选“全国法院文化建设特色项目”

全国高级法院院长座谈会暨全国法院文化建设工作会议召开，通报“全国法院文化建设特色项目”评选结果，泉州市中级人民法院的“法映刺桐”宋元法律文化展馆入选。福建省法院仅2家获此荣誉。

“法映刺桐”宋元法律文化展馆位于市中级人民法院办公主楼四楼，于2020年年底启动建设，2021年10月22日建成开馆，总面积1300平方米，是全国首个以“海上丝绸之路法律文化”为主题的展馆，是泉州市普及宋元时期海洋商贸法律知识的重要窗口。展馆分为“梯航万国、法护舶商”“海商天下、徕远新政”“信立丝路、契约时代”“东去西来、多元融合”等8个单元，内容涵盖市舶司制度、船舶和人员管理、商品和货币管理、契约制度、涉外司法制度和蕃商社会生活保护制度等方面。结合泉州历史悠久、文化底蕴深厚、地域特色突出等特点，“法映刺桐”宋元法律文化展馆创造性地对宋元时期的法律制度进行系统整合，从法制角度解读宋元泉州海洋商贸繁盛背后的奥秘，传承和传播中国古代治理经验和法律智慧，并以文字、实物、照片、图版、图表、场景复原、视频、多媒体等手段呈现，有助于传播泉州海洋法制文明，助力世界遗产法律保护。

医疗志愿服务八闽行泉州站活动举行

由市委文明办、福建省医师协会普通外科医师分会、福建省医务志愿者协会和福建省志愿者公益基金会主办的泉州市倡导文明健康、绿色环保生活方式暨医疗志愿服务八闽行泉州站活动在惠安县和泉州台商投资区举行。省、市20多位名医、资深专家组团下乡为群众义诊。此次活动的主题旨在倡导文明健康、绿色环保生活方式，增强群众疾病预防与健康意识，助力健康福建建设。

活动在惠安县净峰镇中心卫生院举行启动仪式。仪式上，福建省志愿者公益基金会、福建省医务志愿者协会向惠安县卫健局、惠安县妇幼保健院捐赠价值100万元的产前筛查设备。此次活动，福建医科大学附属协和医院、福建医科大学附属第一医院、泉州市第一医院等单位的20多位医学专家参与义诊，涵盖脊柱外科、骨科、神经内科、胸外普外肿瘤科、泌尿外科、呼吸与危重症医学科、心内科、妇产科、儿科等方向，满足当天现场群众的各种需求。当天在惠安县和泉州台商投资区举行的两场活动为1500多名群众提供义诊、咨询服务。市委文明办相关人士介绍，活动通过现场义诊义检、解答群众咨询、发放宣传资料等形式，为群众现场开展医疗志愿服务，倡导群众树立正确的健康理念，养成健康行为，提升健康素养。

泉州市举办“创响福建”赛前辅导线上直播活动

由市工信局主办、市中小企业服务中心承办的“构建吸引投资人的商业模式”讲座暨“创响福建”中小企业创业创新大赛辅导线上直播活动举行。该活动旨在贯彻落实中央关于支持创新型中小微企业成长为创新重要发源地的决策部署，开展“提高效率、提升效能、提增效益”行动，做好“创响福建”赛前辅导，激发中小企业创新创业热情，提升大赛引导力，挖掘优秀参赛项目。活动吸引泉州市小微企业和创客团队线上参与及互动。活动中，格局资本董事长、往届“创响福建”双创大赛评审专家郑甫弘分享“构建吸引投资人的商业模式”，同时对第五届“创响福建”双创大赛进行专题辅导，介绍参赛要求、商业计划书制作及参与项目路演等注意事项。在郑甫弘看来，精益创业能够提高创业成功率，其具有三大关键因素，分别为：勾勒假设，即如何为自己和客户创造价值；倾听客户，即测试产品，验证是否符合客户需求；敏捷开发，即通过灵活可行性产品测试迭代增量，以持续调整代替华而不实的臆想。郑甫弘介绍，通过参赛，对构建企业战略规划、提高企业价值，打磨商业模式，梳理企业顶层设计，为后续发展奠定基础等方面都有助益。

7月9日

农历壬寅年六月十一
星期六
温度：26℃~33℃
多云

●全国高级法院院长座谈会暨全国法院文化建设工作会议召开，通报“全国法院文化建设特色项目”评选结果，泉州市中级人民法院的“法映刺桐”宋元法律文化展馆入选。

●由市委文明办、福建省医师协会普通外科医师分会、福建省医务志愿者协会和福建省志愿者公益基金会主办的泉州市倡导文明健康、绿色环保生活方式暨医疗志愿服务八闽行泉州站活动在惠安县和泉州台商投资区举行。

●由市工信局主办、市中小企业服务中心承办的“构建吸引投资人的商业模式”讲座暨“创响福建”中小企业创业创新大赛辅导线上直播活动举行。

7月10日

农历壬寅年六月十二
星期日
温度：26℃～34℃
多云

●泉州市依托省级公共数据开放平台开放数据，梳理三批公共数据资源目录清单208张数据表、4.51亿条数据面向社会公开，公开数据量位列全省设区市首位。

●由市科协、市文旅局主办的“雕栏玉砌应犹在 明月几时照人还——闽南古建筑的传统文化内涵与探寻”科普讲座在泉州市科技馆举行。

●泉州市青少年宫2022年舞蹈教学汇报演出在泉州音乐厅举行。

●7—10日，2021年世界机器人大赛总决赛在广东佛山举行。泉州一中参赛队员获VEX赛项最高奖项“全能奖”。

泉州市4.51亿条数据向社会公开

泉州市依托省级公共数据开放平台开放数据，梳理三批公共数据资源目录清单208张数据表、4.51亿条数据面向社会公开，公开数据量位列全省设区市首位。为最大限度发挥数据价值，按照全省政务数据汇聚共享体系规划，泉州市建成统一政务数据汇聚与共享应用平台，实现市、县两级政务数据采集、汇聚、共享、管理等功能。

“闽南古建筑的传统文化内涵与探寻”科普讲座举行

由市科协、市文旅局主办的“雕栏玉砌应犹在 明月几时照人还——闽南古建筑的传统文化内涵与探寻”科普讲座在泉州市科技馆举行，200多名观众参加现场活动。活动还开通线上直播，近14万人次在线观看。为加强新时代青少年对闽南传统建筑的了解，讲座邀请泉州市土木建筑学会常务理事周雄鹰做专题讲座，讲授关于闽南古建筑的传统文化与内涵。周雄鹰介绍闽南古建筑的艺术特色、文化内涵以及对传统建筑文化的探寻，并示范拆装斗拱榫卯结构。互动环节，现场观众热情高涨，争相上台体验斗拱榫卯和鲁班锁的拆卸、拼装，近距离感受闽南古建筑技艺魅力。此次讲座是市科协打造的“科技社团讲科普”品牌系列活动之一——东海科普大讲堂的第三场活动。该讲座旨在普及和展示闽南传统建筑的独特风韵和内涵价值，提升公众对闽南古建筑遗产的保护意识，特别是加深中小学生对闽南传统建筑的文化价值、社会价值、开发价值的认知，增强青少年对优秀传统文化的民族自豪感和本土文化自信，促进闽南古建筑的保护和活态传承。

泉州市青少年宫2022年舞蹈教学汇报演出举行

泉州市青少年宫2022年舞蹈教学汇报演出在泉州音乐厅举行。参与演出的舞蹈学员用精湛的技艺，一起踏响“喜迎二十大 舞动向未来”的主题，展现出良好的艺术素养和积极、阳光、向上的精神风貌。演出包括“花开新时代”“祖国是春天”“童心永向党”3个篇章20个节目。泉州市青少年宫以多项举措探索新的教育模式与途径，把思品教育和艺术教育结合起来；把课堂教学和艺术实践结合起来。除每年的“丝路春晓”“艺扬温陵”等品牌活动外，还不定期地举行各艺术学科的专场教学汇报演出。此次活动为热爱舞蹈的学员们搭建一个展示艺术才华、提升思想境界的舞台，同时也向家长汇报青少年宫舞蹈学科的教育成果。

泉州一中获世界机器人大赛最高奖项“全能奖”

7—10日，2021年世界机器人大赛总决赛在广东佛山举行。泉州一中参赛队员获VEX赛项最高奖项“全能奖”。世界机器人大赛自2015年以来，已举办七届，被誉为机器人界的“奥林匹克”，众多新技术、新产品、新人才亮相此次总决赛。青少年机器人设计大赛是其中一项重量级赛项，旨在激发创新精神，培养动手能力，为全国青少年机器人爱好者提供交流和展示平台，亦为中国创新人才和技能人才培养输入新鲜血液。2022年疫情形势严峻、防控要求严格，但赛事依旧保持高水准。

此次赛事有2000余支赛队、7000余名选手参加。泉州一中参赛选手在兼顾学业的同时，利用课余时间将机器的机械结构设计、程序控制一步步地优化。比赛前，为提高机器人的稳定性和精确性，队员们在老师的指导和陪伴下连夜调试机器人，确保以最好的状态迎接比赛。为利用比赛期间的时间，团队更是将硕大的比赛场地带到酒店，每天回到酒店及时反思不足、总结经验、再次调试。泉州一中赛队最终均取得优异成绩，尤其是梅石2队，凭实力获得高中组“全能奖”（Excellence Award）。“全能奖”是VEX机器人竞赛中的最高奖，获得该奖项的赛队是全场综合素质最高的。

市委常委会部署疫情防控等重点工作

市委常委会召开会议，学习贯彻10日全省疫情防控工作视频会议精神，部署疫情防控重点工作；研究通过《泉州市深入打好污染防治攻坚战实施方案》《关于深入推进科技特派员制度服务乡村振兴和助力产业转型的实施方案》。

会议强调，要按照省委、省政府工作部署，坚持人民至上、生命至上，坚持“外防输入、内防反弹”和“动态清零”，保持如履薄冰的高度警觉，绷紧疫情防控这根弦，坚持快准严实细，依法科学全面做好疫情防控各项工作，巩固来之不易的防控成果。要落实第九版防控方案要求，因时因势优化防控措施，严防境外、省外和海上疫情输入，加强监测预警，盯紧重点场所、重点行业、重点人群适度加密核酸检测频次，落实常态化疫情防控举措，用最低代价取得最大的防控效果。要联动落实属地、部门、单位、个人“四方责任”，健全防控工作体系，加强疫情防控能力建设，抓好防疫情、保运转、保民生、保稳定等工作，做到群防群控、联防联控，最大限度减少对群众生产生活的影响。要学习贯彻习近平生态文明思想，深化国家生态文明试验区建设，打好蓝天、碧水、碧海、净土保卫战，推进中央、省级生态环保督察反馈问题整改，守牢“生态环境质量只能更好、不能变坏”的责任底线。要坚持整体谋划、系统治理，实施生态环境精准治理项目，统筹推进企业节能改造、能源结构优化、环保产业培育等，在转型升级中激发绿色潜能、做大低碳经济。要学习贯彻习近平总书记关于科技创新重要论述，完善、巩固、坚持科技特派员制度，让创新成果留在泉州大地上、企业车间里。要聚焦特色现代农业提质增效、传统产业转型升级精准发力，创新拓展科技特派员服务广度深度，丰富服务模式，增强服务实效。要结合开展“涌泉”行动，穿透兑现更多激励政策，吸引更多研究型、创新型、实用型人才会聚泉州、扎根泉州。

刘建洋到泉州海关调研

省委常委、市委书记刘建洋到泉州海关调研，并召开座谈会，听取泉州海关工作情况汇报，并慰问坚守一线岗位的工作人员。市领导施宇辉、汪志红，厦门海关党委委员、泉州海关关长叶云参加活动。座谈会上，刘建洋强调，要精准施策，千方百计促进外贸保稳提质。穿透落实海关总署促进外贸保稳提质十条措施、厦门海关十六条细化措施，帮扶企业纾困解难，支持发展市场采购贸易、跨境电商等新业态新模式，深化中欧班列、海上巴士建设，做大做强综合保税区、B保、陆地港等平台，助力实现“买全球、卖全球”。要优化服务，打造一流口岸营商环境。坚持问题导向和目标导向相结合，深化改革扩大开放，加快通关便利化改革，创新监管方式，优化通关流程，加强与地方信息共享、联动协作，建设高效智能化口岸。要筑牢防线，当好忠诚国门卫士。

刘建洋（右三）在泉州海关调研（图/李津凯）

全市安全生产电视电话会议召开

继收听收看全国、全省安全生产电视电话会议后，全市安全生产电视电话会议召开。会议强调，要加强安全防范工作，开展安全生产百日攻坚行动，紧盯危化、自建房、道路交通、燃气、水上和渔业船舶、防汛防台风等重点行业领域，坚持问题导向，强化系统思维、综合治理，开展隐患排查治理，防范化解安全风险。

7月11日

农历壬寅年六月十三
星期一
温度：26℃～34℃
多云

●市委常委会召开会议，学习贯彻10日全省疫情防控工作视频会议精神，部署疫情防控重点工作；研究通过《泉州市深入打好污染防治攻坚战实施方案》《关于深入推进科技特派员制度服务乡村振兴和助力产业转型的实施方案》。

●省委常委、市委书记刘建洋与中国化学工程集团有限公司党委书记、董事长戴和根座谈，就深化央地合作、促进共赢发展进行交流。

●省委常委、市委书记刘建洋到泉州海关调研，并召开座谈会，听取泉州海关工作情况汇报，并慰问坚守一线岗位的工作人员。

●市人大常委会党组理论学习中心组学习会召开，专题研讨《闽山闽水物华新——习近平福建足迹》。

●市政府第十三次常务会议召开，研究并通过《泉州市临时停车场设置和监督管理暂行规定》《泉州市机动车停车泊位错时共享实施意见》等。

●继收听收看全国、全省安全生产电视电话会议后，全市安全生产电视电话会议召开。

●“传承‘晋江经验’共享品质泉州”主题宣传采访活动启动。

7月12日

农历壬寅年六月十四
星期二
温度：26℃～33℃
多云

●位于泉港石化园区的中化学天辰泉州60万吨/年环氧丙烷项目启动建设。

●11—12日，省政协副主席林钟乐到泉州，就“晋江经验”全国政协重点提案办理协商开展前期调研。

●《经济日报》在第10版理论版刊发理论文章——《为什么说“晋江经验”仍有指导意义》，从三个方面阐述“晋江经验”在当前经济社会发展形势下仍然具备指导意义。

●由泉州交发集团党委打造的全市首个国企云党校——交发云党校上线。

●德化梨地理标志农产品保护工程项目启动暨德化梨开摘节活动举行，同步启动德化梨地理标志农产品保护工程项目，成立德化梨研究院和德化梨保种选育基地。

中化学天辰泉州六十万吨/年环氧丙烷项目启动建设

在省委常委、市委书记刘建洋，市委副书记、市长蔡战胜，市人大常委会主任李建辉，市政协主席肖汉辉，中国化学工程集团有限公司党委书记、董事长戴和根共同见证下，位于泉港石化园区的中化学天辰泉州60万吨/年环氧丙烷项目启动建设。市领导施宇辉、赖清正、刘林霜等参加活动。2021年10月，由中国化学工程集团有限公司子公司中国天辰工程有限公司投资150亿元的天辰泉港新材料产业园，签约落地泉港石化园区，是泉港区招引落地的最大石化产业项目。天辰泉港新材料产业园计划建设60万吨/年环氧丙烷、20万吨/年尼龙66、10万吨/年尼龙12等项目。此次率先开工的60万吨/年环氧丙烷项目，占地面积66.67公顷，总投资66亿元，采用国际先进技术，具有环保、能耗低等优势，与国亨化学等泉港石化园区企业形成上下游一体化格局。

林钟乐到泉州调研全国政协重点提案

11—12日，省政协副主席林钟乐到泉州，就“晋江经验”全国政协重点提案办理协商开展前期调研。市领导肖汉辉、张文贤、庄灿霞分别参加有关活动。调研组到晋江经验馆、泉州海外交通史博物馆、安踏公司等，对泉州市传承弘扬“晋江经验”等方面取得的成效表示肯定并强调，要坚持改革创新不停步，做民营经济高质量发展的引领者。

《经济日报》刊发理论文章《为什么说“晋江经验”仍有指导意义》

《经济日报》在第10版理论版刊发理论文章——《为什么说“晋江经验”仍有指导意义》，从三个方面阐述“晋江经验”在当前经济社会发展形势下仍然具备指导意义。文章指出，“晋江经验”坚定不移发展实体经济。实践证明，只有把经济发展的着力点放在实体经济上，才能实现经济的持续健康发展。立足新发展阶段，必须把做实做强做优实体经济作为主攻方向，坚定不移建设制造强国、质量强国。“晋江经验”坚持以改革创新为动力。坚持推动改革创新不止步，是有效应对风险挑战、推动高质量发展的方法指引。须坚持改革创新，变中求新、变中求进、变中突破，以改革之勇、创新之力引领发展。“晋江经验”强调加强政府对市场经济发展的引导和服务。要发挥好政府在构建新发展格局、建设全国统一大市场、稳增长稳市场主体保就业等方面的重要作用，使有效市场和有为政府有机统一、相辅相成、互相促进。

全市首个国企云党校上线

由泉州交发集团党委打造的全市首个国企云党校——交发云党校上线，同步启用的还有智慧党建云平台。2018年7月，交发集团党委成立全市首家国企党校。4年来，交发党校建立完善师资体系、课程体系、阵地体系、组织实施体系等基础体系建设，组建交发党校内部讲师、交发青年宣讲团两支队伍，举办涵盖习近平新时代中国特色社会主义思想、党建工作实务、安全生产、审计规范、工程技术等各类主题培训近百期，推出园区红色直播间、工地红色广播站、公交红色风景线以及红色情境课堂等一批党性教育创新载体，较好发挥党员教育“阵地”、党性锤炼“熔炉”、理论交流“平台”、人才培养“基地”的作用。为擦亮交发党校这一招牌，针对该集团交通业务点多、线长、面广的特点，直面交通运输、道路施工企业较分散、党员职工流动性大以及后疫情时代干部教育培训等难题，交发集团探索“互联网+党建”新模式，发挥权属企业数字信息化平台建设、运营能力与经验，研发建设交发云党校平台，并布局智慧党建云平台，为该集团各级党组织提供以学习任务为导向的线上课程学习。

刘建洋调研古城保护提升工作

省委常委、市委书记刘建洋到鲤城调研古城保护提升工作，市领导施宇辉、陈小辉、蔡天守、朱启平参加活动。刘建洋到正音书院、源和1916闽南文化交流中心，了解古城规划体系、文庙—后城片区和龙头山片区规划、八卦沟保护提升、交通接驳体系等情况。

随后，刘建洋主持召开座谈会，听取市古城老城指挥部工作情况汇报，协调解决困难问题，研究推进下一步保护提升工作。刘建洋指出，要精心组织，擦亮泉州古城金名片，突出精心规划，统筹好城内城外、地上地下、交通水系等关系，系统性、针对性、科学性推动整体风貌协调一致；突出精致建设，既“修旧如旧”又“修新如旧”，慢工出细活，精雕细琢保护好建筑街巷；突出精细管理，完善“监测吹哨、管养报到”机制，做到资源下放、重心下移、力量下沉，实现管理规范化、专业化、市场化；突出精美呈现，坚持“见人见物见生活、留形留魂留乡愁”，保护全面提升，更好满足人民对美好生活的向往；突出精明增长，善于算大账、算长远账、算整体账，统筹保护与利用，实现综合效益最大化。要创新理念，做好“加减乘除”法，以文化挖掘、业态植入等增加内涵，通过纾解非古城功能等减少影响，调动各方面资源要素形成乘数效应，既从根本上破解难点，又形成特色亮点。要优化机制，全市“一盘棋”强化统筹管理，突出市区联动、条块结合、定期考核，把各项工作穿透到底，众志成城，汇聚古城保护提升的整体合力。

晋江产业数字化转型工作现场会召开

晋江产业数字化转型工作现场会召开，贯彻落实省第十一次党代会关于“加快信息技术与制造业融合发展，实施工业互联网创新发展工程”的工作部署，学习交流晋江市产业数字化转型工作经验，为各地转型发展提供借鉴。副省长康涛参加会议并讲话。

康涛指出，推动产业数字化转型，既是福建工业抓住新一轮科技革命和产业变革机遇，实现换道超车的客观要求；也是主动融入和服务新发展格局、深化供给侧结构性改革、夯实工业经济发展基础的内在需要。省委、省政府高度重视产业数字化工作，推进新一代信息技术与制造业融合发展。各地、各相关部门积极作为，取得阶段性成效，在行业数字化转型中取得新突破，在产业集群发展中重塑竞争新优势，在探索实践中打开转型新局面。必须抓住数字化这个“金钥匙”逆势突围，带领企业走上数字化转型发展的快车道、超车道，通过加强政策引导、深化典型培育、突出数字供给、强化服务保障、抓实主体责任，推进新一代信息技术与制造业融合发展，加快建设先进制造业强省，谱写全面建设社会主义现代化国家福建篇章。

市人大常委会新一届市人大代表履职培训班举行

市人大常委会新一届市人大代表履职培训班举行。市人大常委会主任李建辉参加并讲话。此次培训采用“线上+线下”方式进行，邀请省委党校、省人大常委会相关专家学者，围绕中共十九届六中全会精神、习近平总书记关于坚持和完善人民代表大会制度的重要思想、中央和省委人大工作会议精神、提出高质量代表建议等内容进行授课。

新一届市人大代表履职培训班现场（图/泉州人大）

7月13日

农历壬寅年六月十五
星期三
温度：26℃～34℃
晴转多云

●省委常委、市委书记刘建洋到鲤城调研古城保护提升工作。

●晋江产业数字化转型工作现场会召开，贯彻落实省第十一次党代会关于“加快信息技术与制造业融合发展，实施工业互联网创新发展工程”的工作部署，学习交流晋江市产业数字化转型工作经验，为各地转型发展提供借鉴。

●省政协副主席张兆民到泉州开展“加快我省装配式建筑发展”“加强海洋生物资源开发利用”等专题调研。

●市人大常委会新一届市人大代表履职培训班举行。

●由省商务厅、泉州市政府指导，晋江市政府、泉州市商务局主办的“买全球 卖全球”——2022晋江跨境电商创新发展大会在晋江国际会展中心举行。

7月14日

农历壬寅年六月十六
星期四
温度：27℃～33℃
多云

●省委常委、市委书记刘建洋到市信访局接访群众，倾听群众诉求，协调解决群众反映的征迁安置、垃圾中转站等问题。

●各县（市、区）政协主席工作座谈会在石狮召开，学习研讨《中国共产党政治协商条例》《中共中央办公厅关于加强和改进新时代市县政协工作的意见》精神等。

●市委副书记宿利南到德化调研农业农村、林权改革等工作。

●由中国半导体行业协会、泉州市电子信息产业发展小组指导，晋江市政府、泉州半导体高新技术产业园区管理委员会主办的“海丝芯城 数创未来”集成电路分析测试及关键材料装备技术研讨会在晋江举行。

刘建洋到市信访局接访群众

省委常委、市委书记刘建洋到市信访局接访群众，倾听群众诉求，协调解决群众反映的征迁安置、垃圾中转站等问题。市领导施宇辉、黄文胜参加接访。刘建洋强调，要树立以人民为中心的发展思想，带着感情、责任做好信访工作，确保群众合理诉求解决到位。要坚持法理情相结合，对不合理诉求，耐心细致做好解释疏导，动之以情、晓之以理、导之以规。要在政策的制定和实施中体现公开、公平、公正原则，依法依规维护群众合法权益。要加强源头治理、系统治理，梳理分析信访重点事项、重点领域，条块结合、形成合力，提高信访工作实效性和群众满意度。

各县（市、区）政协主席工作座谈会在石狮召开

各县（市、区）政协主席工作座谈会在石狮召开。会议学习研讨《中国共产党政治协商条例》《中共中央办公厅关于加强和改进新时代市县政协工作的意见》精神；各县（市、区）政协围绕上半年履职、下半年工作安排情况和委员进驻“党建+”邻里中心工作等做交流发言。会议还对委员基层联系点建设和组织委员进驻“党建+”邻里中心工作进行部署，并研究探讨工作思路和落实举措。会议强调，各县（市、区）政协要围绕党委、政府中心工作协商议政，建立起市、县政协联动互促的有效机制，助推全市政协工作提质增效和创新发展。要把委员工作室、委员联系点深度融入“党建+”邻里中心建设，推进政协协商向基层延伸、拓展，并作为一项重要工作，紧盯目标、有序推进，健全机制、注重长效，高效服务基层治理，打通委员联系群众的“最后一公里”。与会人员还考察石狮市纺织服装产业联盟政协委员调解工作室。

泉州市政协主席工作座谈会现场（图/市政协）

宿利南到德化调研农业农村等工作

市委副书记宿利南到德化调研农业农村、林权改革等工作。宿利南到龙浔镇江山美人茶庄园、英山珍贵淮山农民合作社、南埕镇南埕村、雷峰镇潘祠村，了解农产品种植加工、城郊农旅结合发展、休闲农业发展、乡村建设等工作。宿利南强调，要创新发展模式，加强经营主体培育，支持发展现代农业、休闲农业，鼓励龙头企业、农民专业合作社通过流转土地发展粮食等农业生产，推动规模化集约化经营。要扩宽思路，做优做大地理标志农产品，将本地特色农业产品融入基层公共服务空间，扩宽销售渠道，满足市场多层次、便捷化需求，助推乡村振兴、农民增产增收。

集成电路分析测试及关键材料装备技术研讨会在晋江举行

由中国半导体行业协会、泉州市电子信息产业发展小组指导，晋江市政府、泉州半导体高新技术产业园区管理委员会主办的“海丝芯城 数创未来”集成电路分析测试及关键材料装备技术研讨会在晋江举行。中国科学院院士、物理化学家姚建年，福州大学党委书记陈国龙，中国半导体行业协会副秘书长刘源超，泉州市领导李建辉、张文贤、李文生等参加。全国数十家集成电路产业代表性企业、科研机构、投融资机构负责人参会。大会主环节，主办方邀请行业权威专家代表做主题演讲，与参会人员分享行业前沿资讯；高端对话环节，通过多个专家、企业家代表的观点碰撞，探讨“芯”产业的发展方向，呈现多方观点的同时，带动产业从业人员思考行业前景等重要议题。

全市海上疫情防控工作视频会议召开

继收听收看全省海上疫情防控工作视频会议后，全市视频会议召开，部署泉州市海上疫情防控工作。会议强调，要管住人、船、岸，坚持防在先、守在前，摸清重点人员、船舶底数，实施“网格管理、重点管控”，加强口岸查验、严密岸线防控，做到“不漏一人、不漏一船”。要深化涉海问题整治，加大对走私、偷私渡、盗采海砂及海上非法交易等违法犯罪的打击力度，打团伙、断链条、端窝点。要发动群众力量，加大举报奖励力度，打好全民疫情防控战。

海洋经济产业发展专题会议召开

海洋经济产业发展专题会议召开，传达全省海洋经济发展征求意见视频会议精神，听取海洋经济产业发展小组和相关县（市、区）工作情况汇报，研究部署下阶段工作。会议指出，要学习贯彻习近平总书记关于海洋强国建设的重要论述，落实省委、省政府海洋经济发展部署，按照市委关于构建高质量现代海洋产业体系部署要求，厘清产业发展方向和重点，衔接“十四五”规划的任务目标，梳理重点工作、重点项目，加快编制深远海养殖、海洋生物资源综合利用等专项规划，着重补链、延链、扩链、强链，提升产业整体能级。要抓紧实施“1551”行动，围绕提高海洋资源开发利用能力这一目标，抓紧布局海上牧场、海洋药物、海洋生物制品、海洋健康食品、海产品初加工5个领域，实施资源供应扩增、企业引育发展、园区孵化集聚、创新转化示范、品牌创建提升5项工程，力争2030年全产业链产值突破1000亿元。要健全产业推进机制，完善专班推进、招商推进、项目推进3个机制，相关县（市、区）要按照“一产一策一专班、一规划一计划一方案、一产业一平台一园区一基金”要求，策划推进一批高质量的招商项目，组建服务专班，强化协调保障，形成推动海洋经济发展的强大合力。

“走读泉州古城”旅游体验师探秘计划启动

由泉州古城办、市文旅局主办的“走读泉州古城”旅游体验师探秘计划在市区苏廷玉故居启动，同时发布“#泉州古城太好逛了”话题挑战赛，活动当天话题量突破100万。活动邀请20余名百万“粉丝”大V、全国金牌导游、泉州金牌讲解员以及90名游客组成大众体验团参与，开启为期三天的“走读泉州古城”之旅，面向3000万“粉丝”发送“泉州古城云攻略”。为让体验团成员尽享泉州古城好风光，此次“走读泉州古城”旅游体验师探秘计划，精选“非遗瑰宝·活态古城”“世遗泉州·海丝古城”“寻味刺桐·烟火古城”三大主题精品路线，融合非物质文化遗产互动、街巷美食、“海上丝绸之路”研学、街拍打卡、古城夜游等体验方式，体验古城别样特色。

围绕“走读泉州古城”旅游体验师探秘计划，《泉州古城太好逛了》微综艺也同步开拍。第一期“穿越多元宇宙·探秘世遗”，全国金牌导游开启泉州世遗之旅探索任务，解锁千年古寺开元寺全新打卡方式——赏樱花、拍红墙，在清净寺的墙角寻找“萌宠守护犬”、到天主教堂拍美照。第二期，抖音美食达人开启“东北胃”遇上“泉州鲜”，走逛泉州古城经典街巷，挑战“80元吃遍古城”。第三期，马可·波罗“泉”记录，意大利籍达人扮演马可·波罗，解锁水密隔舱福船制造技艺，观看提线木偶戏，品赏“中国音乐活化石”——南音。

“走读泉州古城”旅游体验师探秘计划开营仪式
（图/庄丽祥）

7月15日

农历壬寅年六月十七
星期五
温度：28℃～34℃
多云

●继收听收看全省海上疫情防控工作视频会议后，全市视频会议召开，部署泉州市海上疫情防控工作。

●海洋经济产业发展专题会议召开，传达全省海洋经济发展征求意见视频会议精神，听取海洋经济产业发展小组和相关县（市、区）工作情况汇报，研究部署下阶段工作。

●由市创城办、市委宣传部、市委文明办、市残联等主办的“喜迎二十大，共建文明城”——泉州市文明旅游宣传志愿服务月启动仪式在洛江区虹山乡举行。

●由泉州古城办、市文旅局主办的“走读泉州古城”旅游体验师探秘计划在市区苏廷玉故居启动。

7月16日

农历壬寅年六月十八
星期六
温度：28℃～36℃
多云

●省长赵龙到安溪调研。

●2021年度泉州文学奖颁奖典礼暨2021年度泉州市作家协会新会员座谈会举行。

●以“拓局赢变，科技向未来”为主题的第十四届全国皮革科学技术会议暨第25届中国皮革协会科技委员会年会在晋江举行。

●16—17日，由丰泽区商务局指导，礼遇泉州、东海街道办事处主办的“爱泉州·大乐购”促消费暨泉州优品数字化工程服务进社区系列活动首场在丰泽区海景国际花园社区举行。

赵龙到安溪调研

省长赵龙到安溪调研，市长蔡战胜参加调研。在数字福建（安溪）产业园，赵龙到中国电影资料馆安溪数字资源中心IDC机房、数字修复室、数字编目室，了解数字备份、影像修复、电影文化推广与交流等情况。在影片鉴定放映室，赵龙观看老电影《永不消逝的电波》片段。赵龙指出，要活化利用电影数字资源宝库，挖掘数字化应用场景，借助数字中国建设峰会在福州举办和中国电影金鸡奖落户厦门的溢出效应，引进影视龙头企业和后期制作配套企业，培育壮大数字文化产业集群；要加大宣传策划推广力度，创新打造城市特色文化IP，把“电影修复技术在安溪”的品牌打出去。

赵龙到八马茶业国家非物质文化遗产铁观音技艺馆、生产车间，察看传统制茶工艺和自动化加工生产线，了解疫情汛情等对生产经营的影响和助企纾困政策落地情况。赵龙指出，要统筹做好茶文化、茶产业、茶科技这篇大文章，坚持绿色发展方向，以科技创新为支撑，加快数字化转型，做优特色品牌，促进茶旅融合，带动农民增收，打牢乡村振兴的基础。赵龙还考察安溪海峡两岸交流基地，强调要深化两岸文化交流合作，促进两岸同胞心灵契合，为推动两岸融合发展做出贡献。赵龙在调研中强调，要加快做大做强做优数字经济、海洋经济、绿色经济、文旅经济，推动高质量发展，加快建设现代化经济体系；要在上半年全省经济总体平稳的基础上，坚定信心，落实稳经济一揽子政策措施，保持经济运行在合理区间，实现全年目标，为全国大局做贡献；要抓好疫情防控、防汛防台风、安全生产等工作，防范化解风险，确保社会安定稳定。

2021年度泉州文学奖颁奖

2021年度泉州文学奖颁奖典礼暨2021年度泉州市作家协会新会员座谈会举行。泉州文学奖由市文联、泉州市作家协会主办，创办于2007年，每年评选十篇（部）文学作品。活动现场揭晓2021年度泉州文学奖评选结果，《父亲的债》（长篇小说，作者：张百隐）、《一块旧手表（外三首）》（诗歌，作者：尹继雄）、《大厝·三落刊》（长篇小说，作者：孙照宇）、《朱向前的皮卡车》（中篇小说，作者：李相华）、《剪一段闽南红》（散文，作者：郑红艳）、《落日，以及岸（组章）》（散文诗，作者：郑智得）、《功德圆满》（短篇小说，作者：傅友福）、《阮的乡里，阮的厝》（散文，作者：蔡景典）、《多少落花》（散文，作者：庄振加）、《绿色翅膀（组诗）》（诗歌，作者：黄育聪）等作品获奖。座谈会指出，希望作家“艺”心向党，提高政治站位，把握新时代文艺的前进方向，用实际行动贯彻落实省文代会的部署要求；潜心创作，讲好泉州故事，以文学的形式展现泉州历史之美、“世遗”之美、人文之美，开创泉州文学事业新局面。

泉州市作家协会2021年度新会员座谈会现场（图/陈智勇）

泉州优品数字化工程服务进社区系列活动启动

16—17日，由丰泽区商务局指导，礼遇泉州、东海街道办事处主办，福建银联泉州业务部、泉州市电子商务协会等协办的“爱泉州·大乐购”促消费暨泉州优品数字化工程服务进社区系列活动首场在丰泽区海景国际花园社区举行。参与首场进社区系列活动的现场商家共12家，涵盖食品、餐饮、家具、生活服务、汽车保养等多个领域，均是礼遇平台的入驻商家。

2022年福建省大学生军事技能比武活动在泉州举行

15—17日，由省教育厅、省军区政治工作局主办，仰恩大学承办的2022年福建省大学生军事技能比武活动在仰恩大学举行。全省58所高校460余名师生参加活动。

此次大学生军事技能比武活动设置识图用图、轻武器分解结合、战场医疗救护、单兵战术基础、电磁频谱管控、手榴弹定点投掷六个课目的比赛。举办大学生军事技能比武活动，是贯彻党的教育方针和新时代军事战略方针，落实立德树人根本任务的重要举措，也是落实教育部、中央军委国防动员部印发的《普通高等学校军事课教学大纲》要求，更是对福建省大学生军事课教学质量和军事训练成果的一次集中检阅。大学生军事技能比武活动已连续举办五届，得到各高校的重视和学生的喜爱，成为福建高校开展国防教育、培育青年学生的一个重要载体和亮点品牌，也成为"文明其精神，野蛮其体魄"在高校落地的最生动实践，展现福建师生热爱国防、崇军尚武的使命意识。

2022年第六届福建省青少年网球排名赛晋江站举行

12—17日，2022年第六届福建省青少年网球排名赛晋江站举行。2022年第六届福建省青少年网球排名赛包括福州站、晋江站、厦门站比赛。晋江站是赛事的第二站，根据参赛年龄分为甲组（标准网球）、乙组（标准网球）、丙组（标准网球）、丁组A（短式网球）、丁组B（短式网球）五个组别，以循环赛和淘汰赛的方式进行。福州站及晋江站累计积分排名作为福建省第十七届运动会青少年部社会俱乐部组网球比赛种子设定依据。晋江站比赛吸引全省各地近400名运动员参赛。泉州体工队网球选手在单打方面独揽女单甲组、女单乙组、男单丙组、女单丙组、男单丁组A5块金牌。双打方面，泉州选手获3项冠军。

首届泉州市青少年航天创新大赛举行

由市科协、市教育局主办的，以"崇尚科学、逐梦航天"为主题的首届泉州市青少年航天创新大赛在泉州市科技馆旧馆举行。此次大赛以"崇尚科学、逐梦航天"为主题，设置月球探索创新赛、未来太空工程挑战赛、北斗创造美好生活创意赛、太空之旅机器人竞技赛、星球资源运输挑战赛5个竞赛项目，全市312支队伍、451名学生参赛。经过比拼，选拔出一等奖29队、二等奖77队、三等奖107队。

首届泉州市青少年航天创新大赛现场（图/市科协）

"金秋助学爱心圆梦"壬寅年"日行一善·观音卡"助学活动举行

由市民宗局、市总工会、泉州晚报社、泉州广播电视台指导，泉州少林寺、泉州农商银行主办，丰泽区教育局、东湖街道办事处、泉州微公益协会等协办的"金秋助学爱心圆梦"壬寅年"日行一善·观音卡"助学活动暨泉州少林寺复建三十周年系列活动在市区少林寺举行。2022年是"日行一善·观音卡"助学活动举办的第七年。活动现场，受助学生代表在工作人员的引导下有序上台领取助学金。主办方勉励各位受助学子，要把社会各界的关爱转化为自强不息、立志成才的动力，把感恩之情转化为回报社会、建设祖国的具体行动，主动奉献青春智慧、创造青春业绩、谱写青春华章。整场活动在泉州农商银行员工《不忘初心》的合唱声中结束。

7月17日

农历壬寅年六月十九
星期日
温度：28℃～35℃
多云

●15—17日，由省教育厅、省军区政治工作局主办，仰恩大学承办的2022年福建省大学生军事技能比武活动在仰恩大学举行。

●12—17日，2022年第六届福建省青少年网球排名赛晋江站举行。

●由市科协、市教育局主办的，以"崇尚科学、逐梦航天"为主题的首届泉州市青少年航天创新大赛举行。

●由市民宗局、市总工会、泉州晚报社、泉州广播电视台指导，泉州少林寺、泉州农商银行主办的"金秋助学爱心圆梦"壬寅年"日行一善·观音卡"助学活动暨泉州少林寺复建三十周年系列活动在市区少林寺举行。

7月18日

农历壬寅年六月二十
星期一
温度：27℃～32℃
多云

●省委常委、市委书记刘建洋到市消防救援支队调研消防安全工作，并主持召开座谈会，对全市应急管理工作再部署再推进。

●市政府党组（扩大）会议召开，研究贯彻省政府主要领导到泉州调研部署精神。

●市政府党组理论学习中心组（扩大）学习会召开，邀请招商银行首席经济学家丁安华做宏观经济与金融专题报告。

刘建洋调研消防安全和应急管理工作

省委常委、市委书记刘建洋到市消防救援支队调研消防安全工作，并主持召开座谈会，对全市应急管理工作再部署再推进。市领导施宇辉、肖进才参加活动。刘建洋观摩消防器材装备、搜救犬队伍，到支队指挥中心了解消防站点规划建设，并与部分基层消防大队视频连线，询问值班值守、火灾处置等情况。刘建洋希望消防救援队伍继续发扬艰苦奋斗精神，坚守岗位、值守一线，加强火灾隐患排查和消防宣传教育，对突发火情做到早发现、快处置，在做好自身防护的同时，保障人民群众生命财产安全。

座谈会上，刘建洋听取全市应急管理、安全生产、消防救援、防震减灾等工作情况汇报。刘建洋强调，各级各部门要学习贯彻习近平总书记关于安全生产重要论述，按照“疫情要防住、经济要稳住、发展要安全”要求，落实全国、全省安全生产电视电话会议部署，统一思想、提高认识，增强守护一方安全的责任感使命感，保持战战兢兢、如履薄冰的高度警觉，用辛勤付出和无私奉献换取城市安宁、群众安全。要聚焦重点、补齐短板，完善标本兼治、常态长效的机制。推动源头治理、系统治理、综合治理，健全风险滚动排查、专项整治治理、重大隐患挂牌督办、安全标准化提升、预警预报、执法检查、考评考核等机制，通过行政力量、专业力量和社会力量相协同，单位自查与随机抽查相结合，全方位、全过程、全覆盖排查整治消防安全、道路交通、危化品、建筑施工、自建房、防灾减灾等重点领域风险隐患，加快推进园区标准化建设专项行动，从根源上解决安全隐患和环境污染问题，补短板、强弱项、扬优势、固根基。要落实责任、夯实基础，筑牢安全生产防控体系。压紧压实党政领导责任、属地管理责任、部门监管责任、企业主体责任，落实“管行业必须管安全、管业务必须管安全、管生产经营必须管安全”要求，分清责任、闭环管理、穿透落实，用好用活“党建+”邻里中心、“综治+”治理中心等载体平台，普及安全生产知识，增强群众防范风险意识。

市政府党组（扩大）会议召开

市政府党组（扩大）会议召开，研究贯彻省政府主要领导到泉州调研部署精神。

会议强调，要落实省委、省政府部署要求，贯彻省长赵龙到泉州调研部署精神，高效统筹疫情防控和经济社会发展，统筹发展和安全，提高效率、提升效能、提增效益。要加密加强经济运行调度，市、县合力抓好要素保障、政策支持，增强预期、传递信心，确保经济运行下半年比上半年好。要统筹城市建设与产业布局，建园区、招项目、用金融、搭平台，“一产一策”推动产业转型升级，按照市委产业发展部署，抓好强链延链补链，发展数字经济，实施“绿色数字技改”，加快推动产业数字化、数字产业化，培育壮大数字文化产业。要整镇推进乡村振兴，落实耕地保护制度和粮食安全责任制，做强茶叶、果蔬等特色现代农业，推进一、二、三产融合发展，加快建设宜居宜业美丽乡村。要做好对台“通”“惠”“情”三篇文章，拓展泉州和台湾产业合作，完善保障台胞福祉和享受同等待遇的措施，吸引更多台湾青年到泉州学习实习、就业创业。要守住守牢安全发展底线，按照“快准严实细”要求，落实“内紧外稳”“平战结合”疫情防控措施，开展安全生产百日攻坚行动，疏堵结合推进“两违”整治，严防环保、能源、金融、房地产等领域风险发生，确保社会安定稳定。

市政府党组理论学习中心组（扩大）学习会召开

市政府党组理论学习中心组（扩大）学习会召开，邀请招商银行首席经济学家丁安华做宏观经济与金融专题报告。丁安华用通俗易懂的语言和丰富翔实的事例，对货币、财政、金融等政策进行解读，并就全球资本市场走势和中国经济展望发表自己的观点。

“世界遗产城市可持续保护与发展”国际学术研讨会在泉州举行

由联合国教科文组织国际文化遗产保护与修复研究中心·亚洲遗产管理学会、中国城市规划学会城市规划历史与理论学术委员会、中国城市规划学会历史文化名城规划学术委员会、泉州城市规划设计集团有限公司主办的“世界遗产城市可持续保护与发展”国际学术研讨会在泉州举行，国内外数十位专家、学者与会。此次研讨会线下选址在世界文化遗产点——泉州南外宗正司遗址里的陈列馆，并通过线上直播方式，让会场外观众也能全程参与。研讨会由东南大学建筑学院、中国城市规划设计研究院历史文化名城研究所提供学术支持。研讨会上，各国专家、学者围绕“世界遗产城市可持续保护与发展”主题，从“气候变化条件下滨海遗产城市的保护与应对策略”“滨海历史景观对城乡可持续发展的意义与价值”“亚洲城市化背景下滨海遗产城市保护与发展的国际合作”“文明互鉴视角下的泉州世界遗产城市：特色与典范”4个议题方向进行论述。

国际古迹遗址理事会（ICOMOS）副主席、中国古迹遗址理事会（ICOMOS—CHINA）副理事长、山东大学文化遗产研究院特聘教授姜波；中规院历史文化名城研究所所长、中国城市规划学会历史文化名城规划学术委员会秘书长鞠德东；马来西亚槟城LAURENCE LOH建筑师事务所负责人、联合国教科文组织亚太地区文化遗产保护奖获得者陆兆禧；泉州城市规划设计集团有限公司副总经理林劲松等7位主题报告者对会议核心问题进行专业阐述，展现东亚滨海历史城市的多样性和地域性特征。活动期间，泉州城建集团分别与东南大学建筑学院和中国城市规划设计研究院历史文化名城研究所签订战略合作协议，重点在泉州探索设立世界遗产城市保护与可持续发展工作室、泉州古城保护传承工作室，提升泉州城市规划设计服务水平。

“世界遗产城市可持续保护与发展”国际学术研讨会项目签约仪式
（图/游怡冰 蔡凯霖）

省运会社会俱乐部组轮滑冰球比赛在洛江举行

19—22日，福建省第十七届运动会（以下简称“省运会”）社会俱乐部组轮滑冰球比赛在洛江举行，这是省运会首次设置冬季项目。省运会社会俱乐部组轮滑冰球比赛分为甲、乙两组，采用单循环赛制，福州、厦门、泉州、漳州、莆田、龙岩、南平、宁德以及平潭综合实验区的9支队伍近200名青少年运动员参加。

华侨大学泉州古城遗产保护与利用研究基地成立

鲤城区政府和华侨大学共建的华侨大学泉州古城遗产保护与利用研究基地在鲤城区金刚巷42号揭牌成立。鲤城区与华侨大学签订“泉州古城遗产保护与利用研究基地合作共建框架协议”。双方将以基地为依托，发挥各自优势，通过遗产保护利用专题研究、空间环境提升整治设计工作营等多种形式，动员社区居民共同参与、共同推动古城保护利用，实现技术服务、成果孵化及人才培养三大功能，为创建“世界遗产保护利用典范城市”贡献更大力量。现场还为华侨大学“守望乡筑”古建保护服务团授旗，该公益团队多年来专注古建筑修缮保护，形成完备的发展闭环。他们将入驻基地，通过实地调研，为鲤城提供更加科学的古建筑保护方案及技术指导。

7月19日

农历壬寅年六月廿一
星期二
温度：27℃～31℃
多云

●由联合国教科文组织国际文化遗产保护与修复研究中心·亚洲遗产管理学会、中国城市规划学会城市规划历史与理论学术委员会、中国城市规划学会历史文化名城规划学术委员会、泉州城市规划设计集团有限公司主办的“世界遗产城市可持续保护与发展”国际学术研讨会在泉州举行。

●19—22日，福建省第十七届运动会社会俱乐部组轮滑冰球比赛在洛江举行。

●民进泉州市委会在市区笋江公园举行“喜迎二十大·奋进新征程”百人万步健跑活动。

●鲤城区政府和华侨大学共建的华侨大学泉州古城遗产保护与利用研究基地在鲤城区金刚巷42号揭牌成立。

7月20日

农历壬寅年六月廿二
星期三
温度：27℃～33℃
小雨转晴

●市委常委会召开会议，学习贯彻习近平总书记给参加海峡青年论坛的台湾青年回信、给中国国家博物馆的老专家回信、向世界互联网大会国际组织成立致贺信、对机关事务工作的重要指示精神等。

●省委常委、市委书记刘建洋在全市乡镇（街道）党政正职能力建设专题培训班开班式上做专题辅导报告。

●全市密闭空间经营场所疫情防控专项整治行动推进会召开。

●全省首支设区市退役军人志愿服务队——泉州市退役军人志愿者服务队在丰泽区红星宝珊爱国教育产业园成立。

市委常委会学习习近平总书记重要指示精神

市委常委会召开会议，学习贯彻习近平总书记给参加海峡青年论坛的台湾青年回信、给中国国家博物馆的老专家回信、向世界互联网大会国际组织成立致贺信、对机关事务工作的重要指示精神，传达中共中央政治局常委、全国政协主席汪洋出席第十四届海峡论坛和在福建考察时讲话要求，传达全国安全生产电视电话会议精神。

会议强调，要学习贯彻习近平总书记关于对台工作的重要论述，贯彻新时代党解决台湾问题的总体方略，按照党中央决策部署和省委工作要求，融入海峡两岸融合发展示范区建设，做“通”“惠”“情”文章，为促进祖国统一大业做出新贡献。要发挥泉州对台独特优势，做好金门供水安全保障，扩大同等待遇清单范围，实施海峡两岸闽南文化溯源交流工程，深化泉州和台湾在电子信息、精细化工、工业设计、现代农业等领域合作。要增进泉州和台湾青年交流交往、互学互鉴，提供发展空间和便利条件，吸引更多台湾青年到泉州学习实习、就业创业。要学习贯彻习近平总书记关于文博工作的重要指示精神，传承好利用好“泉州：宋元中国的世界海洋商贸中心”系列遗产，加强文物藏品的研究阐释、展示展览、对外交流等，推动文博事业高质量发展。要学习贯彻习近平总书记致世界互联网大会国际组织成立的贺信精神，推进数字泉州建设，做大做强数字经济，深化网络空间生态治理，让互联网发展成果更好造福人民。要学习贯彻习近平总书记对机关事务工作做出的重要指示精神，坚持以政治建设为统领，健全完善体制机制，提升工作质效，推动泉州市机关事务工作再上新台阶。要落实全国、全省安全生产电视电话会议部署，保持如履薄冰的高度警觉，抓好安全生产工作。要开展“安全检查百日大会战”，聚焦消防安全、道路交通、危化品、建筑施工、自建房、防汛防台风等重点领域，健全风险滚动排查、专项整治治理、重大隐患挂牌督办等机制，提升安全生产监管水平，最大限度减少事故发生。要压紧压实安全生产责任，管行业必须管安全、管业务必须管安全、管生产经营必须管安全，注重人防、物防、技防相结合，筑牢安全生产防控体系。

刘建洋为全市乡镇（街道）党政正职做专题辅导

省委常委、市委书记刘建洋在全市乡镇（街道）党政正职能力建设专题培训班开班式上做专题辅导报告。市领导施宇辉、卢秀萍参加活动。

刘建洋指出，要做发展的开路人，聚焦项目攻坚和抓城建提品质、抓开放招商促项目落地、工业（产业）园区标准化建设“1+3”专项行动，统筹推进复工复产、满工达产、增资扩产、提质强产，夯实“强产业、兴城市”双轮驱动的基石。因地制宜做强做优特色优势产业，结合资源禀赋、区位优势和历史积淀，宜工则工、宜农则农、宜商则商、宜游则游，培育更多一镇一业、一村一品。分类施策做精做美小城镇和新农村，坚持产业培育、基础设施、公共服务配套、生态环境“四个优先”，加快美丽乡村建设，全域统筹整治违章搭建、裸房和提升农村人居环境，延续历史文脉、守好绿水青山，做到精心规划、精致建设、精细管理、精美呈现、精明增长。要做一方的守夜人，防范化解疫情防控、安全生产、信访维稳等各类风险挑战，把底数摸清、情况搞明、原因分析透，提高应急处突能力水平，确保“心中有数、遇事不慌、处置果断”。要做群众的贴心人，践行为民宗旨，走遍自然村、网格点、重点企业项目、风险隐患点，结合“党建+”邻里中心、“综治+”治理中心建设，整合资源、融合功能、协同力量，依靠群众、服务群众、凝聚群众、动员群众，办好民生实事，解决好群众急难愁盼问题。要做班子的带头人，严守纪律规矩，带头廉洁自律，推动全面从严治党向纵深发展。与最优者“对标”、与最强者“比拼”、与最快者“赛跑”，以更高政治站位、更强素质能力，把上级党委、政府的各项决策部署穿透落实到“最后一公里”。

市人大常委会举办“新时代人大经济工作监督”专题讲座

市人大常委会举办“新时代人大经济工作监督”专题讲座。市人大常委会主任李建辉，副主任吴友才、黄阳春、樊美清、赖清正，秘书长颜朝晖参加讲座。讲座上，全国人大常委会委员、省人大常委会原副主任邓力平教授，从经济监督工作指导思想、《全国人民代表大会常务委员会关于加强经济工作监督的决定》修订具体内容等方面，详述新时代人大开展经济监督工作面临的新形势和新任务。讲座内容丰富、生动翔实，对市人大常委会增强依法履职能力水平、推进全过程人民民主、提升经济监督工作质效具有很强的指导意义。大家纷纷表示，将学习贯彻习近平总书记关于当前经济工作的重要论述，增强做好人大经济工作监督的责任感、使命感、紧迫感，在经济监督工作中做到正确监督、有效监督、依法监督，以更好的履职成效助力泉州市“强产业、兴城市”双轮驱动。

泉州市优秀传统文艺示范基地揭牌

福建省首批新时代特色文艺示范基地之一——泉州市优秀传统文艺示范基地揭牌，市委常委、宣传部部长、统战部部长陈辉宗和省文联有关领导参加。市文联直属的泉州市优秀传统文艺示范基地位于泉州非物质文化遗产馆，场馆建筑面积8523.6平方米，2019年11月投入使用。基地陆续开展非物质文化遗产“六进”、非物质文化遗产小课堂、非物质文化遗产剧场展演等文化惠民活动，发挥收藏、展示、培训、研究、交流等功能，取得较好的社会效益。福建省新时代特色文艺示范基地由省委宣传部和省文联评选授牌，除泉州市优秀传统文艺示范基地外，泉州市还有永春文艺展厅、晋江市书法创作基地、南安市英都摄影创作基地、惠安县聚龙小镇文艺创作基地、石狮灯谜创作基地、德化县陶瓷文艺创作交流中心入选。

“中国肿瘤学大会科普中国行·泉州站”系列活动举行

以“红船领航 健康强国”为主题的“中国肿瘤学大会科普中国行·泉州站”系列活动在泉州市光前医院举行。此次活动包括大型科普巡讲、义诊及学术交流会。在科普巡讲中，4位国科大肿瘤医院专家以深入浅出的宣教方式向与会医护人员、患者及患者家属科普乳腺癌、鼻咽癌、淋巴肿瘤及肺小结节的预防、治疗及康复。近50名群众通过该院预约平台到院得到义诊。

原创闽南语歌曲《世遗泉州》MV首发

泉州知名音乐人苏世洪通过朋友圈发布原创闽南语歌曲《世遗泉州》MV首发消息。《世遗泉州》歌词以划桨行船开篇，沿江到海，山海互动，贯穿其中。22个泉州遗产点分成三个部分介绍，每个部分都以“双桨置手中摇啊摇，船行到……”为引子，第一部分是前三段介绍鲤城区的8个遗产点，第二部分四五段是丰泽区的4个遗产点，第三部分整合展示分散在各县（市、区）的其他遗产点。除遗产点，MV中还能看到泉港晒盐场、惠安崇武古城、永春晒香等场景，以及金门县的“身影”。作为土生土长的泉州人，苏世洪将对闽南文化和音乐的热爱融入歌曲唱作中，用具有个人特色的表达方式、多样的音乐风格，创作了许多包含闽南文化、历史人文、市井生活的歌曲。苏世洪2014年发行的歌曲《在外咱厝人》引起许多在异地他乡拼搏的泉州籍乡亲的共情，特别在东南亚地区广为流传，这首歌的点击量一周有两百万次，发行以来点击量达五六亿次。2014年以来，苏世洪已经创作制作上百首歌曲，词曲编录混一肩挑，是业界认可的“多产”唱作人。2017年、2019年、2020年分别发行专辑《非浪漫主义诗人》《身在此城中》《己丑》。

7月21日

农历壬寅年六月廿三
星期四
温度：26℃～35℃
多云转晴

● 市人大常委会举办“新时代人大经济工作监督”专题讲座。

● 福建省首批新时代特色文艺示范基地之一——泉州市优秀传统文艺示范基地揭牌。

● 以“红船领航 健康强国”为主题的“中国肿瘤学大会科普中国行·泉州站”系列活动在泉州市光前医院举行。

● 原创闽南语歌曲《世遗泉州》MV首发。

7月22日

农历壬寅年六月廿四
星期五
温度：27℃～36℃
晴转多云

●由泉州市政府主办、泉州市数字办和昆仑芯（北京）科技有限公司承办的“数字中国·对话未来——泉州之夜”论坛在福州举行。

●2022年上半年全市经济运行分析视频会召开。

●22—24日，市人大常委会主任李建辉到安溪、晋江等地开展“万名干部进万企、一企一策促发展”专项行动调研。

●市长蔡战胜在全市乡镇（街道）党政正职能力建设培训班上做专题辅导报告。

●由中国电影家协会、省电影局、市委宣传部主办，中国文联电影艺术中心，中国电影家协会电影文学创作委员会，鲤城区委、区政府，深圳市吉祥文化传媒有限公司承办的“2022中国电影编剧周”在泉州启动。

“数字中国·对话未来——泉州之夜”论坛在福州举行

由泉州市政府主办、泉州市数字办和昆仑芯（北京）科技有限公司承办的“数字中国·对话未来——泉州之夜”论坛在福州举行。省委常委、泉州市委书记刘建洋，泉州市市长蔡战胜，福州市人大常委会党组书记、主任张忠，泉州市委常委、秘书长施宇辉，泉州市副市长刘林霜，泉州市各县（市、区）、泉州开发区、泉州台商投资区相关负责人以及企业、高校、科研院所、行业协会的近50名专家代表与会。

刘建洋在致辞中指出，2022年是“晋江经验”提出20周年，泉州市围绕省委赋予的勇当全方位推进高质量发展超越主力军、建设21世纪“海丝名城”目标定位，传承弘扬“晋江经验”，加快数字化转型发展，为实施“强产业、兴城市”双轮驱动注入新动力、创造新价值。希望大家通过这场论坛，碰撞创意灵感，擦出商机火花，深度参与数字福建、数字泉州建设。泉州将以最真的诚意、最优的政策、最好的服务，提供一流营商环境，共享发展机遇，共创数字明天。蔡战胜在致辞中表示，泉州是一片充满活力、商机和希望的热土，产业数字化、数字产业化方兴未艾。欢迎更多企业到泉州投资兴业，深度参与泉州数字经济发展浪潮，实现互利共赢；也欢迎大家到泉州走走看看，沉浸式体验“泉州：宋元中国的世界海洋商贸中心”世界遗产地的魅力。

此次论坛以“芯之所向，数智未来”为主题。论坛上，泉州市政府分别与昆仑芯科技、中国联通福建分公司签订框架协议、战略合作协议，并集中签约一批数字经济重点项目。签约项目涵盖智慧物流、电子商务、智能制造等领域，包括中硼药玻零碳智慧工厂、圆通智慧供应链创新中心暨福建总部基地项目、泉州市鲤城区鞋捕头数字电商科创城、永春良塑科技工厂项目、泉州市云箭测控导航产业化项目和星辰云仓智慧仓储物流园等，总投资98亿元，成为此次论坛的一大亮点。昆仑芯科技首席执行官欧阳剑致辞；美国工程院院士、美国艺术与科学院院士陈世卿，百度飞桨总架构师于佃海，国家对地观测科学数据中心主任李国庆，曙光信息产业股份有限公司副董事长关宏明分别做主题分享。“共拓未来城市数智发展之路”主题圆桌论坛同时举行，专家学者、企业代表围绕人工智能、大数据、智能芯片等数字经济关键要素和热门话题展开对话交流，共话泉州未来城市数智发展之路。

“2022中国电影编剧周”在泉州启动

由中国电影家协会、省电影局、市委宣传部主办，中国文联电影艺术中心，中国电影家协会电影文学创作委员会，鲤城区委、区政府，深圳市吉祥文化传媒有限公司承办的“2022中国电影编剧周”在泉州启动。启动仪式由导演江平和泉州籍演员龚蓓苾主持，知名编剧及导演代表史建全、梁明、赵宁宇，第十二届“‘中国影协杯’年度十佳电影剧作”获得者代表万玛才旦、王丽娜等出席活动。为更好地团结电影编剧、交流创作经验、鼓励优秀人才、推介优秀作品、引导电影创作，主办单位启动“中国电影编剧周”活动，以“编剧”为核心，邀请电影界知名编剧、导演、演员、制片人、作家，以及有一定发展潜力的青年编剧参与，为中国电影编剧交流与发展搭建平台，为优秀电影剧本创作和产业化提供帮助和支持。活动现场公布“第十二届‘中国影协杯’年度优秀电影剧作”推选结果，《夺冠》《一秒钟》《送你一朵小红花》等十部电影获“年度十佳电影剧作”荣誉。启动仪式后，与会编剧代表还参与世界文化遗产采风活动。

2022中国电影编剧周启动仪式（图/殷斯麒 钱安宁）

泉州市政府承办第五届数字中国建设峰会网络安全论坛

由国家网信办、省政府主办，国家网信办网络安全协调局、省网信办、泉州市政府承办的第五届数字中国建设峰会网络安全论坛在福州举行。与会嘉宾围绕“守护云服务安全 护航数字中国建设”这一主题进行交流分享，为云计算服务安全建言献策。国家网信办副主任盛荣华，省委常委、宣传部部长张彦出席论坛并致辞。泉州市市长蔡战胜出席并发表主旨演讲，泉州市委常委、宣传部部长、统战部部长陈辉宗参加论坛。

盛荣华指出，中国网络安全保障体系不断完善，防护能力明显提升，人民群众合法权益得到有力维护。盛荣华就共筑云服务安全屏障，助力数字化发展进程，提出四点建议。一是夯实法治基础，深化网络安全法治建设；二是聚焦关键领域，强化网络安全防护能力；三是加快融合发展，培育网络安全良好生态；四是突出风险防范，构建网络安全保障体系。张彦指出，福建是数字中国建设的实践起点。希望通过此次论坛，汇聚政府、学者、企业等各方智慧和力量，强化网络安全主体责任意识，强化网络安全自主创新、自立自强，强化产业深度融合、做大做强做优数字经济，共同为建设网络强国、数字中国、智慧社会贡献更大力量。蔡战胜表示，泉州数字经济规模不断壮大，数字融合应用不断拓展，信息基础设施不断完善，管网治网水平不断提升，欢迎各位专家、企业家深度参与数字泉州建设，共同开创网络安全和信息化工作新局面。

论坛上，中国工程院院士沈昌祥、中国科学院院士王小云，国家网信办网络安全协调局、国家电网大数据中心负责人，以及相关网络安全企业负责人分别发表主旨演讲，网络安全领域专家学者进行圆桌对话。论坛前还举行网信产业合作签约仪式，现场达成16份战略合作协议，总投资超17亿元，其中涉及泉州项目11个，内容涵盖数据交换、平台建设、技术创新、基础建设、产权保护、数字化转型等方面。

泉州市11个项目在第五届数字中国建设峰会上签约

第五届数字中国建设峰会网信产业合作签约仪式在福州举行，包括“泉州企业产业权益保护平台”“众鑫纺织5G+智慧工厂”“泉州市政务云平台EC产业园数据中心商用密码资源池”在内的泉州市11个项目签约。其中，泉州数字云谷与泉州大数据运营服务公司就泉州政务云平台EC产业园数据中心商用密码资源池建设达成合作协议。双方将通过投资建设的方式，对政务数据在政务云平台的传输、储存等环境进行加密和安全防护，以增加政务数据的保密性、完整性。中国移动泉州分公司此次有“众鑫纺织5G+智慧工厂”“泉州加来盟鞋业5G+人机协同生产智慧园区”等3个项目签约。该公司副总经理黄飞舟表示，公司将发挥央企的技术实力和科技能力，依托良好的5G网络和光网络技术，和合作伙伴紧密合作，共同服务好泉州传统产业的数字化转型，为泉州下一步的产业转型和提升发挥更大作用。市网信办相关负责人表示，第五届数字中国建设峰会的举办，为泉州市数字经济发展带来良好契机，推动网信产业规模不断壮大。期待签约各方发挥各自在行业、地区、技术等方面的优势，开展深度合作，为推进网络强市、数字泉州、智能社会建设，注入新活力，增添新动能，实现新发展。

第四届福建省“读中华经典 颂时代华章”诵读比赛泉州赛区选拔赛举行

由市文旅局主办、市图书馆承办的“踔厉奋发向未来”第四届福建省“读中华经典 颂时代华章”诵读比赛泉州赛区选拔赛在市图书馆举行。经过角逐，一批优秀选手脱颖而出参加全省决赛。活动启动以来，得到各县（市、区）公共图书馆积极响应，共有14个馆参与，征集到1493个参赛作品。市图书馆邀请权威专家评委对各馆推荐的优秀作品进行线上作品初评，少年组16个优秀作品、成年组11个优秀作品入围泉州赛区线下选拔赛。

7月23日

农历壬寅年六月廿五
星期六
温度：27℃～37℃
多云

●由国家网信办、省政府主办，国家网信办网络安全协调局、省网信办、泉州市政府承办的第五届数字中国建设峰会网络安全论坛在福州举行。

●第五届数字中国建设峰会网信产业合作签约仪式在福州举行，泉州市11个项目签约。

●由市文旅局主办、市图书馆承办的“踔厉奋发向未来”第四届福建省“读中华经典 颂时代华章”诵读比赛泉州赛区选拔赛在市图书馆举行。

●由晋江市工信局、人社局和总工会主办的晋江市首届企业人力资源管理专业职业技能竞赛举行。

●德化泰伯书院揭匾仪式在德化县盖德镇有济村举行。

7月24日

农历壬寅年六月廿六
星期日
温度：27℃～36℃
多云转晴

●24—25日，江西省抚州市党政代表团到泉州考察。考察期间，泉州市与抚州市签订对口合作框架协议。

●由市委宣传部和市社科联主办的《泉州与世界海洋文明》出版和赠书活动举行。

●由中国海外交通史研究会、市文旅局主办，泉州海外交通史博物馆与泉州师范学院泉州文化遗产研究院承办的世界遗产地博物馆城市学术研讨会在泉州海外交通史博物馆举行。

●由市委宣传部、市文旅局、丰泽区政府主办的“四朵金花”2022年“世遗”泉州时尚文化艺术季开幕式在泉州大剧院举行。

●“红土情深·嘉游赣”2022年赣州红色文化旅游推介会在泉州举行。

《泉州与世界海洋文明》出版和赠书活动举行

由市委宣传部和市社科联主办的《泉州与世界海洋文明》出版和赠书活动举行。市委宣传部和市社科联邀请专家学者编撰出版《泉州与世界海洋文明》研究文集，既系统性梳理泉州海洋文化的传承脉络，也为新时代向全世界讲好海丝泉州故事提供新注解。主办方邀请国内在海洋文明研究方面有造诣的专家学者参与这项工作，从世界、中国、泉州三个维度及其相互关系考察和论述海洋文明，选辑的20篇文章，有的从宏观上论述中国海洋文明与世界海洋文明的关系，论述泉州海外交通与中国和世界海洋文明的历史概况；有的论述世界遗产“泉州：宋元中国的世界海洋商贸中心”对世界海洋文明价值主题的贡献。

《泉州与世界海洋文明》出版和赠书活动现场（图/洪　旭）

世界遗产地博物馆城市学术研讨会在泉州举行

由中国海外交通史研究会、市文旅局主办，泉州海外交通史博物馆与泉州师范学院泉州文化遗产研究院承办的世界遗产地博物馆城市学术研讨会在泉州海外交通史博物馆举行，国内数十位专家学者、文博工作者共同探讨世界文化遗产与城市发展、文旅融合及博物馆发展等事项。研讨会上，专家学者围绕“世界遗产与城市发展”主题，从“世界文化遗产与城市发展”“世界文化遗产与文旅融合”“世界文化遗产与博物馆发展”3个议题方向进行具体论述。

2022年“世遗”泉州时尚文化艺术季开幕

由市委宣传部、市文旅局、丰泽区政府主办的“四朵金花”2022年“世遗”泉州时尚文化艺术季开幕式在泉州大剧院举行。随后举行的“世遗霓裳”跨界设计秀是此次时尚文化艺术季的重头戏，国际知名时装设计师、艺术家和泉州木偶艺术、金苍绣大师跨界携手，为泉州非物质文化遗产传承创新发展带来新的探索。“世遗霓裳”跨界设计秀分三幕呈现。

第一幕《偶遇》，由中国雕刻艺术大师、非物质文化遗产木偶大师及国际知名时装设计师跨界合作，知名泉州籍舞者与木偶传承人演绎。中国雕刻艺术大师黄清辉创作了郑成功、雷公和小旦等木偶头，与时装设计融合，呈现在舞台上。第二幕《指尖上的鎏金岁月》，为金苍绣高定设计秀，由国际知名时装设计师与国际知名艺术家联手金苍绣大师跨界打造。13套系列非物质文化遗产跨界高定服装，设计师采用金苍绣元素，结合古董老绣片等特殊材料，实现多元素融合设计，形成穿透古时与今朝、跨越世俗与文雅的魅力。第二幕和第三幕转场时，清净寺轮廓的雕塑出现在舞台背景，模特身着22处遗产点设计服饰从门洞走出。沙画创作者绘制出22个遗产点，南音传承人在纱幕后演奏南音乐器洞箫，灯光打出剪影，将“世遗”泉州氛围感贯穿全场。第三幕《刺桐迷城》，众多泉州文化遗产在这场跨界设计秀中得到展示。国际知名时装设计师刘思聪、福建省美协新文艺群体艺委会副主任兼秘书长张及时以泉州22处世界遗产点和泉州非物质文化遗产等元素进行沙画创作及服装设计，共同演绎一场美术与服装艺术融合的立体化、沉浸式时尚大秀。

“世遗霓裳”跨界设计秀现场（图/陈智勇）

全市开放招商领导小组会议召开

全市开放招商领导小组会议召开。会议指出，要坚持问题导向，聚焦“8+4”产业体系架构，围绕传统优势产业转型升级、战略性新兴产业集群集聚、未来新经济新动能培育壮大，结合资源禀赋、区位优势和历史积淀，久久为功、持续加力强链补链延链。坚持目标导向，存量增量一起抓，深化“万名干部进万企、一企一策促发展”活动，鼓励企业加快物理空间、生产工艺技术“双改造、双提升”，推进增资扩产、提质强产；紧盯上市企业、头部企业、高校院所等，引资引智引技相结合，突破落地一批大项目好项目。坚持结果导向，狠抓项目全生命周期管理、要素全方位保障，推动在谈项目早签约、签约项目早开工、开工项目早投产、投产项目早达产。

“泉州世界遗产日”主题活动启动

“泉州：宋元中国的世界海洋商贸中心”申报世界遗产成功一周年和首个“泉州世界遗产日”，“泉州世界遗产日”主题活动在泉州府文庙启动。此次活动以“社会共建、人民共享”为主题。活动主会场位于泉州府文庙广场，武术表演《南少林雄风》、闽南民间歌舞《大踩街》、提线木偶表演《四将开台》等轮番上演。现场分别为泉州遗产义务巡查员代表、检察护宝公益诉讼观察员颁发聘书、证书。主会场全天候开展遗产展、灯谜竞猜、普法宣传、VR体验、海丝主题文创展、遗产旅游体验等活动，当晚还有“世遗”之夜文艺演出。

“泉州世界遗产日”主题活动启动仪式（图/吴寿民）

泉州：宋元中国的世界海洋商贸中心金银纪念币发行

中国人民银行发行世界遗产（泉州：宋元中国的世界海洋商贸中心）金银纪念币一套。该套金银纪念币共4枚，其中金质纪念币2枚、银质纪念币2枚，均为中华人民共和国法定货币。

世界遗产（泉州：宋元中国的世界海洋商贸中心）金银纪念币正面图案均为中华人民共和国国徽，并刊国名、年号，背面图案则各有特色，并刊“泉州：宋元中国的世界海洋商贸中心”字样及面额。其中，150克圆形金质纪念币，背面图案为泉州天后宫妈祖造像，辅以天后宫正殿造型、水纹、宋元泉州海岸线局部轮廓组合设计，含纯金150克，直径60毫米，面额2000元，成色99.9%，最大发行量1000枚；8克圆形金质纪念币，背面图案为泉州九日山祈风石刻、宋代泉州商船造型，辅以祥云、海浪等组合设计，含纯金8克，直径22毫米，面额100元，成色99.9%，最大发行量1万枚；500克圆形银质纪念币，背面图案为泉州洛阳桥及开元寺双塔，辅以刺桐花、船等组合设计，含纯银500克，直径90毫米，面额150元，成色99.9%，最大发行量3000枚；30克圆形银质纪念币，背面图案为泉州老君岩造像，辅以树、山等组合设计，含纯银30克，直径40毫米，面额10元，成色99.9%，最大发行量2万枚。该套金银纪念币均为精制币，由中国金币集团有限公司总经销。

世界遗产（泉州：宋元中国的世界海洋商贸中心）金银纪念币发行仪式（图/吴寿民）

7月25日

农历壬寅年六月廿七
星期一
温度：27℃～34℃
多云

●泉州市深化全国文明城市创建动员部署会召开。

●全市开放招商领导小组会议召开。

●“泉州世界遗产日”主题活动在泉州府文庙启动。

●中国人民银行发行世界遗产（泉州：宋元中国的世界海洋商贸中心）金银纪念币一套。

●“盛时归岸的风”艺术展览在泉州市图书馆开幕。

7月26日

农历壬寅年六月廿八
星期二
温度：27℃～34℃
多云转晴

●省委常委、市委书记刘建洋到驻泉州某部队看望慰问官兵，并出席泉州市“八一”军政座谈会，与驻泉州部队官兵共商军地发展大计。

●泉州市召开中化能源股份公司与泉州企业产业链合作推进工作座谈会。

●以“喜迎二十大 ‘福狮’启征程”为主题的泉州市首届“福狮”文化节（石狮专场），在石狮永宁古卫城门广场启动。

●位于泉州东海片区的泉州市“海丝”金融中心项目奠基。

●由省文物局主办、市文物局承办的2022年福建省世界文化遗产保护管理培训班在泉州开班。

●由市退役军人事务局主办、市退役军人关爱协会协办的“喜迎二十大 奋进立新功”泉州市首届退役军人军事体育运动会举行。

●“从瓷出发”——泉州宋元瓷器展在泉州市博物馆开幕。

泉州市2022年八一军政座谈会举行

省委常委、市委书记刘建洋到驻泉州某部队看望慰问官兵，并出席泉州市八一军政座谈会，与驻泉州部队官兵共商军地发展大计。市长蔡战胜参加活动并主持会议。市领导宿利南、施宇辉、黄景春、张文贤、赖清正、蔡萌芽参加有关活动。

刘建洋强调，要围绕实施“强产业、兴城市”双轮驱动，把地方所需、群众所盼和部队所能有机结合起来，在产业发展、城市建设、文明创建、乡村振兴、应急处置等方面加强合作，助力泉州勇当全方位推进高质量发展超越主力军。要支持国防和军队建设，健全军地互办实事“双清单”、军地会商、走访慰问等机制，深化教育、科技、人才、文化、法律拥军活动，为军人和家属办实事，让官兵不为后路担心、不为后院分心、不为后代忧心。要汇聚创建双拥模范城合力，完善基层双拥服务体系，提升共建实效，争创全国双拥模范城“十连冠”。

泉州市召开石化产业链合作推进工作座谈会

泉州市召开中化能源股份公司与泉州企业产业链合作推进工作座谈会。市政协主席，市石油化工与新材料、新能源产业发展小组组长肖汉辉出席会议并讲话。会上，中化能源公司介绍中化泉州基地“十四五”产业规划，清源创新实验室介绍实验室建设以及产学研合作进展，泉州师范学院化工学院介绍高性能鞋材和聚烯烃新材料的开发应用技术。

泉州市首届“福狮”文化节（石狮专场）启动

以“喜迎二十大 ‘福狮’启征程”为主题的泉州市首届“福狮”文化节（石狮专场），在石狮永宁古卫城门广场启动。图为活动现场。

（图/石狮市委宣传部）

泉州市“海丝”金融中心项目奠基

位于泉州东海片区的泉州市“海丝”金融中心项目奠基，市委常委、常务副市长黄景春参加活动。泉州市“海丝”金融中心项目是泉州金控集团贯彻落实市委“强产业、兴城市”双轮驱动部署的重要载体，也是助推中央商务区繁荣发展的重点项目。该项目总投资15亿元，定位为高端金融办公综合体，占地2.34公顷，总建筑面积15.1万平方米，其中主塔楼37层高180米，附塔楼16层高81米，建筑设计将融合泉州“海丝”元素，呈现“汇丝绸之意、聚海波之形”意境，主附双塔相互呼应、形如帆船，寓意泉州“海丝”新城扬起风帆、乘势而上。

“从瓷出发”——泉州宋元瓷器展开幕

“从瓷出发”——泉州宋元瓷器展在泉州市博物馆开幕。展览通过118件泉州宋元时期陶瓷文物，展现宋元时期泉州陶瓷业的繁荣，以及泉州陶瓷对外出口的繁盛。展览分为磁灶窑址、德化窑址、南坑窑址、东门窑址、外销及影响五大单元。根据考古发现，泉州已发现的宋元时期瓷窑遗址有70余处，分别分布在德化、永春、安溪、南安、晋江、泉港等地。在这些瓷窑遗址中，磁灶窑、德化窑两大窑系的产业规模最大、产品品种和数量最多，均在宋元时期达到其窑业生产的顶峰。除展出磁灶窑、德化窑两大窑系的陶瓷文物，展览还将南坑窑、东门窑纳入，引导大家从宏观上认识宋元时期世界贸易中心港口强大的基础产业能力和贸易输出能力。

刘建洋到晋江调研挂钩帮扶重点企业

省委常委、市委书记刘建洋到晋江挂钩帮扶重点企业了解企业发展情况，倾听企业家心声。市领导施宇辉、张文贤、汪志红等参加调研。在晋工机械，刘建洋到车间察看挖掘机生产线、智能涂装生产线和公司产品，了解企业生产经营、库存订单、用工需求等情况。在恒安集团，刘建洋了解企业非公党建、发展战略、原材料价格、物流成本、销售渠道等情况。

刘建洋强调，各级各部门要聚焦提高效率、提升效能、提增效益，加快实施“强产业、兴城市”双轮驱动，推动经济平稳健康发展。要开展“万名干部进万企、一企一策促发展”专项行动，坚持重心下沉、服务下沉、资源下沉，全方位了解企业生产经营中的堵点、痛点、难点，穿透落实各项惠企政策，一产一策、一企一策及时帮助纾困解难。要强化要素保障，存量增量一起抓，加快工业园区标准化建设，鼓励引导企业实施物理空间和生产工艺技术“双改造、双提升”，引进更多产业链关键领域和重点环节项目，加快强链建链补链延链扩链。要发挥有为政府和高效市场作用，聚焦企业全生命周期，打造一流营商环境，加快发展现代生产性服务业和生活性服务业，配套高端社区、优化人才政策、厚植创新土壤，以城市兴为产业添后劲。

刘建洋（右五）在恒安集团调研（图/陈起拓）

市人大常委会党组扩大会议召开

市人大常委会党组扩大会议召开，传达学习习近平总书记给参加海峡青年论坛的台湾青年回信、给中国国家博物馆的老专家回信、向世界互联网大会国际组织成立致贺信精神，中共中央政治局常委、全国政协主席汪洋出席第十四届海峡论坛和在福建考察时讲话要求，省长赵龙到泉州调研部署精神，以及省委、市委有关会议精神；传达学习省、市上半年经济分析会精神；听取制定关于进一步加强和改进新时代人大工作的若干措施及市十七届人大一次会议代表建议办理情况的汇报。

肖汉辉到洛江开展“万名干部进万企、一企一策促发展”调研

市政协主席肖汉辉到洛江开展“万名干部进万企、一企一策促发展”专项行动调研。市政协秘书长黄碧煌参加调研。调研组走访西人马联合测控（泉州）科技有限公司，了解企业生产运营情况、疫情影响、发展思路和存在的困难问题。肖汉辉指出，要更加主动靠前服务，更加精准点对点帮扶，属地政府及相关部门应实时掌握辖区内企业生产经营情况，及时梳理、协调，力争“一企一策”“一事一议”。企业要发挥主观能动性，坚定发展信心，练好内功、依法经营，提高适应市场、抵抗风浪本领，继续在高新技术领域深耕创新，促进企业实现新的发展。

中山驿馆开馆

中山驿馆开馆。作为泉州文旅集团“刺桐记忆”公益空间之一，中山驿馆位于中山中路37、39号，共4层，建筑面积716.4平方米。整体建筑风格体现现代与传统闽南文化的结合，展示泉州与时俱进、现代时尚的精神风貌。中山驿馆作为中山路的游客服务中心，一层以提供游客服务与搭建青年创客文化平台为主，作为中山路的“索引目录”展现中山路历史。开馆当日，由泉州网和泉州文旅集团编撰的《泉州中山路》对外发布。这是一本泉州中山路故事的记录书，记述中山路百年来的商业历史变迁。

7月27日

农历壬寅年六月廿九
星期三
温度：27℃～34℃
多云

●省委常委、市委书记刘建洋到晋江挂钩帮扶重点企业了解企业发展情况，倾听企业家心声。

●市人大常委会党组扩大会议召开，传达学习习近平总书记给参加海峡青年论坛的台湾青年回信、给中国国家博物馆的老专家回信、向世界互联网大会国际组织成立致贺信精神等。

●市政协主席肖汉辉到洛江开展“万名干部进万企、一企一策促发展”专项行动调研。

●由省总工会、省市场监督管理局主办，市总工会、市市场监管局、市人社局、省特种设备检验研究院承办的第二届福建省机器人焊接技能大赛在省特种设备检验研究院位于洛江的国家特种机器人产品质量检验检测中心举行。

●由省文联、泉州市委宣传部、省摄影家协会等主办的“百名摄影家聚焦成功故里”采风活动启动仪式在南安石井郑成功纪念馆举行。

●泉州城市规划设计集团暨校企合作实习基地揭牌活动举行。

●中山驿馆开馆。

●首届宋元“海丝”宴暨闽南菜传承创意大赛开幕式在石狮举行。

7月28日

农历壬寅年六月三十
星期四
温度：27℃～33℃
多云

●全市安全生产百日会战交通领域专题会商会召开。

●泉州芯谷南安新能源智造产业园暨金阳新能源20GW异质结电池项目启动建设。

●市委副书记宿利南到解放军第910医院慰问部队医院及驻泉州部队住院伤病员。

●第十四届海峡论坛·“青春闽台缘 筑梦泉州湾”两岸青年研讨会在泉州台商投资区举行。

●由市委史志研究室、市教育局、市总工会、团市委、市妇联主办的泉州红色故事宣讲员选拔比赛决赛在泉州市工人文化宫举行。

全市安全生产百日会战交通领域专题会商会召开

全市安全生产百日会战交通领域专题会商会召开。会议强调，要紧盯“人、车、路、船”等交通领域重点环节，抓好驾驶员安全培训和重点群体安全教育、风险隐患路段排查治理和渔船动态监管，确保安全风险管控到位、安全隐患整改闭环管理。要推进安全生产标准化建设，以检查、隐患、整改“三张清单”为抓手，分级分类监管，将标准化建设要求贯彻到运输管理的各个环节，融入工作流程和日常行为规范中，提升本质安全水平。要建立健全共管共治机制，凝聚执法协作合力，常态化开展联合执法、跨区域执法，形成齐抓共管工作格局，保持高压态势。

泉州芯谷南安新能源智造产业园启动建设

泉州芯谷南安新能源智造产业园暨金阳新能源20GW异质结电池项目启动建设。市领导蔡战胜、李建辉、肖汉辉、宿利南、刘林霜到场见证。泉州芯谷南安新能源智造产业园项目总投资29.6亿元，用地面积65.91万平方米，规划建设标准化厂房及配套设施。园区将以半导体技术发展和新能源需求为主线，坚持创新、协调、绿色、开放、共享的新发展理念，致力打造新能源产业技术、标准、成果、装备输出高地。金阳新能源20GW异质结电池项目是首个入驻园区、启动建设的新能源项目，将成为国家能源局第一批能源领域首台（套）重大技术装备项目“异质结太阳能电池生产装备”的示范应用工程。项目总投资140亿元，一期规划建设10GW异质结电池和4GW异质结组件，全部投产后，将实现年产值400亿元。

“青春闽台缘 筑梦泉州湾”两岸青年研讨会在泉州举行

第十四届海峡论坛·“青春闽台缘 筑梦泉州湾”两岸青年研讨会在泉州台商投资区举行，8个省市的150多名两岸青年（其中台湾青年97人）及创业代表与会。启动仪式上，主办方授予泉台人力资源产业园“福建省台湾青年之家”牌匾。现场还分别举行台青创业项目、台青人才交流项目合作签约仪式。台青跨境电商基地项目、台青国际物流平台项目、台青科技人才孵化基地项目分别签约。武汉瀚台神农业科技有限公司、北京外企人力资源服务（福建）有限公司、亚台青创业孵化器经营管理（成都）有限公司等两岸人才交流项目分别与泉台人力资源有限公司签约。

泉州红色故事宣讲员选拔比赛决赛举行

由市委史志研究室、市教育局、市总工会、团市委、市妇联主办的泉州红色故事宣讲员选拔比赛决赛在泉州市工人文化宫举行。33位选手立足各自岗位，围绕“讲好泉州红色故事”这一主题，宣讲红色故事，弘扬红色精神，传承红色基因。经过比拼，评审委员会评定，叶淑琛等5人获一等奖，庄小纷等8人获二等奖，余小欣等12人获三等奖，吴丽娟等8人获优秀奖，洪燕森的《我在“海丝起点”守国门》等5个课件获最佳红色故事宣讲课件奖。同时，黎明职业大学团委等12个单位获优秀组织奖，泉州市演讲与口才学会等3个单位获组织贡献奖。从红色故事汲取奋进力量，在新时代里讲述红色精神传承，是此次赛事的一大特色。赛事自4月启动以来，各主办单位组织发动，全市各行各业职工群众踊跃参与。整个活动通过以赛促学、以赛促讲，呈现出发动广、热情高、作品好的效果，在全市掀起宣讲热潮。

泉州红色故事宣讲员选拔比赛决赛现场（图/吴寿民）

泉州市实现省级双拥模范城（县）“满堂红”四连冠

省委、省政府、省军区在福州召开福建省双拥模范城（县）命名暨双拥模范单位和个人表彰大会，泉州市及所辖的鲤城、丰泽、洛江、泉港、石狮、晋江、南安、惠安、安溪、永春、德化再次获得省级双拥模范城（县）称号，实现“满堂红”四连冠。当天受表彰的还有泉州市委组织部、泉州市退役军人事务局、晋江市爱国拥军促进会3个“福建省爱国拥军模范单位”；刘朝辉、王荣锋、黄辉灿、王华琼、佘日森、柯其辉、陈伟尧获评“福建省爱国拥军模范”。泉州市素有拥军优属、拥政爱民的传统。市委、市政府和各县（市、区）高度重视双拥工作。2017年8月以来，泉州市以获省级双拥模范城“满堂红”三连冠为新起点，把服务军地中心工作作为双拥工作的核心任务，树立富国强军相统一的发展意识，开创新时代双拥工作新局面。2020年，泉州市获全国双拥模范城“九连冠”，所辖晋江市、石狮市、南安市分获全国双拥模范城“七连冠”“六连冠”“四连冠”，受命名总数与苏州市并列全国设区市第一名。

市政协听取市人民检察院工作情况通报

市政协召开会议，听取市人民检察院工作情况通报。市政协主席肖汉辉，副主席周真平、王祖耀、洪川夫、戴仲川、蔡萌芽、庄灿霞、黄世界、肖惠中，秘书长黄碧煌出席会议。市人民检察院检察长郑隆松通报2022年以来全市检察机关工作情况。各民主党派、工商联政协委员围绕强化法律监督、维护公平正义等建言献策。

肖汉辉指出，2022年以来，全市检察机关服务大局有为、打击犯罪有力、检察监督有效、队伍建设有质，在服务保障全市经济社会发展大局等方面成效显著。全市检察机关要以更高站位让检察服务更加精准、更加全面，围绕党委工作大局，找准检察工作切入点和着力点，推动检察工作高质量发展。要以更实举措让检察监督更有质量、更显温度，维护公平正义，注重改进监督方式方法，推动刑事、民事、行政和公益诉讼检察等各项法律监督全面协调充分发展，以高质量法律监督推动更高水平法治泉州建设。要以更严标准让检察队伍业精技强、忠诚担当，强化业务素能培育，优化专业化办案团队，建立高精尖人才库等机制，提供更加有力的司法保障。

泉州厦门两地携手治理货车超限

泉州、厦门两地交通运输部门携手，在南安市贤林大道举行“反超限 防脱落 保安全”大型联合宣传贯彻启动仪式。启动仪式上，货运行业协会代表宣读倡议书《致广大货运驾驶员的一封信》；泉厦两地交通运输主管部门向企业代表发放“关爱货车司机”清凉礼包，包含司机棉纱手套、花露水、防暑软饮料、安全生产普法宣传彩页等物品。现场，4家企业派出代表就如何规范运载大石头、钢卷钢圈、石制品、砂石等货物进行示范。泉州市交通运输部门相关负责人表示，将依托交通、公安联合治超站等检查点，在主要国省干道开展跨区域跨部门错时错峰联合整治行动。同时加强违法信息共享，对路面巡查、监控发现、投诉举报等线索严格调查、依法查处，建立“黑名单”，实施信用联合惩戒，提升联合打击成效。

首届安溪铁观音茶文化系统保护与发展论坛在安溪举行

28—29日，首届全球农遗·安溪铁观音茶文化系统保护与发展论坛在安溪举行。此次论坛旨在解读和研讨安溪铁观音茶文化系统，挖掘农业文化遗产经济、社会、文化、生态、科技等方面价值，为保护传承弘扬茶文化、保护发展全球重要农业文化遗产、推动安溪铁观音品牌建设与发展、助力全面乡村振兴等重大课题共享经验、探索路径。

7月29日

农历壬寅年七月初一
星期五
温度：27℃～33℃
多云转晴

●省委、省政府、省军区在福州召开福建省双拥模范城（县）命名暨双拥模范单位和个人表彰大会，泉州市及所辖的鲤城、丰泽、洛江、泉港、石狮、晋江、南安、惠安、安溪、永春、德化再次获得省级双拥模范城（县）称号，实现“满堂红”四连冠。

●市政协召开会议，听取市人民检察院工作情况通报。

●泉州、厦门两地交通运输部门携手，在南安市贤林大道举行“反超限 防脱落 保安全”大型联合宣传贯彻启动仪式。

●28—29日，首届全球农遗·安溪铁观音茶文化系统保护与发展论坛在安溪举行。

●祖籍南安的新加坡知名侨领李成智逝世，享年99岁。

7月30日

农历壬寅年七月初二
星期六
温度：27℃~35℃
多云转晴

●由市政府侨务办公室、市海外联谊会主办，世界泉州青年联谊会协办的泉州籍海外及港澳青年精英主题研修班开班。

●28—30日，第十七届省运会青少年武术套路比赛在邵武市体育中心举行。泉州武术队获4项冠军、5项亚军和4项季军。

●25—30日，石狮市第二十届广场文化艺术节举行。

●晋江市医院医共体总院医疗质量一体化系列活动暨多学科义诊在晋江市金井中心卫生院举行。

泉州籍海外及港澳青年精英主题研修班开班

由市政府侨务办公室、市海外联谊会主办，世界泉州青年联谊会协办的泉州籍海外及港澳青年精英主题研修班开班，13个国家和地区的30多位泉州籍海外及港澳青年精英到井冈山参加主题研学活动。此次研修班系全国首次由地级市组织海外侨胞及港澳乡亲到井冈山进行红色之旅研学活动。为期5天的研修班内容丰富，既有“井冈山斗争与井冈山精神”专题讲座，也有走进井冈山革命博物馆、茨坪毛泽东旧居、茅坪八角楼、小井红军医院、小井红军烈士墓等多场现场式、体验式学习，重温井冈山革命斗争的历程，激发敢闯新路、奋进拼搏的精神动力。主办方表示，希望学员们传承井冈山精神，做侨心向党、爱国爱乡的践行者。发挥联系广泛、融通中外的优势，用真实、生动的语言和鲜活的事例讲好中国故事，宣传推介“世遗泉州”，以侨之力传播泉州好声音。传承弘扬“晋江经验”，在加快实施“强产业、兴城市”双轮驱动中贡献侨界力量，推动更多资金、技术、人才回归，助力泉州高质量发展超越，弘扬乐善好施的华侨精神，造福桑梓，回馈社会。

泉州队获第十七届省运会青少年武术套路比赛四项冠军

28—30日，第十七届省运会青少年武术套路比赛在邵武市体育中心举行。泉州武术队获4项冠军、5项亚军和4项季军。全省九地市和平潭综合实验区的代表队共269人参赛，其中运动员222人。年龄最小的不到8周岁，最大的15岁。泉州队在各个项目上发挥稳定。在男子乙组枪术比赛中，泉州队洪泽霖以9.15分的高分获得金牌。在有38人参加的男子少年乙组长拳比赛中，洪泽霖又以9.36分的高分获得金牌。在女子甲组枪术比赛中，15岁的林佳怡获得金牌。泉州队还获得乙组集体基本功第一名。比赛中，由洪泽霖、蔡奕翔、苏佳泷、刘栖、曹晶莹和朱笑莹组成的泉州队向观众展示了娴熟的技艺，整套动作完成得干脆利落、飘逸潇洒，还在节目编排的艺术性方面胜人一筹，最终以最高分9.23分将这枚极具分量的金牌收入囊中。

石狮市第二十届广场文化艺术节举行

25—30日，石狮市第二十届广场文化艺术节举行。该届广场文化艺术节以“喜迎二十大 强国复兴有我”为主题，活动内容包括“海丝世遗 狮美如歌”“喜迎二十大 同心逐梦向未来”“福见石狮”“爱拼才会赢”“喜迎二十大 奋进新征程”“青春奋斗者 不燃怎YOUNG”6个主题的文艺宣传专场，通过主题鲜明、感染力强、富有石狮特色的文艺节目精品，通过群众喜闻乐见的歌、舞、说、唱等文艺表演形式，展现石狮的历史文化积淀和现代活力气息。活动旨在营造团结奋斗、自信自强、国泰民安的社会氛围，唱响主旋律、壮大正能量，激励党员、干部、群众不忘初心、牢记使命，踔厉奋发、笃行不怠，为建设现代化商贸之都，开启石狮高质量发展跨越新征程贡献力量。

晋江市医院医共体总院医疗质量一体化系列活动举行

晋江市医院医共体总院医疗质量一体化系列活动暨多学科义诊在晋江市金井中心卫生院举行。此次义诊活动结合老年健康宣传周、前列腺早癌筛查、千名医师万人次下基层活动开展，晋江市医院（上海六院福建医院）胃肠外科、甲乳外科、肝胆外科、肛肠外科、血管外科、泌尿外科、心血管内科和超声医学科等专家坐诊。专家耐心询问病情，对指标异常的居民给予用药指导及健康宣教。针对义诊中发现的高危人群，进行疾病早期筛查。此次活动除义诊外，还包括医保政策咨询、高血压及糖尿病用药咨询等。

泉州市举办“八一”建军节系列志愿服务活动

在第95个建军节来临之际，全市各级各单位及志愿服务团体开展慰问困难退役军人志愿服务活动，弘扬拥军优属的传统，表达对退役军人的崇敬和关爱之情。

市委文明办、市退役军人事务局、农工党泉州市委会、丰泽区新时代文明实践中心、丰泽区委文明办、福建省扶老公益协会等，在丰泽街道东涂社区举办“送温暖、献爱心”拥军优属学雷锋志愿服务，将党和政府的温暖送到退役军人心坎，并向他们致以节日的问候和美好的祝福。活动现场，主办方为退役军人及家属送上慰问金及大米、食用油、淮山面、米粉、菊花茶等爱心物资。随后，主办方还上门走访慰问困难退役军人，与他们交谈，了解他们的身体、生活状况。2022年度拥军优属“送温暖 献爱心”学雷锋志愿服务活动在丰泽区新时代文明实践中心开展，慰问东海、东湖、城东街道的30户退役军人老兵及困难家属。南安市洪梅志愿者协会志愿者和福建省慈音爱心服务中心到3名退役军人家中慰问，送上慰问品和节日祝福。市委文明办相关人士表示，“八一”关爱慰问活动弘扬泉州市拥军优属传统，传递社会各界的关怀温暖。希望更多社会爱心人士参与到关爱行动中来，共同架起“连心桥”，建立新时代军民“鱼水情”。

市退役军人事务局、泉州军分区政治工作处、泉州市双拥办下发通知，要求各地各部队做好“八一”期间拥军优属、拥政爱民工作。通知强调，军地各级要抓好军人地位和权益保障法、退役军人保障法、军人抚恤优待条例等法律法规落实，依法维护军人军属、退役军人和其他优抚对象合法权益。

福建省2022年专科批志愿填报咨询会（泉州场）举行

由泉州晚报社、泉州轻工职业学院、福建高考信息平台主办的福建省2022年专科批志愿填报咨询会（泉州场）在泉州轻工职业学院举行。省内近40所院校的招生办负责人参加咨询会，为考生提供一站式、面对面的咨询服务。在咨询会现场，各高校纷纷设置展板，呈现学校的办学历史、办学实力、办学条件和招生方案。除了展板，参加咨询会的学校还准备了介绍学校优势和招生细则的小册子，供家长、学生和市民取阅。

为拓展在校生多元升学渠道，不少高职院校与高校合作办学。漳州科技学院与福建医科大学、福建农业大学、集美大学、闽南师范大学等本科院校开展专本衔接教育，为学生在校期间获得本科学历提供帮助。泉州幼儿师范高等专科学校与泉州师范学院联办在校生自考本科，学生考试合格就可以获得本科学历，具备条件者还可以获得学士学位。为让学生学有所长，不少院校在办学方式、课程设置及培养模式等方面更贴近社会需求。武夷山职业学院设有校内直播实训基地、综合性茶学实训基地，在整合优化校企资源的同时，为学生提供更有针对性的实训和特色的实践项目。福建华南女子职业学院设有国家级师范职业资格技能鉴定站，帮助学生在校期间考取相关职业资格证书，为毕业后就业做准备。值得一提的是，漳州卫生职业学院2022年还面向安溪县生源、晋江市生源、南安市生源、永春县生源定向招生，考生在录取后须与定向招生地所属县（市、区）级卫生健康行政部门签订定向培养协议，并持定向培养协议到学校报到，办理入学手续。

此外，一些院校提供的奖励、资助及减免政策也是考生的关注点。作为省级示范校的泉州轻工职业学院，除国家奖学金、国家励志奖学金、国家助学金、生源地信用助学贷款外，还有优秀学生奖学金奖励在校品学兼优的学生。凡晋江籍学生在该校就读，每人给予3000元奖励。三年内在篮球、武术项目获得国家二级运动员称号的新生减免学费8000元。普通高考省内外考生和高职分类考试中职生在第一志愿填报该校录取并就读的奖励1000元。新生在中职阶段获省技能竞赛一等奖及以上的奖励1万元，获省技能竞赛二、三等奖的奖励3000元。而泉州幼儿师范高等专科学校还有“王迪文奖学金”“泉州大开元寺助学金”等。对于家庭经济困难学生，学校也有勤工助学、困难补助、学费减免等帮扶措施。

7月31日

农历壬寅年七月初三
星期日
温度：27℃～34℃
多云

●全市各级各单位及志愿服务团体开展慰问困难退役军人志愿服务活动。

●由泉州晚报社、泉州轻工职业学院、福建高考信息平台主办的福建省2022年专科批志愿填报咨询会（泉州场）在泉州轻工职业学院举行。

8月1日

农历壬寅年七月初四
星期一
温度：26℃~36℃
多云

●市委常委会召开会议，学习贯彻习近平总书记在省部级主要领导干部专题研讨班上的重要讲话、在新疆考察时的重要讲话、向全球重要农业文化遗产大会和世界青年发展论坛致贺信精神，以及省委常委会会议精神。

●市委理论学习中心组学习会召开，专题学习研讨《习近平谈治国理政》第四卷。

●省委常委、市委书记刘建洋到挂钩联系的德化县葛坑镇龙塔村，开展乡村振兴、挂钩帮扶工作调研，并到杨梅乡云溪村察看传统村落保护情况。

●十三届市委全面深化改革委员会第二次会议召开，传达学习习近平总书记在中央全面深化改革委员会第二十五次会议上的重要讲话精神等。

●在收听收看省食品安全委员会全体（扩大）视频会议后，泉州市立即召开视频会议，通报2022年以来全市食品安全总体情况、存在问题，部署下阶段工作。

●泉州市召开创城工作推进会，贯彻落实全市深化全国文明城市创建动员部署会精神，对创城工作进行再动员、再部署、再落实。

●全市第一家带有“‘党建+’邻里中心”标志的智慧便利店在丰泽区城东街道浔美社区开业。

市委常委会学习贯彻习近平总书记重要讲话精神

市委常委会召开会议，学习贯彻习近平总书记在省部级主要领导干部专题研讨班上的重要讲话、在新疆考察时的重要讲话、向全球重要农业文化遗产大会和世界青年发展论坛致贺信精神，以及省委常委会会议精神。

会议指出，习近平总书记在省部级主要领导干部专题研讨班上的重要讲话，阐述过去5年工作和新时代10年的伟大变革，阐明未来一个时期党和国家事业发展的大政方针和行动纲领。全市要把学习贯彻习近平总书记重要讲话精神作为重要政治任务，深学细照笃行习近平新时代中国特色社会主义思想，把握新时代新征程党的中心任务。要聚焦迎接学习宣传贯彻中共二十大这条主线，贯彻落实“疫情要防住、经济要稳住、发展要安全”的重要要求，稳增长、稳市场主体、保就业、防风险，抢抓政策机遇争取项目，推动经济持续平稳健康发展。要守牢安全底线，科学精准做好疫情防控，抓好安全生产工作，强化社会治安综合治理。要贯彻新时代党的治疆方略，做好对口支援新疆工作，深化产业、民生、文教等领域交流合作，助力当地经济社会发展。要加强农业文化遗产普查保护，挖掘种质资源、文化传承、景观旅游等方面价值，促进乡村全面振兴。要做好新时代青年工作，结合实施“涌泉”行动，搭建平台、优化环境，教育引导青年听党话、跟党走，积蓄发展青年力量。

市委理论学习中心组学习会召开

市委理论学习中心组学习会召开，专题学习研讨《习近平谈治国理政》第四卷。会议指出，各级各部门要把学习《习近平谈治国理政》第四卷，与学习《习近平谈治国理政》第一卷、第二卷、第三卷相结合，与学习习近平总书记到福建考察重要讲话精神相结合，与传承弘扬习近平总书记在福建工作期间开创的重要理念和重大实践相结合，深学细照笃行习近平新时代中国特色社会主义思想，领悟贯穿其中的马克思主义立场、观点、方法。要落实“疫情要防住、经济要稳住、发展要安全”重要要求，聚焦提高效率、提升效能、提增效益，传承弘扬“晋江经验”，以“强产业、兴城市”双轮驱动为路径，一体推进控疫情、稳增长、稳市场主体、保就业、防风险等重点工作，巩固“复工复产、满工达产、增资扩产、提质强产”机制做法，举全市之力打好稳住经济大盘保卫战、攻坚战、持久战，奋战三季度、冲刺四季度，把学习成果转化为应对风险挑战、推动事业发展的具体行动和实际成效。市委常委班子要把学好用好《习近平谈治国理政》第四卷作为重大政治任务，发挥头雁效应，带头把自己摆进去、把职责摆进去、把工作摆进去，推进党的建设和全面从严治党工作，弘扬“马上就办、真抓实干”等作风，引导全市兴起“大学习”热潮。

十三届市委全面深化改革委员会第二次会议召开

十三届市委全面深化改革委员会第二次会议召开，传达学习习近平总书记在中央全面深化改革委员会第二十五次会议上的重要讲话精神，以及十一届省委全面深化改革委员会第三次会议精神；研究审议《泉州市种业振兴行动实施方案》；听取部分改革试点进展情况和下一步工作思路汇报。会议强调，要深化认识、明确方向，深入推进国家产教融合试点城市、国家级市场采购贸易方式试点、国家知识产权强市建设试点城市、晋江市省级县域集成改革试点等改革项目，善于运用改革思维和办法破解发展难题，更好汇聚激活要素资源，打通人口、人力、人才资源通道，为“强产业、兴城市”提供支撑。要系统谋划、统筹推进，全面梳理问题短板弱项，加强改革系统集成、协同高效，提高改革综合效能。要突出重点、形成特色，坚持问题导向、目标导向、结果导向，推出更多操作性强的改革举措，提高泉州改革辨识度和影响力。要强化协同、凝聚合力，压紧压实主体责任，及时协调解决困难问题，推动各领域改革走深走实。

市政协听取市中级人民法院工作情况通报

市政协召开会议，听取市中级人民法院工作情况通报。市政协主席肖汉辉，副主席王祖耀、蔡萌芽、黄世界、肖惠中，秘书长黄碧煌参加会议。市中级人民法院院长姚丽青通报2022年以来全市法院工作情况。各民主党派、工商联界别政协委员围绕优化法治化营商环境、维护社会公平正义等议题建言献策。肖汉辉指出，2022年以来，全市法院以司法改革为动力，以队伍建设为支撑，在全方位推进高质量发展超越中扛起司法主力军担当。2022年是中共二十大召开之年，全市法院服务大局要更有高度，围绕党中央和省委、市委决策部署，更好地将法院工作和发展大局结合起来，在打造更优的法治化营商环境中贡献更多司法力量。改革创新要更有深度，将工作创新和泉州市地域特色、资源优势深度融合，打造更多开创性、强赋能、高品质的司法品牌。司法为民要更有温度，完善司法靠前和诉讼服务机制，探索创新司法公开机制、方法、内容。沟通联络要更有广度，丰富和拓展联络工作的内容和方式，为政协委员履职提供多样化平台，更好地凝聚共识、增强合力。队伍管理要更有力度，巩固政法队伍教育整顿成果，打造忠诚干净担当的法院队伍。全市各级政协组织和政协委员要一如既往地支持全市法院工作，共同为保障公平正义、促进经济社会发展多做贡献。

陈辉宗到泉港洛江调研创城工作

市委常委、宣传部部长、统战部部长陈辉宗走访泉港区庄园市场、锦祥小区，洛江区万安市场、吉源花苑小区及周边，了解创城工作情况，并就重难点问题与相关部门负责人交流，提出具体整改意见和要求。陈辉宗指出，创建全国文明城市是一项造福百姓、提升城市形象的重大工程，必须高度重视、落实责任、强化措施。针对城市“牛皮癣”、广告牌老化、车辆随意停放等问题，陈辉宗要求，各有关单位要对照标准找差距，逐一制定管用有效改进措施，抓紧补齐短板弱项；要紧盯问题抓整改，规范农贸市场经营秩序，加强周边环境卫生整治和停车管理，提升城市精细化管理水平；要强化部门间协同协作，形成统筹协调、共创共建的工作合力，提升文明城市创建工作水平。

金鱼巷和中山路入选《历史文化保护与传承示范案例（第一辑）》

住建部在北京举行《历史文化保护与传承示范案例（第一辑）》新书发布会，由泉州古城办报送的金鱼巷微改造项目和中山路历史文化街区保护传承项目入选。其中，金鱼巷被评为街区综合类示范项目，中山路历史文化街区被评为街区活化类示范项目。

《历史文化保护与传承示范案例（第一辑）》（资料图片）

“惠闽宝”泉州推进会召开

“惠闽宝”泉州推进会在市迎宾馆召开。泉州银保监分局、市地方金融监督管理局、市农业农村局、市保险行业协会等相关负责人，以及中国人寿泉州分公司、人保财险泉州市分公司等8家共保体代表出席推进会。会上，市保险行业协会负责人分别就推动当地医保外利民项目等政策提出鼓励建议，并对“惠闽宝”项目推广做出相关指导意见。福建“惠闽宝”是由中国银保监会福建监管局等单位推动，福建省保险行业协会协调8家保险公司，专为福建基本医保参保人（厦门除外）推出的产品，该产品旨在为福建省医保参保人降低医疗费用负担。

8月2日

农历壬寅年七月初五
星期二
温度：25℃～32℃
多云转小雨

●市政协召开会议，听取市中级人民法院工作情况通报。

●市委常委、宣传部部长、统战部部长陈辉宗走访泉港区庄园市场、锦祥小区，洛江区万安市场、吉源花苑小区及周边，了解创城工作情况，并就重难点问题与相关部门负责人交流，提出具体整改意见和要求。

●全市宣传部长电视电话会议召开，学习贯彻习近平总书记在省部级主要领导干部专题研讨班上的重要讲话精神，贯彻落实全国、全省宣传部长电视电话会议精神和市委工作要求。

●由市委宣传部、市教育局、团市委、泉州广播电视台主办的“今天，我在家”短视频众创分享会暨颁奖活动在源和1916闽南小院举行。

●住建部在北京举行《历史文化保护与传承示范案例（第一辑）》新书发布会，由泉州古城办报送的金鱼巷微改造项目和中山路历史文化街区保护传承项目入选。其中，金鱼巷被评为街区综合类示范项目，中山路历史文化街区被评为街区活化类示范项目。

●“惠闽宝”泉州推进会在市迎宾馆召开。

●泉州银行与市林业局举行战略合作签约仪式。

8月3日

农历壬寅年七月初六
星期三
温度：26℃～31℃
多云转大雨

●3—4日，中央统战部副部长、全国工商联党组书记、常务副主席徐乐江，全国工商联党组成员、副主席李兆前带领全国工商联调研组到泉州调研民营企业和商会发展工作。

●3—4日，潮州市委书记、市人大常委会主任何晓军带领党政代表团到泉州考察学习“泉州：宋元中国的世界海洋商贸中心”申报世界遗产经验。

●市委常委、组织部部长卢秀萍到丰泽开展“万名干部进万企、一企一策促发展”专项行动调研。

●泉州市组织开展省技改专项政策工作会议暨政银企对接活动。

●由市委市直机关工委主办的“勇当主力军、机关我先行”论坛第七期“传承‘晋江经验’优化营商环境”专场举行。

●省篮排球运动管理中心和南安市政府签订协议，省女子足球队由南安市承办，试点开启“省队市办”新模式。

●3—7日，由惠安县政府、市商务局、市工信局指导，县工业信息化和商务局、县文化体育和旅游局、县市场监督管理局主办的2022年惠泉啤酒文化节在惠安举行。

卢秀萍到丰泽开展“万名干部进万企”专项行动调研

市委常委、组织部部长卢秀萍到丰泽开展“万名干部进万企、一企一策促发展”专项行动调研。卢秀萍到福建烟草机械有限公司、泉州市一鸣交通电器有限公司等挂钩帮扶重点企业，与企业负责人交谈，听取企业在生产经营、科技研发、营商环境、人才培养、党建工作等方面的情况，了解企业发展的堵点、难点、痛点，共同探讨如何解决实际困难。卢秀萍强调，各级各部门要按照市委、市政府“万名干部进万企、一企一策促发展”专项行动的部署要求抓好贯彻落实，按照“重心下沉、服务下沉、资源下沉”，帮助企业解难题；要加强惠企政策宣传解读，推动政策直达快享、落地见效，及时提振企业发展信心，激发市场主体活力；要营造企业发展良好环境，开展“涌泉”行动，拓宽渠道招才引智，助推企业增资扩产、提质强产，促进产业加快转型和高质量发展。

省技改专项政策工作会议召开

泉州市组织开展省技改专项政策工作会议暨政银企对接活动。活动现场，通报省技改项目融资支持专项政策实施情况、省级工业企业技改专项转移支付资金执行情况，交流典型经验做法，并研究部署下一步工作。泉州市还组织政银企现场对接活动，福建火炬电子股份有限公司、石狮特步体育科技有限公司等35家企业与工商银行、建设银行、民生银行、邮政银行等10余家银行机构达成项目对接，融资金额22.41亿元。同时，泉州市推荐13个工业园区标准化项目申请纳入省重点技改项目库，作为技改融资专项扶持重点项目。

省女子足球队进驻南安

省篮排球运动管理中心和南安市政府签订协议，省女子足球队由南安市承办，试点开启“省队市办”新模式。省体育局通过走访调研、召开专家座谈会、学习借鉴先进经验等方式，经过半年多时间的酝酿和考察，探索按照“省市共建、资源优化、创新机制”原则，将省女子足球队作为试点，与地方城市合作，在原有省队发展模式上做“加法”，构建多元化足球竞技队伍发展之路。南安是“全国体育先进县”、全国青少年校园足球试点县。在南安，有广泛的社会力量参与和支持体育事业发展，成立“体育人才培养基金会”，一批热心企业家具有深厚的足球情怀，关心和支持足球项目发展。是日，福建南安足球俱乐部同时揭牌成立。7月，福建南安足球俱乐部承接管理省女子足球队。作为全省第一支职业女子足球队，福建南安足球俱乐部泉工女足于7月11日起出征参加2022年全国女子足球乙级联赛，在24支参赛队中获第7名，完成赛前任务目标。

2022年惠泉啤酒文化节在惠安举行

3—7日，由惠安县政府、市商务局、市工信局指导，县工业信息化和商务局、县文化体育和旅游局、县市场监督管理局主办的2022年惠泉啤酒文化节在惠安举行。此次活动包括主题音乐派对、“惠泉杯”划拳大赛、“惠泉杯”速饮争霸赛、缤纷美食汇、惠安非物质文化遗产文创展、直播等系列活动，旨在提升惠泉啤酒品牌知名度，助推城市文化和地方经济发展，提高惠安县的知名度和美誉度。活动以啤酒为媒，在5个夜晚分别举行启动之夜、七夕之夜、流行经典之夜、摇滚之夜、闽南语之夜等不同主题的音乐会，邀请闽南语女歌手、独立摇滚乐团、“中国好声音”实力选手等，让现场市民一同感受“啤酒+音乐”的魅力。为统筹好疫情防控和经济社会发展，响应国务院扎实稳住经济的一揽子政策措施部署要求，落实“全闽乐购”和“爱泉州·大乐购”泉州市促消费实施方案，惠安县启动促消费系列活动。此次惠泉啤酒文化节就是其中之一。

“中菲人文之驿·走进世遗泉州”活动举行

由中国驻菲律宾大使馆、泉州市政府、菲华各界联合会主办的“根脉寻踪 情系桑梓——中菲人文之驿·走进世遗泉州”活动，在泉州与菲律宾马尼拉分别举行。中国驻菲律宾大使黄溪连、泉州市市长蔡战胜、菲华各界联合会主席杨华鸿出席活动并致辞。福建省外办副主任黄劭蓉，泉州市领导陈辉宗、汪志红，菲律宾华社侨领陈永栽、林育庆、洪及祥、陈祖昌等和各界代表等分别在中菲会场参加活动。

黄溪连表示，泉州是古代海上丝绸之路的起点，曾经名满天下的“东方第一大港”，2021年凭借“泉州：宋元中国的世界海洋商贸中心”跻身世界遗产名录。此次“人文之驿”云端聚焦泉州，不仅为了探寻泉州的前世今生，更是意在追溯菲华群体乃至菲律宾与泉州的不解之缘。“中菲人文之驿”定将筑牢中菲友好交流根基，增进两国人民相知相亲，助力开创中菲关系新的“黄金时代”。蔡战胜表示，泉州与菲律宾的交流往来源远流长，相信未来随着南洋华裔族群寻根谒祖综合服务平台、外派华文教师等交流项目不断拓展，旅菲侨亲与家乡的联系会越来越紧密。当前，泉州传承弘扬“晋江经验”，实施“强产业、兴城市”双轮驱动，深化“抓项目、促发展”系列专项行动，希望各位乡贤继续发挥桥梁纽带作用，关注参与家乡经济社会建设，也期待大家常回家走走看看。

活动中，泉州会场进行南洋华裔族群寻根谒祖综合服务平台项目推介，举行《番客楼里的侨心》系列片开机仪式。

相关链接：“中菲人文之驿”是中国驻菲律宾大使馆、菲华各界联合会、中国（海南）改革发展研究院和福建省闽南文化研究会发起的人文交流平台，旨在弘扬中华优秀传统文化，宣传中国，密切和深化旅菲华侨华人与祖（籍）国的血肉联系，促进中菲交流互鉴。

市政协机关年轻干部座谈会召开

市政协机关年轻干部座谈会召开，学习贯彻习近平总书记在中央党校中青年干部培训班开班式和庆祝中国共产主义青年团成立100周年大会上的重要讲话精神，对照省委、市委关于实施“提高效率、提升效能、提增效益”行动部署，交流学习体会和工作思路。市政协主席肖汉辉，秘书长黄碧煌出席会议。会上，20名机关年轻干部立足本职岗位，结合自身思考和工作实际，从不同角度交流心得体会和工作情况。肖汉辉要求，要把能力锻炼放在迫切位置，贯通“学、思、践、悟”，加密机关青年学习小组学习频次，推动学习成果评选，把学习成效转化为工作动力，从学习实践中反思复盘、增加才干。要以高质量的工作证明自己，围绕中心工作，以绣花功夫把工作做扎实、做到位。要提高思想境界和精神修养，讲协作、顾全局、有胸怀，互相支持、各展所长、携手并进。

市政协机关年轻干部座谈会现场（图/市政协）

第七届海峡两岸（晋江金井·围头）七夕返亲节举行

由省妇联、泉州市委文明办、泉州市妇联、晋江市政府主办的第七届海峡两岸（晋江金井·围头）七夕返亲节在晋江市金井镇举行。该届返亲节活动以“云上故乡行 共建新家园”为主题，除两岸婚姻家庭互动共度七夕外，还启动“围头新娘”IP设计赛、“海峡风情”美术采风暨美术展，发布《“五福”促振兴、“魅力”展围头》明信片，举办围头村妇联获全国妇联系统先进集体的授牌仪式等。

8月4日

农历壬寅年七月初七
星期四
温度：26℃～31℃
多云转雷阵雨

●由中国驻菲律宾大使馆、泉州市政府、菲华各界联合会主办的“根脉寻踪 情系桑梓——中菲人文之驿·走进世遗泉州”活动，在泉州与菲律宾马尼拉分别举行。

●市政协机关年轻干部座谈会召开，学习贯彻习近平总书记在中央党校中青年干部培训班开班式和庆祝中国共产主义青年团成立100周年大会上的重要讲话精神。

●由省妇联、泉州市委文明办、泉州市妇联、晋江市政府主办的第七届海峡两岸（晋江金井·围头）七夕返亲节在晋江市金井镇举行。

●第七届“创客中国”福建省中小企业创新创业大赛暨第五届“创响福建”大赛泉州赛区决赛举行。

●全市公安机关纪念晋江刑警受国务院命名表彰“特别能战斗刑警队”23周年暨“拔钉清源”行动推进会在晋江召开。

●由泉州市市场监管局和省农村信用社联合社泉州办事处主办的“稳市场主体 助惠企纾困”政策发布会在晋江举行。

●由泉州古城办主持编撰的首套泉州古城人文旅游口袋书《D调·泉州》发布，丛书主题展“泉州的一百零一页”在市区中山路中山驿馆同步开幕。

●中国高铁首座无砟轨道跨海斜拉桥——福厦客专安海湾特大桥完成无砟轨道施工。

8月5日

农历壬寅年七月初八
星期五
温度：26℃～34℃
多云

●市人大常委会李建辉到德化，就“党建+”邻里中心人大代表联系群众活动室建设、文旅经济发展开展调研。

●市政府党组扩大会议召开，传达贯彻习近平总书记在省部级主要领导干部专题研讨班上、在新疆考察时的重要讲话及向全球重要农业文化遗产大会和世界青年发展论坛致贺信精神等。

●市政府第十四次常务会议召开，研究并通过《泉州市产业股权投资基金管理补充规定》《泉州市推进企业上市“刺桐红”三年行动方案（2022—2024）》《关于加强中心市区一体化开发建设资源规划工作的实施方案（暂行）》等。

●市长蔡战胜到南安走访挂钩帮扶企业，开展“万名干部进万企、一企一策促发展”专项行动调研暨安全生产检查工作。

●中国轻工业联合会发布公告，确定第八届中国工艺美术大师名单，全国共108人。泉州市张建奎（石雕）、吴德强（石雕）、许瑞峰（陶瓷）、林建胜（陶瓷）、史俊贤（木雕）5位大师上榜，数量占福建省一半。

●由市文旅局主办，泉州市南音传承中心、鲤城区新时代文明实践中心承办的泉州市新时代文明实践系列活动“永远跟党走”——“七夕节”文艺演出活动南音专场在泉州南音艺苑举行。

●石狮法院“普惠金融共享法庭”挂牌成立。法庭依托社区金融营业网点成立“驻行e站”，群众可就近选择“驻行e站”享受现代化多元解纷和诉讼服务。这在全省尚属首例。

市政府党组扩大会议召开

市政府党组扩大会议召开，传达贯彻习近平总书记在省部级主要领导干部专题研讨班上、在新疆考察时的重要讲话及向全球重要农业文化遗产大会和世界青年发展论坛致贺信精神及省委常委会会议、市委常委会会议精神。

会议指出，习近平总书记在省部级主要领导干部专题研讨班上的重要讲话精神，阐释新时代坚持和发展中国特色社会主义的重大理论和实践问题，阐明未来一个时期党和国家事业发展的大政方针和行动纲领。全市政府系统要把学习贯彻习近平总书记重要讲话精神作为重要政治任务。要以迎接中共二十大为主线，贯彻落实“疫情要防住、经济要稳住、发展要安全”的重要要求，加密加强指标、要素协调调度，开展“万名干部进万企、一企一策促发展”活动，帮助企业解难题、办实事，传递信心、增强预期。要更好统筹发展和安全，做好疫情防控、安全生产、防汛防台风等工作，守住安全底线，维护社会大局安定稳定。要巩固扩大对口支援新疆工作成果，高质量完成援疆任务。要以安溪铁观音茶文化系统列入全球重要农业文化遗产为契机，挖掘农业文化遗产蕴含的生态、科技、文化等多功能价值，更好服务于全面推进乡村振兴。要实施“涌泉”行动，更好地吸引和集聚高校毕业生留在泉州就业创业，打造青年人才向往地、青年发展友好城。

蔡战胜到南安调研挂钩帮扶重点企业

市长蔡战胜到南安走访挂钩帮扶企业，开展“万名干部进万企、一企一策促发展”专项行动调研暨安全生产检查工作。蔡战胜到九牧厨卫和固美金属生产一线，了解企业运营和安全生产情况。在九牧厨卫新投产的科牧厂区内，蔡战胜鼓励企业要坚持科技赋能，推进管理创新，走绿色低碳发展道路，在转型升级过程中做大规模、做强实力。每到一处，蔡战胜都与企业代表座谈，了解诉求，协调解决问题困难。蔡战胜强调，要传承弘扬“晋江经验”，贯彻落实省委“提高效率、提升效能、提增效益”行动和市委“强产业、兴城市”双轮驱动部署，以开展“万名干部进万企、一企一策促发展”专项行动为契机，主动靠前服务，倾听企业所需所盼，及时收集企业在研发、生产、销售、物流、资金、用地等方面诉求，“一事一议”精准帮扶，为企业发展提供政策、搭建平台、做优环境。要鼓励引导企业苦练内功，紧盯市场需求，善于把握机遇，加快数字化智能化改造与产业布局，推动转型升级、拓宽发展路径。要推进“安全生产标准化建设”专项行动，实行安全生产风险分级管控，加强安全隐患排查治理，守住安全生产底线。

石狮法院在全省首创普惠金融共享法庭

石狮法院“普惠金融共享法庭”挂牌成立。法庭依托社区金融营业网点成立“驻行e站”，群众可就近选择“驻行e站”享受现代化多元解纷和诉讼服务。这在全省尚属首例。石狮法院与福建石狮农村商业银行股份有限公司签订合作备忘录。“普惠金融共享法庭驻石狮农商银行e站”在该公司香江支行揭牌成立并运行。普惠金融共享法庭着力打造一站式多元解纷、全流程智能集约、现代化社会治理的工作枢纽，推动诉非联动实体运作，让金融纠纷防患于源头、化解于萌芽、解决于诉前。石狮法院坚持把非诉讼纠纷解决机制挺在前面，运用智慧法院建设成果，主动组建专业金融审判团队，引入金融纠纷特邀调解组织和调解员，将金融纠纷诉前调解工作直接推进到金融机构的第一线、人民群众的家门口。同时，石狮法院深化智慧法院建设，创新金融审判模式，丰富和发展金融矛盾纠纷解决机制，打造金融纠纷一站式多元化解机制和诉讼服务体系，减轻当事人诉累，推动金融纠纷源头化解和市域社会治理现代化建设。

台湾海峡首艘大型巡航救助船“海巡06”轮首航泉州

台湾海峡首艘大型巡航救助船“海巡06”轮首航到达泉州围头湾水域，与泉州海事局“海巡0803”“海巡08608”“海巡08616”“海巡08611”组成执法编队，由“海巡06”轮担任指挥船，在泉州海域开展为期两天的联合巡航执法和百日会战行动。执法编队巡查泉州围头湾、泉州湾、湄洲湾三大湾区，重点巡航厦门新机场工程运输航道、围头进出港航道、金门供水管线附近水域、湄洲湾口船舶定线制水域等，开展防范疫情海上输入、水上水下施工作业巡查、通航环境巡查、“商渔共治2022”等行动。泉州市沿海水上交通安全专项委员会组织开展“海巡06”轮“海事开放日”活动，市应急管理局、海洋与渔业局、交通运输局等9家成员单位参观“海巡06”轮，了解船舶仪器设备、工作区域等，加深对海事职责和海事文化以及泉州海事在保障水上交通安全，服务地方经济建设方面的认识。参观结束后，还召开泉州市水上交通安全百日会战推进会暨第三季度水上交通安全专项委员会成员会议，通报水上交通安全形势，部署抓好水上交通安全生产百日会战各项工作。

海巡06”轮首航到达泉州水域（图/林劲峰）

泉州市第六届残疾人职业技能大赛举行

6—7日，由市残联、市人社局主办的泉州市第六届残疾人职业技能大赛在泉州华光职业学院举行。全市各县（市、区）12支代表队、170余名残疾人选手参加信息通信及新一代信息技术、美术、手工艺、工业、服务五大类21个项目的比赛。该届残疾人技能竞赛设置美发、剪纸、男装制作、女装制作、中式面点、盲人保健按摩、摄影艺术创作、陶艺、海报设计、电子商务等21个比赛项目。赛会设置团体奖和个人奖，并从各项目第一名中择优推荐3名选手由市人社局授予“泉州市技术能手”称号，部分获奖选手代表泉州市参加福建省第七届残疾人职业技能竞赛。

“科普先锋走基层·医疗专家送健康”服务活动在南安举行

在市卫健委、市科协指导下，市急诊急救学会、市急救指挥中心等21家单位围绕“喜迎二十大，健康乡村行”主题，在南安市眉山乡高田村开展“科普先锋走基层·医疗专家送健康”服务活动。多家医院和相关医疗机构的30多名专家为群众进行义诊咨询、送医送药，并宣传普及健康保健、疾病预防、急救、中药材真伪鉴别、无偿献血等相关知识。

南安市中机标准化研究院主导制定《铸造机械　安全要求》

2—6日，中国强制性国家标准《铸造机械 安全要求》及配套推荐性国家标准研讨会在青岛胶州召开。南安市中机标准化研究院是强制性国家标准《铸造机械 安全要求》及配套推荐性国家标准《铸造机械 型砂制备与砂再生设备 安全技术规范》和《铸造机械 抛喷丸设备 安全技术规范》三项标准的主导制定单位。60多名各相关利益方的专家代表和各起草工作组成员，采用“线上+线下”的方式参与此次研讨会。各位专家对《铸造机械 安全要求》和10项推荐性国家标准按相关产品领域分成五组专项研讨，对相关文件进行严谨、细致、全面的讨论，对标准相关条款从科学性、系统性、合理性方面发表建设性意见。最终，专家们对11例标准的相关条款和技术内容达成一致性意见，各起草单位按此次研讨内容完善相关文件。

8月6日

农历壬寅年七月初九
星期六
温度：27℃～36℃
多云

●台湾海峡首艘大型巡航救助船“海巡06”轮首航到达泉州围头湾水域，与泉州海事局组成执法编队，在泉州海域开展为期两天的联合巡航执法和百日会战行动。

●6—7日，由市残联、市人社局主办的泉州市第六届残疾人职业技能大赛在泉州华光职业学院举行。

●在市卫健委、市科协指导下，市急诊急救学会、市急救指挥中心等21家单位围绕“喜迎二十大，健康乡村行”主题，在南安市眉山乡高田村开展“科普先锋走基层·医疗专家送健康”服务活动。

●南安市中机标准化研究院主导制定《铸造机械 安全要求》。

8月7日

农历壬寅年七月初十
星期日
温度：25℃～33℃
多云转晴

●继收听收看全省疫情防控工作视频会议后，全市视频会议召开，部署疫情防控重点工作。

●梨园戏上路流派传统剧目《朱买臣》在泉州开始进行中国戏曲“像音像”工程的拍摄录制。

●“乘着歌声的翅膀·爱让我们在一起”公益音乐会在泉州大剧院举行。

全市疫情防控工作视频会议召开

继收听收看全省疫情防控工作视频会议后，全市视频会议召开，部署疫情防控重点工作。会议强调，要学习贯彻习近平总书记关于疫情防控工作重要讲话重要指示批示精神，落实国家、省疫情防控部署要求，在市委统一领导下，突出快准严实细，科学精准落实各项防控措施，高效统筹疫情防控和经济社会发展，确保经济社会平稳有序。要把牢“外防输入”关口，“一县一方案”制定海上疫情防控方案，阻断疫情从海上输入的通道；要做好重点人员摸排管控，强化进口冷链食品全链条监管，严防域外、境外疫情输入。要落实属地、部门、单位、个人“四方责任”，因时因势优化防控措施，加强核酸检测、隔离场所储备、流调溯源、隔离转运等疫情防控能力建设，严格重点场所管控，及时查漏补缺，加强相关人员学习培训，提高应急能力和科学防控水平。

梨园戏《朱买臣》入选中国戏曲“像音像”工程

梨园戏上路流派传统剧目《朱买臣》在泉州开始进行中国戏曲“像音像”工程的拍摄录制。此次拍摄由福建省梨园戏传承中心主任、中国戏剧梅花奖“二度梅”获得者曾静萍领衔主演。中国戏曲“像音像”工程由中宣部、文旅部于2019年启动，是国家重大文化工程之一。该工程通过选取当代戏曲名家及其代表性剧目，运用现代科技手段，为现代人和后人留下完美的艺术记录。梨园戏是福建省首个被列入该工程的剧种剧团，曾静萍是福建省首位被列入该工程的代表性演员。

2021年1月，梨园戏首个被列入“像音像”工程的剧目《吕蒙正》摄制完成，《朱买臣》是梨园戏被列入该工程的第二个剧目。《朱买臣》是梨园戏上路流派“十八棚头”剧目之一，风格古朴风趣，生动诙谐，保存了许多闽南古谚语，令人捧腹大笑。尤其值得一提的是，梨园戏《朱买臣》的“大团圆”结局迥异于其他剧种“马前泼水拒妻”的结局，在戏曲界独树一帜。2016年，梨园戏剧团对《朱买臣》进行复排，遵循老艺人口述残本内容，并请1956级、1957级老艺人吴幼清、王胜利、蔡清平传授，1977级梨园戏传承人曾静萍、林苍晓、李辉逸主演。作为梨园戏传承谱系内的中坚力量，三名演员不仅从前辈手中将《朱买臣》一剧继承下来，更本着“人教我，我教人”的精神，将该剧传授给1985级、1997级、2007级演员，使得该剧的青年版也能够以较为理想的状态呈现于舞台上。此次录制持续至13日，通过摄像镜头与收音话筒，赵小娘的生动可爱、朱买臣的君子固穷、张公的慈祥幽默、钱大姐的贪财势利、妗婆的市侩尖酸、董和的家风严正、董成的单身狗摆烂、里长的趋炎附势、倪夫人的诙谐风趣均将收入中国戏曲“像音像”工程。

相关链接：梨园戏《朱买臣》剧情：朱买臣家道衰微、时乖运蹇，人到中年依旧未仕。妻赵小娘被妗婆搬唆，欲与董成另结亲谊，任张公百般劝阻，仍逼朱买臣写下休书，与其相离。董成之叔董和得知此事，严令其侄断绝念头。赵小娘离了夫，又做不得亲，无奈独自一人，纺棉为生。一日，赵小娘被官府遣去扫街，恰遇受张公资助得以上京赴试的朱买臣喜中状元、官封太守归来。赵小娘上前求其相认，被朱买臣马前泼水羞辱，抱愧归家。赵小娘于张公面前，说尽往时自己万般不是，央托其前往说和。朱买臣在京已另娶倪尚书小姐，此行只有岳母倪夫人相随。朱买臣允了张公的说情，倪夫人“疼子连女婿，连赵小娘也爱”，朱买臣、赵小娘两人终得谢花重开，缺月再圆。

“乘着歌声的翅膀·爱让我们在一起”公益音乐会举行

“乘着歌声的翅膀·爱让我们在一起”公益音乐会在泉州大剧院举行。音乐会聚集泉州大剧院青少年合唱团、闽南大戏院梦想童声合唱团等多个优秀青少年艺术团体，以及多所高等院校的师生参演，旨在号召青少年以自己的力量传播爱心公益，为爱发声，曲目涵盖经典艺术歌曲、爵士风歌曲、现代原创作品、闽南语歌谣等。

市领导调研创城工作

市委副书记宿利南走访鲤城区兴贤路、锦美后头安置小区、浮桥街道中渼菜市（石崎店）及周边，了解创城工作情况并召开座谈会，就重难点问题与相关单位现场交流，提出具体整改意见和要求。宿利南指出，创建全国文明城市，既是完善城市功能、提升城市形象的迫切需要，也是增进群众福祉、改善群众生活环境的重要举措。各级各单位要领会创建全国文明城市的真正目的和重要意义，统一思想，凝聚共识，坚持问题导向，务实开展工作。针对小区楼道杂物堆积、垃圾桶未加盖、车辆随意停放、菜市场周边环境管理等问题，宿利南要求，各级各单位要按标准按要求，精细化整改到位，对发现的脏乱差问题逐一梳理，加密排查，做到发现问题马上整改。要抓紧补齐短板突出问题，优化农贸市场周边环境、规范小区管理、规范停车秩序和交通秩序，提升城市精细化管理水平，让人民群众在创城中有更多的获得感、幸福感、安全感。要确保组织有力，责任到位，任务明确。属地要压实主体责任，各相关部门要协同协作，精准发力，确保各项措施落深落细落实落到位，提升城市文明水平。

市委常委、宣传部部长、统战部部长陈辉宗到丰泽区部分居民小区、农贸市场、背街小巷开展创城工作调研并召开座谈会。陈辉宗走街巷、进市场、上楼栋、看点位，逐一察看丰泽街道前坂社区、泉秀街道浦西农贸市场、丰泽街道东美社区虹景商城、中远名城和客运中心站等重点区域，检查周边秩序、车辆停放、环境卫生、摆摊设点等情况，与部门、街道和社区相关负责人交谈，对检查发现的问题短板，现场协调调度，点对点交办解决。陈辉宗要求，要提高站位、提升认识，把创城工作作为提升城市管理水平和城市文明程度的重要抓手，增强责任意识、细化措施举措，提升文明城市创建水平。要聚焦重点问题、紧盯薄弱环节，对照标准，逐一梳理、逐一过细，查缺补漏，逐项落实到点到位到人。要层层动员、广泛宣传，推动力量下沉一线，营造创建人人参与、成果人人共享的氛围，提升创建工作知晓率、参与率和满意率。要拧紧责任链条，压实属地、部门、单位和个人“四方责任”，树牢“一盘棋”思想，加强统筹协调，推动各项工作抓紧抓实、抓出成效，以创城实效提升群众获得感、幸福感。

2022年泉州市“全民健身日”活动举行

第14个“全民健身日”，由市政府主办，市体育局、鲤城区政府承办，以“健身展风采 喜迎二十大”为主题的2022年泉州市“全民健身日”活动在泉州市第七中学江南校区举行。活动现场，动感十足的篮球操拉开文体表演序幕，潮流街舞《舞动青春》传递青春、运动、活力和朝气，民间传统文化体育活动《宋江阵·青狮》将气氛燃到最高点。

全市“双抢”任务全面完成

泉州市各粮食生产主体完成早稻抢收的同时，统筹力量全力以赴抢插晚稻，“双抢”任务全面完成。截至是日，全市完成夏粮收获面积2.27万公顷、产量13.47万吨，完成率分别为101.12%、101.30%；完成夏种粮食面积5.57万公顷，完成率101.47%。由于前段时间部分地区连续下雨，导致泉州市早稻适收期和晚稻播种期推迟，稻谷晾晒存在困难，前后茬农时衔接更加紧张。对此，市、县农业农村部门协调解决问题，指导种粮户抢晴收割早稻，减少损失；谋划好晚稻生产，着力培育壮秧，力争秋粮丰收。为缓解农资价格上涨带来的种粮成本增加，调动农民种粮积极性，泉州市落实扶农惠粮政策，及时发放实际种粮一次性补贴。截至7月29日，全市发放补贴资金2725.1万元，补贴作物品种包括水稻、玉米、大豆和薯类等，惠及53万多户农户。各级农机部门强化农机化生产调度和农机服务组织，引导扶持农机专业合作社、农机服务队、农机大户开展社会化服务，做好早稻机收和晚稻机插（播）工作。

8月8日

农历壬寅年七月十一
星期一
温度：26℃～34℃
晴转多云

●市委副书记宿利南到鲤城调研创城工作。

●市委常委、宣传部部长、统战部部长陈辉宗到丰泽调研创城工作。

●由市政府主办，市体育局、鲤城区政府承办的，以“健身展风采 喜迎二十大”为主题的2022年泉州市“全民健身日”活动在泉州市第七中学江南校区举行。

●全市“双抢”任务全面完成。

8月9日

农历壬寅年七月十二
星期二
温度：26℃～34℃
多云转晴

●省委常委、市委书记刘建洋与中国五矿集团有限公司党组书记、董事长翁祖亮座谈，就加强央地合作进行交流。

●市委副书记宿利南到丰泽、洛江部分居民小区、背街小巷、内沟河道及周边，调研推进创城工作并到洛江区群众来访接待中心调研信访工作。

●市防控疫情应急指挥部疫情防控与医疗救治组在丰泽北峰方舱隔离点组织开展2022年集中医学观察场所实战演练。

●福建凯美特气体有限公司生产的44吨液态二氧化碳发往厦门等口岸装船出口海外，此系泉州口岸首次出口液态二氧化碳。

●“敕桃弦管”南音专场演出在市区小山丛竹举行，拉开小山音乐戏剧展演的序幕。

刘建洋与中国五矿集团董事长翁祖亮座谈

省委常委、市委书记刘建洋与中国五矿集团有限公司党组书记、董事长翁祖亮座谈，就加强央地合作进行交流。市委常委、秘书长施宇辉参加座谈。刘建洋指出，泉州正学习贯彻习近平总书记重要讲话重要指示精神，传承弘扬“晋江经验”，加快实施“强产业、兴城市”双轮驱动。将加强与中国五矿沟通对接，聚焦新能源新材料研发生产、园区标准化建设、仓储物流贸易等领域拓展合作空间，为全方位推进高质量发展超越奠定基础。翁祖亮表示，中国五矿将找准与泉州合作切入点，加大产业战略布局和投资力度，推动央地合作再上新台阶。

宿利南到丰泽洛江调研创城及信访工作

市委副书记宿利南到丰泽、洛江部分居民小区、背街小巷、内沟河道及周边，调研推进创城工作并到洛江区群众来访接待中心调研信访工作。宿利南指出，创建文明城市是推动城市高质量发展的必然要求，是回应群众期盼、增进民生福祉的有效途径。各级各部门要深化思想认识，增强创城工作的责任感使命感紧迫感，以更大力度、更实举措落实各项任务。要强化责任担当，常态长效抓创建，顶格推进抓落实，做到责任全覆盖、创建无死角，形成齐心协力、齐抓共管的局面，提高城市精细化管理水平。要深化党建引领基层网格管理工作，科学划网定格，实行多网合一，推动党员干部入网包户，穿透处置网格事务，发挥网格在文明城市创建、疫情防控、基层治理等方面的作用。信访工作担负着了解民情、集中民智、维护民利、凝聚民心的重要职能。各级信访干部要用心用情，倾听群众呼声，妥善解决群众诉求，厚植党执政的群众基础。要创新工作方法，多方联动配合，做好群众工作，将信访矛盾化解在基层、抑制在萌芽状态，提高人民群众的获得感、幸福感和安全感。

2022年集中医学观察场所实战演练举行

市防控疫情应急指挥部疫情防控与医疗救治组在丰泽北峰方舱隔离点组织开展2022年集中医学观察场所实战演练。演练的预设背景是：某县出现多例阳性病例，密接人员须转运集中隔离场所隔离，但该县隔离房间不足，须转运隔离人员至指定场所。市级统筹调度、隔离人员转运、拟接收人员名单及车辆确认、登记核实信息、行李消毒、发放餐食中药、核酸采样、医疗废物处置、阳性感染隔离人员应急处置、隔离期满解除隔离……各相关环节有条不紊，程序严密规范。

“敕桃弦管”南音专场演出举行

“敕桃弦管”南音专场演出在市区小山丛竹举行，拉开小山音乐戏剧展演的序幕。系全市首场由博士执拍主唱的南音音乐会。陈振梅为中国艺术研究院音乐与舞蹈学博士，供职于泉州师范学院音乐与舞蹈学院。她出生于南音传承历史悠久的安溪县白濑乡下镇村，自幼耳濡目染，9岁由陈金炉启蒙，参加中小学南音比赛，中小学阶段得到南音国家级非物质文化遗产代表性传承人陈练的教导，后考上泉州师范学院南音专业，是泉州市南音进校园的优秀代表。这场音乐会选取传统曲目，以传统的奏唱形式，致敬古老的南音艺术。整场音乐会由“起指”“曲唱”“煞谱”三部分组成，包括《鱼沉》《暗想暗猜》《山险峻》《梅花操》等多首乐曲，引起现场观众的共鸣。参加演出的有年过七旬的南音国家级非物质文化遗产代表性传承人苏诗咏，有未满5岁的幼儿园小朋友杨沐沐，还有泉州风雅斋斋主李建瑜等一批对南音孜孜以求的弦友。

全市疫情防控工作视频会议召开

全市疫情防控工作视频会议召开，贯彻党中央“疫情要防住、经济要稳住、发展要安全”要求，落实全省新冠肺炎疫情防控工作电视电话会议部署，通报疫情防控工作情况，研究部署下阶段工作重点。

会议要求，要落实国家第九版新冠肺炎防控方案要求，优化完善常态化防控措施，强化“平战结合”应急演练，守牢“外防输入”严密防线。工作力量要配足配强，集中资源要素，加强流调溯源、核酸检测等专业技术队伍建设，补齐基层防疫力量，做到“市县有专班、乡镇（街道）有专干、村社（单位）有专员”。方法措施要科学精准，突出控增量、防变量，加强全面、动态、及时监测预警，强化境内外重点地区进入人员排查管控，建立健全核酸抽检工作制度，落实重点人群核酸检测应检尽检，提前做好休渔期结束渔港渔船渔民疫情防控方案，提高“早发现”能力。责任落实要穿透到位，坚持管行业必须管防疫、管业务必须管防疫、管生产经营必须管防疫，加强督导检查，严肃追责问责，督促各地持续抓实抓细常态化疫情防控各项工作。

刘建洋与希尔顿集团大中华区及蒙古总裁钱进座谈

省委常委、市委书记刘建洋与希尔顿酒店管理集团大中华区及蒙古总裁钱进座谈交流，市领导施宇辉、刘文儒参加座谈。刘建洋指出，泉州正传承弘扬“晋江经验”，实施“强产业、兴城市”双轮驱动，集聚高端生产性和生活性服务业，加快提升产业高度和城市能级。希望希尔顿加大投资力度，推动更多高端优质项目布局泉州，与泉州同频共振、共赢未来。钱进表示，泉州历史底蕴深厚，发展前景广阔，希尔顿将扩大与泉州的合作，找准契合点，落地好项目，为加快建设“海丝”名城、智造强市、品质泉州做出贡献。

宿利南到泉港调研文明城市创建和乡村振兴等工作

市委副书记宿利南到泉港调研文明城市创建、乡村振兴等工作。宿利南走访全国文明村涂岭镇前欧村、省级乡村振兴示范点前黄镇后张村和省级文明镇后龙镇等。宿利南指出，要推动创建工作与乡村振兴有机结合，推进乡村建设行动，改善农村人居环境，加快形成城乡一体、全域创建的工作格局。全市各级各部门要以更严的要求、更实的举措，对标全国文明城市测评体系要求，逐项查缺补漏，确保责任落实到位。要宣传引导，提高群众知晓率、参与度，形成共建共享的氛围。要探索基层治理新模式新路径，结合“党建+”邻里中心建设，整合党员、网格员、防疫专员等队伍，构建党组织领导、自治法治德治相结合的乡村治理体系，为文明创建、疫情防控、乡村振兴等工作筑牢基层基础。

泉州市部署第三季度安全生产工作

继全省会议后，全市第三季度防范重特大生产安全事故暨安委会成员视频会议召开，通报全市安全生产形势，并就贯彻落实全省会议精神和泉州市安全生产工作做出部署。会议要求，安全意识要再强化，各县市区、各相关部门要增强工作的责任感和紧迫感，将防范化解重大安全风险、确保不发生重特大安全事故作为重大政治责任，确保泉州市安全生产形势持续稳定向好。安全基础要再夯实，重点抓好燃气、自建房、危化品三个专项治理，抓好道路交通、消防、水上、建筑施工等区域薄弱环节整治，抓好防范高温天气、防台防汛等季节性安全防范；同时要紧盯工业贸易、矿山、景区和非景区景点等重点领域行业，开展安全风险隐患排查治理，做好各项防范措施。安全责任要再压实，加大工作督导、执法检查、事故调查力度，举一反三，抓整改、堵漏洞，防范遏制同类事故再次发生。

8月10日

农历壬寅年七月十三
星期三
温度：26℃～35℃
多云

●全市疫情防控工作视频会议召开，贯彻党中央“疫情要防住、经济要稳住、发展要安全”要求，落实全省新冠肺炎疫情防控工作电视电话会议部署，通报疫情防控工作情况，研究部署下阶段工作重点。

●省委常委、市委书记刘建洋与希尔顿酒店管理集团大中华区及蒙古总裁钱进座谈交流。

●市委副书记宿利南到泉港调研文明城市创建、乡村振兴等工作。

●继全省会议后，全市第三季度防范重特大生产安全事故暨安委会成员视频会议召开，通报全市安全生产形势，并就贯彻落实全省会议精神和泉州市安全生产工作做出部署。

8月11日

农历壬寅年七月十四
星期四
温度：26℃～36℃
晴

●省委常委、市委书记刘建洋到泉港调研检查生态环保督察问题整改落实、绿色石化产业、文明城市创建等工作。

●省委常委、市委书记刘建洋与国网福建省电力有限公司董事长、党委书记阮前途座谈交流。

●市委副书记宿利南到晋江调研非公党建、小城镇改革发展、乡村振兴等工作。

●由省委宣传部主办，市委宣传部、省宣传新闻中心承办的“传承弘扬‘晋江经验’，全方位推进高质量发展超越”集中采访活动在晋江启动。

●市科协、市海洋与渔业局主办的“走近神秘南极”主题科普讲座在市科技馆举行。

刘建洋到泉港调研

省委常委、市委书记刘建洋到泉港调研检查生态环保督察问题整改落实、绿色石化产业、文明城市创建等工作，市委常委、秘书长施宇辉参加活动。

在福建湄洲湾氯碱工业有限公司，刘建洋察看并了解企业停产搬迁、危险源消除、环境整治等进展情况。刘建洋强调，属地党委、政府要善于运用综合思维、系统思维，在生态优先上下功夫，结合实施“强产业、兴城市”双轮驱动，突出规划引领，盘活利用土地资源，完善标准化园区和现代物流体系等功能，推动综合效益最大化。在福建师范大学泉港石化研究院，刘建洋到石化安全应急模拟实训基地、成果展厅、科研实验室与科研人员交流。刘建洋指出，要着眼石化产业绿色低碳发展，突出问题导向、需求导向，在科研攻关、成果转化、技术服务等方面加大力度，争取更多关键技术突破，拓展应用场景、壮大创新平台、助力企业增产增效，为构建“油头—化身—纺尾”石化链条提供技术支撑。调研中，刘建洋还沿路察看城乡环境卫生、市容市貌、交通秩序等情况。刘建洋要求，要对标全国文明城市测评体系，聚焦重点问题、薄弱环节，精准抓好老旧小区、农贸市场、城乡接合部、背街小巷等综合整治，提升城市精细化常态化管理水平，让群众共享文明建设成果。

刘建洋（右五）察看湄洲湾氯碱工业有限公司丙烯球罐区危险源消除情况（图/陈起拓）

刘建洋与国网福建省电力有限公司董事长阮前途座谈

省委常委、市委书记刘建洋与国网福建省电力有限公司董事长、党委书记阮前途座谈交流，市领导施宇辉、黄景春参加座谈。刘建洋对省电力公司长期支持泉州发展表示感谢，希望双方继续在优化电网规划布局、完善电力基础设施、拓展新能源领域等方面加大合作，集聚更多资源要素，推动优质项目落地，共同建设21世纪“海丝”名城。

“传承弘扬‘晋江经验’，全方位推进高质量发展超越”集中采访启动

由省委宣传部主办，市委宣传部、省宣传新闻中心承办的“传承弘扬‘晋江经验’，全方位推进高质量发展超越”集中采访活动在晋江启动。11—15日，中央、省级和市级媒体的记者围绕“实体经济高质量发展”“提升营商环境”“产城融合发展”“推动共同富裕”四个维度，通过实地走访、对话，全方位展示泉州传承弘扬“晋江经验”，全方位推进高质量发展超越的新作为、新成效。

“走近神秘南极”主题科普讲座举行

市科协、市海洋与渔业局主办的“走近神秘南极”主题科普讲座在市科技馆举行，164名中小学生听取讲座。活动同步开通线上直播，吸引15.6万人次观看。讲座旨在促进青少年群体弘扬“励志求进、奋发求学”的精神，发扬“爱国、求实、创新、拼搏”的南极精神，树立“爱祖国、讲奉献、战胜困难、勇于创新”的品质。讲座邀请泉州市生物学会理事长、泉州师范学院戴聪杰教授以“神秘南极离我们并不遥远”为题进行授课。戴聪杰围绕南极的发现、中国南极考察事业及其战略意义、南极科考的体验与感受三个部分，以通俗易懂、生动有趣的语言讲述一段段惊险的科考故事，同时展示一张张生动的图片。在互动环节，学生热情高涨、踊跃抢答，表现出对探索南极的向往与渴望。随后，主办方组织学生参观市科技馆动物世界展厅和海洋科技展厅，让大家“沉浸式”体验南极魅力。

刘建洋调研推动工业（产业）园区标准化建设

省委常委、市委书记刘建洋到南安、晋江调研，推动工业（产业）园区标准化建设提速增效。市领导施宇辉、张文贤参加相关活动。在泉州芯谷南安科创中心，刘建洋了解园区规划、建设进度、招商方向等情况，叮嘱要发挥泉州南翼区位优势，聚焦化合物半导体领域，统筹好空间布局、产业布局，重点围绕龙头企业推进产业链招商，上下游配套实现集群优势。在晋江，刘建洋要求继续推动统一规划建设、招商选资、经营运作、服务配套，提升规模化、专业化、市场化水平；同时要立足长远，引进落地一批隔墙工厂，推动生产要素就近配套，释放头部企业潜能，促进主导产业扩容提质。

刘建洋指出，泉州产业发展已从初期的“村村点火、户户冒烟”，走向转型升级、产城融合的新阶段，亟须加快物理空间和生产工艺技术“双改造、双提升”。全市各级各部门要聚焦“提高效率、提升效能、提增效益”，传承弘扬“晋江经验”，把工业（产业）园区作为实施“强产业、兴城市”双轮驱动的主战场，明晰方向、优化规划、厘清思路，在抓好施工安全和工程质量前提下，打好园区建设运营组合拳，实现早竣工早投用早见效。要坚持算大账、算长远账、算综合账，抓实“规定动作”，紧扣龙头企业和链主企业需求，发挥行业协会作用，引导加快增资扩产、提质强产，推动上下游企业入园发展，配套循环形成比较优势；抓准“自选动作”，紧盯产业态势和市场前景，精准招引一批强链建链补链延链扩链的优质项目，打造高黏性的产业生态圈。要精准把握政策机遇，高效盘活利用土地资源，结合工业（产业）园区标准化建设，推进城市更新、功能重置、品质提升，实现综合效益最大化。

首期“泉州文旅经济大讲堂”开讲

由市文旅经济产业发展小组办公室、市文旅局、华侨大学旅游学院主办的“泉州文旅经济大讲堂”首期开讲。讲堂邀请中国旅游研究院院长、文旅部数据中心主任戴斌做主旨报告。市委常委、宣传部部长、统战部部长陈辉宗参加。讲堂上，戴斌以“从风景到场景——关于景区度假区和休闲街区的新思考”为主题，结合自身研究成果，重点围绕景区度假区建设、休闲场景打造、旅游目的地新发展、重构场景化导向的多样化旅游景区发展体系等方面，用翔实的数据、生动的案例和广博的视野，进行深度解读和分享。戴斌强调从风景到场景，建设主客共享的美好生活新空间；传统景区要强化场景营造和内容创造，旅游目的地要加强文化引领和科技赋能，方能引领旅游业发展的未来方向。“泉州文旅经济大讲堂”旨在凝聚各方专家智库为泉州文旅经济产业发展传经送宝、出谋献策，为服务文旅经济产业发展搭建学习交流、宣传宣讲、智力赋能的平台。当天，主办方还授予华侨大学旅游学院“泉州文旅经济研究基地”牌匾。

泉州队获省首届城市足球联赛冠军

福建省首届城市足球联赛在福州海峡奥体中心闭幕。经过8天角逐，泉州队以全胜的战绩获得冠军，福州队、厦门队分获亚军和季军。决赛在泉州队和福州队之间展开。首轮比赛中福州队气势逼人、率先进攻，泉州队则以全力比拼的姿态防守反击，令福州队的传接球技术无从发挥，上半场双方陷入拉锯战。全场比赛进行到近80分钟时，泉州队抓住机遇利用任意球得分。随后泉州队稳扎稳打把控节奏，最终以1：0战胜福州队。至此，泉州男足7战7捷、进30球0失球，以全胜的战绩登顶福建省首届城市足球联赛。值得一提的是，整场比赛中福州队在控球率方面全面占优，直至整场比赛结束前仍保持强有力的进攻，速度、射程、高点压制维持在中高水准。此外，省首届城市足球联赛泉州队还包揽三项个人单项奖。教练员赵万里获“最佳教练”称号，赵泓旭获“最佳运动员”称号，杨帆获“最佳守门员”称号。

8月12日

农历壬寅年七月十五
星期五
温度：27℃～35℃
晴转多云

●省委常委、市委书记刘建洋到南安、晋江调研，推动工业（产业）园区标准化建设提速增效。

●市委人才工作领导小组专题会议召开，研究审议《泉州市引进高层次人才团队评审和管理实施细则》，省、市高层次人才认定工作及首批市特级人才创新实验室遴选。

●由市文旅经济产业发展小组办公室、市文旅局、华侨大学旅游学院主办的“泉州文旅经济大讲堂”首期开讲。

●福建省首届城市足球联赛在福州海峡奥体中心闭幕，泉州队以全胜的战绩获得冠军。

8月13日

农历壬寅年七月十六
星期六
温度：27℃～35℃
多云

●继收听收看全省安全生产紧急视频会议后，泉州市召开全市视频会议，部署安全防范工作。

●泉州市出台《关于深入推进科技特派员制度服务乡村振兴和助力产业转型的实施方案》，探索打造具有泉州特色的科技特派员制度。

●市委文明办、市卫健委、市总工会、东南公益协会等向坚守市区主要交通路口的志愿者赠送防暑降温物资。

●《泉南文化》复刊首期发行座谈会在市区承天寺举行。

泉州市部署安全防范工作

继收听收看全省安全生产紧急视频会议后，泉州市召开全市视频会议，部署安全防范工作。会议要求，要从严防范道路交通事故，即日起，在全市范围内组织开展交通安全专项整治行动，抓好重点整治、重点治理、重点警示教育、重点加强、重点优化五个方面工作；要深化消防隐患排查整治，并结合安全生产标准化建设，推进生产经营性场所消防安全隐患的系统性长效治理，同步提升泉州市文物场所消防安全水平；要抓好水上交通和渔业船舶安全，同步开展“商渔共治”2022专项行动，加强各类船舶安全管控力度；暑期接近尾声，相关部门要加强对辖区重点景区、宾馆等旅游场所隐患排查和游乐设施的检修情况，同时做好疫情防控工作；其他行业领域方面，要按照三季度安全生产会部署要求，抓好安全防范措施的落实。

泉州市探索打造具有泉州特色的科技特派员制度

泉州市出台《关于深入推进科技特派员制度服务乡村振兴和助力产业转型的实施方案》（以下简称方案），探索打造具有泉州特色的科技特派员制度。到2025年，全市选派科技特派员5000名以上，组建团队（法人）300个以上，培育星创天地100家以上，实现创业和技术服务行政村及第一、二、三产业全覆盖。

方案提出实行“揭榜式、跨界别、备案制”等选认方式，探索“建立收入备案、完善运营补助”等利益共同体发展模式，完善“服务管理、考核评价、职称评聘、转化激励”等激励机制，强化“工作保障、资源共享、平台效应、培训指导”等服务引领。组织方面，泉州市将加强党对科技特派员工作的领导，构建党委领导、政府主导、部门联合、各方参与的科技特派员工作格局。方案明确加大财政投入，市级每年安排科技特派员专项资金1000万元，各县（市、区）根据当地实际情况，保障本级专项资金投入不低于100万元，更好激发科技特派员开展创业和技术服务的积极性。调整优化工作经费报销拨付方式，年度包干经费从30%提高到50%，用于科技特派员交通、通信和生活津贴补助，其余费用按经费管理规定报销，确保经费使用更加便捷、安全、高效。方案增加助力产业转型升级内容，结合泉州传统优势产业面临的发展机遇，在服务乡村振兴方面坚持跨界别、跨区域选认科技派员，明确选认二产、三产领域数量分别不低于选认总数的30%、10%。泉州市将率先在全省启动揭榜式选认，每年揭榜选认20个以上由高校、科研院所牵头的“链式”复合型科技特派员团队，打造“一县一业一基地一团队”科技特派员创业和技术服务示范点。

《泉南文化》复刊座谈会举行

《泉南文化》复刊首期发行座谈会在市区承天寺举行。泉州历史文化中心于1989年创办《泉南文化》，出刊10期之后因新老成员交替，刊物数易其手。2021年底，在市委宣传部、泉州晚报社的支持下，《泉南文化》重归泉州历史文化中心主编，首期于2022年7月1日出版。周焜民、孙立川、吴幼雄、陈日升、王建设等数十位文史专家学者与会，为《泉南文化》高质量办刊建言献策。编辑部负责人表示，《泉南文化》将力争办成集思想性、科学性、学术性、知识性与可读性于一体的历史文化期刊，不忘创刊初心，扎根脚下沃土，在保护、发掘、传承、光大泉州历史文化方面做出新贡献。

《泉南文化》正式发行座谈会现场（图/洪 旭）

泉州市两个基地入选首批"科创中国"创新基地名单

2022年"科创中国"创新基地认定结果，首批194个"科创中国"创新基地入选。其中，泉州市两个基地获得认定。由市科协推荐的泉州华中科技大学智能制造研究院以及中国纺织工程学会推荐的石狮市中纺学服装及配饰产业研究院，分别被认定为"科创中国"智能制鞋装备产业创新基地、"科创中国"纺织服装（泉州）创新基地（产学研协作类）。创新基地是中国科协推动产学研协同创新和科技成果转移转化的合作载体，也是"科创中国"各类资源下沉汇聚的承接平台。2020年，泉州市获批"科创中国"首批试点城市，此次两个基地入选全国首批"科创中国"创新基地，将深化"科创中国"试点城市建设，为泉州市导入科技资源提供专业服务，引导相关产业链上下游企业加强合作、共同发展。市科协表示，下阶段，泉州市将以此次创新基地认定为契机，指导基地在推动创新链和产业链深度融合上发力，促进科技创新"关键变量"转化为高质量发展"最大增量"，为泉州实施"强产业、兴城市"双轮驱动提供智力支撑。

泉州市六个专利项目获第二十三届中国专利奖

国家知识产权局公布第二十三届中国专利奖授奖决定，泉州市共有包括"一种微棱镜阴阳条纹反光模具的制作方法"在内的5个项目获中国专利优秀奖，九牧厨卫股份有限公司的一项外观设计专利获中国外观设计优秀奖。至此，泉州市累计有40个、33个、253个专利项目分获中国专利奖、福建省专利奖、泉州市专利奖。泉州市知识产权工作坚持"向前鼓励创新创造、向后鼓励转化运用"的鲜明导向，在全省率先出台"一规划一意见"（《泉州市"十四五"知识产权发展专项规划》和《泉州市人民政府关于知识产权高质量发展的若干意见》），打造既有宽度又有厚度、既有高原又有高峰的专利发展之塔。统计数据显示，全市专利授权量连续11年居福建省设区市首位，有效发明专利拥有量、每万人发明专利拥有量分别达12771件、14.43件，居全省前列，南威软件等8家泉州籍企业上榜"2021全国民营企业发明专利500强"。

"喜迎党的二十大·百名作家讲百福"文学公益讲座（丰泽专场）举行

由省文联、省作协、省评协、省文联文艺志愿者艺术团文学分团和评协分团主办的"喜迎党的二十大·百名作家讲百福"文学公益讲座（丰泽专场）在丰泽区图书馆举行，中国作家协会会员、丰泽区作家协会主席姚雅丽以"福在丰泽，福在心中"为主题做分享。讲座旨在宣传中华传统"福"文化所蕴含的人文精神，围绕丰泽建区二十五周年的沧桑巨变和经济、城市面貌、文教医卫等方面的飞速发展，展现丰泽人的幸福生活和为创造美好的城市、幸福的生活而拼搏、奋斗的动人画卷，同时从文化艺术的角度引领大家去感受丰泽的美，体验身在丰泽的幸福。

安溪中学生获全国青少年无人机大赛全国总冠军

10—14日，第六届全国青少年无人机大赛在江西赣州举行。安溪县恒兴中学代表队获全国总冠军1项、一等奖2项、二等奖3项、三等奖1项、优秀奖1项。其中，该校学生许玮琪、章鑫杰、董俊斌获创意图形编程赛初中组冠军，是福建省首次获得大赛该类组别冠军。全国青少年无人机大赛是青少年无人机领域具有权威性、专业性、公正性以及影响力的全国性比赛，是教育部2021—2022学年面向中小学生的36项全国性竞赛活动中唯一以航空无人机为主题的专业赛事。大赛分固定翼、旋翼、创意三大类比拼，全国1965支队伍、5245名选手参赛。

8月14日

农历壬寅年七月十七
星期日
温度：26℃～35℃
多云转晴

●2022年"科创中国"创新基地认定结果，首批194个"科创中国"创新基地入选。其中，泉州市两个基地获得认定。

●泉州市六个专利项目获第二十三届中国专利奖。

●由省文联、省作协、省评协、省文联文艺志愿者艺术团文学分团和评协分团主办的"喜迎党的二十大·百名作家讲百福"文学公益讲座（丰泽专场）在丰泽区图书馆举行。

●10—14日，第六届全国青少年无人机大赛在江西赣州举行。安溪县恒兴中学代表队获全国总冠军1项、一等奖2项、二等奖3项、三等奖1项、优秀奖1项。

8月15日

农历壬寅年七月十八
星期一
温度：27℃～35℃
晴

●继收听收看全省疫情防控工作视频会议后，全市疫情防控工作视频会议召开，部署疫情防控重点工作。

●省委常委、市委书记刘建洋调研部分片区改造项目，并主持召开座谈会，推进全市片区更新改造。

●市长蔡战胜到市信访局接访，倾听群众诉求，现场研究、协调解决群众反映的道路积水、污水排放、宅基地建设等方面问题。

●泉州市召开福建省双拥模范城（县）军地代表座谈会，传达省双拥模范城（县）命名大会精神。

●由省委宣传部主办的福建省传承弘扬“晋江经验”新闻发布会在晋江举行。

全市疫情防控工作视频会召开

继收听收看全省疫情防控工作视频会议后，全市疫情防控工作视频会议召开，部署疫情防控重点工作。会议强调，要因时因势优化工作方案措施，做到思想认识到位、力量配置到位、责任落实到位，全力补短板、堵漏洞，提高科学精准防控水平和应急处置能力。要落实24小时值班值守制度，加强涉疫风险地区进入人员落地排查，确保“日推日清”、不漏一人。要加强常态化监测预警，对重点地区进入人员核酸检测“即送即检”，落实重点人群核酸检测“应检尽检”，针对开渔开学等情况做好防控工作。要落实社区防控措施，运用“大数据+网格化”摸排管理，健全群防群控、联防联控工作机制。

刘建洋调研推动城市片区更新改造

省委常委、市委书记刘建洋调研部分片区改造项目，并主持召开座谈会，推进全市片区更新改造。市领导施宇辉、刘文儒、蔡天守参加调研。在晋江市池峰路南延片区改造项目现场，刘建洋从高处俯瞰片区，向当地干部询问项目规划设计、征迁进展等情况，叮嘱要树牢“精明增长”理念，坚持规划引领，按照产业培育、基础设施、公共服务配套、生态环境“四个优先”和征地拆迁、安置房建设、土地挂牌出让“三个同步”，多算大账、长远账、综合账，滚动推进更新改造，实现综合效益最大化。在丰泽东海后渚莲垵及周边片区改造项目现场，刘建洋在了解片区总体规划、实施计划、公共配套等情况后指出，该片区作为泉州未来城市的重要展示窗口，要谋定而后动，把底数摸清、情况搞明、问题找准、政策研究透，遵循公平公正公开原则，运用群众工作法推进征地拆迁，保障合法利益，并尽快形成实物工作量。

座谈会上，刘建洋听取全市片区更新改造等重点工作情况汇报，对全市住建系统担当城市建设主力军，推进城乡功能品质提升所取得的成效给予肯定。刘建洋强调，要厘清思路、系统谋划，因地制宜找准产业功能、优化空间布局，坚持“留、改、提、拆、建”并举，高效协同实施片区有机更新。要明确目标、统筹推进，坚持问题导向、结果导向，突出城乡统筹、新老并重，有效配置资源要素，做到集中连片建设城市新区和保护提升古城两手抓。要完善机制、形成合力，对标先进城市，理顺城市规划建设管理体制，主动当好参谋员、调度员、裁判员、督导员，推动市县、条块、行业之间协同高效。要勇于创新、争创一流，落实全面从严治党主体责任，把旗帜鲜明讲政治贯穿于业务工作全过程，抓好班子、带好队伍，培塑专业精神，增强专业素养，在服务高质量发展、高效能治理、高品质生活中做出更大贡献。

福建省传承弘扬“晋江经验”新闻发布会在晋江举行

由省委宣传部主办的福建省传承弘扬“晋江经验”新闻发布会在晋江举行。发布会上，省发改委、泉州市、晋江市相关负责人介绍20年来传承弘扬“晋江经验”，全方位推进高质量发展相关情况，并回答记者提问。为更好传承弘扬“晋江经验”，鼓励和引导民营企业心无旁骛做实业，激发民营企业创新创造活力，福建省出台《关于推动民营经济创新发展的若干措施》，推出19条支持民营经济创新发展的政策举措，全方位推进高质量发展。

福建省传承弘扬“晋江经验”新闻发布会现场
（图/蔡紫旻）

“晋江经验”20周年招商签约大会举行

市委、市政府举行“晋江经验”20周年招商签约大会。省委常委、市委书记刘建洋出席大会并讲话，市长蔡战胜主持，市人大常委会主任李建辉、市政协主席肖汉辉出席。担任市开放招商领导小组及12个产业发展小组组长、副组长的市领导，各县域、各相关单位主要负责人等参加。此次活动除主会场和各县域分会场外，还设置北京、上海、深圳、成都4个驻外分会场，以及新加坡、马达加斯加等境外分会场。大会通过现场签约和全球“云签约”等方式，集中签约400个重大项目，总投资4160亿元。大会分两个阶段。第一阶段现场签约项目52个，总投资1709亿元，驻外、境外“云签约”项目23个，总投资204亿元。第二阶段各分会场签约项目325个，总投资2247亿元。项目涵盖电子信息、石油化工、金融与新兴产业、纺织鞋服、装备制造、生物医药、现代服务、数字经济、海洋经济、文旅经济等多个产业领域，其中投资超百亿元的大项目有6个。

刘建洋指出，泉州的活力和韧性来自企业家，越是面对严峻复杂的外部发展环境和风险挑战，越要发扬爱拼敢赢的精气神，把握好历史机遇、政策机遇、战略机遇，坚定发展的信心和决心。泉州将与企业家一起牢记嘱托，传承弘扬“晋江经验”再出发，聚焦提高效率、提升效能、提增效益，实施“强产业、兴城市”双轮驱动，加快推进“1+3”专项行动，开展“万名干部进万企、一企一策促发展”，以更大力度推进要素市场化配置改革，为各类企业、项目、人才打造公平公正透明可预期的法治环境、高效便捷的政务环境、诚实守信的人文环境和宜居宜业的生活环境，做到“让国企敢干、民企敢闯、外企敢投”。欢迎大家选择泉州、投资泉州、扎根泉州，共享改革红利，共谋发展大计，共创美好未来。

人民网、新华网、中新网分别刊发《泉州市举办“晋江经验”20周年招商签约大会》《“晋江经验”20周年招商大会：泉州签约400个项目 总投资4160亿元》《福建泉州招商签约项目400个 总投资4160亿元》等新闻。央广网推出“传承弘扬‘晋江经验’”专题报道，刊发《传承弘扬“晋江经验” 南安九牧集团让世界看到中国品牌力量》《传承弘扬“晋江经验” 抢搭RCEP“直通车” 石狮让“福建产”走向全世界》等文章。

“晋江经验”20周年招商签约大会现场（图/陈晓东）

《经济日报》整版关注“晋江经验”

《经济日报》刊发《“晋江经验”如何历久弥新——福建泉州推动高质量发展情况调查》整版报道，关注泉州传承弘扬“晋江经验”，全方位推进高质量发展的情况。报道指出，20年来，在“晋江经验”指导下，泉州坚持立足本地优势，选择符合自身条件的最佳方式加快经济发展，创造实体经济发展奇迹。该报道从强产业兴城市、抓创新育科技、重营商优环境、数字化促转型四方面入手，全方位阐述“晋江经验”对泉州乃至福建的经济发展的指导意义。报道同时配发调查手记《做强民营经济重在营商环境》，指出传承弘扬“晋江经验”，厚植民营经济高质量发展的营商环境是泉州的一个重要课题。泉州首先要发挥民营经济发达优势，坚持将扶持优质本土企业做大做强作为推动经济发展的重要增长极，激发本土企业内生动力。其次，泉州要传承政企互动好传统，构建亲清政商关系。此外，泉州还要扩大开放，增强城市发展的动力和活力，提升城市软硬环境，让人才安居乐业、让企业安心创业。

8月16日

农历壬寅年七月十九
星期二
温度：26℃～36℃
晴转多云

● 市委、市政府举行“晋江经验”20周年招商签约大会。

●《经济日报》刊发《“晋江经验”如何历久弥新——福建泉州推动高质量发展情况调查》整版报道，关注泉州传承弘扬“晋江经验”，全方位推进高质量发展的情况。

●2022年泉州市民用航空职工职业技能竞赛决赛在泉州晋江国际机场开幕。

8月17日

农历壬寅年七月二十
星期三
温度：27℃～37℃
多云

●市委、市政府举行2022年重大项目视频连线开工活动。

●省委常委、市委书记刘建洋与中国金茂集团总裁李从瑞座谈交流。

●市人大常委会主任李建辉到市行政服务中心调研泉州市优化营商环境工作情况。

●市委副书记宿利南到石狮，结合“万名干部进万企、一企一策促发展”专项行动开展调研。

泉州市2022年重大项目视频连线开工活动举行

市委、市政府举行2022年重大项目视频连线开工活动。省委常委、市委书记刘建洋讲话并宣布开工，市长蔡战胜主持，市领导李建辉、肖汉辉、宿利南、施宇辉、陈辉宗、傅藏荣、黄景春、黄文胜、张文贤等参加。活动中，市发改委汇报2022年前两批次开工项目进展情况；各县（市、区）、泉州开发区、泉州台商投资区相关负责人汇报本地重大项目开工情况。全市144个重大项目开工，总投资1837亿元，年度计划投资242亿元。

刘建洋指出，要全力攻坚，以优质服务保障项目推进速度，强化平台支撑、调度谋划、要素供给，抢抓国家政策机遇，创新园区管理体制和项目推进机制，深化工业（产业）园区标准化建设，策划更多大项目好项目，提高效率、提升效能、提增效益，推动洽谈项目早签约、签约项目早开工、开工项目快建设、在建项目早竣工、竣工项目早投产、投产项目早达产。要滚动接续，以开放招商增添高质量发展后劲，立足产业发展招项目、城市建设谋项目、民生生态争项目，增量和存量一起抓，既逆周期加大以商招商、产业链招商，定向招引更多强链建链补链延链扩链和提升城市功能品质的优质项目；又释放龙头企业、高成长性企业发展潜能，鼓励加快物理空间和生产工艺技术“双改造、双提升”，推进增资扩产、提质强产。

泉州市重大项目开工活动现场（图/陈晓东）

李建辉调研市行政服务中心

市人大常委会主任李建辉到市行政服务中心调研泉州市优化营商环境工作情况。市人大常委会副主任赖清正、秘书长颜朝晖参加调研。李建辉指出，各级各部门要传承弘扬“晋江经验”，解放思想，把握机遇，结合开展提高效率、提升效能、提增效益行动，打造一流营商环境。要对标找差，找准优化营商环境的方向实现路径，精准施策，解决痛点难点堵点问题。要改革创新，坚持结果导向，挖掘线上审批空间，加强线上线下联动，确保创新举措精准、管用、实用。

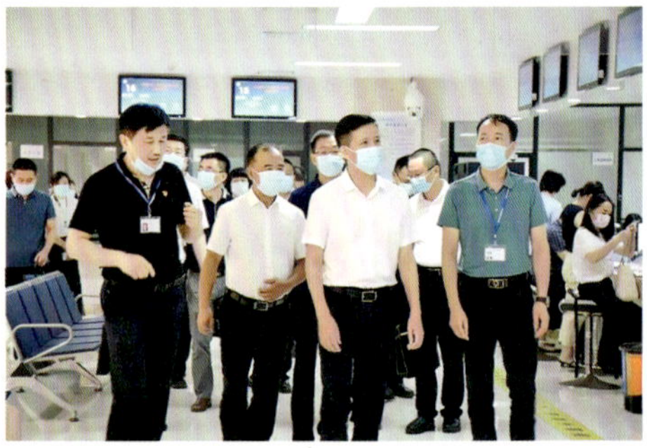

李建辉（前排右二）在市行政服务中心调研泉州市优化营商环境工作情况（图/市人大）

宿利南到石狮调研

宿利南到石狮，结合“万名干部进万企、一企一策促发展”专项行动开展调研。宿利南走访建新轮胎项目、新瑀服饰公司、六胜供应链管理公司、大长江汽车城等。宿利南强调，要对接企业需求，加强企业用工服务，完善企业与高校院所、科研平台合作机制，全方位帮助企业招工引才。要顺应精细化、智能化、数据化营销趋势，支持企业探索视频营销、直播带货等模式，放大市场采购贸易、跨境电商等红利。要发挥国有企业引领作用，在融资支持、订单协作等领域，帮助中小企业纾困解难。要营造稳定、公平、透明、可预期的优质营商环境，做好政策“宣传员”、项目“代办员”、问题“协调员”，当好服务企业的“店小二”，提振企业信心，激发市场活力，多措并举促进企业提质增效。

宿利南到惠安调研双拥示范创建等工作

市委副书记宿利南到惠安县崇武镇调研双拥示范创建、小城镇建设、乡村振兴等工作。宿利南强调，要抢抓机遇推动高质量发展，贯彻落实市委“强产业、兴城市”双轮驱动部署，统筹发展、优化布局，引进大项目，培育大产业，高标准谋划发展海洋经济、文旅经济，打造惠女、屯兵等文化品牌，激发新的内生动力，为高质量发展增添新动能。要强化党建引领促乡村振兴，加强党对基层网格管理工作的领导，健全完善穿透式基层组织体系，通过开展文明村居创建、乡村振兴试点村建设、整镇推进乡镇镇域中心改造等方式，提升基层治理水平、提高人民群众文明素养，推进乡村建设，共同绘就乡村振兴新画卷。

第十二届海峡两岸生物多样性与森林保护文化研讨会在德化举行

17—18日，第十二届海峡两岸生物多样性与森林保护文化研讨会在德化举行。研讨会以“生物多样性与融合发展”为主题，吸引海峡两岸百余名专家学者和各界代表，探讨生物多样性保护与推动海峡两岸融合发展的探索实践与做法成效。研讨会收录论文近50篇，汇集专家学者的理论研究、实践探索与经验总结，助力推动海峡两岸生态保护、生态产业和生态文明建设与发展。

研讨会上，与会的专家学者代表分别做主旨报告，同时开展学术交流。闽江学院台籍副教授黄嘉龙认为，海峡两岸融合发展需要一系列的社会实践过程。从生物多样性保护的作用角度，要在生活、生产、生态三个层面，促进多元的两岸民间交流。比如生活生产上可以从衣食住行、农林渔牧生产，结合生态角度从两岸合作研究、两岸生态旅游、两岸生态产业等各方面加强交流并相互学习。龙岩学院经济与管理学院院长、教授黄可权指出，良好的生态环境是乡村振兴的基础和保障，推进乡村振兴必须牢固树立“绿水青山就是金山银山”的发展理念，坚持生态优先，筑牢生态安全屏障，加快产业结构调整和经济发展方式转变，探索经济生态化、生态经济化的特色发展之路，把福建具有生物多样性、优越生态环境的独特优势，转化为乡村振兴和高质量发展的新动能，实现经济增长、山川增绿、产业增效、群众增收。台湾青年张宸睿从事野趣生境环境教育研究，在他看来，生物多样性保护与产业发展应当以扶植在地产业为主，增加当地人的认同感且能获得经济上的反馈，了解保护生物多样性也是提升在地经济的一种方式，而且能额外得到其他产业链的孵化机会，例如有机农业、精致农业、加工业、旅游业等。同样来自台湾的维哲环境与设计理论研究室负责人张示霖表示，海峡两岸的文化是共通不变。文化就是生活的方式，如食、衣、住、行、育、乐等方方面面的表现。因此，海峡两岸要融合发展，首先得从共通的文化层面着手。通过两岸积极、有效地沟通与探讨，借鉴参考发展经验。希望能有更多的机会参与相关课题研究和实践，为海峡两岸的融合发展贡献一份力量。

研讨会期间，泉州台资企业协会与德化县龙浔镇就“福建省闽台农旅产业示范园项目”签订投资协议。与会专家学者还参观考察德化安娜茶油文化产业园、国际瓷艺城、戴云山生态博物馆，了解德化县重点产业的发展方向及合作意愿，为致力推动两岸合作发展创造条件。

第十二届海峡两岸生物多样性与森林保护文化研讨会现场（图/吴有森）

8月18日

农历壬寅年七月廿一
星期四
温度：27℃～35℃
多云转阴

●市委副书记宿利南到惠安县崇武镇调研双拥示范创建、小城镇建设、乡村振兴等工作。

●17—18日，第十二届海峡两岸生物多样性与森林保护文化研讨会在德化举行。

8月19日

农历壬寅年七月廿二
星期五
温度：26℃～38℃
阴转多云

●福建省弘扬“晋江经验”促进民营经济高质量发展大会举行，大会在福州设主会场、在晋江设分会场。

●全市疫情防控工作视频会召开，对疫情防控重点工作再部署再落实。

●省委常委、市委书记刘建洋和市长蔡战胜到晋江市医院，看望慰问一线医务人员。

●市政府新闻办公室召开2022年泉州市新冠疫情防控情况第三十五场新闻发布会。会上通报，截至是日16时，全市报告确诊病例6例、无症状感染者6例，均在晋江。

福建省弘扬“晋江经验”促进民营经济高质量发展大会举行

福建省弘扬“晋江经验”促进民营经济高质量发展大会举行，大会在福州设主会场、在泉州晋江设分会场。省委书记、省人大常委会主任尹力出席大会并讲话。省委副书记、省长赵龙主持。省政协主席崔玉英，省领导张彦、林宝金、郭宁宁、王永礼、梁建勇、康涛、王光远，省级老干部潘征出席大会。全省各设区市和平潭综合实验区以及省直有关部门主要负责人，泉州市领导刘建洋、蔡战胜、李建辉、肖汉辉、宿利南、施宇辉、陈辉宗、卢秀萍、傅藏荣、黄景春、黄文胜等，社科理论界代表，企业家代表，泉州市、晋江市干部群众代表等参加大会。

尹力强调，要鼓励、引导、支持民营企业强化科技创新，发挥创新主体作用，广纳天下英才、攻克核心技术、强化科技成果应用，提升核心竞争力。要鼓励、引导、支持民营企业深化改革开放，建立健全现代企业制度，更好参与国内统一大市场建设，开拓海外市场，服务和融入新发展格局。要鼓励、引导、支持民营企业家弘扬闽商精神，强化科学思维、主动拥抱新技术，强化法治意识、诚信观念，争当爱国敬业、守法经营、创新创业、回报社会的典范，打造一流企业家队伍。要打造法治福建，保护民营企业合法权益，清理取消与企业性质挂钩的歧视性规定和做法，制止一切不必要的检查、督查和考核。要打造便利福建，结合深化数字福建建设，简政放权、优化服务，落实政策、完善政策，让民营企业能办事、快办事、办成事。要打造诚信福建，带头恪守契约精神，开展诚信宣传教育，让诚信观念深入人心、蔚然成风。要打造清廉福建，构建亲清新型政商关系。

省委常委、泉州市委书记刘建洋在会上介绍20年来传承弘扬“晋江经验”的情况。刘建洋表示，20年来，泉州践行“晋江经验”，咬紧实体经济不放松，突出工业化和城市化互促共进，深化改革开放创新，增进民生福祉，推动民营经济在转型升级中焕发生机，彰显出“晋江经验”强大的思想魅力、实践伟力和持久生命力。泉州将沿着习近平总书记指引的方向感恩奋进，传承弘扬“晋江经验”，实施“强产业、兴城市”双轮驱动，在统筹“加强引导”和“搞好服务”、“新型工业化”和“新型城镇化”、“有形通道”和“无形通道”、“有效市场”和“有为政府”等方面创造新经验，续写高质量发展新辉煌。

福建省弘扬“晋江经验”促进民营经济高质量发展大会现场
（图/林劲峰）

刘建洋、蔡战胜看望慰问一线医务人员

第五个中国医师节，省委常委、市委书记刘建洋和市长蔡战胜到晋江市医院，看望慰问一线医务人员。市委常委、秘书长施宇辉参加活动。刘建洋指出，希望大家践行“人民至上、生命至上”，弘扬伟大抗疫精神，常怀医者仁心，秉承爱岗敬业、勇于拼搏、无私奉献的作风，在确保自身健康和安全的前提下，统筹好日常医疗救治和疫情防控各项工作，守护好人民群众生命健康。

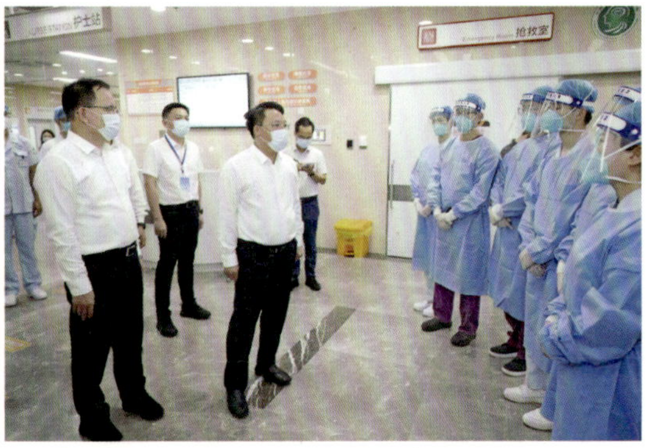

刘建洋（右七）、蔡战胜（右九）看望慰问一线医务人员
（图/陈晓东）

泉州37个品牌入选福建省重点培育和发展的国际知名品牌

省商务厅公布新一届福建省重点培育和发展的国际知名品牌名单，认定127家企业的127个品牌为新一届福建省重点培育和发展的国际知名品牌，期限为2022—2024年。其中，泉州品牌37个，全省占比29%。为推进“十四五”时期外贸高质量发展，实施对外贸易“优进优出”战略，支持福建省企业加快培育自主品牌，提升竞争力，促进外贸转型升级、提质增效，省商务厅组织开展福建省重点培育和发展的国际知名品牌认定工作。认定品牌在企业自愿申报的基础上，经过各设区市商务主管部门初审推荐、组织评审、公示等程序。

“我最感动的红色故事”网络展播评选活动举行

20—29日，由市委史志研究室组织的听讲红色故事、奖赠红色书籍——“我最感动的红色故事”网络展播评选活动举行，依托泉州网对33个红色故事宣讲视频进行集中展播，点击量达到103.67万人次。此次展播的33个视频为市委史志研究室会同市教育局、市总工会、团市委、市妇联主办的“强国复兴有我”泉州市红色故事宣讲员选拔比赛的获奖作品。33位不同行业、不同县域、不同年龄段的宣讲员，讲述发生在泉州感人泪下、催人奋进的红色故事。这些故事包括让子弹藏在胸口66年的开国上将叶飞、走完二万五千里长征路的归侨将领李子芳、慷慨赴死坚贞不屈的李素明等革命先辈的事迹，泉州市革命遗址和教育基地等红色“活化石”丰富内涵，在传承弘扬“晋江经验”“惠女精神”“抗疫精神”中涌现出的生动事例等。为更广泛传播红色文化，主办方利用选拔比赛的成果，精心录制视频，借助泉州网主流媒体策划此次网络展播评选。活动最终评选出5件“我最感动的红色故事”作品。为推进党史学习教育常态化长效化，市委史志室组建宣讲团，吸收获奖选手为成员，走进全市机关、学校、企业等基层单位宣讲红色故事。

泉州市公布秋季学期开学防疫要求

市教育局、市卫健委发出《关于做好2022年学校秋季学期开学新冠肺炎疫情防控工作的通知》（以下简称通知）。通知要求，各地各校要在属地防控疫情应急指挥部领导下，综合考虑疫情形势、防控政策要求和本地本校实际，科学制定新学期开学工作方案。要“一校一策”制订细化开学返校工作方案，分区分级、错峰错时确定返校批次和具体时间。学校所在县（市、区）有中高风险区的，师生暂缓返校，开展线上教学，由属地防控疫情应急指挥部视疫情形势研究确定恢复线下教学时间。各地各校要做好线上教学准备，完善教学工作预案，保证线上教学随时启动、线上线下随时切换。

各级各类学校要提前摸排掌握师生员工及其共同生活居住人员开学前连续7天的健康状况、高中低风险区旅居史或其他异常情况，周密安排师生员工有序返校。中高风险区的师生员工暂缓返校。中小学、幼儿园师生员工开学前提前10天返回泉州，并在开学返校前3天参加属地教育、卫健、学校统一组织的核酸检测3天2检后方可返校；高校师生员工须持48小时内核酸检测阴性证明返校，并在返校后3天内参加2次核酸检测（首次检测为校门口即到即检）。有境外、高中低风险区旅居史或其他特殊情况（外地返泉等）师生员工要按照属地疫情防控要求，落实健康管理措施后，再持48小时内核酸检测阴性证明参加返校前的3天2检（中小学、幼儿园）或返校（高校）。要引导师生员工返校旅途中加强个人防护，尽可能佩戴N95口罩。入校门要测量体温，核验身份、健康码和行程卡。开学后两周内不举办校内聚集性活动。从是日起至开学，市教育局联合市卫健委，根据各地各校开学工作情况组织开学督导检查。督导对象为高校、中职学校、中小学和幼儿园，重点督导风险排查、健康管理、开学准备、校园管控等情况。

8月20日

农历壬寅年七月廿三
星期六
温度：26℃ ~ 34℃
多云

●省商务厅公布新一届福建省重点培育和发展的国际知名品牌名单，认定127家企业的127个品牌为新一届福建省重点培育和发展的国际知名品牌，期限为2022—2024年。其中，泉州品牌37个，全省占比29%。

●20—29日，由市委史志研究室组织的听讲红色故事、奖赠红色书籍——“我最感动的红色故事”网络展播评选活动举行。

●市教育局、市卫健委发出《关于做好2022年学校秋季学期开学新冠肺炎疫情防控工作的通知》。

8月21日

农历壬寅年七月廿四
星期日
温度：27℃～36℃
多云

●市政府新闻办公室召开2022年泉州市新冠疫情防控情况第三十六场新闻发布会。会上通报，19日16时至21日10时，全市新增确诊病例8例、无症状感染者1例。17日以来，全市报告确诊病例14例、无症状感染者7例，均在晋江。

●市级财政下达专项资金保障农村饮水安全。

●市龙门滩水资源调配中心通过水利部评审，获评水利安全生产标准化一级单位，是全省唯一获此荣誉的水利工程管理单位。

●由中国青年志愿者协会、上海复星公益基金会主办的2022年中学生志愿服务示范项目名单公布。泉州市培元中学“关爱成长 文明同心”社区志愿服务项目入选。

市级财政下达专项资金保障农村饮水安全

为推动农村饮水安全巩固提升政策落实，2023年泉州继续实施为民办实事农村供水保障工程，市财政下达专项资金765万元，补助标准相较往年进一步提高。泉州自2016年起实施农村饮水安全巩固提升工程，按照“主管进镇、支管进村、管网达组、龙头入户”标准，分阶段分步骤统筹推进项目建设，以县城区为核心、建制镇为中心、渐次辐射村组，逐步建立从“水源头”到“水龙头”的饮水安全保障体系。

2016年以来，泉州市多措并举筹措资金，市级财政投入资金6339万元，争取福建省农村饮水安全保障资金7209.4万元。2021年，泉州市印发推进城乡供水一体化实施意见，在项目资金省级财政分档支持政策基础上，建立市级财政激励机制。2021年起至2025年，每年从市水利部门专项资金中安排2000万元作为农村供水保障资金，统筹用于边远山区、偏远角落农村供水工程建设补助及绩效考核奖补资金，解决部分农村供水工程标准偏低和集中供水率不高、管护工作薄弱问题。2023年，泉州持续实施为民办实事农村供水保障工程，计划受益人口2.5万人，完成投资2000万元。其中，争取省上资金492万元、市县财政配套资金1508万元。市级财政下达的专项资金按水源工程、消毒净化、管网设施三项建设内容，实施一项、两项、三项分别补助200元/人、250元/人和300元/人，补助标准较往年提高50元/人。

市龙门滩水资源调配中心获评水利安全生产标准化一级单位

市龙门滩水资源调配中心通过水利部评审，获评水利安全生产标准化一级单位，是全省唯一获此荣誉的水利工程管理单位。

2021年以来，市水利局贯彻落实市委、市政府关于安全生产标准化提升专项行动决策部署，以落实安全生产主体责任为主线，以提升本质安全为目标，助推水利安全生产标准化提升。确定市属龙门滩水资源调配中心为市级标杆单位，指导该中心将安全生产标准化创建融入调水发电全过程，探索出以标准化创建推动安全体系多维度发力的特色之路。树立10家标杆企事业单位，总结提炼经验，形成可复制、可推广的做法，发挥标杆单位示范带动效应。推进水利行业小微企事业单位百分制创建标准，指导小微企事业单位开展标准化创建提升。组织全市各大中型水管单位按照国标千分制标准进行自评、提升、创建，全市30家大中型水管单位100%完成自评、提升、创建，其中国标二级单位10家。同时，以奖促进，2021年以来列支133万元作为专项奖励金，对创建国标或提升标准的43家企事业单位进行激励。

泉州市一项目入选2022年中学生志愿服务示范项目

由中国青年志愿者协会、上海复星公益基金会主办的2022年中学生志愿服务示范项目名单公布。泉州市培元中学“关爱成长 文明同心”社区志愿服务项目入选。这是福建省唯一一所中学的志愿服务项目入选全国百个示范项目。2022年5月，为深化推动中学生志愿服务项目规范化建设，培育更多具有中学生特色的志愿服务示范项目，中国青年志愿者协会联合上海复星公益基金会面向全国开展“2022年中学生志愿服务示范项目”征集遴选活动。经评委专家认真审议，最终评出包括泉州市培元中学“关爱成长 文明同心”社区志愿服务项目在内的100个项目作为“2022年中学生志愿服务示范项目”。

“关爱成长 文明同心”社区志愿服务是泉州市培元中学团委、青年志愿者协会与学校所在的开元社区联合进行新时代文明实践方式的重要探索，是文明创城大背景下社区文明建设的重要推手。该项目于2020年1月启动，主要通过与社区联动，将社区文明建设与志愿服务相结合，引导学生弘扬志愿服务精神，共同参与社区流动儿童关爱成长、疫情防控、爱国卫生、文明餐桌等新时代文明实践。两年多来，这一志愿服务模式在实践中得以延伸拓展，取得实质性效果，既促进社区的文明发展，也助力青少年的成长成才。

刘建洋到晋江督导疫情防控工作

省委常委、市委书记、市防控新冠肺炎疫情应急指挥部总指挥长刘建洋到晋江，督导检查疫情防控工作。市领导傅藏荣、黄景春参加督导。刘建洋到位于罗山街道的阳光大药房，查看了解人员信息登记、防疫措施落实、药品购销台账记录等情况。在晋江林格健康管理驿站，刘建洋通过视频监控系统对隔离点运行和管理服务工作进行检查，向现场负责人询问驿站规范设置、隔离管控措施落实、人员闭环管理、医疗废弃物和生活垃圾处置等情况。随后，刘建洋到东石镇塔头孙村，听取封控区域网格划分、社会面管控、居民生活物资保障等情况汇报。督导检查中，刘建洋强调，要穿透破解难题，领导干部主动担当作为，带头深入一线，排查整治风险隐患，推动各项防控措施落实落细落到位。要强化监督管理，克服麻痹松懈，防止层层加码，通过滚动督查、滚动整改，倒逼落实四方责任、补齐短板漏洞，提高科学精准防控水平。

市十七届人大常委会第七次主任会议召开

市十七届人大常委会第七次主任会议召开。会议讨论《泉州市文化旅游发展促进条例（草案）》的初步审查报告，关于2022年地方政府债券转贷收支调整市本级预算的审查报告，泉州市1—7月国民经济和社会发展计划、预算执行情况的审议意见稿，关于检查慈善法实施情况、开展2022年度法官检察官履职评议工作情况的报告和审议意见稿，关于行政审判工作情况、餐饮业油烟污染防治情况工作评议、乡村振兴工作情况的调研报告和审议意见稿，关于泉州市国土空间规划编制工作进展情况、减轻义务教育阶段学生作业负担和校外培训负担工作情况、铸牢中华民族共同体意识推动新时代民族工作高质量发展情况的调研报告，关于对营商环境评估指标滞后的相关单位开展专题询问的工作方案，关于开展金融企业国有资产管理情况、泉州市孤独症儿童康复服务工作情况、加强新时代检察机关依法履行法律监督职责工作情况、市区内沟河联排联调管理机制建设情况、市实施河湖长制工作情况、加快推进南洋华裔族群寻根谒祖综合服务平台建设等专题调研方案，关于对市十七届人大一次会议代表建议办理情况开展满意度测评的实施方案。

市十七届人大常委会第七次主任会议现场（图/市人大）

泉州队登上省青少年摔跤比赛金牌榜榜首

福建省第十七届运动会青少年摔跤比赛在南平政和县体育中心闭幕。泉州摔跤队获7金10银2铜。第一个比赛日，泉州队就有9名选手进入5个级别的决赛，其中有4个级别的决赛是在泉州选手之间进行。决赛之后，泉州选手肖锦凤和郑静怡分获女甲53公斤级冠军和亚军；郑丽凤和周梦婷分获女甲57公斤级冠军和亚军；陈慧梅和黄佳妮分获女乙61公斤级冠军和亚军；王巧玲和陈灿柠分获女乙53公斤级冠军和亚军；何颜获女乙57公斤级冠军。第二天，陈小龙获男甲55公斤级冠军，黄俊杰获亚军；傅鑫海获男甲60公斤级亚军；娄遥远获男甲65公斤级冠军；黄俊杰获男甲71公斤级亚军。第三天，陈文伟获男子乙组51公斤级第二名，何家华获男子乙组55公斤级第二名，胡家乐获男子乙组55公斤级第二名，黄家乐获男子乙组48公斤级第三名。泉州队最终以7金10银2铜的战绩名列金牌榜和奖牌之首。

8月22日

农历壬寅年七月廿五
星期一
温度：28℃～36℃
晴

●省委常委、市委书记、市防控新冠肺炎疫情应急指挥部总指挥长刘建洋到晋江督导检查疫情防控工作。

●市十七届人大常委会第七次主任会议召开，讨论《泉州市文化旅游发展促进条例（草案）》的初步审查报告、关于2022年地方政府债券转贷收支调整市本级预算的审查报告等。

●福建省第十七届运动会青少年摔跤比赛在南平政和县体育中心闭幕，泉州摔跤队获7金10银2铜。

8月23日

农历壬寅年七月廿六
星期二
温度：27℃～35℃
多云

●省委常委、市委书记刘建洋到南安调研，推进“1+3”专项行动、常态化疫情防控等工作落深落细落实。

●市长、市防控新冠肺炎疫情应急指挥部总指挥长蔡战胜到晋江隔离点检查督导疫情防控工作。

●十三届市政协第四次主席会议召开，审议通过《中国人民政治协商会议泉州市委员会反映社情民意信息工作条例》。

●市政协党组理论学习中心组学习会议召开，传达学习习近平总书记重要讲话重要指示批示和回信贺信精神，以及中央、省委、市委有关会议精神，并研究贯彻落实意见。

●由省中华文化学院（省社会主义学院）主办，泉州市社会主义学院、中国闽台缘博物馆协办的“两岸同心福·喜迎二十大”闽台“福”文化书画展在中国闽台缘博物馆开幕。

刘建洋到南安调研常态化疫情防控等工作

省委常委、市委书记刘建洋到南安调研，推进“1+3”专项行动、常态化疫情防控等工作落深落细落实。副市长刘林霜参加调研。在福建群峰机械有限公司，刘建洋了解工艺技术、销售经营等状况，鼓励企业坚定发展信心，深耕主业领域，加大科技创新和市场开拓力度，走出一条高端化、智能化、绿色化、服务化的特色之路。在南安市医院新院区，刘建洋听取项目规划建设和进展情况介绍，要求加快建设步伐，力争早投用、运营好，满足群众就医需求。刘建洋到央企五矿产城参与打造的南安产业会客厅参观，寄望央地深化战略合作，多算大账、长远账、综合账，发挥央企资源整合优势，针对性开展招商引资，引导乡贤回归创业，向园区导入原材料采购、研发设计、供应链管理、金融服务、物流仓储等高端生产性服务业，推动上下游全链条配套，打造高黏性产业生态圈。

在南安市北山片区，刘建洋与相关干部交流探讨城市规划设计、功能定位、空间布局等，强调要以高水平规划引领城市片区更新改造，探索规划设计咨询监理制度，建立专家库，实行第三方全过程监管，实现对规划与建设同步管控，确保规划设计的完整性、连续性与权威性；要坚持以人为本、安置先行，突出产业培育、基础设施、公共服务配套、生态环境“四个优先”，综合考虑建筑布局、高度、风格、色彩等要素，贯通山水视线廊道，让老百姓望得见山、看得见水、记得住乡愁。

刘建洋（右三）在央企五矿产城参与打造的南安产业会客厅调研（图/陈起拓）

蔡战胜督导晋江疫情防控工作

市长、市防控新冠肺炎疫情应急指挥部总指挥长蔡战胜到晋江隔离点，检查督导疫情防控工作。市领导黄景春、张文贤参加督导。在晋江林格健康管理驿站，蔡战胜询问驿站隔离场所规范设置、管控措施落实、人员闭环管理、人文关怀服务等方面的情况，并通过视频监控系统对隔离点运行和管理服务工作进行检查。随后，蔡战胜到陈埭仙石健康驿站，听取隔离点楼栋布局、网格化管理、管控措施落实等情况汇报。检查中，蔡战胜要求，要落实国家、省疫情防控部署要求，在市委统一领导下，保持清醒认识，快准严实细落实各项防控措施，尽早扑灭疫情。要盯紧重点环节，对重点人群、重点区域详细分析、深入研判，重兵合围，阻断疫情传播链条。要强化“人防+技防”措施，加强隔离场所安全规范管理，做好人文关怀，及时开展心理疏导工作，引导大家配合隔离管控，确保每一位隔离人员安全度过隔离期。

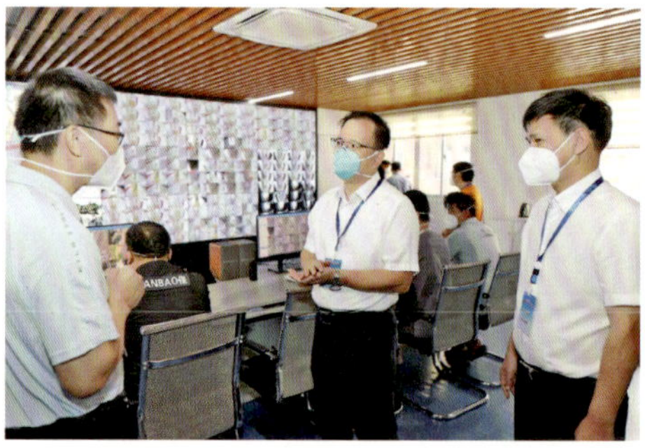

蔡战胜（左三）在晋江隔离点检查督导疫情防控工作（图/陈晓东）

十三届市政协第四次主席会议召开

十三届市政协第四次主席会议召开，审议通过《中国人民政治协商会议泉州市委员会反映社情民意信息工作条例》。会议强调，反映社情民意信息是人民政协重要的经常性、基础性工作，是社会舆情汇集和分析机制的重要组成部分，要密切联系群众、了解民情、集中民智，在关注民生、促进和谐、推动发展上见成效。

刘建洋到丰泽调研常态化疫情防控落实等情况

省委常委、市委书记刘建洋到丰泽，就“1+3”专项行动推进、常态化疫情防控落实等情况开展调研。市领导黄文胜、汪志红参加调研。刘建洋走访多家入驻连捷国际中心的企业，鼓励大家深耕市场细分领域和主营业务，做深做透做成专精特新；要求各级各有关部门树立“舍得”理念，算好大账、长远账、综合账，调整完善招商政策，更大力度导入高端生产性服务业和高品质生活性服务业，集聚人气、商气、烟火气，提升泉州城市核心区形象和辐射带动力。在匹克集团，刘建洋要求加快规划研究论证，结合地下空间开发利用、周边片区更新改造等，引导龙头企业增资扩产、释放潜能，把根留在泉州。在后坂片区，刘建洋指出，老旧片区改造关系千家万户的生活品质，要坚持精心规划、精致建设、精细管理、精美呈现、精明增长，“留、改、提、拆、建”并举，推进片区有机更新；要在保证安全和质量前提下，有序加快市政施工，采取微改造、低干扰、高效率方式，做到既少堵路又不堵心，让市民生活更舒心。

刘建洋到丰泽区“三公一大”融合协同机制专班，看望慰问工作人员，了解专班运行情况，强调克服麻痹思想、侥幸心理，充实专班力量，把经过实战检验的经验做法固化为“平战结合”工作机制，提升及时发现、快速处置的能力水平，有效支撑常态化疫情防控。调研中，刘建洋强调，丰泽区是做大做强中心城区的主战场，区位条件优越，发展空间广阔。要明晰思路、下定决心，围绕“强产业、兴城市”双轮驱动，突出开放招商，强化项目带动，高效盘活闲置低效用地，推动园区标准化建设集聚发展。要精心策划、创新运作，善于把握政策机遇，提升项目谋划生成水平，力争更多项目纳入全国、全省盘子。要聚力攻坚、系统推进，健全有利于可持续发展的城市规划建设管理体制机制，集中力量拔钉清障，滚动推进更新改造，确保“做一片成一片、成一片兴一片”，久久为功提升城市能级和品质。

市人大常委会召开孤独症儿童康复服务专题调研座谈会

市人大常委会召开孤独症儿童康复服务专题调研座谈会。市人大常委会主任李建辉、副主任吴友才、秘书长颜朝晖参加会议。市教育局、卫健委、残联等有关部门汇报开展融合教育、康复诊治、扶持救助等工作情况；市特殊教育专项基金会、泉州特校、晋江特校、东湖中心幼儿园、“星语社区”和部分家长代表就如何做好孤独症康复服务提出意见和建议。李建辉指出，孤独症是世界性难题，其家人肩负着生命难以承受之痛，亟须各级各部门和全社会共同关心关注。要加大宣传力度，营造理解、包容、帮助孤独症儿童及其家庭的氛围。要加快建立政府主导，相关部门分工负责，家庭、机构、协会各尽其责，全社会共同参与的工作格局，为孤独症患者提供全生命周期的人文关怀。要弘扬“马上就办”精神，对前期调研和座谈会反映的问题，要建立清单、抓紧督办。要对标先进，发扬泉州“首善之城”的优良传统，汇聚各方合力，坚持系统思维，统筹谋划筛查诊治、融合教育、培训机构监管、职业技能培训、大龄安置等工作，攻坚克难，解决孤独症家庭牵肠挂肚的民生难事。

泉州市举办民法典专题讲座

市委政法委、市中级人民法院和丰泽区委、区政府举办《中华人民共和国民法典》专题讲座，学习贯彻习近平法治思想，加强民法典宣教，提高运用法治思维和法治方式推进政法工作的能力。中国人民大学法学院教授、博士生导师杨立新做专题授课。杨立新从民法典的重要意义、编纂过程、框架结构、核心要义等方面，进行系统深入的解读，主题鲜明、内容翔实、逻辑严密、深入浅出，具有极强的理论性、指导性和可操作性。

8月24日

农历壬寅年七月廿七
星期三
温度：27℃～35℃
多云转小雨

●省委常委、市委书记刘建洋到丰泽，就“1+3”专项行动推进、常态化疫情防控落实等情况开展调研。

●市人大常委会召开孤独症儿童康复服务专题调研座谈会。

●市委政法委、市中级人民法院和丰泽区委、区政府举办《中华人民共和国民法典》专题讲座。

8月25日

农历壬寅年七月廿八
星期四
温度：26℃～34℃
多云

●市委常委会召开会议，学习贯彻习近平总书记重要讲话重要指示精神，部署推进泉州市经济发展、统战、对口援藏、民营经济、妇女事业等工作。

●市政协主席肖汉辉带队开展“深化产教融合，助力智造强市”民主监督课题调研。

●全市消防安全专题会商会召开。

●泉州市召开严防渔船海上疫情输入专项整治工作会。

●由市总工会主办的2022年“工爱·阳光圆梦桥”金秋助学仪式举行。

市委常委会学习习近平总书记重要讲话重要指示精神

市委常委会召开会议，学习贯彻习近平总书记重要讲话重要指示精神，部署推进泉州市经济发展、统战、对口援藏、民营经济、妇女事业等工作。会议学习习近平总书记在7月28日中央政治局会议、中央政治局第四十一次集体学习、辽宁考察时的重要讲话和给“中国好人”李培生胡晓春回信、向中国共产党与世界马克思主义政党论坛、国际民间社会共同落实全球发展倡议交流大会、世界职业技术教育发展大会致贺信精神。会议强调，要统筹发展和安全，防范化解粮食、能源、金融等领域风险隐患，做好安全生产、防汛防台风等工作。保障和改善民生，创新基层社会治理，推进文明城市创建常态长效，拓展新时代文明实践工作。深化产教融合，培育和集聚更多实用型高技能人才。

会议学习习近平总书记在中央统战工作会议、党外人士座谈会上的重要讲话精神，强调要学深悟透习近平总书记关于做好新时代党的统一战线工作的重要思想，坚持围绕中心、服务大局，凝聚人心、汇聚力量，以高度的使命感和责任感做好新时代统战工作。要构建大统战工作格局，发挥在外泉州企业家和侨台港澳资源丰富优势，引进更多项目、人才、技术、资金汇聚泉州。市各民主党派、工商联和无党派人士要统一思想认识、发挥职能作用，集智聚力建设21世纪“海丝名城”。

会议强调，要贯彻新时代党的治藏方略，按照第三次对口支援西藏工作会议部署，把援藏工作作为一项重大政治任务和光荣使命抓好，做好产业、就业、民生、文教、乡村振兴等援藏各项工作，深化交往交流交融，提升援藏工作综合效益。

会议指出，“晋江经验”是对中国特色社会主义市场经济发展道路的积极探索，具有重大理论和实践意义。站在新起点，要牢记嘱托、感恩奋进，擦亮“晋江经验”品牌，贯彻落实福建省弘扬“晋江经验”促进民营经济高质量发展大会精神和省委、省政府相关政策措施，实施“强产业、兴城市”双轮驱动，深化改革开放创新，打造市场化法治化便利化国际化营商环境，弘扬企业家精神，创造新时代民营经济发展新辉煌。要释放政策“含金量”，结合实际分解细化落实，策划生成项目，争取更多资金资源和要素支持。

市政协开展民主监督课题调研

市政协主席肖汉辉带队开展“深化产教融合，助力智造强市”民主监督课题调研。调研组走访黎明职业大学、福建（泉州）哈工大工程技术研究院、福建和诚鞋业有限公司、九牧厨卫股份有限公司，了解黎明大学职业教育及产教融合工作情况，听取哈工大工程技术研究院产学研和和诚鞋业、九牧卫浴产教融合工作情况汇报。

市政协开展“深化产教融合，助力智造强市”民主监督课题调研（图/市政协）

全市消防安全专题会商会召开

全市消防安全专题会商会召开。消安办通报全市消防安全形势；部分县（市、区）汇报辖区消防工作情况；市工信局、市文旅局分别汇报工业园区标准化建设消防安全提升工作情况和文物消防安全工作情况。会议指出，要突出防患未然、查缺补漏，推进“安全生产标准化建设”“工业（产业）园区标准化建设”专项行动，解决文物古建筑、人员聚集场所、易燃易爆场所、高层建筑、出租屋、电动自行车等重点领域消防安全问题。

刘建洋到鲤城调研常态化疫情防控等工作

省委常委、市委书记刘建洋到鲤城调研常态化疫情防控等工作。副市长蔡天守参加调研。刘建洋强调，鲤城区要在做大做强中心城区中展现更大作为，在打造世界遗产保护利用典范城市中扛起更大担当。要融入“强产业、兴城市”双轮驱动，理解把握、凝聚共识，坚持新老并重，把江南新区作为产业转型升级主战场，盘活低效闲置用地，结合工业（产业）园区标准化建设，推动龙头企业释放潜能，培育引进专精特新企业，带动产业链上下游集群集聚；把古城作为彰显文化厚度的活力区，唤醒沉睡资源，改造物理空间，有序纾解非古城功能，导入文旅经济新业态。厘清思路、找准抓手，坚持全域统筹，策划生成更多大项目好项目，运用政策性、开发性金融工具，赋能高质量发展。理顺体制、上下协同，坚持加减并举，厘清权责边界，明确市、区两级事权财权，创新探索投资、融资、建设、管理、维护高效运作机制，提高城市常态化、市场化、专业化管理水平。

刘建洋（右四）在鲤城区新天城市广场调研智慧防疫系统建设运行情况（图/陈起拓）

市人大常委会党组扩大会议召开

市人大常委会党组扩大会议召开，传达学习习近平总书记在省部级主要领导干部专题研讨班上、在新疆考察时的重要讲话和向全球重要农业文化遗产大会、世界青年发展论坛致贺信精神，以及省委、市委有关会议精神；传达学习中央全面深化改革委员会第二十五次会议和十一届省委全面深化改革委员会第三次会议精神；传达福建省弘扬“晋江经验”促进民营经济高质量发展大会精神和省委、省政府相关政策措施，以及市委有关精神，研究市人大常委会党组贯彻意见。会议指出，要结合实施“强产业、兴城市”双轮驱动，创造性开展立法、监督、代表工作，聚焦支持实体经济发展、推动民营经济高质量发展、推进高水平改革开放、营商环境改善等领域精准发力。

市人大常委会党组扩大会议现场（图/王虎文）

市政府第十五次常务会议召开

市政府第十五次常务会议召开，研究并通过《泉州市人民政府工作规则》《泉州市科技创新天使基金设立方案》等。会议要求，市政府和市直各部门领导要带头履职、担当作为，确保各项工作有抓手、有落实。要依法履职，把政府工作全面纳入法治轨道，树立政府权威和良好形象。要弘扬“马上就办、真抓实干”的传统作风，把“提高效率、提升效能、提增效益”落实到政府日常工作中，提升政府治理能力和治理水平。要聚焦产业发展方向，深挖高精尖项目，加大金融支持力度，最大限度发挥科创基金引领产业发展作用。要坚持市场化运作、专业化发展和现代化管理，强化产业链思维，推进基金招商，以基金撬动资本，以资本导入产业。要创新机制、规范管理，勇于先行先试、率先突破，优化监管、考核、管理等机制。

8月26日

农历壬寅年七月廿九
星期五
温度：27℃～35℃
多云

●省委常委、市委书记刘建洋到鲤城调研常态化疫情防控等工作。

●市人大常委会党组扩大会议召开，传达学习习近平总书记在省部级主要领导干部专题研讨班上、在新疆考察时的重要讲话和向全球重要农业文化遗产大会、世界青年发展论坛致贺信精神，以及省委、市委有关会议精神等。

●市十七届人大常委会第四次会议召开，听取和审议《泉州市文化旅游发展促进条例（草案）》的议案，市政府关于2022年1—7月国民经济和社会发展计划执行情况、关于2022年1—7月预算执行情况的报告等。

●市政府第十五次常务会议召开，研究并通过《泉州市人民政府工作规则》《泉州市科技创新天使基金设立方案》等。

●市委副书记宿利南到洛江调研推动“1+3”专项行动、乡村振兴等工作。

8月27日

农历壬寅年八月初一
星期六
温度：27℃～34℃
多云转小雨

●市长蔡战胜到部分中小学、高校调研教育工作，并主持召开座谈会，现场协调解决有关问题。

●“最美时光”——赵聪和她的朋友们琵琶专场音乐会在泉州大剧院举行。

蔡战胜调研教育工作

市长蔡战胜到部分中小学、高校调研教育工作，并主持召开座谈会，现场协调解决有关问题。副市长陈小辉参加调研。在泉州师范学院附属小学，蔡战胜鼓励学校坚持五育并举、特色发展，提高办学水平；在泉州第一中学，蔡战胜鼓励学校自加压力、比学赶超，高标准严要求，打响名校品牌；在泉州师范学院，蔡战胜鼓励学校深化产教融合，强化校企合作，创新人才培养模式，培养更多适应高质量发展的产业人才。每到一处，蔡战胜都查看教室操场、实践基地、校园绿化等，叮嘱学校要立足长远、统筹规划，优化空间布局，明确功能定位，提高校园绿化美化与管理水平，促进校园建设内涵式发展。

在座谈会上，蔡战胜听取全市教育工作情况汇报和泉州师范学院建设发展情况后指出，各级各有关部门特别是教育系统要贯彻习近平总书记关于教育的重要论述，按照市委“强产业、兴城市”双轮驱动部署，抓住立德树人根本任务不放松，将德育落实在课堂教学中、渗透在校园生活中、融入学生个人发展中，激发师生爱党爱国爱社会主义的巨大热情。要实施教育惠民生补短板专项行动，推动城乡义务教育优质均衡发展，推进义务教育“减负”“提质”。要做足产教融合特色文章，紧跟泉州产业发展方向，突出特色化、差异化办学，推进产学研协同创新，办出与群众需求相契合、与产业升级相适应、与城市发展相匹配的高质量教育体系。要守住安全底线，增强学生安全意识，开展校园周边治安、防溺水事故、道路交通安全等专项治理，一以贯之科学精准抓好常态化疫情防控，保障师生身心健康和生命安全。

蔡战胜（左二）在泉州师范学院生物纳米材料生产基地听取基地情况介绍（图/林劲峰）

赵聪和她的朋友们琵琶专场音乐会在泉州举行

“最美时光”——赵聪和她的朋友们琵琶专场音乐会在泉州大剧院举行，由中国中央民族乐团团长赵聪领衔献演。整场演出由琵琶、钢琴与弦乐四重奏《绽放》拉开序幕，紧接着《梁祝》《罗密欧与朱丽叶》《玫瑰探戈》等中外名曲接连演奏。演出中，赵聪在每个曲目的过渡时间，还担当起“主持人”，解读每一个作品的艺术精粹和深刻内涵，让现场观众邂逅不一样的艺术之声。赵聪的朋友们也实力超强，钢琴演奏家刘兴辰为中央音乐学院钢琴系教授、钢琴考级评委组组长。魔方弦乐四重奏成立于2016年7月，首部作品《玫瑰探戈》在国家大剧院首演后，好评如潮。值得一提的是，演出过程中互动性十足，如刘兴辰的钢琴独奏《阿根廷舞曲》获得满堂彩，赵聪就上演其拿手好戏《春江花月夜》，以中国传统民乐对话西方经典作品，令现场观众大饱耳福。随后，赵聪原创的琵琶独奏曲《丝路飞天》更是收获无数掌声，该曲获首届国家艺术基金评审优秀资助项目，被赞为“具有国际音乐语汇，充满力量的中国作品”。

在演出前，泉州大剧院联合泉州市博物馆，举办“最美时光”——赵聪和她的朋友们琵琶专场分享会。赵聪在泉州市博物馆分享时，首先回顾十年前到泉州学习南音之旅的往事。赵聪表示，2012年在准备国家大剧院的一场音乐会，准备从最古老的传统演绎到最现代的创新，当时受师友的启发和指引到泉州泉学习南音，向泉州知名琵琶演奏家曾家阳学习南琶的表演艺术，受益匪浅，对后来自己演奏和创作产生重要影响。赵聪坦言，南琶与北琶虽风格各异，但有许多共通的东西，兼容并蓄有助于突破发展瓶颈。

8月28日
农历壬寅年八月初二
星期日
温度：26℃~34℃
多云转小雨

●《人民日报》头版头条刊发通讯——《福建晋江扎实推进县域经济高质量发展》。

●中国港口协会发布2021年度绿色港口等级评价第一批项目评价结果，泉州港鸿山热电有限公司煤炭码头获评“四星级绿色港口”。

●南安市丰州镇“强产业、兴古镇”重点项目集中开（竣）工仪式举行。

《人民日报》头版头条关注晋江县域经济高质量发展

《人民日报》头版头条刊发通讯——《福建晋江扎实推进县域经济高质量发展》，点赞晋江干部群众传承弘扬“晋江经验”，心无旁骛做实业，坚定不移发展实体经济，优化产业结构，坚持工业化、城市化“双轮驱动”，推进县域经济高质量发展。

文章从“心无旁骛做实业”“转型升级换挡提速”“工业化和城市化‘双轮驱动’”“构建亲清政商关系”四个层面，由点及面，生动全面地介绍20年来，晋江在传承弘扬“晋江经验”，壮大实体经济、加快转型升级，推进县域经济高质量发展上的积极尝试和先进经验。文章指出：“坚定不移发展实体经济，是‘晋江经验’最鲜明的特色；不断厚植的发展优势，又成为‘晋江经验’时代价值的最佳注脚。”文章从教育、医疗、生态等方面，展示晋江在深耕实体经济的同时，坚持生态、生产、生活协调发展，让发展成效惠及民生，推进县域经济高质量发展。在构建亲清政商关系上，文章通过采访多位企业家，点赞晋江干部“不叫不到、随叫随到、服务周到、说到做到”的做法作风，展现晋江政企良好互动、共谱“晋江经验”新篇章的生动实践。

泉州港鸿山热电码头获评中国“四星级绿色港口”

中国港口协会发布2021年度绿色港口等级评价第一批项目评价结果，泉州港鸿山热电有限公司煤炭码头获评“四星级绿色港口”。此系国内首批、省内唯一获评此荣誉的干散货码头，也是全国唯一获此荣誉的国有企业货主码头和发电行业“绿色港口”码头。中国“绿色港口”的评级，从低到高分为三星、四星和五星3个等级。2021年6月，中国港口协会在全国港口行业内启动干散货绿色港口等级评价工作，首批申报中国绿色港口等级评价的干散货港口企业共13家。

省泉州港口发展中心贯彻绿色发展理念，推动绿色港口建设，实现发证码头船舶防污染能力建设全覆盖。作为泉州港绿色港口建设的先行者，泉州港鸿山热电有限公司率先建成高低压岸电系统，满足码头船舶靠泊作业期间的供电需求，让码头告别黑烟和油味、减少船舶排放的硫化物及氮氧化物等污染物。该公司还投资5亿多元用于码头装卸堆存的防尘改造，包括桥式抓斗卸船机、皮带输送机、堆料机等大型设备，实现“煤码头不见煤”。万吨卸煤能源消耗优于国家干散货码头单位产品能源消耗限额先进值40%，二氧化碳直接排放量保持在同类港口指标控制值20%以内。此外，码头还建设生态水系统，实现生活生产污水“零排放”。

南安市丰州镇重点项目集中开（竣）工仪式举行

南安市丰州镇“强产业、兴古镇”重点项目集中开（竣）工仪式举行。此次集中开（竣）工的项目，涉及教育提升、乡村振兴、古城提升、为民办实事民生工程等领域的12个重点项目，总投资9.4亿元。

这些开（竣）工项目，包括丰州文化广场、南安市华侨中学教学楼、南安市丰州中心小学西校区、南安市丰州第一幼儿园、南安市丰州第一小学、金溪河畔人大代表活动室、丰州中心幼儿园西华分园、丰美燎原中小学生综合实践基地、丰环公路、南安映象闽南大剧场、南安市丰州第三小学等。其中，映象闽南大剧场项目为泉州文旅产业带来实景表演舞台剧的新元素、新项目。映象闽南大剧场位于南安清境桃源景区内，结合现代高科技声、光、电、7D、VR等技术打造，以展示泉州海丝盛况为主线，布局表演广场、武荣府、扬帆投影墙、摩崖石刻、空中滑道等众多景观及表演项目，带领游客梦回宋元。此外，7个教育补短板项目解决丰州学位紧缺问题，增加幼儿园800多个学位、小学300多个学位、初中200多个学位。

8月29日

农历壬寅年八月初三
星期一
温度：26℃～33℃
多云

●省委常委、市委书记刘建洋到石狮调研。

●由市侨联主办，泉州华侨历史学会、泉州华侨历史博物馆承办的“赤子丹心家国情——我的侨联生涯见闻与感悟”主题沙龙举行。

●29—31日，第十八届南安水暖泵阀暨消防器材交易会在南安成功国际会展中心举行。

●一家市场主体向安溪县市场监督管理局申请办理歇业备案手续，成为全省首例市场主体歇业备案。

刘建洋到石狮调研

省委常委、市委书记刘建洋到石狮调研。市委常委、秘书长施宇辉参加调研，市委常委、晋江市委书记张文贤在交通项目现场参与协调。在石狮城市北拓向湾发展片区，刘建洋叮嘱要坚持规划引领，找准功能定位，统筹好安置房建设、传统风貌建筑保护、历史文脉延续、公园绿地设计、地下管廊布局等各项工作，科学有序推进片区更新。刘建洋还了解祥芝渔港滨海界面提升、观音山片区项目设计方案，鼓励激发各类市场主体活力，引进高端专业运营机构，群策群力打造生态海岸带保护建设新标杆。在国能神福（石狮）发电有限公司，刘建洋察看福建省首两台百万千瓦级火力发电机组运行情况和三期项目规划方案，希望央地深化合作、共赢发展，细致做好模拟审批、项目前期准备，推进增资扩产项目早开工早投用。

调研中，刘建洋希望石狮落实好“疫情要防住、经济要稳住、发展要安全”重要要求，聚焦提高效率、提升效能、提增效益，以更高站位、更大力度、更强担当、更实举措推进“强产业、兴城市”双轮驱动，在泉州高质量发展中继续勇争先、作示范。要抢抓国家政策机遇，结合“万名干部进万企、一企一策促发展”专项行动，精准帮扶去库存、抢订单、提信心、促消费，支持企业增资扩产、提质强产，以开放招商增添城市发展后劲。要聚焦城乡发展需求，主动谋划一批、生成一批、实施一批优质项目，争取更多政策性开发性金融工具、专项债券等各类资金支持，以片区更新提升城市功能品质。

第十八届南安水暖泵阀暨消防器材交易会举行

29—31日，第十八届南安水暖泵阀暨消防器材交易会在南安成功国际会展中心举行。该届交易会首度冠名“南安泛家居主题展”，围绕“融合发展，跨境未来”主题，通过“1场展览+7项主题活动”，顺应国内国际双循环发展新趋势。展会设置水暖、泵阀和消防器材三大展区，9个精品展馆，1086个国际标准展位，展览面积25000平方米，吸引全国14个省市、重点产区423家参展企业参展。抢抓跨境电商发展机遇，主办方将线上展会平台延伸至跨境领域。展会上，泉州贸促会与赞比亚华侨华人总会发起“走进非洲——赞比亚”推介会，南安市海丝泛家居产业联合会与赞比亚华侨华人总会签署战略协作，共同开拓新市场。同时，南安市相关部门设立RCEP跨境电商综合服务区，提供政策宣导、外贸综合服务及跨境电商整体服务方案，帮助企业借助RCEP拓展更多业务。

“走进非洲——赞比亚”推介会旨在为泉州市企业“走出去”搭建平台，推动泉州市企业有效应对全球疫情蔓延和国际经贸严峻形势，实现对外合作发展。推介会上，赞比亚华侨华人总会副会长叶世鹏对赞比亚的人文投资环境和相关经贸政策做介绍。据其介绍，赞比亚地处非洲中南部，区位优势明显，但当地基础工业相对落后，特别是制造业比较薄弱，非常适合泉州市企业投资兴业、合作发展。长期以来，赞比亚实行自由和以市场为导向的开放型经济，允许投资者进入所有经济领域，同时实施税收减免、劳工许可、土地使用权转让、外汇自由等方面的优惠政策，大力吸引外资。总体而言，赞比亚对外资十分友好，法律上未设置某个行业或某个地区的准入限制，仅个别行业存在具体限制规定。如矿山和矿产发展法规定，所有小型采矿权、手工开采权、淘金许可、矿产贸易许可只颁发给赞比亚人或赞比亚人拥有的公司，但工业矿产的采矿权不受此限。

第十八届南安水暖泵阀暨消防器材交易会开馆式
（图/泉州品牌发展中心）

刘建洋到洛江调研

省委常委、市委书记刘建洋到洛江调研，市领导施宇辉、陈小辉、汪志红参加。刘建洋到改造中的万虹路，了解整体路网布局、重点项目建设等情况。在福建新源重工有限公司，刘建洋进车间、看生产、问经营、听诉求。在福建筑可丽建筑产业化股份有限公司，刘建洋参观企业产品展示，了解生产工艺技术。

就洛江区下一步发展，刘建洋强调，全区要保持发展的紧迫感和危机感，锚定方向、加压奋进，以实际行动在“强产业、兴城市”双轮驱动中展现更高站位和更大格局，为做大做强中心城区提供更有力支撑。要突出规划先行，融入环泉州湾发展格局，加快国土空间规划编制，加强城市空间结构梳理，因地制宜、科学划定工业产业区块，像保护耕地一样保护工业用地，促进土地资源节约集约利用，为高质量发展夯实根基。突出强攻产业，坚持增资扩产和招商引资“两手抓、两手硬”，推进工业（产业）园区标准化建设，鼓励龙头企业加快物理空间和生产工艺技术“双改造、双提升”，引进培育产业链配套、生产性服务业等项目，促进主导产业集群集聚。突出为民建城，着眼补短板强弱项，创新投融资等体制机制，策划实施一批投资带动能力强、经济社会效益好的重大基础设施项目，提升城市能级和品质，更好服务群众高品质生活需求。

刘建洋（右四）到位于洛江区的福建新源重工有限公司调研
（图/陈起拓）

泉州中院诉讼服务中心获全国“人民满意的公务员集体”称号

全国“人民满意的公务员”和“人民满意的公务员集体”表彰大会在北京举行。泉州市推荐的安溪县交通运输局党组书记、局长黄伟福，泉州市中级人民法院诉讼服务中心分别被授予全国“人民满意的公务员”和“人民满意的公务员集体”称号。此系首次以党中央、国务院名义开展这项表彰活动。

泉州市中级人民法院诉讼服务中心（以下简称“诉讼服务中心”）是此次泉州市及福建省政法单位唯一获全国“人民满意的公务员集体”称号的集体。2015年1月12日，泉州市中级人民法院在全国首创推出“跨域·连锁·直通”式诉讼服务平台，整合全市12个法院和42个人民法庭资源，为群众提供一站式、标准化、全域通司法服务。不管案件属于哪个法院管辖，当事人均可就近或自愿选择最近的法院或法庭办理诉讼事务。2019年1月，习近平总书记出席中央政法工作会议时，对跨域诉讼制度做出重要指示。2019年7月，最高人民法院在全国法院部署开展跨域立案服务，构建“家门口起诉”新模式。2021年2月，跨域立案服务在全国四级法院实现全覆盖。2022年1月，泉州跨域立案诉讼服务改革获评首届“人民法院改革创新奖”。除“跨域诉讼”工作亮点，泉州市中级人民法院还协助泉州市委政法委构建矛盾纠纷多元化解中心，在诉讼服务中心成立诉非联动中心，推动矛盾纠纷“一站式接收、一揽子调处、全链条解决”。2020年，泉州市中级人民法院获评“全国法院一站式多元解纷和诉讼服务体系建设先进单位”，系福建省唯一获此荣誉的中级人民法院。2022年3月，面对严峻的疫情形势，泉州市中级人民法院的“手机微法院”大显身手，网上立案申请、线上调解、发起电子送达，实现“让信息多跑路、让群众少跑腿”。通过多年努力，诉讼服务中心已打造成高水平的现代化智慧司法中心，获评“全国法院信息化工作先进集体”、全国法院“数助决策”深度应用单位。

8月30日

农历壬寅年八月初四
星期二
温度：26℃~34℃
多云

●省委常委、市委书记刘建洋到洛江调研。

●全市基层党建工作重点任务现场推进会在石狮召开。

●全国“人民满意的公务员”和“人民满意的公务员集体”表彰大会在北京举行。泉州市推荐的安溪县交通运输局党组书记、局长黄伟福，泉州市中级人民法院诉讼服务中心分别被授予全国“人民满意的公务员”和“人民满意的公务员集体”称号。

●市公安局驻市林长办联络室揭牌仪式举行，标志着泉州市森林警长制全面推行。

8月31日

农历壬寅年八月初五
星期三
温度：26℃～34℃
多云

●市委常委、组织部部长卢秀萍会见泉州市受全国“人民满意的公务员”和“人民满意的公务员集体”表彰代表。

●由市妇联等主办的“小橘灯辰星计划”泉州市关爱困境儿童主题活动在泉州市科技馆启动。

●洛江区“数字赋能 智绘未来”数字经济产业发展论坛暨项目招商签约活动举行。

泉州市关爱困境儿童主题活动启动

由市妇联等主办的“小橘灯辰星计划”泉州市关爱困境儿童主题活动在泉州市科技馆启动，为困境儿童代表发放慰问金和开学礼包，开启“1+N成长计划”、“辰星计划·书送希望”公益赠书、困境儿童教育帮扶、爱心帮扶等活动。此次“小橘灯辰星计划”是继2019年“小橘灯点亮计划”、2020年“小橘灯曙光行动”、2021年“小橘灯”泉港专场之后，泉州市举办的第四场关爱困境儿童活动。泉州市各级各部门以促进儿童全面发展为出发点和落脚点，实施《泉州市儿童发展纲要》和《泉州市关于加强困境儿童保障工作通知》等一系列关爱政策。市妇联、市民政局等部门探索困境儿童服务机制，整合各方资源，创新关爱方式，连续4年开展以爱心助教、助养、助学为内容的“小橘灯”关爱困境儿童系列活动，参与爱心活动的志愿者达1000多人，为全市2953名困境儿童发放慰问金及慰问品290.8万元，为近千名农村儿童免费授课3000多课时。

此次活动得到爱心单位的大力支持。市妇联、市慈善总会、厦门银行泉州分行向120名困境儿童每人发放1000元慰问金；厦门银行泉州分行推出“1+N成长计划”，向困境儿童提供爱心资助，同时为50名困境儿童购买意外伤害保险，开展多场爱心陪伴成长活动。新东方泉州学校开展“辰星计划·书送希望”公益赠书活动、儿童公益科普活动，并在市妇女儿童活动中心设立困境儿童图书角，针对困境儿童的学习、兴趣、爱好、特长等进行有计划地帮扶，开设兴趣班，免费提供培训；泉州市科技馆开展困境儿童暑期趣课堂助学计划，为孩子们提供研学之旅体验。市妇联表示，泉州市正积极争创儿童友好型城市，建设成长环境更好、安全更有保障、更有温度的城市，让包括困境儿童在内的儿童共享泉州经济社会发展成果。这项工作需要各级各部门的密切配合和社会各界大力支持。希望各级各部门凝聚合力，探索政府购买儿童关爱保护服务，强化关爱活动的阵地建设，推进农村留守儿童、困境儿童关爱示范点项目实施，促使儿童关爱保护实现专业化、常态化、系统化；鼓励更多爱心单位、爱心企业、爱心人士加入扶助困境儿童和贫困学生的队伍，为更多困境儿童提供帮助、点亮希望。

洛江区数字经济产业发展论坛举行

洛江区“数字赋能 智绘未来”数字经济产业发展论坛暨项目招商签约活动举行。吉利工业互联网华南区域中心项目、铁拓路面机械高端产业园项目等16个数字经济产业项目集中签约。其中，铁拓路面机械高端产业园项目计划建设整机械设备智能化生产流水线、科研实验室、设备试验及预装展示区、无人自动操作展示区；猪八戒网企业数字化创新赋能（泉州）区域中心项目拟在洛江打造集数字化服务、数字化运营、数字化服务交易三位一体的泉州市企业数字化创新赋能中心和创新综合服务平台；洛阳桥AR智慧旅游项目拟于洛阳桥开发建设集“数字孪生+元宇宙AR技术+智慧景区”的数字化文旅赋能项目等。2022年以来，洛江实施制造业数字化转型行动，出台一系列政策措施支持企业加快“智改数转”步伐，36家企业入库福建省2021年科技型中小企业名单，培育省新一代信息技术与制造业融合发展项目、省级及以上专精特新企业18家。在第五届数字中国建设峰会上，洛江策划推动6个项目入选省数字经济项目。

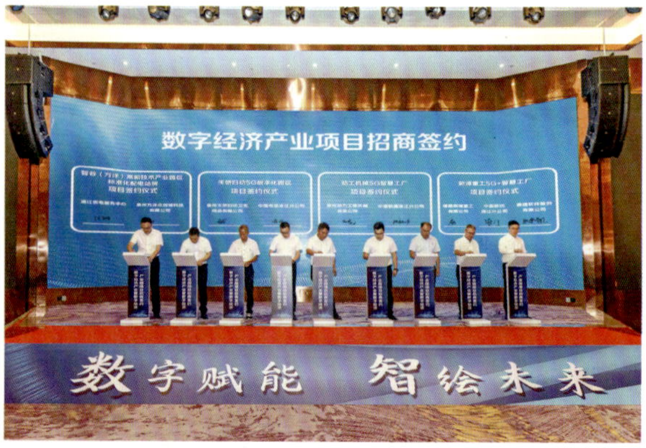

洛江区数字经济产业项目招商签约现场（图/郭雅莹 黄秋莹）

市委市政府召开工作通报会

市委、市政府召开工作通报会，向老干部通报2022年以来全市工作情况。市委副书记、市长蔡战胜，市委常委、组织部部长卢秀萍，市直单位离休干部、原任地厅级退休干部、“5·12”退休干部，省部属驻泉州单位离休干部、“5·12”退休干部参加会议。蔡战胜指出，2022年以来，全市贯彻习近平总书记关于“疫情要防住、经济要稳住、发展要安全”重要要求，应对突发疫情和经济下行压力，高效统筹疫情防控和经济社会发展，打赢疫情歼灭战，保持经济大盘稳定。高效统筹强产业和兴城市，抓紧实施“抓项目、促发展”系列专项行动，做好新型工业化和新型城镇化“两篇文章”。高效统筹发展与安全，以底线思维防范化解风险，守好守牢民生、环保、粮食、能源、房地产、安全生产等底线红线，维护社会大局稳定。泉州发展所取得的每一项成绩，都凝聚着全市各级各界的心血、智慧和汗水，也包含着各位老领导、老前辈的倾情关注和大力支持。希望大家继续发挥优势，一如既往关心支持泉州各项事业发展，继续为建设“海丝名城、智造强市、品质泉州”鼓劲加油、贡献力量。

全市会商调度会召开

继省防汛抗旱指挥部视频会商调度会后，市防汛抗旱指挥部召开全市会商调度会。会商要求，沿海各地各有关部门要密切监视台风的发展动态，及时发布预报预警信息，指导各地做好台风防范应对工作。海洋渔业部门要全程跟踪督促泉州市位于闽东渔场和闽外渔场海域的72艘作业渔船，务必于2日18时前就近进港避风，已撤离上岸的养殖渔排老弱妇幼人员要加强管控，在影响解除前不得擅自出海、返回，同时要做好上岸人员的疫情防控工作。海事部门要及时提醒过往船只避开台风影响区域，加强客渡船、危化品船、施工船、无动力船、扣押船舶、修造船等的安全管理，合理安排避风锚地，并根据台风影响情况，做好停航停运准备。

“希望工程·涌泉圆梦”大学新生研学活动举行

由团市委、泉州中央商务区丰泽区指挥部、泉州市青年联合会和泉州市希望工程办公室主办的“希望工程·涌泉圆梦”大学新生研学活动举行。活动旨在贯彻“涌泉”行动，打造人才港湾，加强对青年人才的培育、凝聚，向泉州市“希望工程圆梦行动”受助学子宣传推介泉州城市环境、人才政策和中央商务区未来愿景，激励青年学子勤奋学习、回报家乡。

参加活动的大学新生参观中央商务区（图/张九强）

泉州少年亮相央视《开学第一课》

由中共中央宣传部、教育部、中央广播电视总台主办的大型公益节目2022年《开学第一课》在中央电视台综合频道播出。泉州市青少年宫侨乡少儿艺术团合唱团参加节目中《我爱你中国》和《我们都是追梦人》两首歌曲的摄制。《我爱你中国》的领唱黄佳音是合唱团的一员，来自泉州市晋光小学南俊校区五年级4班。2022年《开学第一课》以“奋斗成就梦想”为主题，分砥砺奋斗、接续奋斗、团结奋斗三个篇章。

中央电视台《开学第一课》摄制组在泉州西街取景拍摄（图/翠 玲 张 义）

9月1日

农历壬寅年八月初六
星期四
温度：26℃～31℃
多云

●市委、市政府召开工作通报会，向老干部通报2022年以来全市工作情况。

●1—2日，市委副书记宿利南到安溪调研乡村振兴、撂荒地复耕、食品产业发展等工作。

●继省防汛抗旱指挥部视频会商调度会后，市防汛抗旱指挥部召开全市会商调度会。

●由团市委、泉州中央商务区丰泽区指挥部、泉州市青年联合会和泉州市希望工程办公室主办的“希望工程·涌泉圆梦”大学新生研学活动举行。

●由中共中央宣传部、教育部、中央广播电视总台主办的大型公益节目2022年《开学第一课》在中央电视台综合频道播出。泉州市青少年宫侨乡少儿艺术团合唱团参加节目中《我爱你中国》和《我们都是追梦人》两首歌曲的摄制。

●人民网刊发长篇通讯《“晋江经验”20年 县域经济领头羊》。

●位于南安市安全文化公园的泉州市首个安全文化VR体验馆对外开放。

9月2日

农历壬寅年八月初七
星期五
温度：27℃～34℃
多云

●8月31日至9月2日，省人大常委会党组书记、副主任梁建勇到泉州开展《中华人民共和国社区矫正法》执法检查。

●泉州市5人加入中国作家协会。

●泉州市高甲戏传承中心演员亮相中央电视台11套《一鸣惊人》，在节目中献演高甲戏《公子游》。

梁建勇到泉州开展执法检查

8月31日至9月2日，省人大常委会党组书记、副主任梁建勇到泉州开展《中华人民共和国社区矫正法》执法检查。市领导李建辉、吴友才、肖进才参加检查。执法检查组到泉港、洛江、安溪，察看社区矫正中心、龙门司法所、官桥镇社区矫正对象创业培训基地、金谷镇陈利职业学校、凤城镇城东社区党建+邻里中心等地，通过实地检查、查阅资料、现场交流等方式，了解当地社区矫正相关工作情况，并召开座谈会，听取市政府和市社区矫正委员会部分成员单位工作汇报。梁建勇强调，要加强执法检查，推动社区矫正法各项规定落地见效，发挥市、县两级社区矫正委员会作用，压紧压实各成员单位法定职责，健全协同、定期会商等机制；强化力量配备、经费保障、场所建设，夯实执法保障支撑体系；严格监督管理措施，依法为社区矫正对象提供就学就业、最低生活保障、临时救助等帮扶举措，促使其安心接受矫正、顺利回归社会。

泉州市5人加入中国作家协会

中国作家协会公布2022年会员发展名单，泉州市吴芸、张玉春、陈小平、陈庆妃、周俊强5人入会。至此，全市共有中国作家协会会员45人，数量位于福建省前列。

2022年泉州市新加入中国作家协会的会员来自多个领域，主要文学成就为：吴芸是泉州晚报社专刊副刊部副主任、泉州市作家协会副主席、福建省文艺评论家协会常务理事、中国报告文学学会会员，从事散文、报告文学、电影文学等创作，获“逢时杯”海内外散文大赛一等奖等全国及省市各类文学奖项70余次。张玉春为教育工作者，退休后从事报告文学创作，其作品《泉州湾上一朵溜溜云》被《人民文学》推荐发表，后《人民日报》摘录发表部分内容，该作品获泉州刺桐文学奖一等奖；他还撰写不少报告文学作品，展示改革开放以来的闽南文化和“海上丝绸之路”文化。陈小平为中国报告文学学会会员，著有以闽台同名村为题材的长篇报告文学《第一家园：闽台同名村的故事》等，其作品入选中国作家协会重点作品扶持项目，多次上榜福建省优秀文学作品榜，入围第十四届中国民间文艺山花奖（民间文艺最高奖）等。陈庆妃为中国文艺评论家协会会员，现任华侨大学文学院教授，已在《文学评论》《中国现代文学研究丛刊》《文艺争鸣》等全国性重要学术期刊、报纸发表论文40余篇，并在《中国新闻》报主持“文化周刊”名家访谈节目。周俊强笔名老施，为知名网络作家、德化县作协副秘书长，全网发表作品近3000万字，点击量数十亿，其作品被改编成漫画、影视作品，还有的被翻译成泰文出版。

泉州高甲戏亮相央视《一鸣惊人》

泉州市高甲戏传承中心演员陈昌瑞、褚育江、吴江福亮相中央电视台11套《一鸣惊人》，在节目中献演高甲戏《公子游》。《一鸣惊人》是中央广播电视总台文艺节目中心打造的一档全民戏曲竞演秀节目。该季节目以“梦想微剧场”为主题，以匠心制作呈现喜剧类小戏小品曲艺新面貌，以此彰显文化特色，展现时代魅力。6月，泉州市高甲戏传承中心接到节目组导演的邀约。泉州市高甲戏传承中心前后发出七八个高甲戏表演片段，节目组导演都很满意，但由于节目时长等因素，最终选定两个节目，一个是高甲戏《公子游》，另一个是泉州市高甲戏传承中心教习的泉州师范学院第二附属小学《连升三级·求亲》。其中，《公子游》于2日播出，《连升三级·求亲》于9月中下旬播出。《连升三级·求亲》在第二十六届“中国少儿戏曲小梅花荟萃”评选中获“小梅花集体节目”称号。《公子游》为《笋江波》的前半段，《笋江波》系高甲戏优秀传统保留剧目。该剧荟萃高甲戏公子丑的小八字须功、扇子功、伸头功、袖功、肩功，以及高甲戏老旦、小旦“摇船戏”“补网戏”等传统表演程式。

泉州市遴选大中专毕业生创业省市级资助项目

为鼓励和扶持大中专毕业生自主创业，促进创业带动就业，泉州市遴选出一批大中专毕业生创业省市级资助项目，项目最高获15万元资助。根据市人社局印发的《关于做好2022年大中专毕业生创业省市级资助项目申报评审工作的通知》等文件要求，2月起，泉州市遴选资助一批优秀创业项目。其中，省级优秀创业项目获得3万～10万元资金资助；市级优秀创业项目获得1万～5万元资金资助。同时获得省、市级等次的，可叠加资助。经过半年的组织报名、书面评审、实地考察、指导推荐等工作，泉州市产生12个省级优秀创业项目，获省级创业资助49万元；产生市级优秀创业项目60个，安排市级资金资助160万元。

新华社关注晋江民营经济

新华社刊发题为《侨乡晋江折射中国民营经济发展壮大历程》的文章。文中提到，“作为全国民营经济最活跃的地区之一，晋江折射出40多年来中国民营经济发展壮大的历程”。该文记者通过走访晋江多家企业，采访多位晋江企业家，有点有面地展现多年来晋江在推动民营经济发展壮大过程中采取的创新举措和典型做法，指出晋江民营经济的发展腾飞，不仅得益于企业的敢“创”敢“闯”，更得益于当地良好的政企互动为发展提供不竭动力。

“中国巧手·泉州‘非遗’项目体验专场”活动举行

由中国工艺美术馆、中国非物质文化遗产馆、市文旅局主办，泉州市艺术馆（泉州市“非遗”保护中心）承办的“中国巧手·泉州“非遗”项目体验专场”活动在中国工艺美术馆、中国非物质文化遗产馆举行。此次活动为中国工艺美术馆、中国非物质文化遗产馆开馆以来首次邀请北京市以外的地方开展非物质文化遗产线下专场活动。泉州市非物质文化遗产代表性传承人带去精彩的节目和精致的作品，通过表演、展示、讲解和互动体验的方式，将独具泉州文化特色的国家级非物质文化遗产项目呈现给北京观众。

此次泉州非物质文化遗产项目体验专场，除泉州提线木偶戏互动演出外，还有以泉州22个世界遗产点为元素的永春纸织画作品、充满趣味的江加走木偶头以及水密隔舱福船船模制作、泉州花灯小提灯制作、永春纸织画扇面制作等传统手工艺体验，较全面地展示泉州丰富的文化遗产和深厚的历史底蕴，让观众在互动中感受到泉州非物质文化遗产的独特魅力。中国工艺美术馆、中国非物质文化遗产馆还同步在抖音和短视频平台对此次活动进行直播，得到网友的热烈互动和良好反响。中国工艺美术馆、中国非物质文化遗产馆对泉州的非物质文化遗产保护工作和此次活动的组织给予充分肯定和高度评价，双方就非物质文化遗产展览展示合作项目进行探讨。中国工艺美术馆、中国非物质文化遗产馆表示将支持泉州组织更多的非物质文化遗产项目到该馆进行展示，通过综合展、主题展、专项展等形式，宣传推广泉州非物质文化遗产。

泉州籍国际知名钢琴家牛牛钢琴分享会举行

泉州籍国际知名钢琴家牛牛（张胜量）在泉州举行钢琴分享会。与钢琴爱好者面对面交流时，牛牛表示，学好钢琴演奏技艺固然重要，但音乐素养和文化内涵更是必不可少。牛牛祖籍泉州台商投资区张坂镇，从小表现出惊人的音乐天赋，3岁跟随父学钢琴，9岁签约EMI百代唱片公司，10岁发行专辑《莫扎特作品》，25岁已是享誉国际的钢琴家，在世界各地举行超百场的演出活动。

9月3日

农历壬寅年八月初八
星期六
温度：27℃～34℃
多云

●泉州市遴选出一批大中专毕业生创业省市级资助项目，项目最高获15万元资助。

●新华社刊发题为《侨乡晋江折射中国民营经济发展壮大历程》的文章。

●由中国工艺美术馆、中国非物质文化遗产馆、市文旅局主办，泉州市艺术馆（泉州市“非遗”保护中心）承办的“中国巧手·泉州‘非遗’项目体验专场”活动在中国工艺美术馆、中国非物质文化遗产馆举行。

●泉州籍国际知名钢琴家牛牛（张胜量）在泉州举行钢琴分享会。

9月4日

农历壬寅年八月初九
星期日
温度：27℃～35℃
多云

●市长蔡战胜到总部经济区、产业园、片区更新项目一线，调研中心城区项目建设进展、协调解决问题困难。

●4—6日，由中国工程院院士、上海市政协副主席、华东理工大学副校长钱锋带队，中国科协“科创中国”制造业数字化转型产业科技服务团暨华东理工大学团队到泉州开展科技服务活动。

●新一批省市创业孵化基地认定结果名单公布，泉州市4家基地入选。

蔡战胜调研中心城区项目建设

市长蔡战胜到总部经济区、产业园、片区更新项目一线，调研中心城区项目建设进展、协调解决问题困难。副市长陈小辉参加调研。在东海总部经济区，蔡战胜询问项目进度、配套建设、业态引进情况，强调要高标准规划、高质量建设、高效率推进，完善功能配套，优化生产生活服务，强化资源共建共享，引进高端业态模式，提升东海总部经济区吸引力、集聚力和竞争力。在泉州数字经济产业园，蔡战胜了解园区在建项目和未来规划，指出要科学布局、合理定位，精心做好规划，加强设计监理，确保规划设计理念贯穿项目始终。在西华洋片区，蔡战胜强调，要按照市委“强产业、兴城市”双轮驱动部署，加快实施“抓城建提品质”“工业（产业）园区标准化建设”等专项行动。要坚持以产兴城、以城聚产、产城融合，坚守产业之心不动摇，完善中心市区产业生态体系。要前瞻布局市政设施、生活配套等，聚人气、提品质，打造宜居宜业家园。

蔡战胜（右三）察看东海总部经济区项目建设情况
（图/林劲峰）

制造业数字化转型产业科技服务团到泉州开展科技服务活动

4—6日，由中国工程院院士、上海市政协副主席、华东理工大学副校长钱锋带队，中国科协“科创中国”制造业数字化转型产业科技服务团暨华东理工大学团队到泉州开展科技服务活动。副市长汪志红陪同。在“助力泉州制造业数字化转型”对接服务交流座谈会上，院士专家团队与泉州市企业交流，了解企业在智能化改造和数字化转型方面的技术需求，为企业把脉会诊、答疑解惑。会上还举行“企业数字化转型的技术服务合作协议”签约仪式，现场达成5个合作项目。在泉州期间，院士专家团队还到晋江市华宇织造有限公司、福建百宏聚纤科技实业有限公司、阳光中科（福建）能源股份有限公司、九牧集团有限公司、特步（中国）有限公司、福建匹克集团有限公司、信泰（石狮）科技有限公司、泉州鹏泰服饰有限公司等企业生产一线，了解企业数字化转型成效，精准开展科技服务，帮助解决技术“痛点”。为发挥“产学研用”合力，实现科创赋能产业转型升级，华东理工大学团队还与市政府召开战略合作座谈会，并考察调研福建清源创新实验室，达成相关项目合作意向。

相关链接：市委、市政府将产业数字化作为制造业高质量发展重要举措，出台系列政策措施，为制造业数字化营造良好环境。截至2021年底，全市建成5G基站超过1万个，组建泉州5G产业发展联盟，成立泉州5G工业互联网实验室，形成“产学研用”一体化生态圈；全市企业技改投资近4000亿元，推广应用数字化生产线超1000条，近3000家企业开展“机器换工”改造。

泉州市新增4家创业孵化基地

新一批省市创业孵化基地认定结果名单公布，泉州市4家基地入选。经基地申请、评审推荐、审核认定及向社会公示，福建省大学生创新创业基地（泉州）入选省级第三批创业孵化示范基地，海峡两岸科技孵化基地入选市级创业孵化示范基地。宏艺融创优势创业孵化基地被认定为一类市级创业大本营（创业孵化基地），魁客青年创业孵化基地被认定为三类市级创业大本营（创业孵化基地）。

市政协党组会议和市政协十三届第五次主席会议召开

市政协党组会议和市政协十三届第五次主席会议召开，分别研究和审议“汇聚侨心侨力侨智，服务海丝名城建设”专题协商会议方案和有关人事事项，审议市政协十三届第三次常委会会议相关事宜。会议指出，要做好前瞻谋划、反复讨论研究，力求形成更多有见地、有价值的意见建议。

市政协党组理论学习中心组学习会召开

市政协党组理论学习中心组学习会议召开，传达学习习近平总书记重要讲话和重要回信贺信精神，以及中央、省委、市委有关会议精神，并研究贯彻落实意见。会议强调，要增强做好新时代统战工作的政治自觉、思想自觉和行动自觉，发挥人民政协在统一战线中的独特优势，坚持大团结大联合，坚持平等协商、求同存异、聚同化异，加强思想政治引领，广泛凝聚共识，为泉州市“强产业、兴城市”双轮驱动部署献计出力。

2022年国家网络安全宣传周泉州市活动开幕

由市委网信办主办、丰泽区委宣传部承办的2022年国家网络安全宣传周泉州市活动开幕式举行。市委常委、宣传部部长、统战部部长陈辉宗出席开幕式并致辞。开幕式上发布网络安全倡议书，市公安局、市总工会、团市委、人民银行泉州中心支行等相关单位围绕网络安全工作分别发言。开幕式后，泉州市还举办网络安全论坛，邀请网络安全专家围绕创新模式应对挑战打造网安人才培养与全民护网新高地、平战一体化安全建设思路与实践等5个主题进行交流分享。

即日起，泉州市围绕“网络安全为人民，网络安全靠人民”主题，组织举办“泉网安全”论坛、“网络安全进万家”泉州古城徒步、e安全@“世遗”·泉州行、网络安全进基层等系列活动。教育、通管、公安、人民银行、工会、团委、妇联、工信、水利等部门在全市集中开展校园、电信、法治、金融、青少年、个人信息保护、电力、水利8个主题日活动，宣传中共十八大以来网络安全领域取得的重大成就以及重要法律法规、政策文件、国家标准，提高网民网络安全意识，宣传普及网络安全知识技能，促进网络安全保障工作纵深开展，推动“网络安全为人民，网络安全靠人民”的理念深入人心，营造全社会共筑网络安全防线的气氛。

2022年国家网络安全宣传周泉州市活动开幕式（图/陈晓东）

市民参观网络安全宣传海报（图/陈晓东）

“至善得道”书法作品展在惠安开幕

由市慈善总会、市文联、市书法家协会主办，惠安县慈善总会、县文联、县民政局、县文体旅游局、县教育局、县教育发展促进会、县书法家协会承办的第七个“中华慈善日”宣传活动暨“至善得道”书法作品展在惠安县博物馆开幕。此次活动历经半年，收到投稿作品102幅，评选出一等奖作品5幅、二等奖作品10幅、三等奖作品15幅、入选作品25幅、特邀作品62幅，共展出书法作品117幅。第七个“中华慈善日”的主题为“携手做慈善，传播真善美”，此次活动旨在传播真善美、传递正能量，带动更多身边人向上向善，在全社会营造“人人心怀慈善、人人参与慈善”的社会氛围。

9月5日

农历壬寅年八月初十
星期一
温度：27℃～35℃
多云

●市政协党组会议和市政协十三届第五次主席会议召开，分别研究和审议“汇聚侨心侨力侨智，服务海丝名城建设”专题协商会议方案。

●市政协党组理论学习中心组学习会议召开，传达学习习近平总书记重要讲话和重要回信贺信精神，以及中央、省委、市委有关会议精神，并研究贯彻落实意见。

●由市委网信办主办、丰泽区委宣传部承办的2022年国家网络安全宣传周泉州市活动开幕式举行。

●由市慈善总会、市文联、市书法家协会主办，惠安县慈善总会、县文联、县民政局、县文体旅游局、县教育局、县教育发展促进会、县书法家协会承办的第七个“中华慈善日”宣传活动暨“至善得道”书法作品展在惠安县博物馆开幕。

9月6日

农历壬寅年八月十一
星期二
温度：27℃~31℃
多云

●6—7日，南平市委书记林瑞良带领南平市党政代表团到泉州考察。

●全市共青团和青年商会纪念“晋江经验”20周年学习交流会召开。

●中国发展改革报社和北京中新城市规划设计研究院等在北京发布《2021乡镇综合竞争力报告》。报告评出的“2021中国乡镇竞争力百强”分布于全国10个省，其中泉州市有3个乡镇上榜。

●中华道商（泉州）协会换届大会举行，魏文枢当选新一届理事会会长，黄环生当选常务副会长兼秘书长，张志国当选监事长。

南平市党政代表团到泉州考察

6—7日，南平市委书记林瑞良带领南平市党政代表团到泉州考察，省委常委、泉州市委书记刘建洋和市长蔡战胜陪同。泉州市领导宿利南、施宇辉、张文贤分别参加相关活动。代表团察看德化国际陶瓷艺术城、顺美陶瓷文化生活馆、安溪新唐信家具、八马茶叶、中国国际信息技术（福建）产业园等，并到晋江经验馆参观学习。

全市共青团和青年商会纪念“晋江经验”20周年交流会召开

全市共青团和青年商会纪念“晋江经验”20周年学习交流会召开。市委常委、组织部部长卢秀萍出席并讲话。会议强调，青年企业家要争做理想远大、信念坚定的追梦者，继承发扬老一辈企业家的光荣传统，把个人奋斗的“小目标”融入党和国家事业的“大蓝图”，把握战略机遇、掌握发展先机，把产品做优、企业做强、品牌做响。要争做坚守实业、深耕主业的实干家，心无旁骛做精做强主业，坚持以恒心办企业，集中技术、人才、资金等发展实体产业，在转型升级中做大规模、做强实力。要争做敢拼会赢、创新创业的弄潮儿，坚定信心，与新发展格局、与国家发展同频共振，在激烈的市场竞争中脱颖而出、勇立潮头。要争做根植泉州、情系桑梓的奉献者，把“根”留在泉州，把研发创新、精品工厂、营销中心、总部等关键环节留在泉州，与泉州共同成长。会上，“晋江经验”实践者和见证者作亲历分享，优秀青年企业家代表围绕“奋斗创业、传承创新”作践行交流。

泉州市三乡镇入选2021年中国百强镇

中国发展改革报社和北京中新城市规划设计研究院等在北京发布《2021乡镇综合竞争力报告》，同时揭晓2021年中国百强镇、2021年中部百强镇、2021年西部百强镇名单。报告评出的“2021中国乡镇竞争力百强”分布于全国10个省。其中，泉州市有3个乡镇上榜，分别是晋江市陈埭镇（第21位）、晋江市池店镇（第47位）、南安市水头镇（第83位）。陈埭镇因围海筑埭得名，随着鞋服行业的发展，陈埭镇成为了远近驰名的“鞋都”，“安踏”“特步”等知名鞋企均从这里走出。池店镇位于晋江市北部，是晋江城市窗口的“北大门”。水头镇位于南安东南部，全镇面积127平方千米，有泉州南大门美称，是闽南著名侨乡。这里集中了石材、机械、食品、轻纺、化工五大重点产业。经过数十载的耕耘，水头镇已经发展成全国最大的石材集散地，并且从世界石都向着石材设计之都、石材智造之都迈进。

相关链接：中国乡镇综合竞争力评价以全国乡镇（不含街道、农场、团等）为研究对象，从包括经济规模、经济活力等方面对全国乡镇综合竞争力进行评价。为引导各乡镇高质量发展，淡化地区生产总值在评价中的作用，评价体系未纳入地区生产总值指标。报告显示，2021中国百强镇主要集中于东部地区。江苏百强镇数量最多，达到41个，其次分别为广东30个、浙江9个、山东9个、福建4个、河北2个、湖南2个、河南1个、江西1个、贵州1个。中国百强镇常住人口平均为23.22万人，一般公共预算收入平均为18.59亿元，工业总产值平均为578亿元，工业企业数平均为3056家，规模以上工业企业数平均为281家。

中华道商（泉州）协会换届大会举行

中华道商（泉州）协会换届大会举行，魏文枢当选新一届理事会会长，黄环生当选常务副会长兼秘书长，张志国当选监事长。中华道商（泉州）协会成立于2013年，由热心从事道商文化研究和经营理念实践的各界人士自愿组成。

全市城市（县城）污水收集处理提质增效工作推进会召开

全市城市（县城）污水收集处理提质增效工作推进专题会议召开。市推进污水处理厂及其配套管网建设工作领导小组办公室汇报全市工作进展情况、存在问题及下一步工作措施；石狮市、德化县介绍相关工作经验；泉港区、永春县、惠安县做表态发言；泉州水务集团汇报项目建设情况及下一步工作计划。

会议指出，要系统谋划、统筹推进，把底数摸清、情况搞明、问题找准、原因分析透。坚持规划先行、改革创新，统筹当前与长远，统筹主城区与全市域，因地制宜、分类分区分片做好规划编制，加强项目整体包装策划，探索市场化运作，用好智能化手段，提升运行能力水平，提高城乡污水收集处理效能。坚持突出重点、标本兼治，对照中央、省生态环保督察指标要求，着眼未来城市建设管理，聚焦重点问题、重点指标、重点任务，挂图作战、久久为功，确保污水收集处理设施上下贯通、运作高效，更好满足城市发展和民生需求。要强化领导、合力攻坚，落实“党政同责、一岗双责”，形成条块结合、协同推进、专班研究、专业支撑的工作局面。要完善机制、提升水平，强化“监测吹哨、管养报到”，健全投融资、建设、管理、运营、监测等常态长效机制，依法依规开展专项督查和飞行检查，完善城乡基础设施、提升生态环境品质。

市政府第十六次常务会议召开

市政府第十六次常务会议召开，听取2022年度泉州市“教育世家”审核情况汇报。会议要求，要落实省委、省政府和市委有关教育工作的决策部署，以“教育世家”评选为契机，弘扬“教育世家”先进事迹，让教师在岗位上有幸福感、事业上有成就感、社会上有荣誉感，激励更多优秀人才争先从教、尽展其才，在全社会营造尊师重教的风尚；要加大教育设施建设力度，强化市、区两级联动，引进高水平教育资源，推动教育优质均衡发展，让市民享有更好更公平的教育。

第十五届海峡两岸（泉州）农产品采购订货会在南安开幕

第十五届海峡两岸（泉州）农产品采购订货会在南安开幕。展会采用线上线下相结合的形式举办，设线下展馆3个，共471个标准展位，其中在大陆台资企业展位232个、大陆特色农业企业展位215个、“一带一路”共建国家企业展位24个，增设农旅文创、招商引资、政银企对接、预制菜展区。线上则由“礼遇泉州”等平台共同助力，开展“爱泉州·大乐购”海峡两岸农产品促消费活动。展会为期3天。

第十五届海峡两岸（泉州）农产品采购订货会开幕式（图/泉州品牌发展中心）

9月7日

农历壬寅年八月十二
星期三
温度：23℃～29℃
多云转阴

●全市城市（县城）污水收集处理提质增效工作推进专题会议召开。

●市政府第十六次常务会议召开，听取2022年度泉州市“教育世家”审核情况汇报。

●第十五届海峡两岸（泉州）农产品采购订货会在南安开幕。

9月8日

农历壬寅年八月十三
星期四
温度：24℃～33℃
多云转晴

● 市委理论学习中心组学习会召开，专题学习研讨习近平总书记在省部级主要领导干部“学习习近平总书记重要讲话精神，迎接党的二十大”专题研讨班上的重要讲话精神。

● 市委常委会召开会议，学习贯彻习近平总书记在8月30日中央政治局会议上的重要讲话、向2022年中国国际服务贸易交易会致贺信精神及省委常委会会议精神等。

● 省委常委、市委书记刘建洋与中建集团董事长郑学选座谈。

● 受省人大常委会委托，市人大常委会组织泉州市的省十三届人大代表（第三组）到洛江开展2022年专题调研活动。

● 第二十二届中国国际投资贸易洽谈会在厦门开幕。由福建省团推荐并经组委会确定，泉州与广州、赣州、长沙、福州等17个城市成为该届投洽会“中国投资热点城市”。

● 市政协举行首期经济界委员沙龙活动。

● 市委副书记宿利南到石狮调研乡村振兴、渔港经济区建设、食品产业发展、滨海景观提升等工作。

● 省委依法治省办法治政府建设督察反馈会在泉州召开，通报对泉州市法治政府建设督察的反馈意见，并对整改工作提出具体要求。

● 全市片区更新比拼及征迁交地现场推进会召开。

市委理论学习中心组学习会召开

市委理论学习中心组学习会召开，专题学习研讨习近平总书记在省部级主要领导干部“学习习近平总书记重要讲话精神，迎接党的二十大”专题研讨班上的重要讲话精神。会议指出，要统筹发展和安全，做好常态化疫情防控、产业扶持、项目攻坚、组团更新、民生保障等工作，做到“疫情要防住、经济要稳住、发展要安全”。要持之以恒推进全面从严治党，抓好党的建设各项工作，持之以恒纠“四风”、树新风，一体推进不敢腐、不能腐、不想腐，巩固良好政治生态。

泉州成为投洽会“中国投资热点城市”之一

第二十二届中国国际投资贸易洽谈会（以下简称“投洽会”）在厦门开幕。由福建省团推荐并经组委会确定，泉州与广州、赣州、长沙、福州等17个城市成为该届投洽会“中国投资热点城市”。18个新兴投资热点城市分别在“中国投资热点城市”推介会上进行推介。

该届投洽会以“全球发展：共享数字机遇、投资绿色未来”为主题，举办41场重要的会议论坛研讨活动，展览规模12万平方米。联合国工发组织以及韩国、日本、奥地利等48个国家和地区的使领馆、商协会和投资促进机构参展，国内26个省、自治区、直辖市参展。2022年以来，泉州市引导各地各相关部门加大招商引资力度，发挥泉州市招商引才顾问作用，采取主动“走出去”、积极“请进来”、“面对面”交流等方式，洽谈推进招商项目，为泉州市参加该本届投洽会打下项目基础。在展览展示方面，泉州展馆面积180平方米，布展采用全开放式布局设计，以传承弘扬“晋江经验”、加快建设21世纪“海丝”名城为主题，重点突出“晋江经验”提出20年来泉州市经济社会主要成就、“强产业、兴城市”双轮驱动部署、打造贸易数字化领航区、推动泉州纺织服装产业提质增效等内容，展示泉州市优良的投资环境和电子信息、石油化工与新材料新能源、金融与新兴产业、纺织鞋服、建材家居与工艺制品、装备制造、食品饮料与生物医药、现代服务业及数字经济、海洋经济、绿色经济、文旅经济等12个产业链发展方向、招商项目。投洽会期间，泉州市还组织企业参加“2022海外华商中国投资峰会”“RCEP国际合作论坛”等多场活动。

全省重大项目集中签约仪式同时举行，泉州市6个项目参加现场集中签约，投资总额157.5亿元，签约项目数及投资总额均位居全省前列。市长蔡战胜参加全省重大项目集中签约仪式等投洽会相关活动，并到泉州展馆巡馆指导，与客商交流。蔡战胜指出，泉州正推进“强产业、兴城市”双轮驱动，实施“抓开放招商、促项目落地”专项行动，把招商引资作为经济工作的生命线，打造极具前景的投资热土、兴业沃土、创业乐土。泉州将坚持一企一策促发展、一项目一机制促进度，专人专班服务签约项目落地建设；优化市场化法治化便利化国际化营商环境，让企业安心经营、放心发展。投洽会会前及期间，泉州市对接项目47个，投资总额47.5亿美元，拟利用外资29.2亿美元，比上届投洽会增长27.5%。其中，合同项目35个，投资总额26.12亿美元，合同外资19.3亿美元，比上届投洽会增长27.8%。

蔡战胜（右二）在泉州展馆巡馆指导（图/庄丹丹）

泉州市获评第二十二届投洽会“中国投资热点城市”（图/庄丹丹）

泉州市2022年教师节庆祝大会举行

泉州市2022年教师节庆祝大会举行，表彰全市教育系统先进集体和个人。省委常委、市委书记刘建洋出席并讲话。市长蔡战胜主持。市人大常委会主任李建辉、市政协主席肖汉辉等出席。会上，市四套班子领导刘建洋、蔡战胜、李建辉、肖汉辉、施宇辉、高向荣、陈小辉、庄灿霞等向获得2022年泉州市中小学优秀班主任、先进德育工作者、高校优秀辅导员、优秀思想政治教育工作者、泉州市基础教育教学成果奖获得者、第二届泉州市“最美教师”、2022年福建省特级教师及2022年泉州市“教育世家”、泉州市2022年度教育特殊贡献奖获奖学校等代表颁发证书、牌匾。许书杯、林丰开代表获奖教师做交流发言。

刘建洋指出，要提升教育质量，落实立德树人根本任务，以习近平新时代中国特色社会主义思想铸魂育人，统筹学前教育、义务教育、高中教育、高等教育、特殊教育等协调发展，加快补齐教育事业短板，推动城乡教育一体化发展，促进优质均衡发展。要加快产教融合，发展新时代职业教育，推动专业群融入产业群，推动培养模式对接企业需求，打通人口资源、人力资源、人才资源转化通道，助力产业转型升级。要深化体制改革，加大学校办学体制创新，巩固拓展“双减”工作成效，健全完善教育考评体系和激励机制，打造高素质、专业化教师队伍。要加强对教育工作的领导，强化组织保障，狠抓责任落实，落实惠师政策，营造人人关心教育、处处尊重教师的氛围。会前，围绕“迎接党的二十大，培根铸魂育新人”主题，市领导与福建省特级教师、各级优秀教师（优秀教育工作者）、桐江学者、2022年泉州市“教育世家”及离退休教师、学生代表，在泉州府文庙明伦堂座谈交流。

泉州市2022年教师节庆祝大会表彰全市教育系统先进集体和个人（图/陈英杰）

“全闽乐购”泉州中秋促消费活动启动

为贯彻落实国家、省、市各级政府关于促进消费提质扩容的部署要求，推进“全闽乐购”促消费活动、“爱泉州·大乐购”促消费活动的开展，泉州市启动“全闽乐购”泉州中秋促消费活动。

“全闽乐购”泉州中秋促消费活动由泉州市多部门举办，旨在激发泉州市消费信心，挖掘消费潜力，促进消费持续恢复。此次专场促消费活动以“闽风国潮”为主题，按照“省市县联动、银行企业平台联合、线上线下融合”的方式，发动全市相关企业、协会、园区以及全国性电商平台、直播机构等参与。主办方在石狮服装城艺术展览中心一楼设立泉州优品展示中心（选品中心），并设置运动户外、服饰、食品饮料、纸品工艺四大展区，42家企业提供产品展示。同时，泉州市电商行业协会、跨境电商行业协会、青年电商协会以及多个电商直播基地、本土电商平台、服装及食品网批专业市场等，也组织专业买手和采购人员参与现场对接活动。此次“全闽乐购”泉州中秋促消费活动发挥泉州产业优势，除线下对接活动，还有覆盖全市餐饮、购物、文化、旅游、娱乐、休闲等领域的促进消费行动。活动当日，“爱泉州·大乐购”第四期专享折扣促销活动启动，线上线下同步发放消费券。9—30日，用户在礼遇泉州小程序选购物品并使用云闪付进行付款，即可享受7折（封顶200元）优惠。

9月9日

农历壬寅年八月十四
星期五
温度：24℃～31℃
晴

●泉州市2022年教师节庆祝大会举行，表彰全市教育系统先进集体和个人。

●全市疫情防控工作视频会议召开，对做好疫情防控工作再研究、再布置、再落实。

●“全闽乐购”泉州中秋促消费活动启动。

●9—11日，由中国侨联基层建设部、省委统战部、省政协农业和农村委员会、省商务厅、省文旅厅指导，省侨联统筹，市委统战部、市侨联、市文旅局、市乡村振兴局主办的2022年侨家乐·福建省华侨美食风情文化节洛江双阳专场活动在洛江区双阳荟厘民俗文化园举行。

●9—10日，“真武观月 潮玩中秋”——2022“海丝”青年集市露营中秋嘉年华在丰泽区真武庙举行。

9月10日

农历壬寅年八月十五
星期六
温度：24℃～31℃
多云

●在全省新冠肺炎疫情防控工作电视电话会议后，泉州市就贯彻落实会议精神、做好国庆假期及前后疫情防控工作进行再部署。

●全市各地举行中秋活动。

●10—12日，晋江梧林“侨村秋月夜”中秋游园活动在晋江梧林传统村落举行。

泉州市部署国庆假期及前后疫情防控工作

在全省新冠肺炎疫情防控工作电视电话会议后，泉州市就贯彻落实会议精神、做好国庆假期及前后疫情防控工作进行再部署。会议指出，国庆假期及其前后社会面流动性大，疫情防控工作任务较重。各级各有关部门要提高政治站位，贯彻落实国务院联防联控机制综合组关于2022年国庆假期及前后新冠肺炎疫情防控工作的方案，按照省委、省政府部署要求，杜绝麻痹思想、侥幸心理和松劲心态，强化外防输入工作，守好全市疫情防控底线。要抓紧传达学习、准确把握方案精神，抓好疫情防控政策措施全面落地落实。要执行国家防控政策，不自行加码、不搞“一刀切”、不放松标准，从严从紧抓好常态化疫情防控工作，落实重点人群核酸检测工作，优化核酸采样点设置，提升核酸检测质量，筑牢疫情防控“监测网”。要加强督导落实，紧盯交通关口，以及酒店、宾馆、景区、商超、酒吧、KTV等密闭、半密闭重点场所，确保关键环节、重点部位防控到位，确保经济社会稳定发展。

全市各地举行中秋活动

全市各地举行形式多样的中秋活动。

9—10日，“真武观月 潮玩中秋”——2022年“海丝”青年集市露营中秋嘉年华在丰泽区真武庙举行。活动内容包括“海丝”青年集市、博饼赢好礼、互动猜灯谜、国潮露营音乐节、福灵儿乐园等。

10—12日，晋江梧林传统村落举行晋江梧林“侨村秋月夜”中秋游园活动。活动内容包括“烧塔仔”、歌仔戏《嫦娥奔月》、快闪演出、中秋氛围夜景、花灯限量免费发放、中秋游园会等。在草地上，红砖垒砌成一座高高的“塔仔”。伴随着欢快的音乐，塔内的木柴被点燃，一阵烟火气升空，柴火持续燃烧，噼里啪啦作响，“塔仔”很快烧得通红；再往塔里撒盐巴，火焰蹿得更高，火光照亮夜空。“塔仔”四周，众多市民围在警戒线外，感受地方特色民俗。“烧塔仔”民俗寓意着平安、兴旺。

10日，“喜迎二十大 月满磁灶窑”2022年晋江市磁灶镇“我们的节日·中秋”主题活动举行。活动依托遗产点磁灶窑址（金交椅山窑址）、泉州古代外销陶瓷博物馆，组织亲子家庭举办磁灶窑“世遗+非遗”中秋主题研学活动：体验宋朝服饰穿着，游览世界文化遗产点磁灶窑址、打卡省级考古遗址公园，参观磁灶窑陶瓷主题展馆、参加博物馆“寻宝”挑战，举办瓷茶文化主题讲座、体验宋代点茶非物质文化遗产技艺，品茶汤、尝中秋桂花糕，以最传统的方式沉浸式体验中秋传统文化。

10日，由泉州南安海事处、南安市港航产业协会、石井镇政府、营前村委会主办的，以“亲情连线 云上团圆”为主题的特殊中秋节活动在石井镇渔船点验中心举行。活动通过视频连线让船员与家属叙说亲情，表达思念，实现中秋“云团圆”，使船员及船员家属感受到亲人的牵挂与温暖。活动现场还举行茶话交流座谈会和船员之家志愿服务队授旗仪式，并为志愿者代表颁发聘书。

此外，洛江区举行洛阳桥中秋公益讲解活动；石狮市举行“花好月圆 丝路婵娟”月圆徽章DIY活动和制月工坊活动（涂鸦月球/手作兔儿灯）；惠安县举行“党建+邻里中心”暨“我们的节日·中秋”香囊制作体验活动、“喜迎二十大 共庆团圆节”中秋节活动和“丹枫迎秋 桂香满城——中秋传统美食展”；安溪县举行“天空之伞”欢乐嘉年华活动；泉州台商投资区举行“国潮中秋”活动。

2022年中秋节与教师节在同一天，全市不少景区推出优惠措施，对教师实行免门票优惠。泉州“海丝”野生动物世界，教师节当天持本人教师资格证即可免票入园；洛江乡韵鹿境景区，教师节当天凭本人教师资格证免费入园；洛江后溪，教师节当天凭教师资格证免费入园，进园游玩参与博饼；德化九仙山风景区举行“岁月如歌 感念师恩”活动，持教师资格证或其他有效证明，享受九仙山景区免门票优惠活动（不包含车票）；德化石牛山旅游度假区有“感谢师恩”优惠活动，持教师资格证者，享受198元/人的优惠。

《泉州市行政执法文书参考样本（2022年版）》出台

市司法局结合基层执法工作实际，组织编制《泉州市行政执法文书参考样本（2022年版）》，明确行政执法适用范围、明晰执法程序，为乡镇（街道）基层执法提供规范化指引和制度保障。

随着泉州市赋予乡镇（街道）部分行政处罚权工作的推进，许多乡镇（街道）将被赋权向基层治理中的违法行为依法依规“亮剑”。为提高基层执法效率，规范执法行为，市司法局组织全市行政执法文书格式修订。市司法局相关科室负责人表示，依法办案，不仅要依据实体法，更要遵循程序法，依程序执法是行政的基本线条。比如，对某个违法行为依法需要予以行政处罚，得进行立案审批，开展调查取证，得依法依规做调查取证记录。这些过程，都需要相关文书的支撑。

此次修订的68份文书参考样本，主要围绕行政检查、行政处罚、行政强制等法定程序及实体要求，涵盖立案、调查取证、证据保全和处理、处罚告知、听证、重大执法决定法制审核、送达执行、结案归档以及内部审批流程等文书类型，为乡镇（街道）基层执法提供规范化指引和制度保障，将推进乡镇（街道）综合行政执法改革工作，破解“不敢管”“管不好”难题，同时对规范执法行为、提升执法水平、维护当事人的合法权益发挥重要作用。

全市公安机关开展第三次夏夜治安巡查宣防集中统一行动

9—11日，全市公安机关开展第三次夏夜治安巡查宣防集中统一行动暨“红盾·2022”百日攻坚7号行动，为人民群众欢度中秋节创造安全稳定的社会环境。行动期间，全市出动警力1.95万人次，发动群防群治力量1.53万人次，抓获违法犯罪人员360人、在逃人员54人，查处酒驾186起、醉驾66起。

泉州市72家省级企业技术中心通过考核

为推动省级企业技术中心建设，省工信厅组织专家对2020年及以前认定的工业和信息化类省企业技术中心进行考核评价，并公布省级企业技术中心考核评价合格企业名单。经过综合评价，全省325家省级企业技术中心通过考核，其中49家省级企业技术中心被评为优秀。泉州市72家省级企业技术中心通过考核，其中信和新材料股份有限公司技术中心、泉州匹克鞋业有限公司技术中心2家企业被评为优秀。

梨园戏《陈三五娘》专场音乐会举行

由市委宣传部、市文旅局和丰泽区委、区政府主办的“四朵金花”2022年“世遗”泉州时尚文化艺术季——“荔镜笙箫越千年——梨园戏《陈三五娘》专场音乐会”举行，结合泉州东海中央商务区“四朵金花——红心花蕊”的场地特点，以梨园戏经典剧目《陈三五娘》为依托，三代梨园戏传承人同台亮相。舞台分割成为唱队区、乐队区、勾栏舞台表演区三个板块同步贯穿表演。在梨园戏传统科介、传统乐器表演当中，融入吉他、卡洪鼓、数字综合周边效果器等流行音乐元素。演出分为“睇灯”“投荔”“磨镜”“留伞”“绣孤鸾”和“私奔”六个篇章，讲述南宋年间，泉州才子陈三因送哥嫂往广南赴任，途经潮州，于元宵灯市邂逅佳人黄五娘，两人一见倾心，有情人终成眷属的故事。

梨园戏《陈三五娘》专场音乐会现场（图/陈智勇）

9月11日

农历壬寅年八月十六
星期日
温度：24℃~33℃
多云

●市司法局结合基层执法工作实际，组织编制《泉州市行政执法文书参考样本（2022年版）》，明确行政执法适用范围、明晰执法程序，为乡镇（街道）基层执法提供规范化指引和制度保障。

●9—11日，全市公安机关开展第三次夏夜治安巡查宣防集中统一行动暨“红盾·2022”百日攻坚7号行动。

●省工信厅组织专家对2020年及以前认定的工业和信息化类省企业技术中心进行考核评价，并公布省级企业技术中心考核评价合格企业名单。泉州市72家省级企业技术中心通过考核。

●由市委宣传部、市文旅局和丰泽区委、区政府主办的“四朵金花”2022年“世遗”泉州时尚文化艺术季——“荔镜笙箫越千年——梨园戏《陈三五娘》专场音乐会”举行。

9月12日

农历壬寅年八月十七
星期一
温度：25℃～35℃
晴转多云

●泉州市级信息化项目监管体系加快形成。

●中秋假期，全市接待游客82.50万人次，实现旅游收入3.25亿元。

泉州市级信息化项目监管体系加快形成

《泉州市本级政府投资信息化项目管理规定》印发实施，内容涵盖泉州本级政府投资信息化项目全流程，形成市级信息化项目监管体系。泉州在《“十四五”数字泉州专项规划》编制阶段时，向各级各单位征集信息化项目227个，其中属于市级财政性投资项目60个。市数字办按照“大整合、大平台、大应用”模式，以集约化思维对各单位申报的信息化项目进行评估再整合，最终确定“十四五”本级政府投资信息化项目19个。为更加精确管控建设成本，在项目建议书评审环节中，泉州对申请建设的项目进行过滤，最大程度减轻财政预算压力，避免重复投资；在项目可研暨初设评审环节中，对项目概算进行细化审核，重视测算依据。2021年以来，泉州市批复14个部门19个项目，投资概算核减率24.48%，提升市级信息化项目概算准确率及建设资金使用效率。

中秋假期全市实现旅游收入3.25亿元

中秋假期，全市各级文旅部门统筹部署，做好中秋假期疫情防控和安全生产工作，强化优质文旅产品供给，全市文旅活动精彩纷呈，文化游、“世遗”游、古城游、城市微旅游、特色亲子游等产品业态突出，有效激发市民游客出游热情，带动文旅消费，提振旅游市场。据统计，全市接待游客82.50万人次，实现旅游收入3.25亿元。

中秋假期，泉州市文旅系统针对中秋假日市场特点，举办“四朵金花”2022“世遗”泉州时尚文化艺术季：“荔镜笙箫越千年——梨园戏《陈三五娘》专场音乐会”、2022年侨家乐·福建省华侨美食风情文化节洛江双阳专场等系列文旅节庆活动，丰富假日文旅产品供给。

“泉州：宋元中国的世界海洋商贸中心”申报世界遗产成功一周年，“世遗”泉州热度不减，游“世遗”、逛古城备受青睐，成为中秋假期最时兴的过节方式。全市多个遗产点在中秋假期推出展览演出活动，吸引不少市民游客到场感受“世遗”泉州的无限魅力。数据显示，中秋假期，泉州市22个遗产点接待游客9.55万人次。其中，开元寺接待游客1.48万人次，府文庙接待游客7400人次，西街接待游客7.20万人次。

受国内疫情多点散发影响，中秋假期仍以本地游、周边游为主。携程旅游大数据显示，节前本地游、周边游订单占比超过六成，来自本地及周边的门票订单占比达到80%，周边游订单环比增长267%；同程旅游大数据显示，中秋假期出游仍以本地为主、周边为辅。全市各地为满足市民游客“就地过节”需要，精心设计旅游线路，创新旅游产品。丰泽区举办“真武观月 潮玩中秋”——2022“海丝”青年集市露营中秋嘉年华，德化石牛山、云龙谷等多个旅游景点推出高山帐篷音乐节、星空帐篷营地、网红天幕打卡、竹林轻奢帐篷、篝火晚会狂欢夜、天幕电影等项目，吸引许多市民游客走进自然，体验露营乐趣。

中秋假期，返乡探亲游客增多，家庭自助出游成为市场主力。途牛旅游大数据显示，家庭客群是中秋出游主力，三人及以上同行人数占比达66%。游客抽样调查显示，全市接待的游客中，自驾自助出游的占比达92.7%，许多家庭老少同行，共度佳节。

泉州市博物馆、图书馆、艺术馆等文博场所推出“我们的节日·中秋”系列活动，吸引许多亲子家庭参与体验，聆听中秋故事、品读泉州历史。此外，安溪举办的“天空之伞”欢乐嘉年华活动、晋江举办的中秋主题研学活动等亲子研学也越来越受本地游客的青睐。

假日期间，市、县两级文旅市场综合执法队伍出动执法人员699人次，巡查文旅经营单位373家次，所发现问题全部整改到位，接到旅游投诉2起，均及时妥善处置，全市文化和旅游市场运行平稳、安全有序。

全市信访维稳工作暨扫黑除恶专项斗争领导小组会议召开

全市信访维稳工作暨扫黑除恶专项斗争领导小组会议召开，学习贯彻习近平总书记关于社会治理的重要论述，贯彻落实党中央决策部署和省委工作要求，部署推进下阶段重点工作。会议指出，全市各级各部门要践行以人民为中心的发展思想，统筹发展和安全，绷紧风险防范这根弦，以高度的政治自觉做好信访维稳和扫黑除恶工作，让人民安全感更有保障。要带着责任和感情做好信访工作，突出控增量、减存量、防变量，强化源头治理、综合治理、系统治理，重视初信初访，攻坚治重化积，最大限度把矛盾纠纷化解在早、化解在小，推动信访维稳各项措施落实到位。要推动常态化扫黑除恶向纵深发展，保持严打高压态势，聚焦问题短板狠抓整改提升，针对重点行业领域开展乱象整治，严防乱生恶、恶变黑，完善扫黑除恶工作常治长效机制，建设更高水平的平安泉州、法治泉州。要坚持“党政同责、一岗双责，属地管理、分级分责”，压紧压实行业监管责任，做到守土有责、守土负责、守土尽责，强化跟踪督导、一线考核，形成条块结合、齐抓共管、合力攻坚的工作格局。

泉州经贸团到澳门考察

是日起，泉州市组织经贸团到澳门访问，考察普强时代、澳门新大陆等企业，走访澳门会议展览业协会、澳门会展旅游业协会等。14日，中央人民政府驻澳门特别行政区联络办公室主任郑新聪会见泉州经贸团一行，副市长汪志红参加会见。

郑新聪指出，澳门是“一国两制”事业的实践地和示范地，具有许多独特的资源和优势。澳门居民中，福建籍居第二位，泉州籍为主体，他们坚持爱国拥党、爱澳爱乡，为澳门经济社会发展、政治安定，为推动内地与世界交流合作做出重要贡献。习近平总书记20年前总结的“晋江经验”是泉州乃至福建腾飞的思想动力之源。澳门中联办将支持与推动在澳门乡亲与祖国内地各方面的交流，支持在澳门乡亲继续发扬中国改革开放之初为泉州、为开放发展给予无私帮助的优良传统，参与国家、福建、泉州的现代化建设，推动泉州企业家到澳门和横琴粤澳深度合作区发展，为“一国两制”事业贡献泉州力量。经贸团表示，长期以来泉州与澳门经贸往来密切、人员交流频繁，旅澳乡亲更是秉持爱国爱澳宗旨和爱拼敢赢精神，勤勉创业，建树颇丰。泉州正落实中央决策部署和省委、省政府工作要求，传承弘扬“晋江经验”，实施“强产业、兴城市”双轮驱动，期待泉州和澳门两地能发挥产业、政策等优势，在跨境电商、船运物流、金融服务、会展产业等领域深化合作，探索泉州和澳门“并船出海”新模式，携手融入双循环新发展格局。

省生态环境保护督察组进驻泉州开展例行督察

省生态环境保护督察组进驻泉州开展2022年生态环境保护例行督察。此次例行督察重点督察习近平总书记有关生态环境保护重要指示批示以及其他中央领导有关重要批示办理情况，省委和省政府领导有关生态环境保护批示办理情况；贯彻落实新发展理念、全方位推进高质量发展超越，建设国家生态文明试验区情况，以及严格控制“两高”（高能耗、高污染）项目盲目上马和去产能“回头看”落实情况；国家生态环境保护有关法律法规、政策措施、规划标准，及福建省工作要求的具体执行情况；突出生态环境问题整改落实情况，包括中央及省生态环境保护督察反馈问题（交办信访件）、党政领导生态环境保护目标责任书区域突出问题和通报问题、《八闽快讯》（环保专报件）通报问题等整改情况；重大环境污染、生态破坏、生态环境风险及处理情况；人民群众反映突出的生态环境问题立行立改情况；生态环境领域形式主义、官僚主义和“一刀切”问题；生态环境保护思想认识、工作推进和党政同责、一岗双责落实情况等。

9月13日

农历壬寅年八月十八
星期二
温度：25℃～35℃
晴

●全市信访维稳工作暨扫黑除恶专项斗争领导小组会议召开，学习贯彻习近平总书记关于社会治理的重要论述，贯彻落实党中央决策部署和省委工作要求，部署推进下阶段重点工作。

●泉州市组织经贸团到澳门访问，考察普强时代、澳门新大陆等企业，走访澳门会议展览业协会、澳门会展旅游业协会等。

●省生态环境保护督察组进驻泉州开展2022年生态环境保护例行督察。

9月14日

农历壬寅年八月十九
星期三
温度：26℃～35℃
晴

●泉州知识产权法庭和泉州国际商事法庭揭牌成立，系全省第三个知识产权法庭和全国第五个在地方设立的国际商事法庭。

●2022年国家公共文化服务体系示范区创新发展复核暨“党建+”邻里中心文化服务功能建设工作会议在泉州召开。

●省人大常委会组成人员培训班在永春开班。

●13—14日，全省乡村“五个美丽”建设现场推进会在晋江召开。

●以“喜迎二十大·科普向未来”为主题的2022年泉州市“全国科普日”主场活动在石狮举行。

泉州知识产权法庭和泉州国际商事法庭揭牌

泉州知识产权法庭和泉州国际商事法庭揭牌成立，系全省第三个知识产权法庭和全国第五个在地方设立的国际商事法庭。省委常委、市委书记刘建洋，福建省高级人民法院党组书记、院长金银墙，市领导黄景春、黄文胜、蔡萌芽等出席揭牌仪式。泉州市中级人民法院党组书记、院长姚丽青主持揭牌仪式。

3月、4月，最高人民法院先后批复同意设立泉州知识产权法庭和泉州国际商事法庭，作为泉州市中级人民法院专门审理知识产权案件、涉外商事案件的专业法庭。根据最高人民法院批复，泉州知识产权法庭集中管辖发生在泉州市辖区内的专利、植物新品种、集成电路布图设计、技术秘密、计算机软件的权属、侵权纠纷以及涉驰名商标认定、垄断纠纷的一审知识产权民事、行政案件，以及发生在泉州市辖区内除依法应由基层人民法院管辖之外的一审知识产权民事、行政和刑事案件，和不服基层人民法院管辖的一审知识产权民事、行政和刑事案件的上诉案件等。泉州国际商事法庭则集中管辖发生在泉州市辖区内应由泉州中院审理的一、二审涉外民商事案件，涉外商独资企业案件，信用证纠纷、保函纠纷等特定类型案件，仲裁司法审查案件、涉外调解协议确认案件，申请承认和执行外国法院民商事判决、裁定的审查案件，及其他国际民商事司法协助案件等。泉州知识产权法庭和泉州国际商事法庭的设立，旨在为泉州加强知识产权保护、深度参与国际贸易提供更加专业化、规范化、便利化的司法服务。

省人大常委会组成人员培训班在永春开班

省人大常委会组成人员培训班在永春开班。省人大常委会党组书记、副主任梁建勇做开班动员讲话，并做关于学习《闽山闽水物华新——习近平福建足迹》辅导报告。省人大常委会党组副书记、副主任庄稼汉主持开班式。受省委常委、市委书记刘建洋委托，市人大常委会主任李建辉代表市委、市人大致辞。梁建勇做开班动员讲话时强调，要认真依法履职，谋划推进人大立法、监督、决定和代表等工作，在新发展阶段新福建建设大局中展现人大“永远在线”的时代担当；要密切联系群众，发挥好人大在发展全过程人民民主中的重要作用，为人民用权、为人民履职、为人民服务。

省人大常委会组成人员培训班现场（图/王虎文）

全省乡村“五个美丽”建设现场推进会在晋江召开

13—14日，全省乡村“五个美丽”（美丽乡村庭院、美丽乡村微景观、美丽乡村小公园、美丽田园、美丽乡村休闲旅游点）建设现场推进会在晋江召开。副省长李建成出席会议并讲话。李建成指出，要加强组织领导，抓好责任落实、强化要素保障、遵循发展规律，要突出乡土特征、民族特色和地域特点，改造提升乡村特有的自然资源和文化遗产，把挖掘原生态村居风貌和引入现代元素结合起来。

2022年泉州市“全国科普日”主场活动在石狮举行

以“喜迎二十大·科普向未来”为主题的2022年泉州市“全国科普日”主场活动在石狮举行。图为开幕式。（图/吴宗宝 王晓珠）

第二届东南法治论坛在泉州举行

以“学习贯彻习近平法治思想 推进法治化营商环境建设”为主题的第二届东南法治论坛在泉州市举行。全国人大宪法和法律委员会副主任委员信春鹰出席论坛并做主旨演讲，全国人大宪法和法律委员会副主任委员、中国法学会副会长江必新做视频演讲。省领导罗东川、刘建洋、檀云坤、黄海昆、许维泽，省高级人民法院院长金银墙、省人民检察院检察长霍敏，市领导施宇辉、黄文胜、肖进才，市中级人民法院院长姚丽青、市人民检察院检察长郑隆松等出席开幕式。

信春鹰指出，要立足当前、着眼长远，完善社会主义市场经济法律体系，以良法促进发展、保障善治；加强重点领域立法，推进法治化营商环境建设；发挥立法引领和推动作用，确保重大改革于法有据、顺利实施，以高质量立法保障高质量发展。江必新指出，法治可以制公权、促诚信、保公平、保质量、增效益、固根本、稳预期、利长远、铸久安，是最好的营商环境。要支持企业发展，鼓励市场主体竞争，落实“放管服”的要求，合法、合情、合理进行科学监管、审慎宽容监管，坚持便利化、市场化、国际化原则，构建良好的市场秩序，加快推进法治化营商环境建设，助力经济社会高质量发展。

罗东川在讲话中指出，发挥福建作为习近平法治思想的重要孕育地和实践地的优势，把法治化营商环境作为法治强省建设的重要内容，打造市场化法治化便利化国际化营商环境，以优质营商环境服务保障全方位高质量发展，在服务和融入新发展格局上展现更大作为。要以论坛举办为契机，集思广益，为打造法治强省和推进法治化营商环境建设注入新动力。刘建洋在致辞中表示，在“晋江经验”科学引领下，泉州始终坚持以诚信促进市场经济健康发展，弘扬政企互动好传统，践行亲清政商关系，法治泉州、便利泉州建设深入推进。奋进新征程，泉州将坚持以习近平法治思想为指引，推动有效市场和有为政府更好结合，打造一流营商环境，以高质量法治服务保障全方位推进高质量发展。黄海昆、金银墙、霍敏在论坛上致辞，表示将践行习近平法治思想，发挥职能作用，找准履职结合点、着力点，更加主动融入法治化营商环境示范区和“海丝”中央法务区建设，为打造法治强省贡献更大力量。

该届论坛设主论坛和四个分论坛。主论坛上，华东政法大学党委书记郭为禄、国家知识产权咨询委员会委员吕国强、厦门大学法学院院长宋方青等专家学者分别在线上线下做主旨演讲。分论坛围绕法治化营商环境建设、法治服务保障民营经济发展、防范化解经济金融风险、产权与知识产权保护等主题进行交流研讨。

第二届东南法治论坛现场（图/洪 泓）

9月15日

农历壬寅年八月二十
星期四
温度：25℃～34℃
晴

●以“学习贯彻习近平法治思想 推进法治化营商环境建设”为主题的第二届东南法治论坛在泉州市举行。

●省委常委、市委书记刘建洋与福建省投资开发集团董事长王非座谈。

●市委副书记宿利南到市信访局接访群众，现场研究、协调解决群众反映的小区电梯隐患、农村污水管网工程建设、补偿金发放等问题。

●全市宣传思想工作专题会以视频形式召开，贯彻落实党中央决策部署和省委、市委要求，研究部署迎接宣传贯彻中共二十大和宣传思想重点工作。

●由市语委、市教育局主办，丰泽区语委、区教育局承办的泉州市第25届全国推广普通话周启动仪式在泉州师范学院第二附属小学举行。

●中国泉州—俄罗斯远东航线首航活动在泉州石湖港举行。

中国泉州—俄罗斯远东航线首航仪式举行

中国泉州—俄罗斯远东航线首航活动在泉州石湖港举行。此航线投入两艘各656标箱船型的船舶，船期为双周班，为客户提供单程132小时（5.5天）的快捷班轮服务。图为首航仪式。

（图/李荣鑫）

9月16日

农历壬寅年八月廿一
星期五
温度：25℃～32℃
晴

●市委常委会召开会议，传达学习全国、全省禁毒工作电视电话会议和全省党委秘书长、办公厅（室）主任暨整治形式主义为基层减负专项工作机制会议精神。

●市长蔡战胜到德化调研乡村振兴和粮食安全工作。

●市委副书记宿利南到德化调研粮食生产、人居环境整治提升、特色现代农业发展等工作。

●由市委宣传部、市委讲师团主办的“福小宣·‘泉’民讲”“喜迎二十大 我们这十年”系列宣讲活动启动。

●由市委宣传部、市委统战部、市民宗局主办，泉港区委宣传部、区委统战部、区民宗局承办的，以“福籽同心爱中华”为主题的泉州市第十五个民族团结进步宣传月主题活动启动仪式暨文艺表演活动在泉港举行。

●郑成功故里“喜迎二十大 同心话融合”中华传统武术交流活动在南安市石井镇举行。

●福建省为民办实事项目——安全应急保障提升工程项目之一，德化县唐寨山安全文化公园开园。

市委常委会传达贯彻全国全省有关会议精神

市委常委会召开会议，传达学习全国、全省禁毒工作电视电话会议和全省党委秘书长、办公厅（室）主任暨整治形式主义为基层减负专项工作机制会议精神。

会议强调，要贯彻落实习近平总书记关于禁毒工作的重要指示精神，按照党中央决策部署和省委工作要求，坚持人民至上、生命至上，坚持厉行禁毒方针，抓紧抓实抓细禁毒工作各项措施。坚持守土有责、守土尽责，保持对毒品问题“零容忍”，扭住“打团伙、摧网络、抓毒枭、端毒窝、断通道”不放，推进禁毒严打整治工作，防控化解涉毒风险隐患。坚持源头治理、标本兼治，强化禁毒预防宣传教育，增强全民特别是青少年防毒禁毒意识和抵御毒品能力。坚持部门协同、社会共治，创新治理体系，夯实基层基础，打赢新时代禁毒人民战争。全市办公室系统要从政治和全局的高度把握形势、分析问题、谋划工作，助推全市高质量发展。要发挥参谋助手作用，围绕统筹疫情防控和经济社会发展、实施“强产业、兴城市”双轮驱动、维护安全稳定等重点工作，优质高效做好服务保障，确保各项工作穿透落实到位。要向中办、省委办公厅对标看齐，锻造办文办会办事的过硬基本功，优化制度机制，提高运转效能。要弘扬“马上就办、真抓实干”优良传统作风，深化整治形式主义为基层减负专项工作，让基层干部有更多的时间和精力抓落实、促发展。

蔡战胜到德化调研乡村振兴和粮食安全工作

市长蔡战胜到德化调研乡村振兴和粮食安全工作，副市长苏耿聪参加调研。蔡战胜到田间地头查看农作物长势、农田管理情况，了解乡村产业规划、发展模式、经营状况并指出，要扶持特色现代农业，发挥农业资源和文旅资源优势，培育一批优质农旅品牌，释放农业农村发展活力。蔡战胜强调，要贯彻习近平总书记关于乡村振兴和粮食安全的重要论述，落实中央、省委、市委一号文件精神，扛牢粮食安全政治责任，凝聚共识推进乡村振兴，促进农业高质高效、乡村宜居宜业、农民富裕富足。要科学制定乡村振兴规划，明确发展重点、路径和布局，补齐基础设施短板，推进农村生活污水垃圾治理水平提升，改善村容村貌。要立足资源禀赋，因地制宜打造集休闲观光、农田体验、历史文化、乡愁记忆于一体的农旅融合产品，推动文旅产业赋能乡村振兴。要把保障粮食安全、耕地安全放在突出位置，细化田间管理，加强农技服务，做好粮食生产各项工作，推动农业走产业化、规模化、绿色化经营之路。

宿利南到德化调研粮食生产等工作

市委副书记宿利南到德化调研粮食生产、人居环境整治提升、特色现代农业发展等工作。宿利南到大铭乡琼溪村、美湖镇美湖村察看水稻种植、千亩生姜基地、“裸房”整治、古树名木保护等情况。宿利南指出，抓好粮食生产是重要政治责任、党政同责，要把保障粮食安全作为乡村振兴战略的首要任务，结合撂荒地复耕、高标准农田建设等工作，全力抓好秋收，力争超额完成年度播种面积和产量任务。要总结推广德化县的典型经验做法，实施新一轮农村人居环境整治提升，让生态宜居环境与文明乡风相得益彰。要加强对“裸房”整治、农房建设的统一规划、引导，注重保留历史风貌、建筑特色，加大古树名木保护力度，加强科学管护，延伸提升周边环境，打造更多美丽庭院、微景观、小公园、美丽田园、休闲点。要做足特色农产品的文章，高标准推进特色农产品基地建设示范项目，做优深加工和衍生品开发，延伸产业链条，带动农户提升农产品质量、做优品牌、做大市场；创新营销模式，通过平台赋能、互联网赋能、文化赋能，提高知名度、美誉度，提升农产品附加值，让群众共享产业增值收益。

9月17日

农历壬寅年八月廿二
星期六
温度：25℃～31℃
晴

●市长蔡战胜到泉港督导生态环境问题整治、安全生产并开展第三季度巡河工作。

●泉州市第25次防空警报试鸣暨人员疏散演练在泉州市第七中学江南校区举行。

●在市外事办牵线组织下，泉州一中与霍尔拜克石斧中学的师生举行线上交流活动。

蔡战胜到泉港督导生态环境问题整治工作

市长蔡战胜到泉港督导生态环境问题整治、安全生产并开展第三季度巡河工作，副市长蔡天守参加督导。蔡战胜沿坝头溪岸巡查水质状况，听取相关部门关于泗洲水库水华防控、坝头溪菜堂桥断面水质提升治理及河长制等相关工作情况的介绍，强调要实施“抓项目、促发展”系列专项行动，统筹抓好环境保护、生态修复、污水治理等各项工作。要立足长远、科学规划，加强河道周边环境综合整治，加快完善污水收集管网、污水处理设施建设，提高污水收集处理能力和处理效果。要发挥各级河长关键作用，加大监督管理力度，依法打击破坏生态环境的违法违规行为，改善水生态环境。在福建百宏石化有限公司，蔡战胜了解公司公共应急罐管道连接整改等情况，叮嘱企业要加快推进技术改造、设备更新和管理升级，推动企业绿色发展、集约发展；要树立安全生产底线思维和红线意识，通过完善应急预案、组织应急演练等，强化隐患排查治理，提高防范化解风险能力。

蔡战胜（右二）在泉港区坝头溪巡查水质状况、督导水质整治提升工作（图/陈晓东）

泉州市举行第25次防空警报试鸣

泉州市第25次防空警报试鸣暨人员疏散演练在泉州市第七中学江南校区举行，1000多人参加活动。10时1分许，在学校操场的一侧，一台68千瓦机动式、大功率人防警报器发出防空袭预先警报信号，响36秒，停24秒，重复3遍，时长3分钟。听到警报后，在老师指挥下，学生冒着弥漫的硝烟，按照既定紧急疏散方案，沿着预定的行动路线，从不同方向往安全区域紧急撤离，快速会集到学校操场和艺术楼人防地下室。10时8分，空袭警报信号响起，鸣6秒，停6秒，反复15遍，时长3分钟。无人机进行广播喊话，通知教学楼人员迅速离开教学楼。10分钟后，鸣一长音，连续3分钟，警报解除。医疗应急分队进入现场救治伤者并紧急送医，消防应急救援分队组织灭火，并对现场人员进行疏散。此次演练在常态化的基础上更加注重科技创新，引入5G无线视频传输，实现多场景远程图像传输、报警及联动控制等多项高科技功能，在防灾救灾中发挥更大的作用。

泉州市与丹麦霍尔拜克市线上学生交流活动举行

在市外事办牵线组织下，泉州一中与霍尔拜克石斧中学的师生举行线上交流活动。自2016年9月泉州与丹麦霍尔拜克市建立友好城市关系后，两城开展了一系列交流。石斧中学是丹麦较早设立“孔子课堂”的学校，长期开设中文课程，选修中文的学生对中国文化都有浓厚的兴趣。在市外事办推动下，自2021年起，泉州一中就与霍尔拜克市石斧中学开展线上交流活动。在2022年活动中，泉州一中学生用流利的英语，向丹麦小伙伴介绍中秋节文化、泉州的“海上丝绸之路”文化和世界遗产以及校园文化等。石斧中学的学生介绍自己的学校以及丹麦的传统节日等。随后，双方师生通过网络为彼此送上了精心准备的节目。泉州一中学生献上古筝表演、中英歌曲串烧，而石斧中学的学生特别录制并演唱中文歌曲《明天会更好》和《月亮代表我的心》。值得一提的是，两校师生还通过网络，一起学习中秋主题的剪纸，在欢声笑语中增进了解、加深友谊。

9月18日

农历壬寅年八月廿三
星期日
温度：25℃~31℃
多云转晴

●市委印发《关于进一步加强和改进新时代人大工作的若干措施》。

●市自然资源规划局启动“两江四岸”（晋江和洛江四岸）品质提升整体研究。

●17—18日，近2400名考生分两批次，在泉州考区参加国家统一法律职业资格考试客观题考试。

市委出台17条措施加强和改进新时代人大工作

市委印发《关于进一步加强和改进新时代人大工作的若干措施》（以下简称若干措施），从坚持党的全面领导、推动新时代人大工作高质量发展、更好发挥代表作用、全面加强人大及其常委会自身建设4个方面提出17条措施，在更高起点上部署全市各级人大工作和建设。

若干措施明确坚持党中央集中统一领导是市、县、乡各级人大工作的首要政治原则、政治任务，着重从制度机制上细化人大工作坚持党的领导的各项要求，并把党委领导人大工作、“一府一委两院”接受人大监督、有关部门支持和配合人大工作情况纳入地方领导班子和领导干部考核及巡察内容。若干措施对标对表中央和省委文件要求，从实施层面上明确贯彻落实中央、省委关于做好人大工作的新要求的工作制度、机制程序、举措办法、具体要求。

若干措施坚持传承弘扬“晋江经验”，注重将泉州市各级人大在工作实践中形成的好经验、好做法通过文件上升为制度，如组织开展“听民声、察民情、暖民心”活动、建立健全民情专报工作机制、增加基层立法联系点、探索将法规实施情况与绩效考评相挂钩、对被审计单位审计查出突出问题整改情况进行满意度测评、代表活动室与“党建+”社区邻里中心有机融合等进行规定。明确将继续推进法官和检察官履职评议，并逐步将政府组成部门负责人列入履职评议范围，把履职评议结果作为干部选拔任用的重要依据；推进公民旁听人代会，推进侨台港澳、异地商会代表列席人代会，支持开展“代表约见”等创新性监督工作；在开发区、工业园区等设立代表服务点，完善代表“不满意件”重新办理、督办机制。同时，注重借鉴吸纳外省、市人大工作的先行先试做法，推动地方人大工作改革创新、与时俱进。市委若干措施是当前和今后一个时期泉州市人大工作的重要指导性文件，对学习贯彻习近平总书记关于坚持和完善人民代表大会制度的重要思想，践行全过程人民民主，推动人大制度优势更好转化为治理效能，更好助力“强产业、兴城市”双轮驱动，加快建设“海丝名城、智造强市、品质泉州”具有十分重要的意义。

泉州市启动“两江四岸”品质提升整体研究

市自然资源规划局启动“两江四岸”（晋江和洛江四岸）品质提升整体研究。泉州凭海而立，因海而兴。古泉州的三湾十二港见证“海上丝绸之路”起点的繁荣。21世纪泉州的“两江四岸”塑造了城市发展的生态廊道与景观轴线，蕴含着泉州的生命之源、生产之要、生态之基、文化之魂，已成为承载泉州环湾中心城市核心功能的重要空间载体。此次研究将系统梳理现状景观系统、道路交通系统、绿地系统、旅游文化资源、水系统、城市功能、城市天际线，通过强化水岸一体、上下游联动、跨域协同等措施，计划从夜游塑造、滨水岸线公共空间建设、文化历史活化、滨江城市功能塑造、滨江生态环境建设等方面入手，串联顺济桥、中芸洲、法石、渔人码头、后渚港、凤屿村等节点的公共空间、山水廊道、交通流线等，构建泉州半岛地标引力点和活力点，让“山、海、江、城”有机融合，重塑独具泉州特色的城市形象。

近2400人在泉州参加法考

17—18日，近2400名考生分两批次，在泉州考区参加国家统一法律职业资格考试客观题考试。考生平均年龄30岁，最大年龄65岁，最小年龄20岁。考生群体呈现三个特点：一是本科在读人员比例依然不小，普通高等学校2023年应届本科毕业生报名人数265名，占报考人员的11.4%；二是法学专业考生所占比重有所下降，从2021年的60.3%下降至55.2%；三是来自政法部门的报名人员达481名，所占比重较大。

刘建洋调研纪检监察工作

省委常委、市委书记刘建洋调研纪检监察工作，向全市纪检监察干部表示慰问，并召开座谈会，研究部署推进全面从严治党工作。市领导施宇辉、傅藏荣参加。在鲤城区临江街道侨光片区近邻纪检工作室，刘建洋与廉情监督员交谈，听取“近邻监督”情况介绍，叮嘱整合好基层力量，发挥离退休干部熟悉基层情况、善做群众工作的优势，打通基层群众表达诉求、解决问题通道，更好将矛盾化解在萌芽状态，让基层治理有温情、有韧性。刘建洋通过村级小微权力监督信息平台，随机调阅群众反馈问题办理等情况，要求完善平台功能，加强数据纵向打通、横向共享，确保群众问题“线上”发声、“线下”落地。

座谈会上，刘建洋强调，要聚焦发展大局，传承弘扬“晋江经验”，服务保障“强产业、兴城市”双轮驱动、常态化疫情防控等工作，推动打造市场化法治化便利化国际化营商环境，做好风险隐患防范化解，以更实举措服务全方位推进高质量发展。要聚焦正风肃纪反腐，坚持有案必查、有腐必惩，完善权力监督制约机制，以更强定力营造良好政治生态。要聚焦监督首责，结合深化“近邻”党建和韧性城市建设，穿透落实基层监督“神经末梢”，推动各类监督有机衔接，以更优机制提升监督治理综合效能。要聚焦自身建设，以更严要求建强队伍、争当表率，锻造纪检监察铁军，做党和人民的忠诚卫士。

刘建洋（左三）在鲤城区临江街道侨光片区近邻纪检工作室调研“纪检监察进邻里”工作（图/陈英杰）

全市农村人居环境整治提升现场推进会在德化召开

全市农村人居环境整治提升暨“五个美丽”建设现场推进会在德化召开，贯彻全省乡村“五个美丽”建设现场推进会精神，通报全市工作进展情况，交流各地典型做法，研究部署下阶段工作。会议要求，要实施乡村建设行动，强化规划风貌管控，注重“留白”，为乡村旅游、产业振兴做好规划、留住空间；强化基础设施建设，完成粮食生产任务，抓好高标准农田建设；强化公共服务配套，分层次加大县城、乡镇、村级公共服务的投入和统筹力度；强化治理能力提升，加强村级党组织引领，调动各方共建共享。要精心雕琢乡村空间，叠加打造美丽田园，重视培育特色产业，增强村集体造血功能，为乡村各项事业提供可持续的财力支撑。要深化人居环境整治提升，突出分类施策、绿色发展、项目带动，打造宜居宜业美丽乡村。要压紧压实责任，加强要素保障，加大宣传引导，营造齐抓共管的氛围。

两家泉州企业入选符合《福建省机制砂行业企业规范》名单

省工信厅、省住建厅发布《关于公布符合〈福建省机制砂行业企业规范〉企业名单（第一批）的公告》。全省首批符合《福建省机制砂行业企业规范》企业名单出炉，全省四家企业进入名单，其中泉州市有两家企业上榜。为推进全省机制砂行业结构调整与供给侧结构性改革、优化产业布局、提升行业绿色生产和智能制造水平，2021年，省工信厅联合省住建厅出台《福建省机制砂行业企业规范》（以下简称规范），助推行业高质量发展。规范在企业规划与规模、工艺和装备、质量管理与控制、能源消耗与资源综合利用、生态环境保护、安全生产、职业健康和社会责任、规范管理等方面订立明确标准。

9月19日

农历壬寅年八月廿四
星期一
温度：25℃～32℃
多云转晴

●省委常委、市委书记刘建洋调研纪检监察工作，向全市纪检监察干部表示慰问，并召开座谈会，研究部署推进全面从严治党工作。

●全市农村人居环境整治提升暨“五个美丽”建设现场推进会在德化召开，贯彻全省乡村“五个美丽”建设现场推进会精神，通报全市工作进展情况，交流各地典型做法，研究部署下阶段工作。

●省工信厅、省住建厅发布《关于公布符合〈福建省机制砂行业企业规范〉企业名单（第一批）的公告》。全省4家企业入选，其中泉州市有两家企业上榜。

9月20日

农历壬寅年八月廿五
星期二
温度：23℃～31℃
多云

●省委常委、市委书记刘建洋到晋江调研“1+3”专项行动推进落实情况。

●市人大常委会党组扩大会议召开，传达学习习近平总书记在中央政治局会议上、中央政治局第四十一次集体学习时、中央统战工作会议上、党外人士座谈会上、辽宁考察调研时的重要讲话精神和有关回信贺信精神等。

●市人大常委会党组理论学习中心组学习会召开，专题学习研讨习近平总书记在省部级主要领导干部“学习习近平总书记重要讲话精神，迎接党的二十大”专题研讨班上的重要讲话精神。

●市政府党组扩大会议召开，学习贯彻习近平总书记在中央政治局会议、党外人士座谈会上的重要讲话和向世界职业技术教育发展大会、2022年中国国际服务贸易交易会致贺信精神，以及省委常委会会议、市委常委会会议精神等。

●市政府党组理论学习中心组学习会召开，围绕学习《习近平谈治国理政》第四卷开展专题研讨。

●市政府与市政协开展“推动泉州人才工作建设”方面的重点提案督办活动。

●2022年公交出行宣传周暨世界无车日宣传活动“绿色出行 你我同行”在中心市区刺桐时代村启动。

刘建洋到晋江调研“1+3”专项行动推进落实情况

省委常委、泉州市委书记刘建洋到晋江调研“1+3”专项行动推进落实情况。市领导施宇辉、张文贤参加。

调研中，刘建洋强调，晋江市要落实“疫情要防住、经济要稳住、发展要安全”重要要求，以更大担当、更实举措攻坚克难，在“强产业、兴城市”双轮驱动中争先示范、争树标杆，再创“晋江经验”新辉煌。要抢抓机遇、加快发展，用好用足国家和省、市稳经济系列政策措施，聚焦产业转型升级、城市更新改造、生态环境保护等领域，一刻不停抓开放招商，扩大有效投资，策划布局一批益当前、利长远的重大产业和基础设施项目，做好“争规列盘”。要多措并举、提振信心，突出稳外贸稳外资促消费，优化营商环境，支持企业保生产保履约，千方百计帮扶去库存抢订单，激发市场主体活力。要上下协同、穿透落实，坚持一企一策促发展，完善政策制度体系，高效盘活闲置低效用地，加快工业（产业）园区标准化建设，为企业增资扩产、提质强产提供全生命周期服务保障。

刘建洋（左三）在岁金智谷“新智造”产业园招商中心调研晋江市新塘园“新智造”产业园项目（图/陈晓东）

市人大常委会党组理论学习中心组学习会召开

市人大常委会党组理论学习中心组学习会召开，专题学习研讨习近平总书记在省部级主要领导干部“学习习近平总书记重要讲话精神，迎接党的二十大”专题研讨班上的重要讲话精神。会议强调，要贯彻落实市委加强和改进新时代人大工作的若干措施，增强拼劲，工作不松、标准不降、力度不减，推进立法、监督和代表等各项工作。要压紧压实管党治党政治责任，一招不让抓好各项工作落实。

市政府党组扩大会议召开

市政府党组扩大会议召开，学习贯彻习近平总书记在中央政治局会议、党外人士座谈会上的重要讲话和向世界职业技术教育发展大会、2022年中国国际服务贸易交易会致贺信精神，以及省委常委会会议、市委常委会会议精神；传达省委全面从严治党主体责任落实情况检查集体约谈反馈会以及市委常委会会议精神，研究市政府党组落实2022年省委全面从严治党主体责任检查反馈问题整改有关工作。会议强调，要有“比成绩、争一流”的精气神，传承弘扬“晋江经验”，坚定不移扩大对外开放，打好经济工作“翻身仗”。要有“时时放心不下”的责任感，绷紧疫情防控这根弦，保障和改善民生，严密防范化解各领域重大风险，确保社会安定稳定。要贯彻落实省委全面从严治党主体责任落实情况检查集体约谈反馈会精神，担负起管党治党政治责任，把问题整改作为一项重要政治任务抓紧抓好。要坚持问题导向，以过硬措施推进问题彻底整改到位，结合“局长走流程”“局长走基层”等活动，系统梳理共性问题，举一反三精准研究对策，推动整改成果制度化、长效化。

2022年公交出行宣传周启动

2022年公交出行宣传周暨世界无车日宣传活动“绿色出行 你我同行”在中心市区刺桐时代村启动。图为活动中举行的智慧出行“低碳达人”颁奖仪式。（图/魏晓芳 陈耀芳）

刘建洋调研侨务工作

省委常委、市委书记刘建洋调研推动泉州市侨务工作，市领导肖汉辉、施宇辉、陈辉宗参加调研。调研中，刘建洋强调，要多措并举打好“新侨牌”，加强与华侨华人和华裔新生代的沟通联络，推进侨资侨智侨力引进工程，更加便利侨胞回乡恳亲、投资兴业，在产业转型、城市建设、乡村振兴、文化交流等方面彰显更大担当作为。要凝心聚力画好“同心圆”，坚持以人为本、为侨服务，强化条块结合、协同联动，一企一策促发展，千方百计打通产业链供应链卡点堵点，通过免申即享、即申即享等便利举措，让各项惠企政策精准直达侨企，帮助侨胞侨眷解决实际困难问题。

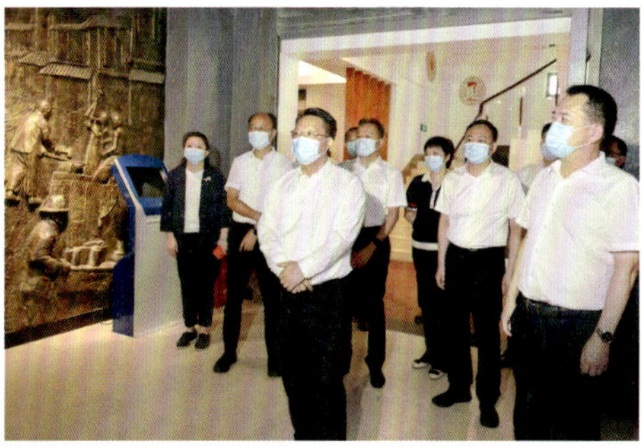

刘建洋（左三）在泉州华侨历史博物馆调研（图/陈起拓）

泉州建材中国行系列推介活动在济南举行

由泉州市政府主办，市工信局、市财政局、市工商联、泉州晚报社等单位的泉州建材中国行系列推介活动在山东济南南郊宾馆举行。活动旨在落实2022年以来市委、市政府工业经济稳产增效的有关工作要求，助力泉州市建材家居产业转型升级、开拓市场。活动吸引九牧厨卫、华泰集团、豪山建材、申鹭达、天广消防、中宇厨卫、铭盛陶瓷、腾达陶瓷、鑫阳光茶具等50家具有代表性的泉州建材家居生产企业到场参加推介。山东省装饰协会、山东省家具协会、山东省智能家居协会、山东滨中建设集团等济南本地及周边地区地产、建筑、设计、装潢企业和建材经销商代表近300人到场洽谈沟通，提升了泉州建材家居区域品牌在山东的知名度和美誉度。

全市各地开展“全国科普日”活动

15—21日，“全国科普日”活动在全市范围内集中开展。围绕“喜迎二十大·科普向未来”主题，全市各地结合“强产业、兴城市”双轮驱动的部署要求，开展聚焦重点领域、面向基层所需、服务创新发展、促进素质提升的系列科普活动。

在鲤城区，“星空探险家——源和1916天文观测”科普活动在源和1916创意产业园“观星天台”举行。30多名青少年在泉州第七中学的教师及志愿者的帮助下，了解望远镜的基础使用方法，并进行天文观测，探索宇宙奥秘。洛江区在洛阳古桥桥头举行科普活动，通过展览展示、发放传单手册、科普咨询等方式，向现场群众宣传科学工作者事迹、卫生健康、节水节能、应急防灾、禁毒反邪、气象环保等科普知识。晋江市科协联合晋江市新时代文明实践志愿服务总队、晋江市博物馆开展2022年全国科普日系列活动——“我和妈妈学科学”亲子科普活动，通过实验探究水密隔舱技艺的科学精髓，并组织小孩与妈妈现场制作一艘拥有水密隔舱的帆船模型。在永春县人民公园科普文艺表演区域，设置VR虚拟现实技术互动体验、科普展品互动、应急急救知识科普宣传、青少年科技创新大赛优秀作品展示等板块。围绕“弘扬科学精神，激发创新活力”“聚焦重点领域，服务高质量发展”“深化文明实践，培育时代新风”“立足群众所需，赋能基层治理”等重要内容，该县开展各类科普活动150余场。德化县通过举办全国科普日活动，向中小学、幼儿园代表赠送“创意科学拓展计划”机器人套装及科学丛书；县实验小学学生现场展示无人机空中物流搬运；县供电公司、春谷科教中心进行无人机表演；北京莱鼎航空科技有限公司向观众展示科技成果；相关单位现场开展宣传咨询服务活动。

9月21日

农历壬寅年八月廿六
星期三
温度：24℃～30℃
多云转晴

●省委常委、市委书记刘建洋调研推动泉州市侨务工作。

●由泉州市政府主办，市工信局、市财政局、市工商联、泉州晚报社等单位的泉州建材中国行系列推介活动在山东济南南郊宾馆举行。

●15—21日，“全国科普日”活动在全市范围内集中开展。

9月22日

农历壬寅年八月廿七
星期四
温度：24℃～30℃
多云转晴

●省委常委、市委书记刘建洋与泰康保险集团监事长刘经纶座谈。

●由市委老干部局主办的“喜迎二十大 欢乐暖重阳”主题活动暨“红色关怀·银龄互助”志愿服务试点工作启动仪式举行，标志着全市首支老党员“时间银行”互助养老志愿服务队成立。

●以“庆丰收迎盛会·兴瓷都展硕果”为主题的泉州市2022年中国农民丰收节在德化万达·瓷艺城广场开幕。

●兴业银行泉州分行与兴业证券泉州分公司在泉州开展合作座谈会暨战略协议签约仪式。

全市首支老党员“时间银行”互助养老志愿服务队成立

由市委老干部局主办的“喜迎二十大 欢乐暖重阳”主题活动暨“红色关怀·银龄互助”志愿服务试点工作启动仪式举行，标志着全市首支老党员“时间银行”互助养老志愿服务队成立。市委老干部局依托部分社区“党建+”邻里中心试点组建“红色关怀·银龄互助”志愿服务队。服务队采用“党员义工+社工”两工联动模式，结合社区老党员工作室建设，就地就近鼓励低龄老党员，尤其是同网格、同小区、同楼栋的党员志愿者，以结对帮扶形式为高龄、患病、独居等有特殊困难离退休干部开展邻里守望、精神慰藉等志愿服务。首批加入志愿服务队的13名老党员志愿者分别来自丰泽区6个社区。13名老党员志愿者在泉州市海西社工事业发展中心专业社工的帮助引导下，分别在中国志愿服务网（福建）进行注册登记，成为一名合格的志愿者，并按照统一要求开展志愿服务时长记录和积分。各试点社区还根据“党建+”邻里中心养老服务功能布局，分别制定出台志愿服务时长积分兑换办法，推动落实“时间银行”机制。

“时间银行”经营的项目是“志愿服务时间”，社区居民以个人为单位，凡是热心社区公益事业的居民都可以到社区找志愿服务队的负责人“开户”，其会给每位志愿者记录“爱心时间”，包含志愿者提供志愿服务的时间、地点、内容、服务时长等信息。比如说，社区志愿者甲在上班之余，参与社区志愿服务，教社区老人做手工，他服务的时间就会存到“银行”里；某个周末，志愿者甲要加班，中午没有时间给老人做饭，他就可以提取并支付自己的“被服务时间”，请志愿者乙来为老人服务，同时志愿者乙的“银行卡”上又会多了此次服务的时间。试点的社区有霞淮社区、丰泽社区、源淮社区、圣湖社区、铭湖社区和仁风社区6个社区。

全市首支老党员“时间银行”互助养老志愿服务队成立
（图/市委老干局）

泉州市2022年中国农民丰收节在德化开幕

以“庆丰收迎盛会·兴瓷都展硕果”为主题的泉州市2022年中国农民丰收节在德化万达·瓷艺城广场开幕。此次农产品展销设“泉台农业技术交流成果”和“泉州乡村好货馆——德化站”两个展示区，集中展示泉州市“一村一品”“一乡一业”农特产品及泉州和台湾农业合作引进的新品种、新技术等。

泉州市2022年中国农民丰收节演出现场（图/陈小阳）

兴业银行泉州分行与兴业证券泉州分公司签订战略协议

为贯彻落实兴业银行总行与兴业证券签署的战略合作协议，服务区域实体经济，推进泉州地区“双兴”联动，兴业银行泉州分行与兴业证券泉州分公司在泉州开展合作座谈会暨战略协议签约仪式。根据协议，双方将在巩固现有业务合作领域的基础上，加强在客户资源互荐共享、股权并购融资、科创板企业IPO融资、债券承销、代理推介、财富产品销售、三方存管、获客户场景共建等领域的全面合作。

刘建洋调研农业生产工作

省委常委、泉州市委书记刘建洋到南安市官桥镇调研农业生产工作，与农民朋友一起“庆丰收、迎盛会”。市领导宿利南、施宇辉参加调研。在曙光村的种植基地，刘建洋询问甘薯的收成、品质、销路等情况，勉励当地继续发挥好“合作社+基地+农户”的有效模式，带动乡亲增收致富。在泉州立雅果林有限公司，刘建洋了解生态栽培技术、亩产经济效益等情况，希望企业加强果林生态环境保护，在保障蜜柚产量质量的前提下，因地制宜发展林下经济，实现农业种植综合效益最大化。农业部门要加大强农惠农力度，推进政策性农业保险，为农业规模化生产提供有力保障，帮助农企防风险、减负担、保增收；农业科研人员要到基层穿透研究，把论文写在大地上，把成果留在田野里。在金穗米业有限公司，刘建洋察看粮食储存、生产加工、市场保供、粮食安全宣传教育等情况，鼓励企业走专精特新发展道路，做深做透粮食加工产业链条。调研中，刘建洋强调，要扛牢粮食安全政治责任，稳住农业基本盘，加快农业农村现代化建设，推进乡村振兴，让“农村更富裕、生活更幸福、乡村更美丽”成为泉州大地的最美风景。

全市安全生产电视电话会议召开

继收听收看全省安全生产电视电话会议后，全市安全生产电视电话会议召开。会议强调，全市各级各部门要围绕“控事故、保安全”，聚焦道路交通、消防、旅游、水上运输和渔业船舶、疫情防控等重点行业领域、薄弱环节，科学研判本辖区、本行业领域突出问题和短板不足，精准施策、靶向攻坚，防范化解重大安全风险。

第二届福建省民间职业剧团（木偶戏）优秀剧目展演在晋江开幕

由省文联、省戏剧家协会、中共晋江市委、晋江市政府主办的第二届福建省民间职业剧团（木偶戏）优秀剧目展演在晋江五店市传统街区开幕。此次共有21部作品入围现场竞演，以5天8台专场的形式在晋江戏剧中心、五店市传统街区和梧林传统古村落等地上演。以新发展阶段全省木偶艺术传承与创新为主题的研讨会同期召开。展演作品来自福建省内6个设区市的19个民间职业剧团，既有深受老少观众喜爱的《薛丁山征西》《陈靖姑祈雨斩蛇》《海瑞和诗》《若兰行》等历史剧和传奇剧，也有折射当代生活风貌的木偶现代戏《刷单诈骗》《春天畲山采茶忙》等。

安溪铁观音科技成果发布

2022年泉州市中国农民丰收节暨京东农特产购物节安溪铁观音分会场活动、安溪铁观音科技成果专题报告会在安溪举行。活动现场，2022年泉州市中国农民丰收节、2022年安溪铁观音京东秋茶节同步启动。此次中国农民丰收节、京东农特产购物节一起举办，政府与电商龙头携手铺路架桥，打通消费者购买正宗安溪铁观音的通道，旨在提升安溪铁观音的品牌美誉度，促进“国内国外市场并进、线上线下融合发展”格局的形成，助推安溪乡村全面振兴。

在安溪铁观音科技成果专题报告会上，福建农林大学资源与环境学院、中国科学院城市生态健康与环境安全研究中心分别发布《安溪铁观音茶园岩石及土壤条件与茶叶品质成分关系》《安溪铁观音茶园生态系统微生物多样性及茶叶风味物质研究》最新研究成果，从地球化学、微生物学的角度，研究地质环境、土壤肥力、加工工艺、存储环境对安溪铁观音品质的影响，探寻安溪铁观音“地域香”“工艺香”来源。安溪县还与浙江大学农业与生物技术学院茶学系屠幼英教授团队签订《安溪铁观音预防阿尔茨海默病人群的肠道健康作用机理及与微量元素的关系研究》技术开发合同书，研究安溪铁观音的特殊作用功效。

9月23日

农历壬寅年八月廿八
星期五
温度：23℃~29℃
多云

●省委常委、市委书记刘建洋到南安市官桥镇调研农业生产工作。

●继收听收看全省安全生产电视电话会议后，全市安全生产电视电话会议召开。

●由省文联、省戏剧家协会、中共晋江市委、晋江市政府主办的第二届福建省民间职业剧团（木偶戏）优秀剧目展演在晋江五店市传统街区开幕。

●全省首个女职工维权一站式服务平台——泉州市女职工劳动权益保障一体化基地在泉州市妇女儿童活动中心揭牌。

●2022年泉州市中国农民丰收节暨京东农特产购物节安溪铁观音分会场活动、安溪铁观音科技成果专题报告会在安溪举行。

9月24日

农历壬寅年八月廿九
星期六
温度：23℃～29℃
多云转晴

●市长蔡战胜到南安开展“万名干部进万企、一企一策促发展”专项行动调研，并到挂钩联系的社区党支部开展帮扶工作。

●“喜迎二十大·建功新时代”2022年泉州市职工才艺大比拼决赛暨职工春晚海选活动在泉州市工人文化宫（东海宫）广场举行。

●由市乡村振兴局、团市委指导，洛江区委扶贫开发成果巩固与乡村振兴工作领导小组办公室主办的洛江区“汇聚青春力量·助力乡村振兴”青年人才创新创业大赛决赛暨颁奖仪式举行。

●“喜迎党的二十大 福籽同心爱中华”晋江市第十五个民族团结进步宣传月系列活动之畲族民俗系列活动在晋江市内坑镇霞美村举行。

蔡战胜到南安开展专项行动调研

市长蔡战胜到南安开展“万名干部进万企、一企一策促发展”专项行动调研，并到挂钩联系的社区党支部开展帮扶工作。

蔡战胜到辉源金属制品有限公司、宏图华昌物流港有限公司，了解企业生产经营、发展规划及发展诉求，现场协调解决存在问题；在查看南安市货物运输中转站后，蔡战胜叮嘱相关部门要统筹做好物流保通保畅和疫情防控工作。蔡战胜强调，要贯彻落实省委“提高效率、提升效能、提增效益”行动和市委“强产业、兴城市”双轮驱动部署，以开展“万名干部进万企、一企一策促发展”专项行动为契机，用心帮扶、精准施策，送政策上门、送服务上门，提高“服务群众、服务企业、服务一线”能力水平，及时为企业补充“营养剂”，帮助企业纾困解难；要推进“安全生产标准化建设”专项行动，守住安全生产底线，提升本质安全水平。在南安柳城街道金街社区，蔡战胜了解小区网格服务管理工作后指出，要树立以人民为中心的发展思想，聚焦群众急难愁盼的问题，总结推广社区治理好经验、好做法，提升社区管理服务精细化水平，增强人民群众获得感、幸福感、安全感。

蔡战胜（左三）在南安开展“万名干部进万企、一企一策促发展”专项行动调研（图/陈小阳）

2022年泉州市职工才艺大比拼决赛举行

“喜迎二十大·建功新时代”2022年泉州市职工才艺大比拼决赛暨职工春晚海选活动在泉州市工人文化宫（东海宫）广场举行。市总工会于6月启动“喜迎二十大·建功新时代”职工才艺“大比拼”活动。活动收到各条战线职工编排的作品126个。经初步甄选，有61个视频作品进入线上复赛，通过专家评审优中选优，最终评选出23个优秀作品进入决赛。

洛江区青年人才创新创业大赛决赛暨颁奖仪式举行

由市乡村振兴局、团市委指导，洛江区委扶贫开发成果巩固与乡村振兴工作领导小组办公室主办的洛江区“汇聚青春力量·助力乡村振兴”青年人才创新创业大赛决赛暨颁奖仪式举行。此次活动历时近3个月，在举办创新创业大赛的同时，还同步进行乡村振兴示范线、示范点推介活动。活动旨在搭建涉农创业青年展示交流、创新创业的平台和载体，挖掘和培育农村创业青年人才。

活动自7月启动以来，受到社会各界的高度关注，各乡镇和在泉州高校学子积极参与，还吸引其他兄弟县市和市外高校的积极响应，收到投稿97份，其中大学生组70份，社会组27份。最终，通过专家评审推选出两个组别10个项目进入决赛。入围决赛的项目分组别通过团体亮相、路演展示、评委提问对项目进行全方位介绍，评委进行综合评审，各组分别评出一等奖1名、二等奖2名、三等奖3名。其中，“高密度生态有机水产养殖系统”项目获社会组一等奖，“解码畲族文化 助力乡村振兴”项目获大学生组一等奖。所有获奖项目除获得证书、扶持资金等奖励外，还享受相关优惠政策。作为大赛的评委组长，福建青年创业促进会导师委员会主席李凤表示，无论是报名的97个项目，还是进入决赛的20个项目，都凝聚了创业者的心血，这些资源沉淀下来对于洛江推进乡村振兴和促进经济健康发展都是助力。

全市疫情防控工作电视电话会议召开

继收听收看全省新冠肺炎疫情防控工作电视电话会议后，全市疫情防控工作电视电话会议召开，研究部署国庆假期前后新冠肺炎疫情防控工作。会议强调，要落实“落地检”，针对人员流动高峰期，增设核酸检测采样点位，增加采样人手、检测设备，保障采样服务高效便民。要聚焦重点环节、重点场所、重点单位，防范疫情海上输入风险，做好校园疫情防控，加强进口冷链食品全链条监管，抓好人员聚集场所常态化防控。要提质提效“平战结合”机制，查缺补漏，提升核酸检测、集中隔离、公共场所防疫管理等能力水平，特别要根据重点人群检测频次新要求抓好落实、加大抽查，织密“平时防线”；要加强24小时值班值守，过细应急预案，做好应急演练，确保应急指挥体系常态激活。

“泉州市社会福利中心”揭牌

“泉州市社会福利中心”“光大百龄帮泉州市颐养中心”揭牌仪式在丰泽区普贤路泉州市社会福利中心综合楼前举行。“泉州市社会福利中心”是市委、市政府应对人口老龄化，加快发展养老服务业投资建设的一项重要民生工程。项目规划建设用地9.33公顷，分两期建设。一期建设用地6.27公顷，总建筑面积6.3万平方米，设置床位1100张（其中养老院床位906张、儿童福利院床位194张）。一期养老院采用公建民营模式，1月，市民政局通过公开招投标，由央企中国光大集团旗下养老品牌、重庆光大百龄帮康养产业集团有限公司中标运营管理。经过前期筹备，该养老院已具备运营条件，后期在院内建设一所以老年病治疗和老年人康复为主的一级综合医院，力求打造成泉州市的示范型医养结合养老机构，为老年人提供高品质养老服务，营造健康养老生活方式。

泉州市社会福利中心俯瞰（图/陈明华 吴颖瑜）

“爱泉州·大乐购”石狮电商节启动

由省商务厅、市商务局、石狮市政府指导的“爱泉州·大乐购”石狮电商节暨系列活动启动仪式在石狮青创城举行，青创网2022年电商生态峰会暨中国男装城开业盛典作为电商节的系列活动同日开幕。此次活动聚焦“平台+品牌”两大便民消费核心，联动石狮16个电商园区、基地、商业综合体、加油站，邀请14个主流平台齐聚。

中国男装城总建筑面积近9万平方米，可容纳1000家档口入驻，市场招商入驻率达80%，会集杭州、武汉、广州及福建等男装产业带具有原创设计能力及自主品牌的头部优质供应商。石狮网商协会会长、青创城董事长林志成表示，中国男装城将整合产业带优质供应链，通过青创网播萝蜜传媒引进网红达人资源、MCN机构入驻，孵化培育产业带主播；同时，将联合国内外第三方主流电商平台，在市场内定期举办卖家选品对接会，提高产业带卖家与市场的黏性。希望通过资源的聚集和市场的引导，致力于将中国男装城打造成全国知名的男装选品中心，助力石狮时尚产业带升级和服装领域壁垒的破局，再创男装发展新机遇，深化石狮电商产业、商业综合体“数字化”赋能与“品牌化”发展。

“爱泉州·大乐购”石狮电商节暨系列活动启动仪式（图/刘 倩）

9月25日

农历壬寅年八月三十
星期日
温度：24℃～30℃
晴转阴

●继收听收看全省新冠肺炎疫情防控工作电视电话会议后，全市疫情防控工作电视电话会议召开，研究部署国庆假期前后新冠肺炎疫情防控工作。

●“泉州市社会福利中心”“光大百龄帮泉州市颐养中心”揭牌仪式在丰泽区普贤路泉州市社会福利中心综合楼前举行。

●由省商务厅、市商务局、石狮市政府指导的“爱泉州·大乐购”石狮电商节暨系列活动启动仪式在石狮青创城举行。

●“世遗之城·书香泉州”——泉州历史文化类图书推荐阅读展及“世遗泉州——泉州二十二史迹书画诗词作品展”在丰泽区图书馆开幕。

9月26日

农历壬寅年九月初一
星期一
温度：25℃～30℃
多云转阴

●市委常委会召开会议，学习贯彻习近平总书记重要讲话重要指示精神，部署推进泉州市经济发展、疫情防控、安全生产、防灾减灾、农业农村、对口援宁等工作。

●市委理论学习中心组学习会召开，集中观看《闽山闽水物华新》读书特别节目。

●市政府、市政协开展“加快数字泉州建设”方面重点提案督办活动。

●市委统战工作会议召开，学习习近平总书记关于做好新时代党的统一战线工作的重要思想，落实中央统战工作会议精神，按照省委统战工作会议要求，部署推进新时代泉州市统战工作。

●市农业农村局举行农业综合行政执法制式服装统一着装仪式暨移动执法终端启动活动。

市委常委会学习习近平总书记重要讲话重要指示精神

市委常委会召开会议，学习贯彻习近平总书记重要讲话重要指示精神，部署推进泉州市经济发展、疫情防控、安全生产、防灾减灾、农业农村、对口援宁等 工作。

会议强调，要学习贯彻习近平总书记9日在中共中央政治局会议上的重要讲话精神，把思想和行动统一到党中央决策部署上来，高效统筹疫情防控和经济社会发展，统筹发展和安全。要落实“疫情要防住、经济要稳住、发展要安全”重要要求，用好用足国家、省、市稳增长系列政策，保持经济社会持续平稳健康发展。要推进全面从严治党向纵深发展，落实中央八项规定及其实施细则精神，落实落细为基层减负各项措施，以高质量党建引领保障高质量发展。要学习贯彻习近平总书记对四川甘孜泸定县6.8级地震做出的重要指示精神，坚持人民至上、生命至上，抓好安全生产、防灾减灾、疫情防控、值班值守等工作，保障人民群众生命财产安全。要聚焦道路交通、消防、旅游、建筑施工、临海临水、防汛防台风等重点领域，推进安全生产专项整治三年行动、安全生产大检查和标准化提升专项行动，防范化解各项风险挑战。要坚持“管行业必须管安全”“管行业必须管疫情防控”，落实党政同责，建立健全科学高效的安全生产与自然灾害防治体系、公共卫生服务保障体系，确保社会大局安定稳定。

会议要求，要贯彻落实习近平总书记在上海合作组织成员国元首理事会第二十二次会议上的重要讲话、给北京师范大学“优师计划”师范生的回信、向2022全国专精特新中小企业发展大会和第七届中国—亚欧博览会及产业链供应链韧性与稳定国际论坛致贺信精神，结合实际抓好泉州市相关工作落实。要以更加积极的姿态融入世界经济大潮，加快建设“海上丝绸之路”先行区，力促外资外贸保稳提质。要提高产业链供应链稳定性和竞争力，深化强链补链延链，强化产业链协同创新，保障供应链运输畅通。要深化“万名干部进万企、一企一策促发展”专项行动，精准助企纾困解难，支持引导专精特新中小企业加快创新发展。要实施教育强市战略，促进优质教育均衡发展，办好人民满意的教育。要学习领会习近平总书记对中国农民丰收节的贺信精神，贯彻落实党中央关于“三农”工作的大政方针和决策部署，履行好抓党建促乡村振兴政治责任，突出守底线、攻重点、创特色、树品牌，创新机制模式推进乡村振兴。要挖掘盘活利用农村资源，加快发展乡村旅游、规模种植养殖、农产品加工供应等产业，推进农村人居环境整治提升行动，推动实现农村更富裕、生活更幸福、乡村更美丽。要学习贯彻习近平总书记关于东西部协作的重要指示精神，落实闽宁协作第二十六次联席会议部署，续写新时代“山海情”，推进援建项目落地见效，促进产业链、供应链、服务链对接融合。要发挥民营经济发达优势，引导更多社会资源力量参与闽宁协作，深化结对帮扶共建，谱写互帮互助、优势互补、共同发展的新篇章。

市委统战工作会议召开

市委统战工作会议召开，学习习近平总书记关于做好新时代党的统一战线工作的重要思想，落实中央统战工作会议精神，按照省委统战工作会议要求，部署推进新时代泉州市统战工作。会议强调，要坚持围绕中心、服务大局，坚持与时俱进、守正创新，聚焦提高效率、提升效能、提增效益，以更扎实的举措用好统一战线重要法宝，助力勇当全方位推进高质量发展主力军。推动新时代多党合作更加规范有序、生动活泼，巩固共同思想政治基础，凝聚各民主党派和无党派人士智慧共识。深化党外知识分子和新的社会阶层人士统战工作，探索创新各项活动载体，为他们施展才华和抱负提供广阔舞台。结合实施“强产业、兴城市”双轮驱动，发扬政企互动好传统，打造市场化法治化便利化国际化营商环境，做优做强民营经济品牌特色。做好台港澳海外统战工作和侨务工作，探索海峡两岸融合发展新路，更好发挥海外侨胞桥梁纽带作用。统筹推进网络统战工作，善于运用网络实现统战工作广泛覆盖。树立总体国家安全观，防范化解相关领域风险隐患。

刘建洋调研政法工作

省委常委、市委书记刘建洋专题调研政法工作，并召开座谈会，听取相关汇报，研究部署下阶段工作。市领导施宇辉、黄文胜、肖进才和市中级人民法院院长姚丽青、市人民检察院检察长郑隆松参加调研或座谈。刘建洋到丰泽区东湖街道圣湖社区，察看“综治+”治理中心、“党建+”社区邻里中心，与人民调解员、社区工作人员交谈，了解社区网格化治理、基层调解、便民服务等情况。座谈会上，刘建洋要求，要强化履责担当，围绕中心、服务大局，聚焦实施“强产业、兴城市”双轮驱动，找准政法工作结合点、切入点，打造公平公正透明可预期的法治环境，为全方位推进高质量发展提供有力法治保障。要强化基层根基，统筹推进“党建+”社区邻里中心、“综治+”治理中心、新时代文明实践中心等载体建设，通过功能融合、资源整合、力量协同，形成“1+1>2”的协同效应，实现共建共治共享。要强化底线思维，防范化解各类风险，纵深推进常态化扫黑除恶，从严打击治理电信网络诈骗，加强综合治理、源头治理、依法治理，确保社会大局持续稳定。

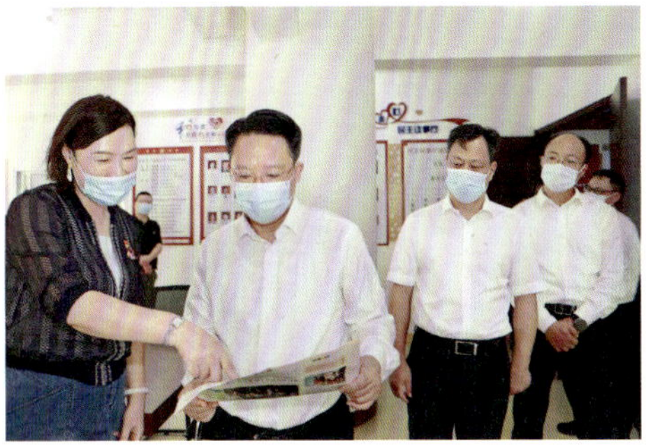

刘建洋（左三）在丰泽区圣湖社区调研“综治+”治理中心建设情况（图/陈英杰）

市政协专题议政性常委会会议召开

市政协十三届第三次常委会会议现场（图/陈英杰）

市政协十三届第三次常委会会议召开，就“汇聚侨心侨力侨智，服务‘海丝名城’建设”进行协商议政。省委常委、市委书记刘建洋出席会议并讲话。市政协主席肖汉辉主持会议。会上，市政协副主席洪川夫代表课题组汇报调研成果。丁毓玲、许清水、温锦辉、陈发沛、吴锦芬、张子牙、庄国阳、赖兵莲、白晓东、罗智超等政协委员、企业代表积极建言，市委改革办负责人发言。

泉州市开展工业（产业）园区标准化建设第三季度拉练活动

泉州市开展工业（产业）园区标准化建设第三季度拉练活动。市领导蔡战胜、肖汉辉、黄景春、陈小辉、汪志红、黄世界参加相关活动。拉练活动分现场考察和汇报会两部分。现场考察阶段，与会人员考察石狮服装智能制造园、泉州开发区标准化提升试点项目、安溪芯园，听取当地园区标准化建设情况介绍，并进行点评交流。汇报会阶段，各县（市、区）、泉州开发区、泉州台商投资区主汇报人逐一演示汇报工作进展、经验做法，市工业（产业）园区标准化建设工作领导小组组织进行第三季度拉练成效评档。汇报会上，市工业（产业）园区标准化建设工作领导小组组长、市长蔡战胜对各地成效逐一点评，并围绕“建园区”“招项目”“用金融”“搭平台”四个问题和处理好园区建设、资源配置关系等进行交流探讨。

蔡战胜（右一）对各地工业（产业）园区标准化建设第三季度拉练成效进行点评（图/陈晓东）

9月27日

农历壬寅年九月初二
星期二
温度：25℃～30℃
多云

●省委常委、市委书记刘建洋专题调研政法工作，并召开座谈会，听取相关汇报，研究部署下阶段工作。

●市政协十三届第三次常委会会议召开，就“汇聚侨心侨力侨智，服务‘海丝名城’建设”进行协商议政。

●泉州市开展工业（产业）园区标准化建设第三季度拉练活动。

●中国行政体制改革研究会智慧治理委员会主任赵世洪带领课题组到泉州调研行政执法体制改革情况。

●27—28日，由省侨联、泉州市委人才办指导，泉州市侨联、市商务局、团市委主办的第二届“亲情中华·海外华裔青年（小语种国家）跨境电商培训——寻根之旅夏（冬）令营回营日活动”在石狮东南亚采购集散中心举行。

●全省首个退役军人思想政治研究中心——泉州市退役军人思想政治研究中心在泉州海洋职业学院成立。

●由市文旅局指导监制、泉州文旅集团开发的“世遗泉州·全域旅游卡”发行。

9月28日

农历壬寅年九月初三
星期三
温度：25℃～32℃
多云转晴

●泉州市举行重阳敬老活动并召开老干委会议。

●市政府与中国移动通信集团福建有限公司、中移物联网有限公司分别签订“数字泉州”战略合作框架协议。

●市人大常委会主任李建辉到泉州幼儿师范高等专科学校东海校区开展专题调研。

●市政府第十七次常务会议召开，研究并通过《泉州市火灾事故调查处理规定》《泉州市加快推进21世纪“海丝名城”建设实施方案（2022—2026年）》，研究2022年泉州市未成年人思想道德建设有关工作。

●继收听收看全省互花米草除治攻坚行动动员部署视频会议后，全市互花米草除治攻坚行动动员部署视频会议召开。

●继收听收看全省视频会议后，泉州市召开“防风险保安全 迎二十大”暨第四季度防范重特大安全生产事故和森林防灭火工作视频会议。

●由省委统战部、省民族宗教厅、市委统战部、市民族宗教局指导，泉州佛教协会、泉州历史文化中心、泉州市弘一大师学术研究会主办的“念佛不忘救国”——弘一大师圆寂八十周年纪念大会在泉州承天寺召开。

●由市委宣传部、市新闻出版局主办的“世遗之城·书香泉州”——泉州市第十六届全民读书月系列活动启动。

●市妇联、市农业农村局开展泉州市“美丽庭院”创建工作现场推进活动，分享创建经验，交流特色做法，推进“美丽庭院”建设。

●28—29日，泉州市2022年“我履职我创新·巾帼红在行动”基层妇联组织特色项目展评活动在泉州市妇女儿童活动中心举行。

泉州市举行重阳敬老活动并召开老干委会议

泉州市举行重阳敬老活动并召开老干委会议。市领导刘建洋、李建辉、肖汉辉、施宇辉、黄景春与老干部共同“迎国庆、庆重阳”，研究谋划做好新时代老干部工作。

刘建洋主持召开市老干委会议，研究加强老干部工作相关事宜。刘建洋强调，要强化思想政治引领，加强新时代离退休干部党的建设，健全完善制度机制，组织引导老干部深学细悟习近平新时代中国特色社会主义思想，弘扬优良传统，永葆政治本色。要用心用情精准服务，落实好离退休干部各项政策待遇，办好惠老实事，贴心解决实际困难，把“一人一策”、就医、家政、精神慰藉等各项服务保障做细做实、做出温度。要引导继续发光发热，发挥老干部政治优势、经验优势和威望优势，因地制宜搭建更多涉老服务平台载体，突出资源整合、功能融合、共建共享，推动离退休干部党组织规范化建设，鼓励老干部在实施“强产业、兴城市”双轮驱动和生态环境保护、乡村振兴、关心下一代工作等方面展现更大作为。

泉州市与中国移动福建公司和中移物联网公司签订合作协议

市政府与中国移动通信集团福建有限公司、中移物联网有限公司分别签订“数字泉州”战略合作框架协议。省委常委、市委书记刘建洋，市长蔡战胜见证签约，并在签约仪式前，与中国移动通信集团福建有限公司总经理栾晓维、中移物联网有限公司总经理俞承志座谈。市领导施宇辉、汪志红、苏耿聪参加相关活动。座谈中，刘建洋指出，数字化赋能既能助力产业转型、城乡建设和民生改善，也将打开数字产业发展的广阔空间。希望双方以此次签约为新起点，拓展全方位多层次合作，夯实“数字泉州”发展底座，共同建设“海丝名城、智造强市、品质泉州”。根据协议，中国移动福建公司将围绕5G网络建设、网络信息安全、新型智慧城市、产业园数字化等领域开展深度合作；中移物联网有限公司将发挥物联网、工业互联网等信息技术优势，在泉州设立公司主体、物联网研究院，建设物联网产业园，打造物联网产业集群。签约过程中，洛江区政府还与中移物联网有限公司签订“数字洛江”合作协议。

“数字泉州”战略合作协议签约仪式（图/陈起拓）

弘一大师圆寂八十周年纪念大会召开

由省委统战部、省民族宗教厅、市委统战部、市民族宗教局指导，泉州佛教协会、泉州历史文化中心、泉州市弘一大师学术研究会主办的“念佛不忘救国”——弘一大师圆寂八十周年纪念大会在泉州承天寺召开。图为大会现场。（图/吴寿民）

泉州市第十六届全民读书月系列活动启动

由市委宣传部、市新闻出版局主办的“世遗之城·书香泉州”——泉州市第十六届全民读书月系列活动启动。图为活动中举行的“诗词少年”大赛海选现场。（图/林劲峰）

全市经济发展和安全稳定会议召开

全市经济发展和安全稳定会议召开，高效统筹疫情防控和经济社会发展，统筹发展与安全，总结分析三季度泉州市经济形势和安全稳定形势，部署四季度经济工作和安全稳定工作。

会议强调，全市各级各部门要学习贯彻习近平总书记重要讲话重要指示精神，贯彻落实党中央、国务院决策部署和省委、省政府工作要求，深化认识、担当作为，齐心协力、合力攻坚，担负起“促一方发展、保一方平安”的政治责任。要坚持最高站位、最强担当、最严要求，统筹抓好稳增长、防风险、保稳定、惠民生各项工作，把各方责任落实落细落到位，激发爱拼敢赢精气神，营造平稳健康的经济环境、风清气正的政治环境、国泰民安的社会环境。四季度是冲刺全年目标任务的关键时期，要盯紧目标、奋力冲刺，攻坚三个月、奋战九十天，打好稳住经济大盘保卫战、攻坚战、持久战，力争四季度好于三季度，确保完成全年目标任务。要抓好常态化疫情防控，提高发现处置能力，做好国庆假期及前后疫情防控工作，确保交通运输畅通、人员物资安全有序流动。要稳住工业基本盘，想方设法帮助企业纾困解难，提升产业链供应链的稳定性。要千方百计扩大有效投资，抢抓施工黄金期，推进在建项目提速攻坚，强化项目协调督导，抓好项目策划包装，深挖增资扩产和招商引资潜力。要多措并举稳外资外贸促消费，点对点精准精细施策，加大力度去库存、抢订单、拓市场。要深化党建引领基层治理，用心用情改善民生品质，打造为民便民安民的平台载体，实现共建共治共享，增强群众获得感幸福感安全感。要贯彻总体国家安全观，强化“时时放心不下”的责任感，全力以赴、穿透落实，统筹抓好安全稳定各项工作。要维护政治安全，筑牢意识形态安全防线。要排查化解风险隐患，严防发生系统性区域性风险。要守住安全生产底线，抓实抓细各项安全措施，遏制重特大事故发生。要开展公共安全整治行动，推动常态化扫黑除恶向纵深发展，做好工作，营造和谐稳定的社会环境。

泉州市成立全省首个市级医疗保障研究会

泉州市医疗保障研究会、泉州市医疗保障和医疗救助协会分别成立。市医疗保障研究会、市医疗保障和医疗救助协会分别举行第一届第一次会员大会，选举产生理事会和监事会组成人员。其中，市医疗保障研究会为全省首个市级医疗保障研究会，是从事医疗保障科学研究和学术交流的地方性、学术性、非营利性社会组织。相关负责人介绍，市医疗保障研究会将发挥“聚贤、纳言、立说、献策”作用，开展医疗保障制度设计和管理体系等方面研究、专业标准和技术规范研究、数据分析及相关学术交流、培训咨询、舆论宣传，为推进泉州市深化医疗保障制度改革提供专业的智力支撑。市医疗保障和医疗救助协会的百名会员中，包括单位会员90家，个人会员10名，汇聚医疗机构、金融机构、保险机构、药店、药品耗材配送企业等行业和单位的精英力量，是全市首个汇集医疗保障多元主体、全链条的公益性社团组织。相关负责人介绍，协会将发挥好自身优势，通过搭建平台、打通渠道、链接资源，引导社会各界携手做好困难群众医疗救助工作，加快补齐泉州市医疗事业发展短板。

泉州市医疗保障和医疗救助协会揭牌仪式（图/市医保局）

9月29日

农历壬寅年九月初四
星期四
温度：25℃～32℃
多云转晴

- 全市经济发展和安全稳定会议召开，高效统筹疫情防控和经济社会发展，统筹发展与安全，总结分析三季度泉州市经济形势和安全稳定形势，部署四季度经济工作和安全稳定工作。
- 市政协召开机关老干部座谈会，研究谋划做好新阶段政协履职工作。
- 泉州市医疗保障研究会、泉州市医疗保障和医疗救助协会分别成立。
- 由市委宣传部、市委文明办、市文旅局主办的“喜迎二十大 共建文明城”文明旅游宣传志愿服务活动启动。

9月30日

农历壬寅年九月初五
星期五
温度：25℃～33℃
多云转晴

●省委常委、市委书记刘建洋到晋江开展2022年全面从严治党主体责任落实情况检查并进行集体约谈。

●市四套班子领导、泉州军分区领导与社会各界代表一起，在泉州市革命烈士陵园参加2022年烈士纪念日向市革命烈士纪念碑敬献花篮仪式。

●市人大常委会党组召开扩大会议，传达全省、全市经济发展和安全稳定会议精神，研究市人大常委会党组贯彻意见。

●全市安全生产标准化提升专项行动专题会商会召开，研究部署安全生产标准化提升相关工作。

●市委市直机关工委联合市委史志研究室举行“机关大讲堂”第四十讲，开展“喜迎二十大·强国复兴有我”泉州红色故事进机关专场宣讲活动。

●石狮市部分项目集中开（竣）工活动举行，27个项目参加，涉及电商、食品、卫生用品、纺织服装等行业领域，总投资160亿元，其中开工项目15个、竣工项目12个。

刘建洋到晋江检查全面从严治党主体责任落实情况

省委常委、泉州市委书记刘建洋到晋江开展2022年全面从严治党主体责任落实情况检查并进行集体约谈。市委常委、秘书长施宇辉参加活动。市委常委、晋江市委书记张文贤做汇报及表态发言。在听取晋江市委全面从严治党主体责任落实情况汇报和泉州市委第一检查组的检查情况通报后，刘建洋对晋江市党的建设和经济社会发展取得的成效给予肯定，要求晋江坚持严的主基调不动摇，持之以恒、常抓不懈，纵深推进全面从严治党，以更高站位、更高水准开创全方位推进高质量发展新局面。

刘建洋指出，晋江正迎来高质量发展的关键窗口期，必须强化党建引领，传承弘扬“晋江经验”再出发。要高举旗帜振奋精神，沿着习近平总书记指引的方向感恩奋进，永葆爱拼敢赢、攻坚克难、舍我其谁的冲劲，解放思想、比学赶超，汇聚侨心侨力侨智，调动各方面积极性创造性，形成团结一致、干事创业的局面。要统筹发展和安全，抢抓国家和省市政策机遇，开展“万名干部进万企、一企一策促发展”活动，抓好企业增资扩产、工业园区标准化建设、低效用地盘活利用、重大项目谋划策划等工作，严紧细实做好疫情防控、安全生产和信访维稳，确保经济社会持续平稳健康发展。要注重强基础惠民生，发挥基层党组织战斗堡垒作用，完善网格化管理机制，突出资源整合、功能融合、力量协同，统筹推进“党建+”社区邻里中心、“综治+”治理中心、新时代文明实践中心等载体建设，解决好群众身边的操心事烦心事揪心事；同时，探索促进共同富裕的有效路径，增进民生福祉，在创造高品质生活上实现更大突破。要扛起全面从严治党的政治责任，强化廉洁自律，抓好党风廉政建设；对检查发现的问题要逐条逐项整改到位，并举一反三，从制度上查缺补漏、标本兼治，营造风清气正的政治生态。

泉州市举行向革命烈士纪念碑敬献花篮仪式

市四套班子领导、泉州军分区领导与社会各界代表一起，在泉州市革命烈士陵园参加2022年烈士纪念日向市革命烈士纪念碑敬献花篮仪式，缅怀革命先烈，弘扬革命精神。在泉州的烈士遗属、老战士代表，市中级人民法院、市人民检察院以及市直有关单位主要负责人，鲤城区、丰泽区、洛江区的干部群众等参加活动。

上午9时，敬献花篮仪式开始。随着《义勇军进行曲》的旋律，全场齐唱中华人民共和国国歌，国歌声在广场上空回荡。国歌唱毕，全场肃立，向为民族独立、人民解放和国家富强、人民幸福英勇牺牲的烈士默哀。默哀结束，《我们是共产主义接班人》歌声响起，表达当代青少年继承革命传统、追求远大理想的信念。伴随着《献花曲》，10名礼兵抬起花篮，正步前进、拾级而上，将花篮摆放在纪念碑基座上。市委副书记、市长蔡战胜，市人大常委会主任李建辉，市政协主席肖汉辉，市委副书记宿利南等登上纪念碑基座，在花篮前驻足凝视、深情缅怀。蔡战胜上前整理花篮缎带。随后，全体人员依次走到革命烈士纪念碑前，献上鲜花，缓步绕行，瞻仰烈士纪念碑，回顾革命先辈的奋斗历程，表达对革命先烈的敬仰和哀思。

向革命烈士纪念碑敬献花篮仪式（图/陈晓东）

市直机关升国旗仪式举行

市委、市政府在市行政中心广场举行市直机关升国旗仪式，庆祝中华人民共和国成立73周年。市四套班子领导刘建洋、蔡战胜、李建辉、肖汉辉、宿利南、施宇辉、傅藏荣、黄景春等，市直机关单位主要负责人和干部职工代表、公安干警代表、武警官兵代表、市民群众等参加升旗仪式。上午8时30分，升旗仪式开始。在《歌唱祖国》歌声中，国旗护卫队护送国旗走向升旗台。随后，中华人民共和国国歌奏响，五星红旗冉冉升起、迎风飘扬。全体人员肃然而立，向国旗行注目礼，齐声高唱国歌，共同祝福伟大祖国繁荣昌盛。干部群众纷纷表示，升国旗仪式是一堂生动的爱国主义教育课，将把拳拳赤子心、浓浓爱国情转化为推进高质量发展的实际行动，以饱满的热情、十足的干劲为实施“强产业、兴城市”双轮驱动贡献智慧力量。

市直机关升国旗仪式（图/陈起拓）

泉州画院美术精品展举行

泉州画院美术精品展览现场（图/艾国培）

1—16日，由泉州画院主办，泉州市美术家协会、泉州海外交通史博物馆协办的“喜迎二十大 丹青绘祖国”——泉州画院美术精品展在泉州海外交通史博物馆举行。泉州市多位画家的代表性作品集中参加展览，涵盖中国画、油画、水彩画、漆画、综合材料等不同材质的美术作品。

惠安县冬季攻坚项目集中开（竣）工活动举行

惠安县冬季攻坚项目集中开（竣）工活动举行。10个项目参加活动，总投资20.1亿元。其中，开工项目6个，总投资12.6亿元，涵盖社会事业、旅游、机械制造等领域；竣工项目4个，总投资7.5亿元，涵盖教育、道路交通、化工材料等领域。这批项目的落地动工及建成投用将优化惠安县产业结构、完善交通路网布局、补齐民生短板。

惠安县中医院康复大楼项目开工仪式（图/惠安速报）

2022年惠安购房节启动

由惠安县政府主办，县住建局、泉州晚报社全媒体运营中心承办的“乐居惠安 幸福安家”2022年惠安购房节在惠安中心城区禹悦汇主会场、惠东东岭镇和惠西黄塘镇分会场三地同时启动，并借助泉州晚报社5G直播技术实现全程直播互动。此次购房节，惠安立足于服务全县经济社会发展大局和为人民群众办实事，创新打造“线上+线下”双房展会模式，政企互动推出多项购房补贴、发放千万元购房消费券、开启“不落幕”的线上购房专区、抽取国庆置业助购金，多渠道助力群众购房，为惠安百姓打造一个集现场交流、实地看房和便捷交易于一体的综合平台。此次购房节线上活动持续到2023年2月28日。

10月1日

农历壬寅年九月初六
星期六
温度：25℃～32℃
晴

●市委、市政府在市行政中心广场举行市直机关升国旗仪式。

●1—16日，由泉州画院主办，泉州市美术家协会、泉州海外交通史博物馆协办的“喜迎二十大 丹青绘祖国”——泉州画院美术精品展在泉州海外交通史博物馆举行。

●由惠安县政府、市农业农村局主办的“庆丰收 迎盛会”惠安县2022年中国农民丰收节暨乡村旅游推介活动在辋川镇开幕。

●惠安县冬季攻坚项目集中开（竣）工活动举行。10个项目参加活动，总投资20.1亿元。

●由惠安县政府主办，县住建局、泉州晚报社全媒体运营中心承办的“乐居惠安 幸福安家”2022年惠安购房节在惠安中心城区禹悦汇主会场、惠东东岭镇和惠西黄塘镇分会场三地同时启动。

10月2日

农历壬寅年九月初七
星期日
温度：25℃～34℃
晴

●国庆期间，市委宣传部联合相关部门到各县（市、区），开展全市新闻出版（电影）行业安全生产和疫情防控督导检查。

●泉州市疾控中心组织开展流调溯源复盘分析研讨。

●泉州市第二批乡村振兴精品示范线公布，洛江区河市线、德化县国宝—雷峰线等6条示范线入选。

●清源山景区管委会、景区管理行政执法大队和清源山旅投公司联合泉州市急救中心科普教育志愿服务队，在老君岩广场举行急救科普实地演练活动。

市委宣传部开展新闻出版（电影）行业安全生产和疫情防控督导检查

为做好新闻出版（电影）行业安全生产和疫情防控工作，国庆期间，市委宣传部联合相关部门到各县（市、区），开展全市新闻出版（电影）行业安全生产和疫情防控督导检查。

在电影院，检查组重点检查影院疫情防控管理情况，包括公共区域、重点区域及设施设备清洁消毒情况，观众扫场所码、戴口罩、测温、一米线、入场登记等进出管理情况，以及消防设施、突发情况应急处置措施落实情况等。检查组还对全市大型书店及印刷企业开展检查，检查各企业安全生产负责人、技术员履职到岗到位、教育培训情况、应急物资储备情况、隐患排查整治情况、“一企一策”“一厂一案”“一店一案”制定执行情况、防疫专班和防疫专员配备情况、行业从业人员核酸检测和疫苗接种情况、环境卫生整治与消杀情况等。检查中，针对发现的各项问题，检查组现场责令相关企业立即整改到位，要求行业生产经营单位要认真履行主体责任，坚持防疫优先，做好疫情防控和安全生产工作。

泉州市开展流调溯源复盘分析研讨

为总结本土疫情处置经验，提升应对新冠肺炎疫情流调溯源能力，泉州市疾控中心组织开展流调溯源复盘分析研讨。泉州市疾控中心组织开展“8·17”晋江疫情和“9·11”外省货车司机疫情流调溯源复盘分析研讨。市疾控中心综合组、信息组、消毒组和各流调骨干队依次汇报“8·17”“9·11”两次疫情，以及日常疫情处置的主要做法、存在不足和改进工作的意见建议；晋江市、永春县疾控中心分别介绍两起疫情本辖区的应急处置经验；市流调溯源专家洪思让作点评指导。

专家介绍，全国疫情仍呈现多点散发、局部聚集态势，疫情防控形势依然复杂、严峻。流调溯源是疫情防控的核心环节，对快速精准阻断疫情传播链至关重要。提高流调溯源工作效率和质量，做到第一时间摸清相关人员活动轨迹，能够更好地为疫情风险研判和应对处置提供有力支撑。对已完成的流调溯源工作，进行复盘、研究，有利于客观总结经验教训，全面查找不足，及时补齐短板，为提升流调溯源能力和做好精准防控工作夯实基础。

泉州市新增六条乡村振兴精品示范线

泉州市第二批乡村振兴精品示范线公布，洛江区河市线、德化县国宝—雷峰线等6条示范线入选。为深化乡村振兴“串点连线成片”工作内涵，打造可学可看和具有示范效应的乡村振兴示范线，8—9月，市委乡村振兴办在全市范围组织开展第二批市级乡村振兴精品示范线评选活动。在对全市46条示范线开展自查自评的基础上，各县（市、区）推荐最优的示范线参与全市第二批精品示范线评选。经实地“拉练比拼”、群众参与、综合考评，最终评选出6条第二批市级精品示范线。

清源山景区急救科普实地演练活动举行

清源山景区管委会、景区管理行政执法大队和清源山旅投公司联合泉州市急救中心科普教育志愿服务队，在老君岩广场举行急救科普实地演练活动。

国庆佳节是举国欢庆的日子，许多市民游客选择在这个“黄金周”出行，感受祖国多姿多彩的风景。举办此次活动，旨在增强游客游览过程中发生应急突发事件时的自救、互救能力，提升景区应急处突水平，确保国庆期间景区突发急救事件的快速反应和正确处置。活动过程中，泉州“120”急救中心专业人员为清源山景区各相关部门及游客就应急创伤救护、心肺复苏、排除气道异物、简易担架制作等急救操作知识做专业的讲解和培训，为国庆期间景区突发事件科学应对和处置提供实战经验。此次演练出动各类应急保障车辆5辆，参演人员50人。

泉州市创新推行“交叉督查”机制

市政府办公室出台“交叉督查”工作机制实施方案，以“帮督一体”为导向，以增进专业化、公信力为重点，提升政务督查工作效能，推动市政府各项决策部署全面落地见效。

在工作模式上，建立“交叉督查”机制。全市遴选熟悉项目前期审批和建设、产业发展、财税金融、营商环境、交通物流等一线工作人员纳入“政务督查”人员库，做到机制搭台、专业赋能，提升督查工作的专业化。根据工作需要，按照分行业、分区域、分层级的方式，从库内抽调人员组建“帮督一体”工作组。工作组采用本地回避、异地开展的“交叉督查”方式，客观、准确地直击痛点、堵点、难点，力求督查效果更具有公信力、说服力。

在推动落实上，采用“帮督一体”方式。问题难点和政策堵点在哪里，“帮督”的方向就指向哪里。坚持以解决问题、落地见效为目的，寓协调服务于督查全过程，做到发现问题、破解难题与推介经验、以点带面并重。通过“快报式”即推即办，对现场可解决的问题，立即协调化解；无法立即解决的，形成交办清单速转责任部门；对需市级及以上层面解决的，提请市政府研究调处。同时，针对督查对象提出的“老大难”问题开展“靶向式”精准帮督，聚焦个性问题、深挖共性原因，由点及面精准施策。实行“剥笋式”落实机制，全程跟进，顺着问题走、盯着问题改，通过解决好一件件群众、部门高度关切的“小事”，取得增进民生福祉、激发市场活力的“大效果”。发挥“帮督”的杠杆效应，对挖掘、梳理的好经验好做法，通过“激励式”通报推介，强化马上就办、真抓实干的正面氛围导向。

在实施“交叉督查”机制过程中，注重边实践、边总结、边改进、边提升。通过加强联动会商、组织业务集训、动态优化专业人员班底等，让督查人员“与时俱进”、“帮督”机制更具“泉州速度”，强化既督查更帮扶、抓项目促发展的实效。

泉州市级家风家训馆——南安芦川家风家训馆揭牌

泉州市级家风家训馆——南安芦川家风家训馆、新时代文明实践点在南安市罗东镇埔头村揭牌。该馆旨在传承、弘扬优良家风，促进文明乡风建设，引导每一个家庭爱国爱家、向上向善，推动党风、政风、社风的持续向好。

南安芦川家风家训馆（埔头黄氏家风家训馆）共4层，建筑面积1200多平方米，展览面积975平方米。展馆一楼展示习近平总书记关于家风家训的重要论述和千百年来黄氏族人在忠孝善、齐家理政中淬炼出来的黄氏家风、家训以及紫云埔头良庵公芦川派黄氏家风、100条古人廉洁廉政语录；二楼追忆紫云黄氏的迁移路线图和发展历史，绘制黄守恭连环画、黄氏六杰传略、黄氏先贤谱，介绍从紫云始祖黄守恭到埔头黄氏开基祖良庵公及后裔的历史；三楼介绍近现代和当代黄氏杰出人物，包含爱国华人华侨、慈善家、艺术大师、奥运冠军、体育健将、省级劳模、战斗功臣和各行各业杰出人物，并设置捐资芳名榜。埔头良庵大宗祠管委会负责人表示，将依托南安芦川家风家训馆、新时代文明实践点开展“勤学善良、忠孝诚实、兴学耕读、急公尚义、仁爱宽容、乐善好施”和文明乡风等新时代文明实践，让家风家训馆成为埔头黄氏族裔精神文明建设的一道亮丽风景线。

南安芦川家风家训馆揭牌（图/海丝商报）

10月3日

农历壬寅年九月初八
星期一
温度：25℃～33℃
晴

●泉州市创新推行“交叉督查”机制。

●泉州市级家风家训馆——南安芦川家风家训馆、新时代文明实践点在南安市罗东镇埔头村揭牌。

10月4日

农历壬寅年九月初九
星期二
温度：25℃～33℃
晴转多云

●省委常委、市委书记刘建洋和市长蔡战胜在《泉州晚报》发表《致全市老年朋友的慰问信》。

●市长蔡战胜到丰泽、鲤城、洛江调研中心市区城建项目建设工作。

●市长蔡战胜到市委、市政府总值班室看望值班人员，了解值班值守和应急指挥处置情况。

●市长蔡战胜到南安调研督导重点民生项目建设。

刘建洋蔡战胜发表《致全市老年朋友的慰问信》

重阳节，省委常委、市委书记刘建洋和市长蔡战胜在《泉州晚报》发表《致全市老年朋友的慰问信》。全文如下：

岁岁重阳，久久情长。在举国上下欢度国庆、喜迎中共二十大胜利召开之际，我们迎来了重阳佳节暨全国第十个老年节。值此，我们谨代表中共泉州市委、泉州市人民政府，向全市老年朋友致以美好的祝福！向所有关心支持我市老龄事业发展的社会各界人士表示衷心的感谢！

落其实者思其树，饮其流者怀其源。曾经，你们爱拼敢赢，将青春芳华投入这座城市的各项事业，用汗水和双手垒起一砖一瓦、种下一草一木。如今，你们老当益壮，用经验和智慧贡献余热、树立榜样，特别是在抗击“3·13”“8·18”突发疫情中，无数老年志愿者挺身而出，齐心协力守护健康家园，描绘最美夕阳红。

征程万里风正劲，砥砺奋进再扬帆。今年是习近平总书记总结提出“晋江经验”20周年。站在新起点，全市上下正高举旗帜、感恩奋进，传承弘扬“晋江经验”，发挥民营经济发达、世界文化遗产城市历史厚重、在外泉商和侨港澳台资源丰富“三大比较优势”，以“强产业、兴城市”双轮驱动为路径，做好新型工业化和新型城镇化“两篇文章”，勇当全方位推进高质量发展主力军。人民对美好生活的向往，是我们的奋斗目标；让老年朋友们共享改革发展成果、安享幸福晚年，是各级党委和政府的重要政治责任。我们将全面贯彻落实积极应对人口老龄化国家战略，大力弘扬孝亲敬老传统美德，千方百计解决老年人的急难愁盼，推动老龄事业和产业协同发展，构建暖心、温馨的老年友好型社会，努力实现老有所养、老有所医、老有所为、老有所学、老有所乐。

莫道桑榆晚，人间重晚晴。衷心希望全市广大老年朋友在颐养天年、乐享天伦的同时，青松不老、古枫吐艳，为全力打造“海丝名城、智造强市、品质泉州”作出新的更大贡献！

愿岁月常安、温情常在。祝全市老年朋友们节日快乐、福寿安康、阖家幸福！

蔡战胜调研中心市区城建项目建设工作

市长蔡战胜到丰泽、鲤城、洛江调研中心市区城建项目建设工作，副市长陈小辉、蔡天守参加调研。蔡战胜慰问市项目集中攻坚专班坚守岗位工作人员并了解专班工作进展情况，强调要抢抓国家政策窗口期，集中资源力量，加快项目推进，全力以赴攻坚四季度。要推动有效市场和有为政府更好结合，开展“局长走流程”活动，推进简政放权、流程再造、制度创新，打造一流营商环境，助推项目提速增效。要对标先进、查缺补漏，按照“任务项目化、项目清单化、清单具体化”要求，逐一破解项目堵点难点。

随后，蔡战胜到南埔山片区改造项目、泉州十一中塘西校区项目、西华洋滞洪湖项目、晋江南岸（鲤城段）整治及景观提升项目，询问项目建设进展、施工组织、配套建设等情况，现场协调解决问题困难。蔡战胜要求，要加快实施“抓城建提品质”专项行动，坚持规划引领、突出产业带动、完善公共配套、改善生态环境，提升城市能级和品质。要强化市场观念和经营理念，做好项目策划实施、滚动建设、风险管控，盘活优质资产，拓宽投融资渠道，实现城市建设管理良性可持续发展。要在确保安全和质量的前提下，紧盯时间节点，加强工程调度，力促项目更快建设、更早投用。

蔡战胜（右四）在南安调研重点民生项目建设情况（图/陈晓东）

蔡战胜调研涉侨、涉台工作和假期文旅市场安全生产工作

市长蔡战胜到泉州华侨历史博物馆、中国闽台缘博物馆，了解南洋华裔族群寻根谒祖综合服务平台建设进展，调研侨台工作和假期文旅市场安全生产。市政协主席肖汉辉参加调研。

在听取涉侨和涉台工作汇报并了解南洋华裔族群寻根谒祖综合服务平台建设成效后，蔡战胜希望加强博物馆和平台建设，发挥文化挖掘展示和桥梁纽带作用，为更多华侨华人寻亲寻根、联谊联络提供温馨服务。蔡战胜要求，要贯彻落实习近平总书记关于对台工作的重要论述和关于侨务工作的重要论述，根据省委、省政府和市委工作部署，发挥泉州华侨和台港澳资源丰富的优势，在实施“强产业、兴城市”双轮驱动中贡献侨胞和台胞力量。要多措并举打好“新侨牌”，加强与华侨华人和华裔新生代的沟通联络，引侨资、聚侨力、汇侨智。要做好“通”“惠”“情”文章，增进泉州和台湾人民交流交往、互学互鉴，吸引更多台胞台企到泉州就业创业，为推动两岸关系和平发展、融合发展做出泉州贡献。要贯彻落实党中央“疫情要防住、经济要稳住、发展要安全”重要要求，落实国家、省疫情防控部署要求，慎终如始做好疫情防控和安全生产工作，确保群众度过一个健康祥和的假期。

蔡战胜（左三）在泉州华侨历史博物馆调研（图/陈起拓）

35家泉州企业获评年度省知识产权优势企业

为贯彻落实省委实施“提高效率、提升效能、提增效益”行动部署，省知识产权局发布确认2022年度福建省知识产权优势企业的通知。福建华泰集团股份有限公司、泉州市三联机械制造有限公司、海峡（晋江）伞业科技创新中心有限公司等35家泉州企业入选。福建省知识产权优势企业应按照有关要求，继续完善知识产权管理制度建设，开展知识产权战略布局，主动参与专利转化专项计划实施，提升企业知识产权创造、运用、保护和管理能力，助力经济高质量发展。

泉州市新增602名市级科技特派员

经过组织申报、推荐受理、资格审查、专家评审、征求意见、部门研究等环节，泉州市确定选认2022年度市级科技特派员602名，其中个人科技特派员575名、团队科技特派员24名、法人科技特派员3名，还遴选出科技特派员工作站21个，一、二、三产占比分别为45.85%、37.04%、17.11%。与往年不同，为推动科技特派员制度提质增效，2022年的团队（法人）科技特派员采用揭榜式选认，由各县（市、区）围绕主导或特色优势产业，面向服务对象发布团队（法人）科技特派员人才技术需求榜。其中，福建省碧卿国有林场与10个行政村签订科特派技术服务合作协议，助力永春县林业产业发展。同时，在发展科技特派员工作站方面，泉州市支持永春县壮大有根产业，扶持德化县建立“西北片五镇联盟”科技特派员工作站。

相关链接：泉州市贯彻落实习近平总书记关于加强科技特派员工作的重要指示精神，推进科技特派员助力产业融合发展。全市累计选认省、市级个人科技特派员3757名，组建法人（团队）科技特派员384个，科技特派员工作站59个，实现创业和技术服务行政村全覆盖，一、二、三产业全覆盖。

10月5日

农历壬寅年九月初十
星期三
温度：25℃～26℃
多云转小雨

●市长蔡战胜到泉州华侨历史博物馆、中国闽台缘博物馆，了解南洋华裔族群寻根谒祖综合服务平台建设进展，调研涉侨、涉台工作和假期文旅市场安全生产。

●35家泉州企业获评年度省知识产权优势企业。

●泉州市确定选认2022年度市级科技特派员602名。

10月6日

农历壬寅年九月十一
星期四
温度：24℃～27℃
多云

●市生态环境局组织筛选确定2022年度泉州市土壤污染重点监管单位，其中省级44家、市级74家。

●由市文旅局主办、洛江区文体旅游局等协办、泉州市闽南歌舞传承中心等承办的“文明旅游·悦享生活”大美洛江交响音乐会在洛阳桥举行。

118家单位被列入土壤污染重点监管省市名录

为强化土壤污染源头防控，市生态环境局组织筛选确定2022年度泉州市土壤污染重点监管单位，其中省级44家、市级74家。

根据要求，各地要督促名录内企业落实“严格控制有毒有害物质排放，并按年度向生态环境主管部门报告排放情况”等防控措施并将以上内容纳入排污许可证。重点监管单位在拆除设施、设备或者建筑物、构筑物前，应制订包括应急措施在内的土壤污染防治工作方案，并在拆除活动十五日前报所在地生态环境、工业和信息化主管部门备案。同时，重点监管单位应及时将现有地下储罐储存有毒有害物质的情况报送属地生态环境部门进行备案，并对填报内容的真实性、全面性、完整性负责；新、改、扩建项目涉及有毒有害物质地下储罐的，应在项目投入生产或使用之前报送。

各地将全面推进土壤污染重点监管单位全过程监管，加大监管力度，对重点监管单位周边土壤环境定期开展监督性监测，对于发现有土壤与地下水污染迹象的，督促重点监管单位在隐患排查的基础上，采取针对性污染防治措施防止污染物进一步扩散；在重点监管单位生产经营用地的用途变更或者在其土地使用权收回、转让前，督促土地使用权人按照规定进行土壤污染状况调查，土壤污染状况调查报告应当作为不动产登记资料送交地方人民政府不动产登记机构，同步报送地方政府生态环境主管部门备案并上传污染地块管理系统。

“文明旅游·悦享生活”大美洛江交响音乐会举行

由市文旅局主办、洛江区文体旅游局等协办、泉州市闽南歌舞传承中心等承办的“文明旅游·悦享生活”大美洛江交响音乐会在洛阳桥举行。

此次活动以“喜迎二十大 共建文明城”为主题。泉州市青年歌手林青霞现场演唱《我和我的祖国》，引发现场观众的广泛共鸣。最后一曲大家耳熟能详的《蓝蓝泉州湾》将音乐会推向高潮。国庆节期间，泉州市闽南歌舞传承中心、泉州市交响协会在洛阳桥和清源山老君岩举行多场音乐会和红歌演唱活动。此前在清源山老君岩前举行的红歌演唱活动也亮点多多，《我和我的祖国》《没有共产党就没有新中国》……一首首红歌在老君岩前唱起，游客们不禁被歌声吸引，围绕着演员挥舞手中的五星红旗，和着旋律一起合唱红歌。泉州市闽南歌舞传承中心负责人表示，在世界遗产点举行高雅音乐会、红歌演唱活动，感受高雅艺术，欢度国庆佳节形式新颖，让市民和游客共同参与，感受高雅艺术和优秀歌曲的魅力，引起广泛共鸣，留下深刻记忆，这种独特的演出形式也为泉州的宣传助力。

“文明旅游·悦享生活”大美洛江交响音乐会现场（图/泉州网）

在清源山老君岩前举行的红歌演唱活动现场（图/清源山管委会）

国庆假期全市实现旅游收入35.24亿元

国庆假期，泉州市围绕“喜迎二十大”主题，组织策划推出系列假日文旅节庆活动，世界遗产游、古城游、乡村游、夜间游等热度攀升，非物质文化遗产传承、研学教育、工业探索等人气兴旺，文旅市场有序复苏。国庆假期全市接待旅游415.22万人次，实现旅游收入35.24亿元。

节前，市文旅局策划推出70多项文旅活动，并推出“世遗泉州”“古韵泉州”非物质文化遗产游、古城文化之旅、创意文化游、古城街巷深度游、真武潮拜露营等精品线路或产品，受到市民游客欢迎。国庆假期，全市22个遗产点接待游客36.99万人次。其中，古城推出“走街串巷”等10条泉州古城Citywalk路线，并举办惠女服饰体验、南音表演、非物质文化遗产体验等多项文化旅游活动和“与塔·定心”展览、楼润物精选常态展等多场展览，打响“宋元中国·海丝泉州”文旅品牌。

“文化+旅游”成为假日文旅市场热点。泉州市博物馆、图书馆、非物质文化遗产馆、海外交通史博物馆分别举办非物质文化遗产进景区、“大国重器背后的创新科技展”、泉州木雕精品展、泉州画院美术精品展等，让市民游客走近泉州非物质文化遗产技艺；泉州木偶剧院、福建梨园戏传承中心、南音艺苑、泉州高甲剧院、泉州歌舞剧院等上映多场闽南传统好戏，让市民游客在假期享受文化盛宴。

国庆文旅市场以本地游、周边游、近郊游为主，城市微旅游、微度假成热门选择。全市各级文旅部门推出“国庆游泉州”攻略，多个本地微度假旅游产品受到市民游客追捧。据携程发布的《2022年国庆假期旅游总结报告》显示，国庆假期泉州周边旅游订单增长量位居全国首位。随着晋江五店市传统街区、领秀天地文化创意产业园入选第二批国家级夜间文化和旅游消费集聚区，夜间旅游成为国庆假日旅游市场亮点。泉州中央商务区推出首个灯光夜游项目“东海玩聚场——‘东海追光夜’”，吸引市民游客“追光”；清源山举办夜间经营系列活动，丰富市民游客夜生活体验。此外，市区领秀天地、晋江五店市、南安天心洞、泉州台商投资区水岸花田景区等地以夜游、夜演、夜市、夜赏为主题，开展灯光秀、美食嘉年华、舞蹈表演等沉浸式夜间旅游活动，促进夜间消费增长。

全市乡村旅游持续红火。惠安“2022年中国农民丰收节暨辋川乡村文旅推介会”、安溪“溪禾山铁观音文化园天空之伞嘉年华”、德化云龙谷景区“庆丰收迎国庆——夏天的最后一漂”等活动，汇集郊野远足、农事采摘、秋景观赏等多种体验项目，乡村旅游人气持续高涨。研学游、工业游关注度持续上升。其中，刺桐时代村举办“国庆研学嘉年华”、泉州市科技馆开展国庆研学营、石狮市推出奇趣游学之旅等受到亲子家庭追捧；“海丝古韵最乡愁 闻香品醋源和堂”乡愁之旅等11条工业旅游精品线路，吸引不少市民游客走进工业遗产、观光工厂、工业旅游示范基地、工业博物馆等地游览打卡，探寻泉州“品牌之都”魅力。

清源山夜间集市（图/清源山管委会）

“泉州南音零距离接触”——学校美育研学体验专场举行

“泉州南音零距离接触”——学校美育研学体验专场在泉州南音艺苑举行。现场不仅表演南音嗳仔指《直入花园》、单箫独拍《帘外雨潺潺》、对唱《春光明媚》、谱《梅花操》等节目，观众还与南音演唱者、南音乐器及打击乐近距离接触，沉浸式领略千年古乐的魅力。

10月7日

农历壬寅年九月十二
星期五
温度：23℃～29℃
多云转阴

●国庆假期，全市接待旅游415.22万人次，实现旅游收入35.24亿元。

●全球先进功能面料创新联合体签约仪式在泉州师范学院举行。

●“泉州南音零距离接触”——学校美育研学体验专场在泉州南音艺苑举行。

10月8日

农历壬寅年九月十三
星期六
温度：22℃～27℃
多云

●市委常委会召开会议，学习贯彻习近平总书记对国防和军队改革研讨会做出的重要指示、致中国新闻社建社70周年的贺信、为《复兴文库》做序言、参观“奋进新时代”主题成就展时的重要指示精神，学习贯彻中共中央办公厅印发的《推进领导干部能上能下规定》。

●泉州市组织开展互花米草除治攻坚行动现场督导。

市委常委会学习习近平总书记重要指示精神

市委常委会召开会议，学习贯彻习近平总书记对国防和军队改革研讨会做出的重要指示、致中国新闻社建社70周年的贺信、为《复兴文库》做序言、参观“奋进新时代”主题成就展时的重要指示精神，学习贯彻中共中央办公厅印发的《推进领导干部能上能下规定》；部署推进泉州市经济发展和安全稳定、生态环保督察整改等工作。

会议强调，要学懂弄通做实习近平新时代中国特色社会主义思想，提高政治判断力、政治领悟力、政治执行力。要认识中共十八大以来党和国家事业取得的历史性成就、发生的历史性变革，坚定历史自信，团结一心奋进新时代，当好全方位推进高质量发展的主力军。要支持国防和军队建设，发扬优良传统，深化双拥共建，巩固军政军民团结，争创全国双拥模范城“十连冠”。要加大对外宣传力度，擦亮“海上丝绸之路”“世界遗产”金名片，更好汇聚侨资侨智侨力，共建21世纪“海丝名城”。要高效统筹疫情防控和经济社会发展，统筹发展和安全，坚持守土有责、守土负责、守土尽责，营造平稳健康的经济环境、风清气正的政治环境、国泰民安的社会环境。要统筹抓好经济运行调度，多措并举帮扶企业发展，抢抓施工黄金期加快项目建设，攻坚全年目标任务。要抓住盘活利用低效用地试点政策机遇，实施“强产业、兴城市”双轮驱动，加快推进“1+3”专项行动，用好侨台港澳资源点对点招商，挖掘文化遗产资源发展文旅经济。要守牢安全底线，抓好疫情防控、安全生产、信访维稳等工作，滚动排查化解各类风险隐患，确保社会大局安定稳定。要践行新时代党的组织路线，学习贯彻《推进领导干部能上能下规定》，落实新时代好干部标准，健全能上能下的选人用人机制，推动形成能者上、优者奖、庸者下、劣者汰的用人导向和从政环境。要加强干部日常管理监督，注重实干实绩，鼓励担当作为，做到真管真严、敢管敢严、长管长严。要践行习近平生态文明思想，以更高政治站位推进生态文明建设，抓好中央、省生态环保督察反馈问题整改，实现经济发展质量、生态环境质量、人民生活质量同步提升。要坚持源头治理、系统治理、协同治理，处理好近期与远期、个体与整体、治标与治本、治理与管理的关系，创新机制、综合施策，逐条逐项整改到位。要落实“党政同责、一岗双责”，加强统筹协调、督查问效，形成齐抓共管的强大合力。

泉州市开展互花米草除治攻坚行动现场督导

泉州市组织开展互花米草除治攻坚行动现场督导。督导组到洛江区万安街道红树林湾、泉州台商投资区百崎、石狮市水头六角亭、晋江蓝色海湾生态修复现场，察看丰泽、洛江、泉州台商投资区、石狮、晋江等地互花米草除治及除治后生态修复情况，现场听取相关工作进度汇报，调度指导推进除治攻坚行动。督导组强调，要提高站位，认识互花米草的危害性，按照中央、省、市的部署要求，坚定信心、狠下决心，加大力度推进除治、修复和管护等各项工作，把互花米草控制住、根治掉。要坚持系统治理、科学治理，将除治与修复利用同谋划、同推进，因地制宜、精准施策，打造互花米草综合治理“泉州样板”。要建立健全工作机制，强化要素保障，压实主体责任，专班推进，形成上下联动齐抓共管的工作格局，确保除治攻坚行动取得实实在在的成效。

挖掘机清除互花米草（图/吴嘉晓）

全市盘活利用低效用地工作部署推进会召开

全市盘活利用低效用地工作部署推进会召开。会议指出，要按照省委、省政府具体部署，深化认识、统一思想、抢抓机遇，聚焦提高效率、提升效能、提增效益，把盘活利用低效用地试点工作作为战略性任务，释放乘数效应，提高土地节约集约利用水平，为全方位推进高质量发展增添活力动力。

会议强调，要精心组织，有力有序推进盘活利用低效用地试点工作。坚持规划引领、全域统筹，树立“精心规划”“富规划”理念，紧密对接工作方案，系统衔接上位规划，借鉴先进地区经验，因地制宜采取“一区一策”“一县一策”“一镇一策”，“留、改、转、拆”多措并举，推动土地集约利用、产业空间拓展、城市功能完善。坚持突出重点、分类推进，注重问题导向和目标导向相结合，把底数摸清、情况搞明、原因分析透、数据调查准，结合推进工业（产业）园区标准化建设，强化用地管控，分批分类处置，做到“减存量、遏增量、控变量”。坚持试点先行、创新突破，引导多元主体广泛参与，谋划落地一批样板项目，加快拿出一批制度成果，制定完善一批配套措施，尽快形成实物工作量，把试点变亮点、把先行变先成、把试验变示范。要压实责任、凝聚合力，市县纵向联动、部门横向协同，融入全市“一盘棋”，加强政策学习、动态监测、过程监督、风险防范、氛围营造，以试点成效为“强产业、兴城市”双轮驱动提供保障。

市人大常委会党组扩大会议召开

市人大常委会党组扩大会议召开，传达学习习近平总书记在9月9日中共中央政治局会议、上海合作组织成员国元首理事会第二十二次会议上的重要讲话精神，对四川甘孜泸定县6.8级地震、国防和军队改革研讨会做出的重要指示和有关回信贺信精神，中共中央办公厅印发的《推进领导干部能上能下规定》及中组部专题培训班精神，以及省委、市委有关精神；传达市委全面依法治市委员会会议主要精神。

市人大常委会党组扩大会议现场（图/市人大）

“刺桐古城——古代海上丝绸之路的起点：泉州”艺术特展开幕

由市委宣传部、市文旅局、市国资委主办，泉州文旅集团、泉州晋江国际机场承办的“刺桐古城——古代海上丝绸之路的起点：泉州”艺术特展在泉州晋江国际机场空港商旅大厦开幕。市委常委、宣传部部长、统战部部长陈辉宗出席并致辞。活动现场揭幕《刺桐古城——古代海上丝绸之路的起点：泉州》主题漆画。该幅画作是知名漆画艺术家陈立德为泉州晋江国际机场专门创作，以表达和平、交流、理解、友谊、贸易、包容、互惠、共赢的当代文明理念为创作主旨。借由主题漆画的揭幕，此次艺术特展特邀亚洲十佳设计师刘思聪操刀设计漆画艺术衍生品——丝巾。除“刺桐古城——古代海上丝绸之路的起点：泉州”艺术特展揭幕、艺术文创品丝巾全球首发外，融入闽南文化和世界遗产元素的机场新制服也在活动中进行展示。

“刺桐古城——古代海上丝绸之路的起点：泉州”艺术特展主题漆画揭幕（图/市文旅局）

10月9日

农历壬寅年九月十四
星期日
温度：21℃～30℃
多云

● 全市盘活利用低效用地工作部署推进会召开。

● 市人大常委会党组扩大会议召开，传达学习习近平总书记在9月9日中共中央政治局会议、上海合作组织成员国元首理事会第二十二次会议上的重要讲话精神等。

● 由市委宣传部、市文旅局、市国资委主办，泉州文旅集团、泉州晋江国际机场承办的“刺桐古城——古代海上丝绸之路的起点：泉州”艺术特展在泉州晋江国际机场空港商旅大厦开幕。

10月10日

农历壬寅年九月十五
星期一
温度：18℃~25℃
多云

●泉州民营经济研究院筹建工作领导小组召开工作会议，听取筹建进展情况汇报，研究部署推进下阶段有关工作。

●继收听收看全省疫情防控工作视频会商会后，全市疫情防控会商会召开。

●泉州市组织收听收看2022年福建省防灾减灾暨省自然灾害普查工作视频会议，并召开全市贯彻落实会议。

●10—16日，由市委市直机关工委、市总工会、市文联主办的泉州市直机关喜迎中共二十大书法展在泉州市工人文化宫（东海宫）举行。

泉州民营经济研究院筹建工作领导小组召开工作会议

泉州民营经济研究院筹建工作领导小组召开工作会议，听取筹建进展情况汇报，研究部署推进下阶段有关工作。省委常委、市委书记、筹建工作领导小组组长刘建洋，市长、筹建工作领导小组第一副组长蔡战胜出席会议并讲话。

会议指出，要深化认识、凝聚共识，贯彻落实省推动民营经济创新发展等一系列政策措施，发挥泉州自身比较优势，率先掀起新一轮民营经济发展热潮，在全方位推进高质量发展中扛好主力军担当。要高位谋划、办成品牌，聚焦提高效率、提升效能、提增效益，探索建立多层次、开放式、应用型、市场化的创新载体，把研究院建成服务民营经济高质量发展的特色平台。突出“准”，科学规划、明晰定位，以服务民营经济、民营企业、民营企业家为主线，加强产业发展前沿、泉商文化传承、经营理念创新、培训合作交流等领域研究，打造高端智库、转化中心和窗口名片。突出“实”，精准服务、提升成效，坚持问题导向和目标导向相结合，围绕企业全生命周期需求，精准帮助企业纾困解难、解决发展痛点堵点难点，当好党委和政府决策的参谋助手。突出“优”，创新路径、高效运转，学习借鉴先进经验，立足实际错位发展，用好用活泉州丰富的实践场景、线下案例和创业经验，精准衔接专业资源和企业需求，加速释放乘数效应。要统筹推进、形成合力。

全市疫情防控会商会召开

继收听收看全省疫情防控工作视频会商会后，全市疫情防控会商会召开。会议强调，要根据全省疫情防控视频会商会部署，保持高度警惕，落实24小时值班值守，应急队伍、专业队伍备勤制度，强化快速联动处置，守住不发生规模性疫情的底线。要按照第九版防控方案，落实好疫情防控各项措施。要严格“落地检”，查缺口、补漏洞，严守进入（返回）泉州各个关口。要强化学校疫情防控，严防海上疫情输入，督促密闭、半密闭场所经营主体落实常态化疫情防控措施，统筹好疫情防控和经济社会发展。

泉州市直机关喜迎中共二十大书法展举行

10—16日，由市委市直机关工委、市总工会、市文联主办的泉州市直机关喜迎中共二十大书法展在泉州市工人文化宫（东海宫）举行。此次书法展旨在学习贯彻习近平新时代中国特色社会主义思想，贯彻落实习近平总书记关于文艺工作重要论述，以书法艺术形式生动展示中共十八大以来所取得的辉煌成就和奋发作为的精神风貌，激励泉州市直机关干部职工奋进新征程、建功新时代。主办方组织市直机关书法爱好者并特邀泉州市部分知名书法家创作近百幅书法作品参展。主办方相关负责人表示，这些作品五体兼备，立意高远，内容丰富，风格各异，具有浓郁的时代气息，集中展示市直机关书法艺术创作水平，展示机关良好的精神风貌。作者用手中的笔饱蘸浓墨，直抒心语，充分抒发对党、对祖国、对人民、对生活的无限热爱，表达矢志不渝跟党走的坚定信念和对中共二十大召开的期盼。希望通过本次活动，激励全市机关干部职工继承发扬优良传统和作风，践行初心使命，勇于担当作为，在各自的工作岗位上努力拼搏。

市直机关喜迎中共二十大书法展开幕式（图/市总工会）

市人大常委会视察代表建议办理情况

10—11日，市人大常委会对市十七届人大一次会议代表建议办理情况进行视察。市人大常委会主任李建辉，副主任吴友才、黄阳春、高向荣、赖清正、李文生，秘书长颜朝晖参加活动。副市长陈小辉、苏耿聪陪同视察。视察分两组进行，重点对《关于探索推进社区“邻里中心”建设的建议》《关于加快泉州制造业数字化转型的建议》《关于加快推动后申遗时代泉州文化遗产名城建设的建议》等11件代表建议的办理情况进行实地察看、跟踪督查，并召开座谈会听取各承办单位办理工作汇报。部分市人大代表、相关承办单位负责人参加活动。

视察组肯定2022年代表建议办理工作并强调，各承办单位要提高政治站位，认识办理代表建议的重要性，坚持问题导向，出实招、出硬招，推进代表建议办理工作。要完善工作机制，总结传承好经验，借鉴创新好做法，坚持“内容高质量、办理高质量”“既要重结果，也要重过程”，提升代表建议办理质效。要凝聚工作合力，将建议办理同解决人民群众急难愁盼问题、与推动重点工作相结合，举一反三，推动相关建议转化为具体的政策措施，回应民生关切，造福一方百姓。

蔡战胜到丰泽检查全面从严治党主体责任落实情况

市委副书记、市长蔡战胜到丰泽开展2022年全面从严治党主体责任落实情况检查并进行集体约谈。市委常委、丰泽区委书记黄文胜做汇报并进行表态发言。蔡战胜强调，要永葆“赶考”的清醒和坚定，树立“讲政治、敢担当，抓落实、提效率，比成绩、争一流”干事创业导向，推进全面从严治党取得更大成效。要把党的政治建设摆在首位，站稳政治立场，强化政治担当，加强理论学习。要把高质量发展贯穿工作全过程，坚持系统思维，围绕落实“强产业、兴城市”双轮驱动，实施“抓项目、促发展”系列专项行动，主动对标先进、查找差距，坚定产业发展路线，发展高品质的都市型产业，提速城市建设，补齐民生短板，推进市域社会治理现代化，扛起做大做强中心城区的主力军担当。要把“严”的主基调长期牢固坚持下去，扛起全面从严治党政治责任，推进正风肃纪反腐，突出“关键少数”带动绝大多数，不抓好问题整改落实，做到真管真严、敢管敢严、长管长严。

《人民日报》头版报道泉州平安乡村建设成效

《人民日报》头版“乡村振兴一线探访”专栏刊发《创新乡村治理体系，走乡村善治之路》，报道泉州平安乡村建设成效。文章提到，记者走访湖北、湖南、江苏、甘肃、福建等地多个乡村，探寻各地乡村振兴的创新举措。在泉州晋江内坑镇宅内村，当地以提高平安村（社区）创建考评成绩为契机，通过“责任共担、群体共建、风险共治、成果共享”，提高干部群众参与平安创建的积极性，让干部群众从“要我创”，变成“我要创”，同时调整充实村巡逻队，健全视频监控网络补“盲区”，人防、技防齐发力，有效提高平安创建水平。文章指出，加强平安乡村建设，是加强和改进乡村治理的又一重点任务。要推进平安乡村建设，加快完善农村治安防控体系，依法打击危害农村稳定、破坏农业生产和侵害农民利益的违法犯罪活动。

青少年心理减压进校园活动举行

由团市委主办的“喜迎二十大 青春加减法”“12355”青少年心理减压进校园活动在泉州市第二实验小学举行。活动以团体形式展开，“嗨！我们在这里”“青春加减法”“彩虹小队”等互动形式，引导学生进行情绪表达、压力疏导及身份认同和状态调整，帮助学生缓解学习焦虑及人际交往压力，更好地调整心态面对青春期转折点。

10月11日

农历壬寅年九月十六
星期二
温度：20℃～23℃
多云转阴

●10—11日，市人大常委会对市十七届人大一次会议代表建议办理情况进行视察。

●市委副书记、市长蔡战胜到丰泽开展2022年全面从严治党主体责任落实情况检查并进行集体约谈。

●11—12日，市委副书记宿利南到安溪调研粮食安全、茶产业发展、乡村振兴等工作。

●《人民日报》头版“乡村振兴一线探访”专栏刊发《创新乡村治理体系，走乡村善治之路》，报道泉州平安乡村建设成效。

●由团市委主办的“喜迎二十大 青春加减法”“12355”青少年心理减压进校园活动在泉州市第二实验小学举行。

10月12日

农历壬寅年九月十七
星期三
温度：20℃～24℃
多云

●市人大常委会主任李建辉到市公安局调研，看望慰问一线民警。

●市政协主席肖汉辉到晋江调研政协委员进驻“党建+”邻里中心和委员基层联系点建设情况，出席晋江市政协委员许厝社区联系点、龙泉书院文化艺术界委员联系点和经济开发区联系点的揭牌仪式。

●市人社局联合永春县政府举行许晓东追授记功颁奖仪式。

●市商务局主办的以“厉行勤俭节约 反对餐饮浪费”为主题的公益活动在丰泽区东湖街道铭湖社区举行。

李建辉到市公安局调研

市人大常委会主任李建辉到市公安局调研，看望慰问一线民警。副主任吴友才、黄阳春、高向荣、赖清正、李文生，秘书长颜朝晖参加调研。副市长、市公安局局长肖进才参加活动。调研组察看市公安局指挥情报中心，了解该局开展中共二十大安保维稳、打击治理电信网络诈骗犯罪等工作情况，并听取相关工作汇报。李建辉强调，要围绕中心服务大局，精准赋能疫情防控，严厉打击电信诈骗违法犯罪，护航经济社会发展。要时刻保持战时状态，发扬连续作战、敢打必胜的作风，以“时时放心不下”的责任感，抓好维护安全稳定各项工作，为建设“海丝名城、智造强市、品质泉州”做出更大贡献。

肖汉辉到晋江调研政协委员进驻“党建+”邻里中心情况

市政协主席肖汉辉到晋江调研政协委员进驻“党建+”邻里中心和委员基层联系点建设情况，出席晋江市政协委员许厝社区联系点、龙泉书院文化艺术界委员联系点和经济开发区联系点的揭牌仪式。市政协副主席洪川夫、秘书长黄碧煌参加调研。在梅岭街道许厝社区“党建+”邻里中心，肖汉辉强调，要发挥好政协委员在“党建+”邻里中心和基层治理的作用，倾听民声民意，以精准有效举措为群众排忧解难，高效服务基层治理。要创新工作方式方法，推动更多惠民实事落地，把人民政协制度优势转化为社会治理效能。在龙泉书院，肖汉辉强调，要用活用好龙泉书院这一载体，面向泉州探索有主题、参与广泛、效果突出的活动，帮助委员在学用贯通中提升履职之能。在晋江经济开发区，肖汉辉要求，要扩大法律服务对象和事项范围，打通法治化营商环境“最后一公里”，助力全市经济社会高质量发展。

晋江市政协委员许厝社区联系点揭牌仪式（图/市政协）

泉州市为许晓东追授记功

市人社局联合永春县政府举行许晓东追授记功颁奖仪式。2022年春季，泉州市新冠肺炎疫情发生后，永春县医院职工许晓东奋战在防疫工作第一线，敢于担当，任劳任怨，在运送核酸标本转运箱过程中突然晕倒在地，经抢救无效，于4月19日不幸牺牲在抗疫工作岗位上。为关心关爱奋战在新冠肺炎疫情防控一线的医务工作者，树立先进典型，市人社局根据上级文件精神，经市政府同意，发布《关于给予许晓东同志追授记功的决定》，决定为许晓东追授记功，发放一次性奖金。

“厉行勤俭节约 反对餐饮浪费”公益活动举行

由市商务局主办，东湖街道铭湖社区党委、东湖街道铭湖社区居委会、市投资贸易促进协调中心、市商务综合行政执法支队、市电子商务中心协办的，以“厉行勤俭节约 反对餐饮浪费”为主题的公益活动在丰泽区东湖街道铭湖社区举行。由肯德基中国提供的数百份肯德基食物驿站余量食物爱心礼包，通过该次活动组织的渠道陆续分发给环卫工人、居民、困难群众、外卖小哥、社区工作者、志愿者等各行各业有需要的人，希望以此唤起大众对食物的珍视，建立起对自然资源的全新认识。市商务局相关负责人表示，希望通过类似这种互动性较强的广场活动，在市民中营造反对餐饮浪费的氛围，让反餐饮浪费的理念更加深入人心，共同创建文明城市。现场还进行汽车销售、商业特许经营、单用途商业预付卡等商务领域法律法规的宣讲和宣传册发放。

市政府党组扩大会议召开

市政府党组（扩大）会议召开，传达学习习近平总书记在9月9日中共中央政治局会议和上海合作组织成员国元首理事会第二十二次会议上的重要讲话、给北京师范大学“优师计划”师范生的回信、向全国专精特新中小企业发展大会、第七届中国—亚欧博览会及产业链供应链韧性与稳定国际论坛致贺信、对四川甘孜泸定县6.8级地震做出的重要指示、对中国农民丰收节的贺信精神及省委常委会会议、市委常委会会议精神；传达学习泉州市人大常委会《关于优化我市行政诉讼“双率”的建议意见的函》。

会议强调，要深化强链补链延链，聚焦重点产业链的缺失环节、薄弱环节，强化产业链协同创新，推动产业“从缺到全”“由大到强”。要开展“万名干部进万企、一企一策促发展”活动，送政策上门、送服务上门，精准助企纾困解难。要扩大对外开放，推进市场采购、跨境电商等外贸新业态扩量，打造高水平对外开放平台。要把优先发展教育事业作为推动各项事业发展的重要先手棋，加快建设教育强市，营造尊师重教氛围。要做好粮食生产，巩固拓展脱贫攻坚成果，稳住农业基本盘。要推进安全生产领域改革创新，开展好安全生产标准化提升专项行动，统筹做好地震防范、抗旱防汛、森林防火、疫情防控、石结构房屋改造等工作，保障人民群众生命财产安全。要树立依法行政意识，按照法定权限、法定规则、法定程序行使权力、履行职责，注重源头治理，预防和化解行政争议，降低行政诉讼发案量和行政案件败诉率。

全市机关“勇当主力军　喜迎二十大”文艺会演举行

由市委市直机关工委、市总工会、市文联、泉州广播电视台主办的全市机关“勇当主力军 喜迎二十大”文艺会演举行。主办方通过主题歌曲、原创舞蹈、器乐演奏、语言类节目等形式多样的节目，表达干部职工“信念坚定、敢于担当、为人民服务”的理念。

全市机关“勇当主力军　喜迎二十大”文艺会演（图/泉州文艺）

中国泉州—俄罗斯远东航线首航

中国泉州—俄罗斯远东航线围头港首航暨“沃德菲泉州”轮命名仪式在晋江围头港举行。“沃德菲泉州”轮是以“泉州”城市命名的国际班轮，系载重13477吨565标箱船型的船舶，从围头港直达俄罗斯符拉迪沃斯托克（海参崴）只需5~6天，船期双周班。海参崴港口位于阿穆尔湾与乌苏里湾之间，为西伯利亚大铁路的终点和北方航线的终点，是俄罗斯远东地区最大的港口和贸易中心。该航线的开通，为泉州企业在“家门口”通关提供便利，降低企业物流成本，提升企业国际竞争力，助力泉州地区外贸企业就近便捷“出海”。

“沃德菲泉州”轮（图/张九强）

10月13日

农历壬寅年九月十八
星期四
温度：21℃~27℃
多云转晴

●市政府党组（扩大）会议召开，传达学习习近平总书记在9月9日中共中央政治局会议和上海合作组织成员国元首理事会第二十二次会议上的重要讲话精神等。

●市政府党组理论学习中心组学习会召开，学习研讨习近平总书记在省部级主要领导干部“学习习近平总书记重要讲话精神，迎接党的二十大”专题研讨班上重要讲话精神。

●市政协党组理论学习中心组学习会议召开，传达学习习近平总书记重要讲话重要指示和回信贺信精神，以及中央、省委、市委有关会议精神，并研究贯彻落实意见。

●由市委市直机关工委、市总工会、市文联、泉州广播电视台主办的全市机关“勇当主力军 喜迎二十大”文艺会演举行。

●中国泉州—俄罗斯远东航线围头港首航暨“沃德菲泉州”轮命名仪式在晋江围头港举行。

10月14日

农历壬寅年九月十九
星期五
温度：21℃～27℃
多云

●13—14日，市委副书记宿利南到南安调研推动乡村振兴等工作。

●市委常委、宣传部部长、统战部部长陈辉宗到鲤城专题调研李贽思想挖掘传承工作。

●省防汛抗旱指挥部防范热带扰动视频会商调度会议结束后，泉州市召开会商部署会，做出具体工作部署。

●全市道路交通安全工作视频会议召开，分析道路交通安全形势，通报包联督导工作开展情况，部署道路交通安全重点工作。

●“喜迎二十大　强国复兴有我”——非物质文化遗产文化惠民演出在泉州歌舞剧院举行。

宿利南到南安调研推动乡村振兴等工作

13—14日，市委副书记宿利南到南安调研推动乡村振兴等工作。宿利南到水产云服务平台、泉州华侨革命历史博物馆、印山农场、九仙斛生物科技公司、闽发铝业、申利卡铝业、西河卫浴等地，察看项目建设、企业增资扩产、乡镇特色产业、乡村旅游等情况，与基层干部、企业家谋划发展思路。宿利南指出，要主动服务企业，深化“万名干部进万企、一企一策促发展”活动，引导企业加大研发投入，培育更多细分领域的专精特新企业。要推进工业（产业）园区标准化建设，坚持“以效益论英雄”，把好项目入口关，提高土地节约集约利用水平。要发挥在外泉州企业家和侨台港澳资源丰富的比较优势，在产业布局中找准契合点，鼓励乡贤侨胞、“侨二代”回乡投资创业，助力家乡建设。要保护好、利用好乡村生态资源，因地制宜发展特色农产品、林下经济、生态休闲农业等，改善农村基础设施，同步壮大村集体经济，纵深推动乡村全面振兴。

陈辉宗到鲤城调研李贽思想挖掘传承工作

市委常委、宣传部部长、统战部部长陈辉宗到鲤城专题调研李贽思想挖掘传承工作。在李贽故居、李贽纪念馆选址以及泉州市李贽学术研究会等地，陈辉宗强调，要丰富载体、平台，加强李贽思想的理论研究和内涵挖掘，推出期刊论文、学术著作等一系列研究成果。要坚持“保护优先、修旧如旧”原则，加强对李贽故居等历史遗存遗迹修缮和抢救性保护，通过“微改造”还原遗存遗迹本来面貌。要坚持政府主导、社会参与，规划建设李贽文化长廊、纪念馆、博物馆、图书馆等，打造泉州古城的重要文化地标。要围绕文旅融合、文产发展，鼓励开发相关文创衍生产品，塑造李贽文化IP，促进李贽思想时尚化、大众化。要发挥李贽学术研究会的智库优势，多渠道、多样化传播弘扬李贽思想，积极建言献策。

全市防范热带扰动会商部署会召开

省防汛抗旱指挥部防范热带扰动视频会商调度会议结束后，泉州市召开会商部署会，做出具体工作部署。会议要求，各县（市、区）和海洋渔业部门要加强安全管控和疫情防控，在台风影响解除前严禁擅自出海、返回。沿海养殖渔排上的所有劳动力人员务必于17日10时前撤离上岸，并做好渔排加固，海洋渔业部门要跟踪督促在浙江、广东海域的作业渔船按照当地的防御要求做好安全撤离工作。海事部门要及时提醒过往船只避开台风影响区域，注意航行安全，加强海上施工项目和施工船、危化品船、无动力船、客渡船等重点船舶的安全管理。沿海各地和文旅部门要加强滨海浴场、滨海旅游景区和非景区景点安全管控工作，并视情关闭、疏散游客，确保安全。住建、城管部门要加强对城乡高空设施、高空悬挂物的检查加固，做好施工工地、高空作业、塔吊的安全管控。气象部门要抓住有利时机开展人工增雨作业。

全市道路交通安全工作视频会议召开

全市道路交通安全工作视频会议召开，分析道路交通安全形势，通报包联督导工作开展情况，部署道路交通安全重点工作。会议指出，要紧紧管住，严查严管酒醉驾违法、重点运输车辆违法、农村地区交通违法，迅速开展重点违法警示宣传、农村地区交通宣传、运输企业安全教育，做到整治宣传到位。要紧紧控住，强化监管平台研判应用、综合信息研判应用、互联网数据研判应用，做到预警处置到位。要紧紧抓住，紧抓高风险企业整改、安全制度落实、源头隐患消除，做到源头监管到位。要紧紧看住，主动履责、合力监管和整改提升，做到履职尽责到位，营造更加安全平稳有序优质的道路交通环境。

泉州首批28家医疗机构实施DRG付费

市医保局、财政局和卫健委印发《关于开展按疾病诊断相关分组（DRG）付费工作的通知》，明确从是日起，泉州市28家医疗机构实施按疾病诊断相关分组（DRG）付费改革。住院患者诊疗收费实行“打包价”，提升群众就医获得感、幸福感。DRG付费，是按照患者的疾病类型、治疗方法、病情严重程度等因素，将病人分入临床病症治疗和资源消耗相似的疾病诊断相关组（DRG组），每个组有相应的支付标准，以打包支付的方式进行管理，从而推动实现诊疗流程的规范及治疗费用的可控。也就是根据患者的临床诊断、治疗方式、年龄、性别、住院天数、合并症与并发症及转归等因素，把病人分入相应的DRG组，并明确支付标准。市医保局相关负责人介绍，根据国家和省医保局关于DRG支付方式改革三年行动的工作部署及泉州市DRG支付方式改革三年行动计划实施方案，2022—2024年，泉州市符合条件的开展住院服务的定点医疗机构要实现DRG付费全面覆盖。按照“分批进行、统筹推进”的原则，15日起全市首批28家医疗机构实施DRG付费，其中公立医疗机构19家、民营医疗机构9家。

在实施DRG付费后，参保患者与DRG付费医疗机构结算住院费用时，仍以原付费方式（含按项目或按病种等方式）与医疗机构结算，参保患者按现行医保待遇政策支付由个人负担的费用，其余部分由医保基金支付。例如，泉州某职工医保患者在市三级医院住院主要诊断为“急性阑尾炎”，此次住院做“阑尾切除术”，无其他并发症，达到治疗效果出院。根据DRG分组，进入“阑尾切除术，不伴并发症或合并症”组（GD25），患者按照现行医保报销政策支付自付部分。实施DRG付费后，以病组为单位打包付费，有助于促进医疗机构优化临床路径，规范诊疗行为，促进合理用药，减少不必要的检查和治疗，从而控制医疗费用的不合理增长，提升医疗服务整体效益，减轻群众就医负担。

2022年泉州市美术书法摄影优秀作品展举行

15—25日，由市文旅局、市文联主办，泉州市艺术馆等单位承办的“喜迎二十大 奋进新征程”2022年泉州市美术、书法、摄影优秀作品展在泉州非物质文化遗产馆举行。此次展览收到374幅作品，这些作品题材多样，立意新颖，其中不乏主题突出、艺术特色鲜明的佳作。此次展出的作品展示了泉州丰富的自然、人文、历史风貌以及经济社会发展成就，具有较高艺术水准和欣赏价值。

2022年泉州市美术、书法、摄影优秀作品展现场
（图/陈智勇 范其仁）

第六届泉州市医学会乳腺病分会学术年会在线上召开

14—15日，由泉州市第一医院和泉州市医学会乳腺病分会、福建省医务志愿者协会主办的第10届闽西南乳腺癌高峰论坛暨第六届泉州市医学会乳腺病分会学术年会在线上召开。此次年会内容丰富，包括以乳腺癌规范化诊疗论坛、乳房重建专场、乳腺癌筛查、乳腺炎专场、临床实践多学科讨论等为主题的多个专场学术交流日程。

晋江市外向型经济专题研修班开班

晋江市外向型经济专题研修班在晋江市委党校开班。此次研修班采取专题授课、现场教学、课题研究、研讨交流等方式进行。课程主要聚焦国际贸易形势与国家外经贸战略部署、自贸区及保税区政策、区域全面经济伙伴关系协定（RCEP）、外贸相关政策解读、外贸新业态新模式、跨境金融服务六大模块。

10月15日

农历壬寅年九月二十
星期六
温度：23℃～29℃
多云转阴

●市医保局、财政局和卫健委印发《关于开展按疾病诊断相关分组（DRG）付费工作的通知》，明确从是日起，泉州市28家医疗机构实施按疾病诊断相关分组（DRG）付费改革。

●15—25日，由市文旅局、市文联主办，泉州市艺术馆等单位承办的“喜迎二十大 奋进新征程”2022年泉州市美术、书法、摄影优秀作品展在泉州非物质文化遗产馆举行。

●14—15日，由泉州市第一医院和泉州市医学会乳腺病分会、福建省医务志愿者协会主办的第10届闽西南乳腺癌高峰论坛暨第六届泉州市医学会乳腺病分会学术年会在线上召开。

●晋江市外向型经济专题研修班在晋江市委党校开班。

10月16日

农历壬寅年九月廿一
星期日
温度：23℃～28℃
阴转小雨

●市领导收看中共二十大开幕盛况。

●泉州援非医疗队7名队员完成为期两年的援博茨瓦纳医疗任务凯旋。

●由石狮食品行业协会倡议主导，石狮长福社区协办的泉州市“爱心食物银行”启动。

市领导收看中共二十大开幕盛况

中国共产党第二十次全国代表大会在北京开幕。在泉州的市四套班子领导蔡战胜、李建辉、肖汉辉、宿利南、施宇辉、陈辉宗、卢秀萍、傅藏荣、黄景春等，省人大常委会委员陈灿辉，省政协人口资源环境委员会副主任李转生，市中级人民法院、市人民检察院负责人，以及市人大常委会、市政府、市政协秘书长等在市行政中心集体收看中央广播电视总台直播的中共二十大开幕盛况。

泉州援非医疗队凯旋

泉州援非医疗队7名队员完成为期两年的援博茨瓦纳医疗任务凯旋（另3名队员因任务需要继续留守，等待和下一批医疗队交接）。2020年9月19日，中国（福建）第16批援博茨瓦纳医疗队一行46人启程赴博茨瓦纳，执行为期2年的援外医疗任务。其中，泉州医疗队一行10人，分别来自泉州市第一医院、泉州市儿童医院、泉州市中医院、泉州市光前医院、泉州市正骨医院、晋江市医院、石狮市医院、南安市医院等医院，涉及肿瘤内科、儿科、针灸、骨科、放射科、泌尿外科、麻醉科等专业。2022年10月3日，医疗队第一批34名回国队员踏上“万里归途”。在南非约翰内斯堡隔离两天后，队员于当地时间10月5日，搭乘国航CA868回国，在经历13小时的长途飞行后，队员们于北京时间10月6日抵达深圳宝安国际机场。10月13日结束7天的入境隔离，于10月14日全部返回福建。

驻外工作期间，苏金运、李少鹏、林海利等所在医疗队经历五波疫情的严重冲击，受援医院院内感染多次暴发。面对严重疫情，他们无惧艰险，始终坚守临床，用精湛的医疗技术和高尚的医德医风，为受援国群众提供优质医疗服务。泉州市援外医疗队员在援外期间，除推进当地传染病、常见病和多发病防治外，还为受援国引进最新的医学临床技术，并通过临床带教、学术讲座等各种形式为受援国培训了大批医务人员，留下一支“不撤离的医疗队”，受到受援国政府和人民的高度赞誉，为促进中非友谊做出贡献。自20世纪70年代初开始，泉州市就派员参加援外医疗队。1989年更是以泉州市为主组织援助塞内加尔医疗队。作为中国（福建）第16批援博茨瓦纳医疗队，泉州市医疗骨干遵守派驻医院的规章制度及纪律，为当地人民提供优质的医疗服务，没有发生一例医疗责任事故。

泉州市首个“爱心食物银行”启动

由石狮食品行业协会倡议主导，石狮长福社区协办的泉州市“爱心食物银行”启动。位于长福社区的“爱心食物银行”是一间约20平方米的驿站，驿站外挂着一块“爱心食物银行”的招牌，门口的墙壁上贴着“主要服务户外劳动者”的标语。屋内除有椅子、冰箱、空调等大部分驿站都有的配套设施外，还摆放了许多食品和饮料。袋装面包、桶装薯片、盒装饼干、矿泉水、果汁……在屋内的“惜食分享柜”上，陈列着一份份包装精致的食品和饮料。该模式由石狮食品行业协会倡议主导，社区配合协办。石狮市食品行业协会向食品企业募捐临期（临过期日较近）食品，提供给长福社区。长福社区则配合将原本的户外驿站升级改造，用来存储这些食品，并免费提供给户外劳动者。在双方的共同努力下，打造出泉州市首个“爱心食物银行”。每份食品上均贴着一份手写的食品保质期标签，同时在“惜食分享柜”上也贴着此类食品为临期食品的提醒标语。

泉州市首个“爱心食物银行”（图/泉州网）

宿利南到市信访局接访群众

市委副书记宿利南到市信访局接访群众，倾听群众诉求，现场协调解决群众反映的污水管道改造、征迁安置、自来水供水等问题。宿利南强调，要把学习贯彻中共二十大精神与开展信访工作结合起来，坚持以人民为中心，依法依规、合情合理帮助群众解决问题、解开心结，系统梳理信访共性问题，举一反三，提高信访工作的实效性和群众满意度。

泉州市一线路入选福建省十大精品秋游线路

省文旅厅推出十大精品秋游线路，泉州市一线路入选。省文旅厅围绕滨海游、城市游、乡村游、红色游、周末游、季节游六大主题，推出山海仙境温情之旅、滨海霞光浪漫之旅、品读城市休闲之旅、“海上丝绸之路”文化怡然之旅、红色经典传承之旅、难忘下党生态之旅、山海乡村寻福之旅、乡村民俗风情之旅、闲暇周末自在之旅、世界遗产见福清新之旅等十条精品秋游线路，满足市民和游客秋季出游需求。泉州市入选的是“海上丝绸之路”文化怡然之旅，为三日游线路。第一天：泉州开元寺—中国闽台缘博物馆；第二天：清源山老君岩—天湖—领SHOW天地文化创意产业园；第三天：泉州少林寺—蟳埔民俗文化村—真武庙—江口码头。

泉州开元寺（图/吴寿民）

中国闽台缘博物馆（图/吴寿民）

清源山老君岩（图/吴寿民）

领SHOW天地文化创意产业园（图/吴寿民）

真武庙（图/吴寿民）

江口码头（图/吴寿民）

10月17日

农历壬寅年九月廿二
星期一
温度：19℃～24℃
多云转小雨

●市委副书记宿利南到市信访局接访群众，倾听群众诉求，现场协调解决群众反映的污水管道改造、征迁安置、自来水供水等问题。

●省文旅厅推出十大精品秋游线路，泉州市一线路入选。

10月18日

农历壬寅年九月廿三
星期二
温度：18℃～20℃
多云转阴

●市委副书记宿利南就知识产权高质量发展等相关工作开展调研。

●18—19日，市委副书记宿利南到永春与基层干部一起学习中共二十大精神，调研粮食安全、撂荒地整治、乡村治理等工作。

●市石壁水库水资源调配中心建成全省首个无线通信组网+高点AI监控网络全覆盖的水库高空智慧监控。

宿利南调研知识产权高质量发展工作

市委副书记宿利南就知识产权高质量发展等相关工作开展调研。宿利南走访“海上丝绸之路”中央法务区泉州片区中心园、泉州知识产权展示馆、中国（泉州）知识产权保护中心与福建南方路面机械股份有限公司。

在“海上丝绸之路”中央法务区泉州片区中心园，宿利南指出，要将知识产权工作作为“海上丝绸之路”中央法务区泉州片区建设的重点内容，立足民营经济发达等优势，加强公共服务平台建设，健全完善纠纷多元化解机制，提高知识产权保护工作法治化水平，打造国内领先、与国际接轨的知识产权司法保护新高地和国际商事争端解决优选地，为泉州市实施“强产业、兴城市”双轮驱动贡献法制与知识产权力量。宿利南强调，要学习宣传贯彻中共二十大精神，坚持贯彻落实习近平总书记关于全面加强知识产权保护工作的重要指示精神，推动知识产权保护体系更健全、服务体系更完善、国际合作更深化；要深化知识产权协同保护工作机制，引导企业提高知识产权合规管理质量，综合运用法律、行政、经济、技术、社会治理等多种手段，构建行政执法、司法保护、仲裁调解等协调联动、高效便捷的知识产权保护体系，为谱写全面建设社会主义现代化国家泉州篇章提供知识产权保障。

宿利南到永春调研粮食安全等工作

18—19日，市委副书记宿利南到永春，与基层干部一起学习中共二十大精神，调研粮食安全、撂荒地整治、乡村治理等工作。

宿利南到横口乡集镇安置区、美岭村、美岭水泥公司、白珩村、林俊德事迹馆、良瓷科技公司、墘溪村、吴岭村等地调研，了解水库移民安置、农村党建、产业发展、水利建设、乡村治理等情况，强调要抢抓发展机遇，更加奋发有为地做好各项工作。宿利南要求，要提高站位，落实粮食安全党政同责，加大撂荒地整治力度，确保粮食生产稳定发展。要坚持生态优先，把撂荒地整治、水系连通、水美乡村建设与乡村振兴战略有效衔接，突出改善农村人居环境，带动农业产业发展，推进乡村全面振兴。要坚持“头雁”示范，发挥农村致富带头人作用，因地制宜大力发展乡村产业，推动农村一、二、三产深度融合，激发村集体经济发展新动能。要坚持党建引领，以“党建+”社区邻里中心建设为抓手，引导群众共建共享，推进乡村治理现代化。要坚持项目带动，深化“万名干部进万企、一企一策促发展”活动，提升精准帮扶能力，为企业高质量发展提供全方位保障。

泉州市在全省率先推出水库库区高空智慧监控

市石壁水库水资源调配中心建成全省首个无线通信组网+高点AI监控网络全覆盖的水库高空智慧监控，推动水库管护从“人防”向“技防”转变，打造高效能的库区智慧治理新方式。泉州市推进智慧水利建设，提升管理数字化、网络化、智能化水平，为从严从细管好水资源、水工程，推进水利高质量发展提供支撑。市石壁水库水资源调配中心在市水利局的指导下，与泉州铁塔联手，打造全省首个无线通信组网+高点AI监控网络全覆盖的库区，极大提高水资源保护的数字化管理能力。

该中心有关负责人介绍，高空监控+AI技术对重点区域进行全天候监管，通过大数据比对区域内人员的轨迹、行为，一旦判定为涉水违法违规行为即可立即预警，并完整还原涉水违法行为证据链。最新的通信基站无线组网技术也解决了巡库人员与外界联系困难的历史难题，为福建省其他水库解决同类问题提供技术标准编制依据。同时，系统还可对水位进行实时比对分析，当分析结果为可能发生洪涝灾害时，第一时间发布预警信号。

闽西南协同发展区人大工作联席会议第四次会议在泉州召开

闽西南协同发展区人大工作联席会议第四次会议在泉州召开。厦门市人大常委会主任杨国豪、龙岩市人大常委会主任詹昌建、漳州市人大常委会副主任林俊德、三明市人大常委会副主任余建地等出席会议。泉州市人大常委会主任李建辉主持会议。会议学习中共二十大报告，强调要学习贯彻中共二十大精神，学习领会习近平总书记重要讲话精神，推动地方人大工作创新发展。

会议指出，五市人大常委会要提高政治站位，贯彻落实中央人大工作会议、省委人大工作会议精神，传承弘扬“晋江经验”，解放思想、守正创新，推动新时代地方人大工作高质量发展。要主动担当作为，紧扣五市党政联席会议审议通过的陆路交通互联互通三年行动计划、深化新时代山海协作实施方案，聚焦构筑区域协同新优势、推动产业配套协作、推动基础设施互联互通、深化公共服务共建共享、强化生态环境治理协同联动，以及民生热点难点问题，加强立法、监督、重大事项决定、代表工作等方面的协同，携手推动闽西南协同发展区经济社会高质量发展。会后，与会人员还到晋江经验馆、中国科学院泉州装备制造研究中心等参观学习。

闽西南协同发展区人大工作联席会议第四次会议现场
（图/市人大）

央视《文化十分》聚焦梨园戏传承

CCTV-3《文化十分》特别节目《我的团长我的团》播出“福建省梨园戏实验剧团团长曾静萍：让800年古老梨园戏活在当下”专题，通过团长视角访谈关注福建省梨园戏实验剧团的传承发展情况，向海内外观众展示泉州戏曲艺术的魅力。曾静萍为梨园戏国家级非物质文化遗产代表性传承人、享受国务院政府特殊津贴专家，曾两获中国戏剧最高奖“梅花奖”，被中宣部评为“德艺双馨”文艺工作者。她将大半生时间花在梨园戏的保护与传承工作上，她高超的表演艺术赢得全国同行的赞誉。

在节目中，曾静萍向观众介绍梨园戏保护传承的情况，在谈及“传承路上又十年——梨园戏2022年国庆演出季”时表示，国庆期间天天有演出，推出的新编梨园戏《英雄虎胆》、梨园戏小梨园流派传统剧目《董永》、新编梨园戏《倪氏教子》等剧目，平均上座率达九成，其中经典梨园戏《陈三五娘》的票更是早早售罄，全团上下都十分高兴。作为团长，有责任和义务让更多的优秀年轻演员加入梨园戏的传承中来。梨园戏代代相传，优秀的老艺人哺育了自己，她要用一生去感恩梨园戏这个团体，这是一种信念，也是一种情结。

经典梨园戏《陈三五娘》剧照（图/张婧婧）

新编梨园戏《李师师》剧照（图/陈智勇）

10月19日

农历壬寅年九月廿四
星期三
温度：19℃～24℃
多云转阴

●闽西南协同发展区人大工作联席会议第四次会议在泉州召开。

●CCTV-3《文化十分》特别节目《我的团长我的团》播出“福建省梨园戏实验剧团团长曾静萍：让800年古老梨园戏活在当下”专题，向海内外观众展示泉州戏曲艺术的魅力。

10月20日

农历壬寅年九月廿五
星期四
温度：18℃～25℃
多云转晴

●市政协主席肖汉辉到惠安调研“党建+”邻里中心政协委员工作室建设情况，出席惠安县政协委员雕艺产业工作室、无匠堂工作室、城关法庭工作室暨陈玲玲法官工作室和北关社区工作室的揭牌仪式。

●《泉州传：海上丝绸之路起点》由中国外文局外文出版社出版。

●石狮市跨境电商公共服务中心启用。

肖汉辉到惠安调研“党建+”邻里中心政协委员工作室建设情况

市政协主席肖汉辉到惠安调研“党建+”邻里中心政协委员工作室建设情况，出席惠安县政协委员雕艺产业工作室、无匠堂工作室、城关法庭工作室暨陈玲玲法官工作室和北关社区工作室的揭牌仪式。市政协副主席蔡萌芽、秘书长黄碧煌参加调研。每到一处，肖汉辉都了解委员工作室的建设情况，并召开“微座谈”，围绕如何发挥委员专长赋能基层治理等展开交流。肖汉辉指出，要发挥工作室职能作用，把握“有事好商量”定位，聚焦解决基层群众的急难愁盼问题，助力构建基层社会治理新格局。要激发委员工作室活力，常态化开展履职活动，把工作室建设成党委政府的“好帮手”、联系服务群众的“连心桥”。委员要各展所长，变身服装、建筑等行业“调解员”，把矛盾化解在基层，优化法治化营商环境，为全市经济社会高质量发展做出应有贡献。

《泉州传：海上丝绸之路起点》出版

《泉州传：海上丝绸之路起点》由中国外文局外文出版社出版，该书作为“丝路百城传”系列丛书之一，向世界各地介绍泉州。该书由中国作家协会会员、泉州市作家协会副主席兼秘书长、《泉州晚报》首席评论员林轩鹤创作。

《泉州传：海上丝绸之路起点》共十五章，分别是：一座与水相伴相生的城市、叩开千年古城的悠悠记忆、海上丝路起点刺桐港、宋元中国的世界海洋商贸中心、泉州“番客”下南洋、世界多元文化交融共生、古街巷深处的韵味、闽南古建筑“大观园”、中国首个东亚文化之都、泉州南派工艺婉约精美、寻踪南少林、泉州桥梁甲闽中、海滨邹鲁光耀古今、舌尖上的泉州、跨越式发展的又一次起跳。

出版方相关负责人表示，《泉州传：海上丝绸之路起点》一书，有宏观的叙述，也有局部的细节；有翔实的史料，也有生动的故事；有璀璨的历史，也有当代的新貌，展现泉州千年的荣耀。文章基本上采用散文笔法，时常体现作者的所见所闻，将泉州的悠久历史、灿烂文化和爱拼敢赢的泉州精神融合在一起。

作为世界首套，也是迄今为止唯一一套大型城市传记丛书，“丝路百城传”系列丛书为中国外文局重点出版项目，是出版界直接服务“一带一路”倡议的一项重大文化工程，也是用图书推动构建人类命运共同体的崭新实践。该项目填补国际出版空白，推动城市传记创作发展，深化对城市的研究与认知，加强“一带一路”共建国家的出版文化交流。该丛书已经出版包括中国、俄罗斯、意大利、阿根廷等国家的中外城市传记20余种，影响力不断扩大。

相关链接：林轩鹤已出版《丝路交响》《风骨》《沧海为镜》等散文集、诗集、长篇报告文学8部，作品入选《中国散文诗大系》《福建省文学创作50年选》《福建省文艺创作60年选》《福建优秀文学70年精选》等。

《泉州传：海上丝绸之路起点》

石狮市跨境电商公共服务中心启用

位于石狮跨境电商运营总部大厦的石狮市跨境电商公共服务中心启用。首批30多位石狮及周边区域的跨境电商从业者和意向从业者参加公益培训。石狮市商务局相关负责人介绍，公益培训课堂落地跨境电商公共服务中心，就是要让所有想来和已经在石狮做跨境的卖家，找得到地方、问得到老师、解决得了问题、出得了单子。

市政府第十八次常务会议召开

市政府第十八次常务会议召开，研究并通过《泉州市“基础教育人才引进行动”工作方案》；研究关于推荐评选2022年度泉州市见义勇为模范和推荐参评福建省第二十九次见义勇为英雄模范有关工作等。

会议要求，要贯彻习近平总书记关于教育的重要论述和对新时代人才工作提出的新要求新任务，围绕中共二十大报告指出的“办好人民满意的教育”目标，坚持教育优先发展理念，加强基础教育人才的服务和保障，加快补齐基础教育领域高学历教师和高端名师资源缺乏短板，构建“近悦远来”人才生态。各级各相关部门要各司其职、通力配合，打造“引育留用”工作链条，定期复盘评估人才引进成果，推动政策更好落地落实。要学习贯彻习近平总书记关于见义勇为事业的重要指示精神，利用电视、报纸、网络等媒体，多途径宣传见义勇为事迹，弘扬见义勇为精神，探索服务保障见义勇为人员的有效办法和长效机制，消除见义勇为者的后顾之忧。

市生态环境局开展“绿盾2022”自然保护地强化监督工作

为严肃查处各类涉自然保护区（地）违法违规行为，市生态环境局联合相关部门开展“绿盾2022”自然保护地强化监督工作，对泉州市戴云山、深沪湾海底古森林遗迹两个国家级自然保护区和泉州湾河口湿地、安溪云中山、永春牛姆林3个省级自然保护区重点问题整改情况进行核查。自2017年“绿盾”强化监督启动以来，泉州市5个自然保护区发现334个疑似问题（含2022年21个），全部完成实地核查及整改，“回头看”工作未发现问题回潮反复情况。

通过“绿盾”强化监督，泉州市自然保护区内违法违规活动受到严厉打击，生态环境持续向好，典型生态系统得到有效保护，珍稀濒危野生动植物数量总体稳中有升。全市在原有调查基础上新增调查记录50多种野生动植物，生物多样性保护成效显著。戴云山国家级自然保护区内新调查到金斑喙凤蝶等国家重点保护物种，并拍摄到中华穿山甲的活动影像；安溪云中山省级自然保护区监测到黄腹角雉和白眉山鹧鸪等珍稀鸟类种群数量显著增加；泉州湾河口湿地省级自然保护区调查到黑嘴琵鹭、卷羽鹈鹕、勺嘴鹬和黑嘴鸥在取食、栖息和越冬，东南沿海人工恢复面积最大的集中连片红树林万鸟齐飞的景象已成为全市乃至全省的一张生态名片。

戴云山风光（图/陈明华 李宏图）

泉州湾河口湿地自然保护区（图/连玲玲）

10月21日

农历壬寅年九月廿六
星期五
温度：22℃～28℃
晴转阴

● 市政府第十八次常务会议召开，研究并通过《泉州市“基础教育人才引进行动”工作方案》；研究关于推荐评选2022年度泉州市见义勇为模范和推荐参评福建省第二十九次见义勇为英雄模范有关工作等。

● 市生态环境局联合相关部门开展“绿盾2022”自然保护地强化监督工作。

10月22日

农历壬寅年九月廿七
星期六
温度：23℃～29℃
多云转阴

●市税务局、泉州海关、市市场监管局对友臣（福建）食品有限公司开展跨部门联合入户检查。

●市贸促会通过线上方式，与菲律宾中国商会纳卯分会签署合作谅解备忘录。

●省商务厅公布2022年“闽菜馆”品牌拟授权名单，泉州市54家餐饮企业入选。

泉州市开展跨部门联合入户检查

市税务局、泉州海关、市市场监管局对友臣（福建）食品有限公司开展跨部门联合入户检查。三部门共同梳理工作节点，讨论检查重点，探讨检查技巧，分享核查方法，提高业务能力，实现不同部门、多个领域、共同入企、一次检查，推进核查业务领域执法资源共享、执法力量互助，增进跨部门联合抽查的统一性，降低行政成本。联合抽查组全方位检查该企业的环境卫生、生产加工过程控制、原辅料使用等内容，逐一摸排企业经营状况、质量安全控制体系等方面存在的风险点，并现场提出整改意见。市场监管领域全面推行跨部门联合检查是贯彻落实国务院关于简政放权、放管结合、优化服务各项改革部署的内在要求，是减轻企业负担、维护市场秩序、优化营商环境的有力举措。据此，泉州市坚持“不多层重复抽查、不影响企业经营、不增加企业负担”原则，推进跨部门联合抽查。在推进执法资源共享、降低行政成本的同时，为企业减负解压，促进外贸保稳提质。

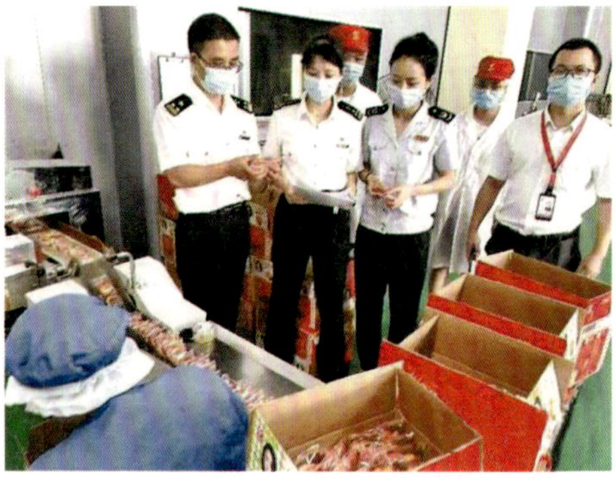

市税务局、泉州海关、市市场监管局对友臣（福建）食品有限公司开展跨部门联合入户检查（图/泉州网）

市贸促会与东盟东部增长区国家商协会建立友好关系

为促进泉州与东盟东部增长区国家经贸机构（商协会）的合作与交流，更好地服务两地企业发展，市贸促会通过线上方式，与菲律宾中国商会纳卯分会签署合作谅解备忘录，并授权其设立泉州国际商会驻棉南老联络处。此举为市贸促会与东盟东部增长区国家商协会建立友好关系实现“零”的突破，并为泉州企业开拓东盟东部增长区国家市场打开一条新通道。2021年以来，市贸促会通过多种渠道尝试与东盟东部增长区国家经贸机构（商协会）进行接触与联系，在石狮市菲华归侨经济促进会的牵线下，与菲律宾中国商会纳卯分会进行交流、了解和商谈，终于促成此次的“线上”结好。双方约定，保持常态化紧密型友好合作关系、建立信息互通共享长效机制、联合举办相关经贸活动、搭建双向投资贸易平台，为两地企业的经贸往来与合作提供尽可能完善的服务。

泉州市54家餐饮企业成为新一批“闽菜馆”

省商务厅公布2022年“闽菜馆”品牌拟授权名单，泉州市54家餐饮企业入选，成为新一批“闽菜馆”。2021年，省商务厅出台《促进闽菜繁荣三年行动方案》，提出打造闽菜文化“名片”——未来三年，实现培育1000家闽菜馆，使其成为福建餐饮的新名片。泉州市积极投入闽菜馆创建工作，24家泉州餐饮企业通过首批“闽菜馆”创建审批，一大批有代表性的泉州餐饮名店，通过“闽菜馆”品牌被更多人知晓和认可。

市商务局相关负责人表示，泉州通过挖掘梳理闽菜历史文化渊源、举办厨艺大赛加强闽菜传统技艺的传承、支持各地推选代表性强的特色菜品等方式，促进闽菜振兴和繁荣，打造闽菜品牌。未来，将扩大对泉州美食文化、餐饮名店的推广宣传，把泉州的“闽菜馆”打造成为福建美食“新地标”、闽南餐饮行业的“新名片”，让外地人一到泉州就能找到地道的闽南菜，品尝醇正的闽菜味道，感受独特的闽南美食文化。为促进全省“闽菜馆”创建工作取得积极成效，省商务厅对获得“闽菜馆”品牌授权使用的线下经营门店（含总部在省内、赴省外创建“闽菜馆”的企业门店）给予每家不高于5万元的资金奖励。

泉州市征集“工业医生”

数字化浪潮之下，许多企业已经意识到转型升级的紧迫性，但受制于资金、技术、人才等一系列问题，常常面临“不敢转”“不会转”的困境。市工信局为此启动泉州市“工业医生”征集工作，以此构建泉州市“工业医生”库，为推动泉州市制造业数字化提供智库支撑，为制造业数字化转型升级出谋划策、破解困局。

此次活动征集对象为国内具备制造业数字化转型顶层规划、评估诊断、方案设计、落地实施等方面系统性解决能力的企事业单位和行业协会。符合条件的企事业单位、行业协会可于28日前向属地工信部门申报，非泉州本地企事业单位可直接向市工信局申报。

作为泉州市助推产业数字化转型的创新性举措，“工业医生”主要工作内容包括：为泉州市在制造业数字化转型重大政策、重要工作决策制定上提供咨询意见和建议；参与泉州市制造业数字化转型相关调查研究、课题研究；参与泉州市制造业数字化转型诊断培训活动；为泉州市制造业企业数字化转型项目提供专业的技术指导和解决方案建议等。

市工信局相关负责人介绍，数字化转型是针对企业生产管理系统性、革命性的改造提升。许多中小微企业由于试错成本高，而不敢尝试，处于观望状态。“工业医生”既能提升中小微企业对数字化的认知，也能对企业数字化提供专业化建议，降低试错成本。市工信局将对遴选入围的服务商予以统一公布，并通过培训推介、资源对接、宣传展示等活动，支持入围服务商参与泉州市制造业数字化转型工作，强化服务支撑能力。

泉州市52个专利项目入选专利资助项目

市市场监管局公示拟审核通过的2022年专利资助项目，泉州市52个专利项目入选，涉及传感器、机械、生物医药、光电照明、五金工艺、水暖卫浴等行业。根据《福建省知识产权发展保护专项资金管理办法》规定，福建省2022年专利资助申报资助范围为：属于福建省向除中国以外的G20成员以及新加坡等国家（地区）申请或直接向欧洲专利局申请，并在2021年获得授权，且在2021年年底仍维持有效的发明专利。资助对象为，第一专利权人（第一专利申请人）地址在本省（不含计划单列市）的企事业单位、机关、团体和个人。

石狮市启动“狮城定制”评选活动

为提升企业的柔性生产能力，挖掘新的竞争优势，石狮市启动“狮城定制”评选活动。“狮城定制”评选活动由石狮市政府做指导单位，由石狮市工业信息化和科技局主办，石狮纺织服装产业联盟承办。该活动旨在发挥石狮纺织服装产业集群优势，引导服装生产企业实现大规模、高效率、低成本的定制化生产，推动当地服装制造业结构优化升级，打造石狮纺织服装产业高质量发展的新名片。

此次“狮城定制”评选品类暂定10个产品细分类别，分别为职业装、衬衫、T恤、polo衫、马甲、裤装、蓝领工作服、夹克、赛事服、羽绒服，后续根据企业申报情况最终确定类别。参评条件为：在石狮登记注册一年以上，具有独立法人资格的服装生产企业；规模以上工业企业或承诺入驻后一年内转为规模以上工业企业；企业现有生产设备具有一定智能化水平，具备大规模个性化服装定制生产能力；已通过线上或线下渠道开展服装定制工作并获取一定市场订单。石狮搭建“狮城定制”线上平台，支持“狮城定制”入选企业统一入驻。同时，鼓励并引导当地各单位和机构通过“狮城定制”线上平台集中采购工作制服等，对“狮城定制”入选企业、优秀企业，根据实际情况予以承租国有资产房屋租金优惠、技改政策补助比例提高等政策支持。业界人士表示，石狮市组织开展“狮城定制”评选活动，将有助于引导企业开展个性化设计、柔性化生产和智能化服务，实现降本增效，扩大已有的产业优势，推动石狮制造高质量发展，树立“狮城定制”新名片。

10月23日

农历壬寅年九月廿八
星期日
温度：19℃～25℃
多云转晴

- 市工信局启动泉州市“工业医生”征集工作。
- 市市场监管局公示拟审核通过的2022年专利资助项目，泉州市52个专利项目入选。
- 石狮市启动“狮城定制”评选活动。

10月24日

农历壬寅年九月廿九
星期一
温度：18℃～24℃
多云转阴

●市委常委会（扩大）会议召开，传达学习中共二十大和中共十九届七中全会精神，按照省委常委会（扩大）会议部署，研究泉州市初步贯彻落实意见。

●全市疫情防控工作视频会议召开，落实全省疫情防控工作视频会议要求，研究部署疫情防控工作。

●市政府党组（扩大）会议召开，传达学习中共二十大和中共十九届七中全会精神，以及省委常委会（扩大）会议、市委常委会（扩大）会议精神。

●由市委宣传部、市委讲师团、泉州晚报社、泉州广播电视台主办的泉州市学习宣传贯彻中共二十大精神“微宣讲+文明实践”“三下乡”示范活动首场活动在泉港区南埔镇惠屿村举行。

●中超联赛增加晋江为中立赛区，以分担其他赛区的办赛压力。

市委常委会学习中共二十大精神

市委常委会（扩大）会议召开，传达学习中共二十大和中共十九届七中全会精神，按照省委常委会（扩大）会议部署，研究泉州市初步贯彻落实意见。

会议强调，全市要更加自觉用习近平新时代中国特色社会主义思想武装头脑、指导实践、推动工作。要把握过去五年工作和新时代十年伟大变革的重大意义，把握习近平新时代中国特色社会主义思想的世界观和方法论，把握以中国式现代化全面推进中华民族伟大复兴的使命任务，把握以伟大自我革命引领伟大社会革命的重要要求，把握团结奋斗的时代要求，加快建设“海丝”名城、智造强市、品质泉州。全市各级党组织要按照中央和省委的部署要求，组织开展学习研讨、宣传宣讲、教育培训等，迅速掀起学习宣传热潮。要推进中国式现代化的泉州实践，传承弘扬“晋江经验”，为共同富裕和现代化建设夯基筑台、增添动力，在全省全方位推进高质量发展中勇当主力军。要高效统筹疫情防控和经济社会发展，统筹发展和安全，落实“疫情要防住、经济要稳住、发展要安全”重要要求，决战决胜四季度，推动经济稳中向好，做好民生保障、安全生产、平安建设等工作，及早谋划2023年工作，确保开好局、起好步。要加强党的建设，持之以恒推进全面从严治党，以高质量党建引领保障高质量发展。

市政府党组（扩大）会议召开

市政府党组（扩大）会议召开，传达学习中共二十大和中共十九届七中全会精神，以及省委常委会（扩大）会议、市委常委会（扩大）会议精神。会议要求，要按照市委统一部署，把学习贯彻中共二十大精神与落实省、市党代会部署相结合，与抓好各项工作相结合，奋勇争先、真抓实干，创造无愧于时代、无愧于人民的工作业绩。要系统观念谋发展，把握中国式现代化的本质要求和重大原则，按照市委“强产业、兴城市”双轮驱动部署要求，深化拓展市政府“抓项目、促发展”系列专项行动，前瞻谋划2023年政府工作，推动二十大报告各项决策部署在泉州落地见效；要全力以赴抓经济，盘点年初市委、市政府定下的各项工作，对标找差、压实责任、迎头赶上，同时加强经济运行分析调度，突出抓投资、稳工业、促消费，冲刺年度目标任务；要保障民生增福祉，推进“惠民生补短板”专项行动，完善城市基本公共服务配套，及时回应群众关切，提升人民生活品质；要毫不松懈守底线，贯彻总体国家安全观，高效统筹常态化疫情防控和经济社会发展，统筹发展和安全，维护社会安定稳定。

晋江成为中超联赛中立赛区

中超联赛增加晋江为中立赛区，以分担其他赛区的办赛压力。官方公布的赛程时间显示，第19轮的补赛于10月24—25日进行，第20轮的补赛于10月29—30日进行，第23轮比赛于11月3—4日进行，第24轮比赛时间为11月7—8日，第25轮比赛时间为11月12—13日。随着天气越来越冷，北方城市进行足球比赛有较大难度。经中国足协、中足联筹备组考察，增添晋江为2022赛季中超联赛中立赛区。晋江市足球训练中心体育场、晋江市体育中心体育场作为中立赛区比赛场地。泉州赛区启动后，接下来的中超联赛集中在浙、闽、粤、琼等地进行。泉州晋江赛区是该赛季中超联赛第二个主客场制中立赛区。泉州晋江赛区、海口赛区同时运行，承接部分俱乐部的中立主场比赛，并在俱乐部主场赛区气候条件不满足比赛要求时、主场赛区客观情况变化暂无法办赛时，承接相关比赛。

晋江市第二体育中心远眺（图/林劲峰）

刘建洋调研宣传思想文化工作

省委常委、市委书记刘建洋到宣传思想文化战线开展工作调研，并与宣传思想文化系统干部就学习好宣传好贯彻好中共二十大精神进行座谈。市领导施宇辉、陈辉宗参加调研。在泉州木偶剧院，刘建洋与泉州木偶戏、梨园戏、高甲戏、歌舞剧、南音等文艺院团负责人交谈，了解五大院团发展、剧目创作、对外交流等情况。刘建洋指出，要坚持以人民为中心的创作导向，相互学习借鉴，创作更多优秀作品，把文化事业做精、文旅产业做强，更好地服务群众、服务社会、服务城市发展。在鲤城区开元街道新时代文明实践所，刘建洋指出，要突出资源整合、功能融合、力量协同，统筹新时代文明实践中心、“党建+”社区邻里中心等载体建设，丰富文明实践的形式和内涵，寓服务于宣传、寓宣传于服务，更好地宣传群众、教育群众、引领群众、服务群众，提升文明城市创建水平，提高全社会文明程度。

座谈会上，刘建洋强调，宣传思想文化战线要着眼高度、深度、广度，提高站位、精心组织、全力以赴，聚焦中共二十大主题，讲深讲透蕴含其中的重要思想、重要观点、重大战略、重要举措及道理、学理、哲理；要采取群众喜闻乐见的形式，推动中共二十大精神进企业、进农村、进机关、进校园、进社区、进军营、进网络，在学习宣传贯彻中共二十大精神上走在前列。要紧扣中心、聚焦发力，用中共二十大精神指导推进宣传思想文化各项工作。围绕“强产业、兴城市”双轮驱动等中心工作，讲好泉州故事，传递泉州声音，擦亮特色品牌，提升城市辨识度和影响力；把握历史机遇，以文塑旅、以旅彰文，发展文创产业、推出文艺精品、塑造文化地标、推动文旅融合，致力打造世界级旅游目的地，推动繁荣文化事业和发展文旅产业全面破题。

刘建洋（左三）在宣传思想文化战线开展工作调研
（图/陈英杰）

市人大常委会党组扩大会议召开

市人大常委会党组扩大会议召开，传达学习中共二十大和中共十九届七中全会精神，以及省委、市委相关会议精神，研究市人大常委会党组贯彻意见。会议指出，要紧扣中国式现代化谋划推进人大工作，在主动融入大局服务大局中发挥职能作用，按照市委统一部署，结合“强产业、兴城市”双轮驱动，谋划推进人大立法、监督、决定、代表等各项工作。要发挥人大在发展全过程人民民主中的作用，加强代表联系群众活动室、基层立法联系点等民主民意表达平台建设。

市人大常委会党组扩大会议现场（图/市人大）

市政协党组扩大会议召开

市政协党组（扩大）会议召开，传达学习中共二十大精神，以及省委常委会（扩大）会议、市委常委会（扩大）会议精神，研究市政协贯彻意见。会议指出，要聚焦“强产业、兴城市”双轮驱动，在推动高质量发展中发挥政协优势和作用；坚持履职为民，深化拓展“党建+”邻里中心委员工作室的功能和实效；践行发展全过程人民民主，提升专门协商机构制度效能，以强烈使命担当提升落实能力。

10月25日

农历壬寅年十月初一
星期二
温度：18℃～23℃
多云转阴

●省委常委、市委书记刘建洋到宣传思想文化战线开展工作调研，并与宣传思想文化系统干部就学习好宣传好贯彻好中共二十大精神进行座谈交流。

●市人大常委会党组扩大会议召开，传达学习中共二十大和中共十九届七中全会精神，以及省委、市委相关会议精神，研究市人大常委会党组贯彻意见。

●市政协党组（扩大）会议召开，传达学习中共二十大精神，以及省委常委会（扩大）会议、市委常委会（扩大）会议精神，研究市政协贯彻意见。

10月26日

农历壬寅年十月初二
星期三
温度：19℃～25℃
晴

●省委常委、市委书记刘建洋到惠安，与基层干部群众共同学习宣传贯彻中共二十大精神，并开展调研。

●泉州市培元中学与日本长崎县立长崎东高中举行线上交流活动。

刘建洋到惠安与基层共学中共二十大精神

省委常委、市委书记刘建洋到惠安，与基层干部群众共同学习宣传贯彻中共二十大精神，并开展调研。市领导施宇辉、汪志红参加调研。在位于惠安经济开发区城南园的惠芯人工智能制造产业园，刘建洋察看园区规划建设进展，到企业生产车间了解研发制造、应用场景、人才引进等情况。刘建洋叮嘱，要坚持创新在现代化建设全局中的核心地位，鼓励企业集聚力量加大科技攻关，掌握关键核心技术，赢得未来竞争优势；要围绕龙头企业，强化产业链招商，加快园区标准化建设，推动创新链产业链资金链人才链深度融合。在惠泉片区、西苑片区施工现场，刘建洋听取项目规划建设、空间布局等情况介绍。刘建洋指出，人民城市人民建、人民城市为人民，要落实中共二十大报告关于“推进以人为核心的新型城镇化”等部署，坚持以人为本、安置先行，突出产业培育、基础设施、公共服务配套、生态环境“四个优先”，抢抓施工黄金期推进更新改造，最大限度保护历史文脉、释放生态红利，让群众早受益、得实惠。

每到一处，刘建洋都与基层干部群众一起学报告、谈感受、话未来。刘建洋强调，中共二十大所做出的决策部署涵盖方方面面，惠安各级各部门要把思想和行动统一到中共二十大精神上来，把学习成果转化为加快推动“强产业、兴城市”双轮驱动的生动实践，坚定不移办好惠安的事情，做到既为一域增光，又为全局添彩。要加快建设现代化产业体系，明晰产业布局、空间布局，推动石油化工等主导产业扩容提质，引导建筑、石雕、校服等传统产业转型升级，培育电子信息、新材料等战略性新兴产业增长引擎。要推进以县城为重要载体的城镇化建设，突出城乡统筹、新老并重，多算大账、长远账、综合账，变“零敲碎打”为“集中连片”，做好项目策划储备，做到精心规划、精致建设、精细管理、精美呈现、精明增长，提升城市功能品质。要服务和融入新发展格局，既用好各级普惠性政策，又因地制宜精准施策，帮扶企业抢订单、拓市场、提信心，提振消费活力，为全方位推进高质量发展强支撑添后劲。

刘建洋（左五）在福建惠芯人工智能制造产业园调研（图/陈起拓）

泉州市培元中学与日本长崎县立长崎东高中举行线上交流活动

泉州市培元中学与日本长崎县立长崎东高中举行线上交流活动，两校师生借助“云端”叙友情、展文化、献才艺。活动伊始，两校校长分别致辞。双方对此次交流活动充满期待，希望两校能以此为契机，增进了解，为未来两校在各领域的合作奠定基础，并祝愿中日两国友谊万古长青。在文化交流环节，培元中学日语班学生用日语向日本友人介绍泉州遗产点、特色美食及校园生活。长崎东高中的学生介绍他们的校园特色和长崎当地的中国文化元素。通过相互交流，大家对彼此的地方文化和校园生活产生兴趣。在互动环节，两校学生就美食、漫画、校园文化等主题相互提问，也让大家对双方后续交流充满期待。在才艺表演环节，培元中学南音乐团的学生演奏《走马》，向日本友人展示优秀传统文化的校园传承。书法班的学生写下“一衣带水”送给在“云端”的日本朋友。活动最后，两校师生“云端”合影，共同祝愿两校间的交流能够为中日关系添砖加瓦。

刘建洋调研组织工作

省委常委、市委书记刘建洋到基层调研组织工作并召开座谈会，推动中共二十大精神落地生根、见行见效。市领导施宇辉、卢秀萍、黄文胜参加调研。在丰泽区泉秀街道华丰社区，刘建洋指出，要建强基层党组织战斗堡垒，引导重心下移、力量下沉、资源下放，提升基层服务能力和综合治理能力，推动“党建+”社区邻里中心综合效益最大化，更好地组织群众、宣传群众、凝聚群众、服务群众，实现人民对美好生活的向往。在位于泉州金控集团的城市金融会客厅，刘建洋与干部职工互动交流，希望大家立足泉州所需，加强与先进城市、大院大所互联互动，导入金融资本、科创资源、优秀人才，助力开辟发展新领域新赛道，塑造发展新动能新优势。

座谈会上，刘建洋强调，全市组织系统要提高政治站位，履行双重责任，组织开展干部教育培训，引导全市各级党组织和党员干部带头深入系统学、原原本本学、知行合一学。要服务中心大局，紧扣“强产业、兴城市”双轮驱动，把中共二十大精神贯穿到建设高素质干部队伍、打造先进制造业人才高地、加强基层组织建设等组织工作全过程，在建好用活“党建+”社区邻里中心、推进非公企业“党建入章”、培育和集聚实用型高技能人才等领域创建特色品牌，为当好全方位推进高质量发展主力军提供组织保证。要加强队伍建设，打造“讲政治、重公道、业务精、作风好”的模范机关和全面过硬的组工干部队伍，建成党员之家、干部之家、人才之家，以高质量党建引领保障高质量发展。

刘建洋（左三）在泉秀街道华丰社区与基层干部群众共同学习贯彻中共二十大精神（图/陈英杰）

蔡战胜调研泉州城建集团

市长蔡战胜调研泉州城建集团，与城建集团党员干部共同学习领会中共二十大精神，并就城市开发建设、国资国企改革展开交流，谋划下一步发展思路。副市长蔡天守参加调研。蔡战胜了解中心城区片区规划、城市基础设施建设及国企改革等情况，并与参会代表座谈交流。蔡战胜强调，要主动融入全市大局，强化主力军意识，围绕市委“强产业、兴城市”双轮驱动部署，聚焦项目攻坚和抓城建提品质、抓开放招商促项目落地，在城市大开发建设、重大民生保障等领域当先锋、打头阵，做到敢啃“硬骨头”、能打“硬仗”，推动城市建设提速、城市能级提升。

蔡战胜（左一）调研泉州城建集团（图/陈晓东）

10月27日

农历壬寅年十月初三
星期四
温度：20℃～27℃
晴转多云

●省委常委、市委书记刘建洋到基层调研组织工作并召开座谈会，推动中共二十大精神落地生根、见行见效。

●继收听收看全省疫情防控工作视频会议后，全市疫情防控工作视频会议召开，分析研判疫情形势，研究部署下阶段疫情防控重点工作。

●市长蔡战胜调研泉州城建集团，与城建集团党员干部共同学习领会中共二十大精神，并就城市开发建设、国资国企改革展开交流，谋划下一步发展思路。

●市长蔡战胜与北京大学汇丰商学院创院院长（北大原副校长）海闻教授座谈。

10月28日

农历壬寅年十月初四
星期五
温度：21℃～24℃
多云转阴

●市十七届人大常委会第五次会议召开。会议传达学习中共二十大精神；听取市人大法制委有关审议结果的报告，表决通过《泉州市文化旅游发展促进条例》等。

●市十七届人大常委会第十次主任会议召开，讨论《泉州市文化旅游发展促进条例（草案建议表决稿）》。

●市长蔡战胜到国家税务总局泉州市税务局调研，与党员干部共同学习领会中共二十大精神，并看望慰问税务系统干部职工。

●市政协主席肖汉辉带领部分市政协委员到泉州台商投资区开展年度视察。

●市委宣传部召开学习宣传贯彻中共二十大精神电视电话会议。

●继省防汛抗旱指挥部视频会商调度会后，市防汛抗旱指挥部召开全市防范第22号台风“尼格”会商调度会。

●泉州知识产权法庭法官工作室揭牌仪式在鲤城区人民法院“海上丝绸之路”史迹保护巡回法庭举行。

市十七届人大常委会第五次会议召开

市十七届人大常委会第五次会议召开。会议传达学习中共二十大精神；听取市人大法制委有关审议结果的报告，表决通过《泉州市文化旅游发展促进条例》等。图为会议现场。

（图/市人大）

蔡战胜到市税务局调研

市长蔡战胜到国家税务总局泉州市税务局调研，与党员干部共同学习领会中共二十大精神，并看望慰问税务系统干部职工。市委常委、常务副市长黄景春参加调研。座谈会上，蔡战胜指出，市税务局围绕中心、服务大局，在疫情防控、复工复产中主动作为，有力有序有效组织税费征收、落实减税降费政策，为经济社会平稳发展做出贡献。下阶段，要聚焦主责主业，履行“为国聚财、为民收税”使命担当，巩固和强化重点税源，培育一般税源，涵养新税源，依法依规组织税费收入，落实落细退税减税降费，为稳增长、保市场主体多做贡献。要提升业务素养，强化税收数据分析，发挥以税咨政、服务经济职能，为市委、市政府科学决策提供支撑依据。要提高税务服务质效，结合“局长走流程”“万名干部进万企、一企一策促发展”等活动，走基层、进企业了解涉税需求、解决涉税问题，优化税收营商环境，推动建设“便利泉州”。

市委宣传部召开学习中共二十大精神电视电话会议

市委宣传部召开学习宣传贯彻中共二十大精神电视电话会议。会议强调，全市宣传文化系统要坚持先学一步、深学一层，把思想和行动统一到中共二十大精神上来，自信自强、守正创新，踔厉奋发、勇毅前行，为推进中国式现代化泉州实践提供强大精神力量。要落实党中央决策部署和省委、市委要求，统筹各类资源阵地，组织学习宣讲、新闻宣传、文艺宣传、社会宣传、网络宣传、对外宣传等，推动全市迅速掀起学习宣传贯彻热潮。要把握、落实铸就社会主义文化新辉煌各项任务要求，巩固壮大主流思想舆论、践行社会主义核心价值观、繁荣发展文化事业和文化产业，以文化自信自强加快文化强市、“海丝”名城建设。要加强组织领导，压紧压实责任链条、坚持正确方向导向、创新宣传方式方法，推动学习宣传贯彻中共二十大精神各项任务落地落实、见行见效。

全市防范第22号台风“尼格”会商调度会召开

继省防汛抗旱指挥部视频会商调度会后，市防汛抗旱指挥部召开全市防范第22号台风“尼格”会商调度会。会商要求，要加强值班值守，密切监视台风的发展动态，并根据气象、海洋等部门发布的预报预警信息，及时做好台风防范应对工作。要全程跟踪督促泉州市位于闽中、闽南和台湾浅滩渔场的作业渔船全部就近进港避风，并做好沿海养殖渔排上的老弱妇幼人员撤离上岸工作。要加强港区内避风渔船、修造船、客渡船、危险品船舶和无动力船舶管理，港口码头、客渡航线要落实恶劣天气禁航限航等相关规定，及时提醒过往商船、海上施工船舶和作业平台关注风浪影响，督促避开或撤离台风影响区域，做好港区锚地安全管控工作。要加强滨海景区和非景区景点、海滨浴场等的巡查，适时关停关闭，做好游客疏导劝离工作，并加强沿海防波堤、近岸礁石垂钓者的警示劝离，杜绝私自驾船海钓，确保安全。要加强对城乡高空设施、施工塔吊、高空悬挂物的检查加固，做好施工工地、高空作业的安全管控。要抓住有利时机开展人工增雨作业。

刘建洋到安溪检查疫情防控工作

省委常委、市委书记刘建洋到安溪检查疫情防控工作，市领导施宇辉、黄景春参加检查。刘建洋检查疫情防控工作流程和防疫措施、物资供应、管理服务等落实情况。

随后，刘建洋到安溪县疫情防控前线指挥部，与有关人员会商，研究部署疫情防控重点工作。刘建洋强调，要落实“疫情要防住、经济要稳住、发展要安全”重要要求，坚持“外防输入、内防反弹”“动态清零”，绷紧思想之弦、行动之弦、责任之弦，执行第九版防控方案，“快、准、严、实、细”抓好疫情防控工作。要突出重点、精准施策，加强流调溯源“回头看”，滚动排查中高风险地区、涉疫重点地区返回人员，抓好核酸“落地检”，聚焦重点场所、重点部位、重点人群，应检尽检、不漏一人，提高早发现、快处置能力。要加强密闭空间经营场所专项整治，加强隔离场所、定点医院规范管理，严防交叉感染和风险外溢。要注重问题导向，及时回应群众关切，用心用情做好生活服务保障，维护人民生命安全和身体健康。

蔡战胜开展林长巡林暨督导互花米草除治攻坚

市长、市林长蔡战胜到丰泽、石狮、晋江开展林长巡林暨督导互花米草除治攻坚，市领导张文贤、蔡天守参加相关活动。蔡战胜到丰泽区城东街道南堤、泉州湾（石狮段），看进度、找问题、解堵点。蔡战胜强调，要按照省委、省政府部署，根据互花米草分布区域、面积大小等特点，实施“日调度”制度，科学统筹资源，灵活调配力量，区域协同、联动除治，强力推进除治修复，保质保量按时完成年度任务，打造美丽生态岸线。蔡战胜到紫帽山、罗裳山，并登上泉州市紫帽山天气雷达站，了解松材线虫病防治、山体林分改造、景区建设、森林防火、人工增雨抗旱等工作情况，并慰问雷达站工作人员、森林消防队员。蔡战胜强调，要认识到推行林长制的重要意义，扛起主体责任，加强森林资源巡护，常态化开展病虫害防治，科学调度人工增雨作业，完善秋冬季森林防火机制，做到山有人管、林有人护、责有人担。

调研中，蔡战胜指出，各级政府各部门要保持加强生态文明建设的战略定力，提升生态环境治理能力水平，统筹好高水平保护与高质量发展。各级林长要发挥调度指导作用，加快实施森林生态系统修复，推进园林绿化工作提质增效，确保林长制各项工作落地见效，保护巍巍青山、守好生态安全。要抓紧抓实“外防输入、内防反弹”各项工作，强化涉疫人员排查管控，落实常态化防控措施，形成齐抓共管合力，筑牢疫情防控屏障。

永春县农业水价改革经验做法获全国推广

水利部农村水利水电司印发《农业水价改革典型案例》，永春县农业水价综合改革入选典型案例，成为福建省唯一入选的案例，在全国推广。农业水价综合改革是激发市场参与农田水利建设管理积极性的重要抓手，是保障国家粮食安全的重要措施。市委、市政府高度重视农业节水工作，市水利局先行先试，督促指导相关县、市建立健全精准补贴和节水奖励机制，以点带面推进农业水价综合改革，取得明显成效。其中，永春县以全国农田水利设施产权制度改革和创新运行管护机制试点县和综合治水试验县为契机，探索推进农业水价综合改革，将其作为提高农业用水效率、实现农业节能减排的重大举措和根本途径。

永春县在推进农业水价改革的过程中，因地制宜选择条件较好的地区先行开展农业水价综合改革试点，从“管理信息化、灌溉计量化、耕作精细化”三方面着手打造精品工程，以精品引路、试点示范逐步推开。绘制全县22个乡镇、4126处农田小型水利工程分布图，发放产权证书548本，探索农田水利“建管一体化”，在全省率先推出农村小型水利工程产权抵押专项贷款“融水贷”，明确农业水价定价范围，建立超定额累进加价制度，并以奖促管，提高相关责任主体节水积极性。

10月29日

农历壬寅年十月初五
星期六
温度：20℃～26℃
多云

●省委常委、市委书记刘建洋到安溪检查疫情防控工作。

●市长、市林长蔡战胜到丰泽、石狮、晋江开展林长巡林暨督导互花米草除治攻坚。

●水利部农村水利水电司印发《农业水价改革典型案例》，永春县农业水价综合改革入选典型案例，成为福建省唯一入选的案例，在全国推广。

10月30日

农历壬寅年十月初六
星期日
温度：21℃～25℃
多云转阴

●晋江市博物馆、安溪国心绿谷生态茶庄园、德化安娜茶油文化产业园3家景区获评国家AAA级旅游景区。

●由泉州海外交通史博物馆、邵武市博物馆主办的“青云窑——青山云海里的海丝记忆”展览在泉州海外交通史博物馆开幕。

泉州市新增三家国家AAA级旅游景区

晋江市博物馆、安溪国心绿谷生态茶庄园、德化安娜茶油文化产业园三家景区获评国家AAA级旅游景区。

晋江市博物馆位于晋江市世纪大道382号，是集典藏、展示、科研、社教等功能于一体的国家二级博物馆、福建省一级博物馆。建筑面积1.7万平方米，展厅面积5500平方米，主体建筑四层，设有展馆区、文物库房区、办公区、公众服务区、会务中心等。博物馆内设有“晋江故事——历史与人文的诉说”“匠心天工 美美与共——馆藏文物精品展”“海天万里故园情——晋江华侨华人历史展”“晋台缘港澳情——晋江港澳台同胞展”四大固定展览，同时设有两个临时展厅，可举办各类专题展览。

安溪国心绿谷生态茶庄园位于安溪县尚卿乡，除200多公顷生态茶园外，还拥有峰、谷、林、溪等多样化的生态环境，不仅是铁观音最佳生长地点，也是最适宜康养人居、休闲度假的养生胜地。庄园投入6000多万元建设与完善国心堂茶文化体验厅、铁观音文化主题邮局、体验拓展训练基地、登山健身游步道等项目，发展成为集休闲度假、森林康养、农家体验、亲子娱乐、拓展培训、商务会议等于一体的茶文化休闲旅游景区，是安溪铁观音茶文化传播与推广的新名片。

德化安娜茶油文化产业园位于德化县浔中镇城东开发区，以传播中国传统油茶文化为宗旨，汇集观光工厂、文化展示、研学实践、茶油主题餐厅、手工DIY体验、农业文创等，通过眼看、耳听、手做、品尝等全方位、立体式感受油茶文化传承与现代工艺创新的魅力，打造一站式“茶油文化体验平台”。

晋江市博物馆（图/泉州文旅）

“青云窑——青山云海里的海丝记忆”展览开幕

由泉州海外交通史博物馆、邵武市博物馆主办的“青云窑——青山云海里的海丝记忆”展览在泉州海外交通史博物馆开幕。展览持续至11月30日。

青云窑位于福建北部邵武市水北镇，又称四都窑，是福建省重要的古窑址之一。它始烧于南宋，鼎盛于南宋晚期至元朝，延续至明末，历经400多年，以烧制青白瓷、黑釉瓷、酱釉瓷为主，尤以南宋晚期至元代的产品最佳，器型及装饰技法多样，极具代表性。历史上，青云窑曾是福建外销瓷的主要生产基地之一，通过“海上丝绸之路”远销海外。青云窑的安平壶曾在中国台湾地区大量发现，是重要的涉台文物点，其产品中还有多种茶器，与茶文化密切相关。泉州海外交通史博物馆相关人士介绍，青云窑具有深厚的文化内涵。此次展览通过六部分内容、70余件展品，介绍青云窑的历史概况、烧造工艺、产品特色、“海上丝绸之路”文化以及枫林窑非物质文化遗产传承等内容，唤醒青山云海里的“海上丝绸之路”记忆。

“青云窑——青山云海里的海丝记忆”展览现场（图/泉州海外交通史博物馆）

刘建洋到永春调研

省委常委、市委书记刘建洋到永春，结合学习宣传贯彻中共二十大精神开展调研。市领导施宇辉、蔡天守参加调研。调研中，刘建洋强调，要立足当前、着眼长远，把自身优势和发展需求紧密结合，坚持项目为先、项目为基、项目为要，发挥生态、文旅等资源禀赋加大项目策划实施，抢抓施工黄金期加快项目攻坚，做足“产业发展招项目、城市建设谋项目、民生生态争项目”文章。要因地制宜、精准施策，推进城乡融合和区域协调发展，提升城乡颜值形象，推进产教融合，打通人口、人力、人才资源通道，促进人气商气集聚。

刘建洋（左四）调研永春县工业园区标准化建设项目（图/陈英杰）

刘建洋到永春县美岭村宣讲中共二十大精神

中共二十大代表、省委常委、市委书记刘建洋到永春县一都镇美岭村，宣讲中共二十大精神，并调研乡村振兴、基层党建等工作。市委常委、秘书长施宇辉参加调研。刘建洋指出，要精心组织安排，聚焦中共二十大主题，着眼高度、深度、广度，采取灵活多样、喜闻乐见的形式，通过专题报告、辅导讲座、研讨交流、宣传宣讲等，推动进企业、进农村、进机关、进校园、进社区、进军营、进网络，确保中共二十大精神在基层落地生根、见行见效。要紧密联系实际，把学习宣传贯彻中共二十大精神，与学习贯彻习近平总书记对福建工作的重要讲话、重要指示批示精神，与传承弘扬“晋江经验”、推进21世纪“海丝名城”建设结合起来，做好新型工业化和新型城镇化“两篇文章”，发挥基层党组织战斗堡垒和党员先锋模范作用，凝聚海内外泉州人智慧力量，办好泉州的事，把学习成果转化为推进中国式现代化的泉州实践，勇当全方位推进高质量发展主力军。

刘建洋（左三）参观美岭精神展馆（图/陈英杰）

蔡战胜到市农业农村局和市海洋与渔业局调研

市长蔡战胜到市农业农村局、市海洋与渔业局调研，和党员干部共同学习领会中共二十大精神并展开工作交流，谋划下一步发展思路。副市长苏耿聪参加调研。在农业农村局，蔡战胜强调，要守住保障粮食安全和不发生规模性返贫的底线，加大粮食生产支持力度，巩固拓展脱贫成果。要加快推进农业农村现代化，让乡村产业更有活力、乡村环境更加宜居、乡村治理更加有效。要强化乡村振兴保障要素，盘活利用低效用地，引导和鼓励更多社会资本投向农业农村，加强乡村振兴人才队伍建设。在市海洋与渔业应急指挥中心，蔡战胜指出，要发展海洋经济，培育壮大海上牧场、滨海旅游、海洋制造、海洋药物与生物制品、海洋健康食品等业态。要保护海洋生态，抓好近岸海域污染防治，常态化开展海漂垃圾专项整治，建设美丽海岸线。

蔡战胜（左二）调研市海洋与渔业局应急指挥中心（图/陈晓东）

10月31日

农历壬寅年十月初七
星期一
温度：18℃～23℃
多云转小雨

●省委常委、市委书记刘建洋到永春，结合学习宣传贯彻中共二十大精神开展调研。

●中共二十大代表、省委常委、市委书记刘建洋到永春县一都镇美岭村，宣讲中共二十大精神，并调研乡村振兴、基层党建等工作。

●市长蔡战胜到市农业农村局、市海洋与渔业局调研，和党员干部共同学习领会中共二十大精神并展开工作交流，谋划下一步发展思路。

●市人大常委会主任、市电子信息产业发展小组组长李建辉到惠安开展“万名干部进万企、一企一策促发展”专项行动，走访泉州市电子信息产业部分重点企业、重点项目。

●市委副书记宿利南到泉州台商投资区、惠安，与基层一起学习中共二十大精神，调研粮食安全、乡村振兴等工作。

●由省政府主办，省体育局、南平市政府承办的福建省第十七届运动会青少年网球比赛在南平市体育中心闭幕，泉州队获4项冠军、3项亚军和2项季军。

11月1日

农历壬寅年十月初八
星期二
温度：19℃～22℃
多云转中雨

●省委常委、市委书记刘建洋到泉港，向基层党员群众宣讲中共二十大精神并开展调研。

●市政府召开加快推进“抓城建提品质”项目建设工作会议，动员全市统一思想，追赶进度，打好第四季度城建攻坚战。

●市政协组织部分市政协委员开展年度视察活动。

刘建洋到泉港调研

省委常委、市委书记刘建洋到泉港，向基层党员群众宣讲中共二十大精神并开展调研。市领导施宇辉、汪志红参加。刘建洋到清源创新实验室科研人员中间，与大家一起学习中共二十大精神，并了解实验室运作、成果落地等情况，希望实验室向世界一流的化工新材料科创高地进军，在科研投入、运行管理、成果转化、人才引进等方面，探索多元化、可持续的体制机制，增强“造血功能”，良性循环发展。刘建洋到坝头溪流域综合整治重要节点菜堂湿地公园，沿溪察看水质、截污工程、生态景观等情况，叮嘱抓好河长制各项任务落实，挖掘流域特色资源，将水安全、水生态、水景观、水文化、水经济协同起来，下足绣花功夫，打造精品工程，实现综合效益最大化。在中化学天辰泉州60万吨/年环氧丙烷项目建设现场，刘建洋要求当地党委、政府与企业保持密切联系，精准服务并统筹抓好疫情防控、安全生产、物资运输、设备安装等工作，力促项目早竣工、早投产、早达效。

调研中，刘建洋强调，泉港区要把思想和行动统一到中共二十大精神上来，团结带领干部群众加快建设现代化绿色石化港口新城。要立足当前，抢抓施工黄金期，压茬推进在建项目建设，千方百计稳企纾困，全方位助推满工达产、增资扩产、提质强产。要着眼长远，发挥石化、港口两大优势，抓好项目策划包装，加大开放招商力度，既做大做强“油头—化身—纺尾”石化链条，又培育新材料、临港经济、文旅经济等新的增长引擎，奋力弯道超车。要以人为本，结合实施“强产业、兴城市”双轮驱动，加快产城人融合步伐，既用好用足上级优惠政策，又因地制宜精准施策，特别要为市域企业异地增资扩产、职业院校跨域扩容提质提供发展空间，以产聚人兴城，以城留人促产，让湄洲湾南岸这颗明珠更具吸引力。

刘建洋（左四）在泉港调研坝头溪流域综合整治项目（图/陈起拓）

市政府召开加快推进“抓城建提品质”项目建设工作会议

市政府召开加快推进“抓城建提品质”项目建设工作会议，动员全市统一思想，追赶进度，打好第四季度城建攻坚战。会议指出，要抓住重点、突破难点，强化领导、理顺机制，倒排进度、挂图作战，加强现场协调调度和集中办公审批，台账式、清单式跟踪推进。要锤炼作风、树立新风，把项目建设一线作为砥砺党性、锤炼作风、锻炼干部的主战场，通过完善奖惩机制、开展晾晒比拼等方式，营造干事创业的好氛围。

市政协组织开展年度视察活动

市政协组织部分市政协委员开展年度视察活动。视察组走访晋江恒安生活用品智能化生产基地、晋江集成电路小微工业园基础设施和晋江集成电路测试探针暨中国大陆营运总部项目，了解泉州市重点项目的发展规划和建设进度等。参加视察的政协委员表示，将聚焦泉州市经济社会各项事业，凝聚发展共识，积极建言献策。

市政协视察组视察晋江集成电路小微工业园基础设施项目（图/市政协）

市委理论学习中心组学习会召开

市委理论学习中心组学习会召开，学习贯彻习近平总书记在二十届中共中央政治局第一次集体学习时的重要讲话精神，集中学习研讨中共二十大精神。

会议要求，要坚持全面系统学，着眼政治高度、理论深度、覆盖面广度，学深悟透中共二十大提出的重要思想、重要观点、重大战略、重大举措及道理、学理、哲理，学深悟透蕴含其中的历史逻辑、理论逻辑、实践逻辑，开展对象化、分众化、互动化宣讲，推动中共二十大精神在泉州落地生根、见行见效。要坚持结合实际学，把学习宣传贯彻中共二十大精神，与学习贯彻习近平总书记对福建工作的重要讲话重要指示批示精神，与传承弘扬“晋江经验”、推进21世纪“海丝名城”建设结合起来，找准泉州工作的切入点、着力点、落脚点，明确重点任务、重点举措，做好新型工业化和新型城镇化“两篇文章”，激发爱拼敢赢、团结奋斗精气神，推进中国式现代化的泉州实践，勇当全方位推进高质量发展主力军，确保中共二十大做出的重大决策部署在泉州付诸行动、见到实效。

刘建洋到晋江宣讲中共二十大精神

中共二十大代表、省委常委、泉州市委书记刘建洋到晋江民营企业宣讲中共二十大精神，并开展调研。市领导施宇辉、张文贤参加调研。在位于东石镇梅塘村的天守服装织造生产基地，刘建洋向干部群众和企业家宣讲阐述，现场解难题议发展。

随后，刘建洋到卡尔美体育用品有限公司，与企业家、基层干部和员工代表围坐一起，共同学报告、谈感受、谋未来。6名企业家代表交流学习体会、畅谈发展愿景。在听取大家发言后，刘建洋分享自身参加中共二十大的经历，以及研读报告的所学所感、所思所悟。刘建洋指出，中共二十大报告通篇闪耀着马克思主义真理光芒，是党和人民智慧的结晶，是党团结带领全国各族人民夺取中国特色社会主义新胜利的政治宣言和行动纲领。要统一思想、学深悟透，突出高度、深度、广度，做到内化于心、外化于行，推动中共二十大精神在基层落地生根。要高举旗帜、争先示范，传承弘扬“晋江经验”，弘扬企业家精神，坚守实业，加快转型升级，做好代际传承，履行社会责任，擦亮本土制造品牌，为全方位推进高质量发展增添动力，在中国式现代化的泉州实践中书写崭新答卷。要党建引领、夯实基础，创新非公党建模式，更好发挥基层党组织战斗堡垒和党员先锋模范作用，把党的政治优势和组织优势转化为发展优势，在新的赶考之路上再创“晋江经验”新辉煌。

市委常委会学习习近平总书记重要讲话、重要指示精神

市委常委会召开会议，学习贯彻习近平总书记重要讲话、重要指示精神，研究贯彻落实措施，部署推进泉州市学习宣传贯彻中共二十大精神工作。

会议学习习近平总书记在10月25日中共中央政治局会议上的重要讲话精神。会议强调，要把学习宣传贯彻中共二十大精神作为首要政治任务，引导干部群众原原本本、逐字逐句学习中共二十大报告和党章，做到学思用贯通、知信行统一，在全市掀起学习宣传贯彻的热潮。要落实中共二十大关于坚持和加强党中央集中统一领导的各项要求，遵守党章和党内政治生活准则，严明党的政治纪律和政治规矩，以实际行动践行对党忠诚。要落实中央八项规定及其实施细则精神，倡导“马上就办、真抓实干”“四下基层”等作风，促进全市党员干部展现新气象新作为。会议学习《中共中央关于认真学习宣传贯彻党的二十大精神的决定》和中央宣传部、省委宣传部学习宣传贯彻中共二十大精神电视电话会议精神。会议要求，全市各级党委（党组）要把学习宣传贯彻中共二十大精神摆上重要议事日程，结合本地区本部门实际，精心组织、统筹安排，全面抓好学习培训，有声有色宣传报道，开展集中宣讲，推动中共二十大精神入心入脑、落到实处。

11月2日

农历壬寅年十月初九
星期三
温度：19℃～21℃
多云转阴

●市委理论学习中心组学习会召开，学习贯彻习近平总书记在二十届中共中央政治局第一次集体学习时的重要讲话精神，集中学习研讨中共二十大精神。

●中共二十大代表、省委常委、泉州市委书记刘建洋到晋江民营企业宣讲中共二十大精神，并开展调研。

●市委常委会召开会议，学习贯彻习近平总书记重要讲话、重要指示精神，研究贯彻落实措施，部署推进泉州市学习宣传贯彻中共二十大精神工作。

●丰泽区政府分别与中国联通泉州市分公司、杭州易靓好车互联网科技有限公司、源之宇宙（福建）科技集团有限公司签订合作协议，三个招商项目落地泉州中央商务区。

●洛江区应急广播系统启用，在全市率先实现应急广播全覆盖。

●《人民日报》官方微信公众号以《18楼天台外，他说：“我不放，我跟你一起下！”》为题报道惠安县公安局巡特警反恐大队民警潘文星救下轻生女子的事迹，新华社客户端也转载相关报道。

11月3日

农历壬寅年十月初十
星期四
温度：20℃～22℃
多云转阴

●省委常委、市委书记刘建洋到泉州台商投资区调研，推动中共二十大精神落地落实。

●市政府党组会议召开，传达学习习近平总书记在10月25日中共中央政治局会议上和27日带领中共中央政治局常委到陕西延安瞻仰延安革命纪念地时的重要讲话精神，以及省委常委会会议和市委常委会会议精神。

●市政府党组理论学习中心组学习会召开，围绕学习贯彻中共二十大精神开展集体学习研讨。

●商务部、国家发展改革委、财政部、人民银行、海关总署、市场监管总局、外汇局、药监局决定，在全国增设29个国家进口贸易促进创新示范区，晋江入选。

●2022年福建（晋江）石墨烯大会在晋江举行。

刘建洋到泉州台商投资区调研

省委常委、市委书记刘建洋到泉州台商投资区调研，推动中共二十大精神落地落实。市领导施宇辉、汪志红参加调研。刘建洋到首都师范大学附属泉州学校建设现场看规划、问进度，叮嘱要抢抓施工黄金期，在保障安全和质量的前提下，力促早竣工早投用，让更多孩子在“家门口”上好学。刘建洋进园区、走企业、看项目、督进度，鼓励企业面向经济主战场、面向生命健康，增强自主创新能力，走好“从技术到产品到产业”的转化之路，塑造新动能新优势；要求各级各相关部门加快园区标准化建设，加大开放招商力度，主动为上下游企业“牵线搭桥”，推动市域内产业链供需精准对接，为企业成长营造良好环境。

调研中，刘建洋与基层干部热议中共二十大报告中的重要思想、重要观点、重大战略、重大举措，共商发展大计。刘建洋强调，泉州台商投资区要学习把握落实中共二十大精神，抢抓机遇、锚定目标、坚定信心、保持定力，激发“跳起来摘桃子”的拼劲，实施“强产业、兴城市”双轮驱动，加速产城人融合发展，打造改革试验区、开放先行区、创新引领区、融合示范区。要突出产业优先、主攻工业，存量增量一起抓，既要引导优质企业加快增资扩产、提质强产、释放潜能，又要聚焦先进制造业、战略性新兴产业、文旅经济等重点领域扩大招商引资，促进企业发展壮大、产业集群集聚。要突出做旺城市、做足人气，树牢“精明增长、紧凑城市”理念，科学选定重点区域，集中力量、强势突破，统筹业态导入、功能增强、生态提升，既提高土地利用综合效益，又提升城市能级品质，让人气更足、商气更热、烟火气更浓。要突出项目攻坚、服务护航，推进集中审批、综合执法改革，打造最优营商环境，推动签约项目早开工、开工项目快建设、在建项目早竣工、竣工项目早投产、投产项目早达产，形成滚动接续态势，以有效投资拉动经济健康增长，在中国式现代化的泉州实践中书写新答卷。

刘建洋（左三）在德润产业园调研生物科技产业（图/陈英杰）

市政府党组会议召开

市政府党组会议召开，传达学习习近平总书记在10月25日中共中央政治局会议上和27日带领中共中央政治局常委到陕西延安瞻仰延安革命纪念地时的重要讲话精神，以及省委常委会会议和市委常委会会议精神。会议要求，要牢记宗旨守初心，站稳人民立场，坚持问需于民、问计于民、问效于民，推进“惠民生补短板”专项行动，用心用情用力解决好群众急难愁盼问题，增进民生福祉。要锲而不舍转作风，保持“赶考”的清醒和坚定，落实中央八项规定及其实施细则精神，推进作风建设常态化长效化，巩固风清气正的良好政治生态。要弘扬伟大建党精神和延安精神，引导政府系统党员干部发扬斗争精神、提高斗争本领，马上就办、真抓实干，以实实在在的工作业绩体现担当、展现作为。

市政府党组理论学习中心组学习会召开

市政府党组理论学习中心组学习会召开，围绕学习贯彻中共二十大精神开展集体学习研讨。会议强调，要重点围绕市委“强产业、兴城市”双轮驱动部署，聚焦项目攻坚和抓城建提品质、抓开放招商促项目落地，抓实产业升级、城乡发展、改革创新、民生改善等工作。

刘建洋到泉州师范学院宣讲中共二十大精神

中共二十大代表、省委常委、市委书记刘建洋到泉州师范学院调研，并通过为师生上思政课宣讲中共二十大精神。市领导施宇辉、陈辉宗、陈小辉参加活动。刘建洋察看泉州师范学院光子技术研究中心和中化实验室机构运行，勉励大家面向地方产业，在探索多元化可持续的产学研深度融合机制上下功夫，让更多研究成果走向市场、服务社会。刘建洋听取南音文化传承与发展协同创新中心介绍，给予肯定，叮嘱要保护好、传承好、发展好南音等优秀非物质文化遗产，坚持创造性转化、创新性发展，助力泉州打造世界遗产保护利用典范城市。

思政课上，刘建洋结合参加中共二十大的切身感受和一段时间来的所学所感、所思所悟，对标对表习近平总书记对青年的深情寄语、殷切期望，为师生解读中共二十大精神。刘建洋指出，中共二十大报告蕴含一系列新的重要思想、重要观点、重大战略、重大举措，是党团结带领全国各族人民夺取中国特色社会主义新胜利的政治宣言和行动纲领，是马克思主义的纲领性文献。要原原本本学、深入系统学、联系实际学，领悟中共二十大关于党和国家事业发展大政方针和战略部署的历史逻辑、理论逻辑、实践逻辑，把中共二十大精神落实到办学、教学、求学全过程各方面。青年学子是担负民族复兴重任的“强国一代”，希望大家坚定不移听党话、跟党走，怀抱梦想又脚踏实地，矢志艰苦奋斗，练就过硬本领，争当理想远大、信念坚定、扎根人民、奉献国家、德才兼备、知行合一的新时代好青年，让青春绽放绚丽之花。思政课老师要带头学深悟透中共二十大精神，把教学内容与社会实践、城市发展紧密结合，用高尚的人格感染和影响学生，当好青年朋友的引路人、知心人、热心人。学校要加快建设特色鲜明的一流应用型大学，立足泉州、服务泉州、助力泉州，主动融入“强产业、兴城市”双轮驱动，为推进中国式现代化的泉州实践提供强大智力支撑。

刘建洋（右五）与泉州师范学院师生互动交流
（图/雷宝燕）

蔡战胜与中国中化副总经理钟韧洽谈

市长蔡战胜在上海与中国中化副总经理钟韧，就深化央地合作、扩大投资布局进行交流洽谈。市领导高向荣、汪志红参加洽谈。蔡战胜指出，泉州高度重视与中国中化的战略合作，希望双方完善对接机制，在产业强链延链补链、泉惠石化园区绿色发展等领域深化务实合作，助力泉州勇当全方位推进高质量发展主力军。

宿利南调研党建引领网格管理和社区治理工作

3—4日，市委副书记宿利南到鲤城、丰泽、泉州开发区，与基层一起学习中共二十大精神，调研党建引领网格管理和社区治理等工作。宿利南走访红梅社区、高山社区、锦绣江南小区、铭湖社区、东湖社区、丰泽社区，了解社区党建、党建引领网格管理等建设情况。宿利南指出，要坚持高质量党建引领，发挥网格员、下沉党员、小区党支部、业委会等多方力量，打造共商共议共建共享的基层治理格局，集中力量解决群众关切的事情，提升群众获得感、幸福感、安全感。要细化网格管理服务，筑牢网格阵地、配强网格力量，在文明创建、垃圾分类、社会救助、疫情防控等工作中发挥“网格员”紧密联系群众的优势，提升精准治理、精准服务水平。

11月4日

农历壬寅年十月十一
星期五
温度：17℃～20℃
阴

●中共二十大代表、省委常委、市委书记刘建洋到泉州师范学院调研，并通过为师生上思政课宣讲中共二十大精神。

●市长蔡战胜在上海与中国中化副总经理钟韧，就深化央地合作、扩大投资布局进行交流洽谈。

●3—4日，市委副书记宿利南到鲤城、丰泽、泉州开发区，与基层一起学习中共二十大精神，调研党建引领网格管理和社区治理等工作。

●泉州市首家“清新书苑”（晋江市图书馆来旺分馆）揭牌。

11月5日

农历壬寅年十月十二
星期六
温度：17℃～21℃
多云

●泉州市委、市政府在上海举行泉州市“长三角”招商推介会，并举行“长三角”泉州商会联盟成立仪式。

●市长蔡战胜在上海与上海城建市政工程（集团）有限公司董事长顾春华交流洽谈。

●5—6日，由中国航天科技国际交流中心主办的首届全国青少年航天创新大赛决赛以线上比赛形式举行。泉州市代表队13个作品获一等奖、8个作品获二等奖、11个作品获三等奖。

●福建省第十七届运动会青少年女子举重比赛在南平闭幕。泉州体育运动学校选手代表泉州参赛，获1金2银5铜。

泉州市“长三角”招商推介会在上海举行

泉州市委、市政府在上海举行泉州市“长三角”招商推介会，并举行“长三角”泉州商会联盟成立仪式。受省委常委、市委书记刘建洋委托，市长蔡战胜发表讲话。蔡战胜表示，泉州市正学习贯彻中共二十大精神，弘扬“晋江经验”，以实施“强产业、兴城市”双轮驱动为路径，高效统筹疫情防控和经济社会发展，“抓开放招商促项目落地”，推进“工业园区标准化建设”，下大功夫“抓城建提品质”，扛起全方位推进高质量发展主力军担当，建设21世纪“海丝名城”。

蔡战胜对泉州籍企业在外创业拼搏所取得的业绩给予肯定，对泉州乡贤和企业家长期以来热心支持和参与泉州经济建设表示感谢。蔡战胜向各位企业家发出邀请，期待大家走进泉州、投资泉州、落户泉州，与泉州携手并肩，共享机遇，增进交流互信、广泛深化对接。泉州将结交新朋友，不忘老朋友，营造一流营商环境，倾情、倾智、倾力服务企业，支持企业到泉州投资兴业、做大做强。推介会上，上海泉州商会联合上海、江苏、浙江、安徽等泉州籍商会发起成立“长三角”泉州商会联盟，蔡战胜为联盟授旗。市人大常委会副主任、市招商领导小组副组长高向荣参加。副市长汪志红代表市政府做工业园区标准化建设及招商推介。各县（市、区）政府、泉州经济技术开发区管委会、泉州台商投资区管委会、市直有关部门主要负责人和150多位泉州乡贤和企业家代表参加。推介会前，蔡战胜会见参加推介会的客商、泉州籍乡贤代表。在上海期间，蔡战胜还走访旺旺集团、均和集团，寻求合作商机，推进共赢发展。

长三角地区各泉州籍商会是联系长三角地区和泉州的重要桥梁纽带，是推动长三角地区和泉州经济社会建设的宝贵资源和重要力量。“长三角”泉州商会联盟成立后，将把“长三角”泉州籍商会与家乡经济类行业商（协）会进行融合，融入国内国际“双循环”大发展格局，在推动长三角地区与泉州两地交流互动、共享商机、共谋发展等方面，发挥“助推剂”“润滑剂”作用，增强长三角泉州籍企业的抗风险能力和市场应变能力，引导长三角地区项目、资金、人才和技术资源嫁接服务泉州做好新型工业化文章、做大做强做优泉州现代产业体系。

泉州市“长三角”招商推介会现场（图/张九强）

泉州选手在全国首届青少年航天创新大赛获佳绩

5—6日，由教育部和国家航天局、中国载人航天工程办公室、中国卫星导航系统管理办公室、中国航天科技集团有限公司、中国航天科工集团有限公司指导，中国航天科技国际交流中心主办的首届全国青少年航天创新大赛决赛以线上比赛形式举行。泉州市代表队13个作品获一等奖、8个作品获二等奖、11个作品获三等奖。此次参赛的泉州市代表队，是经泉州市赛区比拼胜出的优秀参赛队。

泉州市培元中学庄晴朗、颜宇楠的集体项目作品获“航天创意设计”类高中组一等奖，晋江市安海镇养正中心小学苏炜柏、李宇宸、黄昊轩、田睿琪、林嘉阳、许德宝和晋江市安海中心小学王钰洁等7名同学各自的个人作品获“太空探测”类小学Ⅲ组的7个一等奖，晋江市内坑中心小学陈奕帆、江羿晋的集体项目作品获“航天创意设计”类小学组一等奖，晋江市心养小学蔡清福、陈乐琪的集体项目作品和泉州聚龙外国语学校周乐、吴梓睿的集体项目作品获“太空探测”类小学组的两个一等奖，石狮市第一中学姜怡壕和石狮市中英文实验学校龚星宇两名同学各自的个人作品获“太空探测”类初中组的两个一等奖。

泉州市新增4家国家级博士后科研工作站

2022年第一批新设立博士后科研工作站名单公布。泉州市4家单位入选，入选数量居全省第一。4家入选单位分别为清源创新实验室、安踏（中国）有限公司、福建安溪铁观音集团股份有限公司、信泰（福建）科技有限公司。泉州市博士后科研工作站建设始于1999年12月，经原人事部批准，在晋江高科技园区设立全市首家博士后科研工作站。23年来，泉州市博士后工作站已覆盖信息技术、生物医药、纺织鞋服、机械装备、新材料、建材家居等重点产业，为培养创新型人才、推动科技进步和经济社会发展做出积极贡献。全市建设国家级博士后科研工作站25家、省级创新实践基地12家，数量居全省第二。泉州市博士后科研工作站与30多所省内外高校建立博士后人员培养机制，取得发明专利160多项，在各类平台发表论文200多篇，成果转化新增产值15亿元。博士后工作站的建设，提升企业的核心竞争力，通过加速产学研合作，加快科技成果转化，助力企业创新发展和产业转型升级。

5个项目获科技对外合作领域立项支持

市科技局公布2022年度泉州市科技对外合作和人才领域科技计划备选项目立项结果，5个项目获科技对外合作领域立项支持。5个项目分别是泉州大数据运营服务有限公司申报的“基于数据编织的泉州市公共数据治理体系研究”、茂泰（福建）鞋材有限公司申报的“皮革屑/橡胶复合材料的结构设计与应用研究”、泉州市儿童医院申报的“基于家系全外显子测序（trio-WES）模式为主的危重症新生儿遗传性疾病识别及致病基因特征研究”、泉州装备制造研究中心申报的“基于数据驱动的微结构表面模具高精度机器人抛光关键技术研究”和泉州华中科技大学智能制造研究院申报的“自动化产线流程仿真与虚拟调试系统关键技术研究”。

市级科技对外合作项目是泉州市为构建以开放为导向的科技创新合作机制，对接国内外创新资源，加快科技成果转化与技术转移，推动泉州高质量发展而组织实施的科技计划项目。泉州市加大科技对外开放力度，引导支持企事业单位的科技人才，围绕战略性新兴产业、九大千亿产业等领域的技术发展需求，与“一带一路”共建国家、欧美发达国家及中国粤港澳大湾区、闽西南协同发展区和其他省、自治区、直辖市等开展联合技术攻关。

《泉州南音基础教程》乐曲配套音视频完成制作

《泉州南音基础教程》乐曲配套音视频完成制作，结束泉州南音进校园传承33年没有规范化音视频教材的历史。该项目作为2022年福建省非物质文化遗产保护与传承项目，参与演唱演奏的大部分是南音界名家，备受瞩目。泉州南音进校园开展33年以来，受过南音熏陶的中小学生超过20万人，但此前只有纸质教材，没有规范化的音视频示范演唱演奏教材，一些南音师资薄弱的学校就很难开展。

中国曲艺牡丹奖二度获得者、泉州市南音传承中心负责人庄丽芬表示，2022年该中心组织优秀南音演唱演奏者，进行《泉州南音基础教程》乐曲配套音视频制作，录制中小学南音教材示范演唱演奏音视频，还有伴奏带，让中小学生直观感受与了解正统的南音演唱演奏，也让更多弦友欣赏到《直入花园》《元宵十五》《因送哥嫂》等耳熟能详的曲目。1989年，泉州市教育、文化部门联合开展南音进校园活动，将南音作为乡土教材、特色课程引入中小学。泉州市南音艺术家协会原主席陈日升是泉州南音进校园的倡导者、推动人。陈日升表示，师资力量一直是南音进校园的软肋。刚开始时，通过开办南音培训班，邀请南音资深老师授课，培养了一批南音教师。后来，一届届南音专业教师不断加入传承队伍，但全市中小学南音教师仍有较大缺口。此次《泉州南音基础教程》乐曲配套音视频完成制作，为南音进校园提供规范化的演唱演奏样板，意义深远。

11月6日

农历壬寅年十月十三
星期日
温度：17℃～23℃
多云转阴

●2022年第一批新设立博士后科研工作站名单公布。泉州市4家单位入选，入选数量居全省第一。

●市科技局公布2022年度泉州市科技对外合作和人才领域科技计划备选项目立项结果，5个项目获科技对外合作领域立项支持。

●《泉州南音基础教程》乐曲配套音视频完成制作，结束泉州南音进校园传承33年没有规范化音视频教材的历史。

11月7日

农历壬寅年十月十四
星期一
温度：19℃～22℃
小雨转多云

●省委常委、泉州市委书记刘建洋到德化、南安调研，推动中共二十大精神在基层落地生根。

●市人大常委会党组书记、主任李建辉到安溪企业、社区宣讲中共二十大精神。

●市长蔡战胜到福州大学石油化工学院（泉港校区）调研，并以思政课形式，向师生们宣讲中共二十大精神。

●市委副书记宿利南到石狮市祥芝镇莲坂村、石窟公园、宝盖科技园“党建+”邻里中心等地，向基层党员干部群众宣讲中共二十大精神，并开展工作调研。

●7—8日，泉州市机关特色党建项目评展决赛举行，市、县两级机关的47个特色党建项目展开角逐。最终评出一等奖10个、二等奖15个、三等奖22个、优秀组织奖10个以及特别成就奖7个。

刘建洋到德化南安调研

省委常委、泉州市委书记刘建洋到德化、南安调研，推动中共二十大精神在基层落地生根。市领导施宇辉、汪志红参加调研。

在德化红旗坊·文旅产业园，刘建洋要求把工程质量作为生命线，既修旧如旧又修新如旧，最大限度传承保护工业文明记忆，推动创造性转化、创新性发展。刘建洋检查即将投用的德化县社会福利中心各功能区域，希望当地把公益性和市场化有机结合，优化周边配套，强化管理服务和社会氛围营造。刘建洋察看德化县城东工业园区规划建设情况，叮嘱要注重产城融合，推动基础设施与城市发展相协同、物理空间与功能内涵双提升，尤其要重视导入生产性和生活性服务业，探索建设“党建+”园区邻里中心，实现园区事园区办，在园区工作生活更便利。就德化下一步发展，刘建洋强调，要千方百计帮助企业抢订单拓市场、促进项目快建设早投产，加快陶瓷产业转型升级。要紧盯国际品牌和头部企业，扩大招商引资、招才引智，同时要释放国家全域旅游示范区效应，策划生成更多文旅融合项目，塑造发展新动能新优势。在位于南安市英都镇的英侨机械制造公司，刘建洋了解蒸汽疏水阀等产品技术特点、市场应用。刘建洋鼓励企业继续深耕节能降碳先进技术研发和推广应用，把细分领域做深做精做透，并做好“传帮带”，推动制造业高端化、智能化、绿色化发展。

刘建洋（左四）在德化红旗坊·文旅产业园调研
（图/陈起拓）

李建辉到安溪宣讲中共二十大精神

李建辉（左二）在安溪企业宣讲中共二十大精神
（图/陈意鸣）

市人大常委会党组书记、主任李建辉到安溪企业、社区宣讲中共二十大精神。李建辉到城厢镇茗城社区“党建+”邻里中心，调研人大代表工作室。李建辉指出，要丰富全过程人民民主的泉州实践，更加支持和保障代表依法履职，加强代表工作能力建设，拓展代表履职的深度和广度；更加密切人大常委会同人大代表、人大代表同人民群众的联系，用好人大代表活动室、《民情专报》、代表微信工作群等平台，保障代表履职权利。

蔡战胜到福州大学石油化工学院宣讲中共二十大精神

市长蔡战胜到福州大学石油化工学院（泉港校区）调研，并以思政课形式，向师生们宣讲中共二十大精神。在位于石油化工科教园区内的清源创新实验室，蔡战胜走访测试中心、佑达环保高端湿电子化学品联合研发中心，了解先进纤维材料与技术科研团队的研发新成果。蔡战胜指出，福州大学石油化工学院和清源创新实验室要主动融入泉州发展大局，以人才、学科、平台三位一体化建设为策略，推进政产学研合作，打造世界一流的化工新材料科创高地，更好服务泉州经济社会发展。

蔡战胜（左一）在福州大学石油化工学院（泉港校区）调研（图/陈晓东）

泉州市收听收看学习贯彻中共二十大精神中央宣讲团报告会

泉州市组织收听收看学习贯彻中共二十大精神中央宣讲团报告会。省委常委、市委书记刘建洋，市领导蔡战胜、李建辉、肖汉辉、宿利南等，省人大常委会委员陈灿辉，省政协人口资源环境委员会副主任李转生等在泉州分会场参加。中央宣讲团成员，十二届全国政协社会和法制委员会副主任、中央政策研究室原副主任施芝鸿从七个方面对中共二十大精神做全面阐释、系统讲解。

刘建洋在市委办公室宣讲中共二十大精神

中共二十大代表、省委常委、市委书记刘建洋参加市委办公室机关党员干部学习交流中共二十大精神座谈会并做宣讲。市领导宿利南、施宇辉、刘文儒参加。座谈会上，市委办公室机关党员干部代表聚焦中共二十大精神，结合岗位职责和自身实际，畅谈学习感悟和贯彻举措。

刘建洋强调，要坚持把发展经济的着力点放在实体经济上，坚持人民城市人民建、人民城市为人民，实施“强产业、兴城市”双轮驱动，统筹开展项目攻坚年和抓城建提品质、抓开放招商促项目落地、工业（产业）园区标准化建设等重点专项，谋划推进文化旅游融合和凝聚侨心侨智侨力等工作挖潜破题，为共同富裕和现代化建设夯基筑台、增添动力。市委办公室是市委的“窗口”和中枢机关，承担着“参谋部”“指挥所”的重任，要带头学习宣传贯彻中共二十大精神，对标对表习近平总书记在中央办公厅调研视察时提出的重要要求，尤其在对党绝对忠诚、当好参谋助手、打造过硬铁军上走前列、作标杆；要善于把握好大局与小事、效率与质量、原则与灵活的关系，既以“国之大者”的胸怀观大势谋大事，又对“小事小节”有“时时放心不下”的责任感，把中共二十大精神中蕴含的思想、观点、方法贯穿到办文办会办事全过程、各方面。

市人大常委会党组理论学习中心组学习会召开

市人大常委会党组理论学习中心组学习会召开，学习贯彻习近平总书记在二十届中央政治局第一次集体学习时的重要讲话精神，集中学习研讨中共二十大精神。会议强调，常委会党组成员要按照市委部署要求，到企业、村（社区）等基层一线开展座谈宣讲。要抓好贯彻落实，找准人大在推进中国式现代化泉州实践中的着力点，前瞻谋划各项工作，发展全过程人民民主，自觉做到中央、省委和市委决策部署到哪里，人大工作就跟进到哪里。要弘扬自我革命、敢于斗争精神，纵深推进人大系统全面从严治党。

市人大常委会党组理论学习中心组学习会现场（图/王虎文）

市政协党组理论学习中心组学习会召开

市政协党组理论学习中心组学习会召开，集中学习研讨中共二十大精神。会上，与会党组成员结合工作实际，交流学习体会。会议要求，要提高政治站位，把学习宣传贯彻中共二十大精神作为首要政治任务，把握大会的鲜明主题、精神实质和战略部署。要结合政协工作实际，丰富学习载体，以建设“书香政协”为抓手，到界别群众、基层一线和“党建+”邻里中心委员工作室，开展多形式、多层次、全方位的集中学习活动。要坚持和发展全过程人民民主，提高建言资政和凝聚共识水平，把学习成效转化为推进政协工作、服务高质量发展的实际行动。

11月8日

农历壬寅年十月十五
星期二
温度：19℃～23℃
多云转小雨

●泉州市组织收听收看学习贯彻中共二十大精神中央宣讲团报告会。

●中共二十大代表、省委常委、市委书记刘建洋参加市委办公室机关党员干部学习交流中共二十大精神座谈会并做宣讲。

●市人大常委会党组理论学习中心组学习会召开，学习贯彻习近平总书记在二十届中央政治局第一次集体学习时的重要讲话精神，集中学习研讨中共二十大精神。

●市人大常委会党组扩大会议召开，传达学习习近平总书记在10月25日中共中央政治局会议上、10月27日带领中共中央政治局常委到陕西延安瞻仰延安革命纪念地时的重要讲话精神等。

●市政协党组会议召开，研究《市政协十三届二次会议建议方案》《市政协党组关于认真学习宣传贯彻党的二十大精神的通知》。

●市政协党组理论学习中心组学习会召开，集中学习研讨中共二十大精神。

●市委常委、宣传部部长、统战部部长陈辉宗到泉州晚报社、泉州广播电视台宣讲中共二十大精神并看望慰问新闻工作者。

●2022年“119”消防宣传月启动仪式在市区东海泰禾广场举行。

●由市政府主办，市科技局、泉州金控集团承办的泉州市产学研全对接大会举行。

11月9日

农历壬寅年十月十六
星期三
温度：21℃～27℃
多云

●9—10日，市人大常委会开展《关于加快推进21世纪“海丝名城”建设的决议》执行情况及“促进文旅经济发展，加快‘海丝名城’建设”专题调研。

●市长蔡战胜到南安企业宣讲中共二十大精神、开展“万名干部进万企、一企一策促发展”专项行动调研，并召开座谈会交流工作思路举措。

●市政协党组书记、主席肖汉辉到洛江区双阳街道南山社区宣讲中共二十大精神，并调研“党建+”邻里中心建设情况，走访慰问部分困难群众。

●市政协组织部分市政协委员开展年度视察活动。

●由2022年中国金鸡百花电影节组委会、省委宣传部、中国电影家协会主办，省电影局、市委宣传部承办的2022年中国金鸡百花电影节八闽电影巡展启动仪式在主宾城市泉州举行。

●市委常委、秘书长施宇辉到惠安宣讲中共二十大精神。

●由市委市直机关工委和市委史志研究室主办的“奋楫笃行——泉州新时代发展成就图片展”在市图书馆开幕。

蔡战胜到南安宣讲中共二十大精神

市长蔡战胜到南安企业宣讲中共二十大精神、开展“万名干部进万企、一企一策促发展”专项行动调研，并召开座谈会交流工作思路举措。在三安半导体科技公司，蔡战胜了解企业研发、生产及销售情况，就存在问题与发展思路进行交流。

座谈会上，蔡战胜听取南安经济社会发展情况汇报，了解2023年工作安排，就重点问题展开分析。蔡战胜指出，南安抓工作有思路、有方法，在经济运行、招商引资、园区标准化建设、城市品质提升等领域成效明显，成绩值得肯定。要学习贯彻中共二十大精神，围绕市委“强产业、兴城市”双轮驱动部署，攻坚冲刺年终关键期，为全市发展多做贡献。要抓产业升级，按照“强引擎、建载体、铸链条、提存量、拓增量、造环境”，打好经济“组合拳”，深化“万名干部进万企、一企一策促发展”专项行动，帮助企业纾困解难。要抓城市更新，突出规划引领，狠抓项目建设，同步推进教育、医疗、就业等民生领域补短板，提升城市品质和能级，让群众生活更加幸福美好。

蔡战胜（右四）在三安半导体科技公司调研
（图/陈晓东）

肖汉辉到洛江宣讲中共二十大精神

市政协党组书记、主席肖汉辉到洛江区双阳街道南山社区宣讲中共二十大精神，并调研“党建+”邻里中心建设情况，走访慰问部分困难群众。副主席洪川夫、秘书长黄碧煌参加。肖汉辉察看了解社区“党建+”邻里中心运行机制和具体做法。随后，肖汉辉与基层干部、归侨、侨眷共同学习中共二十大精神，并现场协调相关问题。肖汉辉指出，全市各级政协组织和政协委员要传承弘扬华侨精神，听取侨亲的意见建议，通过政协提案、社情民意信息等形式，帮助归侨、侨眷反映呼声、排忧解难，助力画好最大同心圆。

2022年中国金鸡百花电影节八闽电影巡展在泉州启动

由2022年中国金鸡百花电影节组委会、省委宣传部、中国电影家协会主办，省电影局、市委宣传部承办的2022年中国金鸡百花电影节八闽电影巡展启动仪式在主宾城市泉州举行，省委宣传部副部长刘伟泽，中国电影家协会分党组副书记、秘书长闫少非，市委常委、宣传部部长、统战部部长陈辉宗参加启动仪式。

2022年中国金鸡百花电影节八闽电影巡展启动仪式
（图/陈智勇 陈晶音）

“奋楫笃行——泉州新时代发展成就图片展”开幕

由市委市直机关工委和市委史志研究室主办的“奋楫笃行——泉州新时代发展成就图片展”在市图书馆开幕，展出250多幅新闻摄影图片。展览至25日结束。展览以年为序，从2012年至2022年每年精选一批有代表性的图片并配以相应的文字说明，分多个展板集中呈现，内容涵盖经济社会发展各领域。

“奋楫笃行——泉州新时代发展成就图片展”现场
（图/刘楷彬）

市委常委会学习习近平总书记重要讲话重要指示精神

市委常委会召开会议，学习贯彻习近平总书记重要讲话重要指示精神，部署推进经济社会发展工作。

会议学习习近平总书记在二十届中共中央政治局第一次集体学习时、在陕西延安和河南安阳考察时的重要讲话精神。会议强调，要坚持农业农村优先发展，抓好粮食安全，推进乡村振兴，因地制宜发展现代农业、乡村旅游和美丽经济，增进民生福祉。要加强红色教育，弘扬革命传统，培育时代新人。要加强文物保护工作，守护好历史文脉，推进文旅深度融合。

会议学习习近平总书记向2022年世界城市日全球主场活动暨第二届城市可持续发展全球大会致贺信、在第五届中国国际进口博览会开幕式上的致辞、在《湿地公约》第十四届缔约方大会开幕式上的致辞、向国际竹藤组织成立二十五周年志庆暨第二届世界竹藤大会致贺信精神。会议强调，要坚持人民城市人民建、人民城市为人民，提高城市规划、建设、治理水平，加快推进“党建+”社区邻里中心、“综治+”治理中心、新时代文明实践中心建设，打造宜居、韧性、智慧城市。坚持扩大对外开放，千方百计稳住外贸基本盘，做大做强“买全球、卖全球”。践行“绿水青山就是金山银山”的理念，加强泉州湾河口湿地保护、建设和管理，推进湿地保护事业高质量发展。加强竹藤资源培育、生态保护和科学利用，推动林业与医疗、教育、康养、旅游深度融合。

会议传达十一届省委财经委员会第三次会议精神，研究部署泉州市四季度经济工作。会议强调，要盯紧目标、加压奋进，落实“疫情要防住、经济要稳住、发展要安全”重要要求，从严从细抓好常态化疫情防控，抢抓第四季度施工黄金期和年底消费旺季，加快扩投资、促消费、稳外贸，打好稳住经济大盘保卫战、攻坚战、持久战，防风险保安全，尽最大努力争取四季度和全年最好结果。

市人大常委会召开“促进文旅经济发展”调研座谈会

市人大常委会召开《关于加快推进21世纪“海丝名城”建设的决议》执行情况及“促进文旅经济发展，加快‘海丝名城’建设”专题调研座谈会。省委常委、市委书记刘建洋出席座谈会，市人大常委会主任李建辉主持会议。调研组在考察“海上丝绸之路”文化研学营地、东亚文化之窗产业园、大寺逅、源和1916创意产业园等项目以及征求意见建议基础上，组织人大代表、市直部门、专家学者共话发展。座谈会上，中国旅游研究院院长戴斌，市人大常委会副主任黄阳春、李文生，副市长陈小辉，以及林仁达、王克思、陈东聆、庄刚毅等以“现场+视频”方式建言献策。

听取大家发言后，刘建洋肯定2022年以来市人大常委会各项工作成效，并围绕“怎么看、怎么干、怎么成”与大家交流探讨。刘建洋强调，要精心策划、形成特色，结合实施“强产业、兴城市”双轮驱动，加强规划引领、统筹布局，聚焦重点发力、精准破题，夯实公共文化基础，加强物质和非物质文化遗产固态保护、活态传承，擦亮闽南文化、华侨文化等名片；强化产业项目带动，坚持存量和增量并举、数量和质量并重，加大开放招商、项目策划力度；推进文旅深度融合，在文化事业和文化产业、“文旅+”和“+文旅”、物质和非物质、传统和现代等领域守正创新，探索特色之路；优化全程服务配套，丰富产品供给、提升设施环境、加大宣传推介，满足“吃住行游购娱”需求。要统筹推进、形成合力，集中资源、力量和要素，健全体制机制、完善政策措施，构建泉州大文旅发展格局。

李建辉表示，发展文旅经济是落实“强产业、兴城市”双轮驱动部署的重要抓手。要按照市委决策部署，把握文旅产业发展的新趋势新要求，树立雄心信心，按照全地域覆盖、全要素整合、全领域互动、全社会参与的原则，树立“流量是基础、留下是关键”的理念，优化格局、打造品牌、创新业态、做强主体、补齐短板，探索成立文旅产业发展基金，加快制定行动方案，以项目化推进、标准化考核，推动泉州文旅经济高质量发展。

11月10日

农历壬寅年十月十七
星期四
温度：22℃～28℃
多云转阴

●市委常委会召开会议，学习贯彻习近平总书记重要讲话重要指示精神，部署推进经济社会发展工作。

●市委理论学习中心组学习会召开，集中学习观看山东大学教授、海洋考古研究中心主任、国际古迹遗址理事会副主席姜波“考古遗址的发展与未来：遗址、城市与世界遗产”视频讲座。

●市人大常委会召开《关于加快推进21世纪“海丝名城”建设的决议》执行情况及“促进文旅经济发展，加快‘海丝名城’建设”专题调研座谈会。

●由市委宣传部、市发改委、市工信局、市农业农村局、市金融监管局、市数字办、市总工会、市工商联、市企业与企业家联合会、泉州晚报社主办，以“强产兴城 勇毅前行”为主题的2022泉州经济年会启动。

11月11日

农历壬寅年十月十八
星期五
温度：21℃~29℃
多云

●省委常委、市委书记刘建洋到泉州经济技术开发区，与基层一起学习贯彻中共二十大精神，并开展调研。

●继收听收看全国、全省疫情防控工作视频会议后，全市疫情防控工作视频会议召开，对泉州市疫情防控重点工作再部署再落实。

●市政府第十九次常务会议召开，研究并通过《泉州高新技术产业开发区“一区多园”考核评价暂行规定》《泉州市闽南文化生态保护区管理办法（草案）》，研究2022年泉州市“桐江学者奖励计划”选聘有关工作。

●市委常委、宣传部部长、统战部部长陈辉宗到民主党派宣讲中共二十大精神，并参加党外人士学习贯彻中共二十大精神座谈会。

●市委常委、组织部部长卢秀萍到洛江区万安街道桥南社区“党建+”邻里中心宣讲中共二十大精神，并调研邻里中心建设情况。

●泉州市召开道德模范身边好人学习贯彻中共二十大精神座谈会。

刘建洋到泉州经济技术开发区调研

省委常委、市委书记刘建洋到泉州经济技术开发区（以下简称“泉州开发区”），与基层一起学习贯彻中共二十大精神，并开展调研。市领导施宇辉、陈小辉参加调研。刘建洋到官桥园区，了解规划建设、开发运营、招商引资等情况，察看再生水厂及其配套管网工程建设进度。在清濛园区，刘建洋鼓励园区探索新业态新模式，聚焦工业设计、跨界融合、品牌赋能等高端生产性服务业，精准招商引资，推动与园区乃至市域的制造业深度融合。在福建太平洋制药公司，刘建洋察看药物研发、检测、生产等流程。刘建洋强调，要争当开放的桥头堡，理顺开发区管理体制，轻装上阵、回归本位，并以更高水平开放型经济新体制，提升开放平台能级；要争当改革的试验田，抢抓政策机遇，继续探索要素市场化配置改革，高效盘活闲置低效用地，推动物理空间改造提升，为推进新型工业化腾挪更多空间载体；要争当发展的领头羊，转变发展观念，顺应未来消费趋势，从供给侧和需求侧两端同时发力，聚焦先进制造业、战略性新兴产业、高端服务业，扩大产业链招商，打造若干产业综合体、创新综合体、示范综合体，推动创新链产业链资金链人才链深度融合。

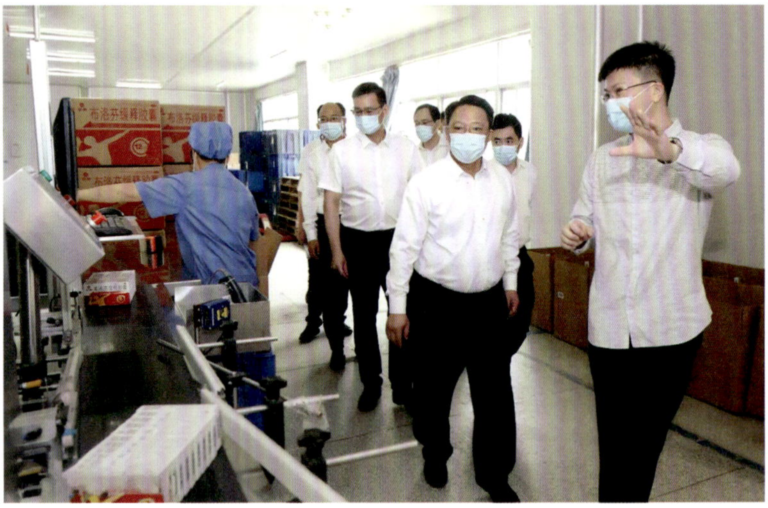
刘建洋（右三）在福建太平洋制药公司调研（图/陈起拓）

市政府第十九次常务会议召开

市政府第十九次常务会议召开，研究并通过《泉州高新技术产业开发区“一区多园”考核评价暂行规定》《泉州市闽南文化生态保护区管理办法（草案）》，研究2022年泉州市“桐江学者奖励计划”选聘有关工作。

会议要求，要争先进位再提速，全面对标、精准施策，发挥好高新区考核体系指挥棒作用。要守正创新再提质，围绕市委“强产业、兴城市”双轮驱动部署，结合工业（产业）园区标准化建设、抓创新促应用、工业设计等专项行动，把高新区打造成为科技创新、经济高质量发展的示范区、主战场。要理顺机制再提效，实行好“双重管理、属地为主”的领导体制，高新区管委会办公室要加强对各分园区的业务指导，强化科创资源、招商资源导入；高新区属地政府要承担起园区建设主体责任，优化营商环境，协同构建科技创新良好生态。要坚持保护优先、整体保护、见人见物见生活的理念，完善各项制度，出台配套文件，为管理办法的实施提供保障。要坚持活化利用，处理好城市开发建设和历史文化遗产保护利用的关系，做强文化产业品牌和文化龙头企业，加强闽南文化创造性转化、创新性发展，推进文化和旅游深度融合发展。要坚持多方参与，通过政府引导、部门协作，激发全社会对历史文化保护传承的热情，汇聚起强大合力。

蔡战胜调研中心城区工业园区标准化建设工作

市长蔡战胜到鲤城、丰泽、洛江调研中心城区工业园区标准化建设工作，市领导陈小辉、汪志红参加调研。蔡战胜到鲤城高新区科创中心、泉州数字经济产业园和洛江区数字经济产业园（一期），了解工业园区规划设计、建设进度、产业布局、招商进展等情况。蔡战胜强调，要高标准谋划建设，结合片区规划和自然景观特点，优化提升建筑风貌，设计绿化、美化、亮化工程，完善路网、地下管线、电力设备，补齐服务配套，让产业和人才引得进、留得住、发展好。

蔡战胜（右一）调研中心城区工业园区标准化建设工作（图/陈晓东）

2022年泉州市家庭服务业职业技能竞赛举行

12—14日，由市商务局、市发改委、市人社局、市总工会、市妇联、市计生协会主办，南安市闽康职业技术培训学校承办，泉州市妇女儿童中心、泉州市家政行业工会联合会、泉州市家庭服务业协会、南安市工业学校、各县（市、区、管委会）商务主管部门协办的2022年泉州市家庭服务业职业技能竞赛暨2022年福建省家庭服务行业职业技能竞赛选拔赛在市妇女儿童活动中心举行。各县（市、区）层层选拔推荐的38名家政育婴员参赛。经过角逐，最终产生2022年泉州市家庭服务行业职业技能竞赛一等奖1名、二等奖2名、三等奖3名。为确保大赛公平公正和安全有序开展，此次竞赛专门成立筹备组织机构，制定实施方案，同时还专门邀请9名具备资格、经验丰富、责任心强的裁判人员。

竞赛以《育婴员国家职业技能标准》《保育员国家职业技能标准》的四级（中级工）技能等级要求为基准，适当增加新技术、新技能等相关考核内容。组委会聘请专业技术人员组成评委组，评委资格由组委会审定，内容由理论考试和现场技能操作两部分组成，各占100分，理论考试60分钟，采取闭卷笔试的方式。技能操作考试60分钟，考4项技能实操，个人竞赛总成绩=理论成绩×30%+技能操作×70%，个人名次按总成绩从高到低排列。泉州市商务局相关负责人表示，家政服务业是人民群众切身感受最强烈的“小切口、大民生”工作。通过举办职业技能竞赛，能够有效激励和引导家政服务人员提升业务技能，也有助于家政从业者交流技艺，扩大家政服务市场的有效供给，打造人才队伍的先锋力量，树立行业榜样标杆，展示行业风采，让家政从业人员更加有职业归属感、荣誉感。参加此次竞赛的一位家政服务人员所在企业相关负责人表示，通过技能竞赛能够让更多家庭服务行业优秀人才脱颖而出，竞赛也激励着家庭服务行业职工以优秀的职工为榜样，勤于钻研技术、学赶先进，练就过硬本领。

2022年食品安全与营养健康知识大学生竞赛福建省分站赛在泉州举行

由市食安办、市市场监管局指导，丰泽区市场监管局、百胜餐饮（福州）有限公司主办的2022年食品安全与营养健康知识大学生竞赛福建省分站赛在泉州举行。华侨大学、福建医科大学、黎明职业大学、闽南科技学院、泉州医学高等专科学校的学生参赛。此次比赛设置必答题、风险题、抢答题和短视频四个环节。短视频环节中，选手逐一展示创作的小视频，市食安办、丰泽区市场监管局、泉州市营养健康协会的专业评委从科学性、趣味性和传播性三个维度对每段视频进行打分。最终，福建医科大学大学代表队获福建省分站赛冠军。

11月12日

农历壬寅年十月十九
星期六
温度：20℃～29℃
多云转晴

●市长蔡战胜到鲤城、丰泽、洛江调研中心城区工业园区标准化建设工作。

●12—14日，由市商务局、市发改委、市人社局、市总工会、市妇联、市计生协会主办的2022年泉州市家庭服务业职业技能竞赛暨2022年福建省家庭服务行业职业技能竞赛选拔赛在市妇女儿童活动中心举行。

●由市食安办、市市场监管局指导，丰泽区市场监管局、百胜餐饮（福州）有限公司主办的2022年食品安全与营养健康知识大学生竞赛福建省分站赛在泉州举行。

11月13日

农历壬寅年十月二十
星期日
温度：19℃～27℃
多云转阴

●在收听收看全省疫情防控工作视频会议后，泉州市随即召开调度会，部署下阶段疫情防控工作。

●泉州市内分泌学会、泉州市糖尿病学会、泉州市糖尿病质控中心在海峡体育中心举行“蓝光行动”点亮仪式。

●由福建省陶瓷行业协会等主办的，以“传统工艺进校园，陶瓷彩绘传爱心”为主题的职业教育特色课程与教学实践研究暨陶艺助残系列活动在泉州市特殊教育学校举行。

●泉州市修订普通公路市级补助政策。

“蓝光行动”点亮仪式举行

泉州市内分泌学会、泉州市糖尿病学会、泉州市糖尿病质控中心在海峡体育中心举行“蓝光行动”点亮仪式。活动现场，三大学会的成员身穿蓝色马甲，手举蓝色荧光棒，头戴蓝色荧光角，共同点亮蓝光。每年的11月14日是由世界卫生组织和国际糖尿病联盟发起的“联合国糖尿病日”，宗旨是引起全球对糖尿病的警觉和醒悟。“蓝光行动”是国际糖尿病联盟于2007年发起的全球性糖尿病关怀行动，呼吁“联合国糖尿病日”在当地标志性建筑上点亮蓝色灯光。

2011—2021年，中国糖尿病患者人数由9000万人增加至1.4亿人，增长56%。泉州市医学会内分泌学分会主委、泉州市第一医院内分泌科主任张翼博士表示，举办该活动旨在提高全社会对糖尿病的认知，掌握防治糖尿病及其并发症的正确措施，从而有效地减少糖尿病给个人、家庭和社会带来的危害。2022年是泉州三大学会首次联合开展“蓝光行动”，此次将选址确定在全市标志性建筑之一的海峡体育中心并将其点亮，以此呼吁市民一起关注糖尿病，同时也希望来年可以点亮更多的标志性建筑物。此外，在第16个“联合国糖尿病日”到来之际，泉州市第一医院内分泌科开展“联合国糖尿病日”系列活动，主题是“教育保护明天”，通过进行科普宣教、义诊活动、下基层教育指导，使患者及家属学会糖尿病有关知识，同时提高医务人员的学术水平、服务意识，增进医患沟通，构建和谐的医患关系。

职业教育特色课程与教学实践研究活动举行

由福建省陶瓷行业协会、泉州市教育基金会特殊教育专项基金理事会、泉州市工艺美术家协会、泉州市特殊教育学校、泉州市至善残疾人职业教育中心主办的，以“传统工艺进校园，陶瓷彩绘传爱心”为主题的职业教育特色课程与教学实践研究暨陶艺助残系列活动在泉州市特殊教育学校举行。此次活动是泉州市特殊教育学校职业教育特色课程与实践研究成果的一次展示，也是该校开展职普融通、产教融合、科教融汇课程改革的一次深度实践。活动旨在贯彻落实中共二十大精神，更好推动残疾人职业教育发展，促进残疾学生就业创业。活动现场，中国工艺美术大师王经民等进行陶艺彩绘创作，为泉州市特殊教育学校陶瓷专业的学生展示彩绘、泥塑、雕刻等技能。学生一边观摩创作，一边请教创作要点。艺术家耐心地给学生讲解，手把手地教，一遍一遍地演示。活动期间，艺术家绘制的陶艺作品全部捐赠给泉州市至善残疾人职业教育中心，义卖所得款项全部用于资助残疾人就业创业。

泉州市修订普通公路市级补助政策

《泉州市“十四五”时期普通公路市级补助标准》印发实施，市级财政继续安排专项资金用于支持普通国省干线公路建设和“四好农村路”项目，并适当提高部分补助标准，新增部分补助项目。与此前补助政策不同的是，普通国省道建设项目补助标准提高，从一级公路90万元/千米、二级公路70万元/千米、三级公路50万元/千米分别提高到一级公路120万元/千米、二级公路100万元/千米、三级公路70万元/千米。“四好农村路”方面，新增对较大自然村通硬化路建设项目的补助，补助标准为：较大自然村非硬化路乡村道新改建至单车道3.5米和4.5米分别按每千米12万元和16万元补助，单个项目补助上限不超过项目投资的30%；提高安全生命防护工程市级补助至3万元/千米，并明确补助对象是村道安全生命防护工程，不再对县、乡道安全生命防护工程进行补助；新增农村公路桥梁拼宽补助，对因桥梁宽度不适应而实施拼宽改造的，按1500元/平方米予以补助。此外，为鼓励将生态示范路提升为美丽农村路，助推美丽农村路“串珠成链”工程，将对生态示范路的补助调整为对最美乡村“福”路的奖励，获评省级最美乡村“福”路的，可获30万元奖励。

刘建洋调研统战工作

省委常委、市委书记刘建洋调研统战工作，并与统战系统干部座谈交流。市领导施宇辉、陈辉宗、黄文胜参加调研。刘建洋到市民主党派之家，同各民主党派主委交流，了解各民主党派在泉历史沿革、组织建设、参政议政等情况，并逐一走访各民主党派市委会机关，向干部职工致以问候，对大家为泉州经济社会发展所做的贡献表示感谢。刘建洋察看丰泽区伯勒小镇运营情况，听取相关意见建议，勉励大家要探索跨界融合的新业态新模式，为泉州加快推进文化和旅游深度融合发展注入新活力。

刘建洋在座谈中强调，中共二十大报告是中共团结带领全国各族人民夺取中国特色社会主义新胜利的政治宣言和行动纲领。全市统战系统要学深悟透、统一思想，把握习近平新时代中国特色社会主义思想的世界观和方法论、中国式现代化的主要特征、“大团结大联合”的鲜明主题，巩固和促进政党关系、民族关系、宗教关系、阶层关系、海内外同胞关系和谐，以中共二十大精神引领统战工作走深走实。要发挥优势、服务大局，聚焦中心工作，找准切入点、着力点、结合点，在激发民营经济活力、促进文旅深度融合、实施侨资侨智侨力回归工程等方面一起来想、一起来干，为推进中国式现代化的泉州实践汇聚统战力量。要统筹推进、提质增效，加强思想政治引领，注重牵头抓总、条块结合、协同联动，锻造一支政治、能力、作风全面过硬的高素质统战干部队伍，确保新时代统战工作持续健康发展。

宿利南到安溪开展工作调研

14—15日，市委副书记宿利南到安溪调研湖上乡、蓬莱镇、西坪镇、虎邱镇等地的“党建+”邻里中心、农业文化遗产保护、海峡两岸交流基地、乡村产业、古建筑保护等，向基层党员干部群众宣讲中共二十大精神。

宿利南指出，中共二十大报告做出全面推进乡村振兴、全方位夯实粮食安全根基等重要部署。要领会“三农”工作的基础地位，把握粮食安全和不发生规模性返贫两条底线，聚焦乡村产业、乡村建设、乡村治理，加强整县整镇统筹，同步壮大村集体经济，加快建设宜居宜业和美乡村。要坚持三产融合、文化赋能、生态优先，发挥茶庄园和专业合作社示范引领优势，加快茶旅一体化融合发展。要发展团餐预制菜产业，培育一批优质食材供应基地，提升农业综合效益，促进农民增收。要以文化为纽带，深化两岸交流合作，为探索海峡两岸融合发展新路做出更大贡献。安溪县要坚持差异化定位、实现特色化发展，找准定位、苦干实干，打造更具竞争力的现代化产业体系、更具承载力的城乡融合范本、更具吸引力的宜居幸福家园、更具亲和力的县域善治典范，为全市全方位推进高质量发展贡献茶乡力量。

泉州市综合评定300个优秀教师网络学习空间

市教育局发布《关于2022年泉州市中小学教师网络学习空间创建活动评选结果的公示》，综合评定300个市级优秀教师网络学习空间。根据市教育局《关于开展2022年度泉州市优秀教师网络学习空间征集活动的通知》，优秀教师网络学习空间征集范围为全市在“福建中小学智慧教育平台”上注册开通的教师学习空间。活动旨在依托“福建智慧教育平台”的“福建中小学智慧教育平台”，打造在线智慧学习空间，发挥学习空间的枢纽与渠道作用，聚焦网络教学、资源共享、教育管理等方面的应用，按照国家智慧教育平台体系的规范标准，扩大优质数字资源供给，推动学校、师生常态化应用空间开展教育教学活动，实现“一人一空间、人人用空间”，推进智慧教育平台的建设与应用。经各县（市、区）教育主管部门、市直中小学校推荐上报，市教育局组织专家通过空间评审、平台数据分析等方式，综合评定300个市级优秀教师网络学习空间。获评优秀教师网络空间的成果可视同举行一次市级公开课，并推荐参加省级评选。

11月14日

农历壬寅年十月廿一
星期一
温度：19℃～26℃
多云

●省委常委、市委书记刘建洋调研统战工作，并与统战系统干部座谈交流。

●14—15日，市委副书记宿利南到安溪调研湖上乡、蓬莱镇、西坪镇、虎邱镇等地的“党建+”邻里中心、农业文化遗产保护、海峡两岸交流基地、乡村产业、古建筑保护等，向基层党员干部群众宣讲中共二十大精神。

●市教育局发布《关于2022年泉州市中小学教师网络学习空间创建活动评选结果的公示》，综合评定300个市级优秀教师网络学习空间。

11月15日

农历壬寅年十月廿二
星期二
温度：19℃～26℃
多云转阴

●省委常委、市委书记刘建洋到市中级人民法院宣讲中共二十大精神并调研。

●市防控疫情应急指挥部专题会议召开，就贯彻落实国务院联防联控机制《关于进一步优化新冠肺炎疫情防控措施 科学精准做好防控工作的通知》做出部署。

●市政府、市政协召开“深化产教融合，助力智造强市建设”民主监督协商会议。

●全市理论骨干学习贯彻中共二十大精神培训班暨市委宣讲团宣讲部署动员会召开。

●由市委宣传部、市文联主办的泉州市“学习宣传贯彻党的二十大精神·奋进新征程 建功新时代”主题书画展在市区西湖公园刺桐阁书画院开幕。

●由团市委联合市教育局、市人社局、市总工会、市少工委举办的第二届少先队辅导员职业技能大赛暨少先队辅导员骨干培训在泉州职业技术大学举行。

刘建洋到市中级人民法院调研

省委常委、市委书记刘建洋到市中级人民法院宣讲中共二十大精神并调研。市领导施宇辉、黄文胜，市中级人民法院院长姚丽青参加调研。刘建洋到诉讼服务中心，了解全国首创的“跨域·连锁·直通”式诉讼服务平台和矛盾纠纷多元化解工作开展情况。刘建洋到法院执行题材电视剧《执行局》片场，与摄制组互动交流。在“法映刺桐”法制展馆，刘建洋鼓励以史为鉴，汲取治理经验和法律智慧，创造性转化为高水平的司法服务。刘建洋到司法数助治理中心，了解司法数据生产、加工、应用一体化运作情况。

在听取市中级人民法院情况汇报后，刘建洋强调，要聚焦主责主业、服务中心，在全面依法治市上担当作为，深化司法体制改革，擦亮特色司法品牌，防范化解重大风险，营造公平公正透明可预期的法治环境，助力平安泉州、法治泉州等建设；聚焦“强产业、兴城市”双轮驱动，在服务高质量发展上担当作为，发挥好知识产权法庭和国际商事法庭等平台作用，突出重点、普惠服务，护航市场主体健康发展，保障现代产业体系、世界遗产城市、“海上丝绸之路”先行区等建设；聚焦司法为民便民利民，在维护公平正义上担当作为，巩固提升审判执行质效、优化完善司法诉讼服务，主动融入“党建+”社区邻里中心，提升矛盾纠纷化解能力，共同推进市域社会治理现代化试点城市建设。

市政府与市政协召开民主监督协商会议

市政府、市政协召开“深化产教融合，助力智造强市建设”民主监督协商会议。会上，市政协课题组做主题报告，政协委员围绕推动职业教育高质量发展、发展石化产业产教融合模式、加快产教融合型城市建设等提出意见建议。

在听取委员发言后，市长蔡战胜指出，要在对接产业、优化布局上下功夫，打通产教双方信息渠道，建设“双师型”教师队伍，提升专业建设和产业发展需求契合度，推动职业教育精准服务智造强市。要深化校企共建共享，创新培养模式，探索建设标准化园区产教融合实训基地，深化共同科研创新，促进产教供需精准对接。要加大政策支持力度，加快“中高本衔接”职教园区建设，提高技术技能人才地位待遇、配套服务水平，形成政府、企业、社会共促职业教育发展的合力，推动产城人融合发展。市政协主席肖汉辉指出，要将深化产教融合作为优化营商环境、促进企业转型升级的重要课题，做到产业布局、教育先行。加强产教融合宣传，发挥行业协会的桥梁纽带作用，同时建立企业和职业教育双向对接信息渠道，动态发布产业需求及人才供给信息。立足产业导向，优化院校学科设置，培养企业发展急需的技术人才和产业工人。加强与台湾职业教育的交流合作，突出对台特色，加快两岸融合发展。

“深化产教融合，助力智造强市建设”民主监督协商会议现场（图/市政协）

11月16日
农历壬寅年十月廿三
星期三
温度：18℃～21℃
多云

●省委常委、常务副省长郭宁宁到泉州调研省重点项目建设情况。

●省委常委、市委书记刘建洋到市人民检察院宣讲中共二十大精神并开展调研。

●由市国资委党委、团市委、泉州金控集团党委主办的，以“学习贯彻党的二十大精神 强国复兴有我”为主题的泉州国资国企演讲比赛在泉州城市金融会客厅举行。

郭宁宁到泉州调研省重点项目建设情况

省委常委、常务副省长郭宁宁到泉州调研省重点项目建设情况，到惠安中化泉州基地产业升级项目、福厦高铁泉州南站站前广场及市政配套设施项目、厦漳泉城际轨道R1线泉州段等项目一线，了解项目建设进展，现场协调解决项目建设存在的困难与问题。市领导刘林霜参加调研。调研中，郭宁宁与基层干部群众和项目建设者，共同学习宣传贯彻中共二十大精神。郭宁宁要求，要增强工作的责任感和紧迫感，推动项目建设提速提质提效；要紧盯目标任务，科学合理安排工期，加强要素保障和协调服务，用好用足政策性开发性金融工具、专项债等资金，加快项目建设进度，形成更多实物工作量，高质量、高标准按期完成年度建设任务；要绷紧安全生产这根弦，压紧压实责任，落实安全生产措施，打造精品工程、安全工程、放心工程。

刘建洋到市人民检察院调研

省委常委、市委书记刘建洋到市人民检察院宣讲中共二十大精神并开展调研。市领导施宇辉、黄文胜，市人民检察院检察长郑隆松参加调研。在“12309”检察服务中心，刘建洋到案件管理大厅、检察听证室，了解平台功能和各项业务模块，对“一站式”检察综合服务做法给予肯定，要求完善机制，优化流程，提升服务质效，让群众在每一次访问中更好感受到司法温度。在新时代泉州检察工作展示馆，刘建洋听取检察历史沿革及案件、品牌、队伍高质量建设等情况介绍，勉励大家从中汲取智慧、凝聚力量、勇于担当，谱写检察工作新篇章。刘建洋到“刺桐花”未成年人检察工作团队工作室，询问办案、帮教、心理疏导、普法宣传等情况，叮嘱创新未成年人检察工作，预防和减少未成年人犯罪，护航未成年人健康成长。刘建洋还走访检察大数据中心、刘锡杰国务院政府特殊津贴专家工作室，了解数字检察和人才队伍建设等情况，希望深化大数据应用，更好促进精准监督、预防犯罪、诉源治理；鼓励专家加强理论研究和技术创新，做好“传帮带”，培育更多高素质检察业务能手。

刘建洋听取市人民检察院工作汇报，肯定检察监督、检察品牌、检察文化等领域的成效。刘建洋指出，中共二十大对“坚持全面依法治国，推进法治中国建设”做出重要部署，专门强调“加强检察机关法律监督工作”“完善公益诉讼制度”，为做好新时代检察工作提供根本遵循。全市各级检察机关和干警要把学习宣传贯彻中共二十大精神，与学习贯彻习近平总书记对检察工作的重要指示结合起来，把党中央决策部署落实到检察工作全过程各环节。要围绕中心、履职尽责，找准工作切入点和着力点，聚焦更高水平的法治建设，维护公平正义，践行检察为民，深化普法宣传教育，融入“党建+”社区邻里中心建设，提升法律监督质效；聚焦更高质量的发展任务，结合推进“强产业、兴城市”双轮驱动，在助力营造公平公正透明可预期的法治环境、繁荣发展文化事业和文化产业、引侨资聚侨力汇侨智等方面展现更大担当作为，在知识产权、生态环境、华侨历史文化保护和涉案企业合规改革等领域，探索优化提升“亲清护企”“检察护宝”“检察护侨”品牌。要把党的政治建设摆在首位，坚持政治建检、业务强检、从严治检，提升能力、淬炼作风，锻造堪当时代重任的高素质检察队伍。

泉州国资国企演讲比赛举行

由市国资委党委、团市委、泉州金控集团党委主办的，以“学习贯彻党的二十大精神 强国复兴有我”为主题的泉州国资国企演讲比赛在泉州城市金融会客厅举行。比赛中，泉州城建集团、文旅集团、金控集团、交发集团、水务集团和泉州晋江国际机场等市属国企的参赛选手一一登台。大家围绕深学笃行中共二十大精神主题，立足自身工作岗位，通过声情并茂的演讲，讲述新时代国企人团结拼搏、建功立业的事迹。

11月17日

农历壬寅年十月廿四
星期四
温度：20℃～27℃
晴转多云

●学习贯彻中共二十大精神省委宣讲团报告会在泉州举行。

●全市新冠肺炎疫情防控工作调度会议召开，学习贯彻习近平总书记10日在中共中央政治局常委会会议上的重要讲话精神，传达17日省委常委会会议精神，部署推进泉州市高效统筹疫情防控和经济社会发展工作。

●由省科协、中国环境科学学会、泉州市政府、建筑材料工业技术情报研究所主办的2022年度东南科技论坛暨第20届泉州市科协年会召开。

学习贯彻中共二十大精神省委宣讲团报告会在泉州举行

学习贯彻中共二十大精神省委宣讲团报告会在泉州举行。省委宣讲团成员、中央马克思主义理论研究和建设工程首席专家、教授郑传芳做宣讲报告。省委常委、市委书记刘建洋主持报告会。市四套班子领导蔡战胜、李建辉、肖汉辉等，省人大常委会委员陈灿辉等出席。宣讲报告会上，郑传芳从中共二十大的主题和主要成果、过去五年的工作和新时代十年的伟大变革、马克思主义中国化时代化、中国式现代化、全面建设社会主义现代化国家的目标任务、坚持党的全面领导和全面从严治党六个方面，对中共二十大提出的重要思想、重要观点、重大战略、重大举措做全面系统宣讲和解读，既有深入浅出的理论阐释，也有联系实际的事例分析。与会人员纷纷表示，宣讲报告主题鲜明、内容丰富，聆听后深受教育和启发，将自觉用中共二十大精神武装头脑、指导实践、推动工作，为全方位推进高质量发展贡献力量。

刘建洋指出，要在学深悟透上下功夫，原原本本、逐字逐句学习，领会蕴含其中的道理、学理、哲理。要在宣传宣讲上全覆盖，到基层开展对象化、分众化、互动化宣讲，推动中共二十大精神进农村、进企事业单位、进城乡社区、进校园、进军营、进各类新经济组织和新社会组织、进网站，让群众听得懂、能领会、可落实。要在知行合一上见真章，传承弘扬“晋江经验”，以实施“强产业、兴城市”双轮驱动为路径，做好新型工业化和新型城镇化“两篇文章”，推进中国式现代化的泉州实践，勇当全方位推进高质量发展主力军。

2022年度东南科技论坛在泉州举行

由省科协、中国环境科学学会、泉州市政府、建筑材料工业技术情报研究所主办，泉州市科学技术协会、中国砂石协会建筑固废利用分会、泉州市土木建筑学会承办的2022年度东南科技论坛暨第20届泉州市科协年会召开。全国知名院士、专家学者和产学研各领域代表与会，聚焦“无废城市”与建材“碳达峰、碳中和”战略融合发展，通过举办论坛、走访调研企业等形式开展深度交流互动，加快推进泉州“无废城市”建设，强化科技赋能、数字赋能、绿色赋能。

开幕式上，国家建筑材料工业技术情报研究所所长助理孙继成表示，此次会议是贯彻落实“无废城市”和“碳达峰、碳中和”战略的举措，旨在践行“碳达峰、碳中和”目标、加快变废为宝，有助于让大量的宝贵“城市矿产”变废为宝，让技术创新使固废处理更高效易行。随后举行的论坛上，中国工程院杜祥琬院士、刘加平院士，清华大学研究员吕溥，分别以“废弃物资源化助推碳达峰碳中和——由‘无废城市’试点走向‘无废社会’”“土木工程材料低碳发展的技术路径”“‘无废城市’建设推动固废处理利用产业进入新赛道”为题发表主旨报告。论坛坚持“会、展”结合，既有学术交流，院士专家、企业家双向主题报告；也有展览展示、技术服务进企业，企业展示、院士专家现场诊断相结合。开幕式现场还举行“全国建筑固废资源化最佳实用技术（BAT)”和“全国建筑固废资源化最佳示范企业（BP）”颁奖活动。

东南科技论坛现场（图/市科协）

刘建洋为市工商联做中共二十大精神学习辅导

中共二十大代表、省委常委、市委书记刘建洋就学习贯彻中共二十大精神，为市工商联（总商会）和所属行业商协会、驻泉州异地商会做学习辅导。市领导施宇辉、陈辉宗、刘文儒参加。

刘建洋指出，中共二十大报告就促进民营经济发展壮大做出重要论述，强调“坚持把发展经济的着力点放在实体经济上”，提出“深入实施创新驱动发展战略”等，有力回应社会关切和民营企业期盼，为民营经济高质量发展指明前进方向。市工商联要团结带领全市民营经济人士学深悟透、凝聚共识，以中共二十大精神引领民营企业家听党话、感党恩、跟党走，让企业发展与党的事业同频共振、相向而行。民营经济是泉州特色所在、活力所在、优势所在，也是泉州的希望所在。要传承弘扬“晋江经验”，围绕实施“强产业、兴城市”双轮驱动，发挥桥梁纽带作用，为推进中国式现代化的泉州实践汇聚民营经济力量。要在坚定发展信心上主动担当作为，引导企业找准自身比较优势，抢抓战略机遇和政策机遇，顺势而为、借势发力、乘势而上。要在构建亲清政商关系上主动担当作为，打造市场化法治化国际化的营商环境，发挥民营经济研究院作用，支持民营企业建设企业文化、做好代际传承，打造基业常青“百年老店”。要在促进民营经济发展壮大上主动担当作为，联络国内外民企、侨企、头部企业、在外泉州企业家和异地商会，搭建企业回归服务平台、创新服务平台、“工商联+”平台，引导企业坚守实业、守正创新、奉献社会，为全方位推进高质量发展增添动力。刘建洋鼓励全市各级工商联组织把握新时代工商联“是什么”“干什么”“怎么干”，做好党和政府决策的参谋助手，当好商会建设发展的领头雁，锻造一支“级级树形象、人人有担当”的铁军队伍。

李建辉到鲤城调研泉州府城隍庙修缮工作

市人大常委会主任李建辉到鲤城调研泉州府城隍庙修缮工作。市人大常委会副主任李文生，市民宗局、市教育局等部门有关负责人参加调研。李建辉强调，要坚持科学规划、系统推进，高标准、高水平做好城隍庙修缮及周边片区改造提升工程；要原真保护好、活态传承好、有效利用好历史文化遗产，以文塑旅、以旅彰文，推动泉州文旅经济高质量发展。

2022年泉州市中小学红色经典诵读活动举行

由市委文明办、市教育局、泉港区文明委、泉港区新时代文明实践中心主办的“听党话、感党恩、跟党走”2022年泉州市中小学“学习宣传党的二十大精神”红色经典诵读活动（泉港专场）在福建师范大学泉港实验中学举行。13所中小学参加活动。活动旨在更好地推进“扣好人生第一粒扣子”主题教育，丰富校园爱国主义教育文化内涵，培育增强学生的家国情怀和爱国主义精神。

安溪县与漳平市签订区域警务协作机制协议

安溪县与漳平市在安溪县公安局召开两地警务合作会议。与会人员交流打击治理电信网络诈骗犯罪的做法经验，双方签订《泉州安溪—龙岩漳平区域警务协作机制协议书》。此次警务协作以“四专两合力”（即专题研究、专门队伍、专案攻坚、专业技术，抓好内部合力、促成外部合力）理念为牵引，旨在强化区域警务融合协作机制，将情报信息共享、办案协作、专案侦查、打击跨区域违法犯罪等多个方面作为协作重点内容，促进两地警务线索互通、区域协作、专案打击和联管联控工作，推动情报信息互通共享、大案要案协同侦办、社会治安协同治理、重大事件协同处置的有机融合，打造区域警务协作新样板，实现跨区域打击治理更深层次、更具水平。

11月18日

农历壬寅年十月廿五
星期五
温度：19℃～27℃
多云

●中共二十大代表、省委常委、市委书记刘建洋就学习贯彻中共二十大精神，为市工商联（总商会）和所属行业商协会、驻泉州异地商会做学习辅导。

●市人大常委会主任李建辉到鲤城调研泉州府城隍庙修缮工作。

●市政协以“培育生物医药特色产业”为主题举办第二期委员沙龙活动。

●由市委文明办、市教育局等主办的“听党话、感党恩、跟党走”2022年泉州市中小学“学习宣传党的二十大精神”红色经典诵读活动（泉港专场）在福建师范大学泉港实验中学举行。

●兴业银行泉州分行为辖内某贸易便利化试点企业落地全市首笔银企外汇交易平台远期结汇业务。

●安溪县与漳平市在安溪县公安局召开两地警务合作会议，双方签订《泉州安溪—龙岩漳平区域警务协作机制协议书》。

11月19日

农历壬寅年十月廿六
星期六
温度：20℃～28℃
晴转多云

●由市委宣传部主办的2022年“生活中的泉州学”非物质文化遗产系列讲堂启动仪式及首场活动在清源山欧阳书院举行。

●由市文旅局主办、市艺术馆承办的泉州市非物质文化遗产志愿讲解员培训班在泉州非物质文化遗产馆开班。

●由市文联主办的，由旅港泉州籍作家、文艺评论家孙立川博士主讲的“弘一法师留给泉州的精神文化遗产——从《看松月到衣》说起”讲座在丰泽区图书馆举行。

●晋江市医学会泌尿外科分会成立大会暨泌尿外科疾病诊疗进展高峰论坛在晋江举行。该分会是福建省首个县级泌尿外科分会。

2022年“生活中的泉州学”非物质文化遗产系列讲堂启动

由市委宣传部主办的2022年“生活中的泉州学”非物质文化遗产系列讲堂启动仪式及首场活动在清源山欧阳书院举行。启动仪式后，泉州学研究所向欧阳书院赠送泉州学丛书。随后，大家观看廉政宣传展，并一同观看短视频《非遗里的清廉》。紧接着，由国家一级技师、高级工艺美术师傅华中进行以“泥火相容 为人如瓷”为主题的陶瓷技艺讲解，并指导小学员制作清廉主题小作品。

“生活中的泉州学”非物质文化遗产系列讲堂启动仪式
（图/泉州学研究所）

2022年首期非物质文化遗产志愿讲解员培训班开班

由市文旅局主办、市艺术馆承办的泉州市非物质文化遗产志愿讲解员培训班在泉州非物质文化遗产馆开班。此次培训活动采用“课堂讲课+现场培训”的方式授课，邀请泉州城市规划建设专家顾问组组长、国家级非物质文化遗产五祖拳传承人周焜民，泉州市艺术馆馆长丁聪辉、泉州市非物质文化遗产专家委员会委员谢万智、中国闽台缘博物馆重要接待讲解员范怡婷，从非物质文化遗产的保护与传承、文化生态保护区保护、非物质文化遗产讲解等方面进行课堂讲课。此外，主办方还安排实地考察课程，学员除参观泉州非物质文化遗产馆外，还在金牌导游、非物质文化遗产专家的带领下走进古城，探访非物质文化遗产传习所、体验馆，聆听非物质文化遗产传承人讲述每个非物质文化遗产项目背后的故事，体验非物质文化遗产的乐趣。培训结束后，主办方采取理论考试与实地测评结合的考核方式，选拔优秀的非物质文化遗产志愿讲解员。

“弘一法师留给泉州的精神文化遗产”讲座举行

由市文联主办，丰泽区文体旅游局协办，市文艺评论家协会、丰泽区图书馆和风雅颂书局承办的，由旅港泉州籍作家、文艺评论家孙立川博士主讲的“弘一法师留给泉州的精神文化遗产——从《看松月到衣》说起”讲座在丰泽区图书馆举行。此次讲座是学习宣传贯彻中共二十大精神系列活动之“名家进泉州”公益讲座之一，也是“素馨花讲堂”系列讲座之一。弘一法师一生中有14年在闽南度过，更是与泉州结下不解之缘，留下一笔非常丰厚、极其宝贵的精神文化遗产。为纪念弘一法师圆寂八十周年，孙立川特地从香港返回泉州，主持编辑《看松月到衣》一书。孙立川从弘一法师与泉州的结缘谈起，就弘一法师的爱国情怀、对发扬南山律宗做出的贡献，以及弘一法师宝贵的艺术成果等诸多方面展开讲座。

“弘一法师留给泉州的精神文化遗产”讲座现场
（图/海丝文评）

全省首个县级泌尿外科分会在晋江成立

晋江市医学会泌尿外科分会成立大会暨泌尿外科疾病诊疗进展高峰论坛在晋江举行。该分会是福建省首个县级泌尿外科分会。福建医科大学附属第二医院泌尿外科主任、晋江市医院（上海六院福建医院）泌尿外科主任李毅宁教授担任晋江市医学会泌尿外科分会名誉主委，晋江市医院（上海六院福建医院）泌尿外科副主任黄鸿源担任晋江市医学会泌尿外科分会主委。

11月20日

农历壬寅年十月廿七
星期日
温度：19℃～27℃
多云转晴

●市长蔡战胜调研中心市区市政项目建设情况。

●2022年泉州市文化人才沙龙举行。

●2022年市级服务型制造示范企业（平台）名单公布，泉州市新增12个市级服务型制造示范。

蔡战胜调研中心市区市政项目建设情况

市长蔡战胜调研中心市区市政项目建设情况，市领导蔡天守参加调研。蔡战胜到丰泽、洛江、鲤城，调研市政基础设施项目建设进度，现场协调解决难点堵点。蔡战胜了解项目规划布局、设计方案、建设进展等，强调要抢抓施工黄金期，加快推进项目建设，补齐市政基础设施短板弱项，确保民生工程按期保质保量建成投用。

蔡战胜指出，要聚焦市委“强产业、兴城市”双轮驱动部署，开展“抓城建提品质”专项行动，立足实际、着眼长远、科学论证，高标准、高质量、高效率推进市政项目建设，完善城市功能、提升城市品质。要坚持规划先行，对标先进、争创一流，统筹推进地上地下市政工程规划编制、设计建设、升级改造工作，同步做好绿化美化亮化文章，让市政项目成为城市风景线。要坚持问题导向，排查梳理城市排水管网、电力、燃气等基础设施情况，建立管线数据库，科学制定近中远期提升方案，善用新技术、新科技，提高城市管理数字化、智慧化和精细化水平。要强化系统思维，科学分工、协同配合，严把施工安全质量、工程造价等关口，打造精品工程。

2022年泉州市文化人才沙龙举行

2022年泉州市文化人才沙龙举行，市委常委、宣传部部长、统战部部长陈辉宗，以及历届泉州市文化艺术优秀人才、文化产业优秀人才参加活动。

陈辉宗指出，市委、市政府历来高度重视人才工作，实施人才“港湾计划”和“涌泉”行动，厚植人才“近悦远来”生态，让人才“涌泉”蔚然成风。泉州市将一如既往、用心用情做好文化人才队伍的服务保障工作，为文化工作者提供更为广阔的空间、创造更多发展的机会。希望全市文化工作者全面学习、全面把握、全面落实中共二十大精神，围绕举旗帜、聚民心、育新人、兴文化、展形象的使命任务，自信自强、守正创新，踔厉奋发、勇毅前行，创造新业绩、展现新作为，为打响“宋元中国·海丝泉州”品牌，推进中国式现代化的泉州实践做出新的更大贡献。此次活动邀请泉州籍知名当代艺术家、雕塑家陈文令做主旨演讲，向新一届泉州市文化艺术优秀人才、文化产业优秀人才颁发证书，并开展泉州古城新视野·新型公共文化空间项目推介及作品征集。沙龙交流前，与会人员还到福建省英良石材自然历史博物馆调研考察。

2022年泉州市文化人才沙龙现场（图/陈英杰）

泉州市新增12个市级服务型制造示范单位

2022年市级服务型制造示范企业（平台）名单公布，泉州市新增12个市级服务型制造示范。至此，泉州市培育国家级服务型制造示范11个、省级服务型制造示范37个、市级服务型制造示范108个，数量位居全省前列。名单显示，此次入选的12个市级服务型制造示范中，其中7个为服务型制造示范企业，涵盖定制化服务、节能环保服务、全生命周期管理、总集成总承包等服务模式；5个为服务型制造公共服务平台。泉州市深化国家级服务型制造示范城市建设，推进制造与服务深度融合，实施服务型制造提升工程。围绕定制化服务、总集成总承包、全生命周期管理、检验检测认证等新业态新模式，加快培育服务型制造示范企业和平台，推动泉州市制造业企业由生产制造向服务型制造转型升级，为泉州市制造业高质量发展提供有力支撑。

11月21日

农历壬寅年十月廿八
星期一
温度：20℃～26℃
多云

●十三届市委第三轮巡察工作动员部署会召开。

●国家发改委发布2022年国家物流枢纽建设名单，泉州商贸服务型国家物流枢纽入选，系全省唯一入选的国家物流枢纽。

●厦门大学国家大学科技园（德化园）展厅开放暨厦大创新研究转化中心落地仪式在德化举行。

十三届市委第三轮巡察工作启动

十三届市委第三轮巡察工作动员部署会召开。会议强调，要坚持以习近平新时代中国特色社会主义思想为指导，贯彻落实习近平总书记关于巡视工作重要论述，把学习宣传贯彻中共二十大精神、习近平总书记在福建工作期间开创的重要理念和重大实践纳入巡察监督的重要内容，查找和纠正政治偏差，以精准、扎实、有效的巡察成果，为推进中国式现代化的泉州实践提供强有力的政治保障。要坚定政治站位，领会新时代巡察工作新使命新要求，推进政治监督具体化常态化。要坚守巡视工作方针，做好巡前准备，穿透巡中监督，突出同题共答，做实巡后整改。要坚持铁军本色，强化政治建设，强化斗争精神，强化自我监督，抓好巡察干部队伍建设管理，锻造忠诚干净担当、可亲可信可敬的巡察铁军。经市委批准，该轮巡察从11月下旬开始，对市委台港澳办、市委党校、市委史志研究室、市民宗局、市供销社、市总工会、团市委、市妇联、市侨联、市科协、市残联、市贸促会12个单位党组织开展常规巡察。

十三届市委第三轮巡察工作动员部署会现场
（图/市委巡察办）

泉州市入选2022年国家物流枢纽建设名单

国家发改委发布2022年国家物流枢纽建设名单，泉州商贸服务型国家物流枢纽（以下简称“泉州枢纽”）入选，系全省唯一入选的国家物流枢纽。泉州是21世纪“海上丝绸之路”和“丝绸之路经济带”的重要枢纽节点，在地理区位、历史文化以及产业经济等方面具备商贸物流枢纽的独特优势。泉州市开展商贸服务型国家物流枢纽申建工作，成立以市政府主要领导为组长的工作协调小组，制定出台一系列现代物流发展规划和扶持政策，推动现代物流降本增效加快发展，获批国家级服务型制造示范城市、电子商务示范城市、跨境电子商务综合试验区、快递示范城市等国家级试点和称号。2021年，全市货运量3.46亿吨，占全省比重20.86%；快递业务量21.66亿件，位居全国城市第10，占全省业务总量的52.2%；社会消费品零售总额位居全国城市第12。泉州枢纽选址于晋江市和石狮市，由晋江陆地港片区和石狮石湖港片区组成，总面积166.33公顷。

厦门大学国家大学科技园德化园落地

厦门大学国家大学科技园（德化园）展厅开放暨厦大创新研究转化中心落地仪式在德化举行。德化县致力推动招商引资与招才引智相结合、高校创新要素与社会创新要素相结合，促进“产业链”“人才链”“创新链”等有机融合。厦门大学国家大学科技园是科技部、教育部批准认定的国家级大学科技园，产学研综合实力雄厚、高层次人才资源丰富。1月，德化县与厦门大学国家大学科技园有限公司签订战略合作协议，重点打造新材料、智慧制造、人才培养、历史文化考古、科研成果转化等7大板块。厦门大学国家大学科技园（德化园）的建成，将为德化县转化科技成果、孵化高新技术企业、培养创新创业人才创造新平台，为德化县优化产业生态、推动经济发展提供更强有力的支撑。厦门大学国家大学科技园有限公司负责人表示，将当好桥梁纽带，整合厦门大学的综合学科资源优势与德化的产业优势，推动合作确定的内容结出硕果，助力德化县做大做强“世界瓷都·德化”品牌。

刘建洋调研泉州湾生态保护治理工作

省委常委、市委书记刘建洋结合学习宣传贯彻中共二十大精神，到丰泽调研泉州湾生态保护治理工作。市领导施宇辉、刘文儒参加调研。刘建洋到城东南滨江，登上高处俯瞰湾区和洛阳江，询问泉州市互花米草除治、岸线整治、清淤堆岛等工作进展。刘建洋还到洛阳江畔的金凤屿片区，察看滨水环境、历史遗存、古树名木、生态景观等，就亟须协调解决的问题，与基层干部共商对策。刘建洋强调，要坚持规划引领、全线统筹，处理好山与水、江与海、整体与局部、近期与长远等关系，挖掘利用好流域自然风貌和文化内涵，将水安全、水生态、水景观、水文化、水经济协同起来，最大限度发挥综合效益，把湿地还给城市，把江河还给市民。

“画说海丝韵”美术作品展开幕

由市委宣传部、泉州师范学院、市文联主办的泉州市学习宣传贯彻中共二十大精神——“艺”心永向党·数字美术长卷《宋元中国·海丝泉州传奇》创作暨“画说海丝韵”美术作品展在泉州海外交通史博物馆开幕，市委常委、宣传部部长、统战部部长陈辉宗等参加开幕式。陈辉宗指出，全市文艺工作者要把思想和行动统一到中共二十大精神上来，坚守“初心”、保持“匠心”、围绕“中心”，创作出更多增强人民精神力量、讲好中国故事、展现泉州之美的优秀作品，在建设“海丝名城、智造强市、品质泉州”，推进中国式现代化的泉州实践中展现文艺担当、贡献文化力量。此次活动为2022年度福建省文艺发展专项资金项目，集中展出《宋元中国·海丝泉州传奇》《刺桐梦华图》两部动态数字美术长卷和陈立德、郭宁、蔡永辉等数十位画家创作的“海上丝绸之路”主题美术作品。

《宋元中国·海丝泉州传奇》展出现场（图/张九强）

2022年中国永春芦柑文化节活动举行

2022年中国永春芦柑文化节活动在永春县达埔镇猛虎柑橘场举行。文化节内容丰富，除独具匠心地进行沉浸式体验参观与直播外，还举行浇水启动仪式、永春芦柑诚信销售点授牌、永春芦柑IP形象包装授权、芦柑订货现场签约、永春县国家现代产业园logo发布、永春芦柑汽水新品发布、“闽台农耕文化与乡愁”征文比赛颁奖、2022永春芦柑节特别纪念版包装面市、2022永春好风物主题多媒体创作大赛等一系列农事、农旅活动。

相关链接：永春县全县有芦柑7000多公顷，年产20多万吨，栽培规模位居全国首位，探索总结出在全国推广的黄龙病疫区山地柑橘种植“永春模式”，是全国柑橘基地县、“中国芦柑之乡”，曾连续五次获全国、全省芦柑评选第一名，永春芦柑被授予“中华名果”称号。永春芦柑畅销全国各地，远销东南亚、欧盟、中东等30多个国家和地区，芦柑出口量长期居全国县级首位，是福建省首个出口突破1亿美元的农产品。2021年，永春芦柑还成为全省首宗冷处理出口美国的农产品。

11月22日

农历壬寅年十月廿九
星期二
温度：20℃～22℃
中雨

●全市新冠肺炎疫情防控工作调度会议召开，贯彻党中央关于疫情防控决策部署，落实省委工作要求，分析研究泉州市疫情形势，再推进再压实下一步工作。

●省委常委、市委书记刘建洋结合学习宣传贯彻中共二十大精神，到丰泽调研泉州湾生态保护治理工作。

●由市委宣传部、泉州师范学院、市文联主办的泉州市学习宣传贯彻中共二十大精神——“艺”心永向党·数字美术长卷《宋元中国·海丝泉州传奇》创作暨“画说海丝韵”美术作品展在泉州海外交通史博物馆开幕。

●由市商务局、市农业农村局、惠安县工业信息化和商务局主办的“平台赋能营销·助推县域优品”电商培训系列活动在惠安开班。

●2022年中国永春芦柑文化节活动在永春县达埔镇猛虎柑橘场举行。

11月23日

农历壬寅年十月三十
星期三
温度：18℃～20℃
小雨转中雨

●市人大常委会启动“学习贯彻党的二十大精神、做好新时代人大工作系列讲座”。

●市长蔡战胜到市统计局、市水利局与党员干部共同学习领会中共二十大精神，调研全市统计和水利工作。

●由市委统战部、丰泽区政府和市委人才办主办的泉州市第三届“同心杯”留学人员创新创业大赛颁奖仪式暨项目推介会举行，20个项目分获金、银、铜奖和优秀奖，其中13个获奖项目拟落地泉州。

●2022年度福建省县域经济实力“十强”县（市）、经济发展“十佳”县（市）和城市发展“十优”区评价结果发布。晋江市、石狮市、南安市、惠安县入围经济实力“十强”县（市），德化县、安溪县、永春县入围经济发展“十佳”县（市）。

市人大常委会启动“做好新时代人大工作系列讲座”

市人大常委会启动“学习贯彻党的二十大精神、做好新时代人大工作系列讲座”。市人大常委会主任李建辉，副主任樊美清、高向荣、赖清正、李文生，秘书长颜朝晖出席。海南大学副校长、管理学博士傅国华教授，聚焦“加快建设数字中国之洞见未来：‘三数理论’初探”这一主题，从产业演进轨迹与数业诞生预见、数业诞生的技术进步与时代背景、数业时代的分类分层次精准管理等方面进行讲解，内容丰富、深入浅出。

蔡战胜到市统计局和市水利局调研

市长蔡战胜到市统计局、市水利局与党员干部共同学习领会中共二十大精神，调研全市统计和水利工作。市领导蔡天守参加调研。蔡战胜就抓好统计队伍建设、推动统计事业发展与大家展开交流并强调，要增强政治意识，学习贯彻中共二十大精神，恪守实事求是、依法统计的职业操守，做好统计工作，确保应统尽统、统必合规，科学精准反映经济社会发展情况。要精进统计业务，找准统计工作服务全市高质量发展的切入点，加强指标细分研究，为市委、市政府科学决策提供统计保障。要优化工作机制，加强统计体系建设，实施统计业务动态长效培训，推进全市统计工作再上新台阶。

在了解全市水利设施概况、水利项目规划建设、水旱灾害防御、河湖生态保护等情况后，蔡战胜指出，市水利局服务大局有力，争优创牌有为，行业监管有效，各项工作取得显著实效。蔡战胜强调，要以中共二十大精神为指引，聚焦市委“强产业、兴城市”双轮驱动部署，坚持项目支撑，围绕建设完善泉州大水网，抓好白濑水利枢纽工程等水利项目建设，积极争取、系统谋划一批大项目、好项目，严抓项目监督管理，打造经得起历史检验的“放心工程”。要突出水利为民，加快城乡供水一体化建设、智慧水利建设，健全完善防洪抗旱工程体系和防灾减灾信息体系，联动建立水系联排联调工作机制，让群众成为水利建设的受益者。要守住生态底线，坚持山水林田湖草沙系统治理，抓好河湖长制实施、水土流失治理、水环境综合整治等工作，强化部门协调配合，共同打造水清岸绿堤美、可及可亲可游的生态空间。

泉州市第三届“同心杯”留学人员创新创业大赛颁奖

由市委统战部、丰泽区政府和市委人才办主办的泉州市第三届“同心杯”留学人员创新创业大赛颁奖仪式暨项目推介会举行，20个项目分获金、银、铜奖和优秀奖，其中13个获奖项目拟落地泉州。大赛自9月启动报名以来，收到泉州、武汉、厦门、北京、上海、广州、宁波、成都、深圳等地的132个报名项目，超百名硕士以上学历的留学创业人员参赛，其中博士以上学历52人。经过初审、复评、尽职调查、路演、答辩等形式，角逐产生初创组和孵化组共20个获奖项目。其中，“芯迈运动健康科技AI数智化应用”项目获初创组金奖，“新一代超高效工业电机”项目获孵化组金奖。

晋江石狮南安惠安入围省经济实力“十强”

2022年度福建省县域经济实力“十强”县（市）、经济发展“十佳”县（市）和城市发展“十优”区评价结果发布。晋江市、石狮市、南安市、惠安县入围经济实力“十强”县（市），德化县、安溪县、永春县入围经济发展“十佳”县（市）。县（市、区）经济评价是引导激励各地比学赶超、加快高质量发展的重要抓手，从1994年开始，省政府发展研究中心连续开展该项工作。该评价体系不完全以生产总值论英雄，既有存量指标也有增量指标，不仅考察县（市、区）的发展现状，更兼顾县（市、区）的发展潜力和可持续性。

周祖翼在泉州宣讲中共二十大精神

23—24日，省委书记周祖翼到泉州惠安、南安、晋江，向企业家代表宣讲中共二十大精神，并调研民营经济发展。省领导吴偕林、刘建洋、林文斌参加调研。在晋江经验馆，周祖翼指出，大家都是“晋江经验”的见证者、参与者和受益者，要按照中共二十大关于发展民营经济、实体经济的新部署新要求，弘扬“晋江经验”，依靠党员干部、依靠民营企业家，营造一流的营商环境，引导民营企业家坚定信心谋发展，大胆创新、放心创业、放手创造，掀起民营经济高质量发展的热潮，为全省、全国创造更多新经验新做法，推进中国式现代化的晋江实践，谱写“晋江经验”新篇章。

在安踏集团，周祖翼参观企业展厅，并体验品牌零售智慧门店，了解企业发展历程和一系列科技创新成果。周祖翼希望企业牢记习近平总书记的殷切嘱托，学习中共二十大报告，“坚持把发展经济的着力点放在实体经济上”，扎根福建、放眼全球，优化企业发展布局；坚持创新、加大研发，让消费者穿上更时尚、更舒适的鞋服产品，助力提高人民生活品质；吸引人才、留住人才，助力企业做大做强。

在九牧集团，周祖翼到九牧灯塔工厂和质量检测中心、技术体验中心，感受智能化、自动化、信息化的数字技术应用。周祖翼指出，中共二十大强调要促进数字经济和实体经济深度融合，推动制造业高端化、智能化、绿色化发展。企业要主动顺应新趋势，抢抓机遇，推动数字化、绿色化转型，创造更多新型智能节水节能家居产品，满足群众不断增长的多样化、个性化消费需求。企业要层层压实安全生产责任，决不可掉以轻心，要加强对员工的安全生产培训，强化科学安全管理。周祖翼勉励企业坚持党建引领，把党建工作贯穿企业生产经营全过程，推动企业高质量发展，在服务大局中积极作为。

在达利食品集团，周祖翼在参观企业检测中心、产品展厅、生产车间等后指出，企业的发展是新时代十年党和国家事业取得伟大变革的生动缩影。希望企业以中共二十大精神为指引，弘扬“晋江经验”和企业家精神，加大科技创新力度，满足群众日益升级的需求。要把好质量关，筑牢食品安全防线，生产更多绿色、健康的安全食品。

周祖翼到泉州海外交通史博物馆，通过丰富独特的海外交通史文物，了解《世界遗产名录》“泉州：宋元中国的世界海洋商贸中心”的历史背景和遗产价值。周祖翼希望泉州立足对外开放的基础和优势，传承中华海洋文明，扩大对外经贸合作，保护好、传承好、宣传好历史文化遗产。

周祖翼强调，要加快建设现代化产业体系，引导民营企业保持定力、坚守实体经济，强化企业科技创新主体地位，培育一批专精特新企业，做大做优做强制造业。要营造有利于创新创业创造的发展环境，为企业纾困解难，加强服务和要素保障，培育一个又一个“金娃娃”。要注重党建引领，把支部建到车间上，带动生产管理提质增效，把党的政治优势、组织优势转化为民营经济高质量发展优势。

市委常委会（扩大）会议召开

市委常委会（扩大）会议召开，传达学习省委书记周祖翼在泉州宣讲中共二十大精神并调研时的指示要求，研究部署泉州市贯彻落实意见。会议强调，要按照中共二十大关于发展民营经济、实体经济的新部署新要求，传承弘扬“晋江经验”，心无旁骛做好实体经济，促进民营经济发展壮大，培育一个又一个“金娃娃”，加快建设现代化产业体系。要引导企业主动顺应新趋势，抢抓机遇，加大科技创新力度，推动制造业高端化、智能化、绿色化发展。要营造有利于创新创业创造的发展环境，统筹优化城市空间和生产力布局，推进园区标准化建设，打造宜居韧性智慧城市，加强服务和要素保障，提升招商引资、招才引智的实效，让企业安心发展，让人才安居乐业。要打造世界遗产典范城市，加大文物和文化遗产保护力度，加强城乡建设中历史文化保护传承，挖掘和传播世界遗产价值，打好“新侨牌”，扩大对外经贸合作和文明互鉴。

11月24日

农历壬寅年十一月初一
星期四
温度：18℃～20℃
中雨

●23—24日，省委书记周祖翼到泉州惠安、南安、晋江，向企业家代表宣讲中共二十大精神，并调研民营经济发展。

●市委常委会（扩大）会议召开，学习习近平总书记重要讲话重要指示精神，按照省委常委会会议要求，研究泉州市贯彻落实措施。

●市委常委会（扩大）会议召开，传达学习省委书记周祖翼在泉州宣讲中共二十大精神并调研时的指示要求，研究部署泉州市贯彻落实意见。

●省十三届人大常委会第三十六次会议全票表决通过泉州市人大常委会报请批准的《泉州市文化旅游发展促进条例》。标志着全国首部聚焦文化旅游发展的地方性法规出台。

●全省安全生产电视电话会议召开后，泉州市召开会议，第一时间抓好贯彻落实。

●24—27日，第八届中国（泉州）“海上丝绸之路”国际品牌博览会暨第二届RCEP青年侨商创新创业峰会在石狮举行。

11月25日

农历壬寅年十一月初二
星期五
温度：18℃～19℃
小雨

●市十七届人大常委会第十一次主任会议召开，讨论《关于加快推进21世纪“海丝名城”建设的决议》执行情况的调研报告和审议意见稿、关于召开泉州市第十七届人民代表大会第二次会议的决定（草案）等。

●市人大常委会党组扩大会议召开，传达学习习近平总书记在二十届中共中央政治局第一次集体学习时、在陕西延安和河南安阳考察时的重要讲话精神等。

●市政协党组（扩大）会议和市政协十三届第六次主席会议召开，听取全会各筹备工作组汇报筹备工作进展情况等。

●市政协党组理论学习中心组学习会议召开，传达学习习近平总书记重要讲话重要指示和贺信、致辞、回信、书面演讲精神，以及中央、省委、市委有关会议精神。

●中国国际商会、省侨办、省商务厅、省贸促会、泉州市政府主（承）办，石狮市政府执行的第八届中国（泉州）“海上丝绸之路”国际品牌博览会在石狮举行。

●第五届“海丝情·中国梦”台港澳青年精英泉州故乡行活动在泉州启动。

●第六届海峡两岸食品交易会暨“爱泉州·大乐购”泉州优品美食专场活动在晋江开幕。

市人大常委会党组扩大会议召开

市人大常委会党组扩大会议召开，传达学习习近平总书记在二十届中共中央政治局第一次集体学习时、在陕西延安和河南安阳考察时、在11月10日中共中央政治局常委会会议上、在二十国集团领导人第十七次峰会上、出席亚太经合组织第二十九次领导人非正式会议时的重要讲话精神，有关书面演讲和贺信致信回信精神，以及省委、市委有关会议精神；传达省委书记周祖翼到泉州调研讲话精神，十一届省委财经委员会第三次会议精神，以及市委有关精神。

第八届中国（泉州）“海上丝绸之路”国际品牌博览会在石狮举行

由中国国际贸易促进委员会、世界贸易中心协会支持，中国国际商会、省侨办、省商务厅、省贸促会、泉州市政府主（承）办，石狮市政府执行的第八届中国（泉州）“海上丝绸之路”国际品牌博览会在石狮举行。该届展会的开幕式在石狮服装城艺术展览中心举行。开幕式上还举行福建省侨商“回归”工程重点投资项目、“走出去”国际产能合作项目及部分地方特色产业集群馆入驻石狮东南亚采购集散中心、品牌企业入驻“侨易邦”等签约活动。

该届展会以“共享新机遇、共启新格局、共创新未来”为主题，展会面积2.6万平方米，200家参展企业来自阿塞拜疆、捷克、法国、俄罗斯、意大利、泰国、西班牙、智利、澳大利亚、越南、英国、韩国、日本、加拿大、波兰、马来西亚、巴西、尼泊尔、哈萨克斯坦、德国、加纳等国家和地区。该届展会在常态化展示“海上丝绸之路”沿线国家和地区产品特色的基础上，聚焦“高、新、优、特”消费精品品牌，设有泉州“海上丝绸之路”经济特色展区、主宾国国家馆展区、国潮品牌展区、留学人员创新创业品牌展区、阿塞拜疆国家馆、“海上丝绸之路”国家及地区精品展区、宁夏农特名优产品馆、科技成果展区等14个展区。泉州“海上丝绸之路”经济特色展区从历史背景、经验提出、践行发展、传承创新等方面解读“晋江经验”内涵，展出专精特新工业设计类、文旅类等引领潮流的产品，包括电力巡检机器人、物理气相沉积设备、“光战”穿戴设备等。留学人员创新创业品牌展区，组织各行业留学归国企业家参展，进行经贸等领域交流，并集中展示归国创业成果。科技成果展区以“绿色、科技、生活”为主题，融合展出国内知名纺织服装院校、科研院所和企业在纺织产业上下游中的科研成果和创新性产品。

第八届中国（泉州）“海上丝绸之路”国际品牌博览会开幕式（图/李荣鑫）

第五届“海丝情·中国梦”台港澳青年精英泉州故乡行活动举行

第五届“海丝情·中国梦”台港澳青年精英泉州故乡行活动在泉州启动。该届活动传承弘扬“晋江经验”，围绕“强产业、兴城市”双轮驱动部署要求，活动主题设定为“筑梦海丝路 携手新征程”。相较以往，该届新增台湾青年参加活动，凸显台港澳青年与祖国融合发展、与祖国同心同向同行的心愿。50多位青年嘉宾共学中共二十大精神，并参与第八届中国（泉州）海上丝绸之路国际品牌博览会开幕式、中国国际品牌创新论坛等，参观位于泉州市的东南亚集散采购中心，与本地青年一起，体验闽南文化民俗文化沉浸式互动。

“国潮品牌”大会（泉州）暨“丝路品牌”侨商对接会在石狮举行

由中国品牌建设促进会、丝路规划研究中心主办的“国潮品牌”大会（泉州）暨“丝路品牌”侨商对接会在石狮举行。活动旨在探索“国潮品牌”对经济和新消费的推动作用，探讨“国潮品牌”的国际化路径，为城市发展注入新动力，为经济发展打造新增长点。会上，安踏、达利等16家泉州企业获“国潮品牌”称号。会议前一天，泉州还被《中国城市报》、中国国家品牌网联合授予“国潮品牌之都”称号，成为全国首个获得该称号的城市。

国潮品牌大会（泉州）暨丝路品牌侨商对接会（图/泉州商务之窗）

晋江南天寺保护修缮项目获文化遗产保护优秀奖

联合国教科文组织亚太地区文化遗产保护奖公布，“南天寺石佛造像和摩崖石刻之南天寺保护修缮项目”获优秀奖。这是2022年中国唯一一个修缮类获奖项目，也是继2001年泉州中山路获优秀奖后，泉州文化遗产保护项目再一次获此荣誉。南天寺位于晋江市东石镇岱峰山，是全国重点文物保护单位。为解决残损问题，2017年，晋江市文物保护中心委托清华大学建筑设计研究院（THAD）团队的中国建筑设计研究院制作南天寺保护和修复设计方案。南天寺保护修缮项目在保证文物结构安全及使用要求的前提下，针对梁架歪闪倾斜的问题，采用“打牮拨正”传统工艺，既遵循“最小干预原则”，又传承和弘扬古建筑传统修缮工艺，文物建筑真实性、完整性和可持续性得到保护和延续。该项目于2021年5月动工，2022年春季竣工。

晋江南天寺（图/王柏峰）

11月26日

农历壬寅年十一月初三
星期六
温度：19℃～23℃
多云转小雨

● 省委常委、市委书记、市防控新冠肺炎疫情应急指挥部总指挥长刘建洋到晋江调研检查疫情防控工作，看望慰问一线防控工作人员，研究部署相关重点工作。

● 由中国品牌建设促进会、丝路规划研究中心主办的“国潮品牌”大会（泉州）暨“丝路品牌”侨商对接会在石狮举行。

● 联合国教科文组织亚太地区文化遗产保护奖公布，“南天寺石佛造像和摩崖石刻之南天寺保护修缮项目”获优秀奖。

● “学习二十大精神 传承非物质文化”泉州市青少年宫2022年南音高甲木偶节目展演活动在泉州市音乐厅举行。

11月27日

农历壬寅年十一月初四
星期日
温度：20℃～22℃
阴转小雨

●由市社科联、市住建局、市教育局、团市委主办的2022年“海上丝绸之路”泉州BIM（建筑信息模型）产教融合专题论坛，以线上线下相结合的方式在泉州信息工程学院举行。

●福建省第十七届运动会在南平市体育中心开幕。泉州市派出2000余人的代表团出征省运会。

●泉州高甲戏《连升三级·求亲》在广西民族剧院参加2022年全国地方戏精粹展演。

2022年“海上丝绸之路”泉州BIM产教融合专题论坛举行

由市社科联、市住建局、市教育局、团市委主办的2022年“海上丝绸之路”泉州BIM（建筑信息模型）产教融合专题论坛，以线上线下相结合的方式在泉州信息工程学院举行。此次论坛就BIM学术研究成果科技转化、BIM人才培养模式、BIM应用等方面主题，特邀上海交通大学、华侨大学等单位的BIM领域专家做汇报。按照疫情防控要求，市内外十所建筑类院校的师生和十余家建筑行业企业的专家线上参会。作为承办单位，泉州信息工程学院校长黄克安表示，学校始终坚持“面向产业，服务地方”的办学宗旨，围绕福建省、泉州市经济建设与社会发展需要，艰苦创业、持续创新、不断创优，培养德智体美劳全面发展的“实基础、强能力、能创新、高素质”的应用型人才，打造特色鲜明的高水平应用型本科高校。学校构筑的“岗课赛证”产教融合应用型创新人才培养平台，为建筑行业转型升级培养了一批致力于服务实际项目的BIM数字工匠。此次论坛的举办，为泉州地区提供了一次BIM方面的行政校企联动、产教融合的样板。

泉州代表团出征省运会

福建省第十七届运动会（以下简称省运会）在南平市体育中心开幕。泉州市派出2000余人的代表团出征省运会。第十七届省运会是全省规格最高、规模最大、影响最广的综合性运动会。该届省运会设置青少年部、社会俱乐部、群众部、行业部、大学生部5个部，共计80个大项、1307个小项比赛。在开幕式前的比赛中，泉州代表团获青少年部59枚金牌、83枚银牌和47枚铜牌，金牌总数和总分居全省第三。

该届省运会泉州市代表团派出2000多名运动员参加青少年部、社会俱乐部、群众组的比赛，其中1100多名运动员参加青少年部29个项目608个小项的比赛。市体育局等相关职能部门精心组织、加强保障，各参赛代表队科学组训、积极备战，取得较好的训练成效。抵达南平各赛区后，各参赛代表队组织运动员迅速调整状态、适应场地，确保以更加饱满的精神状态投入到比赛中。省运会开幕后，举行游泳、射箭、田径、跆拳道、羽毛球、乒乓球、男子举重7个大项243个小项比赛，泉州代表团在跆拳道、游泳、田径等项目上向金牌发起冲击。

泉州高甲戏《连升三级·求亲》参加全国地方戏精粹展演

泉州高甲戏《连升三级·求亲》在广西民族剧院参加2022年全国地方戏精粹展演。2022年全国地方戏精粹展在广西南宁举行，全国各地的40多个剧目（折子戏）轮番上演，涵盖京剧、陇剧、秦腔、越调、邕剧等众多地方戏曲剧种。《连升三级》由泉州市高甲戏传承中心创排，被评为“中国当代十大经典喜剧”之一。此前，该剧贾福古和甄似雪分别由该中心国家一级演员陈江锋和国家一级演员、中国戏剧“梅花奖”获得者陈娟娟领衔主演，为让现场观众感受传承发展成果，他们携手到现场指导。此次“求亲”一折由该中心青年演员李伟强、王超英领衔主演，分别饰演贾福古和甄似雪，他们用高甲戏最新发展成果演绎这部经典作品。演出前，泉州市高甲戏传承中心主任周杰俊和副主任陈娟娟携手高甲戏《连升三级·求亲》主要演员李伟强、王超英、吴江福、傅圆圆、车强福、褚育江等亮相媒体见面会现场，或分享剧种剧目亮点，或展示高甲戏表演特色。

《连升三级·求亲》演出现场（图/陈智勇 周健行）

11月28日

农历壬寅年十一月初五
星期一
温度：22℃～23℃
多云转阴

●省委常委、市委书记刘建洋到安溪调研疫情防控、安全生产等工作，推动学习宣传贯彻中共二十大精神走深走实。

●全市疫情防控工作会议召开，对疫情防控工作进行再部署、再强调。

●泉州市省政协委员小组组长、市政协主席肖汉辉带领部分在泉州省政协委员小组成员围绕"国土空间总体规划工作"开展专项视察。

●由市工信局主办、泉州企业技术创新协会承办的泉州智能装备供需对接云展会开幕，"泉州智造云平台"同步上线运营。

刘建洋到安溪调研

省委常委、市委书记刘建洋到安溪调研疫情防控、安全生产等工作，推动学习宣传贯彻中共二十大精神走深走实。市领导施宇辉、刘林霜参加调研。在位于高端装备制造产业园的大成智慧微产业园，刘建洋进园区、问规划、看产品，听取企业发展8K超高清视频业务介绍。刘建洋指出，希望企业坚持创新是第一动力，紧跟市场需求，做优产品质量，做大产业规模，提升核心竞争力。属地要紧盯强链补链延链，招引更多头部企业、专精特新企业入驻，促进上下游循环配套、集群集聚。在高速安溪出口路网工程和炭坑溪片区治涝工程建设现场，刘建洋察看项目规划设计、建设进展，叮嘱要坚持系统谋划、统筹推进，力争做到精心规划、精致建设、精细管理、精美呈现、精明增长。

刘建洋到安溪宫山健康驿站，了解隔离点建设和使用管理情况，要求大家以极端认真、高度负责的态度，强化规范操作，从严从实从细做好闭环管理和服务保障，防止交叉感染。调研中，刘建洋与当地干部和企业家谈形势、谋发展、话未来。刘建洋强调，要高效统筹疫情防控和经济社会发展，统筹发展和安全，发挥自身区位优势，加快实施"强产业、兴城市"双轮驱动，做实做优次中心组团，为推进中国式现代化的泉州实践作出更大贡献。要着眼长远，围绕"产业发展招项目、城乡建设谋项目、民生生态争项目"，一体化统筹协调，全方位策划包装，形成滚动接续良好态势，以有效投资推动高质量发展。要立足当前，科学精准有力有效抓好疫情防控，守住安全生产底线，抢抓施工黄金期，服务好企业、推进好项目，尽最大努力争取四季度和全年最好结果，同时谋划2023年工作目标任务、重点项目、务实举措。

刘建洋（右二）在安溪大成智慧微产业园调研（图/陈起拓）

泉州智能装备供需对接云展会开幕

为帮助工业企业应对疫情影响，拓宽新市场开辟新渠道，由市工信局主办、泉州企业技术创新协会承办的泉州智能装备供需对接云展会开幕，"泉州智造云平台"同步上线运营。

展会采用线上展示形式，旨在为中小企业提供供需对接、产品展示等常态化平台服务，提升企业品牌影响力。全市115家企业参展。其中国家级、省级单项冠军，专精特新"小巨人"，专精特新中小企业有51家，占参展企业总数的44.3%，包括威盛机械、南方路机、晋工机械、新源重工等企业。同时，云展会结合"智造泉州""创新泉州""探访标杆企业"等系列活动，探索运用元宇宙虚拟数字人打造企业数字IP、3D数字资产展示等新技术，通过各类渠道为有需求的企业提供产品发布、品牌宣传和引流获客等服务。"泉州智造云平台"由市工信局主导创建，泉州企业技术创新协会携泉州市中小企业服务中心开发和运营。该平台主要为全市中小企业提供线上供需对接、企业产品展示及资讯发布等服务。

11月29日

农历壬寅年十一月初六
星期二
温度：16℃～29℃
多云转小雨

●副省长李德金到晋江市陈埭镇江头村检查疫情防控工作。

●市委常委会召开会议，传达学习习近平总书记向发展中国家科学院第16届学术大会暨第30届院士大会致贺信、向联合国/中国空间探索与创新全球伙伴关系研讨会致贺信精神等。

●市委理论学习中心组学习会召开，集中观看武汉大学法学院副院长、博士生导师莫洪宪教授《中华人民共和国反有组织犯罪法》视频讲座，部署推进泉州市相关工作。

●市政府党组（扩大）会议召开，传达学习习近平总书记重要讲话重要指示精神，以及省委常委会会议和市委常委会会议精神。

●联合国教科文组织保护非物质文化遗产政府间委员会第十七届常会在摩洛哥拉巴特召开，中国申报的“中国传统制茶技艺及其相关习俗”通过评审，被列入联合国教科文组织人类非物质文化遗产代表作名录。

●由市侨联主办、泉州华侨历史博物馆和泉州华侨历史学会承办的“花开别样红——庆祝泉州市侨联成立60周年艺术特展”在泉州华侨历史博物馆开幕。

李德金到晋江检查疫情防控工作

副省长李德金到晋江市陈埭镇江头村检查疫情防控工作。泉州市领导蔡战胜、黄景春、张文贤参加调研。李德金强调，要科学精准做好常态化疫情防控，抓细抓实“落地检”等防控措施，加强社区管控，完善省外入（返）闽人员报备制度，守好疫情防控“最后一公里”。要发挥工作专班作用，统筹全市流调、核酸检测、隔离转运等力量，扁平化指挥，下沉一线，尽快扑灭疫情。要加强养老机构、福利院、监所、医疗机构等特殊场所疫情防控工作，做好重点人员闭环管理，严防疫情输入和扩散。

市委常委会学习习近平总书记重要指示精神

市委常委会召开会议，传达学习习近平总书记向发展中国家科学院第16届学术大会暨第30届院士大会致贺信、向联合国/中国空间探索与创新全球伙伴关系研讨会致贺信精神，传达学习省委十一届三次全会精神，研究部署全面从严治党、加强基层治理等工作。

会议强调，要坚持把教育、科技、人才作为现代化建设的基础性战略性支撑，主动对接国家重大专项，深化国家创新型城市、自主创新示范区建设，完善科技创新体系，促进创新链、产业链、人才链深度融合。深耕人才“港湾计划”、“涌泉”行动，打造先进制造业人才中心和创新高地。深化数字泉州建设，推进产业数字化、数字产业化，推动制造业高端化、智能化、绿色化发展。要落实“疫情要防住、经济要稳住、发展要安全”重要要求，科学精准有力有序做好常态化疫情防控，拧紧安全生产责任链条，攻坚全年目标任务，提早谋划2023年重点工作，挖掘培育发展新动能新优势。会议还听取市委2022年全面从严治党主体责任落实情况检查情况报告，审议《关于加强基层治理体系和治理能力现代化建设的若干措施》。

市政府党组（扩大）会议召开

市政府党组（扩大）会议召开，传达学习习近平总书记重要讲话重要指示精神，以及省委常委会会议和市委常委会会议精神。会议强调，要推进乡村振兴，促进农村一、二、三产业融合发展，多渠道促进脱贫人口增收，增进民生福祉。要坚持人民至上、生命至上，落实“外防输入、内防反弹”总策略，贯彻“动态清零”总方针，完整准确全面贯彻二十条优化措施，“平战转化”打好疫情防控歼灭战，以快制快迅速斩断传播链，守住不发生聚集性疫情的底线。要扩大高水平对外开放，深化“海上丝绸之路”先行区建设，主动服务和融入新发展格局。要坚持为民建城，用好国家盘活利用低效用地试点政策，推进城市可持续发展。

“中国传统制茶技艺及其相关习俗”被列入非物质文化遗产代表作名录

联合国教科文组织保护非物质文化遗产政府间委员会第十七届常会在摩洛哥拉巴特召开，中国申报的“中国传统制茶技艺及其相关习俗”通过评审，被列入联合国教科文组织人类非物质文化遗产代表作名录。“中国传统制茶技艺及其相关习俗”是有关茶园管理、茶叶采摘、茶的手工制作，以及茶的饮用和分享的知识、技艺和实践。该项目包括铁观音制作技艺等6个国家级非物质文化遗产代表性项目。与这一项目相关的知识和技艺主要通过家族传承、师徒传承和社区传承等传统方式进行传承，并与正规教育有所融合。如安溪铁观音制作技艺在安溪县王氏家族已传至第13代。

安溪铁观音制作技艺——摇青（资料图片）

11月30日

农历壬寅年十一月初七
星期三
温度：13℃～16℃
多云转阴

●市领导刘建洋、蔡战胜、李建辉、肖汉辉等到驻泉州部队参加“军事日”活动。

●省委常委、市委书记刘建洋会见到泉州参加2022—2023赛季中国女子篮球联赛开幕式的中国篮协主席姚明。

●泉州市严防松材线虫病入侵戴云山。

●第五届“润物无声”泉州文创旅游商品设计大赛半决赛在东亚之窗艺术中心举行，经过创意比拼和专家评选，从入围半决赛的165件（套）作品中评选出20件（套）晋级决赛。

市领导参加“军事日”活动

市领导刘建洋、蔡战胜、李建辉、肖汉辉等到驻泉州部队参加“军事日”活动，与官兵交流中共二十大精神，示范带动全市增强国防观念，强化党管武装意识，自觉接受国防教育，全面增进军地情谊。在驻泉州部队某驻训现场，市领导身着迷彩服，现场观摩战斗过程演示。省委常委、市委书记刘建洋与现场官兵互动交流，了解部队建设和双拥工作情况，并代表市四套班子对驻泉州官兵保卫国家安全、对泉州经济社会发展做出的贡献，表示感谢和敬意。

刘建洋指出，全市上下、部队官兵正学习宣传贯彻中共二十大精神。要践行习近平新时代中国特色社会主义思想和习近平强军思想，把思想和行动统一到中共二十大精神上来，把焕发的政治热情、领悟的理论成果、受到的激励鼓舞，转化为坚定看齐追随、忠诚维护核心的行动自觉，转化为加强实战化军事训练、加紧军事斗争准备的强大动能，推进政治建军、改革强军、科技强军、人才强军、依法治军，为实现建军一百年奋斗目标踔厉奋发、勇毅前行。泉州将秉承弘扬习近平总书记在福建工作期间就双拥工作开创的一系列重要理念和重大实践，把支持国防建设和军队发展作为重要的政治责任，发扬双拥模范的优良传统，聚焦服务保障部队前方、前线、前沿的“三前”建设，用心用情用力解决官兵后路、后代、后院的“三后”之忧，当好驻泉州部队最坚实的后盾，让大家更加安心、放心、舒心，共同谱写新时代军地协作、军民共建的新篇章。

市领导会见中国篮协主席姚明

省委常委、市委书记刘建洋会见到泉州参加2022—2023赛季中国女子篮球联赛开幕式的中国篮协主席姚明，市领导蔡战胜、施宇辉、张文贤参加会见。

刘建洋表示，泉州是全国闻名的品牌之都和经济大市，也是全国首批体育产业联系点城市，许多中国知名本土体育品牌均发源于此。在市委、市政府的高度重视和大力推动下，泉州人民崇尚体育、热爱运动，众多本土体育品牌企业长期支持、参与各级各类体育赛事的举办，体育产业发展规模、体育基础设施建设、体育消费能力、群众体育活动氛围在全国地级市中走在前列。泉州正实施“强产业、兴城市”双轮驱动，希望姚明和中国篮协一如既往关心泉州体育事业发展，支持更多国际国内赛事落户泉州并给予有力指导，助力泉州体育事业、体育产业高质量发展。泉州将竭诚做好服务保障，同时紧密结合体育赛事运营，在城市产业培育、品牌打造、风貌展示、知名度提升等方面谱写新篇章。姚明表示，中国女篮获得世界杯亚军，彰显拼搏奋斗的体育精神。体育赛场是城市的会客厅，举办体育赛事有助于城市借体育之力提升活力、振奋精神。泉州具有举办体育赛事的良好基础和条件，中国篮协愿意与泉州各有关方面在推广篮球运动、举办篮球赛事等方面加强合作，助力泉州城市高质量发展。

泉州市严防松材线虫病入侵戴云山

泉州市印发《强化协同协作打好戴云山黄山松保卫战实施方案》（以下简称实施方案）。实施方案明确，各级各有关部门要强化协同协作，打好戴云山黄山松保卫战，到2025年底，力争松材线虫病不入侵德化县，确保原生性黄山松群落得到有效保护。根据实施方案，将从德化县域外、县域内及戴云山保护区区域由外向内筑牢三道防线。第一道防线，即德化县域外的协同防控，主要是通过边界区域联防联控和市直部门协同管控，防止县域外疫情自然传入或人为输入德化县域。第二道防线，即德化县域内、戴云山保护区区域外的重点防控，主要是通过德化县各级政府、各相关部门落实检疫、监测、应急除治和部门联防联控等措施，把疫情控制在戴云山保护区区域外。第三道防线，即戴云山保护区区域的严防死守，主要是通过戴云山保护区加强检查哨卡、护林巡查、执法宣传等自身建设，筑牢松材线虫病疫情防控最后一道防线。

12月1日

农历壬寅年十一月初八
星期四
温度：13℃～16℃
多云转阴

●全市电网高质量发展专题座谈会召开，研究泉州市电网建设情况。

●福建昌财医院、上海大学、上海医师志愿者联盟举行“医疗共建战略协议”暨“上海大学昌财医学基金捐赠”签约仪式。

●由市人社局、市总工会、市邮政管理局主办的泉州市第五届邮政快递业职业技能竞赛举行。

●惠安县“基金+协会+园区”三维招商活动暨“平台赋能 产业迭代”发展论坛举行。

全市电网高质量发展专题座谈会召开

全市电网高质量发展专题座谈会召开，研究泉州市电网建设情况。

会议指出，加强电网建设是落实统筹发展和安全的必然要求，是实施“强产业、兴城市”双轮驱动的基础支撑。全市各级各部门要贯彻落实中共二十大关于能源安全的重要部署，增强电网建设的责任感和紧迫感，强化忧患意识、坚持底线思维，抢抓新一轮国家扩大有效投资的重大机遇，加快项目策划对接，及时补齐电力基础设施短板，筑牢电网安全基石。要系统谋划、统筹推进，推动电网高质量发展。坚持规划引领、科学布局，按照“适度超前”原则，推动电网专项规划与新一轮国土空间规划、片区控制性详细规划等有机衔接，推动电力设施建设与市政道路同步规划、同步设计、同步建成投运。坚持问题导向、攻坚突破，破解电网建设中遇到的困难和问题，推进“十四五”电网项目建设；聚焦“强产业、兴城市”双轮驱动，在项目攻坚和抓城建提品质、抓开放招商促项目落地、工业园区标准化建设等重点专项中，找准电网建设的结合点、切入点、着力点，探索综合开发等新模式，优化电力资源配置，提高电力供应的整体效益。坚持整体提升、高效运转，增进供电公司、行业主管部门、属地政府的协同配合，保障电网安全稳定运行，优化电力营商环境，实现供电质量、服务质量的“双提升”。要凝心聚力、协同推进，确保目标任务落实到位。坚持全市“一盘棋”，算大账、算长远账、算整体账、算综合账，统筹电网规划、建设、管理各方面，完善电网建设各项制度机制，压紧压实各方责任，真抓实干、比学赶超，以坚强电网支撑全方位推进高质量发展。

“上海大学昌财医学基金捐赠”签约仪式举行

福建昌财医院、上海大学、上海医师志愿者联盟举行“医疗共建战略协议”暨“上海大学昌财医学基金捐赠”签约仪式。中国科学院院士、上海大学校长刘昌胜，市委副书记宿利南等参加。仪式上，福建昌财医院与上海大学、上海医师志愿者联盟签约建立全面战略合作伙伴关系；源昌集团向上海大学教育发展基金会捐资设立上海大学昌财医学基金。福建昌财医院位于南安市罗东镇，是福建省重点、大型民生建设项目，计划于2023年底开业试运行，医院建成后，将通过吸引国内外知名医学专家团队会聚泉州，补齐泉州高水平医疗人才队伍短板，实现泉州医疗技术水平跨越发展，让群众在家门口享受到高端、优质的医疗服务。

惠安县“基金+协会+园区”三维招商活动举行

惠安县“基金+协会+园区”三维招商活动暨“平台赋能 产业迭代”发展论坛举行。活动配套主旨演讲、专业论坛、项目签约、产业考察等，旨在打造碰撞火花、收获友谊、招引投资的合作平台。

基金方面，惠安县与上海浦科、东方嘉富等5家产业基金公司签订战略合作协议，聚焦半导体、新材料、人工智能等战略性新兴产业和先导产业，设立总规模超60亿元的专项基金，吸引更多的社会股权投资资本、投资机构、优质项目、新兴技术和高端人才向惠安集聚。协会方面，惠安县对接并签约行业协会（联盟）16家，其中国家级9家，通过与中国工业经济联合会、中国电子化工新材料产业联盟等行业组织签订“双招双引”战略合作协议，开展政策对接、产业咨询、招商引资、招才引智等全方位合作，探索“政府+协会+企业”合作新模式，推动头部领军企业和优秀人才团队到惠安投资兴业。项目方面，筛选60万吨/年己内酰胺及配套项目、福建新能源新材料产业园项目等5个代表性项目参加招商签约，计划总投资277亿元，主要填平补齐主导产业、优势产业关键缺失环节，助力打造现代产业体系。现场还举行惠安县投资环境推介和惠安县“招商引才大使”授牌仪式。

12月2日

农历壬寅年十一月初九
星期五
温度：15℃～16℃
多云转阴

●市委副书记宿利南到泉港与基层干部群众学习中共二十大精神，调研美丽乡村建设、溪流整治、非物质文化遗产技艺传承保护等工作。

●由省外事办指导，市外事办、市对外文化交流协会主办的2022年中国泉州·韩国光州青年文化创意交流会暨青年学生文创作品展以视频连线方式在泉州市图书馆举行。

●市委宣传部、网信办、文明办和市公安局、教育局、司法局、交通局、应急局、团市委举行“全国交通安全日”主题活动。

●携程集团全球合作伙伴旅游峰会在澳门举行，峰会评选出十座城市获携程“年度新晋美食目的地”大奖，泉州榜上有名。

●安溪藤铁工艺创新发展研究院揭牌。

宿利南到泉港调研美丽乡村建设等工作

市委副书记宿利南到泉港与基层干部群众学习中共二十大精神，调研美丽乡村建设、溪流整治、非物质文化遗产技艺传承保护等工作。宿利南强调，要把握“三农”工作新使命新任务，牢记粮食安全“国之大者”，把握乡村产业振兴这个重中之重，以乡村建设为重要抓手，提升村集体经济“造血功能”，探索有泉州特色的乡村振兴之路。要因地制宜、科学谋划美丽乡村建设蓝图，坚持集约节约、量力而行，因村施策、合理规划，调动群众参与积极性，以更加务实的作风，高标准高质量推进旧村改造和美丽乡村建设，让村民更有获得感、幸福感。

中国泉州·韩国光州青年文化创意交流会举行

由省外事办指导，市外事办、市对外文化交流协会主办的2022年中国泉州·韩国光州青年文化创意交流会暨青年学生文创作品展以视频连线方式在泉州市图书馆举行。市委常委、宣传部部长、统战部部长陈辉宗在视频致辞中表示，历史文化遗产的保护传承是两个城市共有的亮点，也是两地开展交流的有效载体。泉州将一如既往地以坦诚的胸怀、积极的姿态，加强同光州广域市的合作交流，为深化中韩人文交流、促进民心相通贡献智慧和力量。此次文创交流活动得到两地青年积极响应，征集到近百组作品。经过专家评审，55组作品入选青年学生文创作品展，并于12月2日起在泉州市图书馆展出，为期一个月。交流会上，12名泉州与光州广域市的教师、学生、文创业者还围绕“文化创意与遗产保护传承”主题展开分享交流。

“全国交通安全日”主题活动举行

第十一个“全国交通安全日”，市委宣传部、网信办、文明办和市公安局、教育局、司法局、交通局、应急局、团市委举行“全国交通安全日”主题活动。2022年“全国交通安全日”主题是“文明守法 平安回家”。泉州各地公安交警部门立足实际，以丰富多彩的宣传活动、多元融合的宣传形式，将交通安全知识传递给交通参与者，增强市民群众的交通安全意识、守法意识、文明意识。活动当天，泉州公安交警融合闽南语顺口溜以及交通安全元素，创新制作一批交通安全文创纸杯等宣传物料，到农村、社区、学校、驾校、企业等场所分发赠送，向老年人、学生、农村驾驶人等重点群体开展精准“滴灌”宣传。

各地公安交警部门联合当地有关部门及行业协会，到社区、公园广场，通过分发“文明守法 平安回家”交通安全宣传手册、“全国交通安全日”主题海报，开展“答题送头盔”活动等形式，针对老年人、儿童及机动车、电动自行车驾驶人等重点群体开展“戴头盔 保平安”“拒绝酒醉驾”等宣传活动。在各地的幼儿园、中小学校，公安交警邀请教师、学生共同参与“远离货车盲区”“遵规守法 文明出行”等交通安全体验课，让他们感受货车盲区的严重危害及遵规守法出行的重要性。

安溪藤铁工艺创新发展研究院成立

安溪藤铁工艺创新发展研究院成立。该研究院由安溪县委、县政府引进的迪特国家工业设计中心打造，将组织专家开展安溪藤铁工艺专题研究，搭建贯穿设计、市场、金融于一体的公共服务平台。图为成立仪式。 （图/安溪报）

12月3日

农历壬寅年十一月初十
星期六
温度：17℃～23℃
多云

●由国网泉州供电公司、中国农工民主党泉州市委员会主办的，以“学习宣传贯彻党的二十大精神，推动全面贯彻实施宪法”为主题的宣传活动在洛阳桥桥头举行。

●上海泉州侨乡开发协会成立35周年庆典暨第七届第一次会员大会举行。上海交通大学附属胸科医院心脏中心主任、心血管内科主任何奔教授当选新一届理事会会长，复旦大学中山医院放疗科主任、博士生导师曾昭冲教授当选监事会监事长。

●永春光中诗园开园。

●闽台历史文化研究院德化分院、德化窑遗产文化研究院、德化县闽台陶瓷文化艺术创作交流基地在德化揭牌。

“推动全面贯彻实施宪法”主题宣传活动举行

由国网泉州供电公司、中国农工民主党泉州市委员会主办，市工信局、国网惠安县供电公司、泉州市经信综合行政执法大队、福建立行律师事务所、国网电动汽车服务（泉州）有限公司协办的以“学习宣传贯彻党的二十大精神，推动全面贯彻实施宪法”为主题的宣传活动在洛阳桥桥头举行。宣传活动通过摆放宣传展板，设立法律咨询台，发放宪法宣传手册、新能源行业政策等宣传资料，向群众宣传宪法和法律法规知识等方面的相关知识，并发动群众参与宪法答题，让群众执法懂法守法，增强法治观念和法治意识。此次宣传活动旨在让宪法精神家喻户晓、深入人心，提升群众对法律法规的认知度，激发群众学法积极性，增强群众法治意识、守法意识和自我保护意识，为创建法治平安泉州营造良好的法治环境。

“学习宣传贯彻党的二十大精神，推动全面贯彻实施宪法”主题宣传活动现场（图/中国农工民主党泉州市委员会）

上海泉州侨乡开发协会成立35周年庆典举行

上海泉州侨乡开发协会成立35周年庆典暨第七届第一次会员大会举行。上海交通大学附属胸科医院心脏中心主任、心血管内科主任何奔教授当选新一届理事会会长，复旦大学中山医院放疗科主任、博士生导师曾昭冲教授当选监事会监事长。上海泉州侨乡开发协会成立于1987年4月11日，是上海市民政局批准登记的3家地域性社团组织中最早的一家，由志愿为泉州与上海市及长三角地区经济建设和社会发展服务的泉州籍在沪乡亲和各界人士组成。会员中处、局级以上干部和具有高级职称的专家、教授、高工占四成多，改革开放之后进入上海发展的企业家也占相当比例，成为活跃在上海的一支生力军。

永春光中诗园开园

永春光中诗园开园。泉州籍知名诗人余光中代表作《乡愁》展示的家乡情结，融入炎黄子孙的血脉之中。作为集自然景观、生态风貌、文化景象于一体的文化公园，诗园旨在丰富永春乡愁的文化内涵，助力推动永春文化建设。光中诗园毗邻余光中文学馆。2015年11月8日，余光中文学馆开馆。该馆珍藏有余光中手稿等数百件，开馆以来，参观者络绎不绝。该馆系两岸文化交流基地、省级校外美育实践基地、福建省对台交流基地，在促进两岸融合、助力乡村振兴等方面做出贡献。

闽台历史文化研究院德化分院揭牌

闽台历史文化研究院德化分院、德化窑遗产文化研究院、德化县闽台陶瓷文化艺术创作交流基地在德化揭牌。闽台历史文化研究院德化分院于8月29日由闽台历史文化研究院批复成立，成立3个月以来，在福州举办郑成功主题陶瓷文化展，利用新媒体上线“院长说瓷”，筹备组织闽台陶瓷艺术家开展“一脉瓷缘 泥火相融”主题论坛。德化窑遗产文化研究院和德化县闽台陶瓷文化艺术创作交流基地，为闽台历史文化研究院德化分院打造两岸陶瓷文化文物交流展示窗口和世界陶瓷文化遗产艺术创作交流平台的主要项目，旨在发挥德化与台湾莺歌同为“以产瓷而闻名”的优势，加强区域合作，引领产业文艺融合发展，打响两岸陶瓷品牌。闽台历史文化研究院德化分院聘请院长、秘书长、研究员15名，其中有李冀平、陈建中等大陆陶瓷文博专家团队，也有黄宝贤、管幸生等台湾艺术家顾问。

泉州代表团居第十七届省运会金牌榜第三名

福建省第十七届运动会（以下简称“省运会”）在南平闭幕。泉州市体育代表团居金牌榜和总分榜双第三名。在该届省运会上，泉州市代表团实现三个全面超越，以金牌总数188枚、奖牌总数481.5枚和总分5977分全面超过上届，展示泉州市运动员昂扬向上的精神风貌，展现泉州市体育事业蓬勃发展的态势。

省运会是全省规格最高、规模最大、影响最广的综合性运动会。该届省运会是在中共二十大胜利召开后福建省举办的首个重大综合性活动，也是常态化疫情防控形势下举办的规模最大的一次体育盛会。该届省运会设置青少年部、社会俱乐部、群众部、行业部、大学生部5个部80个大项1307个小项比赛。在项目设置上全面对接奥运会、全运会，其中青少年部比赛中设置29个大项、608个小项，力求更多地发掘和培育福建省竞技体育后备人才。同时，为提升省运会参与性，新增设社会俱乐部12个项目，利用竞赛杠杆作用，推动学校体育向社会延伸发展，让更多青少年能够在省运会平台一展身手，有利于优秀后备苗子的基础训练及跟踪选拔。该届省运会，泉州市代表团派出2000多名运动员参加青少年部、社会俱乐部、群众组的比赛，其中有1100多名运动员参加青少年部29个项目608个小项的比赛。

相关链接：泉州市拥有3个国家高水平体育后备人才基地、5个省级体育后备人才基地，并探索网点校建设模式，设立11所网点校，涉及击剑、摔跤、射箭、羽毛球、乒乓球、篮球、田径等项目。近4年来，泉州市向上级运动队和高等院校输送650余名优秀苗子，并涌现出奥运冠军李发彬、黄东萍和林超攀、陈海威、王乌品等一大批高水平国际级选手。在发展竞技体育的同时，泉州市还完善体育设施，推动全民健身和群众体育。中国职业篮球联赛、中国女子篮球联赛、中国女子排球联赛福建主场相继落户泉州，球场上座率稳步提升；随着环泉州湾国际公路自行车赛、中国羽毛球超级联赛季后赛、全国健美健身冠军总决赛等一大批专业品牌赛事相继举办，带动泉州城市知名度、美誉度不断提升。

“共享书香·爱心传递”公益活动举行

由鲤城区新时代文明实践中心、区志愿服务总队、区委文明办、区民政局、团区委、区妇联、区计生协会主办，开元街道新春社区党委、居委会、泉州微公益协会等联办的“12·5”国际志愿者日暨“共享书香·爱心传递”公益活动在鲤城区开元街道新春社区“党建+”邻里中心举行。现场，社工为青少年讲解志愿服务礼仪的相关知识，让青少年了解志愿服务精神，并共同进行志愿者宣誓。小志愿者向新春社区“党建+”邻里中心捐赠311本青少年读物，并在社工引导下将书籍整理放入书架中。

由于青少年心智尚未健全，对网络空间虚拟现实的差异化认识不清晰，为防止青少年沉迷网络，主办方还邀请小志愿者与家长共同观看《青春护航》家庭教育短片，从家庭层面，为青少年及家长介绍，如何从建立良好的沟通开始，建立良好的青少年成长的家庭环境，引导青少年健康成长。参与力所能及的志愿服务活动让青少年对身边的社区更加地了解，也感受到社会对青少年的关怀。家长们纷纷表示，参与活动很有收获，以后将更多地带孩子参与到志愿服务中来，让孩子从小感受身边的公益氛围，一起感受爱、传递爱。

“共享书香·爱心传递”公益活动现场（图/鲤城区计生协会）

12月4日

农历壬寅年十一月十一
星期日
温度：15℃～18℃
多云转阴

●福建省第十七届运动会在南平闭幕。泉州市体育代表团居金牌榜和总分榜双第三名。

●由鲤城区新时代文明实践中心、区志愿服务总队、区委文明办、区民政局、团区委等主办的“12·5”国际志愿者日暨“共享书香·爱心传递”公益活动在鲤城区开元街道新春社区“党建+”邻里中心举行。

12月5日

农历壬寅年十一月十二
星期一
温度：13℃～16℃
多云转阴

●市委常委会召开会议，传达党中央、全国人大常委会、国务院、全国政协、中央军事委员会告全党全军全国各族人民书。

●市人大常委会党组扩大会议召开，传达学习省委十一届三次全会精神，以及市委有关精神。

●由市委组织部、市委文明办主办的“保护东海湾·净滩行动”新时代文明实践活动举行。

市委常委会传达告全党全军全国各族人民书

市委常委会召开会议，传达党中央、全国人大常委会、国务院、全国政协、中央军事委员会告全党全军全国各族人民书。会议指出，要更加紧密团结在以习近平同志为核心的党中央周围，坚持党的基本理论、基本路线、基本方略，深学细照笃行习近平新时代中国特色社会主义思想。要扛起管党治党政治责任，推进新时代党的建设新的伟大工程，形成同心协力、团结奋斗的局面。全市各地各部门要按照告全党全军全国各族人民书和党中央决策部署，落实省委工作要求，组织做好悼念江泽民同志的系列活动。全市党员、干部群众要把对江泽民同志的深厚感情转化为贯彻落实中共二十大精神的实际行动，高效统筹疫情防控和经济社会发展，统筹发展和安全，在实施“强产业、兴城市”双轮驱动中展现使命担当，在保障和改善民生中践行初心使命，激扬爱拼敢赢、团结奋斗的精气神，推进中国式现代化的泉州实践，勇当全省全方位推进高质量发展主力军。

市人大常委会党组扩大会议召开

市人大常委会党组扩大会议召开，传达学习省委十一届三次全会精神，以及市委有关精神。会议指出，要践行全过程人民民主，构建多样、畅通、有序的民主渠道，推动决策、执行、监督、落实各个环节都能更好地听到来自人民的声音，促使人大各项工作更好地体现人民意志、保障人民权益、激发人民创造活力。要把握新形势新任务新要求，紧扣市委中心工作，紧贴人民群众美好生活需要，找准新一年人大工作的着力点和切入点，抓紧谋划生成相应的履职项目，为推进中国式现代化的泉州实践贡献人大力量、展现人大作为。会后，市人大常委会机关全体干部观看《世界遗产》和《反组织犯罪》专题片。

市人大常委会党组扩大会议现场（图/市人大）

“保护东海湾·净滩行动”新时代文明实践活动举行

第37个国际志愿者日，由市委组织部、市委文明办主办，市烟草专卖局、泉州市东南公益协会、丰泽区青年志愿者协会、泉州市真诚公益团队以及丰泽区渔人海上救援中心协办的“保护东海湾·净滩行动”新时代文明实践活动举行，并召开志愿者交流座谈会。在沙滩河畔，志愿者分组行动，大家搜索周边的垃圾、废弃矿泉水瓶等，捡拾并分装在不同垃圾袋。“保护东海湾·净滩行动”每月开展一次，由相关志愿者团队轮流参与，推动净滩活动常态化进行。在志愿者带动下，当地居民以及游客的生态保护意识也不断增强，他们自觉加入净滩行动队伍，开展志愿服务。净滩行动结束后，各个志愿团队齐聚丰泽区新时代文明实践中心，举行“志愿者日”宣誓仪式。

在随后召开的志愿者座谈会上，大家围绕疫情防控期间开展志愿服务谈心得体会。社区是城市治理体系的基本单元，无论是保障民生还是防控疫情，志愿服务已成为社区治理中必不可少的重要一环。丰泽区委文明办相关负责人表示，做好疫情防控工作离不开各个志愿服务组织的齐心参与，丰泽区为此成立区疫情防控志愿者调动中心，统筹调度整个丰泽辖区的社会志愿者参与疫情防控工作，同时也为277个管辖小区设立志愿者服务队，这些服务队利用空闲时间破解群众难题，让志愿服务时时可为、处处可为。

泉州市收听收看江泽民同志追悼大会

市委、市人大常委会、市政府、市政协领导，在泉州省人大常委会、省政协专委会成员，市中级人民法院、市人民检察院负责人，收听收看江泽民同志追悼大会。全市党政机关、企事业单位、乡村、学校、部队、街道社区的党员干部群众集中收听收看追悼大会。上午十时整，追悼会开始。市行政会议中心会议室内，全体默哀。大家通过收看电视直播，聆听习近平总书记代表党中央致悼词，缅怀江泽民同志的丰功伟绩和崇高风范。

全市党员干部群众学习告全党全军全国各族人民书、《江泽民伟大光辉的一生》。大家一致表示，江泽民同志是全党全军全国各族人民公认的享有崇高威望的卓越领导人，伟大的马克思主义者，伟大的无产阶级革命家、政治家、军事家、外交家，久经考验的共产主义战士，中国特色社会主义伟大事业的杰出领导者，党的第三代中央领导集体的核心，“三个代表”重要思想的主要创立者。大家决心化悲痛为力量，在以习近平同志为核心的党中央坚强领导下，更加紧密地团结起来，贯彻习近平新时代中国特色社会主义思想，坚定信心、同心同德，埋头苦干、奋勇前进，为全面建设社会主义现代化国家、全面推进中华民族伟大复兴而团结奋斗。要继承江泽民同志的遗志，把对江泽民同志的悼念转化为贯彻落实中共二十大精神的实际行动，高效统筹疫情防控和经济社会发展，统筹发展和安全，加快实施“强产业、兴城市”双轮驱动，推进中国式现代化的泉州实践，勇当全省全方位推进高质量发展主力军。要坚持全心全意为人民服务的根本宗旨，树牢群众观点，贯彻群众路线，尊重人民首创精神，坚持一切为了人民、一切依靠人民，从群众中来、到群众中去，保持同人民群众的血肉联系，同人民同呼吸、共命运、心连心。要凝聚海内外泉州人的力量，形成同心协力、团结奋斗的局面，把各项事业推向前进。

市委专题会暨规划委员会会议召开

市委专题会暨规划委员会会议召开，学习贯彻习近平总书记关于城市工作的重要论述，听取东海中央活力区、云山片区和北峰丰州组团西片区等规划编制情况汇报，研究部署下阶段工作。

会议指出，要统一思想、提高认识，增强做好城市规划的责任感，更加自觉地把“人民城市人民建、人民城市为人民”重要理念贯穿城市工作的全过程，突出规划的科学性、前瞻性、系统性、整体性、引领性，以更高的站位、更宽的视野，提高规划编制水平，实施“强产业、兴城市”双轮驱动，做到精心规划、精致建设、精细管理、精美呈现、精明增长。要精心规划、科学谋划，提升片区规划的科学性和可操作性。梳理片区功能定位，站在高处看片区、跳出局部看片区，结合全市“十四五”规划、新一轮国土空间规划，与中心城区和周边片区规划相衔接，围绕区位优势，突出风貌特色、发展定位，细化正面和负面清单，优化空间和生产力布局。统筹好内和外，把握山海城、保护利用建设、地上地下、近期远期、建设时序等关系，坚持产业培育、基础设施、公共服务配套、生态环境“四个优先”，按照“小街区、窄马路、密路网、微循环、宜尺度”理念，完善城市基础细胞功能，打造“15分钟生活圈”，增添城市“烟火气”，使城市更健康、更安全、更宜居。做好专题研究，加强系统论证，探索规划“留白”制度，为发展预留弹性空间。做好规划刚性实施，健全规划实时监测、定期评估、动态维护制度，确保“一张蓝图绘到底”。

会议要求，要凝心聚力、统筹推进，强化全市“一盘棋”，上下协同、条块结合，增强专班力量，完善规划方案，高站位谋划、高标准落实，以高水平规划引领高质量发展。要久久为功，一任接着一任干，把三个片区建设作为“抓城建提品质”专项行动的重要战场，点上发力、项目带动、示范引领，助推环湾发展再提速、城市能级再提升。会上，市资源规划局汇报三个片区控制性详细规划编制工作开展情况，规划编制单位通过视频方式介绍相关规划方案内容。

12月6日

农历壬寅年十一月十三
星期二
温度：14℃～16℃
多云

●泉州市收听收看江泽民同志追悼大会。

●市委专题会暨规划委员会会议召开，学习贯彻习近平总书记关于城市工作的重要论述，听取东海中央活力区、云山片区和北峰丰州组团西片区等规划编制情况汇报，研究部署下阶段工作。

●市工商联召开“学思践悟党的二十大精神·坚定理想信念”青年泉州企业家座谈会。

●“泉州市行政服务中心”更名为“泉州市政务服务中心”，服务场所地址及对外服务时间不变。

12月7日

农历壬寅年十一月十四
星期三
温度：16℃～19℃
多云

●省委常委、市委书记刘建洋到多所职业院校宣讲中共二十大精神，并调研职业教育、疫情防控等工作。

●全市疫情防控工作调度会议召开，传达贯彻国务院联防联控机制《关于进一步优化落实新冠肺炎疫情防控措施的通知》，对疫情防控工作进行再研究、再部署。

●由省总工会指导，市总工会、市政府台港澳办、市人社局主办的第七届泉台两地雕艺行业职工技能竞赛在泉州台商投资区张坂镇举行。

刘建洋到职业院校调研职业教育等工作

省委常委、市委书记刘建洋到多所职业院校宣讲中共二十大精神，并调研职业教育、疫情防控等工作。市领导施宇辉、陈辉宗参加调研。刘建洋到泉州幼儿师范高等专科学校，参观校史馆、特殊教育和学前教育实训室，检查防疫措施落实情况。在黎明职业大学，刘建洋指出，学校专业和学生技能要适应地方产业需求，才有用武之地。学校要拓展校企合作，将理论研究与应用研究结合起来，把企业中试生产线搬进校园里，把实训基地建到企业车间中，实现更高水平的产教融合。在泉州经贸职业技术学院，刘建洋了解学校服装设计与工艺、电子商务等龙头专业发展情况。每到一处，刘建洋都与师生分享中共二十大精神学习体会，共商未来职业教育发展思路举措。刘建洋强调，要构建现代职业教育体系，面向城市、面向产业、面向市场、面向民生，推进职普融通、产教融合、科教融汇，优化职业教育类型定位，发挥各自比较优势，促进职业院校办出活力、办出特色、办出品牌，造就更多能工巧匠、大国工匠、高技能人才，为加快实施“强产业、兴城市”双轮驱动、推进中国式现代化的泉州实践提供人才支撑。

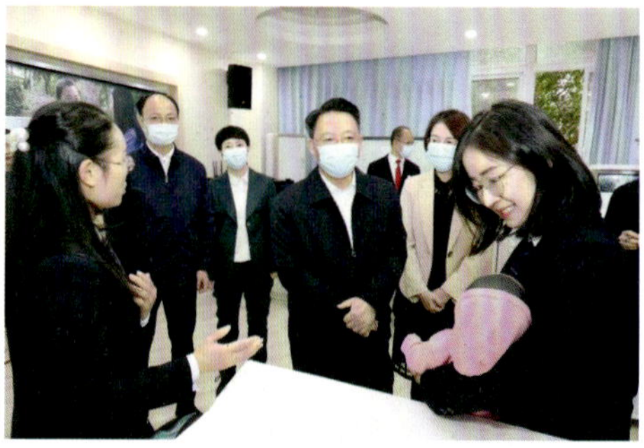

刘建洋（左四）在泉州幼儿师范高等专科学校调研（图/陈起拓）

全市疫情防控工作调度会议召开

全市疫情防控工作调度会议召开，传达贯彻国务院联防联控机制《关于进一步优化落实新冠肺炎疫情防控措施的通知》，对疫情防控工作进行再研究、再部署。会议强调，要按照国务院联防联控机制新部署新要求，科学精准划分风险区域，不得采取各种形式的临时封控，统筹协调各方资源力量，加强医疗救治、物资储备、业务培训等能力建设，完善分级分类管理服务方案，强化方舱医院管理保障，更好地为群众提供便利。

第七届泉台两地雕艺行业职工技能竞赛在泉州台商投资区举行

由省总工会指导，市总工会、市政府台港澳办、市人社局主办的第七届泉台两地雕艺行业职工技能竞赛在泉州台商投资区张坂镇举行。此次竞赛在泉州台商投资区和台湾分别设置两个赛场，两地130余名雕艺行业职工报名参赛，通过线上“云”竞技比拼技艺、切磋交流。

竞赛主场设在张坂雕艺街的泉州台商投资区雕艺馆，分为木雕类工艺、综合类工艺（含漆线雕、彩绘、陶艺等）两个竞赛项目。泉州台商投资区总工会还特别邀请在泉州从事雕艺行业的台胞职工到场与泉州雕艺行业职工同场竞技。泉州和台湾雕艺文化互联互通、同根同源，是促进文化融合、深化交流的桥梁。自2015年首届泉台两岸雕艺行业职工技能竞赛举办以来，两地雕艺人才通过这一平台比拼技艺、交流切磋，加深情感。竞赛也维系和推动两地雕艺人才在技艺传承、艺术创造、市场推广、产业运作等方面的融合与进步，许多台湾同胞也通过这一契机更深入了解到在泉州创业发展的前景，两地各项民间交流也更加热络。

第七届泉台两地雕艺行业职工技能竞赛暨台商区雕艺馆“福建省对台交流基地”揭牌仪式（图/市总工会）

中共泉州市委十三届四次全会召开

中共泉州市委十三届四次全会召开。全会听取和讨论省委常委、市委书记刘建洋受市委常委会委托所做的工作报告，审议通过《中共泉州市委关于深入学习宣传贯彻党的二十大精神，加快建设21世纪“海丝名城”的决定》。全会明确目标安排，到2035年，泉州与全省一道基本实现社会主义现代化，全方位高质量发展核心指标位居全省前列，基本建成21世纪“海丝名城”；从2035年到21世纪中叶，全面建成21世纪“海丝名城”，成为展示中国特色社会主义制度优越性、展示中国式现代化实践成果的生动范例。

全会提出，坚持把发展经济的着力点放在实体经济上，推进新型工业化，加快建设现代化产业体系，推动传统优势产业转型升级、战略性新兴产业集群集聚、未来新经济新动能培育壮大，构建高黏性产业生态，促进民营经济发展壮大，提升实体经济竞争力，推动经济实现质的有效提升和量的合理增长。坚持人民城市人民建、人民城市为人民，健全现代城镇体系，以开展国家盘活利用低效用地试点为契机，优化城市空间格局，坚持城乡统筹、新老并重，推进新城集聚、古城提质、乡村振兴，提高城市规划、建设、治理水平，打造宜居韧性智慧城市，为高质量发展提供空间支撑。推进高水平对外开放，建设双循环重要通道节点，构建高能级开放平台，汇聚海内外侨商泉商智慧力量，加快建设21世纪“海上丝绸之路”先行区。探索两岸融合发展新路，发挥祖地优势，促进往来便捷、合作紧密、惠企利民、心灵契合，打造台胞台企登录“第一家园”。坚持科技是第一生产力、人才是第一资源、创新是第一动力，全面实施科教兴市，加快建设教育强市，实施创新驱动发展战略和新时代人才强市战略，塑造发展新动能新优势。

全会提出，发展全过程人民民主，加强人民当家作主制度保障，推进协商民主广泛多层制度化发展，完善大统战工作格局，全面推进依法治市，巩固和发展生动活泼、安定团结的政治局面，凝聚团结奋斗的强大力量。坚定文化自信自强，加快建设文化强市，践行社会主义核心价值观，健全现代公共文化服务体系，实施重大文化产业项目带动战略，推进文化和旅游深度融合发展，打造世界遗产典范城市。践行以人民为中心的发展思想，解决群众急难愁盼问题，多渠道增加居民收入，促进高质量充分就业，健全多层次社会保障体系，建设高水平健康泉州，探索实现共同富裕的有效路径，加快建设品质泉州。树立和践行“绿水青山就是金山银山”的理念，深化生态市建设，推动绿色低碳转型，打好污染防治攻坚战，提高生态系统质量，促进人与自然和谐共生。贯彻总体国家安全观，把维护国家安全贯穿工作各方面全过程，加强和创新社会治理，提高公共安全治理水平，建设更高水平的平安泉州。弘扬伟大建党精神，落实新时代党的建设总要求和新时代党的组织路线，健全全面从严治党体系，加强思想政治建设，强化自我革命制度保障，建设高素质干部队伍，增强基层党组织政治功能和组织功能，以严的基调正风肃纪反腐，巩固发展良好的政治生态，以高质量党建引领保障高质量发展。

全会要求，要强化“时时放心不下”的责任感，更好统筹疫情防控和经济社会发展，更好统筹发展和安全，优化疫情防控措施，落实稳经济一揽子政策和接续措施，做好稳增长、稳就业、稳物价工作，提振市场信心，保持经济运行在合理区间，防范化解重大风险，确保社会大局安定稳定。

中国共产党泉州市第十三届委员会第四次全会现场（图/陈起拓）

12月8日

农历壬寅年十一月十五
星期四
温度：15℃～20℃
多云

●中共泉州市委十三届四次全会召开。全会听取和讨论省委常委、市委书记刘建洋受市委常委会委托做的工作报告，审议通过《中共泉州市委关于深入学习宣传贯彻中共二十大精神，加快建设21世纪“海丝名城”的决定》。

●8—9日，市委副书记宿利南到安溪，与基层干部群众一起学习中共二十大精神，并调研乡村振兴、农村人居环境整治提升、疫情防控等工作。

●市防控疫情应急指挥部办公室印发《印发泉州市新冠病毒感染者居家治疗指南（试行）》。

●“李渔杯”首届全国清廉戏曲优秀作品展演活动评选结果揭晓，梨园戏《陈仲子·汲水》入选“十佳剧目”。高甲戏《知府义审》《界树下》《李光地·法办河官》和提线木偶戏《慈母曲》、掌中木偶戏《一箱石头》入选“优秀剧目”。

12月9日

农历壬寅年十一月十六
星期五
温度：15℃～22℃
晴转多云

●省委常委、市委书记刘建洋到部分职业院校调研。

●市政府第二十次常务会议召开，研究通过《泉州市生活垃圾分类管理办法（草案）》等。

●继收听收看全省疫情防控工作视频会议后，泉州市随即召开全市疫情防控工作会议，研究部署下阶段疫情防控工作。

●各县（市、区）政协主席工作座谈会在永春召开，听取各县（市、区）政协对市政协《常委会工作报告（征求意见稿）》和《提案工作情况报告（征求意见稿）》的意见建议。

●“泉新向党·创在刺桐”——新业态新就业群体学习贯彻中共二十大精神主题活动在鲤城区鲤中街道新峰社区“党建+”邻里中心举行。

●由省广播电视局、市委宣传部主办的“潮起福见 视听共享——2022菲律宾·中国福建（泉州）电视周”系列活动在泉州和菲律宾马尼拉同步启动。

●由市委宣传部、市委文明办、市委讲师团、泉州晚报社、泉州广播电视台主办的“奋进新征程 建功新时代”泉州市学习宣传贯彻中共二十大精神“微宣讲+文明实践”“三下乡”示范活动在石狮市鸿山镇举行。

●泉州市第二十一次见义勇为模范表彰大会召开。33名见义勇为模范、先进个人和15个见义勇为先进工作站受表彰。

●市卫健委印发《泉州市新型冠状病毒肺炎中医诊疗方案（试行）》，用于指导泉州市新冠肺炎中医药防治工作，并向市民推荐3个新冠肺炎中医药预防方案。

刘建洋到职业院校调研

省委常委、市委书记刘建洋到部分职业院校调研，市领导施宇辉、陈辉宗参加调研。刘建洋到泉州海洋职业学院，观摩航海船舶操纵、轮机维护保养模拟实训，并参观国防科技馆和国内首个海权主题党建思政馆。在泉州职业技术大学，刘建洋到校企共建的国科数字产业学院、行云新能源汽车产业学院，了解相关特色专业产教融合情况。在泉州医学高等专科学校，刘建洋察看现代护理实训中心、国家医学虚拟仿真实训基地、医学影像人工智能研究中心、市医学科研中心、国家客观结构化临床考试评估中心等平台，了解医学研究、成果转化、教学模式等情况。调研中，刘建洋强调，要站在全局和战略的高度，把职业教育摆在实施“强产业、兴城市”双轮驱动、推进中国式现代化的泉州实践中谋划推进，提升职业教育服务地方经济社会发展的能力和实效。

市政府第二十次常务会议召开

市政府第二十次常务会议召开。会议研究并通过《泉州市生活垃圾分类管理办法（草案）》，强调要把垃圾分类工作融入“抓城建提品质”专项行动、文明城市创建等领域，提升城市综合治理水平。要全链条管理，加快补齐生活垃圾分类配套设施短板，提高生活垃圾处理全过程闭环管理水平。要全方位宣传发动，加强公共机构示范引领，逐步推动群众形成垃圾分类的行为自觉和良好习惯。会议研究并通过《泉州市行政许可事项清单（2022年版）》，指出要依法规范编制清单，构建事项统一、权责清晰、分级负责的事项清单体系，打造更加公平高效营商环境。要落实部门职责，主动认领、严格依照清单实施行政许可，担负起服务和监管责任。

会议研究并通过《泉州市扶持职业装发展十条措施》，强调要注重品牌培育，坚持质量优先、诚信为上、精益求精，以市场需求为导向，引导企业参与标准制定、取得相关资质、通过权威认证，满足更多细分领域新要求。要加强研发创新，结合“抓工业设计促产业提升”专项行动，引进职业装设计领域服务机构、设计师，引导企业联合科研院校提高研发能力，提升产品设计水平和附加值。会议研究并通过《支持推动会展经济发展若干措施》，强调要依托泉州实体经济发达、产业链条完备等优势，抓紧整合现有会展资源，一体化布局、高水平规划提升会展平台，完善配套设施，主动“请进来”办展、“走出去”参展，帮助企业抢订单、引流量、拓市场，更好地发挥会展带动效应。要培育引进龙头会展企业，围绕疫情防控、交通运转、安保维稳、应急处置等会展工作全流程各环节，多方发力、系统配合，提升办展水平。

新业态新就业群体学习贯彻中共二十大精神主题活动举行

“泉新向党·创在刺桐”——新业态新就业群体学习贯彻中共二十大精神主题活动在鲤城区鲤中街道新峰社区“党建+”邻里中心举行。活动邀请中共二十大代表温文溪宣讲中共二十大精神，组织3名新业态企业党组织书记交流学习心得体会，并为参会的新业态企业党组织赠送中共二十大精神学习辅导书籍。

泉州市第二十一次见义勇为模范表彰大会召开

泉州市第二十一次见义勇为模范表彰大会召开。33名见义勇为模范、先进个人和15个见义勇为先进工作站受表彰。图为大会现场。

（图/陈淑华 陈靖涵）

12月10日

农历壬寅年十一月十七
星期六
温度：15℃～20℃
多云转阴

●市长蔡战胜到石狮调研国道228线规划建设工作。

●泉州市加快实施抓城建提品质行动。

●由泉州市高甲戏传承中心创作演绎的高甲戏讽刺喜剧《连升三级》在泉州大剧院上演。

●科学绘本剧《马小可泉州新游记》在市图书馆上演。

蔡战胜到石狮调研国道228线规划建设工作

市长蔡战胜到石狮调研国道228线规划建设工作，副市长刘林霜参加调研。

蔡战胜沿线踏勘国道228线石狮段滨海风景道，了解项目整体概况、建设进展和工作安排，强调要贯彻落实省委、省政府工作要求，按照市委“强产业、兴城市”双轮驱动决策部署，高标准、高品质、高颜值打造滨海风景道，为加快建设环湾中心城市提供保障。要坚持规划引领，落实“抓城建提品质”“聚城畅通”专项行动，高标准设计、高品质推进，挖掘本地资源优势，因地制宜打造凸显泉州特色的“交通+旅游”新产品和新业态，打造文旅融合发展“爆点”。要强化经营理念，梳理盘活沿线资源，发动国企、村集体、金融机构等各方力量参与建设运营，创新经营模式，以资源带动产业发展，实现利民惠民。要加快基础设施建设，在推进主线、联络线、旅游支线的提级改造、综合治理的同时，结合沿线景点、路域环境、路段特点，陆续完善标志系统、人行道等配套设施建设，更好满足休闲旅游等现代服务业发展需求。

泉州市加快实施抓城建提品质行动

市城市管理局以“绣花”功夫提升城市颜值品质，高标准、高质量推进项目建设，高要求、高效能抓好城市管理，提升城市承载力、聚集力、影响力。

开展照明提升三年行动，统筹环湾区域照明建设，实施门户廊道、山线水系、古城街巷、环湾新区“四个重点”项目。编制《泉州市中心市区照明提升专项规划》，完成东海城东片区及晋江、洛阳江两岸照明提升工程初步设计并交付市城建集团进行工程招标、组织实施。统筹市政道路、管线改造和城市家具整治、燃气管网建设，加快补齐设施短板。完成市政道路“微整治”和路面改造59条，制定《东海城东片区城市家具导则》和《泉州市东海城东片区城市家具三年行动方案》，统筹实施充电桩建设、杆线规整等“关键小事”70项；制定城市内涝整治系统化实施方案，推进排涝项目建设20个，新改建雨水管网109.3千米、治理积水点62处；按时序推进中石油西三线天然气对接工程和天然气德化支线对接工程。善垃圾处理设施建设，建成投用石狮、晋江、惠安、安溪、德化5座餐厨垃圾处理设施，全市餐厨垃圾处理能力提至449吨/日；落实永春县、德化县生活垃圾外运周边县（市）焚烧处置，提前实现原生生活垃圾“零填埋”目标；有序推进永春县、德化县生活垃圾焚烧发电项目建设，计划2024年建成投产。

高甲戏讽刺喜剧《连升三级》上演

由泉州市高甲戏传承中心创作演绎的高甲戏讽刺喜剧《连升三级》在泉州大剧院上演。演出由中国戏剧梅花奖获得者陈娟娟领衔出演，她在剧中饰演“女一号”甄似雪；该剧“男一号”贾福古由泉州市高甲戏传承中心实力派演员李伟强饰演，《连升三级》“求亲”选段参加2022年全国地方戏精粹展演，李伟强因在该剧中的精彩演出，被评为2022年全国地方戏精粹展演“表演艺术传承英才”。

科学绘本剧《马小可泉州新游记》上演

科学绘本剧《马小可泉州新游记》在市图书馆上演，以寓教于乐的方式传播泉州“海上丝绸之路文化”，讲述“世遗泉州”故事。此次演出由市社科联、市图书馆主办。《马小可泉州新游记》讲述的是学校兴趣班老师为让学生马小可写一篇关于泉州的游记参加作文比赛，扮演成马可·波罗，与图书馆管理员张大叔、图书馆吉祥物小书灵合作，带领马小可游历刺桐城。

12月11日

农历壬寅年十一月十八
星期日
温度：13℃～17℃
多云转阴

●由厦门大学、南京工程学院主办的第四届大数据与安全国际会议泉州分会场在位于泉州金控集团的泉州城市金融会客厅举行。

●泉州市发布做好新冠肺炎分级分类诊疗工作相关通知，要求各级各类医疗卫生机构不得拒绝无48小时核酸阴性结果的患者进入。

●第十九届泉州市青少年科技创新大赛复赛在市科技馆举行。

第四届大数据与安全国际会议泉州分会场举行

由厦门大学、南京工程学院主办，江苏省计算机学会、中国科学院深圳先进技术研究院、泉州金融控股集团、厦门大学平潭研究院、厦门大学深圳研究院承办的第四届大数据与安全国际会议（简称“ICBDS2022”）泉州分会场在位于泉州金控集团的泉州城市金融会客厅举行，全国各地的专家学者共同探讨对大数据与安全的前瞻思考、心得体会，共同探寻新趋势、新变革。

会议采用双城联动，以厦门为主会场，在泉州设分会场，聚合线上直播、线下互动，打破时间和空间的阻隔，构建大数据安全世界多维时空，让更多人能够参与进来。泉州分会场以“大数据产业化的核心安全”为主题，邀请深圳大学特聘教授黄哲学，中国科学院深圳先进技术研究院研究员王洋，南方科技大学计算机科学与工程系教授张殷乾，泉州师范学院副校长、教授夏侯建兵，华侨大学工学院院长、教授曾焕强，厦门大学教授林凡，中国科学院海西研究院泉州装备制造研究中心副研究员林邦姜，中国移动网络安全专家林煜豪，中国电信数据安全专家管伟，泉州银行信息安全中心首席技术专家秦曾，福建品尚征信有限公司首席技术官罗智超，泉州金控集团总工程师洪志令，聚焦大数据、物联网、人工智能、区块链等多个领域的安全与隐私技术问题，分享讨论相关课题，交流大数据安全体系建设中的痛点、难点问题，探索解决办法。

第四届大数据与安全国际会议泉州分会场（图/林劲峰）

第十九届泉州市青少年科技创新大赛复赛举行

第十九届泉州市青少年科技创新大赛复赛在市科技馆举行。围绕“体验·创新·成长”主题，大赛收到全市11个县（市、区）及泉州台商投资区选送的学生科技作品777项，其中科技创新项目386项、科技实践活动58项、科幻画333幅。经初评和复评决赛，大赛评选出一等奖50个、二等奖69个、三等奖90个。泉州市根据评审结果，推选部分优秀项目参加2023年在泉州举办的第38届福建省青少年科技创新大赛。市科技馆有关负责人介绍，泉州市青少年科技创新大赛每年吸引众多青少年参加竞赛活动，是弘扬科学家精神，营造崇尚科学、尊重科学良好社会氛围的重要举措，是泉州市中小学各类科技活动优秀成果集中展示的一种形式。

全市基础教育高质量发展专题会召开

市委、市政府召开专题会，研究推进全市基础教育高质量发展工作。

会议指出，全市各级各部门要贯彻中共二十大关于“办好人民满意的教育”的重大部署和习近平总书记关于教育的重要论述，落实党的教育方针，按照省委、省政府部署要求，以更高站位落实教育优先发展战略，加快教育强市建设步伐。要系统谋划推进基础教育发展提升行动，高度重视解决存在的问题短板，既解当务之急又谋长远之计，打通人口、人力、人才资源转化通道，让教育成为“强产业、兴城市”双轮驱动的有力支撑。要统筹推进、深化落实，以更实举措推进基础教育高质量发展。坚持规划引领，推进教育优质均衡发展，加快缩小区域、城乡、校际教育差距，统筹各层次教育协调发展，推进教育布局与人口分布、城市空间、产业发展相协调。坚持多措并举，聚力攻坚一批教育项目、培育一批优质学校、抓好一支人才队伍、用好一项督导机制，按照任务项目化、项目清单化、清单责任化、责任具体化推进落实，因地制宜补齐教育短板欠账。发挥海内外泉州籍乡亲重教兴学的传统，用好教育基金、慈善基金等助力教育事业，对接知名学校到泉州合作办学，让更多优质教育资源落地泉州。坚持改革创新，推进育人方式、办学模式、管理体制、保障机制等综合改革，在校地合作办学、“名优校+”教育发展共同体、校长交流轮岗、教师培养引进等方面加大探索力度，完善激励措施，激发活力，让老师“教好”、学生“学好”、学校“管好”。要加强党对教育工作的全面领导，压实校地责任，强化要素保障，加大考核奖惩，形成办学合力，以更强担当推动基础教育迈上新台阶，让教育发展成果更多更公平惠及全体人民。同时，抓好疫情防控、校园安全、食品安全、学校周边交通安全、杜绝校园欺凌行为等工作，保障学生身心健康和安全，确保校园和谐安全稳定。

泉州市艺术馆入选2022年全国50家“最受欢迎公共文化空间”

由文化和旅游部全国公共文化发展中心、中国文化馆协会主办的2022年“最受欢迎公共文化空间”TOP50评选活动公布评选结果，泉州市艺术馆入选。福建省还有福建省非物质文化遗产博览苑等3个单位入选。

泉州市艺术馆成立于1960年，拥有“一馆两中心”（泉州市艺术馆、非物质文化遗产保护中心、闽南文化生态保护中心）。泉州市艺术馆从“加强自身建设，完善软硬件设施”“发挥龙头作用，丰富群众文化活动”“助力非遗，推进闽南文化生态保护建设”等方面入手，开展非物质文化遗产展览展示、“百姓大舞台”惠民演出等活动，丰富群众文化生活，保护和传承非物质文化遗产。2019年11月泉州非物质文化遗产馆开馆后，泉州市艺术馆负责运作管理，发挥其展示、传承、保护非物质文化遗产的功能，逐步打造成为“海上丝绸之路”沿线国家和地区非物质文化遗产参观学习、教育培训和交流展示的重要基地。泉州市艺术馆馆长丁聪辉表示，将继续组织开展各种艺术赛事，办好“百姓大舞台”等，完善泉州市艺术馆、泉州非物质文化遗产馆数字化建设，做好非物质文化遗产申报、保护和研究等工作，构建公共文化服务体系，发挥国家公共文化服务体系示范区的作用。

泉州市六地入选福建省第二批“气候康养福地”

“清新福建·气候福地”第二批“气候康养福地”名单公布，35个乡镇、村落、景区被认定为第二批“气候康养福地”。其中，安溪县福田乡、蓝田乡，南安市眉山乡，德化县石牛山景区、美湖镇，永春县外山乡入选。“清新福建·气候福地”推荐认定工作每年组织一次。2019年以来，福建省气象部门联合文旅部门开展推荐认定工作，涵盖避暑清凉、滨海休闲度假、气候养生、气象景观等多种旅游类型，四年认定三类别五批次100个气候福地。

12月12日

农历壬寅年十一月十九
星期一
温度：12℃～17℃
多云转小雨

●12—16日，省委常委、省纪委书记、省监委代理主任迟耀云到泉州、厦门、龙岩，围绕学习宣传贯彻中共二十大精神、推动纪检监察工作高质量发展开展调研。

●市委、市政府召开专题会，研究推进全市基础教育高质量发展工作。

●由文化和旅游部全国公共文化发展中心、中国文化馆协会主办的2022年“最受欢迎公共文化空间”TOP50评选活动公布评选结果，泉州市艺术馆入选。

●“清新福建·气候福地”第二批“气候康养福地”名单公布。安溪县福田乡、蓝田乡，南安市眉山乡，德化县石牛山景区、美湖镇，永春县外山乡入选。

12月13日

农历壬寅年十一月二十
星期二
温度：10℃~14℃
小雨

●省委常委、市委书记刘建洋到南安宣讲中共二十大精神，并调研乡村振兴工作。

●泉州市开展工业（产业）园区标准化建设第四季度拉练活动。

●包括华侨大学、泉州师范学院、仰恩大学等在内的泉州高校，有返乡意愿的学生开始陆续离校返乡。

刘建洋到南安调研乡村振兴工作

省委常委、市委书记刘建洋到南安宣讲中共二十大精神，并调研乡村振兴工作。市委常委、秘书长施宇辉参加调研。刘建洋到水头镇朴一村，察看“党建+”邻里中心、口袋公园、长者乐园、大盈溪河道综合整治工程等，希望属地做好村庄规划这篇“文章”，吸纳专家意见、群众智慧、基层经验，挖掘“支部带头示范、党员坚定拥护、群众积极配合”的乡村善治之道，带动更多乡村共建共治共享幸福家园。在丰州镇燎原村，刘建洋听取村庄规划建设情况介绍，走进民宿与村民经营者互动，一起谈变化、聊行情、话未来。刘建洋叮嘱当地要提高乡村规划、建设、治理水平，把燎原村区位优势转化为发展优势，发展壮大新型农村集体经济，拓宽村民增收致富渠道，让老百姓日子越过越红火。

调研中，刘建洋强调，要坚持规划引领，优化城镇和村庄布局，做好村庄规划的编制和落实，完善农村宅基地和农民住宅建设管理长效机制，保障村民住有所居，并探索规划“留白”，为未来发展留足空间。要突出因地制宜，发挥各自资源禀赋、历史积淀和区位优势，统筹好乡村建设、特色产业培育、生态环境保护、文化保护传承，推进生产、生活、生态“三生融合”。要凝聚振兴合力，讲好乡村故事，唤起乡愁记忆，激发农民积极性、主动性、创造性，动员乡贤能人、海外侨亲等多元力量参与，共建宜居宜业和美乡村。

刘建洋（左四）在南安市丰州镇燎原村调研（图/陈起拓）

泉州市开展工业（产业）园区标准化建设第四季度拉练活动

泉州市开展工业（产业）园区标准化建设第四季度拉练活动，市工业（产业）园区标准化建设工作领导小组组长、市长蔡战胜和副市长肖进才、汪志红参加相关活动。拉练活动分为现场考察和汇报会两个部分。现场考察阶段，与会人员到丰泽、洛江、泉港、惠安，考察泉州数字经济产业园、洛江区数字经济产业园（一期）、泉港石化科技众创园（二期）、福建惠芯人工智能智造产业园试点项目，并进行点评交流。汇报会阶段，各县（市、区）、泉州开发区、泉州台商投资区依次汇报2022年建设进展、经验做法、招商情况及2023年谋划思路等，市工业（产业）园区标准化建设工作领导小组组织进行拉练成效评档。

汇报会上，蔡战胜强调，要聚焦市委“强产业、兴城市”双轮驱动部署，对标先进、规划引领、明确定位，以更加有效的效措施、更加扎实的作风推动工业（产业）园区标准化建设再上新台阶。建设要更加注重连片开发，推动园区规模化、集约化发展；强化低效用地盘活，守住产业用地底线；统筹城市和园区建设，加快推动产城融合。产业要更加注重招商引资，坚持边建设、边招商、边运营一体化推进，制定针对性政策为企业减负赋能，落实本地企业同等待遇，让项目引得进、落得下、发展好。园区要更加注重业态培育，立足本地优势，按照“一园区一龙头一产业”原则，抓龙头建集群、抓金融搭平台、抓配套优环境、抓运营重管理，形成政府引导、国企“打头阵”、民企参与的氛围。

蔡战胜（左一）和与会人员考察福建惠芯人工智能智造产业园试点项目（图/陈晓东）

刘建洋到泉州交发集团调研

省委常委、市委书记刘建洋到泉州交发集团调研，推动中共二十大精神进国企。副市长刘林霜参加调研。在工人文化宫公交场站，刘建洋听取“多彩交通”建设情况介绍，观摩即将投用的共享电单车“小橙”租用流程。随后，刘建洋乘坐微公交“小灰”到泉州国资阳光集中采购平台，察看采购招投标全流程及平台运作情况。

座谈会上，刘建洋强调，要落实省委十一届三次全会工作部署，按照市委十三届四次全会要求，提高站位、深化认识，把国企与城市二者比较优势结合起来，在推进中国式现代化的泉州实践中展现更大担当作为。具体而言，要在实施“强产业、兴城市”双轮驱动中有更大作为，助力构建现代综合交通运输体系，支撑全市加快产业转型升级、提升城市功能品质；在惠民生方面有更大担当，履行社会责任，多算大账、长远账、整体账、综合账，提高民生服务水平，把好事办好、实事办实。要聚焦主责主业、勇于改革创新，在推动集团做大做强做优、提升核心竞争力上有更大突破。主动对接中央和省、市交通发展规划，整合市县资源，盘活闲置资产，创新投融资机制，策划实施更多亟须的交通项目；加快推动自身传统板块转型，融合运用大数据、互联网等新技术，培育壮大新兴板块；创新经营服务模式，探索定制通勤、“交通+文旅”、跨境电商物流服务等新业态，形成齐头并进、协同发展态势。要坚持政治建企，牢记“国企姓党”，打造党建特色品牌，创新选人用人机制，筑牢廉洁自律防线，以高质量党建引领保障国有企业高质量发展。

刘建洋（右一）调研共享电动车“小橙”（图/陈英杰）

市政府第二十一次常务会议召开

市政府第二十一次常务会议召开。会议研究并通过《泉州市“一老一小”整体解决方案》，强调要推进“惠民生补短板”专项行动，紧盯总体目标，细化分解任务，加快补齐养老托育工作短板。会议研究并通过《关于贯彻中心市区一体化开发建设完善配套学校规划建设和使用管理的实施意见》，指出要科学布局，把学校规划建设纳入全市发展“一盘棋”考虑，快而有序推进“十四五”中心市区教育项目建设，让学生在家门口“能上学、上好学”。

泉州市5个文艺机构入选省文联“文艺两新”实践聚集地

省文联“文艺两新”（新文艺组织和新文艺群体）实践聚集地授牌及调研在泉州少林寺禅武文化园举行，全省首批31个文艺机构入选，泉州市5个文艺机构入选，数量与福州市并列全省首位。评选“文艺两新”实践聚集地是构建“文艺两新”工作新格局、新模式的一种尝试。推动全省文联“一盘棋、一家人、一张网”文艺创新实践，通过开展文艺创作、文艺活动、文艺惠民等系列活动，提升聚集地影响力和辐射面，为加快文化强省建设、谱写全面建设社会主义现代化国家的福建篇章做出新贡献。泉州市推动“文艺两新”工作较早，涌现出一批“文艺两新”实践聚集地。

省文联“文艺两新”实践聚集地授牌现场（图/潘　登）

12月14日

农历壬寅年十一月廿一
星期三
温度：9℃～10℃
多云转小雨

●省委常委、市委书记刘建洋到泉州交发集团调研，推动中共二十大精神进国企。

●市政府第二十一次常务会议召开，研究通过《泉州市“一老一小”整体解决方案》等。

●省文联“文艺两新”实践聚集地授牌及调研在泉州少林寺禅武文化园举行，全省首批31个文艺机构入选，泉州市5个文艺机构入选，数量与福州市并列全省首位。

●福建省首届城市三人篮球联赛决赛在平潭全民健身中心举行，泉州队获得男女组冠军。

●“泉腔鲤音”闽南语公益研学平台上线。

12月15日

农历壬寅年十一月廿二
星期四
温度：9℃～14℃
小雨

●“晋江经验”20周年成就图片展揭展仪式在晋江市博物馆举行。

●泉州市文旅融合与文化创意协会第一次会员大会召开，选举产生协会第一届理事会和监事会组成人员。

●市委市直机关工委党建宣传片区开展“感受思想伟力，坚定文化自信——泉州世遗我们一起守护”主题志愿服务活动。

●由市商务局主办、福建省轻工工艺品进出口商会承办的泉州外贸供采对接会——消费品专场在海丝博亚国际酒店举行。

●“文脉诠释价值观，新风守护刺桐城”——鲤城区“世遗古城”十二组景为社会主义核心价值观代言发布会在泉州市老干部活动中心举行。

“晋江经验”20周年成就图片展开幕

“晋江经验”20周年成就图片展揭展仪式在晋江市博物馆举行。省委常委、泉州市委书记刘建洋，泉州市市长蔡战胜为图片展揭展并参观展览。市领导李建辉、施宇辉、傅藏荣、张文贤、吴友才、刘林霜、汪志红、苏耿聪、蔡萌芽等，以及市直有关部门负责人、晋江干部群众代表参加。“晋江经验”20周年成就图片展分为前言、孕育、笃行、弘扬、结语5个篇章，收录357张图片，辅以文字解说，从经济、政治、社会、文化、生态环境等角度，反映泉州、晋江20年来传承弘扬“晋江经验”的生动历程和系列成就，展现“晋江经验”的时代价值和指导意义。

刘建洋（左）、蔡战胜（右）为“晋江经验”20周年成就图片展揭展（图/陈英杰）

泉州市文旅融合与文化创意协会成立

泉州市文旅融合与文化创意协会第一次会员大会召开，选举产生协会第一届理事会和监事会组成人员。

泉州是首批中国历史文化名城、全球首个“世界多元文化展示中心”、中国第56项世界遗产“泉州：宋元中国的世界海洋商贸中心”所在地，拥有各级非物质文化遗产505项，文化旅游资源丰富。市委、市政府出台一系列政策举措，推进文旅融合与文化创意产业高质量发展。全市文化产业增加值连续9年总量居全省首位。2021年泉州接待旅游6676.44万人次，实现旅游总收入697.47亿元，位列全省前三。泉州市文旅融合与文化创意协会是从事文旅融合与文化创意领域的企事业单位以及个人自愿结成的地方性、联合性的非营利性社会组织，旨在团结和凝聚全市文旅融合与文化创意领域的企业、专家学者和工作者，研究产业发展现状与趋势，推动文旅融合与文化创意各领域、多方位、全链条深度融合发展，为文化建设和旅游发展提供新动力，助力形成发展新优势。

市直机关党员干部参加志愿服务

市委市直机关工委党建宣传片区开展“感受思想伟力，坚定文化自信——泉州世遗我们一起守护”主题志愿服务活动。在泉州市非物质文化遗产馆，党员干部参观泉州非物质文化遗产项目的实物展示、展板文字图片介绍、多媒体演示和泉州南音、木偶戏、梨园戏、影雕、纸织画等非物质文化遗产项目代表性传承人的活态展示等。安溪铁观音制作技艺国家级传承人魏月德工作团队现场分享铁观音茶，让大家了解铁观音的独特制作技艺。在九日山遗产遗点，党员干部一路跟随着讲解员倾听九日山的文化历史，尤其是祈风石刻上碑文的解说。此外，还开展文明旅游志愿服务活动，倡导文明旅游、守护世界遗产，树立行业新风，增强机关党员干部的服务发展意识。

鲤城区“世遗古城”十二组景为社会主义核心价值观代言发布会举行

“文脉诠释价值观，新风守护刺桐城”——鲤城区“世遗古城”十二组景为社会主义核心价值观代言发布会在泉州市老干部活动中心举行。12位“世遗古城——社会主义核心价值观主题十二组景”代言人分批上台，接过聘书，并逐一宣读代言词。随后，一行人开启“同新游世遗”古城文明实践之旅，途经开元新时代文明实践所、小山丛竹书院、市舶司遗址、鲤城法院家事馆、鲤城新时代文明实践中心等20多个地点。

市管干部学习贯彻中共二十大精神专题研讨班举行

市管干部学习贯彻中共二十大精神专题研讨班开班。省委常委、市委书记刘建洋出席开班式并做主题报告。市长蔡战胜主持，市人大常委会主任李建辉出席。刘建洋结合自身学习体会，围绕“怎么学、怎么干、怎么成”三个方面进行系统辅导。刘建洋强调，要夯实实体根基，营造有利于创新创业创造的良好发展环境，促进民营经济发展壮大，建设现代化产业体系；构筑空间支撑，坚持新老并重、城乡统筹，推进精心规划、精致建设、精细管理、精美呈现、精明增长，打造宜居韧性智慧城市；增添活力动力，建设“海上丝绸之路”先行区，打造台胞台企登录“第一家园”，推动高水平对外开放；践行根本立场，推进乡村振兴，办好民生实事，夯实基层基础，在发展中保障和改善民生。要坚定不移全面从严治党，弘扬伟大建党精神，落实新时代党的建设总要求，强化政治领导力、思想引领力、组织号召力、自我革新力，以高质量党建引领保障高质量发展。

市人大常委会党组扩大会议召开

市人大常委会党组扩大会议召开，传达学习市委十三届四次全会精神，安排部署重点工作。会议指出，要扛起政治责任，锚定市委全会部署的目标任务，找准人大工作的切入点、着力点，谋划好2023年人大各项工作，以高质量立法、高效能监督、高水平决定，在推进中国式现代化泉州实践中彰显人大作为。要践行全过程人民民主，为泉州建设21世纪“海丝名城”凝聚团结奋斗的强大力量。要筹备好市十七届人大二次会议各项工作，以最严密的方案、最有力的措施、最高效的执行、最快速的反应，确保大会万无一失。

市政协党组扩大会议召开

市政协党组扩大会议召开，听取市政协十三届二次会议各工作组筹备工作进展情况汇报，审议并原则通过市政协十三届二次会议相关事项、市政协常委会工作报告（讨论稿）和市政协十三届一次会议以来的提案工作情况报告（讨论稿）及有关人事事项，推动落实全会筹备工作。会议强调，各工作组要加强组织领导，压紧压实责任链条，结合疫情管控新常态，加强统筹、协调配合和工作衔接，严而又严、细而又细地推进各项筹备工作。要坚持问题导向，预估可能出现的各种情况，反复细化完善各项工作方案。要以务实的工作举措，抓好各项工作落实，确保会议圆满顺利召开。

泉州交发集团百亿签约暨百亿基金路演活动举行

“一往‘五’前、共创未来——泉州交发集团百亿签约暨百亿基金路演”活动举行。会上举行百亿项目签约仪式，泉州交发集团分别与政府、央企、基建企业、金融公司、高新技术企业及产业孵化公司等单位签约。签约分为5个批次，分别是政府央企合作项目、基建开发项目、金融合作项目、高新技术项目、产业孵化合作项目。总共16个项目，签约金额407.5亿元。会上发布泉州市公共电单车“小橙”。“小橙”电单车是交发集团以中心市区电动自行车综合管理提升试点为契机，将公共自行车、公共电单车作为城市综合交通体系管理提升为切入点，结合泉州中心城区交通环境特点及现有公共自行车租赁设备，特别设计、研发的有桩公共电单车。

泉州交发集团百亿签约暨百亿基金路演现场

（图/张晓明 王蓓）

12月16日

农历壬寅年十一月廿三
星期五
温度：13℃～16℃
小雨转阴

●市管干部学习贯彻中共二十大精神专题研讨班开班。

●市人大常委会党组扩大会议召开，传达学习市委十三届四次全会精神，安排部署重点工作。

●市政协党组扩大会议召开，听取市政协十三届二次会议各工作组筹备工作进展情况汇报，审议并原则通过市政协十三届二次会议相关事项、市政协常委会工作报告（讨论稿）等。

●由省文旅厅、厦门市政府、漳州市政府、泉州市政府等主办的2022年闽南文化非物质文化遗产周启动仪式在厦门举行。

●市文旅局组织开展“世遗泉州·‘非’同凡响”泉州非物质文化遗产媒体采风第一期活动。

●“一往‘五’前、共创未来——泉州交发集团百亿签约暨百亿基金路演”活动举行，16个项目签约，签约金额407.5亿元。

●“数聚实体·智汇电商·数字乡村·智慧金融”暨“平台赋能营销·助推县域优品”电商培训活动在泉港举行。

12月17日

农历壬寅年十一月廿四
星期六
温度：5℃～13℃
小雨转晴

●新华社瞭望新闻周刊刊发《坚守主业做强实体经济》，反映晋江牢记习近平总书记“心无旁骛做好实体经济”的嘱托，传承弘扬“晋江经验”，坚守主业做强实体经济的生动实践。

●17—18日，由福建社会科学院、黎明职业大学主办，福建社会科学院哲学所、泉州市委台港澳办、黎明职业大学朱子文化研究所承办的海峡两岸朱子文化论坛，以线上形式举行。

●17—18日，由省体育局、宁德市政府主办的福建省第五届社区（乡村）体育联赛在宁德举行，泉州队获3个团体一等奖。

●泉州五中建校120周年纪念活动举行。

海峡两岸朱子文化论坛举行

17—18日，由福建社会科学院、黎明职业大学主办，福建社会科学院哲学所、泉州市委台港澳办、黎明职业大学朱子文化研究所承办的海峡两岸朱子文化论坛，以线上形式举行。黎明职业大学作为主办方之一，设置泉州分会场。清华大学、中国人民大学、中山大学、武汉大学、厦门大学、吉林大学、四川大学、山东大学、湖南大学、陕西师范大学、福建社会科学院、山东社会科学院以及台湾“中央大学”、台北故宫博物院等海峡两岸高校和科研院所的50多位专家学者参加论坛，共同推动朱子文化创造性转化和创新性发展，促进两岸文化交流与合作。

朱子文化是中华民族宝贵的精神财富，是海峡两岸同根同源、文缘相承的有力印证，是两岸增进文化认同的重要纽带，也日益成为两岸加强文化交流、推动融合发展的重要内容。论坛举行期间，与会专家学者围绕朱子理学思想、朱子经学与“四书”学、朱子学的经世思想、朱子书院文化、当代海外朱子学研究等问题，展开讨论。论坛旨在弘扬朱子文化，以更广阔的文化视野汲取朱子学思想内涵，推动朱子学在新时代背景下获得更加切实有效的继承和创新，发挥促进两岸融合发展的作用。

海峡两岸朱子文化论坛现场（图/伍文华）

泉州队获省第五届社区体育联赛三个团体一等奖

17—18日，由省体育局、宁德市政府主办的福建省第五届社区（乡村）体育联赛在宁德举行。泉州市选派50多名社区（乡村）运动员，参加羽毛球、气排球、乒乓球、飞镖、扑克80分和中国象棋全部6个比赛项目。经过角逐，泉州市代表队获团体一等奖3个、二等奖3个，个人一等奖2个。泉州市体育局推进体育赛事（活动）进社区、进乡村，市、县（市、区）、乡镇（街道）三级开展全民健身赛事活动，吸引城乡群众加入全民健身行列。2022年，全市各级开展线上线下体育赛事活动300多项，直接参与群众20多万人，全市经常性参加体育锻炼人数达340多万人，占比达到40.5%。

泉州五中纪念建校120周年

泉州五中建校120周年纪念活动举行，以线上线下相结合的方式，在云端会聚世界各地的校友，共同见证、庆祝母校诞辰。泉州五中创办于1902年，是福建省最早创办的新式中学之一和泉州地区第一所官立中学堂。建校以来，泉州五中秉承“严谨、勤奋、求实、进取”的校训，走出一条注重内涵、特色鲜明的高质量发展之路，成为泉州市基础教育守正创新、笃行致远的生动样本。办学120年来，泉州五中培养了5万多名优秀毕业生，其中有杰出的两院院士、科学家、企业家、艺术家、作家、运动员、大学校长等，都在各自的岗位为祖国做贡献。

泉州五中校友怀着对母校的思念和感恩，以各种形式表达对母校生日的祝福。泉州五中1960届毕业生、中国科学院院士郭光灿为母校送上视频祝福。他勉励学弟学妹珍惜时代所赋予的历史使命，不仅要学好知识，还要逐步去领悟人生的真谛，在为国家、为民族做贡献中实现自己生命的价值。一直以来，广大校友、社会贤达关爱泉州五中，纷纷慷慨捐资，奖教助学，改善办学条件。是日，泉州五中为部分捐资单位或个人颁发牌匾，并举行“泉州五中丛书”发布仪式。

泉州市成立文化遗产保护公益基金

泉州市慈善总会文化遗产保护公益基金成立暨“海丝卡”——“每日一捐、传承爱心”善款捐赠通道开通仪式在市慈善总会举行。泉州市慈善总会文化遗产保护公益基金进入泉州市慈善总会账户，由市慈善总会设置专账进行管理。基金来源于热心公益慈善事业、关心泉州市文化遗产保护事业发展的自然人、法人或其他社会组织捐款。基金主要用途为参与和服务泉州市辖区内文化遗产（包括历史城区、历史文化街区、名镇、名村和传统村落、世界文化遗产、不可移动文物、历史建筑、传统风貌建筑、非物质文化遗产等）的保护。该基金的设立，开创中国文化慈善公益事业的先河，拓展慈善基金新领域，具有极为重要的示范引领意义。仪式上还建立起“每日一捐、传承爱心”善款捐赠通道，归集社会各界爱心人士文化遗产保护资金，专项资金用于泉州文化遗产的保护传承、宣传推广等工作。

“文明旅游·荣耀泉州：与文明相伴，与健康同行”主题宣传活动举行

由市文旅局、市文明办主办的“文明旅游·荣耀泉州：与文明相伴，与健康同行”主题宣传活动在泉州海外交通史博物馆举行，福建省梨园戏传承中心与泉州市提线木偶戏传承保护中心联袂表演。在木偶戏《青春梦》的表演中，演员巧手操纵，“老姬”顾影自怜，感叹韶华易逝，心中充满对美好青春的追忆。梦中的“她”一变再变，层层剥去岁月强加的“外套”，从一名老妪变身为娉婷少女。福建省梨园戏传承中心则展示了压脚鼓、七子班行当科步，表演梨园戏小梨园流派传统剧目《陈三五娘·赏花》和《郭华·买胭脂》。该活动让刺桐城的千年文物与泉州的梨园戏、提线木偶戏邂逅，静态文物与动态非物质文化遗产碰撞，旨在让市民游客感受泉州鲜活的文化艺术，吸引更多年轻人喜欢上传统艺术、保护泉州文化遗产。

泉州舞蹈《人偶情》亮相央视

《欢乐中国年——2022我要上春晚》第二期在CCTV-3综艺频道、央视频App、央视网播出。泉州歌舞剧院创作的舞蹈《人偶情》参演。《人偶情》编导、中国舞蹈艺术“突出贡献舞蹈家”高山表示，《人偶情》是传统非物质文化遗产与当代舞蹈的创新发展，让提线木偶戏与舞蹈艺术充分融合。高山曾任海政文工团团长，现担任泉州歌舞剧院艺术总监。他创排该节目的灵感来自泉州提线木偶戏，为让全国观众更好地感受世界级非物质文化遗产独特的魅力，在节目开头安排了提线木偶书法表演，人偶同台表演，用毛笔书写《人偶情》。舞蹈《人偶情》根据非物质文化遗产舞蹈《人偶情未了》改编，该节目曾在福建舞蹈“百合花奖”专业舞蹈大赛获创作金奖、表演金奖、最佳灯光设计奖、最佳服装设计奖等。

鲤城推出公益研学平台

鲤城推出的“泉腔鲤音”闽南语公益研学平台上线。该平台通过“线上+线下”立体联动模式，打造学术性、多样性、趣味性相融的学习平台，全方位焕活闽南方言文化，形成可借鉴、可推广的立体“县域方言”保护传承新模式。该平台在线上搭建“泉腔鲤音”微信小程序，设置多元课程、语音词典、互动体验三大模块。其中，课程模块分为音频、视频两大类，设置“侨批乡音”“泉腔本字”“古韵泉诗”“诗韵刺桐”等特色栏目，集合丰富的音视频资源，通过闽南语诵读侨批、吟诵古今诗词、童谣传唱、闽南语歌曲、文学作品吟唱等形式，让用户在聆听和学习闽南语的同时，沉浸式感受闽南文化。

12月18日

农历壬寅年十一月廿五
星期日
温度：5℃~10℃
晴

●市防控新冠肺炎疫情应急指挥部专题会议召开，研究部署泉州市重点民生保障领域疫情防控各项工作。

●泉州市慈善总会文化遗产保护公益基金成立暨“海丝卡”——“每日一捐、传承爱心”善款捐赠通道开通仪式在市慈善总会举行。

●由市文旅局、市文明办主办的“文明旅游·荣耀泉州：与文明相伴，与健康同行”主题宣传活动在泉州海外交通史博物馆举行。

●《欢乐中国年——2022我要上春晚》第二期在CCTV-3综艺频道、央视频App、央视网播出。泉州歌舞剧院创作的舞蹈《人偶情》参演。

●鲤城推出公益研学平台。

12月19日

农历壬寅年十一月廿六
星期一
温度：8℃～15℃
晴

●市委常委会召开会议，传达学习中央经济工作会议精神，学习贯彻习近平总书记重要讲话重要指示精神以及省委常委会会议有关精神。

●市委议军会议召开，学习贯彻中共二十大精神，落实省委议军会议要求，听取一年来泉州市国防动员和后备力量建设情况汇报，部署推进相关工作。

●由市委宣传部主办，市委史志研究室、泉港区委史志研究室、惠安县委史志研究室等协办的革命历史题材电视连续剧《长夜星火》拍摄工作启动仪式举行。

●中国共产党党员、原晋江地区文联筹备组副组长（副处）、离休干部何勋逝世，享年96岁。

市委常委会学习中央经济工作会议精神

市委常委会召开会议，传达学习中央经济工作会议精神，学习贯彻习近平总书记重要讲话重要指示精神以及省委常委会会议有关精神。会议强调，要坚持稳字当头、稳中求进，提振市场信心，落实好稳增长、稳就业、稳物价等重点工作，着力扩大内需，抓好外资外贸工作，强化项目攻坚、开放招商，推动高质量发展取得扎实成效。实施“强产业、兴城市”双轮驱动，压茬推进文旅融合、凝聚侨心侨智侨力重点专项，培育更多新增长点。落实新阶段疫情防控各项举措，保障群众就医用药需求和煤电油气运供应，保健康、防重症。

会议学习习近平总书记在6日中央政治局会议和2日党外人士座谈会上的重要讲话、向国史学会成立30周年致贺信精神。会议强调，要推动全面从严治党向纵深发展，压紧压实管党治党政治责任，坚持以严的基调强化正风肃纪反腐，为高质量发展提供坚强保障。要推动全市各民主党派、工商联和无党派人士引导成员和所联系群众，围绕中心工作，开展调查研究，凝心聚力共同办好泉州的事情。要坚持常态化开展党史学习教育，引导党员干部传承红色基因、坚定历史自信。会议学习习近平总书记向第四届中俄能源商务论坛致贺信、在首届中国—阿拉伯国家峰会开幕式和首届中国—海湾阿拉伯国家合作委员会峰会上的主旨讲话、向第十五届中国—拉美企业家高峰会发表书面致辞、对非物质文化遗产保护工作做出的重要指示、向《生物多样性公约》第十五次缔约方大会第二阶段高级别会议开幕式致辞精神。会议要求，要推进更高水平对外开放，多措并举打好“新侨牌”，营造市场化法治化国际化一流营商环境，更大力度吸引和利用外资。要推动能源清洁绿色发展，推进泉港泉惠石化园区提质增效，促进能源项目加快建成投产，维护能源安全与产业链供应链稳定。要加强非物质文化遗产保护传承，推进优秀传统文化创造性转化、创新性发展，坚持以文塑旅、以旅彰文，在用活文化遗产中获取城市发展动力。要加强生态系统保护修复，健全生物多样性保护机制，推进人与自然和谐共生。

市委议军会议召开

市委议军会议召开，学习贯彻中共二十大精神，落实省委议军会议要求，听取一年来泉州市国防动员和后备力量建设情况汇报，部署推进相关工作。会议指出，要服务备战打仗，高标准高质量高效率落实国防动员体制改革，加强新域新质动员建设，夯实基层武装工作根基，推动军事斗争国防动员准备水平取得新突破。要凝聚军地合力，推动军政军民团结开创新局面。

革命历史题材电视连续剧《长夜星火》拍摄工作启动

由市委宣传部主办，市委史志研究室、泉港区委史志研究室、惠安县委史志研究室等协办的革命历史题材电视连续剧《长夜星火》拍摄工作启动仪式举行。市领导陈辉宗、林万明参加活动。《长夜星火》以“惠安暴动”革命历史事件为题材，讲述和再现泉州革命时期的奋斗历程和感人事迹。此前市委史志研究室和泉州市闽浙赣边区革命史研究会等组织协调推动各项前期工作，拍摄编导到泉州多地采风，在福州、厦门、泉州等地召开多场剧本研讨会，倾听党史研究专家和影视剧创作专家的意见建议，取得阶段性成果。

革命历史题材电视连续剧《长夜星火》拍摄工作捐赠仪式（图/陈智勇）

全市盘活利用低效用地工作专题推进视频会召开

全市盘活利用低效用地工作专题推进视频会召开。市资源规划局汇报全市试点工作推进情况，各地汇报工作落实情况。会议以视频形式召开，各县（市、区）、泉州开发区、泉州台商投资区设分会场。

会议指出，全市各级各部门要统一思想、下定决心，把盘活利用低效用地作为实施“强产业、兴城市”双轮驱动的“一号抓手”工程，敢于担当，善于作为，直面问题矛盾，发挥政策乘数效应，以舍我其谁的历史使命感，做好试点这项功在当代、利在千秋的大事要事。要精心组织、攻坚克难，以时不我待的强烈紧迫感推动目标任务走深走实。要规划引领、统筹全面。坚持全域规划、全域统筹、全要素整治理念，结合新一轮国土空间规划，编制盘活利用低效用地专项规划和全域土地综合整治专项规划，加快城镇、农村、产业和生态合理分区、相对集聚、协调发展。要摸清底数、找准方向。对照要求和时间节点，形成高质量调查成果，分析试点工作可能存在的问题堵点、政策难点和工作盲点，及时绘制专项工作路线图，争取多维度、多要素、多样化的扶持政策支持，确保底数清、情况明、问题分析透、政策找得准。要敢闯敢干、勇于创新。对标学习借鉴先行城市经验，结合实际在投融资、利益分配、地票房票绿票等方面探索实践，创新破题机制，形成更多可复制、可推广的典型经验。要因地制宜、统筹推进。以试点工作为抓手，串联推动文旅融合和凝聚侨心侨智侨力重点专项、乡村振兴等工作同轴共转、同频共振，通过资源整合、功能融合、力量协同，最大限度放大政策红利，最大限度产生综合效益。全市要树立“一盘棋”理念，加强组织领导，发挥好专业团队、企业群众和干部队伍三股力量，厘清土地平衡账、资本收益账、社会治理账、民生权益账，以行稳致远的政治责任感推动改革创新见行见效。

泉州市第一医院“同心楼”落成

泉州市第一医院“同心楼”落成仪式举行，市领导林万明、李文生、庄灿霞及泉州统一战线各界代表等出席。泉州市第一医院“同心楼”于2020年10月竣工，用于纪念统一战线成员捐款义举的“同心之露”雕塑也于2022年10月竣工。这座“同心楼”主楼地上22层，地下2层，建筑面积93600平方米，投用后新增病房及医务人员用房310间，新增病床700张，缓解医疗资源紧张的局面。

中国闽台缘博物馆首届理事会成立

中国闽台缘博物馆首届理事会、监事会成立大会举行，中国闽台缘博物馆党委书记王辰虎当选首届理事会理事长。理事会、监事会的成立搭建一个资源开拓和利用的制度化平台，旨在凝聚更多热心文化事业和两岸交流的各界人士智慧，群策群力、团结协作，发挥好中国闽台缘博物馆平台作用，打造更多更好的文化精品，增进两岸文化交流合作，讲好“两岸关系好，台湾才会好”的道理，推动两岸关系和平发展、融合发展，更好服务祖国和平统一大业。

中国闽台缘博物馆首届理事会、监事会成立大会现场（图/中国闽台缘博物馆）

12月20日

农历壬寅年十一月廿七
星期二
温度：11℃～17℃
晴

●省委常委、市委书记、市防控新冠肺炎疫情应急指挥部总指挥长刘建洋主持召开视频会议，连线中心城区综合医院及部分县级医院，分析研判形势，会商调度医疗救治准备工作。

●省人大常委会党组副书记、副主任庄稼汉到泉州主持召开座谈会，就《省人大常委会工作报告（征求意见稿）》和省人大常委会工作征求意见、建议。

●全市盘活利用低效用地工作专题推进视频会召开。

●泉州市第一医院“同心楼”落成仪式举行。

●中国闽台缘博物馆首届理事会、监事会成立大会举行，中国闽台缘博物馆党委书记王辰虎当选首届理事会理事长。

12月21日

农历壬寅年十一月廿八
星期三
温度：8℃～20℃
多云转晴

●全市疫情防控工作会议召开，分析研判形势、推动各项优化措施落地见效。

●市防控新冠肺炎疫情应急指挥部专题调度会召开，传达学习贯彻习近平总书记重要讲话重要指示精神，落实省委工作要求，就做好养老机构、福利院等重点场所服务管理工作进行再部署、推动再提升。

●市人大常委会与市政府召开新闻发布会，对《泉州市文化旅游发展促进条例》进行解读。

●泉州市青年工作联席会议第二次全体会议召开，传达上级相关会议精神，总结前阶段工作，部署下阶段任务。

●由市委宣传部、鲤城区委、南安市委主办的纪念李贽诞辰495周年“李贽思想的当代价值”学术研讨会举行。

●由市妇联、市人社局、市总工会主办的2022年泉州市美容美发行业职业技能竞赛活动在鲤城举行。

●2022年福建省森林防灭火应急救援综合演练在德化举行。

“李贽思想的当代价值”学术研讨会举行

由市委宣传部、鲤城区委、南安市委主办的纪念李贽诞辰495周年“李贽思想的当代价值”学术研讨会举行，市委常委、宣传部部长、统战部部长陈辉宗参加并致辞。陈辉宗指出，李贽作为明末重要的思想启蒙先驱，其思想极具开拓性和超前性，富有革新精神和进取精神，对明清两代、“五四”时期，对日本明治维新，对东亚、东南亚文化圈产生重要而深远影响。要以此次学术研讨会为契机，加强李贽思想的研究、传承和传播，挖掘阐释李贽思想在新时代的价值和启示，推动李贽思想创造性转化、创新性发展，让李贽思想闪耀时代光芒，把李贽文化品牌打造成泉州又一亮丽名片。

纪念李贽诞辰495周年“李贽思想的当代价值”学术研讨会现场（图/洪　旭）

2022年泉州市美容美发行业职业技能竞赛活动举行

由市妇联、市人社局、市总工会主办的2022年泉州市美容美发行业职业技能竞赛活动在鲤城举行。活动以“智慧工匠 技能泉州”为主题，设置美容、美发、美甲三个竞技项目，全市各县（市、区）126名美业从业者参赛，其中女性90人，占参赛人数的72%。在美业竞技赛场上，选手创造出一批富有个性的美容美发美甲创意作品，展示精湛的职业技能和良好的精神风貌。经过笔试和现场实际操作角逐，分别评出美容、美发、美甲三个项目的一、二、三等奖共18人。颁奖仪式上，全体获奖代表向全市美业从业者发出《传承匠心精神 做新时代美业践行者》倡议，提倡争做高质量发展的参与者、新时代美业践行者、诚信经营的引领者，把服务好百姓生活作为出发点和落脚点，研发新技术、创造新业态、推出新模式，开创新时代美业发展新局面。

为激发美容美发行业从业者参与技能比赛的积极性、增强职业荣誉感，市人社局、市总工会、市妇联授予竞赛名列前茅的选手相应的荣誉称号。获各项目总分第1名的选手，符合条件的，由市人社局授予“泉州市技术能手”称号；获美发师或美容师项目总分第一名的选手，符合条件的，由市总工会授予“泉州市五一劳动奖章”称号；获各项目竞赛总分第2名的选手，由市总工会授予“泉州金牌工人”称号；获竞赛活动各项目女选手总分第一名的选手，符合条件的，由市妇联授予“泉州市三八红旗手”称号。

2022年福建省森林防灭火应急救援综合演练在德化举行

2022年福建省森林防灭火应急救援综合演练在德化举行。此次演练集结消防、公安、医疗等多方救援力量，展现火情信息报送、乡镇、县森林消防队先期处置、县市应急响应启动、无人机专业扑灭火、省市县各联动单位协同作战、应急响应终止等多个环节。 演练现场，乡镇队员接报火情后，快速到达指定位置展开扑救，并向各级森防指报告。森林防灭火指挥部各成员单位在第一时间集结队伍、携带扑火物资装备赶赴现场参与扑救。在森林消防队上山实施扑救的同时，市森林消防大队、安溪县森林消防大队、福建省通信运营管理有限公司等队伍投入救援，演练信息报送、现场火灾扑救、交通、医疗、物资及通信保障等项目。在省、市、县、乡四级应急救援力量配合下，多支队伍协同作战，利用航空消防直升机、无人机、灭火弹、风力灭火机、高压水枪等专业灭火工具迅速扑灭山火。

刘建洋到德化召开挂钩帮扶工作现场办公会

省委常委、市委书记刘建洋到挂钩联系的德化县葛坑镇龙塔畲族村，围绕学习宣传贯彻中共二十大精神和省委十一届三次全会精神，开展调研督导，并主持召开挂钩帮扶工作现场办公会，总结2022年以来挂钩帮扶工作开展情况，研究商讨2023年深化帮扶工作。市委常委、秘书长施宇辉参加会议。

在听取挂钩帮扶的省直有关单位、对口协作的莆田市城厢区，以及德化县、葛坑镇、龙塔村工作落实情况汇报后，刘建洋指出，要把德化发展所需与帮扶单位所能有机结合起来，以明确的思路规划和有力的实招硬招，倾力帮扶补短板、强弱项、提质效，激活内生动力、增强发展后劲。要挖掘比较优势、突出重点攻坚，找准突破口、切入点和结合点，提升挂钩帮扶工作实绩实效。聚焦产业带动，在陶瓷品牌塑造、文化艺术赋能、抢占市场高地等方面发力，构建“吃、住、行、游、娱、购”全产业链、全要素配套，做大做强陶瓷产业、全域旅游。聚焦城乡统筹，实施乡村建设行动，盘活乡村资产资源，引导资源要素回流，加快发展特色农业、农村电商、乡村旅游和美丽经济，激发乡村生机活力。聚焦民生所需，因地制宜建好“党建+”社区邻里中心，突出民族村特色，通过资源整合、功能融合、力量协调，解决群众急难愁盼实际问题，提升基层服务群众能力和综合治理能力。

2022年泉州网络文化节开幕

由市委宣传部指导，市委网信办、市委文明办、市文旅局主办，泉州晚报社等协办的2022年泉州网络文化节开幕式在“海上丝绸之路”文化研学营地举行，市委常委、宣传部部长、统战部部长陈辉宗参加并讲话。

陈辉宗指出，举办网络文化节旨在弘扬优秀网络文化，引领网络文明风尚。要深耕活动内容、创新形式载体，传播网络文明，讲好泉州故事，展现泉州的“世遗”之美、烟火之美、文化之美、人文之美、生活之美。要发动网民参与短视频征集展播、网络文化传播等线上活动，共同营造清朗的网络空间。要推动网络文明建设和网络综合治理紧密结合，让先进文化、时代新风充盈网络空间，为建设网上美好精神家园贡献泉州力量。此次网络文化节持续到月底，采取线上为主、线上线下相结合的形式，分为“奋进泉州”“世遗泉州”“文明泉州”“幸福泉州”“温暖泉州”五个篇章，组织开展“千年海丝 世遗泉州”城市推介短视频大赛、“风度泉州 梦回宋元”系列短视频展播、泉州“海上丝绸之路”数字文创博览会等多项活动。

2022年泉州网络文化节现场开幕式（图/林劲峰）

“惠安县近邻党建促进会”“惠安县近邻党建学院”授牌

“惠安县近邻党建促进会”“惠安县近邻党建学院”授牌及“泉州市（惠安）人才创享中心”揭牌仪式举行。市委常委、组织部部长卢秀萍出席。活动为“惠安县近邻党建促进会”和“惠安县近邻党建学院”颁授牌匾。促进会将强化资源统筹、交流互鉴、宣传推广，加快构建具有惠安特色的邻里中心矩阵；学院将推行政府主导、市场化运作的办学模式，吸纳各级党校、高校师资力量和办学资源，打造集党员教育、基层治理等于一体的党员干部教育基地。新成立的泉州市（惠安）人才创享中心位于惠安县建筑业发展大厦，是集人才之家、人才市场、人才会客厅、高层次人才服务中心、众创空间等于一体的专业化人才综合服务平台。

12月22日

农历壬寅年十一月廿九
星期四
温度：8℃～19℃
晴

●省委常委、市委书记刘建洋到挂钩联系的德化县葛坑镇龙塔畲族村，围绕学习宣传贯彻中共二十大精神和省委十一届三次全会精神开展调研督导，并主持召开挂钩帮扶工作现场办公会。

●由市委宣传部指导，市委网信办、市委文明办、市文旅局主办，泉州晚报社等协办的2022年泉州网络文化节开幕式在“海上丝绸之路”文化研学营地举行。

●“惠安县近邻党建促进会”“惠安县近邻党建学院”授牌及“泉州市（惠安）人才创享中心”揭牌仪式举行。

●泉州市启动新冠疫苗第二剂次加强免疫接种。

●22—23日，由中国茶叶学会、中国农业科学院茶叶研究所、中华全国供销合作总社杭州茶叶研究院、省科技厅、市政府、福建农林大学主办的首届中国茶科技创新大赛在安溪举行。

●由省文物局、泉州市文物局、石狮市政府主办的“凝心聚力 共筑华章——新时代福建省非国有博物馆精品联展”在福建省世茂“海上丝绸之路”博物馆开幕。

●由德化县陶瓷办、县工信商务局主办的“大师IP+”升级焕新启动暨兔年新品融合展在德化陶瓷艺术驻地中心举行。

12月23日

农历壬寅年十二月初一
星期五
温度：6℃~15℃
晴

●省委常委、市委书记刘建洋到市区桃花山、清源山景区等项目现场，调研中心城区林业和山体景观提升工作。

●市政府党组（扩大）会议召开，传达学习中央经济工作会议精神和习近平总书记重要讲话重要指示批示精神，以及省委常委会会议和市委常委会会议精神。

●市长蔡战胜到泉州白濑水利枢纽工程截流检查并宣布工程截流成功。

●市政府第二十二次常务会议召开，研究并通过2022年度行政规范性文件清理工作等。

●市政协十三届第四次常委会会议召开，听取市政府关于市政协十三届一次会议以来提案办理情况的通报，审议通过有关人事事项、市政协《常委会工作报告（草案）》和《提案工作情况报告（草案）》及市政协十三届二次会议相关事项。

刘建洋调研中心城区林业和山体景观提升工作

省委常委、市委书记刘建洋到市区桃花山、清源山景区等项目现场，调研中心城区林业和山体景观提升工作。副市长陈小辉参加调研。调研中，刘建洋强调，要突出便民利民，围绕实现人民对美好生活的向往，兼顾游客和市民多元需求，平衡公共属性和经营性质，把最好的资源留给人民，创造高品质生活空间，更好实现“近者悦、远者来”。要挖掘资源禀赋，立足“山、海、城”空间格局和生态本底，梳理历史脉络，高标准推动景区串点成线、风貌机理协调融合、古城新城有机衔接，守护城市“根”和“魂”。

市政府党组（扩大）会议召开

市政府党组（扩大）会议召开，传达学习中央经济工作会议精神和习近平总书记重要讲话重要指示批示精神，以及省委常委会会议和市委常委会会议精神。

会议强调，要实施“强产业、兴城市”双轮驱动，突出文旅经济、汇聚侨心侨智侨力重点专项，突出稳增长、稳就业、稳物价，全力扩内需、促投资、防风险，推动2023年经济运行整体好转。要落实稳经济一揽子政策，加强经济运行调度，强化项目攻坚突破，推动收好官、开好局。要抓实抓细疫情防控、安全生产、防灾减灾、应急值守等工作，统筹做好重要民生商品保供稳价、困难群众兜底帮扶等工作，确保社会安定稳定。会议学习习近平总书记在6日中央政治局会议和2日党外人士座谈会上的重要讲话、向国史学会成立30周年致贺信精神。会议强调，要坚定不移推进全面从严治党，压紧压实政府系统管党治党政治责任、主体责任，持之以恒肃纪反腐，把严的基调、严的措施、严的氛围贯穿到政府工作的全过程、各环节。要常态化开展党史学习教育，引导党员干部以史为镜、以史明志，共同凝聚团结奋进新时代的强大合力。会议学习习近平总书记向第四届中俄能源商务论坛致贺信、在首届中国—阿拉伯国家峰会开幕式和首届中国—海湾阿拉伯国家合作委员会峰会上的主旨讲话、向第十五届中国—拉美企业家高峰会开幕式发表书面致辞、对非物质文化遗产保护工作做出的重要指示、在《生物多样性公约》第十五次缔约方大会第二阶段高级别会议开幕式上的致辞精神。会议要求，要抢抓机遇，营造市场化法治化国际化一流营商环境，推进高水平对外开放。要发挥泉州世界遗产城市历史文化厚重优势，加快培育一批旅游精品和文化龙头企业，擦亮“宋元中国·海丝泉州”品牌。要推动泉港泉惠石化园区提质增效，加快能源项目建成投产，维护能源安全和供应链稳定。要加强生态系统整体保护修复，提升生态系统多样性、稳定性、持续性。

蔡战胜到安溪开展截流检查活动

市长蔡战胜到泉州白濑水利枢纽工程截流检查并宣布工程截流成功，副市长蔡天守主持截流活动。截流检查活动现场，蔡战胜听取白濑水利枢纽工程建设进展情况，并下达工程截流令。施工单位中水十六局随即组织截流封堵，报告工程截流情况。蔡战胜宣布工程截流成功，现场察看截流“龙口”及坝基。蔡战胜指出，各级各有关部门要增强责任感、使命感、紧迫感，完善监管机制、质量管理体系，以争创“大禹奖”的魄力勇挑重担、合力攻坚，打造精品工程、百年工程。

蔡战胜（右三）检查泉州白濑水利枢纽工程截流（图/安溪报）

泉州市能源发展集团有限公司挂牌

泉州交发集团权属企业泉州市能源发展集团有限公司（以下简称能源集团）、泉州交发交通产业投资集团有限责任公司（以下简称交发投资集团）挂牌。为贯彻落实新时代推进国有经济布局优化和结构调整的实施方案，落实市委“强产业、兴城市”双轮驱动战略，推动建设清洁低碳、安全高效现代能源体系，做强做优做大泉州市能源产业，根据市委、市政府的工作部署，由泉州交发集团组建成立能源集团，对接泉州市“十四五”能源发展专项规划。此次能源集团的挂牌成立，吹响泉州国资国企进军能源领域的冲锋号角。

作为市属国有能源企业，能源集团将参与全市清洁能源、基础能源、绿色能源、数字能源项目的规划、投资、建设和运营，以光伏、热电联产等新能源业务的拓展为突破口，聚焦主业赋能，加快推动项目和资源全方位融合，构建以“综合能源产业”为核心，“场站运营+资本运作”为两翼，形成以传统能源为基础，光伏、充电为支撑，多种新能源为引领的产业布局，打造具备核心竞争力的区域一流能源产业领军者，以实际行动汇聚绿色动能。成立交发投资集团是落实市委、市政府“组建大集团、发展大产业”战略部署，是推动国有企业市场化运营，整合集团现有的投资、类金融板块业务的重要举措。交发投资集团下设私募基金、融资租赁、商业保理、财务共享中心等板块。

泉州交发集团权属企业泉州市能源发展集团有限公司挂牌仪式（图/市国资委）

2022年度“最闽南”美食名店评选活动启动

由市商务局指导，泉州晚报社、泉州广播电视台、泉州中央商务区丰泽区指挥部主办的2022年度“最闽南”美食名店、名菜、名厨及预制菜名企评选活动启动仪式举行。同步举行名厨、名菜推选活动。评选现场，“最闽南”十位美食名厨、20道“最闽南”美食名菜出炉。市商务局相关负责人表示，泉州是文化名城，也是美食之都，期待通过美食系列活动，打造“最闽南”城市IP，培养餐饮人才，提升闽菜知晓度，助力餐饮产业升级换挡。

此次名厨比拼获得市人社局、市总工会支持，将美食“名厨”推选与泉州市餐饮烹饪职业技能竞赛相结合。综合20%理论考试成绩和80%现场烹饪成绩，谢清明、叶阿祺、苏泉州、林栋梁、许咨龙、陈信男、王栋良、陈文士、杨文福、林龙添十位选手获得泉州市餐饮烹饪职业技能竞赛前十名，获评“最闽南”十大名厨。竞赛第一名选手由市人社局推荐授予“泉州市技术能手”称号；第二、三名的选手由市总工会推荐授予“泉州市金牌工人”称号。经专家组与大众评审打分，结合网络投票成绩，古城炬龙牛肉店的药膳牛尾、好成财牛排馆的牛肉羹、永春湖洋竹筒农家饭店的醋猪脚等菜品被评为“最闽南”20道美食名菜。

站位打造泉州“最闽南”城市IP，以弘扬泉州“最闽南”美食文化为初衷，9月底，由市商务局牵头，2022年度“最闽南”美食名菜、名厨、名店及预制菜名企系列推选活动启动。经各县（市、区）推荐和筛选，共112道菜、70家店、40位厨师和24家预制菜企业符合参赛条件，进入初赛名单。“最闽南”美食名店、预制菜名企推选，采取专家打分占比70%、线上公众投票占比30%相结合的方式；“最闽南”美食名菜推选，采取成品或半成品现场加热方式进行，专家打分占比70%，网络投票占比15%，网红大众评审打分占比15%；“最闽南”美食名厨推选，则采取理论考试占比20%、现场制作占比80%的方式进行，现场制作部分由专家打分。

12月24日

农历壬寅年十二月初二
星期六
温度：7℃～15℃
晴

●泉州交发集团权属企业泉州市能源发展集团有限公司、泉州交发交通产业投资集团有限责任公司挂牌。

●由市商务局指导，泉州晚报社、泉州广播电视台、泉州中央商务区丰泽区指挥部主办的2022年度“最闽南”美食名店、名菜、名厨及预制菜名企评选活动启动仪式举行。

●全市各医疗机构，除新入院患者及陪护人员提供24小时核酸检测证明，门急诊不再查验核酸或抗原检测情况。

12月25日

农历壬寅年十二月初三
星期日
温度：7℃～14℃
晴

●市妇联向全市妇女及家庭发出《我爱我家 温暖“泉”城》倡议书。

●第二十二届中国（南安）水头国际石材博览会暨石设计周及第六届中国（南安）泛家居主题活动周系列活动在南安开幕。

市妇联发出《我爱我家 温暖“泉”城》倡议书

市妇联向全市妇女及家庭发出《我爱我家 温暖“泉”城》倡议书。

守好“小家”，做好自身健康第一责任人。市妇联号召全市妇女树立“守好小家为大家”的意识，主动配合疫情防控各项优化调整措施，履行个人防疫责任。践行健康文明的生活方式，做好健康监测，理性看待阳性，按需购买药品，科学对症用药，特殊情况及时就医，在新形势下保护好自己和家人，筑牢疫情防控的“家庭堡垒”。

高效陪伴，当好孩子健康成长守护人。家长要当好孩子健康成长的引路人和守护人，在工作之余多陪同孩子一起读书、一起玩耍、一起参与家务劳动，引导孩子科学居家学习生活，高质量陪伴孩子健康成长。加强生命教育，引导孩子正确看待疫情、增强自我保护意识、传播社会正能量，守护孩子健康成长。

守望邻里，当好互爱互助热心人。倡导邻里互助，利用“党建+”邻里中心、暖心驿站等载体，组织开展“把爱带回家·邻里温暖行”活动，调剂、共享多余的防疫药品和物资，让有限的防疫资源发挥最大的效能。开展巾帼志愿服务，关心关爱特殊群体，精准帮助服务困难家庭，特别是孕产妇、困境儿童、孤寡老人、居家隔离人员等特殊人群。

护好“大家”，筑牢家庭平安第一道防线。妇女要及时关注官方平台发布的权威信息，增强自我防范意识和防护能力，引导家庭成员一同做到不造谣、不信谣、不传谣，营造良好社会氛围。各级妇联组织要关心抗疫一线女医务人员和各条战线的妇女姐妹，用实际行动传递妇联“娘家人”的关爱与温暖。

第二十二届中国（南安）水头国际石材博览会开幕

第二十二届中国（南安）水头国际石材博览会（以下简称“石博会”）暨石设计周及第六届中国（南安）泛家居主题活动周系列活动在南安开幕。该届“石博会”秉承“办一届展会，留一座展馆”理念，延续“创意、智造、共融”主题，突出“源头办展、消费转型、设计引领、跨界破圈”四大核心价值，同时举办第六届中国（南安）泛家居主题活动周、中国建筑学会室内设计分会第三十一届（泉州）年会，三展联办，汇聚全球500多家参展企业和上千名资深设计师，拓展石材内涵外延。展会现场设置石材资源展区、机械设备展区、新材料展、大师之家展区、设计策展人展区、美石市集展区等九大主题展区，9位设计师联合多位艺术家，联袂打造9所“美石空间”，同步举办20多个相关活动，30多个城市的设计师组团，近距离接触石材源头，带来设计与产业的全面联动。

展会举办之际，中国建筑学会室内设计分会年会也在五里桥畔同步开展。多位国内顶尖室内设计师抛出关于设计与空间，人文与自然的话题，引发业界思索，激发设计灵感。设计界精英在进行初步思想碰撞之后，带着思考步入“石博会”现场，更深一步探寻石材在室内设计、文创领域的创意表达空间。

泉州市绿色建材产销对接会暨采筑平台南安泛家居建材专区发布会举行。南安市立足本地建材产业基础，发挥国企资源优势，联合万科采筑平台，搭建起南安泛家居建材专区，为到南安投资的央企、国企及各地项目投资方、承建方提供一站式采购服务。活动现场，能源工贸集团与采筑平台进行意向签约，鹏翔实业、铭盛陶瓷、南建建设公司进行精准产销协作签约。

第二十二届中国（南安）水头国际石材博览会现场
（图/泉州品牌发展中心）

12月26日

农历壬寅年十二月初四
星期一
温度：7℃～16℃
晴

●市政府与市总工会第二十次联席会议召开，听取全市工会工作情况和第十九次联席会议议定事项落实情况汇报，研究解决有关问题。

●由市委宣传部、市社科联主办，泉州海外交通史博物馆和泉州海洋职业学院承办的“泉州与世界海洋文明”学术研讨会在泉州海外交通史博物馆举行。

●市委常委、市政府常务副市长、市红十字会会长黄景春到鲤城、丰泽走访慰问部分困难家庭，并指导基层做好新冠病毒感染者诊疗和重点人群居家健康管理服务等工作。

●市政府推出“泉战疫”新冠便民综合服务平台。

●泉州大桥新桥合龙，比预定日期提前多天实现全线贯通。

市政府与市总工会第二十次联席会议召开

市政府与市总工会第二十次联席会议召开，听取全市工会工作情况和第十九次联席会议议定事项落实情况汇报，研究解决有关问题。市领导蔡战胜、卢秀萍、肖进才、陈小辉、汪志红、蔡天守，市直有关部门、市中级人民法院主要负责人等参加会议。

市长蔡战胜指出，市委、市政府正以实施“强产业、兴城市”双轮驱动为路径，抓项目、促发展。工会作为“职工之家”，要在市委领导下，发挥好桥梁纽带作用，凝聚职工群众智慧力量，团结引领职工奋进新征程建功新时代。要坚持以政治为先，持之以恒学习贯彻习近平新时代中国特色社会主义思想，引领职工始终在思想上政治上行动上同以习近平同志为核心的党中央保持高度一致，深化“中国梦·劳动美”主题宣传，引导职工坚定不移听党话、矢志不渝跟党走。要坚持以发展为重，激发和凝聚泉州数百万工人这一最大资源和力量，推动产业工人队伍建设改革走深走实，助推泉州全方位推进高质量发展。要坚持以职工为本，引导企业强化安全生产措施，落实工资福利待遇，维护好职工的劳动安全和切身利益；巩固拓展“园区枫桥”机制等做法，做实医疗互助、大病救助、婚恋交友、子女托管、职工疗休养等服务，提升职工群众的获得感、幸福感、安全感。

“泉州与世界海洋文明”学术研讨会举行

由市委宣传部、市社科联主办，泉州海外交通史博物馆和泉州海洋职业学院承办的“泉州与世界海洋文明”学术研讨会在泉州海外交通史博物馆举行。图为研讨会现场。

（图/洪　旭）

市政府推出“泉战疫”新冠便民综合服务平台

市政府推出“泉战疫”新冠便民综合服务平台，囊括发热门诊导航、在线问诊导航、在线中医药剂购买、药店清单查询、家庭医生查询、个人防疫手册、新冠防护药物公益互助、新冠阳性服务平台八个功能模块，“一站式”满足市民群众问诊、购药、求助等需求。作为综合便民服务平台，“泉战疫”整合了泉州市第一医院互联网医院、福建医科大学附属第二医院、泉州市妇幼保健·儿童医院、泉州市正骨医院和安溪县在线问诊、南安市医院等县（市、区）医院的互联网医院问诊平台，集纳全市932家发热门诊（诊室）、2524家药店、3722名家庭医生等医疗资源信息，通过不同功能模块满足群众在线问诊、购买中医药剂、查询相关信息等需求。

泉州大桥新桥提前合龙

泉州大桥新桥合龙，比预定日期提前多天实现全线贯通，为确保2023年8月通车打下基础。国道324线泉州大桥及接线扩宽改造工程由市公路事业发展中心直属分中心作为业主单位，是在既有的泉州大桥上游新建一座26米宽的新桥，并与旧桥相拼形成总宽43米的桥梁。泉州大桥新桥共五联，此次浇筑的合龙段位于第二联，施工单位在对合龙梁端悬臂端中线、高程测量检查和偏差校正后，安装模板、钢筋、预应力管道、骨架等，于气温较低时段进行浇筑，在气温上升和受压状态下实现精准合龙。

泉州大桥新桥合龙（图/陈淑华　陈起拓）

12月27日

农历壬寅年十二月初五
星期二
温度：3℃～16℃
晴

●由市委宣传部、市社科联、鲤城区委宣传部、区社科联主办的2022年泉州市社会科学普及宣传周启动仪式举行。

●福建永春铭发肉制品有限公司蓬壶牲畜定点屠宰厂项目揭牌，并获颁畜禽定点屠宰证，标志全市首家现代化屠宰企业建成投产。

●泉州市多项目成为省级职教重点建设项目。

●泉州市242所学校入选乡村温馨校园。

2022年泉州市社会科学普及宣传周启动

由市委宣传部、市社科联、鲤城区委宣传部、区社科联主办的2022年泉州市社会科学普及宣传周启动仪式举行。此次活动内容丰富多彩，包括泉州市社会科学普及基地（2022—2024年）授牌仪式、赠书仪式，“社科专家宣讲二十大”服务队授旗仪式和“泉腔鲤音”闽南语研学平台上线揭牌仪式等。主办方负责人表示，社会科学普及宣传周活动是社科工作者服务经济社会发展、解决市民群众需求的重要载体，成为宣传党的创新理论、传承弘扬中华优秀传统文化的特色工作品牌。此前已连续举办13届，2022年泉州市创新活动形式、丰富活动载体，以更接地气、更具活力的方式，推动社科知识“飞入寻常百姓家”。全市各级社科部门陆续策划开展各种特色科普活动，探索社科普及多媒体融合模式，拓展社科普及参与面、覆盖面，推进社科普及工作常态化、大众化、时代化。

2022年泉州市社会科学普及宣传周启动仪式（图/洪 旭）

全市首家现代化屠宰企业建成投产

福建永春铭发肉制品有限公司蓬壶牲畜定点屠宰厂项目揭牌，并获颁畜禽定点屠宰证，标志全市首家现代化屠宰企业建成投产。该项目按照《福建省生猪屠宰标准化建设规范》要求进行设计，建设完成生猪和牛羊屠宰车间、污水处理设施以及生猪产品排酸、分割和冷链物流配送、动物检疫申报、办公楼等配套设施，年可屠宰生猪15万头、肉牛1万头、肉羊15万头。泉州市有37家生猪屠宰场（点），日屠宰生猪6000头。与传统屠宰场的代宰运营模式不同，新投用的现代化屠宰企业具有现代化设备和优质产能，不仅实现生猪屠宰全过程自动化，还实现从生猪调度、宰杀、排酸、分割到冷链配送，丰富延伸屠宰产业链，将促进泉州市牲畜屠宰产业转型升级，保障本区域内肉品市场供应稳定。

泉州市多项目成为省级职教重点建设项目

省教育厅印发《关于公布2022年省级职业教育重点建设项目的通知》，在各地各校申报的基础上，经专家评审和公示，确定10个项目为省级示范性职业教育集团（联盟）；36个项目为省级第四批高职院校产业学院试点项目；38个项目为省级高水平专业化产教融合实训基地。泉州市高职院校有11个项目被列入省级第四批高职院校产业学院试点项目，高职院校、中职学校有10个基地被列入2022年省级高水平专业化产教融合实训基地。省级职业教育重点建设项目是增强职业教育适应性，深化产教融合、校企合作，构建适应产业发展需要现代职业教育体系的重要抓手。省教育厅要求，各地各校要落实项目建设计划，加强项目建设过程管理，发挥重点建设项目的示范带动作用。

泉州市242所学校入选乡村温馨校园

泉州市2022年乡村温馨校园名单公布，242所学校入选。根据教育部、省教育厅关于推进乡村温馨校园建设工作部署，市教育局印发《泉州市乡村温馨校园建设工作方案》，按照“县级评估、市级审核”的原则，组织对县级评估通过的乡村温馨校园进行抽查，公布2022年乡村温馨校园名单。泉州市242所乡村温馨校园，分别是洛江区8所、泉港区10所、石狮市6所、晋江市51所、南安市48所、惠安县33所、安溪县53所、永春县22所、德化县2所、泉州台商投资区9所。

宿利南到惠安调研乡村振兴整镇推进等工作

市委副书记宿利南到惠安县东岭镇，与基层干部群众共同学习中共二十大和中央农村工作会议精神，调研乡村振兴整镇推进、农村疫情防控等工作。

宿利南强调，要系统谋划2023年“三农”工作，压紧压实保障粮食安全政治责任，巩固拓展脱贫攻坚成果。要强化党建引领，夯实基层基础，把农村基层党组织建设成为有效实现党的领导的坚强战斗堡垒。要抓好农村地区疫情防控工作，发挥农村三级医疗卫生机构医防协同分级服务的作用，突出重点人群管理，最大程度保护农村居民身体健康和生命安全。要以整镇推进为抓手，更大范围统筹整合资源力量，有效对接各挂钩单位及共建资源，建立资源供需清单，实现多方互助、精准对接。要依托特色资源，向开发农业多种功能、挖掘乡村多元价值要效益，深耕红色文化，完善配套设施，推进三产融合发展。要结合盘活利用低效用地试点，盘活闲置的宅基地、农房、废弃池塘等“沉睡的资源”，在存量上寻求新的空间增长，在功能品质、要素配置上争先创优，让农民就地过上现代文明生活。

黄景春慰问一线医护人员并调研医疗救治工作

市委常委、常务副市长黄景春到福建医科大学附属第二医院东海院区、市第一医院城东院区看望慰问一线医护人员，并调研医疗救治工作。慰问中，黄景春了解医疗救治、药品供应、人员配备、患者收治、重症转诊等情况。黄景春指出，正值新冠病毒感染高发期，加之冬春季节流感等流行病高发，给泉州市医疗救治工作带来严峻考验。福建医科大学附属第二医院、市第一医院要发挥“领头羊”的专业优势和责任担当，优化远程会诊、转诊收治等机制流程，加强对基层医疗机构的指导工作，引导群众分级就诊；要关心关爱一线医务人员，合理排班调休，做好疫苗接种，让大家以健康状态、良好心态投入工作。

泉州市在全省率先实现“县县通管道燃气”

海西天然气管网德化支线工程投产通气，泉州市在全省率先实现“县县通管道燃气”。该项目是国家石油天然气基础设施重点工程，也是福建省天然气主干管网“两纵两横”中间联络线的重要组成部分。项目起于泉州南安水头分输清管站出站管线，沿线途经南安、安溪、永春、德化4个县级行政区，止于德化县境内德化分输站，线路总长119.12千米，设计输量10.7亿立方米/年，通过泉州燃气公司管道向沿线县（市）用户供气。

海西天然气管网德化支线工程投产通气（图/陈永攀）

第八届安溪淮山文化节暨淮山助农共富活动启动

由安溪县政府主办，县农业农村局、长卿镇党委政府承办的第八届安溪淮山文化节暨淮山助农共富活动在安溪县人民广场启动。活动现场，山格淮山品牌体验馆开张，国家地标产品山格淮山卡通吉祥物发布。首次亮相的吉祥物“山格格”“淮宝宝”以淳朴、可爱的形象与观众见面。随后，现场为安溪淮山王评选大赛获奖者颁奖。活动当日，更有淮山营养早餐、淮山速食面等“淮山网红新品”，以“相见不如淮念”为主题，进行网络传播视频发布及现场走秀。此外，为传承发展淮山产业、种好淮山，现场还举行安溪淮山产业人才传帮带拜师仪式，并成立山格淮山中小学劳动实践基地。

12月28日

农历壬寅年十二月初六
星期三
温度：11℃~15℃
多云

●市委副书记宿利南到惠安县东岭镇，与基层干部群众共同学习中共二十大和中央农村工作会议精神，调研乡村振兴整镇推进、农村疫情防控等工作。

●市委常委、常务副市长黄景春到福建医科大学附属第二医院东海院区、市第一医院城东院区看望慰问一线医护人员，并调研医疗救治工作。

●海西天然气管网德化支线工程投产通气，泉州市在全省率先实现“县县通管道燃气”。

●28—30日，以“笃行实干 共创未来”为主题的2022年中国上市公司高峰论坛在晋江举行。

●由安溪县政府主办，县农业农村局、长卿镇党委政府承办的第八届安溪淮山文化节暨淮山助农共富活动在安溪县人民广场启动。

12月29日

农历壬寅年十二月初七
星期四
温度：11℃～16℃
多云

●市委常委会召开会议，传达学习习近平总书记对爱国卫生运动做出的重要指示、给中国东方演艺集团的艺术家的回信精神，以及省委常委会会议精神；部署做好2023年元旦、春节期间有关工作。

●市委副书记宿利南到南安市仑苍镇，与基层干部群众一起学习中共二十大和中央农村工作会议精神，调研乡村振兴整镇推进、农村疫情防控等工作。

●国家文物局公布第四批国家考古遗址公园名单和立项名单，泉州市苦寨坑窑考古遗址公园和德化窑考古遗址公园入选第四批国家考古遗址公园立项名单。

●市防控疫情应急指挥部发布《关于优化新冠病毒感染者居家隔离康复后解除隔离和返岗复工措施的通知》，明确可结束隔离、恢复正常生活和返岗的条件。

市委常委会学习习近平总书记重要指示重要回信精神

市委常委会召开会议，传达学习习近平总书记对爱国卫生运动做出的重要指示、给中国东方演艺集团的艺术家的回信精神，以及省委常委会会议精神；部署做好2023年元旦、春节期间有关工作。

会议强调，要坚持以人民健康为中心，坚持预防为主，创新工作方式方法，全方位多层次推进爱国卫生运动；与文明城市创建、城乡人居环境整治等工作结合起来，提升社会健康治理水平，调动各方面积极性主动性，用千千万万个文明健康小环境筑牢疫情防控社会大防线。要把握文艺工作的时代方位，挖掘泉州“海上丝绸之路”文化、闽南文化、华侨文化资源，盘活整合各类阵地，推出更多精品力作，打响“世遗”文化品牌，繁荣发展泉州文化事业和文化产业，建设更高质量的文化强市。要贯彻落实《关于做好2023年元旦春节期间有关工作的通知》要求，统筹抓好年末岁首各项工作，严格值班值守各项制度，保证各项工作正常运转，确保全市人民度过平安、祥和、欢乐的节日。要把思想和行动统一到党中央关于做好新阶段疫情防控工作的决策部署上来，按照国务院联防联控机制制发布的《关于对新型冠状病毒感染实施“乙类乙管”的总体方案》，结合泉州实际，推动各项优化调整措施落地落实；要着力“保健康、防重症”，强化分级分层分流救治引导和居家患者健康指导，加强涉疫药品、防疫物资及相关医疗设备等采购储备、统筹调度，确保疫情防控措施调整转段平稳有序。要保障粮油肉蛋奶果蔬等重要民生商品有效供给和价格平稳，保障春运安全，关爱帮扶特殊困难群体，排查治理欠薪欠款，维护农民工合法权益，确保群众温暖过冬过节。要结合开展“万名干部进万企、一企一策促发展”活动在节前走访慰问企业，鼓励多接单、多生产、不停工、少停工，加强节后跟踪服务，用好政策组合拳，帮助企业早开机、开满机、招好工、稳好岗。要绷紧安全生产这根弦，高度关注易发生事故的企业设备停机、开机环节，把危化品、消防、道路交通、建筑施工等各领域风险隐患消除在萌芽状态。

泉州市两考古遗址公园获第四批国家考古遗址公园立项

国家文物局公布第四批国家考古遗址公园名单和立项名单，从31家申请评定、62家申报立项单位中，最终确定19家评定单位和32家立项单位。泉州市苦寨坑窑考古遗址公园和德化窑考古遗址公园入选第四批国家考古遗址公园立项名单。

永春苦寨坑窑遗址位于泉州市永春县介福乡紫美村西南面（当地人称“苦寨坑”）的一座山坡上，年代为距今3700～3400年，即夏代中晚期、商代中期，是全国发现最早的原始青瓷窑址，将中国烧制原始青瓷的历史向前推进200年。德化窑考古遗址公园总面积67.4公顷，包括龙浔镇的屈斗宫遗址片区、三班镇的尾林—内坂—大垄口—梅岭遗址片区。公园内涵盖宋、元、明、清各个时期的窑址21处以及瓷土加工区、生产作坊区、瓷帮古道、河流等遗存，系统性、珍贵性和保存的完整性在福建乃至全国都较为少见，整个制瓷业态非常完整。其中，德化窑址（尾林—内坂窑址、屈斗宫窑址）作为“泉州：宋元中国的世界海洋商贸中心”遗产点之一，于2021年7月25日列入世界遗产名录，成为全球首批瓷窑类的世界遗产。

德化窑考古遗址公园局部（图/林婉清）

兴泉铁路全线通车运营

第一辆从泉州站通往宁化站的“绿巨人”动车组出发，标志着兴泉铁路全线通车运营。兴泉铁路是海西铁路网“三纵六横”中的重要一横，是开发沿线资源、服务革命老区的重要铁路干线，也是打通泉州港通往内陆铁路客货运的重要枢纽，对促进沿线原中央苏区经济发展起到至关重要作用，也结束了德化、永春等地不通铁路的历史。铁路起于江西省赣州市兴国县，经宁都、石城，进入福建宁化、清流、永安、大田、德化、永春、安溪、南安，客运连福厦铁路泉州站，货运接漳泉肖铁路惠安南站。

市委、市政府明确由市发改委、铁建中心和市路桥公司组成市级指挥部，统筹推进泉州段项目建设。作为泉州市首批试点“指挥部+公司”模式的重大项目，兴泉铁路泉州段项目自2017年3月开工建设以来，市发改委（市指挥部）创新构建“三方指挥部联席会”制度，有力有效保障项目建设。2022年9月，泉州段项目全部完工。兴泉铁路分两段建设，其中兴国至清流段于2021年9月30日开通运营。此次开通的清流至泉州段设20座车站，其中永安南、大田北、泉州3座车站办理客运业务，小湖、黄塘两座车站办理货运业务，清流、明溪、三元西、德化、永春、安溪东、南安北7座车站办理客货运业务，其他车站为铁路行车技术作业站。

首趟由泉州开往南昌的T8010次旅客列车出发（图/张海根）

公共电单车“小橙”启动运营

“智慧交通 小橙出行”泉州市中心城区公共电单车项目启动仪式举行。作为有桩公共电单车的“小橙”是结合泉州中心城区交通环境特点及现有“小黄人”公共自行车筹划推出的。分批投放5000辆“小橙”及配套的备用电池等设备，在规划区域布设新桩点位，同步推动对泉州中心城区原有“小黄人”租赁站点的技术升级改造，以兼容停放“小黄人”与“小橙”。骑行“小橙”须年满16周岁，10分钟内起步价2元（含10分钟），之后每5分钟1元（超出起步价包含时长后收取，上不封顶）。骑行服务费以开始服务时刻对应的计费规则为准，时长费不足1个周期的按1个周期计费。

公共电单车“小橙”启动运营（图/陈小芬 柯 馨）

第四届泉州台商投资区购物节暨汽车文化节启动

由泉州台商投资区管理委员会、泉州晚报社主办的第四届泉州台商投资区购物节暨汽车文化节启动仪式在台商宝龙广场启动。该届购物节以“惠聚‘台商’乐购佳节”为主题，为期两个月。在启动仪式现场，泉州台商投资区电子商务协会与台商宝龙广场、觅城生活、建行生活战略签约。现场还联合一汽丰田、东方本田、福特汽车、广汽传祺、广汽本田、天际汽车、欧拉汽车等汽车品牌举办汽车文化节。活动期间，汽车文化节线上发行汽车消费券，在宝龙商圈举办汽车市集，倡导绿色出行新能源汽车消费。跨年年货节联合泉州台商投资区商贸企业在线上线下举办，并通过年货直播、短视频等形式，带动年货销售提升。活动期间发放5万张消费券，面值从10元至5000元。

12月30日

农历壬寅年十二月初八
星期五
温度：10℃～17℃
多云

●市人大常委会党组扩大会议召开，传达学习中央经济工作会议精神，学习贯彻习近平总书记在中央政治局会议和党外人士座谈会上的重要讲话精神等。

●市十七届人大常委会第十二次主任会议召开，讨论关于城市快速化交通体系建设情况的调研报告，审议意见稿等。

●市十七届人大常委会第七次会议召开，听取和审议市政府关于餐饮业油烟污染防治工作情况的整改报告等。

●第一辆从泉州站通往宁化站的k8756/7次“绿巨人”动车组出发，标志着兴泉铁路全线通车运营。

●“智慧交通 小橙出行”泉州市中心城区公共电单车项目启动仪式举行。

●“给孩子们的爵士乐——亲子互动讲解音乐会”在泉州大剧院举行。

●由泉州台商投资区管理委员会、泉州晚报社主办的第四届泉州台商投资区购物节暨汽车文化节启动仪式在台商宝龙广场启动。

12月31日

农历壬寅年十二月初九
星期六
温度：11℃～16℃
多云

●《泉州市扶持职业装产业发展十条措施》出台。

●市市场监督管理局发出关于同城快送服务的倡议书，倡议有闲暇时间的市民，在确保自身健康的前提下，可自主加入同城快送的行列当中。

《泉州市扶持职业装产业发展十条措施》出台

《泉州市扶持职业装产业发展十条措施》（以下简称措施）出台，开展“重龙头、强品牌、铸链条”专项行动，聚焦品牌、设计、市场等关键能力提升，推动制服、工装、校服、工装鞋等职业装产业高质量发展，打响“国潮泉州”区域品牌，力争通过3年时间培育，实现产业规模超800亿元。业界人士表示，在泉州市“强产业、兴城市”双轮驱动之下，职业装可以成为都市产业发展的重要组成部分。在这一背景下，出台十条措施扶持职业装发展可谓正当其时。

措施明确要培育泉州职业装品牌。对年度产值首次超过10亿元、30亿元、50亿元和100亿元的，由受益财政一次性分别给予30万元、50万元、100万元和200万元奖励。对首次获评中国服装协会“中国职业装十大领军企业”的泉州企业，给予每家10万元奖励。措施还提出要引导企业联动发展。组建泉州职业装产业协同发展联盟，打造职业装产业基地，增强产业集群优势。建设特色产业园（产业小镇），引导鼓励石狮、晋江、惠安等有产业基础的县（市、区）打造一批职业装产业园（产业小镇）。在市工信局指导及福建省纺服中小企业中心牵头下，泉州职业装产业协同发展联盟成立。联盟集结柒牌、七匹狼、九牧王、利郎、特步、帝牌等46家涵盖制服、工装、校服、赛事鞋服、功能鞋靴、服饰配件及产业链上下游的企业，以及高校、科研院所。联盟成立后将通过聚集资源、信息共享、人才培育、协同创新、打造品牌，实现抱团发展。借力联盟加快锻造纺织服装万亿产业集群，抢占细分领域新市场、新赛道，助力打造“国潮名品，泉州定制”区域品牌。

措施支持企业设立技术中心，重点开发阻燃、防静电、防水透湿、导湿干爽、防酸碱、防蚊虫等功能性面料。对新认定的国家级、省级、市级企业技术中心，分别给予150万元、80万元、30万元的一次性奖励。措施支持定制化服务，支持企业以用户需求为导向，综合利用5G、大数据、物联网、人工智能等新一代信息技术，构建产品个性化定制服务平台，实现批量个性化定制服务。对获评国家智能制造优秀场景的项目，一个场景给予一次性20万元的奖励，最高不超过60万元；对获评省级智能制造优秀场景的项目，一个场景给予一次性10万元的奖励，最高不超过30万元。措施明确，对注册地在泉州的中标规模以上生产企业，因参加招投标而产生的产品质量检测费用超1万元以上（含）的，给予企业产品质量检测费用50%的补助，每家企业一年最多不超过10万元。“补助产品质量检测费用”这一措施的推出在全国仍属罕见。

此外，措施还提出建立健全公共服务平台、引导参与标准制定、支持举办职业装产业相关活动、培育泉州职业装专业展会、鼓励校服等职业装企业出海等相关措施，并明确一系列“真金白银”的扶持措施。业界人士表示，措施涉及人才吸引、资质奖励、团体竞赛、专业展会举办等方方面面内容；对职业装产业覆盖面相当广，也相当务实，起到产业引导作用。

市市场监督管理局发出同城快送服务倡议书

市市场监督管理局发出一份关于同城快送服务的倡议书，倡议有闲暇时间的市民，在确保自身健康的前提下，可自主加入同城快送的行列当中。

同城快送为市民生活提供便捷服务，已经成为民生链中不可或缺的重要一环。受疫情影响，泉州市同城快送企业存在不同程度的运力减弱、订单配送压力较大等情况。由于运力不足，消费者的订单可能出现延迟，或许是一餐饭，或许是一件急需品。市场监管部门请消费者多些宽容，少些催促，给予配送员更多的理解和支持。倡议书提出，市民在购买生活必需品、医疗物资、餐饮外卖时，可以不直接接触配送员，在约定位置实现“无接触”配送；建议可以选择放在小区内的置物架、驿站内，减少配送员的入户配送时间，也可降低传播风险。同时，在满足自身需求的前提下，市民可以无接触的方式为配送员提供急需药品、防护用品的补给，让这些为城市生活便利默默奉献的劳动者感受到市民的温暖、社会的关爱。

编　后　记

地方志是地情文献，是客观记录现实情况的载体，具有长久留鉴后世之功能。泉州史志部门多年来着力探索地情文献编纂新路，创新了以年鉴为主、日记为辅的地方综合年鉴编纂办法，两者的资料组织体系不同，功能各有所长，既分工合作又有机联系，联袂反映丰富多彩的地方经济社会发展全貌。

《泉州年鉴（2023）·泉州日记》以马克思列宁主义、毛泽东思想、邓小平理论、“三个代表”重要思想、科学发展观、习近平新时代中国特色社会主义思想为指导，坚持辩证唯物主义和历史唯物主义的立场、观点和方法，以图文编年纪事的形式，按时序客观真实地记载2022年泉州地面上每一天发生的大事、要事、新事、特事，反映地方经济社会发展实况和城乡人民生活状态。该书实录2022年泉州市深入学习贯彻习近平新时代中国特色社会主义思想，围绕统筹推进经济建设、政治建设、文化建设、社会建设、生态文明建设“五位一体”总体布局，坚持稳中求进工作总基调，坚持新发展理念，统筹推进疫情防控和经济社会发展工作，团结带领全市干部群众传承弘扬“晋江经验”，勇当全方位推动高质量发展超越主力军，保持经济持续健康发展和社会大局稳定的实践过程。

《泉州年鉴（2023）·泉州日记》作为《泉州年鉴（2023）》的分册，较好地提升了年鉴反映现实的质量，其编纂水平随同年鉴不断提升，功能及实用性也不断拓展。《泉州年鉴（2023）·泉州日记》注重地情信息实录工作的项目带动作用，开发信息渠道，整合传媒资源，及时对有效资讯进行筛选、核实，将其转化为史志资料，使海量信息源源不断地充实到史志资料库中，在建设文化强市、推动泉州文化大发展大繁荣的工作大局中，发挥了存史、资政、育人的积极作用。

值此书出版之际，特作此记。借此向提供文字、图片等资料信息，以及所有关心、支持、帮助《泉州年鉴（2023）·泉州日记》编纂工作的各有关单位和各界人士表示衷心的感谢！

编　者

2023年6月